Albert Woodfox
Ihr werdet mich niemals brechen

Albert Woodfox

IHR WERDET MICH NIEMALS BRECHEN

Meine Geschichte vom Überleben

Unter Mitarbeit von
Leslie George

Aus dem Englischen von
Ilka Schlüchtermann

Osburg Verlag

Titel der amerikanischen Originalausgabe:

Solitary.
Unbroken by four decades in solitary confinement.
My story of transformation and hope.

First published in the United States of America in 2019
by Grove Press, an imprint of
Grove Atlantic Inc.

Erste Auflage 2020

www.osburgverlag.de

Lektorat: Bernd Henninger, Heidelberg
Korrektorat: Mandy Kirchner, Weida
Umschlaggestaltung: Judith Hilgenstöhler, Hamburg
Satz: Hans-Jürgen Paasch, Oeste
Druck und Bindung: CPI books GmbH, Leck
Printed in Germany
ISBN 978-3-95510-232-6

Ich habe die Erfahrung gemacht, dass infolge des institutionellen und des individuellen Rassismus ein Afroamerikaner gesellschaftlich tot geboren wird und den Rest seines Lebens ums Überleben kämpfen muss.

Echoes

Echoes of wisdom I often hear,
    a mother's strength softly in my ears.
Echoes of womanhood shining so bright,
    echoes of a mother within darkest night.
Echoes of wisdoms on my mother's lips, too young
    to understand it was in a gentle kiss.
Echoes of love and echoes of fear
    Arrogance of manhood wouldn't let me hear,
Echoes of heartache I still hold close
    As I mourn the loss of my one true hero.
Echoes from a mother's womb,
    heartbeats held so dear,
    life begins with my first tears.
Echoes of footsteps taken in the past,
    echoes of manhood standing in a looking glass.
Echoes of motherhood gentle and near,
    echoes of a lost mother I will always hear.[1]

Albert Woodfox, 1995

1 ECHOS // Echos der Weisheit höre ich häufig, / die Kraft einer Mutter sanft in meinem Ohr, / Echos der Mutterschaft leuchten so hell, / Echos einer Mutter in der dunkelsten Nacht. / Echos der Weisheiten auf den Lippen meiner Mutter, zu jung, / um zu verstehen, sie steckten in einem sanften Kuss. / Echos der Liebe und Echos der Angst / die männliche Arroganz ließ sie mich nicht hören, / Echos des schmerzenden Herzens sind ganz nah / im Leid über den Verlust meiner einzig wahren Heldin. / Echos von einer Mutters Leib, / Herzschläge so lieb und teuer, / das Leben beginnt mit meinen ersten Tränen. / Echos der Schritte aus der Vergangenheit, / Echos der Männlichkeit beim Blick in den Spiegel. / Echos der Mutterschaft zart, ganz nah. / Echos einer verlorenen Mutter, die ich immer hör.

Inhalt

Prolog 11
1 Der Anfang 13

Die Sechzigerjahre
2 Die High Steppers 25
3 Autojagd 34
4 Angola, 1960er-Jahre 38
5 Gefängnistage 45
6 Auf Bewährung raus und wieder rein 53
7 Stickup-Künstler 60
8 Tonys Green Room 66
9 Flucht 70

Die Siebzigerjahre
10 Erste Begegnung mit der Black Panther Party 79
11 Was ist die Partei? 84
12 Gefängnisaufstand in New York 91
13 Geiseln 98
14 Im Angola, 1971 103
15 Herman Wallace 110
16 17. April 1972 115
17 CCR 122
18 King kommt 133
19 CCR-Kämpfe 135
20 Mein Prozess 1973 147
21 Hermans Prozess 1974 164
22 King in der Falle 172
23 Gary Tyler 176
24 Essensschlitze 179
25 Mein Triumph 183
26 Kampf gegen die Leibesvisitation 187

Die Achtzigerjahre
27 »Jetzt hab ich dich« 199
28 Krankenappell 210
29 Razzia, Lug und Trug 214
30 Kameraden 220
31 Kontaktbesuch 226
32 Reifezeit 231

Die Neunzigerjahre
33 Verspätete Gerechtigkeit ist verweigerte Gerechtigkeit 237
34 Mein größter Verlust 244
35 Vorbereitung auf meinen Prozess 249
36 Amite City 254
37 Die Kreuzritter 261
38 Mein Prozess 1998 265
39 Zurück ins Angola 276

2000–2010
40 Wir halten zusammen 287
41 Zurückgehaltene Beweise 292
42 King verlässt den Bauch der Bestie 301
43 Folter in Camp J 305
44 Grausam und ungewöhnlich 316
45 »Bist du noch normal?« 325
46 2008 331
47 Immer vereint 360

2011–2016
48 Folter 373
49 Vierzig Jahre 376
50 Mann aus Stahl 384
51 Die Grenzen der Gerechtigkeit 405
52 Theorien 420
53 Der Kampf geht weiter 426
54 Ein Deal für die Freiheit – nicht für Gerechtigkeit 430

Epilog 438
Glossar 449
Danksagungen 454

Prolog

19. Februar 2016

Als ich aufwachte, war es noch dunkel. Alles, was ich besaß, passte in zwei Müllsäcke, die in der Ecke meiner Zelle standen. »Wann werden sie dich rauslassen?«, hatte meine Mutter immerzu gefragt. *Heute, Mama,* dachte ich. Das Erste, was ich tun werde, ist, zu ihrem Grab zu gehen. Viele Jahre lang hatte ich mit der Bürde gelebt, ihr nicht auf Wiedersehen gesagt zu haben. Eine schwere Last, die ich die ganze Zeit mit mir rumgeschleppt habe.

Ich stand auf und machte mein Bett, fegte und wischte den Boden. Ich zog meine Jogginghose aus, legte sie ordentlich gefaltet zusammen und verstaute sie in einem der beiden Plastiksäcke. Ich zog einen orangefarbenen Gefängnis-Overall an, so wie es für mein Erscheinen vor Gericht an diesem Morgen vorgeschrieben war. Ein Freund hatte mir normale Kleider für später vorbeigebracht. Ich breitete sie auf meinem Bett aus.

Viele Menschen schrieben mir im Laufe meiner Gefängniszeit Briefe, in denen sie fragten, wie ich diese vier Jahrzehnte allein in einer kleinen Zelle, 23 Stunden am Tag eingeschlossen, überlebt habe. Nun, ich verwandelte meine kleine Zelle in einen Hörsaal, schrieb ich ihnen zurück, einen Ort zum Diskutieren, eine juristische Fakultät. Indem ich Rückgrat zeigte und nicht nachgab, sagte ich ihnen. Ich glaubte an die Menschlichkeit, sagte ich. Ich liebte mich selbst. Die Hoffnungslosigkeit, die Klaustrophobie, die Brutalität, die Angst – davon erzählte ich ihnen nichts. Ich schaute aus dem Fenster. Ein Ü-Wagen hatte am Straßenrand vor dem Gefängnis geparkt, Scheinwerfer noch an, obwohl es schon hell wurde. Ich werde überall hingehen können. Um den Nachthimmel anzuschauen. Ich setzte mich auf meine Pritsche und wartete.

Kapitel 1
Der Anfang

Ich wurde im »Neger«flügel des Charity Hospitals in New Orleans geboren, am Tag nach Faschingsdienstag, am 19. Februar 1947. Meine Mutter, Ruby Edwards, war damals 17. Mein Vater war verschwunden. Er hatte sie verlassen, so erzählte sie mir, weil sie im falschen Viertel, unter den Armen, lebte. Wir lebten in New Orleans, bis ich fünf war und meine Mutter sich in einen Mann namens James B. Mable verliebte, einen Koch der US-Marine. Er war der erste und einzige Mann, den ich je Daddy nannte. Die beiden heirateten und bekamen noch vier weitere Kinder, ein Mädchen und drei Jungs.

In jenen Jahren zogen wir sechs oder sieben Mal um, von einem Flottenstützpunkt zum nächsten. Daddys Job bestand darin, die Mannschaft zu versorgen, egal welches Schiff man ihm zuwies. Regelmäßig nahm er mich mit aufs Schiff, wenn das Marinepersonal am Wochenende die Erlaubnis hatte, die Familie an Bord zu holen. Ich erinnere mich gut daran, wie ich mich bis an die äußerste Kante eines Flugzeugträgers vorwagte, um hinunter ins Wasser zu schauen und er mich am hinten am Hemd packte, damit die starken Böen mich nicht wegwehten.

Ich war ein aufsässiges Kind. Als ich sieben oder acht war, forderte ich meine Mutter zu einem Ringkampf heraus. »Ich kann dich schlagen«, sagte ich. »Wenn ich gewinne, dann musst du den ganzen Tag ein Kleid tragen«, sagte sie. Das war die schlimmste Strafe, die ich mir vorstellen konnte, doch ich stimmte zu. Sie hatte mich in wenigen Sekunden am Boden. Ich weiß nicht, wo sie das Kleid aufgetrieben hatte, aber ich trug es. Wenigstens stehst du zu deinem Wort, meinte sie. »Ein Mann ist nichts ohne sein Wort.« Den Satz hörte ich meine ganze Kindheit hindurch.

Eine Zeit lang war meine Mutter die Welt für mich. Stolz, entschlossen und wunderschön, sie sorgte sich um uns. Sie konnte nicht lesen und auch nicht schreiben, aber sie konnte addieren und subtrahieren und gut mit Geld umgehen; sie konnte einen Cent unzählige Male umdrehen. Aufgewachsen in Jim Crow South hatte sie viel Erfahrung damit, mit sehr wenig Geld zu überleben. Immer wenn Daddy Urlaub hatte, verbrachten wir die Zeit zusammen auf der kleinen Farm seiner Eltern in La Grange, North Carolina, wo er als Kind gelebt hatte. Meine Großeltern bauten dort Wassermelonen, Kohl, Mais, Tabak und Süßkartoffeln an. Hinter dem Haus befand sich ein Hühnerstall und ein Stück dahinter ein Wald, in dem wir Walderdbeeren pflückten. Meine Großmutter liebte es, fischen zu gehen, hatte aber Angst vor den Booten. Ich war der Einzige, dem sie sich anvertraute, wenn wir auf den Fluss hinausruderten. Hinaus auf den *Bayou*[2], wie ihn meine aus Louisiana stammende Mutter nannte.

Meine Großmutter zeigte mir, wie man die Fische säuberte und zubereitete. Sie brachte mir bei, das Land zu bewirtschaften. Ich fütterte die Hühner und arbeitete auf dem Feld. Schon als kleines Kind lernte ich, ein Maultiergespann zu fahren. Wenn wir Tabak ernteten, lenkte ich das von einem Maultier gezogene schmale Gefährt durch die Gasse zwischen den Tabakpflanzen. Es passte gerade so hindurch. Die Seitenwände des Karrens bestanden aus aufgeschnittenen Jutesäcken, festgenagelt an vier Stäbe in den Wagenecken. Die Frauen auf den Feldern brachen die Tabakblätter und legten sie flach auf den Boden des Karrens. Sobald der Wagen voll war, fuhr ich ihn zum Trockenschuppen, wo andere Frauen die Tabakblätter an Stäbe banden und auf Trockengestellen in der Scheune aufhängten.

Wenn der Schuppen voll war, wurde er aufgeheizt, damit die Blätter trockneten, um sie anschließend zu verschiffen und an Tabakfabriken verkaufen zu können.

Als ich neun oder zehn war, fuhr ich per Anhalter jedes Mal 170 Meilen, um in einer Tabakfabrik in Winston-Salem zu arbeiten. Manche Fahrer unterhielten sich dabei mit mir, andere sprachen kein Wort. Mein Job war es, mitzuhelfen, die Tabakballen zur Waage zu rollen. Viele Kinder in meinem Alter arbeiteten dort.

Als ich elf war, wurde alles anders. Daddy wurde nach 25 Jahren Dienst aus der Marine entlassen und wir zogen ganz nach La Grange. Aus dem Oberstabsbootsmann, dem höchsten in der Marine möglichen Unteroffiziersgrad, wurde ein einfacher Schwarzer, der auf einer Farm in North Carolina lebte. Durch den Verlust von Verantwortung und Achtung, die sein Leben in der Marine geprägt hatten, verlor er sein Selbstwertgefühl. Er begann zu trinken und ließ seinen Frust und Zorn an meiner Mutter aus. Niemals schlug er mich oder meine Geschwister. Er schlug meine Mutter. Immer wenn er sie schlug, schrie sie laut auf und versuchte, zurückzuschlagen, aber sie war nur eine kleine, zarte Frau. Er überwältigte sie leicht, denn er war groß und kräftig. Wir wussten nie, wann genau er vor Ärger und

2 Bezeichnung für stehende oder langsam fließende Gewässer in den Südstaaten der USA und insbesondere im Staat Louisiana. In den schwer zugänglichen Sumpflandschaften des Mississippi-Mündungsdeltas sind *Bayous* oft die einzigen Verkehrswege.

Verbitterung explodierte. Es gab keine Vorwarnung, wie er an einem bestimmten Tag reagierte, sodass wir in ständiger Unruhe und Angst lebten. Einmal schlug er meine Mutter so heftig, dass seine Schwestern dazukamen, weil sie um ihr Leben fürchteten. Wenn sie ihn nicht verließe, so warnten sie, würde er sie möglicherweise töten. Meine Mutter wollte nicht weggehen, doch insgeheim wusste sie, dass Daddy eine Gefahr für sie wäre, wenn sie bliebe. Früher oder später würde sich seine Gewalt auch gegen die Kinder richten. Sie dachte sich einen geheimen Plan aus, in dem Daddys Schwestern uns Kinder zu sich nehmen sollten und sie selbst verschwinden könnte. Aufgrund ihrer begrenzten Schulbildung und Lebenserfahrung fühlte meine Mutter sich nur an einem Ort wirklich sicher: in New Orleans. Da, wo sie geboren und aufgewachsen war. Also war New Orleans ihr Ziel.

An dem Tag, den Mama für unsere Flucht vorgesehen hatte und an dem Daddy sich bereit machte, das Haus zu verlassen, sagte meine fünf Jahre alte Schwester Violetta ganz unvermittelt, sie wolle mit ihm gehen. Und mein kleiner Bruder James, drei Jahre alt, sagte, er wolle ebenfalls mit. Mama sprach ruhig mit Violetta: »Warum bleibst du nicht zu Hause, Vi? Ich finde, du solltest hierbleiben.« Violetta war aber Daddys Lieblingskind und er meinte, sie könne gerne mit ihm gehen. James auch. Zusammen sahen wir zu, wie die drei das Haus verließen. Mama wandte sich meinen Tanten zu und sagte: »Ich gehe nicht. Nicht ohne meine Kinder.« Die Tanten erklärten so energisch sie konnten, meine Mutter müsse auf jeden Fall gehen, denn ihr Leben und das ihrer Kinder hinge davon ab. Sie versprachen, Vi und James mit einer Begleitperson hinter uns herzuschicken. Dies war die schwerste Entscheidung, die meine Mutter je zu treffen hatte. Sie nahm mich, meinen zweijährigen Bruder Haywood und unser Baby, Michael, der noch kein Jahr alt war, zum Greyhound Busbahnhof mit. Wir bestiegen den Bus und fuhren ohne Vi und James los Richtung New Orleans. Immer wieder weinte und schluchzte Mama auf dem Weg. Sie war voller Wut, Angst und Gewissensbisse, denn sie hatte das Gefühl, zwei ihrer Kinder verlassen zu haben, obwohl sie ja wusste, dass sie sie in ein paar Tagen oder Wochen wiedersehen würde. Niemals hätte sie sich vorstellen können, dass bis zu diesem Wiedersehen Jahre vergehen würden. Und hätte sie es gewusst, dann wäre unser Leben anders verlaufen, denn dann wäre sie niemals von zu Hause weggegangen.

Am Busbahnhof in New Orleans, rief Mama von einer Telefonzelle ihren Bruder an. Onkel Joe holte uns mit Tante Gussie ab. Sie brachten uns zu einem Haus, das die Tante angemietet hatte. Die Adresse,

North Villere Street 918, im Sechsten Stadtbezirk, werde ich niemals vergessen. Drinnen im Haus führte uns Tante Gussie einen langen Flur entlang zu zwei kleinen Zimmern im hinteren Teil des Hauses. In einem der Zimmer gab es einen offenen Kamin, sodass dieser Raum unsere Behelfsküche wurde. Mama stellte ein Stockbett für mich und meine Geschwister hinein. Das andere Zimmer wurde ihr Schlafzimmer. Zur Toilette mussten wir aus der Haustür heraus zum Hinterhof. Sie befand sich in einem kleinen Anbau hinten am Haus. In einem weiteren kleinen Zimmerchen, das zwischen Tante Gussies Küche und unseren beiden Zimmern lag, gab es sogar eine Badewanne, aber meine Mom machte uns immer eine große Metallwanne in unserer Küche fürs Baden fertig. Sie erhitzte Wasser auf dem kleinen Ofen und schüttete es in die Wanne. In der Ecke stand ein Nachttopf, den wir als Toilettenersatz in der Nacht benutzten. Wir gaben etwas Pinienöl hinein, um den Gestank zu mildern. Eine unsere morgendlichen Aufgaben war es, dieses Gefäß zu leeren.

Die Innenstadt von New Orleans ist in Bezirke aufgeteilt, und wir lebten im Sechsten Bezirk, bekannt unter dem Namen *Treme*. Ein Schwarzenviertel war das damals, mit einer Mischung aus Leuten der Arbeiterklasse und sehr armen Menschen. Unsere Familie lebte mitten unter den Armen. Clairborne Avenue war die belebteste Straße im Treme-Viertel, denn dort waren die meisten Geschäfte ansässig. Es war unsere »Canal Street« – die Hauptstraße in Manhattan –, unsere Hauptgeschäftsstraße in New Orleans, mit kleinen, von Schwarzen geführten Geschäften: Lebensmittelläden, Friseursalons für Frauen oder Männer, Bekleidungsgeschäfte, Waschsalons, Bäckereien und Bars. In der Mitte der langen Avenue befand sich ein sehr breiter, begrünter Streifen mit vereinzelten Bäumen, »neutral ground« genannt. Dieser parkähnliche Streifen war ein beliebter Treffpunkt für die Nachbarschaft in der Karnevalswoche und an den Feiertagen. Dort bauten die Leute ihre Grillgeräte auf und picknickten im Grünen. Nach Schulschluss spielte ich mit meinen Freunden im Schatten der Bäume, die diesen Streifen entlang der Clairborne Avenue säumten, *Tackle Football*[3].

Wenn wir nicht auf dem Grünstreifen spielten, fand man uns auf der Straße beim *Stickball*-Spielen[4]. Wenn es nicht zu heiß war, spielten

---

3 Beim *Tackle Football* geht es darum, den Gegner, der im Ballbesitz ist, zu Fall zu bringen.

4 *Stickball* ist ein mit dem Baseball verwandtes Spiel, das auf der Straße mit einem Besenstiel und verschiedenen Arten von Bällen gespielt wird. Die Regeln sind vom Baseball abgeleitet.

die Kinder damals barfuß, um ihre Schuhe für den Schulbesuch zu schonen. Nahezu alle Häuser im Sechsten Bezirk sahen gleich aus, und wir nannten sie »shotgun houses«. Wenn man vorne vor der Haustür stand und eine Flinte abfeuerte, würde die Kugel das Haus geradewegs durch die Hintertür wieder verlassen. Unser Haus war eine doppelte Schießbude. Alle Häuser in unserer Straße besaßen eine kleine Veranda oder zumindest Eingangsstufen, wo sich die Leute hinsetzten, um miteinander zu reden. Auf beiden Seiten ragten Telefonmasten in die Höhe, kreuz und quer mit durchhängenden Leitungen verbunden. Außer dem einen oder anderen Kirchturm und der Joseph A. Craig Grundschule gab es kein höheres Gebäude weit und breit. Neben jedem Häuschen befand sich, durch einen Zaun vom Grundstück abgegrenzt, eine schmale Gasse. Meine Freunde und ich sprangen regelmäßig über diese Zäune, um die Wege zwischen den Straßen abzukürzen. Später sprangen wir dann über Zäune, um der Polizei zu entkommen.

Meine Mutter wollte immer das Beste für uns, doch da sie funktionale Analphabetin war, konnte sie keinen richtigen – regulären – Job finden. Sie nahm also dies und jenes an und tat, was sie konnte, um uns durchzubringen, auch wenn das manchmal bedeutete, einen Job als Prostituierte anzunehmen. Mit ihren erst 28 Jahren war sie trotz ihrer fünf Geburten noch immer eine wunderschöne Frau, als wir nach New Orleans zurückkehrten. Sie arbeitete hinter der Theke in Bars und Nachtclubs, manchmal auch als Prostituierte oder sie erleichterte Betrunkene um ihr Geld. Draußen sahen wir Kinder nur Armut und Elend, aber in unserem Haus schuf Mom uns eine Oase. Sie verdiente immer genug, um uns zu kleiden, ein Essen auf den Tisch zu stellen und die Miete an Tante Gussie zu bezahlen. Es war ihr immer sehr wichtig, dass wir Kleider anhatten, die uns auch gut passten. Die meisten der Kinder, mit denen ich aufwuchs, mussten die getragene Kleidung ihrer Geschwister anziehen, die entweder zu groß oder zu klein war. Einige trugen Hosen, die nur bis zu den Knöcheln reichten: Hochwasserhosen. Mama erklärte uns, sie wolle, dass wir es besser hätten als sie als Kind. Jeder von uns bekam zum Beispiel neue Kleidung für den ersten Schultag. Erst als ich viel älter war, wurde mir klar, welche Opfer sie gebracht hatte, um uns das Allernotwendigste zu bieten.

Sie sagte immer, »Ich möchte nicht, dass meine Kinder das tun müssen, was ich tue, um ihr Einkommen zu haben.« Und: »Ich möchte, dass meine Kinder ein besseres Leben haben als ich.« Manchmal jedoch machten uns Not und Armut einen Strich durch die Rechnung. Wenn das Geld nicht mehr reichte und kein Essen im Haus war, klaute ich in den Läden Brot und Konserven. Niemals hatte ich dabei das Gefühl, etwas Unrechtes zu tun, denn es ging ja nur ums Überleben. In allen anderen Bereichen kamen wir zurecht. So manches Mal gingen Tante Gussie und ich zum Fischen nach Bayou St. John, um Flussbarsche oder Meeräschen auf den Tisch zu bekommen. Wenn meine Schuhe Löcher in der Sohle hatten, legte ich eine Schicht Zeitungspapier hinein, um sie weiter tragen zu können. Ich war allerdings auch so stolz, dass ich nicht wollte, dass irgendjemand die Löcher in meinen Schuhen bemerkte. Wenn es in der Kirche Zeit zum Hinknien war, hockte ich mich so hin, dass nur ein Knie den Boden berührte und der Schuh mit den Löchern fest auf dem Boden stand, sodass hinter mir niemand die kaputte Sohle sah. Während einer Messe kam einmal eine Nonne die Reihe entlang, blieb vor mir stehen und befahl mir lautstark, auf beide Knie zu gehen. Als ich das nicht tat, forderte sie mich auf, in den Gang zwischen den Bänken zu kommen. Ich ging zu ihr, und erneut befahl sie mir, mich hinzuknien. Alle Augen waren auf mich gerichtet. Wenn ich mich jetzt hinkniete, sähe die gesamte Gemeinde hinter mir die Löcher in meinen Schuhen. Ich weigerte mich. Sie packte mich hinten am Schlüsselbein und versuchte, mich in die Knie zu zwingen. Als ich dem Druck widerstand, schickte sie mich hinaus. Irgendwann ging ich in Begleitung meiner Mom dann wieder in die Kirche, doch niemals vergaß ich dieses grausame Erlebnis mit der Nonne.

Tante Gussie ging in die Baptistenkirche. Manchmal nahm sie mich mit in ein Gospelkonzert. Ich genoss den Wohlklang und die schönen Stimmen. Tante Gussie gab mir jeden Donnerstag einen Dollar, damit ich ihr eine »gesegnete Kerze« aus ihrer Kirche holte. Als ich wieder einmal donnerstags auf dem Weg war, um ihr eine Kerze zu holen, bemerkte ich beim Vorbeigehen den Pfarrer, der in einem Laden an der Ecke stand. Er hatte einen Karton voller Kerzen in der Hand, die in diesem Laden 50 Cent kosteten. Ich folgte ihm. Ich wollte sehen, wie er die Kerzen segnete, und erwartete, dass er in der Kirche eine Art Segnungszeremonie zelebrierte, doch er nahm die Kerzen einfach aus der Schachtel heraus und legte sie auf den Tisch, damit die Gläubigen sie für einen Dollar kaufen konnten. Ich war zutiefst betroffen, denn zu jener Zeit waren 50 Cent eine ganze Menge Geld.

Ich habe nie an Gott geglaubt, nicht einmal als Kind. Ich konnte den Glauben an ein allmächtiges Wesen nicht nachvollziehen. Ich hatte jedoch immer das Gefühl, ein spiritueller Mensch zu sein. Für mich bedeutet Spiritualität die Verbindung zu etwas außerhalb des eigenen Ichs. Wir besaßen einen alten Hund namens Trixie und von Zeit zu Zeit hatte ich das Gefühl, ich wüsste, was Trixie dachte. Und das war für mich eine Art Spiritualität.

Tagsüber blieben meine Brüder und ich häufig uns selbst überlassen. Mal schlief sich meine Mom einen Rausch aus, mal war sie durch ihre nächtliche Arbeit als Prostituierte zu erschöpft, um aufzustehen. Häufig kam sie erst um sechs Uhr morgens nach Hause. Manchmal stahl ich mich in ihr Zimmer, wenn sie eingeschlafen war, und versteckte das Geld, das sie von ihrer Arbeit mitgebracht hatte, sodass ihr Freund, wenn er während des Tages mal vorbeischaute, es nicht an sich nehmen konnte. Das half aber nicht wirklich. Wenn meine Mutter sich in einen Mann verliebt hatte, gab sie ihm alles, was sie hatte, selbst ihr Geld.

Tante Gussie kochte für uns und half, wo sie nur konnte. Wir Kinder hatten stets bestimmte Aufgaben im Haus zu erledigen: die Böden wischen, unsere Kleidung bügeln. Ich erinnere mich noch daran, wie ich meine Kleider mit einem uralten Eisen bügelte, das auf dem Ofen erhitzt werden musste. Jeder von uns lernte, auf sich selbst achtzugeben. Und genauso gaben wir aufeinander acht. Als ich zwölf Jahre alt war, wurde mein kleiner Bruder Donald geboren. Sein Vater hieß Pete, war bei der Handelsflotte und führte über viele Jahre eine lockere Beziehung mit meiner Mutter.

Die Rassentrennung von Weißen und Schwarzen war zu jener Zeit in allen Lebensbereichen spürbar. Schwarzen war der Zugang zu bestimmten Orten aufgrund der Jim-Crow-Gesetze verwehrt, die zwischen 1876 und 1964 die Rassentrennung vorschrieben. Im Kino war es schwarzen Zuschauern lediglich erlaubt, auf dem Balkon Platz zu nehmen. Die Sitze unten im Parkett waren für uns gesperrt. Wir durften uns weder im Foyer aufhalten noch am Imbissstand. Um Popcorn oder irgendeinen anderen Snack zu kaufen, mussten wir an der Eingangstür warten, bis ein weißer Platzanweiser vorbeikam, dem wir das Geld und die Bestellung mitgeben konnten. Die Platzanweiser brachten uns dann das Rückgeld und Süßigkeiten oder Popcorn – eben das, was am Stand noch übriggeblieben war – zurück zur Tür.

Die einzige Gelegenheit, Kontakt mit Weißen aufzunehmen, hatte ich bei einem Besuch des French Quarter (Französisches Viertel) oder des Einkaufsviertels in der Canal Street. Dass Weiße für mich eine Bedrohung darstellen konnten, bekam ich zum ersten Mal zu spüren, als ich mit meiner Mom an der Bushaltestelle Ecke Dumaine and Villere wartete und zwei weiße Polizisten in einem Streifenwagen vorbeifuhren. Meine Mom legte augenblicklich schützend ihre Hand auf meine Schulter und stellte sich vor mich. Als ich älter wurde, bemerkte ich, dass die Weißen uns erwachsene Schwarze mit »Junge« oder »Mädchen« titulierten, und ich spürte die damit einhergehende Missachtung.

Im Alter von zwölf Jahren wurde ich zum ersten Mal von einer weißen Person *Nigger* genannt. Damals stand ich mit Dutzenden von Kindern am Ende der Faschingsdienstag-Parade hinter der Stadthalle, wo die Leute auf den Wagen – alles Weiße – ihre letzten Perlen und Krimskrams unters Volk warfen. Auf einem der Umzugswagen stand ein Mann, der neben allem Kram, den er hinunterwarf, eine wunderschöne perlmuttfarbene Perlenkette in der Hand hielt. Ich dachte sofort, das wäre ein schönes Geschenk für meine Mutter zum Geburtstag. Deswegen rief ich ihm zu, »Hey, Mister, hier«, und streckte meine Hand aus. Er zeigte auf mich, hielt die Perlen hoch über seinen Kopf und warf sie in meine Richtung. Als die Kette auf mich zuflog, reckte ich mich hoch, doch ein weißes Mädchen neben mir streckte ebenfalls ihre Hand in die Luft und wir fingen die Kette beide zusammen auf. Ich ließ nicht locker. Ich zeigte auf den Mann auf dem Wagen und sagte, »Hey, der hat sie mir zugeworfen«, und erklärte ihr, ich wolle die Perlen meiner Mom schenken. Das Mädchen schaute auf den Mann im Wagen, der noch immer auf mich deutete, riss die Kette entzwei und nannte mich *Nigger*. Der Schmerz, der mir von diesem weißen Mädchen, das mich Nigger nannte, zugefügt wurde, wird mich ein Leben lang begleiten.

Die Mehrzahl der Polizisten in jener Zeit waren Weiße. Sie durchkämmten unsere Viertel, griffen einfach die Schwarzen auf, die an der Straßenecke herumstanden und bezichtigten sie des Herumlungerns oder der Stadtstreicherei – sie konnten damit die ihnen auferlegten Verhaftungsquoten erfüllen. Wenn die Schwarzen dann erst einmal in Untersuchungshaft saßen, konnte man sie für dies und jenes anklagen. Meine Freunde und ich wussten, dass die Polizei uns immer das anhängte, was ihnen gerade in den Sinn kam. Uns war immer klar, dass die Polizisten die Männer in unserem Viertel verhafteten, weil sie schwarz waren – aus keinem anderen Grund. Wir verloren aber kein Wort darüber. Wir hätten ›Rassismus‹ nicht in Worte fassen können, auch wenn wir es versucht hätten. Wir durchschauten die Reichweite des Wortes gar nicht, die Komplexität und Raffinesse. Wir empfanden nur das schreckliche Elend dieses Wortes.

In der sechsten Klasse belegte ich einen Kurs in Sozialkunde, und in diesem Kurs wurde mir klar, wo ich hingehörte in dieser Welt.

Wir wurden von einem afroamerikanischen Lehrer in einer Klasse mit ausschließlich schwarzen Kindern unterrichtet, die alle im selben schwarzen Viertel wohnten – unser Lehrbuch zeigte lediglich ein Leben im weißen Amerika. Die Bilder und Texte in diesem Buch hatten mit unserem realen Leben nichts zu tun. Es war nicht das erste Mal, dass mir bewusst wurde, dass weiße Leute ein besseres Leben hatten. Aber es war das erste Mal, dass ich begriff, dass irgendetwas in der Welt furchtbar schieflief und niemand darüber redete.

In demselben Kurs brachte man mir auch bei, dass Frauen wie meine Mom, die nachts in Bars arbeiteten, eine Schande für die Gesellschaft waren. Ich selbst hatte zwar die Männer, die Mom mit nach Hause brachte, immer gehasst, doch bisher hatte ich Mom nie deswegen verurteilt – es war eben ihre Lebensform. Nun aber begann ich, auf sie herabzuschauen. Ich verstand damals noch nicht, dass meine Mom gar keine andere Wahl hatte, dass sie nur in diesen Bars arbeitete, um mich und meine Brüder durchzubringen. Ich war gnadenlos. In meinem tiefsten Innern aber hörte ich nie auf, meine Mom zu lieben. Gleichzeitig hasste ich sie jedoch auch. Was ich in meinem Leben am meisten bereue, ist, dass ich den Gedanken zuließ, die kraftvollste, schönste und beeindruckendste Frau meines Lebens spiele in der Welt keine Rolle.

In diesem Alter vernahm ich auch die ersten Geschichten über Männer des Ku-Klux-Klans, die Menschen mit schwarzer Hautfarbe lynchten. Wie alle Schwarzen hatte ich Todesangst vor dem Klan. Ich traute mich nicht häufig in die weiße Gesellschaft hinein. Die meiste Zeit blieben meine Freunde und ich unter uns, in der schwarzen Community von New Orleans. Dort fühlten wir uns sicher. Dort verübten wir letztlich auch unsere kleinen Delikte. Eine Zeit lang war ich ein sehr guter Schüler, überragend im Unterricht und auch im Sport. Obwohl ich klein war für mein Alter, wurde ich im Basketball- und im Fußball-Team aufgestellt. An meiner Schule gab es keine eigene Basketballmannschaft, doch wir spielten regelmäßig im Park. Wenn ich mit anderen Sport trieb, wusste ich immer ganz genau, was zu jedem beliebigen Moment zu tun war. Doch die Erfahrungen aus dem Sozialkundeunterricht in der sechsten Klasse hatten mich geschwächt und verändert, auf eine Art, die ich nur schwer beschreiben kann. Ich blieb noch drei weitere Jahre in der Schule, doch innerlich war ich eher fertig mit meiner Schulkarriere. Ich richtete mein Augenmerk auf die Straße. Dort lernte ich sehr schnell, dass jeder Mensch nur eine Wahl hat: Kaninchen zu sein oder Wolf. Ich entschied mich für den Wolf.

Die Sechzigerjahre

Wo Gerechtigkeit verweigert und wo Armut aufgezwungen wird, wo Unwissenheit herrscht und wo eine Klasse zu spüren bekommt, dass sich die Gesellschaft verschworen hat, um sie zu unterdrücken, auszurauben und zu erniedrigen, da werden weder Personen noch Eigentum sicher sein.

Frederick Douglass

Kapitel 2
Die High Steppers

Ich begann mit den anderen Jungs im *Treme* rumzuhängen, als ich zwölf war. Ich hatte einen kleinen Job im Lebensmittelladen, wo ich »Schneebälle« herstellte: Eisraspeln in Schneeballform in einem Becher mit Zuckerrohrsirup obendrauf. Wenn der Ladenbesitzer wegschaute, verteilte ich die Schneebälle durch das Hinterfenster kostenlos an meine Freunde. Nachts standen wir unter einer Straßenlaterne an der Ecke der Dumaine und Robertson und redeten dummes Zeug, stundenlang, wir prahlten mit Dingen, die wir nie getan hatten, beschrieben Mädchen, die wir nie getroffen hatten. Alle nannten mich Fox.

Nach Schulschluss trafen wir uns regelmäßig, um zu besprechen, wie wir uns die Dinge besorgen konnten, die wir nicht hatten. Wir klauten Brot aus den Kisten draußen vor den Läden und schlichen uns heimlich ins Kino. Um an Geld zu kommen, sangen und tanzten wir im French Quarter oder stahlen Blumen auf dem Friedhof und verkauften sie den Touristen in der Bourbon Street. Um uns Essen zu besorgen, trafen wir uns vor Morgengrauen an der Bäckerei in der Orleans Street und stibitzten Brötchen und Gebäck aus den Lieferwagen, die hinter einem hohen Stacheldrahtzaun geparkt waren. Es war uns ein Leichtes, über den Zaun zu steigen, wenn wir mit einem Kissenbezug oder einem anderen Stück Stoff unsere Hände schützen konnten. Wir klauten dann ein Blech mit Backwaren aus dem Lieferwagen heraus, schütteten alles in einen Beutel, rannten die Gleise entlang bis zur Molkerei Brown's Velvet und erbeuteten dort Milch oder Eiscreme aus deren Lieferwagen. Dann trugen wir unsere Schätze in den Park und mampften, bis wir nicht mehr konnten.

Als wir von einem Konzert in der Stadthalle erfuhren, kletterten wir an der Rückseite des Gebäudes hoch, stiegen durch ein offenes Fenster im zweiten Stock hinein, rannten dann die Hintertreppe hinunter und knöpften den Kindern unten Eintrittsgeld ab. Als der Ringling-Zirkus in die Stadt kam, bewarben wir uns für einen Tagesjob zum Füttern und Tränken der Tiere. Wir häuften Heu vor den Elefanten und Pferden auf, misteten hinter ihnen aus und schleppten Wasser für die Tigerkäfige herbei. Wenn wir uns unbeobachtet fühlten, ließen wir unsere Harken und Schaufeln ins Stroh fallen, schlichen uns zu einem unbewachten Eingang und kassierten das Eintrittsgeld – unsere Freunde ließen wir umsonst rein.

Niemals hatten wir das Gefühl, ein Verbrechen zu begehen. Wir dachten, wir tricksen doch nur die Welt aus, mehr nicht. Immer waren wir allerdings auf der Hut vor der Polizei. So manches Mal waren sie hinter uns her, und zwar immer dann, wenn sie einer Gruppe schwarzer Kinder wie uns begegneten, egal, was wir gerade taten. Ganz besonders wachsam mussten wir im French Quarter sein, wo wir häufig »trommelten«: auf Pappkartons. Wenn die Polizisten uns schnappten, nahmen sie uns unser gesamtes Geld ab und verprügelten uns, bis wir uns losreißen und weglaufen konnten.

Meine Mutter schien in die Zukunft sehen zu können, denn sie versuchte, mich schon früh vor dem Gefängnis zu bewahren. »Wenn ich dich beim Klauen oder irgendeiner anderen miesen Tat erwische, verhaue ich dir den Arsch«, sagte sie jedes Mal. »Ich möchte nicht, dass du klauen gehst und so ein armer Scheiß-Kleinkrimineller wirst.« Wenn sie mich auf der Straße mit einem anderen Kind erwischte, das nach Krawall aussah, schickte sie mich sofort nach Hause. Dort bekam ich dann eine Standpauke, sie schrie mich an und ich schrie zurück. Ich war der Meinung, dass sie keinen Grund hatte, mich anzuschreien. Ich wollte auch nicht, dass sie mich kontrollierte. Andererseits hatten wir aber auch sehr vertraute Stunden mit ihr, wenn wir zusammensaßen, sie mich liebevoll in den Arm nahm und ich mit ihr über alles reden konnte. Sie liebte mein Haar. Als ich dreizehn war, ließ ich mir von meiner Mom allerdings nichts mehr vorschreiben. Wenn sie mir zum Beispiel eine Zeit nannte, zu der ich zu Hause sein sollte, war ich ganz bestimmt nicht zu dieser Zeit zu Hause. Meine Freunde und ich mussten Geld ranschaffen, um zu überleben, und wir liebten es, die dollsten Dinger zu drehen. Ich nenne diese Zeit in meinem Leben die ›Schuld der Unschuld‹. Wir wussten es nicht besser.

Zu jener Zeit begannen wir unsere Gruppe als eingeschworene Bande zu sehen und nannten uns die ›High Steppers vom Sechsten Bezirk‹, ein Name, der, wie wir dachten, uns zu Siegertypen machte. Als Bandenmitglied musste man sein Terrain verteidigen. Ich musste lernen zu kämpfen. Ich war keineswegs der geborene Kämpfer, deswegen hielt ich mich am Anfang auch damit zurück. Kämpfen machte mich körperlich krank. Wenn ich gleichaltrige Jungen mit älteren und stärkeren kämpfen sah, dachte ich immer, die hätten etwas, was ich nicht hatte. Ich fragte mich, ob ich ein Feigling war.

Mein Freund Frank drängte mich einmal, einem Blödmann, der so alt war wie ich, Lawrence hieß und mich ständig demütigte, eins zu verpassen. Aß ich ein Brot und er kam vorbei, riss er es mir aus der Hand und aß es auf. Einmal nahm er mir einfach meinen Gürtel weg. Meistens verlangte er von mir, ihm das Geld, das ich dabeihatte, auszuhändigen. Ich hatte richtig Angst vor Lawrence, er war größer als ich.

»Das kannst du nicht zulassen, was er da mit dir macht, Fox«, sagte Frank. »Wann kannst du dich endlich selbst behaupten?«

Als ich das nächste Mal Lawrence traf, war das auf dem Grünstreifen der Orleans Avenue. Ich hatte immer noch Angst vor ihm, doch als er mich wieder wegschubste, holte ich aus und versetzte ihm einen Schlag auf den Kopf. In jenem Moment lernte ich, dass Mut zeigen, nicht automatisch bedeutet, keine Angst zu haben. Mut heißt, die Angst zu beherrschen und trotz dieser Angst zu handeln. Lawrence und ich prügelten uns also und hörten erst auf, als ich wieder aufstand und er nicht. Eine Zeit lang rauften wir jedes Mal, wenn wir uns trafen. Dann gab er auf. Und ich ließ nie mehr zu, dass Angst mich davon abhielt, zu handeln.

Unsere Bande versuchte es zu vermeiden, auf dem Terrain anderer Gangs entdeckt zu werden, doch wenn wir Party in einem Haus außerhalb des Sechsten Viertels machen wollten, nahmen wir das Risiko auf uns. Wenn wir auf eine andere Gang trafen, blieben wir entweder und kämpften oder aber wir nahmen die Beine in die Hand. Wenn Gangmitglieder aus anderen Stadtvierteln unser Terrain betraten, verprügelten wir sie genauso oder jagten sie ebenfalls davon. Niemand von uns hatte damals eine Waffe. Wir hatten nur unsere Fäuste. Bandenmitglieder attackierten niemals die Familienmitglieder anderer Banden. Wenn es zwischen zwei Banden eine Fehde gab, blieb diese innerhalb der Banden. Es war stillschweigendes Einvernehmen, dass die Familie tabu war. Alle hielten sich daran. Nach wie vor fühlte ich mich nach jedem Kampf sehr schlecht und suchte mir einen Ort, um allein zu sein, ich sprach aber mit niemandem darüber. Mit vierzehn oder fünfzehn hatte ich tatsächlich den Ruf, ein harter Kerl zu sein. Nur ich selbst wusste, dass das nicht stimmte.

In heißen Sommernächten, wenn die Moskitos uns verrückt machten, verschafften wir uns Zugang zum Schwimmbad am Park und ließen das Becken mit Wasser volllaufen. Wir schalteten das Licht an, indem wir den Deckel des Schaltkastens aufbogen. Dann betätigten wir die Wasserpumpe und ließen Wasser in das Becken strömen, bis es randvoll war. Leute kamen aus den Sozialsiedlungen ringsum, um zu schwimmen. Ab und zu erschienen die Parkaufseher, schalteten den Strom aus und schickten die Leute nach Hause. Wenn sich Polizisten näherten, rannten wir in alle Himmelsrichtungen davon. Die Kinder, die geschnappt wurden, schickte man in die Jugendstrafanstalt. Erwachsene bekamen eine Anzeige wegen widerrechtlichen Betretens eines fremden Grundstücks. Meistens kam aber keine Polizei. Wenn wir genug geschwommen hatten, ließen wir das Wasser wieder ablaufen und schalteten alle Lichter aus.

Im Grunde genommen war es nicht so schwierig, ein Zusammentreffen mit der Polizei zu umgehen. Die Streifenwagen patrouillierten jeden Tag zur selben Zeit durch unser Viertel, pünktlich wie ein Uhrwerk, sodass wir uns zu dieser Zeit einfach nicht mehr blicken ließen. Wenn die Polizei unerwartet auftauchte, verschwanden wir in den Häusern oder in einer Gasse, um ihr nicht zu begegnen. Oder wir stoben auseinander und rannten. Wir rannten weg und wurden gejagt, selbst wenn wir nichts angestellt hatten. Ich war bald Meister darin, Zäune zu überspringen, wenn die Polizei hinter mir her war. Wenn sie uns wegen einer realen oder auch nur vermeintlichen Straftat schnappten, versetzten sie uns Fausthiebe oder schlugen mit ihren Gummiknüppeln auf uns ein. Ihre Schlagstöcke (»black-jacks«) nannten wir auch »flap-jacks«, denn sie machten beim Schlagen ein flatternd-klatschendes Geräusch. Die Polizisten durchsuchten uns nach Geld und kassierten, was sie fanden. Dann ließen sie uns laufen; als wir älter waren, schleppten sie uns in die Jugendstrafanstalt. Niemals wären wir auf die Idee gekommen, jemandem von den Erwachsenen zu erzählen, dass wir geschlagen oder ausgeraubt wurden. Wir nahmen es hin. Das Leben war nun einmal so.

Als ich vierzehn war, fragte meine Mom mich, ob ich meinen richtigen Vater kennenlernen wollte: Leroy Woodfox. Das überraschte mich, denn ich wusste gar nicht, dass die beiden in Kontakt waren. Mein erster Gedanke war, nein. Alles, was ich über meinen biologischen Vater wusste, war, dass er meine Mom verlassen hatte, als sie schwanger mit mir wurde.

»Warum?«, fragte ich.

»Er hat gesagt, er würde dich gerne treffen«, sagte sie. Sie gab mir die Adresse einer Chemischen Reinigung ganz in der Nähe. Er interessierte mich nicht wirklich, mein Vater, aber ich dachte, er könne mir etwas Geld geben, und so ging ich hin. Als ich die Reinigung betrat, erkannte ich ihn sofort. Ich sah genau aus wie er. Ich kann mich nicht daran erinnern, über was wir gesprochen haben, aber es war auch kein langes Gespräch. Er bot mir an, einige meiner Kleidungsstücke zu waschen. Ein paar Tage später brachte ich ihm deshalb ein paar Hosen, die er auf einen Wäschestapel in der Ecke warf. Er sagte mir, ich solle in ein paar Tagen wiederkommen. Als ich das nächste Mal die Reinigung betrat, um meine Hosen abzuholen, sah ich sofort, dass sie immer noch auf dem schmutzigen Haufen in der Ecke lagen. Ich drehte mich um und rannte hinaus – und ließ die Hosen einfach zurück. Ich sah meinen Vater nie wieder.

Um schnell Geld ranzuschaffen, nahm ich einen Job auf den Krabbenkuttern in der St. Bernard Parish an, wo ich Säcke voller Krabben und Austern in eine Lagerhalle schleppen musste. In dieser Halle standen Frauen um einen Tisch herum, lösten die Austern aus ihren Schalen und füllten sie in Büchsen, mit Saft und allem, eine nach der anderen. Diese Frauen verarbeiteten einen Sack Austern schneller, als ich es jemals für möglich gehalten hätte. Einen Teil meiner Bezahlung bekam ich in Austern und Krabben, die ich mit nach Hause nahm. Ich glaube, es war in diesem Lagerhaus, wo ich zum ersten Mal vom Hurrikan Carla hörte, der, wie es hieß, der »Jahrhundertsturm« sein würde, sollte er uns erreichen. Normalerweise liebte ich es, während eines Sturms im Hinterhof unseres Hauses zu stehen und dem Regen zuzuhören und mir zu überlegen, wie sich wohl ein Hurrikan anfühlte. Der Hurrikan Carla brach am 11. September 1961 über Texas herein und schickte Tornados bis nach Louisiana. Am Morgen des Tages, an dem der Sturm uns erreichte, war ich auf dem Weg nach Lake Pontchartrain, wo ich als Kind auf den Stufen des Hafendamms so gerne gespielt hatte. Ich sagte niemandem, wo ich hinging. Meine Mom hätte mir einen Tritt in den Hintern gegeben, wenn sie davon erfahren hätte. Bei Ebbe waren neun oder zehn Stufen oberhalb des Wasserspiegels zu sehen; bei Flut waren alle Stufen unter Wasser. Als ich mein Ziel erreichte, regnete es stark und die Flut kam. Ich suchte nach einem Platz, wo ich einen festen Stand hatte. Ich vermutete, dass das Wasser nicht über die Mauer hinüberschwappen würde, doch um auf Nummer sicher zu gehen, ging ich auf die andere Seite der Uferstraße und lehnte mich gegen einen starken Baum. Dazu band ich mir ein Seil um die Hüfte und das andere Ende dann am Baum fest, damit ich nicht weggeweht wurde.

Schnell war ich vollkommen vom Regen durchnässt. Der Wind erfasste mich, vor allem von der Seite. Normalerweise ist der Lake Pontchartrain glatt wie ein Spiegel. Jetzt beobachtete ich gigantische Wellen, die sich draußen auf dem See formten. Als ich irgendwann bemerkte, dass Wasser über die Mauer stieg, hatte es schon den Grasstreifen und fast die Straße erreicht, die am See entlangführt. Fassungslos sah ich zu, wie das Wasser die Straße entlang auf mich zuströmte und schon bald meine Füße umspülte. Als meine Füße ganz unter Wasser waren, fasste ich das Seil, um es jederzeit lösen zu können. Als das Wasser bis zu meinen Knien reichte, band ich mich vom Baum los und watete gegen den Wind auf höheres Terrain. Dann machte ich mich auf den Weg nach Hause.

Kurze Zeit nach diesem Erlebnis kreuzte mein Stiefvater mit meiner Schwester Violetta und meinem Bruder James bei uns auf. Drei Jahre lang hatten wir sie nicht gesehen. Nachdem er sie bei uns abgesetzt hatte, sahen wir Daddy nie wieder. Meine Mom teilte Vi das obere Bett zu, uns Jungs das untere. Irgendwann schaffte sie dann aber ein ausklappbares Sofa herbei, auf dem Vi schlafen konnte. Der Raum war jetzt sehr vollgestellt, doch ich war ja sowieso nachts kaum zum Schlafen im Haus. Mein Bruder Michael erinnert sich noch gut daran, wie sehr ich damals immer darauf achtete, dass alle nach der Schule sofort nach Hause kamen und abends ihr Essen hatten. Mein kleiner Bruder Haywood sagt noch immer, ich sei wie ein Vater zu ihm gewesen. Ich selbst kann mich an diese Zeit kaum erinnern. Ich war voll und ganz mit dem Leben draußen auf der Straße beschäftigt. Und bald kam auch eine neue Vaterfigur für meine Geschwister ins Spiel. Sein Name war Jethro Hamlin. Alle nannten ihn aber Pop Skeeter. Er liebte meine Mutter. Es hieß, dass wenn Ruby sagte, »Spring«, Pop Skeeter fragte, »Wie hoch?« Als Tischlermeister baute er Schränke und Regale in unseren beiden Zimmern ein, um sie wohnlicher zu machen. Pop Skeeter brachte Stabilität in die Familie. Ein paar Jahre später heirateten Pop Skeeter und meine Mom. Er ging den Rest ihres Lebens mit ihr, durch dick und dünn.

Die beste Art in jenen Jahren, an Geld zu kommen, war das illegale Parken von Autos – ein über Generationen überliefertes lukratives Geschäft. An den Wochenendabenden machte ich mich mit meinen Freunden auf den Weg ins Französische Viertel oder zur Stadthalle, wo wir die nach Parkplätzen suchenden Autofahrer anhielten und anboten, ihnen für einen Dollar freie Parkplätze zu zeigen. Wir leiteten sie zu verbotenen Parkzonen in kleinen Gassen, hinter Gebäuden, an Abhängen oder auch auf dem Grünstreifen. Jedes Mal waren wir aufs Neue überrascht, dass die Leute dort parkten, wo wir ihnen sagten. Wir rieten ihnen, »Überprüfen Sie, ob Sie Ihr Auto abgeschlossen haben«, um damit ihr Vertrauen zu gewinnen. Auf diese Weise konnten wir an einem guten Abend 50 Dollar kassieren. Wenn unsere Polizisten Langeweile hatten, patrouillierten sie mit ihren Hunden in diesen Gebieten, denn sie wussten, dass sie uns dort treffen würden. Sie versuchten sich anzuschleichen, doch sobald irgendjemand von uns sie erspähte, hörte man laut: »Polizei!«, und weg waren wir. Einmal war ich nicht schnell genug und ein Polizeihund bekam mich zu fassen. Die ›Belohnung‹ für solch einen Polizeihund war, was man landläufig »Give ’em the bite« (»Fass«) nannte. Das bedeutete, der Polizist ließ den Hund die erwischte Person einfach beißen, und zwar meistens dann, wenn sie am Boden lag. In meinem Fall ließ der Beamte seinen

Hund auf meinem Oberschenkel herumkauen. Manchmal ließen die Polizisten uns laufen, manchmal brachten sie uns in die Jugendstrafanstalt. Es gab auch Fälle, in denen die Vollzugsbeamten der Anstalt unsere Aktionen vereitelten. Einige der Wärter waren Schwarze. Einer von ihnen war Mr. Green, Aushilfs-Sportlehrer an meiner Schule. Er kannte uns alle. »Wir sehen uns dort, Woodfox«, pflegte er hinter mir herzurufen.

Aber er hatte keine Chance, mich zu erwischen.

»Morgen in der Schule bist du dran«, rief er noch, oder »Ich ruf deine Mama an!«

All dies war Teil eines Spiels. Er und ich, wir wussten beide, dass er nicht meine Mom anrufen würde. Er würde mir nichts tun am nächsten Tag in der Schule und auch an keinem anderen Tag. Es war, als spielte jeder von uns automatisch seine Rolle, ohne zu wissen, warum. Auch er hatte in meinem Alter wahrscheinlich illegal Autos geparkt. Solche Fäden sponnen sich durch meine ganze Kindheit. Die Geschichte wiederholt sich. Die Fäden hielten uns zusammen und hielten uns auf Distanz.

Meine erste Verhaftung kassierte ich wegen dieser Park-Sünden. Die Jugendstrafanstalt befand sich in einem Haus an der St. Philip Street. Die Tische und Stühle für das Personal standen in einem Raum, der wohl einmal das Wohnzimmer des Hauses gewesen war. Die Schlafzimmer hatte man in einzelne Zellen umfunktioniert. Die Fenster im ersten Stock waren mit Gitterstäben gesichert, im zweiten Stock gab es keine, da man davon ausging, dass niemand es wagen würde, aus dem zweiten Stock zu springen. Offiziell durfte kein Jugendlicher die Anstalt verlassen, bis ein Erwachsener die Entlassung unterschrieb. Es kam aber vor, dass ein Elternteil die Freilassung seines eigenen Kindes unterzeichnete und dazu die Freilassung aller seiner Freunde. Normalerweise hatte ich kein Interesse daran, darauf zu warten, dass andere Eltern mir diese Unterschrift gaben. Ich wollte auf gar keinen Fall, dass meine Mom von meiner Verhaftung erfuhr. Ich zwängte mich deswegen einfach aus einem halb geöffneten Fenster im Lagerraum hinaus, hielt mich am Fenstersims fest und ließ mich auf den Boden fallen. Hätte meine Mom das herausgefunden, wäre sie sehr wütend geworden. Sie regte sich immer furchtbar über so etwas auf, konnte aber nichts dagegen tun. Als ich jünger war, gab es schon mal Prügel mit einem Rohrstock oder Kabel, doch ab einem bestimmten Alter nahm ich diese Art der Bestrafung nicht mehr hin.

In der 10. Klasse wurde ich von der Schule verwiesen, weil ich ein Mädchen verletzt hatte. Das war während einer Schulversammlung passiert. Ich war damals Sprecher aller Zehntklässler und zusammen mit diesem Mädchen, einer Klassensprecherin, auf der Bühne. Vor allen Schülern kritisierte sie mein T-Shirt, das locker über der Hose hing – zu jener Zeit voll der Mode-Hit. Ich sagte ihr, sie solle sich um ihren eigenen Kram kümmern, und sie gab mir eine Ohrfeige. Ich setzte mich auf meinen Platz auf der Bühne. Die Demütigung, vor aller Augen geschlagen worden zu sein, ging mir während der Versammlung unentwegt durch den Kopf. Am Ende der Veranstaltung nahm ich einen der Klappstühle vom Stapel und stieß das Mädchen damit von hinten um. Sie ging k.o., doch Gott sei Dank war ihr nichts passiert. Der Direktor der Schule schickte mich augenblicklich nach Hause und ordnete an, ich solle am folgenden Tag mit meiner Mutter wieder erscheinen. Zu Hause erzählte ich meiner Mutter nichts von dem Vorfall. Ich täuschte danach ein Jahr lang vor, zur Schule zu gehen, bevor sie dahinterkam.

Nachdem ich vom Schulunterricht ausgeschlossen war, hatte ich mehr freie Zeit für die Straße und begann, größere Risiken einzugehen. In Begleitung verschiedener Freundinnen schlich ich mich in fremde Häuser, wenn deren Besitzer nicht da waren, damit ich mit den Mädchen allein sein konnte. Ich brach nachts in Geschäfte ein und klaute Geld direkt aus den Registrierkassen. Nichts in diesen Tagen oder Nächten war Teil eines größeren Plans. Niemals bedachte ich die Konsequenzen meines Tuns.

Ich hatte eine ganze Menge Freundinnen, war aber keiner von ihnen treu. Mit sechzehn ging ich mit einem äußerst hübschen, bemerkenswerten, wenn auch naiven Mädchen. Sie hieß Barbara und wir waren zusammen auf der High School. Sie wurde schwanger. Wir waren schon nicht mehr zusammen, als unsere Tochter im Januar 1964 geboren wurde, doch als ich von der Geburt hörte, fuhr ich sofort ins Krankenhaus, um die beiden zu besuchen. Der Anblick dieses neugeborenen Babys, meines Kindes, war unbeschreiblich. Barbara nannte unser Kind Brenda. Ich hatte nicht geglaubt, dass ich zu jener Zeit zu großen emotionalen Regungen fähig war, doch irgendetwas in mir drängte mich, Brenda Teil meines Lebens werden zu lassen. Wir entschieden, zu heiraten. Ein Pfarrer vermählte uns im Wohnzimmer der Wohnung von Barbaras Mutter und wir drei bezogen eine kleine Wohnung eine Etage tiefer. Diese Liebe hielt jedoch gerade einmal drei Monate, dann zog die Straße mich wieder hinaus. Ich verließ meine Familie.

Die einzige Zeit, in der ich mich in jenen Jahren frei und entspannt fühlte, war, wenn ich mit meinen Freunden Pferderennen abhielt. In der St. Ann Street befand sich ein Stall mit Pferden, die gebraucht wurden, um Touristen im Französischen Viertel in kleinen Kutschen herumzufahren. Nachts schlich ich mich mit meinen Freunden in die Stallungen, und wir führten die Pferde heimlich in den Park. Wir ritten auf dem blanken Pferderücken, denn Sättel hatten wir natürlich keine. Wir jagten auf den Pferden dahin, bis ihre Mäuler schäumten. Wenn ich auf dem Pferderücken saß, hatte ich endlich einmal keine Angst, in den Knast zu kommen. Meine einzige Angst war also, nicht mehr reiten zu können.

Kapitel 3
Autojagd

Zu Beginn des Frühjahrs 1965 war ich in ein Mädchen namens Peewee verliebt. Als wir hörten, dass im Gemeindezentrum in Houma, Louisiana – einem kleinen Städtchen, ungefähr sechzig Meilen von New Orleans entfernt – eine große Party steigen sollte, wollten wir natürlich hin. Ich fuhr Peewee, ihren kleinen Bruder Harold und ein paar Freunde in einem Auto, das nach Peewees Aussage ihrem Onkel gehörte, also hin. Ich hatte gerade meinen 18. Geburtstag gefeiert. Als wir nachts Party machten, schlich sich Peewees Bruder hinaus, um mit dem Wagen eine kleine Spritztour zu unternehmen. Er beschädigte dabei ein anderes Auto. Niemand wurde verletzt, doch obwohl er so schnell wie möglich davonflitzte, notierte sich ein Zeuge das Nummernschild und informierte die Polizei. Harold kam zurück zur Party und verlor über den Vorfall kein Wort.

Als wir später alle zusammen auf dem Rückweg nach New Orleans waren, verfolgte uns ein Polizeiwagen mit Blaulicht und heulender Sirene. Ich wollte gerade an den Straßenrand fahren, als Peewees Bruder vom Rücksitz aus losschrie: »Nicht anhalten, nicht anhalten!« Im Rückspiegel sah ich ihn mit den Armen gestikulieren. »Ich hab den Wagen geklaut«, schrie er. Ohne auch nur eine Sekunde zu zögern, schwenkte ich zurück auf die Autobahn und drückte das Gaspedal durch. Mit der Angst im Nacken wegen eines gestohlenen Autos eingelocht zu werden, ließ ich mich ungewollt auf ein 17-Meilen-Verfolgungsrennen mit dem Streifenwagen ein, wobei ich rücksichtslos alle Barrikaden durchbrach, die von den zur Hilfe gerufenen Beamten und Polizeiautos errichtet worden waren. In Schlangenlinien ging es weiter durch den Verkehr in Raceland, als Peewee, die die ganze Zeit hindurch vor sich hin geschluchzt hatte, ins Lenkrad griff und das Auto nach rechts riss. Der Wagen machte eine scharfe Kurve Richtung Kanalböschung, flog ein Stück übers Wasser, landete auf den beiden Vorderrädern, wobei die Achse vorne in zwei Teile brach, und blieb senkrecht stehen. Einen Moment lang Bewegungslosigkeit. Wir befanden uns auf der gegenüberliegenden Seite des Kanals, auf der anderen standen die Hilfssheriffs und die Streifenwagen. Ich blickte hinüber und sah, dass sie ihre Fahrzeuge verlassen hatten und uns zubrüllten, wir sollten aussteigen. Dabei fuchtelten sie mit ihren Waffen herum.

Wir öffneten die Autotüren und stoben so schnell wir konnten in unterschiedliche Richtungen davon. Hinter einem Haus entdeckte ich eine Garage, in der sich ein großes Puppenhaus befand. Da drin versteckte ich mich, und deckte mich mit einem Haufen Puppen zu. Die Hilfssheriffs kamen herein, schauten sich um und verschwanden wieder. Einige Zeit später kletterte ich aus dem Puppenhaus heraus und verließ die Garage unbehelligt. Als ich um die nächste Ecke bog, sah ich allerdings Peewee, Harold und die anderen bei den Polizeibeamten stehen. Peewee weinte. Ich wollte nicht, dass irgendeiner von ihnen ins Gefängnis kam. Also ging ich hinüber und stellte mich freiwillig.

Wir wurden verhaftet und ins Thibodaux-Gefängnis gebracht. Am folgenden Tag erklärte ich den Beamten, ich hätte das Auto für eine Spritztour gestohlen und die anderen wüssten nichts von dem Diebstahl. Peewee, ihr Bruder und die Freunde wurden auf freien Fuß gesetzt. Ich wurde des Autodiebstahls angeklagt, dazu Widerstand gegen die Staatsgewalt, Fahrerflucht und Raserei; die Polizei gab an, ich sei 170 km/h gefahren. Wir einigten uns in einem »plea bargain«[5], einem Deal, und ich bekam zwei Jahre im Thibodaux. Dort galt ich als »Trustee«[6], wodurch ich mich freier bewegen konnte als andere Häftlinge. Die Arbeit, die ich zugeteilt bekam, war entlang der Autobahn Gras zu schneiden und Müll aufzusammeln. Nach ein paar Wochen rannte ich weg.

Wie so oft, dachte ich nicht voraus. Ich hatte keinerlei Plan. Ich wollte nur nach Hause. Ich hatte bemerkt, dass die Hintertür des Gefängnisses immer bis Mitternacht offen war. Und dass im Hinterhof ein altes Fahrrad stand, unverschlossen. Die Wachen schauten jeden Abend mit den Insassen Fernsehen. Eines Abends haute ich ab, während die Häftlinge und Hilfssheriffs wieder vor dem Fernseher saßen. Ich stieg auf das Fahrrad und entkam Richtung Highway. Nachdem ich einige Stunden gestrampelt war, wurde ich müde und hielt Ausschau nach einem Platz zum Ausruhen. In dem Moment sah ich die Lastwagen

---

5 Beim *plea bargaining* wird, falls der Angeklagte gesteht, vom Staatsanwalt eine geringere Bestrafung vorgeschlagen, als im Gerichtsverfahren wahrscheinlich ist. Der Angeklagte bekennt sich in diesem Fall vor dem Richter schuldig, der das Strafmaß bestimmt. Letzteres ist in der Regel mit dem vom Staatsanwalt vorgeschlagenen identisch. Der Richter kann allerdings den Handel auch zurückweisen und ein ordentliches Gerichtsverfahren verfügen. – Das *plea bargaining* ist auch bei schweren Verbrechen zulässig.

6 Unter *trustee* versteht man einen Häftling, der durch gute Führung eine gewisse Vertrauensstellung innehat (daher der Name: *trust* bedeutet Vertrauen) und zu verschiedenen Arbeiten und Funktionen herangezogen werden kann. Die *trustees* genießen Privilegien wie vermehrte Möglichkeiten der Freizeitgestaltung, häufigere Freistunden, längere Besuchszeiten etc.

und Baumaschinen in der Kiesgrube neben der Straße. Mein Gedanke war, einfach ein kurzes Schläfchen im Fahrerhäuschen des Betonmischers zu halten. Ich fuhr rüber, kletterte rein und legte mich auf den Sitz. In dem Moment sah ich den Schlüssel im Zündschloss.

Auf dem Weg nach New Orleans lernte ich durch Herumprobieren dann von Grund auf das Schaltgetriebe eines Betonmischers kennen. Auch wenn ich nur mit 20 km/h vorwärtskam, war es doch besser als Fahrradfahren. Als ich fast zu Hause war und gerade an der Ampel Ecke St. Bernard/Clairborne anhielt, stoppte direkt neben mir ein Streifenwagen. Aus dem Augenwinkel heraus sah ich, dass die Beamten stutzten und zweimal hinschauen mussten: Sie sahen einen mageren schwarzen Jungen, der einen Betonmischer mitten durch die Stadt lenkte. Sie winkten mich raus. Ich bog nach links in die St.-Bernard-Straße, fuhr rechts ran, sprang hinaus und rannte los, so schnell ich konnte. Die Polizisten stiegen mit gezückten Waffen aus und begannen auf mich zu feuern. Ich rannte den Grünstreifen in der Clairborne Avenue entlang, hinein in eine kleine Gasse, sprang über ein paar Zäune und entwischte ihnen. Als ich anhielt, um Luft zu schöpfen, merkte ich, dass ich mein Portemonnaie auf dem Armaturenbrett des Betonmischers vergessen hatte. Trotzdem versteckte ich mich nicht. Wie dumm von mir. Am folgenden Tag saß ich auf den Eingangsstufen eines Hauses bei einer Freundin im Sechsten Bezirk, ihr Kind auf dem Schoß, als eine Zivilstreife mit Kriminalbeamten aus Thibodaux und New Orleans um die Ecke bog. Wir schauten uns gleichzeitig in die Augen. Mit dem Kind auf dem Schoß konnte ich nicht wegrennen, und so blieb ich sitzen, wo ich war. Die Kriminalbeamten stiegen aus, Waffen im Anschlag, und kamen zu mir rüber.

»So, so«, sagte einer von ihnen, der mein Portemonnaie in der Hand hielt, »Mr. Woodfox.«

Ich bekam Handschellen angelegt und wurde in den Streifenwagen gesetzt. Auf dem Weg ins Zentralgefängnis verprügelten sie mich, denn sie fühlten sich an der Nase herumgeführt. Man brachte mich zurück in die Zelle nach Thibodaux. Die Anklage lautete: Flucht aus dem Gefängnis, Diebstahl, Fahren ohne Fahrerlaubnis, Widerstand gegen die Staatsgewalt und Geschwindigkeitsüberschreitung. Der Richter erklärte mir, dass ich wählen konnte: vier Jahre im städtischen Gefängnis von Houma oder zwei Jahre ins Hochsicherheitsgefängnis des Staates Louisiana, auch bekannt unter dem Namen »Angola«, mit der Möglichkeit, nach 90 Tagen guter Führung ins DeQuincy Jail verlegt zu werden, einem Gefängnis mit niedriger Sicherheitsstufe. Ich hatte meine ganze Kindheit lang mitbekommen, wie Jungs aus meiner Nachbarschaft, die aus dem Angola zurückkamen, anschließend höchsten Respekt genossen. Ich dachte, es wäre eine große Ehre, dort hinzukommen. Ich entschied mich für das Angola. Ich war achtzehn.

Kapitel 4
Angola, 1960er-Jahre

Das Leben in einer Gang hatte mich gelehrt, meine Angst zu meistern und trotz Angst zu handeln. Diese Lektion sollte mir im Angola gute Dienste leisten. Die Horrorgeschichten aus dem Gefängnis im Jahre 1965 waren nicht übertrieben. Das Angola erinnerte an eine Sklavenplantage, die es früher ja auch einmal gewesen war. Die Insassen waren nach Rassen getrennt; die meisten Gefangenen waren schwarz. Die afroamerikanischen Häftlinge erledigten 99 Prozent der Feldarbeit mit ihren Händen, normalerweise ohne Handschuhe, von geeignetem Schuhwerk ganz zu schweigen. Die weißen Aufseher ritten auf ihren Pferden die Reihen der Arbeitshäftlinge ab, Gewehre quer über den Sattel gelegt, und brüllten die Männer pausenlos an: »Schneller arbeiten, ihr alten Säcke« oder »Nigger.«

Als ich ins Angola kam, erstreckte sich eine der sechs Sklaven-Plantagen, die ursprünglich dem US-Sklavenhändler Isaac Franklin gehörten, über mehr als sieben Hektar Nutzfläche. Es gab dort ein Hauptgefängnis, genannt »big yard«, das die meisten Häftlinge beherbergte und einige »Camps« – abseits gelegene Gebäude mit Schlafsälen, Zellenblöcken, einem Speiseraum und Büros – meilenweit vom Hauptgebäude entfernt und durch Getreidefelder und Sumpfgebiete abgetrennt. Das Gefängnisareal war an drei Seiten vom Mississippi begrenzt, im Osten von den Tunica Hills. Im Jahre 1869 verpachtete die Witwe des Sklavenhändlers vier Plantagen an den früheren *Confederate Mayor*, der das Land bewirtschaften wollte. Als Teil eines legalisierten »Sträflingsvermietungsprogramms«, das im gesamten Süden nach dem amerikanischen Bürgerkrieg Anwendung fand, »mietete« er sich Gefangene aus New Orleans und anderen Stadtgefängnissen und ließ sie auf seiner Farm arbeiten. Die Häftlinge, von denen viele nur wegen kleinerer Delikte verurteilt waren, wurden in ehemaligen Sklavenbehausungen untergebracht und mussten sieben Tage in der Woche schuften. Sie litten Hunger und wurden geschlagen. Es hieß, Hunderte seien jedes Jahr gestorben, doch diese Zahlen hatten auf das Geschäft des *Confederate Mayor* keine Auswirkung. Es gab keinen Mangel an neuen Sträflingen. Im Jahre 1901 kaufte schließlich der Bundesstaat Louisiana das gesamte Territorium auf und errichtete dort das Staatsgefängnis: das *Louisiana State Penitentiary*, »The Farm« oder allgemein üblich das »Angola« genannt. Den Namen »Angola«, erhielt das Hochsicherheitsgefängnis nach dem afrikanischen Land, in dem die ursprünglichen Sklaven, die nun auf den amerikanischen

Plantagen arbeiteten, geboren worden waren. Der Name passte, wie ich fand, das Vermächtnis der Sklaverei war allgegenwärtig: im Boden unter unseren Füßen und in der Luft, die wir atmeten, überall, wo wir hinschauten.

Als ich im Juni 1965 im Angola ankam, waren alle dort beim Erbsenpflücken, glaube ich. Alle Gefangenen wurden zunächst dreißig Tage im Aufnahmezentrum (*RC, Reception Center*) untergebracht, dem ersten Gebäude direkt hinter dem Eingangstor. Dort erklärte man uns die Gefängnisregeln, wir lernten den Arzt, den Sozialarbeiter und den *classification officer* (verantwortlich für die Eingruppierung der Häftlinge) kennen. Der Beamte, der diese Eingruppierung vornahm, teilte uns unsere Jobs und die Wohnräume zu. Ich hatte die Hosen voll, zeigte es jedoch nicht. Cool zu sein kann im Gefängnis zwischen Leben und Tod entscheiden. In jedem Schlafsaal des Aufnahmezentrums standen ungefähr 50 bis 60 Betten, ein Strom von Gefangenen ging rein und raus. Als ich eintraf, kannte ich niemanden dort, doch einen von ihnen, T. Ratty, wie ich aus New Orleans, lernte ich bald näher kennen.

Das Sicherheitspersonal und alle ranghöheren Offiziere im Angola waren weiß, und wir nannten sie die »Freien«. Die Freien stammten aus Generationen weißer, im Angola-Gefängnis geborener und aufgewachsener Familien. Ein Teil der hochrangigen Offiziere wohnte in *B-Line*, einer kleinen Ansammlung von Häusern und Wohnwagen. Einige Häftlinge arbeiteten dort für die *Freien*, die Gefängnisbediensteten und ihre Familien. Sie wuschen deren Autos, mähten ihnen den Rasen und strichen die Häuser. Die Freien führten das Gefängnis.

Da zu jener Zeit aber nur 300 *Freie* mehr als 5000 Häftlingen gegenüberstanden, wurde noch eine zusätzliche Sicherheitsstufe eingebaut: Hunderte weiße und schwarze Gefangene wurden mit Flinten ausgestattet. So kam es, dass inhaftierte Wärter Leute ihrer eigenen Rasse zu beaufsichtigen hatten.

Zum Teil bewachten allerdings auch weiße Häftlinge schwarze Mitgefangene: auf den Feldern, im Wachturm, im Speisesaal zum Beispiel. Für das aus den Insassen ausgewählte Sicherheitspersonal gab es keine vorherigen psychiatrischen Gutachten. Viele von ihnen waren wegen Mordes oder Vergewaltigung zu lebenslanger Haft verurteilt. Niemand bekam ein spezielles Training. Inhaftierte Aufseher lernten von anderen inhaftierten Aufsehern. Die *Freien*, von denen viele sofort nach Abschluss der High School im Gefängnis mit der Arbeit anfingen, lernten von ihren Onkeln, Vätern und Großvätern, die alle im Angola beschäftigt gewesen waren.

Gleich als ich im RC eintraf, hörte ich die Insassen über den »fresh fish day« sprechen, den Tag also, an dem die erstmalig Inhaftierten nach den ersten dreißig Tagen im RC nun in die Gefängnis-Gemeinschaft aufgenommen wurden. An diesem Tag machten sich die Sex-Jäger bereit, um die Neuen zu taxieren und die leichtesten Opfer auszumachen. Sex-Sklaverei war gang und gäbe im Angola. Die Verwaltung nahm es stillschweigend hin. Ich habe gesehen, wie Männer im RC vergewaltigt wurden. Die Freien taten nichts, um dem Einhalt zu gebieten. Sie wollten Gefangene ohne Seelenleben. Sie wollten Gefangene, die einander fürchteten und einander missbrauchten; auf diese Weise waren sie leichter zu kontrollieren. Wenn du im Angola vergewaltigt wurdest, was sie dort »turned out« nannten, war dein Gefängnisleben eigentlich gelaufen. Du warst dann ein »gal-boy«, Eigentum deines Vergewaltigers. Du wurdest von ihm verkauft, verkuppelt, misshandelt und missbraucht, und manchmal auch von den Wächtern. Der einzige Ausweg war, dich selbst umzubringen oder deinen Peiniger umzubringen. Wenn man seinen Peiniger umbrachte, war man zwar die ›Leibeigenschaft‹ innerhalb der Gefängnismauern los, dafür wurde man aber höchstwahrscheinlich des Mordes angeklagt und musste den Rest seines Lebens im Angola verbringen.

Die Freien und die inhaftieren Wärter nutzten diese »Herr und Knecht«-Beziehung skrupellos aus. Sie konnten die gewalttätigsten und mächtigsten Häftlinge in Schach halten, indem sie ihnen drohten, ihnen die »gal-boys« wegzunehmen. Wenn ein Häftling »gut« war, durfte er seinen *gal-boy* behalten, und jeder Gefängniszuhälter tat so gut wie alles dafür, seinen *gal-boy* behalten zu dürfen. Die Freien benutzten außerdem gewaltbereite Vergewaltiger dazu, andere Insassen vorsätzlich zu verletzen, indem sie sie zu jenen Gefangenen in die Zelle steckten, die sie bestrafen wollten, oder indem sie sie in Situationen brachten, in denen es um Leben oder Tod ging. Solche Gefangene hießen »rape artists«.

Immer wieder verkauften Orderlies, inhaftierte Wärter und Freie, die im Aufnahmezentrum beschäftigt waren, die Namen von jungen und schwachen Neuankömmlingen an diese Raubtiere innerhalb der Gefängnisbevölkerung. Auch ich musste um einiges selbstsicherer auftreten, als es mir lieb war, um die Jungs davon abzuhalten, mit mir ihre Schweinereien auszuprobieren. Ich durfte nicht unsicher gucken. Ich durfte keine Schwäche zeigen. Also verstellte ich mich. Zum Glück hatte ich den Ruf, ein Kämpfer zu sein, der niemals aufgab. Es gab Gefangene im Angola, die ich von der Straße kannte, und die mich auch kannten oder von mir gehört hatten. Gerüchte verbreiten sich schnell im Knast. Die Typen tratschten und lästerten. Es hieß, dass wenn du mir heute eins auf den Arsch gibst, dann musst du es morgen noch mal tun. Du musst es jeden Tag tun, und zwar für den Rest deines Lebens, wenn es sein muss. Dies zu wissen, half mir ungemein.

Das Hauptgefängnis war in zwei Teile geteilt: die »Trustee-Seite« und die »Big Stripe«-Seite. Der Name Big Stripe stammte aus der Zeit, in der die Gefangenen aus dem Hochsicherheitstrakt schwarz-weiß gestreifte Häftlingsanzüge trugen. Ich hatte einfach pures Glück, dass der Beamte, der uns einteilte, mich auf die Trustee-Seite schickte. Auf der »Big Stripe«-Seite durften sich die Gefangenen nur innerhalb bestimmter Begrenzungslinien bewegen, ansonsten konnten sie von dem im Kontrollturm sitzenden Wärter erschossen werden. Der Einstufungsbeamte teilte mir meinen Job zu: Feldarbeit. Ich kam in eine Gruppe mit dem Namen *Bully 100* (»Tyrann«), denn der Vorarbeiter hatte den Ruf, die Gefangenen wahnsinnig hart arbeiten zu lassen. Das machte mir nichts aus. Ich hatte keine Angst vor harter Arbeit. Ich wusste sehr gut, was Feldarbeit hieß, denn das hatte ich bei meinen Großeltern auf der Farm gelernt.

Als meine Gruppe in die Gefängnisbevölkerung integriert werden sollte, lud man uns in einen alten Schulbus, der uns zum Hauptgefängnis brachte. Ein Wächter fuhr, ein anderer auf dem Beifahrersitz, eine Kabinentür trennte sie von den Häftlingen. Ein Riesentheater hinten im Bus: Wortgefechte, handfester Streit, sexuelle Übergriffe, direkt im Bus. Die Freien vorne in der Kabine ignorierten alles. Keiner der beiden wollte die Tür öffnen und hinten für Ordnung sorgen.

Sobald der Bus durch den Schleusenbereich ins Hauptgefängnis eingefahren war, konnten wir schon die Stimmen und Rufe der Sex-Jäger hören. Sie standen in einer Reihe und steckten ihre Finger durch den Maschendrahtzaun. Die Freien erlaubten es ihnen, die eintreffenden Häftlinge anzubrüllen. Der Bus hielt hinter dem Waschraum. Wir wurden aufgefordert, auszusteigen und uns in einer Reihe aufzustellen. Die Trustees sollten nach links in ihre Schlafsäle gehen; die Gefangenen der mittleren Sicherheitsstufe nach rechts.

Ich ging nach links in den Gang hinein. T. Ratty folgte mir. Der Gang war sehr lang. Er führt die gesamte Strecke zwischen den Schlafsälen des Hauptgefängnisses entlang. Ich hörte die Rufe: »Hab dich Junge.« »Du bist meiner.« »Schaut euch diesen Arsch an.« Die Peiniger hielten nach den Jungs Ausschau, für deren Namen sie gezahlt hatten und die sie nun erwarteten. Andere versuchten die schwächsten Typen herauszupicken, um sie einzuschüchtern. In der Nähe der Schlafsäle standen weitere Gefangene auf der anderen Seite des Zauns – dies aber keine

Sex-Jäger, sondern Männer, die nach bekannten Gesichtern suchten. Ich sah jemanden, den ich aus New Orleans kannte. Ich wusste nicht, wie er hieß, aber er winkte mich zu sich. Ich nahm T. Ratty mit. Der Häftling führte uns in unseren Block mit Namen Zypresse. In jedem Block gab es vier Schlafsäle. Ich war in Zypresse 1. Jeder Schlafsaal war für 60 Gefangene ausgelegt, doch sie waren stets überfüllt. Man erreichte seinen Schlafsaal durch das, was sie den Gemeinschaftsraum nannten, mit Bänken und Schließfächern. Der Hauptteil des Gebäudes war der Schlafbereich, mit langen Bettreihen. Jeder Häftling bekam eine Pritsche zugewiesen, an deren Kopfende sich eine Metallkiste befand. Das Fernsehzimmer lag am hinteren Ende des Schlafsaals. Insgesamt gingen 26 von uns an jenem Tag diesen Gang entlang. T. Ratty und ich waren die Einzigen, die nicht herausgegriffen wurden.

Im Schlafsaal angekommen wartete die nächste Herausforderung auf uns. Jeder neue Häftling musste sich in der Kleiderkammer ein Handtuch und Bettzeug holen, und während dieser Zeit war die Jagd auf seine Sachen, die auf dem Bett zurückblieben, eröffnet. Alles wurde geklaut, wenn du nicht jemanden im Schlafsaal kanntest, der ein Auge auf dein Scheißzeug hatte. Ich hatte zwar noch keine Freunde dort, doch ein paar der Typen aus New Orleans wussten, wer ich war, und so fragte ich einen von ihnen, ob er auf meine wenigen Habseligkeiten aufpassen könnte. Er tat es.

In der Kleiderkammer dann die nächste Abzocke. Wir bekamen Laken und eine Decke und sollten dann noch die für unsere Arbeit benötigten Kleidungsstücke erhalten – Handschuhe für Feldarbeiter, Schürzen für Küchenhilfen. In den meisten Fällen reichte der inhaftierte Angestellte in der Kleiderkammer dem Gefangenen aber nicht einfach das Kleidungsstück rüber, sondern versuchte, ein Geschäft daraus zu machen und den Häftlingen die Sachen zu verkaufen. Und er bezahlte den Freien dafür, wegzuschauen. Wenn man also keine Möglichkeit hatte, zu verhandeln oder die Sachen reell zu kaufen, hatte man richtig Pech. In der Kleiderkammer gab es immer zu wenig Jacken, Stiefel und Handschuhe. Feldarbeiter sollten natürlich welche bekommen, aber das funktionierte nur selten. Die Freien nutzten die Kleiderkammer als ihr eigenes persönliches Kämmerchen und rissen sich die den Häftlingen zugedachten Kleidungsstücke einfach unter den Nagel, entweder um sie selbst zu tragen oder um sie außerhalb der Gefängnismauern zu verkaufen.

Und sie stahlen nicht nur Kleidung. Hochrangige Beamte klauten Essen und Zahnpasta, Seife und Toilettenpapier, einfach alles, wonach ihnen der Sinn stand – eigentlich alles für die Häftlinge gedacht. Wir merkten genau, wann der gesamte Fleischvorrat weg war. Dann gab es nur noch Fleischwurst sieben Tage in der Woche, über Monate. Gebratene Fleischwurst, gekochte Fleischwurst, Spaghetti mit Fleischwurst und Fleischwurst-Sandwiches.

Nur ein einziges Mal versuchte ein Häftling, mich zu vergewaltigen. Sein Name war Gilbert. Ich setzte mich zur Wehr. Kämpfen war mir nie leichtgefallen, auch jetzt im Gefängnis nicht. Es schien mir immer eine ganz bewusste Tat, zu der ich mich zwingen musste. Manchmal geriet ich in wirkliche Scheiß-Kämpfe hinein, in denen es um irgendeinen Schwachsinn ging, doch ich kämpfte nur, wenn ich unbedingt musste; wenn ich mich selbst schützen musste oder wenn mein Ruf auf dem Spiel stand. Um deinen Ruf zu schützen, waren ganz bestimmte Verhaltensweisen wichtig. Wenn jemand dich herausfordert und du kämpfst nicht, dann ist dein Ruf weg; einfach weg. Was heute gut ist, ist morgen einen Scheißdreck wert. Es gab alle möglichen Arten von *Dos und Dont's*, ein vermintes Gelände. Man muss aufpassen, wie man einen aggressiven Typen anspricht, wie man ihn anschaut. Bemerkungen wie »Mit wem verdammt redest du, Scheißkerl?« oder »Meinst du mich, ey?«, konnten schon Kampf bedeuten. Ich kämpfte immer bis zum Ende, bis ich den anderen niederschlug oder er aufgab oder jemand dazwischenging. Meistens versuchte ich, im Hintergrund zu bleiben, aber ich kämpfte, wenn es nicht anders ging. Wenn man im Angola nicht bereit war zu kämpfen, wurde man lebendig aufgefressen.

Ich habe niemals jemanden rausgepickt von den Neuen. Ich habe niemals in meinem Leben jemanden vergewaltigt. Ich habe im Gefängnis nie jemandem bestohlen, nur einmal, da habe ich eine Metallkiste geknackt. Der Typ hatte mich herumkommandiert, was wir »roboting« nennen. Ich konnte nicht zulassen, dass er mich so herumkommandierte. Wenn ich es zuließe, hätten die anderen Häftlinge den Respekt vor mir verloren oder selbst versucht, mich zu gängeln. Als Vergeltungsmaßnahme knackten ein paar von uns das Schloss seiner Metallkiste und nahmen alle seine ›Besitztümer‹ heraus. Als er zurückkam, fühlte ich mich hundsmiserabel. Ich fühlte mich jedes Mal elend, wenn ich etwas gegen meine Natur getan hatte. Bei den Wärtern passte ich aber höllisch auf. Wenn man sich auch über die Mitgefangenen keine Gedanken zu machen brauchte, über das Sicherheitspersonal schon.

Die Freien und die inhaftierten Wachen hatten Macht über Leben und Tod, und sie hatten keinerlei Respekt vor dem Leben. Sie hatten dein Leben in der Hand. In jenen Jahren, Mitte der 1960er, gab es keine gegenseitigen Kontrollen, keine Aufsichtsbehörde. Die Zeit der Sklaverei und der Vermietung von Sträflingen ging zwar offiziell zu Ende, schien allerdings mit der grausamen Geschichte des Angola nahtlos in die Gegenwart überzugehen. Das Angola wurde wie eine Sklavenplantage aus der Zeit vor dem Bürgerkrieg geführt. Ein Freier durfte den Häftling anbrüllen, ohrfeigen, demütigen, sogar schlagen. Und selbst wenn der Häftling nur eine Erwiderung zurückgab, ging er in den Kerker. Wenn er physischen Widerstand leistete, wurde er auf dem Weg zum Kerker zusätzlich brutal misshandelt. Freie schlossen sich in Gruppen zusammen und verbündeten sich gegen Häftlinge, schlugen auf Gefangene in Handschellen und Fußfesseln ein, höhlten Baseballschläger aus und füllten sie mit Blei, um richtig zuschlagen zu können.

Die Aussicht, in den Kerker geschickt zu werden – »eingelocht« zu werden – hing wie ein Damokles-Schwert über uns. Ich habe viel über den Kerker – ein Zellenblock, nicht weit vom Hauptgefängnis entfernt – gehört. Gefangene mussten dort 24 Stunden am Tag eine Zelle mit anderen Häftlingen teilen. Totale Isolation. Brot zum Frühstück, Brot zum Mittagessen, Brot zum Abendessen. Für uns hieß dieser Ort »the hole«, das Loch. Selbst die Freien der untersten Rangstufe konnten dich ins »Loch« schicken, wenn ihnen nicht gefiel, wie du sie anschautest oder wenn sie dein Gesicht nicht mochten; wenn du nicht schnell genug gingst oder wenn du zu schnell gingst. Ständig hörte man, »Nigger, mach das jetzt oder ich loch deinen Arsch ein, Nigger.« Schwarze Häftlinge waren »Dinge«. »Wohin schaust du, alter Sack?« »Los jetzt, alter Sack, oder ab ins Loch!« Gefangene wurden teilweise wochenlang im Kerker festgehalten. Dazu waren keinerlei Formalitäten notwendig.

Die Erinnerung an die Gewalt im Angola zu jener Zeit ist absolut schmerzhaft. Es tut mir weh, darüber zu sprechen. Die Freien und die Häftlingswachen konnten die Gefangenen nach Lust und Laune angreifen und misshandeln. Ich habe Sicherheitsleute gesehen, die mit Baseballschlägern brutal auf Gefangene einschlugen. Ich habe Insassen gesehen, die am helllichten Tage während des Ausgangs mir nichts dir nichts ihre Mithäftlinge erstachen. Es gab Messerstechereien im Angola ohne ersichtlichen Grund, Gefangene gingen aufeinander los, während sie zusammen ein Fußballspiel im Fernsehen anschauten. Jeder, der sich bewaffnen wollte, durfte das. Es war die einfachste Sache der Welt, sich ein »shank«, ein improvisiertes Messer, zu besorgen. Die Männer steckten sich zum Schutz einen Haufen Zeitschriften und Telefonbücher in die Kleidung an Brust und Rücken. Sie trugen Sonnenbrillen, wenn sie auf ihren Pritschen lagen, damit es so aussah, als wären sie wach, während sie schliefen, und sie konnten Schlaf vortäuschen, während sie wach waren.

Kapitel 5
Gefängnistage

Die Mehrheit der Gefangenen besaß absolut nichts, sodass jeder Einzelne eigentlich nur pausenlos darum bemüht war, sein Überleben zu sichern. Ich blickte stolz darauf zurück, wie ich draußen auf der Straße überlebt hatte; hier im Gefängnis gingen mir die ständigen Machenschaften und die Abzocke auf die Nerven. Ich vermisste das Gefühl ehrlicher Kameradschaft. Der größte Mythos auf der Welt ist der, dass unter den Dieben Achtung und Ehre herrscht. Die Jungs hauten sich in die Pfanne, wo es nur ging. Sie taten es nicht öffentlich, doch wenn ein Gefangener in der Klemme saß, versuchte er neun von zehn Mal mit einem Deal aus der Sache rauszukommen. Es gab aber auch Jungs, die stark blieben und am Kodex festhielten – von denen lernte ich. Unser Kodex besagte: niemanden verpfeifen, kümmere dich um dein eigenes Problem, und wenn du etwas tust, wofür ein anderer eingelocht wird – und es sieht nicht so aus, als ob er da allein wieder rauskäme – dann steh dazu! Ich war immer stolz darauf, an diesem Kodex festzuhalten. Schon damals hatte ich ein Gespür dafür, wie ich mir meine Ehre und meine Selbstachtung bewahren konnte.

In jedem beliebigen Gefängnis existiert ein Schwarzmarkt, und der Schwarzmarkt im Angola ist legendär. Zwar ist nicht jeder, der ins Gefängnis kommt, darauf aus, sich am Schwarzmarkt zu bedienen, doch irgendwann kommt früher oder später doch der Moment, wo du was brauchst, und jemand anderes kommt vorbei, der es hat, und du fängst an zu handeln. Alles, einfach alles kann man im Gefängnis kaufen oder tauschen: Seife, Socken, Nadeln, Zucker. Jahre später, als ich in Einzelhaft saß, konnte ich sogar so etwas Unmögliches wie eine Zwiebel über den Schwarzmarkt im Angola bekommen.

Fast alles konnte man kaufen, und fast jeden konnte man mit irgendetwas ausbezahlen. Für eine Stange Zigaretten konnte man einen inhaftierten Büroangestellten dazu bringen, einen Disziplinarbericht zu ändern, sodass aus einer schwerwiegenden Straftat, z. B. einem tätlichen Kampf, eine weniger schlimme wurde, z. B. ein Wortgefecht mit einem Freien. Die Sicherheitsleute auszubezahlen war gang und gäbe – bis hin zu hochrangigen Beamten. In dieser Art und Weise wickelten selbst die Drogendealer offen ihre Geschäfte auf dem Gefängnishof ab. Von einigen Freien hieß es, sie selbst brächten Drogen und andere Schmuggelware ins Gefängnis.

Jene Insassen, die die Geschäfte für die Freien und ihre Vorgesetzten machten – die meisten von ihnen weiße Angestellte –, hatten große Macht. Du konntest dir bei ihnen für 50 $ einen neuen Job kaufen, für 20 $ einen neuen Schlafraum. Der Beamte erhielt das Geld bar auf die Hand und dafür bekam der inhaftierte Geschäftemacher einen Blankoscheck für Glücksspiele und Zuhälterei. Sicherheitsleute zahlten auch Gefangene aus – mit besseren Jobs, sichereren Zellen und anderen Privilegien –, wenn sie ihnen Informationen lieferten. Ein Gefängnisspitzel war ein Schwächling. Er war ein gebrochener Mann. Er erzählte dem Sicherheitsdienst, was immer der hören wollte.

Der Erfolg beim Schwarzhandel hing normalerweise davon ab, welchen Job man hatte. Küchenhelfer hatten da gute Chancen, denn sie konnten an Essen und Küchenutensilien herankommen, nach denen stets große Nachfrage herrschte. Als Feldarbeiter hatte ich nichts zum Tausch anzubieten. Ich kam nur zurecht, weil meine Mom mir immer etwas Geld daließ, wenn sie mich besuchte. Es war immer ein Kampf für meine Mom, genügend Geld zusammenzubekommen, um mich besuchen zu können, doch sie kam fast jeden Monat ein Mal. Ein Typ in New Orleans machte mit seinem Bus jede Woche eine Tour zum Angola für die Familien der Häftlinge, die sonst nicht hinkamen. Eine Rundtour kostete 12 $; für Kinder 6 $. Wir trafen uns immer in einem großen Gemeinschaftsraum mit langen Tischreihen. Meine Mom hat mich nie danach gefragt, was ich damals auf der Straße angestellt hatte, sodass wir nie ein Wort über meinen Fall verloren. Ich hatte ihr nie erzählt, dass ich aus dem Thibodaux ausgerissen war, weil mich niemand besuchte und weil ich sie so vermisste; ich wollte damals einfach nur nach Hause. Ich hatte ihr auch nie erzählt, dass ich den Kopf hingehalten hatte für Peewees Bruder. Über solche Dinge haben wir nie gesprochen. Ich fragte sie über Tante Gussie aus, über meine Geschwister und Freunde und die Leute in der Nachbarschaft, und sie erzählte mir alles, was so passierte. Ich war immer sehr glücklich, wenn ich sie sah. Und sie war glücklich, mich zu sehen. Am Ende ihres ersten Besuches umarmten wir uns lange, und sie versprach, beim nächsten Mal meinen achtjährigen Bruder Michael und meine dreizehnjährige Schwester Violetta mitzubringen.

Häftlingen war es nicht gestattet, Bargeld zu besitzen, doch jeder von uns hatte ein Konto. Der Arbeitslohn – zwei Cent pro Stunde – wurde auf dieses Konto überwiesen, wie auch das Geld, das wir von Freunden oder Verwandten bekamen. Wir durften jeden Monat Kantinenmarken bis zu einem Gesamtwert von 10 $ oder auch mal 15 $ kaufen, mit denen man im Gefängnisladen statt mit Geld bezahlen konnte. Diese Kantinenmarken waren die Gefängniswährung. Nach den Marken kamen sofort Zigaretten. Die Freien ließen sich lieber in Kantinenmarken ausbezahlen. Und was sie nicht bekamen, das holten sie sich. Die Marken erhielten wir in Heftform, beim Bezahlen im Laden wurden sie herausgetrennt. Den Gefangenen war es nicht erlaubt, lose, einzelne Marken mit sich herumzutragen. Daher gab es immer wieder Freie, die die Gefangenen auf ihrem Weg nach draußen filzten und die losen Marken, die sie fanden, konfiszierten, um sie selbst einzulösen. Auch die Wärter, die die Schlafsäle und Zellen durchsuchten, behielten alle losen Marken für sich. Die Gefängnisregeln besagten eigentlich, dass das Wachpersonal keine Kantinenmarken besitzen durfte, doch ein Freier konnte eine 50er-Rolle aus seiner Tasche ziehen, um im Gefängnisladen zu bezahlen, und niemand würde daran Anstoß nehmen.

Eine meiner größten Schwierigkeiten in den ersten Monaten im Angola war es, mit dem immer gleichen Tagesablauf zurechtzukommen. Unser Tag begann mit dem Pfiff gegen 5 Uhr morgens. Wir zogen uns an, wuschen uns und stellten uns fürs Frühstück in einer Reihe auf. Jeder Zellentrakt wurde separat in den Speisesaal gerufen. Der Eiche-Trakt, wo die Weißen untergebracht waren, kam immer zuerst dran. Danach die drei Gruppen mit Schwarzen, in rotierender Reihenfolge. Jede Gruppe wurde von zwei Wärtern begleitet. Einer der beiden ging zusammen mit den Häftlingen in den Speisesaal; der andere blieb in der Wachkabine oder auf dem Gang, regelte die Menschenströme und trieb die Leute zum Weitergehen an. Am Speisesaal gab es eine Tür für Weiße und eine für Schwarze. Jeder Häftling bekam einen Löffel oder eine Gabel und stellte sich dann in die Reihe zwischen den Tischen. Hinter Warmhaltetischen schöpften inhaftierte Angestellte das Essen auf die Teller. Schwarze und Weiße warteten in getrennten Reihen, denn wir wurden ja auch getrennt in den Speiseraum gerufen – Weiße wurden von Weißen bedient – und saßen an separaten Tischen. Wenn wir saßen, hatten wir genau fünfzehn Minuten Zeit zum Essen. Wenn ein Freier auf deinen Tisch zeigte, standen alle an diesem Tisch gemeinsam auf, warfen die Essensreste in den Mülleimer an der Tür, übergaben Besteck und Tablett unter Aufsicht eines Wächters einem Freien und gingen hinaus. Dutzende von Katzen hatten sich vor der Tür des Speiseraumes versammelt, denn viele Gefangene warfen ihnen beim Hinausgehen Essensabfälle aus ihren Hosentaschen hin. Alle, die an diesem Tag arbeiteten, meldeten sich bei ihrem Aufseher zum Zählappell. Vor dem Mittagessen gingen wir alle zum erneuten Zählen in unsere Schlafsäle zurück, danach zum Mittagessen – gleicher Ablauf wie beim Frühstück – und dann dasselbe noch einmal beim Abendessen.

Nach dem Abendessen stand denen, die wollten, etwas freie Zeit auf dem Hof zur Verfügung. Manchmal gab es Filmabende (einen für Weiße, einen für Schwarze). Wir konnten auch Fußball spielen. Ab und zu spielten weiße Häftlinge gegen schwarze. Viele gingen aber in ihre Schlafsäle zurück und spielten Karten oder schauten Fernsehen. Tag für Tag. Schwierig, sich daran zu gewöhnen.

Weiße Häftlinge hatten zu jener Zeit im Angola fast die gesamte Verwaltungsarbeit übernommen. Die Schreibtischjobs wurden ausschließlich an weiße Gefangene vergeben. Diese bekamen auch überwiegend Arbeit in den Reinigungskolonnen, in den Werkstätten und in den Betrieben auf dem Gefängnisareal: Zuckerfabrik, Konservenfabrik und eine Werkstatt zur Herstellung von Autokennzeichen. Die Schwarzen arbeiteten fast ausschließlich draußen auf den Feldern, meldeten sich morgens nach dem Frühstück in der Eingangsschleuse – am Sicherheitstor – ab und wurden auf Tiefladern oder auf langen, von Traktoren gezogenen Wagen, genannt »Hootenannies«, auf die Felder gebracht. Unsere Arbeit auf den Feldern wechselte mit der Jahreszeit. Wir pflanzten Kohl, Baumwolle, Spinat, Okraschoten, Mais und andere Gemüsesorten. Wir ernteten sie auch. Es gab keine Landmaschinen, die uns die Arbeit erleichterten, und die meisten von uns hatten noch nicht einmal Handschuhe oder festes Schuhwerk. Das Baumwollpflücken war einer der schlimmsten Jobs auf dem Feld. Wenn man es nicht richtig konnte, riss man sich die Hände auf. Als wir einmal eine Viehweide säuberten, fand ich ein zitterndes Kaninchenjunges im Unkraut versteckt. Seine Mutter war nirgends zu sehen, wahrscheinlich hatten die Häftlinge vor mir sie schon entdeckt und sie brutzelte schon über dem Feuer draußen an der Landzunge, wo Kaffee und Essen für die Vorarbeiter gerichtet wurde. Ich nahm das Kaninchen hoch und steckte es in meine Jackentasche. Ich wollte es meiner Schwester Violetta bei ihrem nächsten Besuch mitgeben. Zurück im Schlafsaal setzte ich es in einen Schuhkarton, den ich unter mein Bett schob. Vi nahm den Kleinen mit nach Hause und gab ihm den Namen *Stuff*. Er wurde ein von allen geliebtes Haustier und hatte bei meiner Mutter ein prächtiges Leben.

Der härteste Job, den ich je hatte, war das Ernten von Zuckerrohr, der wichtigsten und weitverbreitetsten Nutzpflanze im Angola. Zuckerrohr zu schneiden war so brutal, dass einige Gefangene Leute dafür bezahlten, ihnen die Hände, Beine oder Fußgelenke zu brechen, oder sie fügten sich absichtlich Schnittverletzungen zu, damit sie heil aus der Sache rauskamen. Es gab ›alte Hasen‹ im Angola, die gutes Geld damit verdienten, Häftlingen die Knochen zu brechen, damit diese nicht mehr arbeiten konnten. Die Zuckerrohrernte war besonders im Winter sehr hart, wenn man vor Kälte nicht einmal mehr sein Gesicht spürte. Am Ende des Tages legten wir all unsere Messer auf einen Haufen. Wenn wir dann am nächsten Tag wiederkamen, waren sie zusammengefroren. Wir mussten sie nah ans Feuer holen, um sie voneinander lösen zu können.

Wir arbeiteten Seite an Seite in Vierer-Teams. Zwei Männer liefen innen *(down row)*, zwei liefen außen *(fly row)*. Bei jedem Schritt beugte man sich hinunter, packte ein Zuckerrohr mit der Hand ganz unten an der Erde und schlug es mit dem Zuckerrohrmesser, das man in der anderen Hand bereithielt, ab. Diese langen, rasierklingenscharfen Messer hatten kurze Holzgriffe und es war sehr schwer, sie über einen längeren Zeitraum hochzuhalten. Immer wieder, immer wieder: bücken, abschlagen, hoch, und wieder von vorne, bei jedem Schritt. Die Männer der Innenreihe gingen voran. Sie mussten einen Weg in der Mitte schlagen, damit die Männer der Außenreihe ihre abgeschlagenen Stängel dorthin werfen konnten. Wir wurden pausenlos angetrieben, schneller zu gehen. Das Tempo, das sie uns abverlangten, machte die Arbeit extrem hart. Sie steckten immer die fittesten, schnellsten Arbeiter in die erste Gruppe vorne. Alle anderen mussten irgendwie dranbleiben. Wenn innerhalb einer Crew die *fly row*-Männer dem Tempo der *down row* nicht folgen konnte, riefen der Vorarbeiter oder der begleitende Freie die Häftlinge laut mit Namen. Ein paar Jungs konnten trotzdem einfach nicht mithalten, egal wie sehr sie sich auch bemühten. Wenn sie ihr Tempo nicht erhöhen konnten, dann wurde für die ganze Gruppe ein Arbeitsverstoß protokolliert. In der Rohrzucker-Saison arbeiteten wir sieben Tage in der Woche. Rohrzucker war das lukrativste Produkt im Angola; wir pflanzten mehr Zuckerrohr als alles andere.

Ich habe mich nie an den respektlosen Ton, der draußen auf dem Feld herrschte, gewöhnen können. Immer »Nigger« genannt zu werden und immerzu zu hören »schneller, Mann«. Ich konnte es nicht ertragen, doch es gelang mir, es auszublenden. Ich ließ es auch nicht zu, dass ein Freier oder inhaftierter Wärter mich anfasste. Einmal packte der Vorarbeiter mich am Arm, ich hielt dagegen und beschimpfte ihn. Er holte daraufhin die Patrouille und wies sie an, mich ins ›Loch‹ zu stecken. Eine Polizeistreife mit einem Freien am Steuer holte mich ab und brachte mich in den Kerker. Ich wurde schwerer Gehorsamsverweigerung beschuldigt.

Zu jener Zeit dachte ich noch, nichts könnte mich mehr so richtig schocken, aber die Brutalität und das Leid im Kerker waren schlimmer als alles, was ich je erlebt hatte. In jeder der nur fünf Quadratmeter großen Zellen lebten vier oder fünf Männer zusammen. Es gab keine Pritsche, keinen Tisch, keine Stühle in der Zelle, nur eine Toilette und ein Waschbecken. Jeder Insasse musste all seine Kleider ausziehen, sogar die Unterwäsche, und bekam einen Häftlingsanzug dafür. Niemand durfte irgendetwas Eigenes haben. Jeder Gefangene bekam drei Mal am Tag zwei Scheiben Brot. Um fünf Uhr nachmittags schob ein Wächter eine einzige Matratze in die Zelle. Um fünf Uhr morgens zog er sie wieder heraus. Normalerweise hatten ein oder zwei Insassen in einer Zelle das Sagen. Es gab Tyrannen unter ihnen, die sich einfach die Matratze griffen und sie die ganze Nacht nicht wieder hergaben. In den Stunden, in denen keine Matratze da war, zogen sie einem Mithäftling seinen Anzug aus – das Einzige, was diesem geblieben war –, machten ein Knäuel daraus und setzten sich darauf, während der andere gezwungen war, nackt danebenzustehen.

Einige Männer verhungerten schier, weil diese Rüpel, die die Zelle beherrschten, ihnen ihr Brot wegaßen. Schwer zu sagen, wie viel die Freien von diesen miserablen Zuständen und Misshandlungen in den einzelnen Zellen wussten. Wenn sie aber durch die Zellentür schauten, um die Insassen zu zählen, mussten sie eigentlich zwangsläufig sehen, dass einige dort drinnen nichts anhatten. Die Aufsicht tat aber nichts, um diesen Praktiken Einhalt zu gebieten.

In meiner Zelle stellte ich von Anfang an klar, dass es besser wäre, sich nicht mit mir anzulegen, wenn man größeren Ärger vermeiden wollte. Mein Ruf als Kämpfer, der niemals aufgibt, half mir im Kerker sicher mehr als irgendwo anders im Gefängnis. Es ist leichter, im Kerker zu kämpfen, als in einer normalen Zelle. Es gibt nämlich dort keine Pritsche, die im Weg steht und auch keinen Tisch; viel mehr Platz zum Kämpfen. Als die Matratze hereingeschoben wurde, schlug ich vor, dass wir sie alle zusammen teilten und niemand widersprach. Wir legten sie in die Mitte der Zelle, sodass jeder rundherum seinen Kopf drauflegen konnte, oder wir benutzten sie die Nacht hindurch abwechselnd. Niemand nahm einem anderen das Brot weg. Trotz alledem war die Erfahrung, im Kerker eingesperrt zu sein, purer Horror. Man musste mit Kakerlaken und Ratten leben. Man hatte keinen Platz. Man war total isoliert. Man konnte nicht mit zu Hause telefonieren. Die einzige Möglichkeit, etwas vom Hauptgefängnis zu erfahren, ergab sich, wenn neue Häftlinge gebracht wurden. Es wurde immer schmerzhafter, auf dem nackten Betonboden zu sitzen und zu liegen. Hüften, Knie, Rücken – all das tat früher oder später sauweh. Der Kerker konnte jeden Rest von Würde und Selbstachtung im Menschen zerstören. Die harten Bedingungen waren so brutal, dass die stärksten Männer weinten. Sie zerbrachen.

Die einzige Chance, dass irgendjemand aus dem Kerker herauskam, war der Moment, wenn der Oberst, der Sicherheitschef des Angola, seine Runde machte. Der konnte einen rauslassen. Er kam jeden Tag vorbei, und trug immer einen Stapel Karteikarten mit den Namen der Insassen und der Straftat, die zur Einlieferung in den Kerker geführt hatte, mit sich. Er schritt bedächtig die Reihen ab. Es schmeichelte seinem Ego, so viel Macht über das Leben jedes Einzelnen zu haben. Es gab Gefangene, die schon 30, 45 oder 60 Tage dort »in Untersuchungshaft« festsaßen. Es gab Männer, die – wenn der Oberst vorbeikam – mit hoher Kinderstimme um ihre Entlassung wimmerten: »Ich will gut sein. Bitte lassen Sie mich raus.« Auch ich hatte Schmerzen, doch ich war zu stolz, um sie zu zeigen.

Immer wenn er an meine Zellentür kam, drehte ich ihm den Rücken zu und ging ans hintere Ende der Zelle, stellte mich hinter alle anderen. Ich war zwei Wochen dort.

Ich hasste das Gefängnis, aber in jenen ersten Monaten hatte ich mich mit dem Angola arrangiert. Ich hätte mich nach drei Monaten verlegen lassen können, rüber ins DeQuincy, einer Haftanstalt für Ersttäter, doch ich hatte keine Lust, den enormen Papierkram auf mich zu nehmen. Ich wolle nicht noch einmal von vorne anfangen. Ich kannte den Ablauf im Angola. Ich überlebte. Die meisten Häftlinge fanden sich in Gruppen zusammen, die aus derselben Gegend stammten. Es gab eine Shreveport-Gruppe, eine Baton Rouge-Gruppe, eine Lafayette-Gruppe. Ich gehörte zur Clique der New-Orleans-Jungs.

An den Wochenenden hatten wir frei, außer es war Zuckerrohrernte. Sonntags durften wir Besuch empfangen. Nach dem Abendessen hatten wir etwas Freizeit und durften draußen bleiben, normalerweise bis zum Anbruch der Dunkelheit. Wir spielten dann Fußball und lümmelten auf dem Hof herum. Sobald der Ruf eines Freien erschallte, »Hof frei, Zählappell, Hof frei«, marschierten wir in Reih und Glied zurück in unsere Schlafsäle. Wenn die letzte Zählung des Tages vorbei war, ertönte ein Pfeifsignal und die Türen wurden verschlossen. Wenn man bis dahin nicht in seinem Schlafraum war, kam man schnurstracks in den Kerker.

Abends brach in den Schlafsälen regelmäßig das Chaos aus: Es gab schon Tumulte beim Kartenspiel, und ich sah, wie Jungs verprügelt oder vergewaltigt wurden. Ich hielt mich von allen Gewaltausbrüchen fern. Manchmal schaute ich Fernsehen, je nachdem was lief. Ich spielte Domino. Ein paar Kumpels suchten ihr Heil in der Religion, wissend, dass sie niemals mehr freikämen. Sie kauerten sich manchmal nachts zusammen neben eine Pritsche oder führten im Gemeinschaftsraum religiöse Gespräche und lasen in der Bibel. Wir nannten sie »holy rollers«[7]. Die anderen Häftlinge und ich hingen die meiste Zeit nur rum und redeten. Neunundneunzig Prozent von dem, was wir sagten, war gelogen. Es gab absolut nichts in unserem richtigen Leben, auf das wir stolz sein konnten.

Der Musiker Charles Neville war in der New Orleans-Gruppe. Er machte den Jungs im Gefängnis die Tattoos. Damals war ich stolz auf meine stählerne rechte Faust, also sagte ich, ich wollte einen Totenkopf an der Innenseite meines rechten Arms. Er benutzte die »Stick and Poke-Methode«, indem er eine mit Bindfaden umwickelte Nadel in Füllertinte tauchte. Als er fertig war, bat ich ihn, das Wort »DEATH« (Tod) in Großbuchstaben darüberzuschreiben.

Ich hatte in jenen Jahren immer Angst. Immer. Ich war weit weg von zu Hause. Ich war unablässig mit Gewalt konfrontiert, sah ständig Vergewaltigungen und wusste, dass auch ich jederzeit unter den Opfern sein konnte. Im Februar 1966, eine Woche vor meinem Geburtstag, hatte ich ein Drittel meiner 24-monatigen Strafe abgesessen und war ein Kandidat für die Haftentlassung auf Bewährung. An die Fragen, die mir die Kommission stellte, kann ich mich nicht mehr erinnern. Einer der Freien fuhr mich und einige andere in einem alten Schulbus zum Eingangstor des Gefängnisareals. Da mich draußen vor dem Tor niemand erwartete, machte ich mich einfach auf den Weg: die sechsundzwanzig Meilen lange Straße entlang, die zur Autobahn führte. Ich kam per Anhalter bis zur Busstation von Baton Rouge und stieg in den Greyhound-Bus nach New Orleans. Ich hatte keinen Plan, keine Richtung, kein Ziel – aber ich hatte Angola überlebt. Ich glaubte, dass das die Prüfung war. Für meine Stärke. Beweis für meinen Mut. Niemand würde sich von nun an mit mir anlegen. Bald war ich neunzehn, und ich war ein krasser, knallharter Typ – das sagte ich mir selbst, denn um auf der Straße zu überleben, kam es genau darauf an.

7 Umgangssprachlicher Ausdruck für eine charismatische religiöse Bewegung, deren Mitglieder in ihren Gottesdiensten häufig in Ekstase geraten, sich zum Teil auf den Boden werfen und »umherrollen«. Der Begriff wird vor allem abwertend und als Beleidigung verwendet.

Kapitel 6
Auf Bewährung raus und wieder rein

Nachdem ich im Gefängnis absolut nichts gelernt hatte, außer wie man ein noch brutaleres Raubtier wird, machte ich da weiter, wo ich war, als ich wegging. Ich ging zuallererst nach Hause zu meiner Mom. Pop Skeeter war mit meiner Mom, meinen Brüdern und meiner Schwester aus den zwei Zimmern bei Tante Gussie in North Villere in ein Haus in der Bertrand Street gezogen. Es war hübsch und sauber, so wie meine Mom es liebte. Bei meiner Mom hatte ich ein Dach über dem Kopf und Essen. Ich blieb ein paar Wochen dort, konnte aber mich nicht wieder richtig einleben. Der Familienalltag war mir fremd geworden. Meine Mom duldete es nicht, wenn ich Tag und Nacht kam und ging, wie ich wollte. Manchmal war die Haustür zugeschlossen, wenn ich nachts nach Hause kam und ich musste hinter dem Haus auf der Veranda schlafen. Meine Brüder schienen mir unheimlich jung, und das waren sie auch. Ich schaute manchmal *The Jackie Gleason Show* mit ihnen zusammen im Fernsehen an. Meiner Schwester stand ich viel näher als den Jungs. Sie war vierzehn, fing an, sich mit Jungen zu verabreden, und ich fühlte mich als ihr Beschützer.

Nach kurzer Zeit zog ich dann bei meinem alten Freund und Laufpartner Frank ein. Wir liefen wieder häufig zusammen mit den Kumpels von den *High Steppers*. Während der Zeit, die ich im Gefängnis verbracht hatte, waren Achtspur-Kassetten sehr populär geworden und fast jeder hatte einen Achtspur-Kassettenrekorder in seinem Auto unter dem Armaturenbrett.

Das Klauen dieser Kassetten wurde zur lukrativen Beschäftigung. Wir holten die Kassetten aus den Autos raus und verkauften sie dem nächsten Hehler oder direkt den Typen, die Rekorder besaßen. So manches Mal verkauften wir jemandem ein paar Kassetten, brachen dann später in sein Auto ein, klauten dieselben Kassetten wieder raus und verkauften sie jemand anderem. Wann immer möglich, stahlen wir auch noch die Kassettenrekorder dazu.

Während ich auf Bewährung draußen war, hatte ich unterschiedliche Jobs. Eine Zeit lang war ich Portier in einem Hotel. Sie nannten uns *Redcaps*, denn wir trugen rote Kappen. Wir brachten die Gäste mit ihrem Gepäck auf ihre Zimmer, zeigten ihnen, wie die Klimaanlage an- und auszuschalten war und schauten, dass genügend Handtücher bereitlagen. Ich arbeitete gerade einen Monat dort, als eine neue Hostess angestellt wurde, eine junge weiße Frau, die uns *boys*, Jungs, nannte anstatt *Redcaps*. Sie rief gewöhnlich einen von uns zu sich und sagte zu den Gästen, »Dieser Junge hier wird Ihnen Ihr Zimmer zeigen.« Ich bat sie, mich nicht Junge zu nennen und erklärte ihr, dass die Hotelverwaltung *Redcaps* zu uns sagte, doch sie störte sich nicht daran. Ich ging zum Hotelmanager, einem jungen weißen Kerl, und berichtete ihm, dass die neue Hostess uns *Redcaps* vor den Gästen immer nur »Jungs« nannte. Ich bat ihn, mit ihr zu sprechen und ihr zu verbieten uns »Jungs« zu nennen. Er versprach es.

Als sie mich am folgenden Tag rief, um ein neu angekommenes Paar aufs Zimmer zu bringen, nannte sie mich wieder Junge. »Ey, ich bin kein verdammter Junge«, brüllte ich sie an, »ich bin ein verdammter Mann. Du kannst sie selbst zu ihrem Zimmer bringen, verdammte Hure.« Damit ging ich weg. Der Hotelmanager rief mich zu sich und sagte, so könne ich nicht mit ihr sprechen – und ich sagte ihm, er könne mich am Arsch lecken. Er feuerte mich. Es war mir scheißegal. Ich hatte den Job sowieso nur angenommen, weil ich dadurch die Möglichkeit hatte, Laken, Kissenbezüge, Decken und Kissen mitgehen zu lassen. Die verkaufte ich in der Nachbarschaft. Wenn ich nur die Matratzen hätte mitnehmen können – ich hätte es getan. Eine Chance, an Geld zu kommen. Es war eine Möglichkeit, mein Überleben zu sichern, Essen auf dem Tisch zu haben und meiner Mom zu helfen, die Miete zu bezahlen und Kleidung für mich und meine Geschwister zu kaufen. Das Einzige was mich an dem Rauswurf schmerzte, war, dass ich gerade herausgefunden hatte, wie man die Fernsehgeräte entsichern konnte.

Meinen nächsten Job bekam ich in einem Autohaus. Ich musste Autos zur Reparatur ins Autohaus bringen und die reparierten Wagen dann wieder zurück zu ihren Besitzern fahren. Der Autohändler besaß ein sehr kleines Auto, das an eines von normaler Größe angehängt werden konnte, sodass ich eigenständig zum Kunden fahren oder nach Rückgabe des reparierten Wagens auch selbst wieder zum Autohaus zurückfahren konnte. Eines Abends bat mich der Geschäftsführer kurz vor Geschäftsschluss, noch ein letztes Auto auszuliefern. Da er gerade das Autohaus verlassen wollte, schlug er vor, ich solle sein kleines Auto über Nacht bei mir stehen lassen und es am folgenden Morgen wieder mit zur Arbeit zu bringen.

An jenem Abend rief mich dann meine Schwester Violetta aus einem Kino an und sagte, ein unangenehmer Typ würde sie und ihre Freundin belästigen. Ich bat sie, im Kinogebäude zu bleiben, ich wäre sofort da, um sie abzuholen. Ich nahm den kleinen Wagen vom Autohaus und fuhr sofort rüber zum Kino. Als ich ankam, hatte der Vater von Vis Freundin das Mädchen schon abgeholt. Violetta war aber noch da, kam, als sie mich erspähte, sofort herausgerannt und sprang ins Auto. Wir waren nur noch ein paar Querstraßen vom Haus meiner Mom entfernt, als ich an einem Stoppschild direkt neben der Ausfahrt zum Interstate Highway 10 anhalten musste. Ein Streifenwagen mit vier Beamten parkte unter der Überführung. Sie gaben mir zu verstehen, ich solle am Straßenrand anhalten. Sie führten uns getrennt zur Polizeistreife und fragten mich nach dem Auto aus. Ich erzählte ihnen die ganze Geschichte und sie riefen meinen Vorgesetzten an.

Der bestätigte meine Geschichte, fügte aber hinzu, er hätte mir nicht die Erlaubnis erteilt, das Auto in der Nacht für private Fahrten zu benutzen. Die Bullen nahmen mich wegen Autodiebstahls fest. Ich sagte: »Mann, ihr wisst doch, ich habe das Auto nicht geklaut. Ich bin nicht einfach so rumgefahren. Ihr habt doch mit meiner Schwester gesprochen, sie hat euch sicher gesagt, dass ich sie nur abgeholt habe.« Ich konnte nichts machen. Am meisten verletzte mich bei der Sache, dass ich meinem Vorgesetzten einen Gefallen getan hatte und er mir in den Rücken fiel. Vi rief Mom an, um sich abholen zu lassen. Sie brachten mich von der Wache ins Orleans Parish Prison. Die Kaution wurde auf 100 $ festgesetzt, doch mein Bewährungshelfer hatte den Daumen drauf und entschied, dass ich nicht auf Kaution freikäme. Ich verbrachte ungefähr sechs Monate im Orleans Parish Prison, bevor ich vor Gericht gehört wurde. Der Staatsanwalt schlug mir einen Deal vor: für mein Geständnis wollte er den Autodiebstahl auf den »unbefugten Gebrauch eines Kraftfahrzeuges« reduzieren, mit Anrechnung für die schon verbüßte Haftzeit. Ich bekannte mich schuldig. Aber ich kam nicht frei. Da der unbefugte Gebrauch eines Kraftfahrzeuges eine Verletzung der Bewährungsauflagen darstellte, wurde ich ins Angola zurückgeschickt, um meine ursprüngliche Strafe abzusitzen.

Am Tag vor meiner Überführung, bekam ich Streit mit einem Mithäftling im Orleans Parish Prison. Mein Faustschlag traf seinen Mund. Als wir uns trennten, merkte ich nicht, dass einer seiner Zähne noch in meinen Fingerknöcheln steckte. Am Morgen darauf war meine Hand um das Dreifache ihrer ursprünglichen Größe angeschwollen. Da die Wachleute wussten, dass ich kurz vor dem Abtransport war, brachten sie mich nicht ins Krankenhaus, sondern schickten mich runter in den Warteraum. Als ich im Angola eintraf, war meine Hand grün, und ich hatte hohes Fieber. Ein Hauptmann im Aufnahmezentrum warf nur einen flüchtigen Blick auf mich, doch der genügte, um mich augenblicklich ins Krankenhaus einliefern zu lassen. Zu der Zeit gab es nur einen einzigen Arzt im Gefängniskrankenhaus, einen Weißen, der wegen Mordes an seiner Frau inhaftiert war. Er wurde als Orderly[8] tituliert. Ich hätte höchstwahrscheinlich meine Hand verloren, wenn er mich nicht behandelt hätte. Er zog die Flüssigkeit aus meiner Faust heraus, gab mir ein Antibiotikum und behielt mich vier Tage dort unter Aufsicht, um sicherzugehen, dass die Infektion weg war, bevor ich ins Aufnahmezentrum zurückgeschickt wurde. Als ich entlassen wurde, bandagierte er meine Hand ein und schrieb mich arbeitsunfähig. Ich brauchte so lange nicht zu arbeiten, bis die Verletzung an meiner Hand ausgeheilt war.

Auf dem Weg in meinen Schlafsaal bog ich noch schnell in den Speisesaal ab, es war Essenszeit. Ich stand in der Essensschlange, als mir ein weißer inhaftierter Wärter, von jedermann »Nigger Miles« genannt, auffiel. Er trug diesen Namen, weil er jeden schwarzen Häftling mit »Nigger« ansprach. Er war ein Riese. Er kam auf mich zu und fragte, warum ich nicht arbeitete, und ich antwortete, ich hätte eine Arbeitsunfähigkeitsbescheinigung wegen meiner Hand. Er sagte ungefähr so etwas wie, »Ey, ich hab da sogar 'n einarmigen Nigger auf'm Feld, was bist du Besseres?« Ich antwortete, »Ich scheiß drauf, ob du einen einäugigen und einarmigen Mann auf'm Feld hast, aber ich hab 'ne Arbeitsunfähigkeitsbescheinigung. Ich geh ganz bestimmt nich' raus aufs Feld.« Er sagte, dass ich nach dem Futtern sehr wohl rausginge, und ich antwortete, dass ich verdammt noch mal ganz sicher auf kein Scheißfeld gehe. Er war ein inhaftierter Wärter. Ich wusste, dass er nicht die Autorität besaß, meinen Arbeitsunfähigkeitsbescheid außer Kraft zu setzen. Er befahl mir, draußen vor dem Speisesaal an einer Tür zu warten, die zum Waschraum des Sicherheitspersonals führte. Der Raum beherbergte auch die Besen und Mopps, die von den Orderlies zum Saubermachen gebraucht wurden.

Ich ging zu besagter Tür, vier oder fünf inhaftierte Wärter kamen dazu. Sie zeigten mir einige Schmutzflecken auf dem Boden, die beim Transport der Essenstabletts zum Todestrakt – direkt neben dem RC gelegen – entstanden waren. Einer der Wärter befahl mir, die Flecken vom Boden aufzuwischen. Ein anderer sagte, ich solle mir einen Mopp aus dem Waschraum holen. Das war aber ein Job, den die Orderlies zu erledigen hatten, und ich war kein Orderly. Ich sagte Nein.

8 Im US-Gefängnis versteht man unter *orderly* Häftlinge, die täglich anfallende Arbeiten erledigen, für die keine besondere Ausbildung erforderlich ist: die Mahlzeiten austeilen, putzen etc., aber nur innerhalb der Gefängnismauern. Sie verrichten körperliche Arbeit, keine Verwaltungsarbeiten. In deutschen Vollzugseinrichtungen entsprechen sie am ehesten den sog. »Hausarbeitern«.

Sie wiederholten, ich solle in den Waschraum gehen. Ich ahnte, was dort drinnen geschehen würde, und während ich langsam Richtung Waschraum ging, sammelte ich alle meine Kräfte. Statt den Raum zu betreten, drehte ich mich plötzlich um und schlug mit beiden Fäusten zu. Ich brüllte und schrie, damit die Häftlinge im Speisesaal mich hörten. Bis einige von ihnen aber endlich hinzukamen, war schon ein Hauptmann herbeigeeilt und hatte den Kampf beendet. Sie schickten mich ins Krankenhaus, denn meine Hand blutete. Nachdem alles neu verbunden war, steckten sie mich in den *Red Hat*, den ältesten und grausamsten Zellenblock im Angola. Gebaut in den 1930er-Jahren, bekam dieser Block seinen Namen von den Gefangenen, die in jenen Tagen Strohhüte mit roter Farbmarkierung trugen, damit man sie bei der Arbeit auf dem Feld identifizieren konnte. Bis zu den 1970ern gab es dann niemanden mehr im *Red Hat*-Block, der noch arbeitete; es war ein Kerker. In den frühen 1970er-Jahren wurde der Block vom Staat geschlossen: *Red Hat* war ein Gruselkabinett; viele Jahre später wurde diese Schreckenskammer zu einem Museum innerhalb des Gefängnisareals umfunktioniert.

Im *Red Hat* konnte man, wenn man in der Mitte der Zelle stand, beide Seitenwände gleichzeitig berühren. Der Raum war circa einen Meter breit und knapp zwei Meter lang. Die Decke war niedrig. Die Tür aus massivem Stahl und Gitterstäbe von der Decke bis auf Hüfthöhe. Eine Pritsche aus Beton. Keine Matratze. Es gab zwar eine Toilette in der Zelle, doch die Verantwortlichen ließen die Wasserzufuhr abgeschaltet, also gab es kein Wasser. Die Gefangenen mussten einen Eimer als Toilette benutzen, der in der Ecke stand. Der konnte aber nur dann geleert werden, wenn man rausgelassen wurde, was alle paar Tage einmal geschah, wenn es zum Duschen ging. Sie wollten, dass die Gefangenen den Gestank ihrer eigenen Ausscheidungen während des Essens in der Nase hatten. Alle Häftlinge im *Red Hat* bekamen das gleiche Essen, eine Art Schweinefraß. Die Zelle war stickig und heiß. Sie war dunkel. Sie war ein Sarg. Es gab Ungeziefer. Ich hatte ständig Durst. Man wusste nie, wann sie kamen, um einen zum Duschen abzuholen. Ich lag auf der Betonpritsche. Ich stand darauf. Ich ging viel umher, um beweglich zu bleiben. Ich machte Liegestütze und Hampelmänner. Ich machte tausend Liegestütze. Dann noch mehr. Ich stellte mich an die Zellentür und rief die Insassen der anderen Zellen; wir redeten. Die Nacht kam, dann der Tag, dann die Nacht. Die Bedingungen im *Red Hat* waren ein Test, so sagte ich mir immer wieder. Meine Wut, mein Hass, die Hitze, der Gestank, der Dreck, die Ratten und der Stress machten aus mir einen anderen Menschen.

Als der Freie kam, um mich herauszulassen, schaute er in ein herausforderndes Gesicht voller Trotz und Missachtung. Er brachte mich zurück zum Aufnahmezentrum. Nach zehn Tagen.

Nichts hatte sich geändert, als ich zum zweiten Mal im Angola eintraf. Ich wurde demselben Schlafsaal – aber der Trustee-Seite – zugewiesen, Zypresse 1. Ich bekam denselben Job, Feldarbeit. Ich kannte die Routine. Kannte den Wind, der dort wehte. Ich war mir zu hundert Prozent sicher, dass ich mir keine Sorgen darüber machen musste, drangsaliert oder vergewaltigt zu werden oder einen »Wechsel auslösen« zu müssen, also jemanden dafür zu bezahlen, dass er mich nicht drangsalierte oder verprügelte oder beklaute. Jeder hier wusste, wer Fox war und jeder wusste, dass man sich mit mir besser nicht anlegte. Als ich am *Fresh Fish Day*, dem Tag der Neuankömmlinge, den Gang entlangschritt, grüßten mich vier oder fünf Typen wie einen alten Kumpel. Als ich mein Zeug auf die Pritsche gelegt hatte und zur Kleiderkammer ging, musste ich dieses Mal niemanden beauftragen, darauf aufzupassen. Mein Zeug war noch da, als ich zurückkam – ich wusste, dass es noch da war.

Ich sah viele bekannte Gesichter, hörte viele bekannte Geschichten. Ich redete nicht viel. Wenn ich redete, dann log ich, versuchte eine Härte auszustrahlen, die ich doch gar nicht besaß. Im Gefängnis sprichst du nicht darüber, wie deine Anklage lautet, aber über alles andere. Viele Male. Auf vielerlei Art und Weise. In vielen Versionen. Was du (angeblich) getan hast, was dir jemand angetan hat, was du tun wirst, wenn du rauskommst.

Die Gefangenen prahlten immer mit ihren Tricks, sich Geld zu besorgen. Wenn du Leute auf der Straße mit gezückter Waffe ausraubtest, warst du ein *Stickup*-Künstler. Wenn du Drogenhändler ausraubtest, ein *Jack*-Künstler. Ladenräuber waren für uns »Diebe«. Es gab Trickbetrüger, Bankräuber, Autodiebe, Drogenhändler, Zuhälter. Der Fantasie in den Knastgeschichten sind keine Grenzen gesetzt, sie werden bis ins kleinste Detail beschrieben, und – in den Schlafsälen der Schwarzen – im Fluss und Rhythmus des Black English *(Ebonics)* wunderschön intoniert. Die Schönheit des *Ebonics* liegt darin, dass es so eigentümlich ist, so fließend und ständig verändernd. Genauso wie unsere Gefängnisgeschichten.

Im Gefängnis bist du Teil einer menschlichen Herde. In der menschlichen Herde geht es immer ums Überleben des Stärkeren. Du musst instinktiv reagieren, nicht intellektuell. Darin liegt das Geheimnis des

Überlebens. Im Knast bist du in einem Moment ein Baby: bekommst einen Löffel zum Essen in die Hand gedrückt oder dir wird gesagt, wo du dich hinstellen sollst. Und im nächsten Moment bist du allen vollkommen gleichgültig. Du wirst mehrmals am Tag gezählt, du hast keine Wahl, du hast keine Privatsphäre. Im nächsten Moment wirst du bedroht, provoziert, ausgetestet. Du entwickelst einen sechsten Sinn, um überleben zu können, weckst Instinkte in dir, die das, was um dich herum passiert, zu begreifen helfen, und dir alle notwendigen inneren Anpassungen ermöglichen, damit du handeln kannst, wenn dieses Handeln dein Leben rettet – aber nur dann. Handeln zur falschen Zeit kann dein Tod sein.

Wenn du einmal einen bestimmten Ruf hast, musst du alles daransetzen, um ihn zu behalten; du tust dann Dinge, die du gar nicht tun willst, doch sie werden von dir erwartet. Ich versuchte immer, mich bedeckt zu halten und im Hintergrund zu bleiben und meine Rolle zu spielen. Ich wusste, dass mein Überleben davon abhing, eine Antwort der Gewalt zu geben, wenn es nötig war. Doch dank irgendeiner höheren Gnade, vielleicht dank der Liebe meiner Mutter, hatte ich meine Menschlichkeit nicht ganz verloren. Ich war immer bereit, Aggression zu zeigen, aber ich wusste auch, das war nicht *ich*.

Wenn du damals nicht »lebenslänglich« hattest, dann musstest du nur die halbe Zeit absitzen, was man damals »Zwei-für-eins« nannte, das »good time«-Konzept. Für jeden Tag, den du im Gefängnis verbrachtest und dich von Streitigkeiten fernhieltest, wurden dir zwei Tage gutgeschrieben. In meiner ersten Angola-Zeit saß ich acht Monate ab – ein Drittel meiner Strafe –, bevor ich auf Bewährung freikam. Als ich dann nach Verletzung meiner Bewährungsauflagen zurückgeschickt wurde, wurde meine »good time« neu berechnet: so blieb die Hälfte meiner restlichen sechzehn Monate. Nach acht Monaten wurde ich am 31. August 1967 entlassen.

Kapitel 7
Stickup-Künstler

Am Eingangstor bekam ich ein Busticket und 10 $. Noch in Häftlingskleidung trampte ich in einem Sattelzug, der landwirtschaftliche Erzeugnisse vom Angola geladen hatte, nach Baton Rouge. Von da mit dem Greyhound Bus nach New Orleans. Als ich vor einiger Zeit zum ersten Mal das Angola verlassen hatte, war ich stolz gewesen, überlebt zu haben. Dieses Mal war ich wie betäubt. Zurück in New Orleans ging ich dieses Mal nicht schnurstracks nach Hause zu meiner Mom. Ich suchte Frank. Es waren doch nur noch wir zwei übrig, so dachte ich. Die Zeit der *High Steppers* war lange vorbei. Wir sprachen gar nicht mehr über die Gang. Die meisten unserer alten Kumpel waren weggezogen oder saßen im Gefängnis. Frank war mein einziger Laufpartner. Auch wenn ich nicht bei meiner Familie wohnte, ging ich doch fast jeden Tag bei meiner Mutter vorbei, um sie zu sehen. Sie war eine großartige Köchin und hatte immer rote Bohnen mit Reis und Schweinshaxe oder andere Gerichte auf dem Herd für jeden, der vorbeikam.

Sie wusste, dass ich Gesetze brach, dass ich unrechte Dinge tat, aber sie stellte keine Fragen. Wir genossen einfach unser Zusammensein. Ich liebte es, ihre Geschichten anzuhören; wir führten gute Gespräche. Sie war stolz darauf, dass ich so intelligent war. »Junge, Junge, du weißt montags schon, was am Freitag passiert«, sagte sie immer vergnügt. Ich blieb auch in Kontakt mit Tante Gussie. Sie half jahrelang beim Entladen der Frachtkähne am Mississippi-Ufer.

Im Sechsten Bezirk war alles wie zuvor. Die Menschen waren arm, aber das Leben ging weiter. Die Kinder machten Ballspiele auf der Straße, einige barfuß, Stimmen riefen zum Essen. Ich kann mich kaum an unbeschwertere Zeiten erinnern: das Tanzen auf der Straße hinter der Band des Trauerzuges, das Sammeln von Kronkorken, um ins Kino gehen zu können. Tauben fangen für den alten Reb, der in der Nachbarschaft lebte, und der uns für jede Taube 25 Cent bezahlte. Wir kletterten überall herum, um möglichst viele Tauben einzusammeln, über Dachfirste und unter Dachsparren entlang, über die Glasdächer von großen Banken.

Wir lagen auf diesen Glasdächern der Bankhäuser und beobachteten die Vögel, die unter uns in der Bank herumflogen. Wir kamen nicht auf die Idee, dass wir auf demselben Weg in die Bank hineingelangen konnten wie die Tauben, um uns mit Bargeld aus den Kassenfächern zu bedienen. Es kam uns auch nie in den Sinn, dass Reb so etwas tun könnte, wie die Tauben zu essen, die wir ihm brachten. Aber genau das tat er.

Jetzt brach ich nachts in Häuser ein und nahm alles mit, was ich tragen und womit ich Geschäfte machen konnte. Fernseher, Radios, Stereoanlagen, schicke Kleidung. Wenn ich Glück hatte, lag im Haus Schmuck oder Geld herum. Manchmal klauten wir auch ein Auto für die Nacht, mit dem wir schnell alles in unser Lager bringen konnten. Wir stellten das Auto dann in der Nähe des Ortes, von dem wir es geklaut hatten, wieder ab. Oder wir klauten mehrere Autos und brachten sie zum Ausschlachten in illegale Werkstätten.

Ich habe nie geraucht oder getrunken. Als ich vierzehn oder fünfzehn war, passierte es mir, dass ich auf einer Party sturzbetrunken wurde; ich wusste nicht, dass mein 7-Up Wodka enthielt. Ich wurde so krank, dass ich aus den Latschen kippte und mich zwei Tage lang übergab – alles über den Pullover, den meine Mom mir gerade neu gekauft hatte. Ich fühlte mich hundeelend, weil ich den neuen Pullover meiner Mom so ruiniert hatte. Niemals mehr rührte ich ein alkoholisches Getränk an. Als ich mit zwanzig das Angola zum zweiten Mal verlassen hatte, ließ ich mir von Leroy, einem Kumpel, mit dem ich mich damals herumtrieb, meinen ersten Schuss Heroin setzen. Ich wollte es nicht tun – Pillen warf ich schon mal ein, dann und wann, aber niemals Drogen, die abhängig machten. Wollte ich auf gar keinen Fall mit anfangen. Ich war gerade bei Leroy zu Hause, als er sich einen Schuss setzte. Wir gerieten in Streit, er provozierte mich, ich käme »damit nicht zurecht«. Ich sagte: »Klar, komme ich damit zurecht, gib her Mann.« Dieses Hochgefühl, das dir der erste Heroin-Schuss gibt – das beste Gefühl, das ich je erlebt habe. An einem gewissen Punkt gab es dann aber dieses wunderbare Gefühl nicht mehr. Ab dem Zeitpunkt brauchte ich den Schuss, um mich nicht miserabel zu fühlen.

Zunächst war ich ein Wochenend-Junkie. Ich dachte, ich käme mit dem Stoff zurecht, weil ich mich nie während der Woche schlecht fühlte. Dann wurde ich eingelocht für irgendetwas und während ich im Orleans Parish Prison saß, begann meine Nase zu laufen und mein ganzer Körper verkrampfte sich. Einer meiner Freunde vom selben Gang sagte, »Mann, du bist süchtig.« Ich stritt das vehement ab. Er sagte: »Ey, Mann, ich weiß, wie Entzug aussieht.«

Ich wurde so krank, dass sie mich ins Charity Hospital brachten. Ich hörte, wie der Wärter dem Arzt sagte, ich sei ein »stinkendes Junkie-Arschloch«. Der Arzt gab mir eine Spritze gegen die Übelkeit und sagte, sie sollten mich jeden Tag einmal für die Spritze vorbeibringen – sie brachten mich aber nie mehr vorbei. Und so wurde ich im

Knast clean. Als ich meine Zeit abgesessen hatte und freikam, fing ich wieder an, das Zeug zu spritzen. In diesem Moment wusste ich, dass ich abhängig war. Ich wurde nicht high. Ich setzte mir einen Schuss, um mich normal zu fühlen, um zu funktionieren. In den Straßen von New Orleans kauften wir uns 12-$-Tüten Heroin, verschnitten. Jemand erzählte mir, wir könnten in New York City unverschnittenes Heroin in 2-$-Tüten bekommen, und so machten ein Freund und ich uns 1968 auf den Weg nach New York, um Stoff zu kaufen. Wir kauften ihn in Harlem und gingen in den Central Park, um uns den Schuss zu setzen. Wir nahmen den Stoff dann mit zurück nach Hause.

Eines Nachts brach ich ein Auto auf und fand beim Durchstöbern des Handschuhfachs eine Pistole. Eine Zeit lang starrte ich auf die Waffe in meiner Hand, steckte sie dann in meinen Hosenbund und entfernte mich schnell vom Auto. Ein ganz neues Gefühl überkam mich, eine Sicherheit, die ich nie zuvor in meinem Leben gespürt hatte. Meine Überlebenschancen, so glaubte ich, waren augenblicklich um hundert Prozent gestiegen. Die Ironie an der Sache, das Dumme, war, dass ich keine Ahnung hatte, was ich damit anfangen sollte. Ich hatte nie zuvor in meinem Leben eine Waffe abgefeuert. Wochenlang erzählte ich niemandem davon. Ich hielt sie unter meinem Shirt versteckt. Als ich eines Abends auf der Straße hinter einem Typen herging, zog ich urplötzlich die Waffe aus meinem Hosenbund und hielt sie ihm an den Kopf. »Geld her, Scheißkerl«, schrie ich ihn an. Ich war total nervös, zwang mich aber, es nicht zu zeigen. Nach einiger Zeit wurden solche Überfälle normal, wie alles andere, was man regelmäßig tut. Wenn ich Geld brauchte, ging ich raus und bekam es von irgendjemandem, der gerade die Straße entlangging. Ich war ein *Stickup-artist* (Überfall-Künstler). Später ging ich dazu über, Drogenhändler auszurauben. Ich suchte sie in den Gassen oder an Straßenecken auf, wo sie ihren Stoff verkauften, zwang sie, mir zu zeigen, wo sie das Zeug für den Eigenbedarf lagerten, oder ich ging zu ihnen nach Hause und zückte dort meine Waffe. Ich war auch ein *Jack*-Künstler.

Nachdem ich ein Jahr lang heroinabhängig war, wollte ich diese Last abschütteln. Meine damalige Freundin hieß Slim. Ich bat sie, mir zu helfen, davon loszukommen. Wir kauften einen Haufen Lebensmittel ein und gingen in unsere Wohnung. Ich warnte sie, dass es mir sehr schlecht gehen würde, ich mich übergeben und mich selbst bescheißen würde, doch egal, wie schlecht ich drauf wäre, egal was ich zu ihr sagte, egal, was ich tat, sie dürfe mich nicht aus der Wohnung herauslassen. Ich sagte: »Ich meine es wirklich ernst, Slim, egal was ich sage, egal was ich tu, lass mich nicht raus. Tu du, was du tun musst, um mich davon abzuhalten, rauszugehen.« Sie versprach es.

Nur einige Stunden danach begann ich zu schwitzen, zu stinken, zu erbrechen. Natürlich änderte ich meine Meinung. Ich versuchte, rauszukommen. Ich sagte ihr, sie solle mich gehen lassen. Aber Slim stand zu ihrem Wort. Wir stritten und rauften – eine Woche lang. Wir kämpften miteinander auf dem Boden, auf dem Bett, überall in der ganzen Wohnung. Sie hielt stand. Als ich zu schwach zum Kämpfen wurde, versuchte ich, Schuldgefühle bei ihr hervorzurufen: für das bemitleidenswerte, erbärmliche Stück Scheiße, das ich war. Ich sagte ihr, wenn sie mich liebte, dann würde sie mich nicht so leiden lassen. Ich sagte alles, was mir nur einfiel, um ihr Mitleid zu erregen. Sie wankte nicht. Schließlich bekam ich wieder Appetit. Slim fütterte mich mit warmer Milch und Hühnersuppe. Ich kotzte alles aus. Mein Magen war zu rau und zu empfindlich, um Nahrung aufnehmen zu können. Alle Knochen taten mir weh. Nach ungefähr zwei Wochen fühlte ich mich langsam besser. Danach habe ich nie wieder Drogen angerührt.

Über diese Zeit meines Lebens zu schreiben, ist sehr schwierig. Ich raubte Leute aus, versetzte sie in Angst und Schrecken, bedrohte sie, schüchterte sie ein. Ich bestahl Leute, die fast nichts besaßen. Meine eigenen Leute. Schwarze. Ich brach in ihre Häuser ein und beraubte sie ihres Eigentums, für das sie lange hatten schuften müssen; ich klaute ihnen die Geldbeutel aus der Hosentasche. Ich verprügelte Leute. Ich war ein chauvinistisches Schwein. Ich nutzte Leute aus, manipulierte sie. Ich dachte nie über das Leid nach, das ich ihnen bereitete. Ich spürte nie die Angst oder Verzweiflung der Leute um mich herum. Wenn ich auf diese Zeit zurückblicke, scheint die einzige wahre menschliche Verbindung in jenen Jahren der Besuch bei meiner Mom: die Stunden, die ich in ihrem Haus und im Kreis meiner Familie verbracht habe, doch zu jener Zeit sah ich das überhaupt nicht. Moms Haus war nur ein Zwischenstopp für mich. Ich dachte nur an mich selbst. In den eineinhalb Jahren nach meiner zweiten Freilassung aus dem Angola – von August 1967 bis Februar 1969 – ging ich im Gefängnis ein und aus. Für Straßendelikte, wie Ladendiebstahl oder Schwarzfahren, brachten sie mich ins *House of Detention*, unser »Haus D«, für Raubüberfälle und Tätlichkeiten kam ich ins Orleans Parish Prison.

Jedes Mal, wenn ich wieder ins Gefängnis zurückkehrte, war es dort fürchterlicher als beim letzten Mal. Es war vollkommen überfüllt, total verdreckt und super gefährlich. Ich war kein Schlägertyp, doch ich kniff auch nicht, und so war ich in viele Streitigkeiten und Kämpfe verwickelt. Um mich zu bestrafen und »mich in die Schranken zu weisen«, steckten die Gefängnisbediensteten mich in die C-1, eine Etage, die Schwule, Spitzel und andere Gefangene beherbergte, die weggeschickt worden waren, weil die Sicherheitsleute Angst vor ihnen hatten. Die Wärter wollten meinem Ruf des *bad boy* den Glanz nehmen, indem sie anderen den Eindruck vermittelten, ich sei eine stinkende Ratte oder jemand hätte mich rausgeekelt. Die Fenster waren außen mit Metallplatten hermetisch abgeriegelt, denn die Etage lag ebenerdig. In jeder Zelle gab es vier Pritschen und insgesamt 15 Zellen rund um den Gang. Während des Tages blieben die Zellentüren geöffnet und wir konnten uns entweder bis zu einer Absperrung am Ende des geräumigen Gangs bewegen – im sogenannten Gemeinschaftsraum – oder aber in der Zelle bleiben. Nachts wurden wir in den Zellen eingeschlossen. Die Etage war stickig heiß und unhygienisch, nie wurde richtig geputzt. Wenn alle paar Wochen mal Putzleute kamen, taten sie nichts mehr als den Dreck mit einem Mopp und schmutzigem Wasser hin- und herzuschieben. Das Essen war ungenießbar. Die Luft war so schlecht, dass viele von uns Schwierigkeiten hatten zu atmen.

Das Schlimmste aber war mein Gefühl, dass, je länger ich in dieser Etage blieb, desto mehr dadurch mein Ruf geschädigt würde. Sicher dachten einige Leute schon, dass ich ein Feigling wäre. Der Ruf und das Wort eines Gefangenen sind alles, was er besitzt. Als eine Art Protest, und um der Hitze und dem Dreck zu entkommen, sprachen einige Insassen irgendwann davon, sich zu ritzen. Ich wollte da eigentlich nicht mitmachen, entschied aber dann, es doch zu tun. Konnte ja sein, dass ich dadurch verlegt wurde. Konnte ja sein, dass, wenn mehr als nur ein paar Insassen gleichzeitig ins Krankenhaus mussten, irgendjemand irgendetwas tun würde, um uns zu helfen. Ich schrieb eine kurze Nachricht für meine Mom auf einen Zettel – dass ich im Krankenhaus sei – und notierte ihre Telefonnummer. Ich rollte zwei Fünf-Cent-Stücke in das gefaltete Papier und steckte es in meinen Hosenbund.

Ungefähr ein Dutzend von uns ritzten sich. Ich schlitzte mit einer Rasierklinge meinen rechten Oberarm und mein linkes Handgelenk auf. Damals gab es noch keine Einwegrasierer und deshalb wurden die Rasierer mit Klingen darin einzeln ausgeteilt, von den Gefangenen benutzt und danach vom Sicherheitspersonal wieder eingesammelt. Die Rasierer wurden also jedes Mal bei der Rückgabe kontrolliert. Deshalb mussten wir uns auf irgendeine Art und Weise die Klingen auf dem Schwarzmarkt innerhalb der Gefängnismauern besorgen.

Acht oder zehn Leute von uns ritzten sich gleichzeitig. Ein Häftling rief nach dem Wachmann unserer Etage, und sie kamen sofort gelaufen; sie fluchten und gaben uns Handtücher zum Verbinden der Wunden. Bevor sie uns Handschellen anlegten, nahm ich meinen kleinen Zettel in eine Hand. Im Krankenhaus angekommen ließ ich ihn zu einer Gruppe Schwarzer hinübersegeln, die an der Aufnahme standen; einer von ihnen hob den Zettel auf und rief meine Mom an.

Da sie in Fußnähe des Charity Hospitals lebte, war sie in 15 Minuten vor Ort und hatte auch meine Geschwister mitgebracht. Ich versuchte ihr zu erzählen, welch schlimme Zustände auf der C-1 herrschten, doch das Wachpersonal befahl ihr zurückzutreten. Über die Schulter eines Wärters rief ich ihr zu, sie möge am folgenden Tag im Gefängnis anrufen und der Gefängnisleitung erzählen, was hier vorginge. Es nützte nichts. Nachdem unsere Wunden genäht und alles verbunden war, schickten sie uns zurück ins Orleans und auch zurück in dieselbe Etage, C-1. Das Ritzen war eine äußerst unnütze Tat gewesen. Nichts veränderte sich. Einige Monate saß ich dort fest. Während ich noch auf das Urteil wegen Einbruchdiebstahls wartete, wurde ich plötzlich unerwartet freigelassen – man brauchte meinen Platz für neue Gefangene. Es war allgemein üblich – und ist es noch immer –, dass die Häftlinge mit schwachen, oder auch gänzlich unbewiesenen, Anklagen »zum Schwitzen gebracht« wurden, in der Hoffnung, sie würden ihre Schuld eingestehen. Wenn der Staatsanwalt in dieser Wartezeit dann aber Platz für neue Häftlinge brauchte, wurden die Fälle, die nur schwer zu einer Verurteilung geführt hätten, noch einmal überprüft und die betreffenden Insassen freigelassen. Ich erinnere mich, dass ich unheimlich erleichtert war, auf diese Weise einer Verurteilung entkommen zu sein und auf die Straße zurückzudürfen. Ich glaubte, ich wäre frei.

Kapitel 8
Tonys Green Room

Nachdem ich Leute auf der Straße ausgeraubt und Drogendealer ausgenommen hatte, ging ich dazu über, Bars und Lebensmittelläden zu ihren ganz normalen Öffnungszeiten zu überfallen: Ich spazierte in die Bar hinein, richtete meinen Revolver auf den Barkeeper oder wer auch immer an der Theke saß und brüllte: »Keiner bewegt sich, ihr Arschlöcher. Ich erschieße euch.« Dann brüllte ich, sie sollten all ihre Geldbeutel und Uhren in eine Papiertüte oder einen Kopfkissenbezug stecken. Ich befahl ihnen, sich dann auf den Boden zu legen und haute ab. Das war mein neuer Job; meine Art, zu überleben und meinem Ruf gerecht zu werden.

Etwas von dem erbeuteten Geld gab ich meiner Mom, doch den größten Teil verschwendete ich für irgendeinen blöden Mist. Schmuck interessierte mich weniger, aber ich liebte schicke Kleidung. Einmal machte ich ein gutes Geschäft mit einem geraubten, vollbeladenen Zigaretten-Transporter: Ich tauschte ihn bei meinem Hehler, der einen Gebrauchtwagenmarkt besaß, gegen einen rot-weißen Thunderbird von 1963 und noch etwas Bargeld dazu ein. Dieser Thunderbird gefiel mir sehr, aber noch mehr liebte ich Corvettes. Eine Nachbarin besaß solch eine Corvette von 1963 und sie liebte Thunderbirds! Also tauschten wir ab und zu einfach unsere Autos.

Mit Vergewaltigungen hatte ich nie etwas zu tun, obwohl ich zweimal wegen Vergewaltigung angeklagt wurde. Beim ersten Mal ging es um meine Beziehung zu einer verheirateten Frau. Ihr Ehemann kam uns auf die Schliche, und um es mir heimzuzahlen, zwang er sie, vor der Polizei auszusagen, ich hätte sie vergewaltigt. Da es aber keine Beweise gab und die Geschichte der Frau immer wieder unterschiedlich ausfiel, wurde die Anklage der Vergewaltigung auf gefährliche Körperverletzung vermindert. Ich bekannte mich der gefährlichen Körperverletzung schuldig, um zu verhindern, dass ich zwei bis drei Jahre im Orleans Parish Prison auf meinen Prozess hätte warten müssen. Ich wurde zu achtzehn Monaten im Parish Prison verurteilt, aber da ich dort schon neun Monate verbüßt hatte, wurde ich aufgrund des Zwei-für-eins-Programms entlassen.

Der zweite Vergewaltigungsfall traf mich, als die Polizei ihre »Bücher bereinigte«. Ich wurde wegen einer anderen Tat gefasst – bewaffneter Raubüberfall –, doch als die Polizei mich festgenommen hatte, verurteilten sie mich für alles, was noch als ungelöster Fall in ihren Unterlagen stand: Raub, Diebstahl, Vergewaltigung. Diese Praxis nannten wir Buchbereinigung. Ein übliches Vorgehen damals – wie heute noch. Jedermann wusste davon. Der Polizei war es einerlei, ob der Staatsanwalt die Straftat strafrechtlich verfolgen konnte oder nicht. Sie wollten nur ihre Fälle abarbeiten. Die Beamten der Staatsanwaltschaft spielten mit; sie konnten die noch offenen Anklagen dazu nutzen, die Verhafteten einzuschüchtern und Druck auf sie auszuüben, Schuldgeständnisse zu erzwingen, statt sich einem langwierigen Prozessverfahren zu unterziehen. Die meisten schuldlos Festgehaltenen plädierten auf schuldig und gingen lieber für eine festgelegte Zeit ins Gefängnis, anstatt zwei oder drei Jahre im Parish Jail rumzuhängen und auf einen Prozess zu warten.

An dem Abend, an dem die Polizei ihre Buchbereinigung durchführen wollte, war ich wegen eines bewaffneten Raubüberfalls aufgegriffen worden. Es war der 13. Februar, als ich mit Frank und meinem anderen Kumpel, James, auf die Idee kam, Tonys Green Room – gerade um die Ecke von Franks Wohnung – auszurauben. Ein Passant draußen sah, wie wir mit gezückten Waffen hineingingen und rief die Polizei. Mitten im Überfall kamen die Beamten hereingestürzt und begannen zu schießen. Ich hörte Frank schreien. Eine Kugel hatte ihn mitten ins Gesicht getroffen. Im entstehenden Tumult versteckte ich schnell meine Waffe und gab vor, ein Kunde zu sein. Als die Polizei anordnete, dass alle den Tatort verlassen sollten, spazierte ich wie selbstverständlich hinaus und ging nach Hause.

Franks Freundin, die nicht wusste, dass Frank und ich den Überfall zusammen ausgeführt hatten, rief mich aufgelöst an, um mich zu fragen, ob ich mit ihr ins Krankenhaus fahren könne; Frank sei angeschossen worden. Ich rannte zu ihrer Wohnung, denn ich hatte den Thunderbird vor Franks Wohnblock zurückgelassen. Auf dem Weg dachte ich mir einen Plan aus: sie zum Krankenhaus bringen, herausfinden, wo Frank lag und ihn später dann dort rausholen. Ich holte sie oben in ihrer Wohnung ab und wir gingen zusammen zum Auto. In dem Moment, als ich die Autotür öffnete, stürmten Polizisten mit gezückten Waffen hinter den rundherum geparkten Autos und aus den Seitengassen hervor. James hatte der Polizei meinen Namen und eine Beschreibung meines Autos gegeben. Sie verhafteten mich auf der Stelle und brachten uns beide zurück in die Wohnung von Franks Freundin. Mich steckten sie ins Schlafzimmer, sie in die Küche. Während ich im Schlafzimmer geschlagen und getreten wurde, hörte ich, wie die Beamten Franks Freundin drohten, ihr die Kinder wegzunehmen, wenn sie nicht sagte, was sie über den Raubüberfall wusste. Sie heulte und sagte, sie wisse überhaupt nichts.

Die Polizei brachte mich ins Zentralgefängnis. In einem Raum im Obergeschoss wurde ich zu dem Überfall befragt. Ich leugnete, irgendetwas davon gewusst zu haben, und erzählte den Beamten, ich hätte nur Franks Freundin helfen wollen, Frank im Krankenhaus zu besuchen. Mit mir waren vier oder fünf Polizisten im Raum. Zunächst schlug mir einer mit dem *Three-strikes law*, einem dicken, ledergebundenen Buch auf den Kopf. Nach vielen solcher Schläge auf den Kopf und meinen hartnäckigen Beteuerungen, nichts von dem Raubüberfall gewusst zu haben, trat einer der Kriminalbeamten von hinten auf mich zu, stülpte eine Plastiktüte über meinen Kopf und drehte sie am offenen Ende so fest zu, dass keine Luft hineingelangen konnte. Kurz bevor ich ohnmächtig wurde, nahmen sie mir die Tüte schnell ab. Diese Aktion wiederholten sie immer und immer wieder, dann stellten sie sich im Kreis um mich herum, hoben mich in die Höhe und schlugen von allen Seiten auf mich ein, auch zwischen die Beine. Obwohl ich höllische Schmerzen erlitt, leugnete ich weiterhin, irgendetwas zu dem Überfall sagen zu können. Am folgenden Tag wurde ich ins Parish Prison überführt, und erst dort erfuhr ich, dass ich wegen bewaffneten Raubüberfalls, sowie anderer Straftaten, unter anderem Diebstahl und diverser Vergewaltigungen angeklagt war.

Der Staatsanwalt ließ all diese Beschuldigungen aus Mangel an Beweisen fallen, nur der bewaffnete Raubüberfall auf Tonys Green Room blieb bestehen. Allerdings blieben auch alle frei erfundenen Anschuldigungen Teil meines Strafregisters. Im Laufe der Jahre dachte ich immer mal darüber nach, ihre endgültige Streichung zu fordern, schob es aber immer wieder auf die lange Bank. Jahrzehntelang sollte mich diese Entscheidung noch verfolgen. Ich bekam das Angebot, einem Deal zum Überfall auf Tonys Green Room zuzustimmen. Wenn ich mich schuldig bekannte, bekäme ich fünfzehn Jahre, müsste jedoch nur die Hälfte absitzen – siebeneinhalb also. Ich ging nicht darauf ein. Ich wusste, dass es für mich ein großes Risiko bedeutete, wenn ich mich auf den Prozess einließe. Die Richter waren bekannt dafür, dass sie den Leuten, die für schuldig befunden wurden, andere Häftlinge davon abzuhalten, sich einem Prozess zu stellen, ein paar Jahre zusätzlich aufbrummten. Doch ich wollte auf jeden Fall verhindern, wieder für ein Jahr zurück ins Angola zu müssen, geschweige denn siebeneinhalb Jahre. Wenn es auch nur die kleinste Chance gab, das Angola zu umgehen, dann wollte ich es riskieren. Den Pflichtverteidiger, der mich vor Gericht vertrat, traf ich nur einmal vorher. Ich wurde schuldig gesprochen.

Die Staatsanwaltschaft stufte mich als Wiederholungstäter ein, was eine Verschärfung meiner Gefängnisstrafe zur Folge haben konnte. Louisiana hatte als einer der ersten Staaten im Land das *Three strikes, you're out*-*Gesetz* (»Ein, zwei, drei – vorbei«; das *Three-strikes law*, dem Sinn nach ein »Drei-Verstöße-Gesetz«) verabschiedet, doch in New Orleans galt für Wiederholungstäter noch immer *One strike, you're out* (»Eins – vorbei«). Wenn man in New Orleans eine oder mehrere Verurteilungen für schwere Straftaten auf dem Konto hatte und eine weitere Straftat beging – selbst wenn es ein kleines, gewaltloses Delikt war –, dann konnte die Gefängnisstrafe bei Schuldspruch massiv erhöht werden, möglicherweise sogar auf lebenslänglich. Mit meiner Verurteilung war mir dementsprechend klar, dass meine Freiheit nun über Bord ging, »thrown away« hieß das bei uns.

Kapitel 9
Flucht

Während meines Prozesses und auch nach meiner Verurteilung saß ich im Orleans Parish Prison auf einer Etage mit einem alten Kumpel, der kurz vor der Entlassung stand. Er half mir, einen Fluchtplan auszuhecken. Der Gerichtssaal, in dem ich mein Urteil zu erwarten hatte, war unter dem Namen »Abschnitt B« bekannt und aus Gründen der Überbelegung oben auf das Gerichtsgebäude gesetzt worden. Der Fahrstuhl fuhr nicht bis dort oben; man musste das letzte Stück eine Treppe hinaufsteigen. Mein Freund kannte den Gerichtssaal schon. Er schlug vor, sich als Rechtsanwalt zu verkleiden, hineinzugehen und in der Toilette für mich eine Pistole zu verstecken. Die Toilette befand sich hinter dem Gerichtssaal, wo die Gefangenen sich während der Verhandlung aufhielten.

Am Tag der Urteilsverkündung, am 9. Oktober 1969, umwickelte ich mein rechtes Handgelenk mit einem Verband, damit es so aussah, als hätte ich eine Verletzung. Ich bat den Wärter, mir bitte keine Handschellen an diesem »wunden« Handgelenk anzulegen. Er machte die Handschellen nur am rechten Handgelenk fest und stellte mich ganz ans Ende der Schlange der Häftlinge, die alle aneinandergeschlossen waren. Meine rechte Hand war frei.

Mein Freund zog an jenem Morgen einen Anzug an, band sich eine Krawatte um und nahm einen Aktenkoffer in die Hand. So hatte er keine Probleme, in das Gerichtsgebäude eingelassen zu werden und nach oben in den dritten Stock zu gelangen. Ich saß mit den Häftlingen im Raum hinter dem Gerichtssaal zusammen, als ich sah, wie er an uns vorbeischritt und weiter Richtung Toilette ging. Nachdem er das Bad wieder verlassen hatte, sagte ich dem Sheriff, ich müsse zur Toilette. Er löste meine Handschellen von der Häftlingsschlange und begleitete mich bis vor die Toilettentür. Ich war nervös, obwohl ich mir wochenlang diesen Augenblick hatte ausmalen können. Ich wusste, es ging um alles oder nichts. Im Bad öffnete ich den Handtuchspender. Mein Freund hatte eine verdammte *German Luger* darin versteckt. Ich hatte eigentlich gehofft, eine kleinere Waffe zu finden, die ich leichter hätte verstecken können. Ich steckte die Luger in den Hosenbund vorne und öffnete die Tür. Meine Befürchtung, die Pistole würde auf dem langen Weg zu meinem Platz und bis ich wieder an die Häftlingsschlange angeschlossen worden war, in meiner Hose vorne herunterrutschen, war Gott sei Dank unbegründet.

Eine Gefangener nach dem anderen wurde losgeschlossen und vor den Richter geführt, wieder zurückgebracht und erneut angeschlossen. Dann war ich an der Reihe, stand vor dem Richter mit einer Pistole im Hosenbund, die Arme seitlich herunterhängend und hörte stillschweigend zu, wie er mich mit herabwürdigenden Ausdrücken schuldig sprach. Er sagte, ich wäre eine Bestie und verurteilte mich zu fünfzig Jahren. Zurück auf meinem Platz wurde ich wieder mit den anderen zusammengeschlossen. Nach der Verkündung gingen wir in einer Reihe eine Treppe hinunter bis zum Fahrstuhl. Ein Hilfssheriff folgte uns.

Als die Fahrstuhltüren sich im zweiten Stock öffneten, traten wir alle ein. Ein unbewaffneter Hilfssheriff saß neben der Bedientafel des Fahrstuhls. Sobald sich die Türen geschlossen hatten, zog ich mit der freien Hand die Pistole aus meiner Hose und hielt sie ihm an den Kopf. Ich befahl ihm, die Türen geschlossen zu halten und uns hinunter in den Keller zu fahren, anderenfalls würde ich ihn erschießen. Das meinte ich nicht ernst, aber ich sagte es. Dem anderen Hilfssheriff befahl ich, meine Handschellen zu öffnen und damit sich selbst sowie den Fahrstuhlführer an den Handlauf anzuschließen. Während er dies alles befolgte, drückte irgendjemand im Kellergeschoss unablässig den Rufknopf. Im Keller angekommen öffneten sich die Lifttüren und zwei bewaffnete Polizisten standen uns gegenüber. Für den Bruchteil einer Sekunde erstarrten alle gleichzeitig. Doch der Schock, den die beiden Polizisten draußen vor der Tür erlitten, als sie einem Häftling mit gezückter Pistole im Fahrstuhl gegenüberstanden, gab mir den Hauch eines Vorteils – und ich nutzte ihn. Ich befahl ihnen, hereinzukommen und ließ den Fahrstuhlführer die Türen schließen. Ich hielt die beiden mit der Luger in Schach und befahl ihnen, mir ihre Waffen zu geben. Die ließ ich dann durch einen Spalt im Boden in den Fahrstuhlschacht hinunterfallen. Dann schloss ich auch die beiden Polizisten an dem Handlauf im Lift fest. Schließlich wandte ich mich den anderen Gefangenen zu und fragte, wer von ihnen mitgehen wolle; einer, ein weißer Typ, sagte Ja, und ich schloss seine Handschellen auf.

Als sich die Fahrstuhltüren das nächste Mal öffneten, stürmten wir beide hinaus und rannten los, durch mehrere Türen hindurch und raus auf die Straße. Draußen nahm ich die Beine in die Hand Richtung *Tulane and Broad*, wo ein Freund aus Jugendzeiten mir versprochen hatte zu parken. Ich sprang auf den Rücksitz seines Autos und warf eine Decke über mich.

Mein Freund fuhr mich zu einer Wohnung, in der ich die Nacht verbringen konnte. Dort schaute ich mir im Fernsehen die öffentliche

Fahndung nach mir an. Den Häftling, der mit mir losgerannt war, hatten sie schon wieder gefasst. Aus irgendeinem Grund dachte die Polizei wohl, ich hielte mich in einem alten, leerstehenden Wohnblock versteckt und so umstellten sie das Gebäude. Sie riefen meine Mom an und die lief zu dem Haus, in dem sie mich vermuteten. Ich sah Mom auf dem Bildschirm weinen; der Sprecher sagte, sie flehe mich an, mich zu ergeben. Jahre später erzählte mir mein Bruder aber, dass Mom nicht aus dem Grund zum Wohnblock gerannt sei, um der Polizei zu helfen, sondern um die Polizei zu bitten, mich nicht zu erschießen. Am folgenden Morgen fuhr mich mein Freund über die Grenze in den Staat Mississippi. Dort nahm ich einen Bus nach Atlanta, tauchte ein paar Tage unter und stieg dann in einen Greyhound-Bus Richtung New York City.

Außer einer Telefonnummer von irgendeinem Typen in Harlem, die ich von einem Freund bekam, hatte ich keinen Plan. Ich fühlte mich wie ein Fisch auf dem Trockenen – es war grauenhaft. Ich ging in eine Bar, um von dort aus zu telefonieren. Gerade als ich die Nummer gewählt hatte, kamen zwei Polizisten herein. Ich hängte ein und ging. Ich versuchte es nie mehr. Meine Freunde hatten mir etwas Geld mitgegeben, als ich von New Orleans wegfuhr. Ich fand ein günstiges Motel, in dem Prostituierte anschaffen gingen.

Harlem hatte sich sehr verändert, seit ich zum Drogenkauf das letzte Mal dort war. Es schien in den Straßen weniger Prostitution und weniger Drogenkonsum zu geben und auch weniger Brutalität – wenigstens sichtbar. Ich beobachtete Männer und Frauen in meinem Alter mit Lederjacken und Baskenmützen, die im Schwarzenviertel Zeitungen verkauften und mit den Leuten redeten. Sie begleiteten Frauen an sogenannten »Kontroll-Tagen« zum Einkaufen, um sie vor Überfällen auf dem Weg zum Laden zu schützen. Zu jener Zeit konnte ich das, was dort vor sich ging, noch nicht in Worte fassen: die Leute waren bemüht, Harlem zu einen, die Menschen zusammenzubringen. Schließlich fand ich heraus, dass es Mitglieder der Black Panther Party waren, die dort auf den Straßen die Leute ansprachen. Niemals zuvor hatte ich Schwarze so stolz und unerschrocken draußen auf der Straße erlebt. Sie wirkten unglaublich selbstsicher, selbst wenn Polizei in der Nähe war. Ich war es gewohnt, in den Augen schwarzer Menschen diesen besonderen Ausdruck von Angst zu sehen, Furcht vor allem und jedem, wenn Polizei in der Nähe war. Die Panther, die mir in dieser Zeit begegneten, waren überhaupt nicht eingeschüchtert. Ganz im Gegenteil: hier schien die Polizei eingeschüchtert und zurückhaltend zu sein. Es reizte mich auch, die wunderschönen Panther-Schwestern kennenlernen, die stolz ihren afrikanischen Haar-Look trugen und Röcke über dem Knie. Ich ging zum Panther-Büro in Harlem und schaute mich dort um, steckte aber nur eine Zeitung ein und ging.

Innerhalb weniger Wochen war ich pleite, hörte aber von einem Typen, der in einem Lebensmittelladen ein Wettbüro im Nobelviertel der Stadt eingerichtet hatte. Es war November, die Fußballsaison lief noch. Ich setzte auf ein Spiel: 100 Dollar auf eine 10:1 Wette. Mein Team gewann. Am folgenden Tag ging ich zurück in den Laden, um meinen Gewinn abzuholen. Der Metzger, der unten arbeitete, sagte, ich bekäme mein Geld oben, die Treppe hinauf. Naiv, wie ich war, folgte ich ihm hoch. Sobald wir den Raum im Obergeschoss betreten hatten, sprangen er und der Besitzer mich von hinten an und prügelten mich fast zu Tode. Dann riefen sie die Polizei und erzählten ihr, ich hätte versucht, sie auszurauben. Als die Polizisten ankamen, waren meine Augen zugeschwollen und ich verlor immer wieder das Bewusstsein. Ich bekam jedoch mit, dass der Metzger den Beamten erzählte, ich hätte die beiden mit der Waffe bedroht. Ich versuchte, etwas zu sagen – wollte sagen, dass sie logen –, doch ich konnte meinen Kiefer nicht bewegen. Die Polizei hatte aber sowieso kein Interesse an meiner Geschichte. Sie brachten mich ins Krankenhaus. Als sie mich später nach meinem Namen fragten, gab ich einfach den Namen eines meiner ältesten Freunde aus Kindertagen an: Charles Harris.

Direkt vom Krankenhaus wurde ich dem Richter zur Anklage vorgeführt. Es gab eine Anhörung zur Festsetzung einer Kaution, ein Pflichtverteidiger wurde bestellt. Dieses Tempo war für mich absolut neu, in Louisiana konnte man verhaftet werden und Wochen im Gefängnis rumhängen bevor man überhaupt eine Anhörung bekam.

Vom Gericht aus brachten sie mich nach Manhattan ins *House of Detention*, auch unter dem Namen »Tombs« (*tomb*, dt. Gruft) bekannt. Der Anblick dieses Hochhauses war ein Schock. Das Angola war eine weitläufige Farm. Bei diesem Gebäude wäre man nie auf die Idee gekommen, dass es sich um ein städtisches Gefängnis handelte. Mit dem Fahrstuhl fuhren wir zu einem Zellentrakt im achten Stock. Das Tombs war ein Gefängnis ohne Rassentrennung. Für mich als Südstaatler war es im ersten Moment merkwürdig, einen weißen Zellgenossen zu haben. Er protestierte nicht dagegen, einen schwarzen Zellnachbarn zu haben. Ich protestiere auch nicht. Außer diesen Äußerlichkeiten war das Tombs aber nicht viel anders als das Angola. Knast ist Knast. Zuerst versucht man, sich an den Betrieb zu gewöhnen, was aber nicht sehr lange dauert, weil jeder Tag gleich ist. Dann kümmert man sich um das Zusammenleben, die Gefängniskultur und die ungeschriebenen Regeln und Gesetze. Je schneller man das schafft, desto besser kommt man klar. In jedem Gefängnis gibt es eine Hackordnung. Die Starken beherrschen die Schwachen, die Klugen beherrschen die Starken. All die Drohungen, Spielchen, Machenschaften, Geschichten und Schikanen gab es im Tombs genauso wie anderswo, und sie wurden von der Gefängnisverwaltung auch in ebenso grausamer und gleichgültiger Art und Weise gebilligt.

Auch im Tombs waren die Haftbedingungen erschreckend: die Zellen waren dreckig, überfüllt und heruntergekommen. Es gab nicht genügend Betten, sodass viele Insassen gezwungen waren, auf dem Boden zu schlafen, entweder in ihrer Zelle oder im Tagesraum. Die Toiletten verstopften schnell, und es konnte Tage dauern, bis die Wartungs-Teams vorbeikamen und den Schaden behoben. Die Trustees waren beauftragt zu wischen, was sie aber selten taten. Das Essen war das schlechteste, das mir je vorgesetzt worden war; jeden Tag dasselbe, weich gekocht und ohne jedes Gewürz. Bettwanzen- und Läuseplagen waren an der Tagesordnung. Die Sicherheitsleute sprühten regelmäßig die Böden, Wände, Laken und Matratzen mit einem Giftzeug ein. Außerdem mussten sich die Häftlinge alle paar Monate nackt ausziehen und wurden ebenfalls mit Wanzen- und Läusespray eingesprüht.

Kurz nachdem ich angekommen war, versuchte ein Häftling auf meiner Etage mich einzuschüchtern. Es begann unter der Dusche. Er gab Kommentare über meinen Körper ab. Ich duschte einfach weiter. Ich trocknete mich ab, zog mich an und ging in den Gemeinschaftsraum. Er saß dort am Tisch und spielte Karten. Ich griff einen Mopp-Eimer, ging auf ihn zu und versetzte ihm einen Schlag auf den Kopf. Man brachte ihn mit einer Platzwunde ins Krankenhaus und nach der Behandlung auf dieselbe Etage und in denselben Zellenblock zurück. Er wusste jetzt, dass er mich besser in Ruhe ließ – und alle anderen ebenso. Eigentlich war ich mir sicher, dass ich für diese Tat in den Kerker kam, aber die Sache flog nie auf. Der Häftling hatte den Wärtern berichtet, er sei von hinten getroffen worden, wisse aber nicht, von wem. Es herrschte Gewalt im Tombs, doch nicht im Entferntesten solche Brutalität wie im Angola. Im Angola hatten Kerle sich schon wegen eines Streits beim Dominospiel gegenseitig erstochen. Im Tombs hatte jeder Kampf normalerweise einen gewichtigeren Grund.

Da ich zu jener Zeit meine wirkliche Identität verleugnete, konnte ich meiner Mutter weder schreiben noch sie anrufen. Dabei wäre sie die Einzige gewesen, die mir hätte Geld schicken können. So startete ich mein kleines Wäscherei-Unternehmen, um über die Runden zu kommen. Ich begann Unterwäsche, T-Shirts und Socken meiner

Kumpel zu waschen. Sie bezahlten mich dafür mit Verpflegung. Da auch eine Menge Bargeld im Tombs im Umlauf war, erledigte ich gegen bare Münze Haarschnitte mit Rasierer und Kamm. Immer wenn ich genügend Bargeld gespart hatte, wurde ich zum Kredithai, indem ich meinen Mithäftlingen Geld lieh. Sie zahlten alles mit Zinsen zurück. Wie gewohnt hielt ich mich bei Streitigkeiten zurück, doch nach wie vor ließ ich persönliche Bedrohungen oder schwachsinnige Aktionen nicht zu. So floss ein Monat in den nächsten, das Jahr 1969 floss ins Jahr 1970. Ich blieb für alle um mich herum weiterhin Charles Harris. Ich wusste zwar, dass irgendjemand irgendwann meine wahre Identität herausfinden würde, aber man weiß nie, was passiert. Die Hoffnung stirbt zuletzt.

Die Siebzigerjahre

Versteht doch, dass der Faschismus schon um uns ist, dass jetzt Menschen sterben, die gerettet werden könnten, dass noch viele Generationen sterben werden oder aber ein armseliges, grausames Leben führen, das nur noch die Hälfte wert ist, wenn ihr nicht handelt. Tut, was getan werden muss, weckt die Menschlichkeit in euch und eure Liebe zur Revolution … Seid dabei, gebt euer Leben für die Menschen.

George Jackson

Kapitel 10
Erste Begegnung mit der Black Panther Party

Im April 1970 veröffentlichte die New York Times eine Umfrage unter 907 Häftlingen, die auf ihre Gerichtsverhandlung im Tombs warteten. Die Zeitung berichtete:

> Mehr als vier von zehn Gefangenen sagten, sie hätten gesehen, wie ein Wärter auf einen Insassen losgegangen sei. Weniger als einer von zehn sagte, er habe eine Matratze und eine Decke während seiner ersten Tage im Tombs zur Verfügung gehabt. Ungefähr die Hälfte sagte, sie hätten nach ihrer Ankunft eine Woche oder noch länger ohne Matratze und Decke auskommen müssen, und beides hätten sie meistens von einem anderen Gefangenen übernehmen müssen, der entlassen wurde. Neun von zehn Gefangenen, die Decken zur Verfügung hatten, sagten, diese seien sehr verdreckt gewesen. Ungefähr die Hälfte der Insassen sagte, die für eine Person ausgelegte Zelle wäre mit drei Personen belegt worden; ein Großteil der Befragten klagte über Ratten, Kakerlaken und Läuse in der Zelle und über den ständigen Mangel an Seife.

In jenem Frühling wurden drei neue Gefangene dem Stockwerk acht im Tombs zugewiesen. Sie stellten sich selbst als Mitglieder der *Black Panthers Party for Self-Defense* (Black-Panther-Partei zur Selbstverteidigung) vor. Leider erinnere ich mich nur an einen Namen: Alfred Kane. Doch die Männer selbst, ihre Persönlichkeiten, habe ich nie vergessen. Sie brachten mir die ersten Schritte bei. Mir fiel auf, dass sie denselben Stolz und dasselbe Selbstvertrauen zeigten, das mir bei den Panthern in den Straßen von Harlem aufgefallen war. Dieselbe Furchtlosigkeit, doch auch gepaart mit Freundlichkeit. Wenn sie mit jemandem sprachen, wollten sie immer dessen Namen wissen. »Was brauchst du?«, fragten sie zum Beispiel. Innerhalb weniger Tage waren sie die unangefochtenen Anführer unseres Stocks, doch nicht mit Hilfe von Macht oder Gewalt, sondern dadurch, dass sie ihr Essen mit uns teilten. Sie behandelten jeden von uns so, als wäre er ihnen gleichgestellt, als wären wir alle kluge Köpfe. Sie stellten uns Fragen. »Kann jeder hier lesen?«, fragten sie. »Wir zeigen es euch.« Sie organisierten Versammlungen und luden uns alle ein. Ich war zwar skeptisch, aber doch neugierig – ich ging hin. Die Begriffe, über die sie sprachen, waren eine Herausforderung: Ökonomie, Revolution, Rassismus und Unterdrückung. Ich verstand nichts davon. Aber ich besuchte jede Versammlung.

Mit der Zeit erfuhr ich, dass die drei als Teil der *Panther 21 Bewegung* ein Jahr zuvor zusammen mit achtzehn anderen Mitgliedern der

Black Panther Party in New York City verhaftet worden waren. Dreizehn von ihnen wurde der Prozess gemacht, angeklagt wegen mehr als hundert Straftaten: Verschwörungen zu Attentaten auf Polizisten, sowie Bombenanschläge auf Kaufhäuser, Polizeiwachen und den Botanischen Garten in der Bronx von New York. Die Kaution für jeden Einzelnen wurde auf 100 000 $ festgesetzt, eine astronomische Zahl zu jener Zeit. Sie sagten uns, sie seien nicht schuldig. Die Anklagen und die hohe Kaution sollten dazu dienen, die Black Panther von der Straße wegzuholen, damit sie nicht noch mehr Parteiarbeit in der Community leisten konnten. Diese Parteiarbeit umfasste ein Frühstücksangebot für Kinder vor der Schule, den Zusammenschluss mit lokalen Unternehmen zur Unterstützung des Frühstücksangebotes und anderer lokaler Projekte, die Verteilung der Black-Panther-Party-Zeitung, die Einberufung von Versammlungen in schwarzen Stadtvierteln zur Anwerbung neuer Mitglieder. Als ich von der fälschlichen Festnahme und Verurteilung sowie der exzessiven Kaution erfuhr, war ich sehr verwundert darüber, dass die drei nicht noch mehr Wut in sich aufgestaut hatten. Sie benahmen sich sogar so, als ob sie gar nicht im Knast wären. Sie erzählten uns von den großen schwarzen Persönlichkeiten der Geschichte und den bedeutsamen Errungenschaften, die auf Afroamerikaner zurückgehen. Sie sprachen davon, dass sie den Schwarzen in ihren Communities Zugang zum öffentlichen Gesundheitssystem ermöglichen wollten. Sie sagten, dieses Land habe die Schwarzen furchtbar schlecht behandelt und dass es bald eine Veränderung geben werde. Ich hatte keinen blassen Schimmer davon, wie solch eine Veränderung herbeigeführt werden konnte. Ich glaubte auch nicht, dass ein einzelner Mensch etwas bewirken konnte. Dann gab mir ein Mithäftling von meiner Etage ein Buch mit dem Titel *A Different Drummer*[9], von William Melvin Kelley. Dieses Buch öffnete mir die Augen.

Ich las es in nur zwei Tagen ganz durch. Und dann las ich es ein zweites Mal. Die Geschichte spielt in einem fiktiven Staat im Süden der USA, und im Mittelpunkt steht Tucker Caliban, der Nachkomme eines großen und mächtigen Afrikaners. Dieser Afrikaner, der im Rumpf eines Sklavenhändlerschiffes in die Vereinigten Staaten kam, war so stark, dass die ganze Mannschaft zusammenstehen musste, um ihn in Schach zu halten. Nachdem man ihn in Ketten vom Schiff heruntergeschleppt hatte, konnte er sich losreißen; mit seinen Ketten

9 Die deutsche Ausgabe von Kelleys Buch erschien unter dem Titel *Ein anderer Takt*, Hamburg 2019.

in der Hand rannte er den Sklavenhändlern davon, führte dann eine Gruppe von entflohenen Sklaven an, die wiederum andere Sklaven befreiten, wurde aber schließlich erschossen. Sein kleiner Sohn kam in Gefangenschaft. Alle Generationen, vom Sohn dieses Afrikaners bis zu Tuckers Großeltern, waren in die Sklaverei hineingeboren worden. Zu Beginn der Geschichte ist die Zeit der Besitzsklaverei vorbei, doch Tucker ist trotzdem nicht frei. Er arbeitet für die Nachkommen der Familie, die seine Eltern als »Besitz« angesehen hatten. Er lebt in einem kleinen, rassistisch geprägten Städtchen in den Südstaaten.

Er versucht seinen Frieden zu finden, indem er frühere Plantagen-Ländereien aufkauft, doch etwas nagt an ihm: Müssten nicht seine Vorfahren zustimmen, wenn er dieses Land kaufte? Er baut ein Haus und pflanzt seine eigenen Feldfrüchte an, aber es erscheint ihm wie Verrat, wenn er das Land bearbeitet, auf dem seine Vorfahren als Sklaven gehalten wurden. Es erscheint ihm nicht richtig, dass sein Leben noch immer eng mit dem Leben jener Familie verbunden ist, die seine Vorfahren als ihren Besitz bezeichnete. Er möchte ein Leben leben, das nicht von Weißen diktiert wird. Er möchte sein eigenes Schicksal in die Hand nehmen. Er weiß allerdings auch, dass er nicht jemand anderes sein und gleichzeitig sein altes Leben weiterführen kann. Tucker streut Salz über seine Ländereien, sodass dort nichts mehr wachsen kann. Er tötet seine Tiere. Er setzt sein Haus in Brand. Er zieht mit seiner Frau und seinem Kind Richtung Norden. »Tucker spürte sein afrikanisches Blut«, sagt ein Weißer in dem Buch. Seine Taten sind eine Art Offenbarung für die anderen Schwarzen in der Stadt, die sich genauso gefangen fühlten. Tuckers Taten verbreiteten sich von Mund zu Mund und Massen schwarzer Amerikaner verließen die Südstaaten.

Ich weiß, wie Tucker sich fühlte. Genau wie er wollte ich gerne meine Vergangenheit niederbrennen. Mein größter Traum war es einmal gewesen, ins Angola-Gefängnis zu kommen. Mag sein, dass dies das Einzige war, wovon ich träumen durfte. Um im Angola überleben zu können, war ich zu einem Menschen geworden, der gegen seine wahre Natur handelte. Jetzt wollte ich so weit gehen, wie meine Menschlichkeit es mir erlaubte. Nachdem ich *A Different Drummer* gelesen hatte, wurde mir zum ersten Male in meinem Leben bewusst, dass ein einzelner Mensch sehr wohl etwas bewirken kann.

Die Fakten, die die Panther ansprachen, ergaben auf einmal einen Sinn. Die Panther erklärten uns, dass der institutionalisierte Rassismus die Basis für die von Weißen dominierten Polizeiwachen, von Weißen dominierten Gerichte, Banken, Universitäten und aller anderen Institutionen in Amerika sei. Dies sei eine zielgerichtete und wohlüberlegte

Strategie der Weißen, so sagten sie, und sie marginalisiere nicht nur die Schwarzen. Nein, alle armen Bevölkerungsschichten rund um den Globus seien betroffen. Von da an sah ich die Schwarzen um mich herum – auf meiner Etage, im Speisesaal, auf dem Hof – so, als ob ich sie zum ersten Mal sähe. Ich dachte zurück an meine Community, in der ich aufgewachsen war, wo drei von vier Kindern schon kleine Gelegenheitsdiebe waren. Wir lebten alle in furchtbarer Armut. Ich hatte mich daran gewöhnt, dass es so war und nicht anders. Dass es für uns Schwarze illegal war, Orte aufzusuchen, wo sich Weiße aufhielten. Rassismus war Gesetz. Der *Voting Rights Act* wurde erst verabschiedet, als ich siebzehn war. Obwohl Schwarze eigentlich schon vor diesem neuen Gesetz wählen durften, wurden wir normalerweise von einflussreichen Weißen unter Druck gesetzt, für wen oder für was wir zu stimmen hatten. Wir wussten damals nichts über die Geschichte des afrikanischen Volkes und seiner Errungenschaften, seine Bedeutung für die Zivilisation. Wir wussten nichts über afroamerikanische Wissenschaftler, Staatsmänner, Historiker oder Schriftsteller. Ohne die Geschichte der Schwarzen zu kennen, kannten wir uns auch selbst nicht.

Ich dachte zurück an meine Mom, die unter den menschenunwürdigen Jim-Crow-Gesetzen in einer Welt weißer Vorherrschaft leben musste, der sie völlig gleichgültig war. Alle Schulbücher in den Klassenräumen schwarzer Schüler im Süden waren schon gebraucht – sie waren im Rahmen der Jim Crow-Gesetze von den Schulen für Weiße an die Schulen für Schwarze abgegeben worden. Sie waren veraltet und abgegriffen, in sehr vielen waren gemeine und rassistische Randbemerkungen über Schwarze hineingekritzelt. Meine Mom erzählte uns damals, dass sie sehr häufig nicht in die Schule gegangen war, weil sie nur hinging, wenn sie auch Schuhe hatte – und ich, ich hatte sie hart dafür kritisiert, dass sie nicht lesen konnte …

Ich dachte zurück an die gewalttätigen und verdorbenen Gefangenen, die ich im Angola und in New York getroffen hatte. Ich konnte sie nicht für ihre Taten hassen. Ungebildet wie sie waren, war ihr Leben im Gefängnis geprägt von Rassismus und Korruption, sie wurden bedroht und waren nur wegen ihrer Rasse Opfer von Gewalt und Züchtigungen, sie waren gezwungen, im Dreck zu leben, sich totzuarbeiten, und bekamen nie genug zu essen. Wie Tiere behandelt, wurden sie zu Unmenschen. Sie wurden zu Tieren. Alle Theorien, die ich von der Black Panther Party gehört hatte, bekamen für mich nun Hand und Fuß. Wir wollen Freiheit. Wir wollen die Macht, das Schicksal unserer schwarzen Community selbst in die Hand zu nehmen. Wir wollen ein Ende der kapitalistischen Ausbeutung unseres schwarzen, unterdrückten Volkes durch die weißen Machthaber ... angemessene Wohnungen, die den Menschen Schutz bieten ... Land, Brot, Wohnungen, Bildung, Kleidung, Gerechtigkeit und Frieden. Dies alles spürte ich nicht nur in meinem Kopf, ich fühlte es mit ganzem Herzen, mit meiner Seele, mit meinem Körper. Es war, als ob ein Licht in einer Kammer in mir angezündet worden war, von der ich vorher gar nicht wusste, dass es sie gab.

Kapitel 11
Was ist die Partei?

Wenn irgendein Weißer auf der Welt sagt: »Gib mir Freiheit oder gib mir den Tod«, dann applaudiert die ganze Welt. Wenn ein Schwarzer genau dasselbe sagt, genau dieselben Worte, dann ist er ein Krimineller und wird auch so behandelt.

James Baldwin

Die ›Partei der Schwarzen Panther für Selbstverteidigung‹ wurde im Oktober 1966 von zwei Studenten in Oakland, Kalifornien, ins Leben gerufen. Die beiden jungen Männer, Huey Newton und Bobby Seale, wollten die brutalen Übergriffe durch die Polizei in ihren Wohnvierteln stoppen. In den 1960ern war es Normalität, dass die Polizei mit Waffengewalt, Hunden und Viehtreibern immer wieder in die Stadtviertel mit überwiegend schwarzer Bevölkerung eindrang. Schwarze wurden tagtäglich von der Polizei schikaniert, eingeschüchtert, bedroht, gejagt, verprügelt, erschossen oder anderweitig getötet. Newton und Seale richteten das Programm des »copwatching« (Polizeibeobachtung) ein, um die Polizeiübergriffe in den Schwarzenvierteln nachzuverfolgen. Sie versorgten die Wohnviertel, in denen die Polizei wütete, mit legal erworbenen Waffen: zur Selbstverteidigung, so sagten sie, damit die Leute sich, wenn es notwendig wurde, schützen konnten. Newton hatte auch immer ein paar Gesetzbücher im Auto dabei. »Es gab immer mal Vorfälle«, so schreibt er in seiner Autobiografie, »wenn ein Polizist einen schwarzen Mitbürger bedrohte, in denen ich mich ein wenig abseits stellte und die entsprechenden Stellen im Strafgesetzbuch laut und deutlich vorlas, damit alle mithören konnten.« Mit dieser Aktion trugen wir dazu bei, dass die Menschen, die sich um uns versammelten, mit gezielten Informationen über die juristischen Hintergründe aufgeklärt wurden. Wenn der Polizist einen Bürger verhaftete und zur Polizeiwache mitnahm, folgten wir den beiden und hinterlegten unverzüglich eine Kaution. Viele Leute aus diesen Communities konnten zunächst gar nicht glauben, dass es uns ausschließlich um ihre eigenen Interessen ging und wir nur das Beste für sie wollten«, so schrieb er. »Niemand hatte ihnen jemals beigestanden oder ihnen geholfen, wenn sie von der Polizei bedroht wurden – doch jetzt waren wir da: stolze schwarze Männer, bewaffnet und mit einem fundierten Wissen aus dem Strafgesetzbuch. Eine ganze Reihe unserer Mitbürger wurden direkt nach der Entlassung aus dem

Gefängnis Mitglieder unserer Partei, die Statistik der Polizeiübergriffe mit Todesfolgen oder exzessiver Brutalität in unseren Communities sank gewaltig.« Die Partei der Schwarzen Panther für Selbstverteidigung wuchs.

Es ist ein weit verbreiteter Mythos, dass die Black Panther Party eine rassistische Organisation war. Rassismus und Hass wurden in der Partei niemals gepredigt. In den späten 1960ern bildeten der Black Panther Bob Lee aus Illinois und Fred Hampton, Vorsitzender der Illinois-Panther, eine Allianz mit einer Gruppe junger weißer Leute aus dem verarmten North-Side Gebiet von Chicago, deren Wurzeln bis in die Appalachen zurückreichten. Die Gruppe dieser Weißen nannte sich selbst *Young Patriots Organiz ation* und sie trugen die Konföderiertenflagge auf ihren Jacken. Genauso wie die Black Panther Party hatte auch die *Young Patriots Organization* das Ziel, die brutalen Polizeiübergriffe in ihren verarmten Stadtvierteln zu bekämpfen. Die Panther knüpften Kontakt mit ihnen, denn sie hatten dieselben Ziele: Chancengleichheit und das Ende der weißen Vorherrschaft, das Ende von Rassismus, das Ende der Diskriminierung bei der Wohnungssuche sowie das Ende der gewalttätigen Polizeiübergriffe. Die *Young Patriots* trugen schon bald BLACK POWER Buttons an ihren Jacken. Lee und Hampton schlossen sich noch mit weiteren gemischtrassigen Bündnissen – unter anderem den *Young Lords* und dem *Native American Housing Committee* – zusammen. Hampton nannte diese neu geborene Bewegung die *Rainbow Coalition* (Regenbogen-Koalition). Niemand weiß, was daraus hätte werden können … Fred Hampton wurde 1969 im Alter von 21 Jahren von einem Polizeikommando in der Morgendämmerung schlafend in seiner Wohnung in Chicago getötet. Seine schwangere Verlobte, die neben ihm lag, ebenso. Jesse Jackson verwendete Hamptons Bezeichnung, als er die *National Rainbow Coalition* im Zuge seiner Präsidentschaftskandidatur 1984 ins Leben rief.

Die Black Panther Party war keine gewalttätige Organisation. Wenn man ihre Geschichte verfolgt, dann sieht man, dass jede Art von Gewalt, in die die Panther involviert waren, stets nur als Antwort auf einen Angriff geschah. Bobby Seale sagte: »Unsere Position war folgende: Wenn wir nicht angegriffen werden, dann gibt es auch von unserer Seite keine Gewalt; wenn wir Gewalt spüren, werden wir uns verteidigen.« Eine der von den Parteiführern verbrieften Regeln hieß: »Kein Parteimitglied wird irgendeine Art von Waffe ohne Not oder aus Versehen benutzen, auf jemanden richten oder abfeuern.«

»Die natürliche Eigenschaft eines Panthers ist, dass er niemals von sich aus angreift«, sagte Huey Newton. »Doch wenn er angegriffen oder ihn in die Ecke gedrängt wird, dann springt der Panther hervor und wird den Aggressor oder Angreifer vernichten.« Die Mainstream-Medien malten von den Panthern jedoch das Bild einer gewaltbereiten Bürgerwehr. Der Anblick schwarzer Männer, die legal bewaffnet waren, war für das Establishment so erschreckend, dass selbst die *National Rifle Association (NRA)* die Aufhebung eines Waffengesetzes in Kalifornien forderte, in dem das öffentliche Tragen von geladenen Schusswaffen erlaubt wurde. 1967 brachte ein Republikanischer Abgeordneter aus Oakland eine Gesetzesvorlage – den *Mulford Act* – ein. Um gegen dieses Gesetz, das der Partei legale Patrouillengänge in ihren eigenen Wohnvierteln untersagt hätte, zu protestieren, versammelten sich dreißig Black Panther in Lederjacken und Baskenmützen auf den Stufen des *California State Capitol* in Sacramento, legal bewaffnet. Einige Parteimitglieder drangen bis in den Parlamentssaal vor und wurden verhaftet. Draußen vor dem Kapitol verlas Bobby Seale eine Erklärung gegen die Aufhebung des Gesetzes zum legalen Tragen von Schusswaffen ab. Er sagte unter anderem: »Die Partei der schwarzen Panther für Selbstverteidigung appelliert an das amerikanische Volk im Allgemeinen und die Schwarzen im Besonderen, davon Kenntnis zu nehmen, dass die rassistische kalifornische Legislative ein neues Gesetz plant, mit dem Ziel, die schwarze Bevölkerung zu entwaffnen und zu entmachten, während zur selben Zeit die rassistische Polizei im ganzen Land den Terror, die Brutalität, Mord und Repression gegen die schwarze Bevölkerung intensiviert.« Zwei Monate später verlieh Gouverneur Ronald Reagan, ein langjähriges Mitglied der NRA und Unterstützer der Rechte von Waffenbesitzern, dem *Mulford Act* per Unterschrift Gesetzeskraft.

Ein Großteil der Gewalt, die der Black Panther Party zugeschrieben wurde, entstand durch die Unterwanderung durch FBI-Leute. Im Jahre 1967, nur ein Jahr nachdem Bobby Seale und Huey Newton die Partei gegründet und das 10-Punkte-Programm veröffentlicht hatten, erweiterte der FBI Direktor J. Edgar Hoover das geheime COINTELPRO Programm – Counterintelligence Program –, das 1956 zur Bekämpfung des Kommunismus ins Leben gerufen worden war, um die Black Panther Party in den Fokus zu stellen und anzugreifen. Das FBI steckte Millionen von Dollar in seine Bemühungen, die Black Panther Party zu unterwandern, zu spalten, Misstrauen unter den Mitgliedern zu säen, ihre Führungspersonen zu ermorden oder hinter Gitter zu bringen, die Spendenaufrufe für Hilfsprogramme oder Rechtsanwälte zu behindern, falsche Informationen an die Medien und die Ermittlungsbehörden durchsickern zu lassen – alles, was zur Zerstörung der Partei hilfreich war. (Ein FBI-Informant, der dem 21-jährigen Fred Hampton als Bodyguard diente, hatte dessen Mord durch die Polizei von Chicago unterstützt.) Pausenlos wurden die Panther vom FBI überwacht, ihre Familien und Unterstützer wurden belästigt und schikaniert. Die lokale Polizei sowie die Staatsanwaltschaft nutzten von der COINTELPRO bekannte Taktiken, um überall im Land Parteimitglieder für Straftaten, die sie nie begangen hatten, anzuklagen und strafrechtlich zu verfolgen, nur um die Panther im Gefängnis von der Parteiarbeit fernzuhalten. Dadurch wollte man die Verkettung in der Führerschaft sprengen und die Kommunikation innerhalb der Organisation untergraben. Wenn man einen Panther verhaftete, schadete das deren Ruf und stellte die Motive und Rechtfertigung der Black Panther Party in der breiten Öffentlichkeit in Frage. Die Verhaftungen brachten die Parteimitglieder, die in den Straßen nur Spenden für die Communities sammeln wollten, ganz aus ihrem Konzept, denn sie brauchten nun ständig Geld für Kautionen und um Anwälte anzuheuern, die sich um die von der Polizei, der Staatsanwaltschaft und der Justiz verfolgten Panther in den Gefängnissen kümmerten. (Am Ende gewann das FBI; die Partei wurde zwar erst 1982 aufgelöst, war aber schon in den 1970er-Jahren von innen heraus deutlich dezimiert.)

Wenn Panther die geschlossene Faust hoben, zeigten sie damit ihre Solidarität. Wenn man die offene Hand hebt, dann stehen die Finger einzeln, dann ist man verwundbar. Wenn man die einzelnen Finger schließt und die Hand zu einer Faust macht, dann entsteht ein Symbol von Kraft und Solidarität. Die Mainstream-Medien deuteten den Panther-Gruß der geschlossenen Black-Power-Faust um: als Zurückweisung anderer Rassen – dafür war diese aber nie gedacht. Sie war ein Appell für Solidarität, und nur dafür. Die erhobene Faust stand für die Solidarität zwischen den Panthern, Solidarität innerhalb der schwarzen Communities und Solidarität zwischen all jenen, die im Kampf für die Menschen um Mitbestimmung, Gleichbehandlung und Gerechtigkeit vereint waren.

Unzählige Menschenrechtsbewegungen auf der ganzen Welt haben die Faust als Symbol des Protestes und der Solidarität erhoben, und Außenstehende scheinen dieses Symbol auch als Kampf für die Menschenrechte zu verstehen. Wenn Schwarze allerdings damals ihre Faust erhoben, wurde diese anders gedeutet – als Drohung. Ich denke dabei an Tommie Smith und John Carlos, die afroamerikanischen Leichtathleten, die die Gold- und Silbermedaille über die 200 Meter bei den Olympischen Sommerspielen in Mexico City gewannen. Nachdem sie auf dem Siegertreppchen ihre Faust erhoben und ihre Köpfe neigten, wurden sie von der amerikanischen Presse zerrissen. Sie wurden als »Abtrünnige« bezeichnet, als »zornig, widerlich, hässlich«; ihre Aktionen wurden in der Presse als »beleidigend« und »beschämend« für die USA beschrieben. Es gab Leute, die ihnen die Medaillen aberkennen wollten. Aber wie viele Menschen wussten überhaupt, was das Motiv, was die Basis ihres Appells war? Er gründete sich auf einem wohldurchdachten Projekt für Menschenrechte, vom (*Olympic Project for Human Rights*, Olympisches Projekt für Menschenrechte) ins Leben gerufen. Diese Menschenrechtsorganisation bestand aus nicht professionellen schwarzen Athleten, und sie gehörten dazu.

Smith und Carlos erhoben ihre Fäuste für Muhammed Alis Recht, gegen den Vietnam-Krieg zu protestieren und nicht vom Militär eingezogen zu werden, und außerdem dafür, dass er den ihm aberkannten Weltmeisterschaftsgürtel zurückbekam. Sie hoben ihre Fäuste, um die Absetzung Avery Brundages zu fordern, der mit seiner antisemitischen und rassistischen Haltung als Präsident des Internationalen Olympischen Komitees dafür verantwortlich war, dass die USA ihren Olympiaboykott der Spiele im Nazi-Deutschland von 1936 nicht verwirklichen konnten. Die Sportler hoben ihre Fäuste, um vom IOC zu fordern, mehr afroamerikanische Trainer einzustellen und Länder, in denen Apartheid regierte, von der Teilnahme auszuschließen. Sie standen dort ohne Schuhe, in schwarzen Strümpfen, um auf die große Armut in den schwarzen Communities aufmerksam zu machen, sie trugen Perlenketten und Schals, um gegen die Lynchjustiz zu protestieren. Smith, der den Weltrekord im 200-Meter-Sprint brach, verzichtete zusammen mit seinem Kollegen Carlos auf persönlichen Ruhm, finanzielle Unterstützung seines Sports und zukünftige Jobs, um sich gegen Apartheid, den Vietnam-Krieg, Diskriminierung, Armut, Lynchjustiz, Rassenhass, Antisemitismus und die weiße Vorherrschaft aufzulehnen. Die Mehrheit der Menschen allerdings sah – und viele verurteilten – zwei schwarze Männer, die es wagten, ihre Fäuste zu erheben.

Der Ausdruck »Power to the People« (Alle Macht dem Volke) war die Parole für alle Menschen schwarzer Hautfarbe und alle entmachteten Menschen, zusammenzukommen und für das zu kämpfen, was uns allen vorenthalten blieb: gleiche Bildungschancen, Chancengleichheit, Gleichberechtigung, Gleichbehandlung und Respekt. Bei unterschiedlichen Gelegenheiten bezeichneten Parteimitglieder Polizisten, Politiker, Staatsanwälte und Richter als »Schweine«. Ich auch. Der Ausdruck stammt aus George Orwells Buch *Animal Farm* (Farm der Tiere), in dem eine Figur, nämlich das Schwein, ein korrupter, machthungriger Opportunist ist, der sich gegen seine Anhänger stellt und die Prinzipien der Demokratie untergräbt. In den Straßen wurde – und wird – die Bezeichnung »Schwein« für korrupte Beamte oder Funktionäre verwendet, Leute, die dank ihrer Macht das Volk betrügen, Polizisten, die brutale Gewalt auf Menschen ausüben, egal ob Schwarze oder Weiße. Schwarze Polizisten, die andere Menschen verletzten, schwarze Staatsanwälte, die Unschuldigen etwas anhängten, waren – und sind – Schweine. Wenn du keine Macht hast, bleibt dir nur die Sprache zur Verteidigung. Wir lebten in einer Welt, in der eine Person mit schwarzer Hautfarbe, die sich für schwarze Mitbürger einsetzte, dafür ins Gefängnis kommen konnte. Häufig war die Sprache alles, was uns blieb.

Als ich anfing, mich für die Partei zu interessieren, war dies eher eine Sache von Emotionen als von Verstand. Ich war zu jener Zeit ein Dummkopf mit einem neu entdeckten Bewusstsein. Meine Fähigkeit, Theorien zu formulieren und Konzepte zu durchschauen, war eher begrenzt. Das 10-Punkte-Programm der Partei war der Leitfaden für mich, richtig zu handeln. Ich war beeindruckt von dessen Grundsätzen, auch wenn ich ihre Tiefe noch gar nicht ermessen konnte. Als ich begann, mich selbstständig weiterzubilden, erschlossen sich mir nach und nach die sozialen Kräfte – hauptsächlich ökonomischer Art –, die die Grundlage für Bobby Seales und Huey Newtons 10-Punkte-Programm waren. Obwohl ich noch nicht wirklich begriff, was dahinterstand, als ich es zum ersten Male las, so verstand ich doch, was damit gesagt werden sollte.

Das 10-Punkte-Programm der Black Panther Party

1. *Wir wollen Freiheit. Wir wollen die Macht, das Schicksal unserer schwarzen Community selbst zu bestimmen.*

2. *Wir wollen Vollbeschäftigung für unser Volk.*

3. *Wir wollen, dass dem Ausrauben unserer schwarzen und unterdrückten Community durch die Kapitalisten ein Ende gesetzt wird.*

4. *Wir wollen angemessene, menschenwürdige Wohnungen, die den Menschen Schutz bieten.*

5. *Wir wollen eine Schulbildung für unser Volk, die die wahre Natur dieser dekadenten amerikanischen Gesellschaft offenlegt. Wir wollen*

eine Schulbildung, die uns unsere wahre Geschichte und unsere Rolle in der gegenwärtigen Gesellschaft lehrt.

6. *Wir wollen, dass alle Schwarzen vom Militärdienst ausgenommen werden.*

7. *Wir wollen, dass der Polizeibrutalität und dem Mord an Schwarzen ein sofortiges Ende gesetzt wird.*

8. *Wir wollen Freiheit für alle Schwarzen, die in Bundes-, Staats-, Bezirks- und Stadtgefängnissen sitzen.*

9. *Wir wollen, dass alle Schwarzen, die vor Gericht kommen, von Geschworenen ihrer eigenen »peer«-Gruppe oder Leuten ihrer schwarzen Community beurteilt werden, wie es die Verfassung vorsieht.*

10. *Wir wollen Land, Brot, Wohnungen, Bildung, Kleidung, Gerechtigkeit und Frieden.*

Kapitel 12
Gefängnisaufstand in New York

Die Panther wurden nach ein paar Monaten von meiner Etage weggeholt. Der Sommer in New York City wurde brütend heiß und das Leben im überfüllten Tombs immer unerträglicher. Das Essen war unappetitlich und ungesund. Die Etage war verdreckt. Wir bekamen weder Handtücher noch andere Hygieneartikel; Häftlinge mussten sich Anwälte organisieren, um medizinische Hilfe zu bekommen. Die Spannungen verschärften sich. 14 000 Gefangene saßen 1970 in der Haftanstalt von New York City. Mehr als die Hälfte von ihnen waren keines Verbrechens für schuldig befunden worden – sie warteten auf ihren Prozess oder darauf, dem Richter vorgeführt zu werden. Das Tombs war für 900 Häftlinge ausgelegt; wir waren aber mindestens 1500 dort. Die Zellen waren dermaßen überbelegt, dass die Insassen ihre Mahlzeiten am Tisch in ihrer Zelle abwechselnd, stehend oder auf dem Boden sitzend einnehmen mussten. Uns war allen klar, dass das Gefängnis am Rande der Katastrophe stand. Es ging schon von Mund zu Mund: In diesem Sommer stand Aufruhr vor der Tür.

Die Unruhen brachen im August aus. Über uns, im neunten Stock fing es an. Wir hörten lautes Schlagen, dann plötzlich zerbarsten die gigantischen Glasbaufenster über uns wie bei einer Bombenexplosion. Die Leute von oben brüllten durch die Rohrleitungen, wie wir unsere Fenster aufstoßen konnten: die Tischplatten im Gemeinschaftsraum wegreißen und die Tischbeine als Rammböcke nutzen, um die Glasbausteine herauszustoßen. Die Gefangenen über uns standen in den offenen Fensterlöchern und riefen etwas zu den Schaulustigen hinunter. Einige beschrieben oder bemalten Bettlaken und hängten sie an die Fassade. Die Insassen meiner Etage rissen Bettlaken in Streifen und knoteten sie um die Riegel der verschlossenen Eingangstüren des Zellenblocks, sodass die Sicherheitsleute die Türen mit ihren Schlüsseln nicht mehr öffnen konnten. Wir verbarrikadierten die Türen mit unseren Matratzen. Es wäre dem Sicherheitspersonal sicher in wenigen Sekunden gelungen, die Barrikaden zu durchbrechen, wenn sie gewollt hätten, doch wir dachten, dass es in dieser Situation eine geeignete Maßnahme wäre – die Verzweiflung lässt Menschen irrationale, absurde Dinge tun. Die Gefängnisleitung erklärte sich schließlich damit einverstanden, Vertreter jedes Stockwerks in der Bücherei zu empfangen. Ich ging mit zwei oder drei anderen Männern vom achten Stock hin.

Die Insassen der neunten Etage übernahmen die Führungsrolle und hatten eine Beschwerdeliste mitgebracht: »Wir, die Insassen der neunten Etage des Tombs Stadtgefängnisses von Manhattan, New York, möchten mit dieser Erklärung um Ihre Aufmerksamkeit bitten«, las ein Gefangener. Er fuhr fort, die Insassen hätten durchschnittlich acht bis zwölf Monate Wartezeit, bis ihr Prozess beginne. Die Kautionen seien unverhältnismäßig hoch. Für die Gefangenen gebe es keine erste Anhörung – manchmal auch gar keine Anhörung. Sie würden von der *Legal Aid Society* (Rechtsberatung) – einer staatlich finanzierten Behörde, die einen Großteil der Gefangenen vertritt – gedrängt, sich schuldig zu bekennen. Häftlinge hätten keinen Zugang zu juristischen Schriften in der Bibliothek. Die Decken seien schmutzig, die Matratzen voller Bettwanzen, in den für eine Person vorgesehenen Zellen schliefen drei. Die Küche serviere schimmeliges Brot, faule Kartoffeln und halbgare Eier. Das Gefängnis sei »verseucht mit Läusen, Kakerlaken, Ratten und Mäusen«. Gefangene müssten die Kleider, die sie bei ihrer Ankunft trugen, monatelang weitertragen.

Unsere dringendste Forderung des Briefes bezog sich auf die exzessive Gewalt gegen die Insassen, vor allem gegen Schwarze und Puerto Ricaner. Vollzugsbeamte würden »Totschläger, Gummiknüppel, Fäuste und Füße« einsetzen, um die Häftlinge anderer Hautfarbe besinnungslos zu schlagen und dann mit den Gefängnisärzten gemeinsame Sache machen, damit diese fingierte Unfallberichte schrieben.

»Es ist allgemeine Praxis, einzelne Häftlinge auszusondern«, las der Gefangene weiter, »... weil einer zum Beispiel nicht hörte, dass er gerufen wurde, oder der Vollzugsbeamte seine Art nicht mochte oder ihm missfiel, wie der Gefangene schaute oder ging. Oder aber er ließ seinen eigenen persönlichen Frust an ihm aus und begann den hilflosen Häftling, zusammen mit anderen Beamten, bewusstlos zu schlagen, wobei dieser häufig lebenslange physische oder psychische Schäden – oder beides – davontrug.«

»Diese Taten«, so fuhr der Lesende fort, »würden und könnten sich nicht ohne Mitwissen des *Commissioner of Correction* (Justizvollzugsbeamter), dem stellvertretenden *Commissioner of Correction*, dem Direktor der Tombs Haftanstalt, dem stellvertretenden Direktor und den Captains des Gefängnisses ereignen.« Und er fügte hinzu: »Wir weisen jede Art von Verleugnung dieser Tatsachen zurück, denn wir selbst haben solch sadistischen Angriffe erlebt.« Es war allgemein bekannt – jeder Vollzugsbeamte und jeder Häftling im Raum wusste es –, dass nichts im Gefängnis geschieht, ohne dass das Gefängnispersonal darüber Bescheid weiß. Wie schon das Sprichwort sagt, so las der Häftling weiter, »Kein Blatt am Baum wird gelb ohne das Wissen und die stillschweigende Zustimmung des Baumes selbst«[10].

Die Häftlinge beschlossen ihre Erklärung mit der Bitte, dass es gegen die in diesem Protest aktiven Personen keine Konsequenzen, welcher Art auch immer, gäbe, und dass die Beschwerdeliste an die Presse weitergeleitet würde. Nicht alle Häftlinge, die an der Revolte teilnahmen, wurden nach der Rückkehr in ihre Etage geschlagen, aber die »Gorillas«, ein Schlägertrupp von fünf oder sechs Justizvollzugsbeamten mit Helm und Weste, Keulen und Knüppeln, statteten als Erstes den Insassen des neunten Stocks einen Besuch ab, von denen ein Großteil, so auch ich, in andere Haftanstalten verlegt wurde. Das Dokument mit den Beschwerden und Forderungen, das die Häftlinge der neunten Etage laut verlesen hatten, wurde von der Gefängnisleitung nicht an die Presse weitergegeben.

Ich wurde ins *Queens House of Detention* gebracht, von uns *New Queens* genannt. Da in jenem August von den Justizbeamten und der Gefängnisleitung keinerlei Verbesserungen für die Lebensbedingungen der Häftlinge auf den Weg gebracht wurden, war niemand überrascht, dass das Tombs zwei Monate später noch einmal hochging. Einrichtungen in Brooklyn, in der Bronx und im Queens, wo ich einsaß, schlossen sich den Aufständischen solidarisch an. Dieses Mal dauerten die Proteste länger als eine Woche. Die regionalen Zeitungen berichteten, dass während der Unruhen 1400 Gefangene 23 Geiseln festhielten. Meine Etage im Queens nahm keine Geiseln, doch wir verbarrikadierten den Eingang zu unserem Stock mit Matratzen und Schränken. Unsere Forderungen waren: nicht mehr als zwei Mann in jeder Zelle, das Recht auf freie Religionsausübung und der damit verbundenen Beachtung von Essgewohnheiten, die Verbesserung der sanitären Einrichtungen, genießbare Mahlzeiten, angemessen medizinische Versorgung und tragbare Kautionen. Eine weitere Forderung der Häftlinge war es, die Festsetzung einer Kaution öffentlich zu verhandeln, damit Schwarze und Puerto Ricaner nicht stets unverhältnismäßig höhere Kautionen für kleine Vergehen aufgebrummt bekamen

10 »And as a single leaf turns not yellow but with the silent knowledge of the whole tree, / So the wrong-doer cannot do wrong without the hidden will of you all. / Like a procession you walk together towards your god-self. / You are the way and the wayfarers. / And when one of you falls down he falls for those behind him, a caution against the stumbling stone. / Ay, and he falls for those ahead of him, who though faster and surer of foot, yet removed not the stumbling stone.« Khalil Gibran: *The Collected Works of Khalil Gibran*. 21 Books in One Edition. Musaicum Books, 2017.

als weiße Beschuldigte. Nach den achttägigen Unruhen stürmte die Polizei alle Gefängnisse der Stadt.

Wärter und Polizisten eroberten das Stadtgefängnis mit brutaler Gewalt zurück. Im New Queens war unser Widerstand sinnlos. Wir hatten nicht den Hauch einer Chance. Wir kämpften mit Matratzen und Kisten. Sie mit Gaspistolen, Schutzschilden, Knüppeln und Äxten. Sie sprühten kanisterweise Tränengas in die abgeschlossenen Stockwerke hinein, zerschlugen die Barrikaden und versprühten anschließend noch mehr Tränengas direkt auf uns. Das Gas, das eigentlich für Aufstände draußen in den Straßen gedacht ist, machte uns im Gebäude blind, brannte in unseren Augen, unserem Mund, der Nase und der Lunge. Wir konnten kaum atmen. Da wir um Luft rangen und die Orientierung verloren, konnten sie uns leicht in unsere Zellen zurückdrängen, schlugen dabei aber zusätzlich noch mit Schlagstöcken und Baseballschlägern auf uns ein.

Wir wurden gezwungen, uns splitternackt auszuziehen. Während wir das taten, bildeten die Wachen draußen vor unserer Zelle eine Gasse, bewaffnet mit Axtgriffen, Gummiknüppeln, Totschlägern und Baseballschlägern. Einer nach dem anderen wurden wir per Zellennummer herausgerufen und zum Gemeinschaftsraum beordert. Auf diesem Spießrutenlauf durch die Reihen der Wärter wurde auf jeden Einzelnen eingedroschen, einige Wärter stachen uns die Gummiknüppel in die Genitalien; Knüppelschläge regneten auf uns nieder. Die Männer aus den ersten vier Zellen hatten die kleinste Distanz zu überwinden. Je höher die Zellennummer, desto mehr Schläge bekam man also ab. Ich hockte in Zelle Nr. 15, der letzten auf dem Gang. Als die Wärter vor meiner Zelle Aufstellung nahmen, schützte ich meine Genitalien mit einer Hand und meinen Kopf mit dem anderen Arm. Ich rannte sofort los. Einige Gefangene vor mir waren hingefallen und die Wärter trampelten auf ihnen herum. Ich sah, wie ohnmächtige Häftlinge in den Gemeinschaftsraum gezerrt wurden. Der Boden unter mir war rutschig vom Blut der Kopfverletzungen. Ich rannte los und bei jedem Schritt hatte ich nur einen einzigen Gedanken: *Nicht fallen, bloß nicht fallen*. Nur dies, immer wieder. Ich spürte die Schläge überall.

Ich schaffte es bis in den Gemeinschaftsraum ohne hinzufallen, doch mein Körper war zerschunden. Ich fühlte einen unerträglichen Schmerz in meinem linken Arm. Blut rann aus einer klaffenden Wunde oben auf meinem Kopf. Im Gemeinschaftsraum trieben sie uns zusammen wie Vieh und zwangen uns, uns auf einen Haufen übereinanderzulegen. Dazu gaben sie ihre grauenvollen rassistischen Kommentare ab: »Steck ihn bei ihm rein, Nigger.« Die Häftlinge, die sich weigerten, sich auf die anderen Männer zu legen, wurden gnadenlos verprügelt. Ich wollte auf gar keinen Fall ganz unten liegen, so nahm ich Anlauf und sprang oben auf den Menschenhaufen drauf. Einige Männer stöhnten: »Gott hilf mir. Lass mich nicht sterben. Ich kann nicht atmen.« Einige schrien nur noch.

Die Schreie meiner Mithäftlinge waren das, was mir am meisten wehtat. Ich hatte selbst wahnsinnige körperliche Schmerzen, aber noch größer war der Schmerz, zu sehen, dass hier Menschen gebrochen wurden. Ich verstand ihren Schmerz und ihr Leid, doch mein Verstand sagte mir, egal was auch geschieht, es gibt eine Grenze, die du nicht überschreitest. Schreien, flehen, die Wachen mit »Boss« anreden, zu rufen »Bitte, schlag mich nicht«, »Bitte, sei gnädig mit mir«, oder »Ich werde gut sein«. Das Bitten und Betteln dieser Männer war so entwürdigend. Auch ich fühlte höllischen Schmerz, doch ich war fest entschlossen, diese Tiere nicht anzubetteln. Ich würde nicht flehen. Ich würde sie um nichts bitten. Sogar als sie mich anschrien, mich mit ihren Gummiknüppeln stießen und mir das Blut aus dem Kopf rann, sagte ich kein Wort.

Während wir auf diesem Menschenhaufen im Gemeinschaftsraum festgehalten wurden, drangen die Wärter in unsere Zellen ein und warfen all unser Eigentum weg: Brillen, Fotos, Briefe. Als sie mit der Plünderung unserer Zellen fertig waren, wurden wir zurück in unsere Zellenblocks gerufen und sie sperrten jeweils fünf oder sechs Männer zusammen in eine Zelle. Es gab gar nicht genügend Platz zum Hinsetzen, in einer Situation, in der wir alle schwer verletzt waren. Diese Nacht war die Hölle. Am folgenden Tag brachten sie mich ins Lenox-Hill-Krankenhaus, gipsten meinen gebrochenen Arm ein und nähten meine Kopfwunde. Zurück im Gefängnis packten sie wieder fünf von uns zusammen in eine einzige Zelle. So mussten wir eine Woche ausharren.

Nach vier oder fünf Tagen kamen sie mit Erdnussbutter- und Marmeladen-Sandwiches. Ich weiß nicht mehr, wie lange wir damals keine warme Mahlzeit bekommen haben. Der Heilungsprozess dauerte ewig. Bis heute habe ich wegen der Schläge mit den Baseballschlägern Probleme mit meiner Hüfte. Mein Schädel hat eine Narbe an der Stelle, wo der Kopfhaut aufgesprungen war. Und doch habe ich es nie bereut, an dem Aufstand teilgenommen zu haben.

Ich kam zurück ins Tombs und saß eines Tages im Gemeinschaftsraum, um für meinen Gerichtstermin bereit zu sein, als ein Wärter mir sagte, ein Rechtsanwalt warte auf mich. Ich hatte aber gar keinen eigenen Rechtsanwalt. Ich ging in den Raum, wo er mich treffen wollte, und der Anwalt sagte: »Charles?« Er bot mir einen Deal an, der den wirklichen Charles Harris betraf. Der saß irgendwo in einem Knast in New York. Der Rechtsanwalt erklärte mir, dass er für mich bei einem Schuldeingeständnis für einen Einbruchdiebstahl zwei bis drei Jahre auf *Rikers Island* rausschlagen könnte, doch ich müsste das Schuldgeständnis noch an jenem Tag machen. Ich hatte von Häftlingen auf *Rikers Island* gehört, dass es dort Arbeitsteams von Gefangenen gäbe, die zum täglichen Arbeiten auf die Straße geschickt würden. Wenn ich in einem dieser Arbeitsteams einen Job bekäme, so dachte ich, hätte ich möglicherweise eine Chance abzuhauen. Ich bekannte mich schuldig. Noch am selben Tag wurde ich nach *Rikers* verlegt. Nach Abwicklung aller Formalitäten erklärten sie mir, ich wäre Teil einer Putzkolonne in den Straßen von Brooklyn. Zum ersten Mal schöpfte ich nach vielen Monaten endlich Hoffnung.

In jener Nacht überraschte uns ein Schneesturm. Als ich am Morgen aufwachte, waren die Fenster zugeschneit. Wir durften nicht raus zur Arbeit. Am folgenden Tag – noch mehr Schnee. Sie behielten uns die ganze Woche drinnen. Ich war gerade im Gemeinschaftsraum, als ich einen Vollzugsbeamten rufen hörte: »Wo ist Charles Harris, alias Albert Woodfox?« Meine Spuren hatten sie letztendlich doch hierhergeführt. Ich wurde wieder verlegt: in eine Ein-Mann-Zelle in einem leeren Gebäudeflügel.

Am Anfang machte es mir nichts aus, von allen anderen getrennt zu sein. Meine große Sorge war, dass die Polizei mich töten könnte, wenn ich nach New Orleans zurückkäme. Ich glaubte, sie würden mich umbringen, weil ich getürmt war. Auch die Vorstellung, ins Angola zurückzukommen, lastete auf mir. Zu jenem Zeitpunkt hatte der Kontakt zu den Black Panthers einen Bewusstseinswandel in mir ausgelöst – ich war in hohem Maße politisiert. Alles würde anders sein. Ich wusste noch nicht wie, aber ich fühlte es. Jetzt, wo sie wussten, wer ich wirklich war, konnte ich auch endlich meiner Mom schreiben. Ich erzählte ihr, dass ich geschnappt worden war; dass ich im Gefängnis saß. Sie ließ mir durch einen Bekannten einen Antwortbrief zukommen. Bevor sie mich ins Angola zurückschicken konnten, musste ich mich vor Gericht noch für den von dem Buchmacher seinerzeit fingierten »schweren Einbruchdiebstahl« verantworten. Sie schickten mich zurück ins Tombs.

Mitte Mai 1971 hörte ich im Radio, dass die 13 Panther der gesamten vor Gericht stehenden *Panther-21-Bewegung* – einschließlich der Panther, die ich vom achten Stock kannte – in allen Anklagepunkten freigesprochen worden waren. Der Vorsitzende der Geschworenen, James I. Fox, brauchte zwanzig Minuten, um das Urteil zu verlesen: »Nicht schuldig«, 156-mal. Die Panther hatten mich aufgefordert, zu handeln, mein Wissen weiterzugeben. Ich begann darüber nachzudenken, wie ich mit den Gefangenen über unsere Lebens- und Haftbedingungen ins Gespräch kommen konnte.

Schon bald erfuhr ich von meinem Freispruch für den Einbruchdiebstahl, denn während ich noch in Harlem einsaß, waren der Buchmacher und seine Komplizen, die mich damals so hintergangen hatten, für ihre Betrügereien verhaftet worden. Ich kämpfte gegen meine Auslieferung zurück nach New Orleans und verlor. Im Juni 1971 setzten sie mich ins Flugzeug. Von außen betrachtet hatte sich bei mir nicht viel verändert seit dem Tag, als ich vor zwanzig Monaten aus dem Gerichtssaal entwischt war. Ich war ein Schwarzer, der einer langen Gefängnisstrafe entgegensah. In meinem Innersten war allerdings nichts mehr so wie vorher. Jetzt hatte ich Moralvorstellungen, Grundsätze und Werte, die mir vorher fremd gewesen waren. Und beim Blick aus dem Fenster des Flugzeugs, sah ich auf einmal in das Fenster meiner Seele. In der Vergangenheit hatte ich falsch gehandelt. Jetzt würde ich richtig handeln. Ich würde kein Krimineller mehr sein. Nie mehr.

Kapitel 13
Geiseln

Meine Aktivitäten während der Unruhen im New Yorker Stadtgefängnis gingen in mein Strafregister ein. Ich galt von nun an als militant. Als ich im New Orleans Parish Prison eintraf, steckten sie mich sofort ins Stockwerk C-1, das von nun an die »Panther-Etage« genannt wurde. Als ich das letzte Mal dort gewesen war, hatte ich mich geritzt, um wegzukommen. Dieses Mal war alles anders. Nur die Hälfte des Stockwerks war belegt. Und alle Insassen waren Mitglieder der Black Panther Party. Anfangs war ich ziemlich nervös und unsicher, denn ich kannte niemanden von ihnen. Und ich wusste auch, dass diese Männer keine normalen Häftlinge waren. Es war immer noch drückend heiß, dreckig und dunkel. Die Fenster waren immer noch fest verriegelt, von außen mit Stahlplatten gesichert. Die hier einsitzenden Panther kamen allesamt aus der New Orleans-Gruppe der Partei und warteten auf ihren Prozess. Sie hatten sich Monate zuvor bei einem Polizeiübergriff gegen die Räumung ihrer Zentrale in einem Sozialwohnungsbauprojekt, namens »Desire housing projects«, in dem vornehmlich Afroamerikaner lebten, zur Wehr gesetzt. Die Tage vergingen, und ich beobachtete, dass die Männer dasselbe Verhalten an den Tag legten wie die Panther in New York: gelassen, selbstsicher und zielgerichtet, fokussiert auf ihr Ziel, ihre Weiterbildung und Selbstdisziplin. Unter den Panthern, die ich in New Orleans kennenlernte, waren Ronald Ailsworth (Faruq) und Donald Guyton (Malik Rahim), beide Mitbegründer der New-Orleans-Gruppe der Partei. Sehr schnell akzeptierten wir uns gegenseitig. Bei unseren täglichen Zusammenkünften brachte Malik Bücher mit und riss einzelne Kapitel heraus, damit jeder von uns etwas zu lesen bekam und den anderen später berichten konnte, was er gelernt hatte. Wir führten lange Diskussionen, sprachen über die Gesellschaft und die Welt. Ihre Freunde aus der New Orleans-Gruppe besuchten mich und waren auch in unseren Anhörungen vor Gericht im Zuschauersaal. Sie schmuggelten einige Ausgaben der Black-Panther-Parteizeitung auf unseren Stock. Ich konnte hier freier meine Meinung sagen als in New York.

Eines Tages machte ich den Vorschlag, einmal das gesamte Stockwerk zu putzen. Das Orleans Parish Prison war immer ein dreckiger, rattenverseuchter Saustall mit kaputten Toiletten, verdorbenem Essen und überbelegten Zellen gewesen. Jeder von uns hielt zwar seine eigene Zelle richtig sauber und wir putzten auch den Gemeinschaftsraum, doch der Rest der Etage war monatelang nicht gesäubert worden. Auf unseren Versammlungen praktizierten wir kollektive Kritik in der Form, dass jeder, der genervt war oder auf bestimmte Vorgänge hinweisen wollte, dieses vor der versammelten Gemeinschaft zur Sprache brachte. So brachte ich eines Tages auch mein Anliegen vor: dass unser Stockwerk ein Schandfleck war: »Wie können wir in solch einem Dreck leben?«, fragte ich. »Sollten wir nicht mehr Stolz und Würde haben?« Die versammelten Männer stimmten mir zu, und in den folgenden Tagen putzten wir alle unbewohnten Zellen.

An jedem beliebigen Wochentag konnten die Häftlinge vor Gericht zitiert werden. Davor mussten sie in einem Wartebereich im zweiten Stock – wie Vieh eingepfercht – ausharren, bis sie durch ein Labyrinth von Gängen ins Gerichtsgebäude geführt wurden. Dort erwarteten sie dann winzige Aufenthaltsräume hinter jedem der Gerichtssäle. An einem durchschnittlichen Tag saßen teilweise zwanzig bis dreißig Häftlinge in solch einem Warteraum. An den Gerichtstagen hatten wir die Chance, mit Gefangenen von anderen Stockwerken zu reden, und wir nutzten diese Zeit natürlich, um uns über die Partei auszutauschen. Einmal stimmte Faruq während der Wartezeit das Lied »Power to the People« an. Alle Häftlinge stimmten ein.

Power, power, all power to the people.
We're going to pick up the gun and put the pigs on the run.
There just ain't enough pigs to stop the Black Panther Party.[11]

Einige Häftlinge klatschten, andere gaben den Rhythmus vor, indem sie auf die Metallbänke trommelten, auf denen sie saßen. Die Wachen befahlen uns, aufzuhören. Wir sangen weiter. Sie holten Tränengas und sprühten uns voll. Meine Augen waren noch zugeschwollen und Tränen rannen über mein brennendes Gesicht, als ich an der Reihe war, den Gerichtssaal zu betreten. Ich hatte so viel Gas abbekommen, dass dem Hilfssheriff, der mir die Fesseln anlegte und mich durch den Gang führte, speiübel wurde.

Im Gerichtssaal ging ich nicht zu dem Platz, der an einem Tisch für mich vorgesehen war. Ich stellte mich genau in die Mitte des Saals, direkt vor die Zuschauer – einige Panther waren darunter – und hob meine mit Handschellen zusammengeketteten Hände hoch Richtung Brust, so hoch es mit dieser Einschränkung eben ging, formte

11 Alle Macht, alle Macht, alle Macht dem Volke. / Wir holen uns ein Gewehr und jagen die Schweine davon. / Es gibt einfach nicht genügend Schweine, um die Black Panther Party zu stoppen.

eine Faust und rief: »Seht her, was diese rassistischen Schweine getan haben.« In wenigen Sekunden waren zwei Beamte bei mir und zerrten mich aus dem Saal, während ich den Richter hinter uns rufen hörte: »Raus mit ihm.« Die Panther im Publikum standen auf und riefen ihrerseits: »Lasst den Mann in Ruhe.« Im Nebenzimmer wurde ich von den Beamten gestoßen und getreten. Ich konnte mich nicht verteidigen, denn die Hände waren außer durch Handschellen ja auch noch am Hüftgurt festgekettet, sodass mir nichts anderes übrig blieb, als meine Peiniger zu verfluchen und zu beschimpfen. Der Richter kam herein und befahl den Beamten, mit den Schlägen aufzuhören und mich von dem Gas zu befreien. Sie brachten mir feuchte Papiertücher, damit ich meinen Körper und meine Haare abwischen konnte. Ich bekam auch einen neuen Overall. Bevor er zurück in den Gerichtssaal ging, sagte der Richter zu mir, ich solle aufhören, solch ein Theater zu machen.

Wir waren fest davon überzeugt, dass wir Gefangenen in diesem gesellschaftlichen Konflikt an vorderster Front kämpften und in der Verantwortung standen, Antworten auf die brennenden Fragen zu finden. Unsere Beschwerdeliste war lang und sah ganz ähnlich aus wie die, die im Tombs verlesen worden war. Die Männer im Parish Prison saßen monatelang dort ein, ohne dass sie einen Prozess bekamen; es wurde für sie entweder gar keine Kaution festgesetzt oder aber diese war unsäglich hoch; sie hatten keinen Zugang zu juristischen Fachbüchern; sie waren gezwungen, auf dem Boden zu schlafen, und das zu dritt oder mehr in einer einzigen Zelle. Die Haftanstalt war von Kakerlaken, Läusen und Ratten befallen. Das Essen war ekelhaft. Wir berieten uns, wie wir diese Informationen an die Außenwelt bringen konnten. Aus meiner Erfahrung in New York wusste ich, dass es nicht genügte, die Aufmerksamkeit der Gefängnisverwaltung auf unsere Geschichten zu lenken, wir mussten uns direkt an die Medien wenden; sonst käme nämlich nur eine Seite zu Wort: die der Gefängnisleitung. Wir beschlossen, eine Geisel zu nehmen und sie nicht eher freizulassen, bis wir mit der Presse reden durften. Wir forderten außerdem, mit der Abgeordneten Dorothy Mae Taylor sprechen zu dürfen, der ersten afroamerikanischen Frau, die ins Repräsentantenhaus von Louisiana gewählt worden war, und die sich zu jener Zeit für eine Gefängnisreform stark machte.

Wir schickten mit Hilfe eines Orderly eine entsprechende Nachricht mit unseren Plänen an eine andere Etage, und sie schrieben zurück, sie würden am selben Tag ebenfalls eine Geisel nehmen. Wir konnten also gleichzeitig zwei Wärter von verschiedenen Stockwerken unter Hausarrest stellen.

Am 26. Juli 1971, an einem Montagmorgen, brachte ein junger schwarzer Gefängniswärter einige Panther zur Kleiderkammer – wo sich ihre persönliche Kleidung befand –, bevor sie in den Gerichtssaal überführt werden sollten, und wir stellten uns ihm in den Weg. Wir verletzten ihn nicht. Wir sagten einfach: »Hey, Mann, wir müssen dich jetzt unter Hausarrest stellen. Wehr dich nicht. Wir stecken dich in eine der hinteren Zellen, nur zu deiner eigenen Sicherheit. Wenn du mit uns kommst, passiert dir nichts.« Er händigte uns seine Schlüssel aus. Wir öffneten ein Schließfach, in dem sich die Kontrollschalter zum Öffnen der Zellentüren befanden und schlossen sie auf. Wir brachten den Wärter in eine leere Zelle. Wir fragten ihn, ob er etwas brauche. Wir schlossen die Zellentür und verriegelten sie.

Ich drückte den Knopf der Gegensprechanlage und sagte dem Sicherheitspersonal, das für den Eingangsbereich des Gefängnisses zuständig war, dass wir einen Wärter als Geisel hielten, und dass wir mit den Medien sprechen wollten sowie mit der Abgeordneten Dorothy Mae Taylor, um sie über die Haftbedingungen im Gefängnis aufzuklären. Sie antworteten: »Verletzt ihn nicht, verletzt den Wärter nicht.« Ich sagte, ihm würde nur dann etwas passieren, wenn sie selbst hier auf unserem Stockwerk aufkreuzten. Daraufhin erhielten Reporter und Kameraleute die Erlaubnis, unseren Hof zu betreten. Auch die Abgeordnete Taylor kam. Wir schlugen die Metallplatte von einem Fenster weg, sodass wir mit den Leuten auf dem Hof sprechen konnten. Dorothy Taylor wollte den festgehaltenen Wächter sehen, und wir brachten ihn zum Fenster. Sie fragte ihn, ob ihm in irgendeiner Form Leid zugefügt worden sei. Als er dies verneinte, erklärte sie sich dazu bereit, mit uns zu sprechen. Wir lasen ihr unsere Beschwerdeliste vor. Nachdem wir den Wärter wieder freigelassen hatten, las die Abgeordnete Taylor unsere Forderungen laut den Pressevertretern vor.

Kurze Zeit später erfuhr ich von Gefängnisbeamten, dass ich ins Angola zurückgeschickt würde. In unserem Stock diskutierten wir darüber, ob wir Widerstand gegen diese Anordnung leisten sollten oder nicht. Die gesamte Gruppe entschied, dass ich gehen und Panther für die New-Orleans-Gruppe rekrutieren sollte. Später dann erhielt ich aus Oakland von Malik die Nachricht, dass wir im Angola eine eigene Sektion der Partei gründen sollten – eine Gefängnisgruppe.

Noch bevor ich das Orleans Parish Prison verließ, leistete ich auf C-1 den Eid, Mitglied der Black-Panther-Partei zu werden. An meinem letzten Tag in New Orleans gab mir einer der Panther ein Exemplar des *Kleinen Roten Buches*, der Zitatensammlung von Mao Tse-tung, genannt »Mao-Bibel«. Die Panther verabschiedeten mich mit den Worten: »Vergiss die Partei nicht. Vergiss nicht, wofür die Partei steht. Vergiss das 10-Punkte-Programm und die Grundsätze der Partei nicht. Teile dein Wissen. Handle. Sei stark. Bleibe stark.«

Kapitel 14
Im Angola, 1971

Zweck des Gefängnisses ist es, den Geist des Gefangenen zu brechen und seine Willenskraft zu vernichten. Um dies zu erreichen, beuten die Behörden jede Schwäche aus, zerstören jede Initiative, negieren alle Zeichen von Individualität – dies alles mit dem Gedanken, jenen Funken auszutreten, der jeden von uns zum Menschen macht und jeden von uns zu dem, was er ist. Unser Überleben hing davon ab, dass wir verstanden, was die Behörden mit uns zu tun versuchten, und dieses Verstehen einander mitzuteilen.

Nelson Mandela

Nichts hatte sich verändert im Angola. Sex-Sklaverei war noch immer Teil des Gefängnisalltags. Gewalt war noch immer eine ständige Bedrohung. Bewaffnete inhaftierte Wachen taten noch immer ihren Dienst, in den Zellenblöcken, auf Wachtürmen, zu Pferd als Feldaufseher. Messerstechereien und Prügeleien waren an der Tagesordnung. Das Angola hatte sich nicht verändert. Aber ich war ein anderer geworden. Ich war hergekommen mit dem Auftrag, eine neue Sektion der Black Panther Party zu gründen. Mein Auftrag war: Widerstand leisten, mein Wissen weitergeben, den Worten Taten folgen zu lassen. Als ich in die Partei eintrat, tat ich dies, um mein Leben dem sozialen Kampf zu widmen. Ich gab mein Wort, dass ich mein Leben nach den Grundsätzen der Partei ausrichten würde. Ich war darauf vorbereitet, mein Leben zu opfern, um zu meinem Wort zu stehen.

Die Menschen im Gefängnis waren noch immer nach Hautfarben getrennt. Im Aufnahmezentrum wurde ich dem Schlafsaal mit Schwarzen zugeteilt. Ich war erst eine Woche dort, als ich einen Gefangenen namens Joseph Richey einem siebzehnjährigen Jungen ins Bad folgen sah. Im Gefängnis lernt man, die Anzeichen einer Tat zu sehen, bevor sie passiert. Ich lieh mir schnell das Messer eines anderen Häftlings in meinem Schlafsaal aus, steckte es unter mein T-Shirt und ging den beiden hinterher. Richey hatte den Jungen in die Dusche gedrängt, bedrohte ihn und versuchte ihn dazu zu bringen, seine Kleider auszuziehen. »Verdammte Scheiße, was geht hier vor?«, sagte ich.

»Hast du nix mit zu tun«, antwortete Richey. »Nicht deine Sache.«

Ich sagte: »Ich mach es zu meiner Sache.« Ich ging auf die beiden zu. »Du vergreifst dich nicht an dem Kind hier.« Ich schaute den Jungen an. »Komm raus«, sagte ich, »hier passiert jetzt nichts.« Zuerst blieb der Junge noch stocksteif und bewegte sich nicht, dann, ganz langsam, schob er sich Zentimeter für Zentimeter an der Wand entlang in meine Richtung. Er ging an mir vorbei und durch die Tür hinaus.

Ich zog das Messer unter meinem T-Shirt hervor. Richey zog seines, und ich sagte schnell: »Los geht's.« Ich machte einen Sprung auf ihn zu, er trat zurück und ließ sein Messer fallen. Ich sage ihm, solange ich in diesem Schlafsaal wäre, würde er nicht dieses Kind und auch niemand anderen vergewaltigen. Ich verließ das Bad und ging schnurstracks zum Gemeinschaftsraum, wo ich mich auf einen Tisch stellte und laut verkündete: »Alle Scheißkerle, die andere vergewaltigen, hört mir zu: Ich kenne euch und ihr werdet hier niemanden vergewaltigen, solange ich in diesem Schlafsaal lebe.« Stolz kann ich behaupten, dass nach meiner Vereitelung von Joseph Richeys Vergewaltigungsversuch niemals mehr ein anderer Häftling im Aufnahmezentrum vergewaltigt wurde, solange ich dort war.

Nach dreißig Tagen wurde ich vor den Einstufungs-Ausschuss zitiert und bekam einen Job in der Spülküche zugeteilt, wo ich Töpfe und Pfannen aus Speisesaal und Küche zu säubern hatte. Dieses Mal war ich nicht auf der Trustee-Seite; ich landete im Hauptgefängnis. Der Gang dorthin war zum Schutz vor Regen überdacht. An beiden Seiten gab es Handläufe. Der Gang führte an vier Wohntrakten mit einstöckigen, rechteckigen Schlafsälen aus Hohlblocksteinen vorbei. In jedem Schlafraum waren circa sechzig Häftlinge untergebracht. In jedem Trakt lagen sich entlang des Gangs zwei Schlafsäle gegenüber. Die Eingangstür jedes Schlafraumes öffnete sich zum Gang hin. An den Seitenwänden der Schlafsäle gab es große Fenster von Hüfthöhe bis hoch zur Decke, und es gab enge Durchgänge auf beiden Seiten des Saals, die nach hinten führten. Zwischen jeweils zwei Schlafräumen in jedem Trakt auf der linken Seite des Gangs – Raum 1 und Raum 2 – befand sich eine Wachkabine. Der Gang und alle Gebäude rundherum lagen auf einem Sockel, circa einen Meter hoch. Jeweils vier oder fünf Stufen führten zwischen jedem Trakt hinunter in den Hof. Offiziell war es den Häftlingen verboten, auf dem Gang zusammenzustehen, doch sie taten es trotzdem von Zeit zu Zeit, oder fanden sich in Gruppen auf dem Grasstück zwischen den Trakten zusammen. Jede Wachkabine hatte zwei Sitzplätze. Normalerweise war aus jedem der beiden Blöcke ein Aufseher dort. Während der eine seinen Rundgang machte, um den Gang freizuhalten und manchmal auch um die Leute, die vorbeikamen, zu filzen (Taschen, Jackenfutter und Schuhe nach Schmuggelware zu durchsuchen), saß der andere in der Kabine.

Jeder Trakt hatte den Namen eines speziellen Baumes: Weiße Häftlinge lebten im Schlafsaal Eiche, dem ersten Saal auf dem Gang. Danach kamen die Sektionen für die Schwarzen: Pinie, Walnuss und Hickory. Das gesamte Areal, inklusive eines großen, baumlosen Hofes und einer Kleiderkammer noch innerhalb der Eingangsschleuse, war mit einem knapp vier Meter hohen Maschendrahtzaun eingezäunt, oben mit Stacheldrahtrollen verstärkt. Freie und inhaftierte Wächter standen auf den Wachtürmen, um die Gänge und den Hof zu kontrollieren. Es gab ein Baseball-Feld auf dem Hof und einen weiteren Platz auf einem kleinen Hügel, den wir zum Fußballspielen nutzten. Der Speisesaal und das Kontrollzentrum befanden sich auf der anderen Seite der Eingangsschleuse. Für uns war das nur das »Spitzel-Tor«, am Ende des langen Gangs.

In meinem Schlafsaal, genauso wie auf den Gängen, erzählte ich meinen Mithäftlingen von der Black Panther Party. »Wir wollen Freiheit; wir wollen die Macht, unser eigenes Schicksal in die Hand zu nehmen«, erklärte ich ihnen. Ich trug das Kleine Rote Buch bei mir, wo immer ich auch hinging. »Du sollst nicht stehlen«, sagte ich den Männern und las weiter, »nicht einmal eine Nadel oder ein Stück Faden.« Einige Typen, die mich noch von früher kannten, beobachteten mich ruhig und versuchten herauszufinden, welches Spiel ich noch spielte. Andere Gefangene fühlten sich persönlich bedroht und mieden mich. Ich erzählte den Leuten, was ich von den Panthern gelernt hatte. »Im Gefängnis«, so sagte ich ihnen, »vermindern sie zuerst deinen Wert als Mensch, danach brechen sie deinen Willen.« Ich erzählte ihnen, dass sie sich selbst umerziehen und wir in Versammlungen zusammenkommen und zusammenarbeiten müssten. Ich sagte ihnen, sie müssten die Vergewaltigungen und Messerstechereien sofort einstellen. »Sie wollen, dass ihr gegeneinander kämpft, damit ihr ihnen keinen Widerstand leistet«, sagte ich. »Ihr habt Besseres verdient als das, was ihr bekommt.«

Ich brauchte eine Weile, bis ich den richtigen Ton fand und lernte, wie ich mit ihnen umzugehen hatte. Nach und nach fand ich heraus, dass es das Beste war, jeden Mann auf dem Hof einzeln anzusprechen, ihn da abzuholen, wo er geistig und intellektuell gerade stand. Ich begann zunächst über das Essen zu sprechen und wir redeten lange darüber, wie mies es war. Ich begriff, dass Fragen besser waren als Monologe, und so stellte ich den Leuten eine Menge Fragen. »Wie geht es euch damit, dass ihr keine Regenkleidung habt, aber bei Wind und Wetter draußen auf dem Feld arbeiten müsst?«, fragte ich zum Beispiel. »Wie geht es euch damit, dass ihr immer nur Fleischwurst bekommt, doch die Lieferwagen eigentlich Hähnchen und Rindfleisch für uns bringen?« »Wie geht es euch damit, dass ihr als Lohn zwei Cent die Stunde bekommt?«

Noch immer war ich auch damit beschäftigt, mein alltägliches Leben an meinem neu erlernten Verhaltenskodex auszurichten. Ich besaß die idealistische Leidenschaft eines Revolutionärs, doch als 24-Jähriger, der fünf Jahre lang in vier verschiedenen Gefängnissen ein- und ausgegangen war, schien meine emotionale Reife die eines deutlich jüngeren Mannes. Wenn irgendein Typ mir etwas antat oder mich bedrohte, nahm ich Rache. Ich war entschlossen, diesem Weg zu folgen. Doch immer wieder kam ich auch zu den Grundsätzen der Partei zurück. Im Laufe der Zeit merkte ich, dass mein persönliches Tun – die Art und Weise, wie ich mich verhielt – fast wichtiger war als all das, was ich ihnen erzählte. Die Panther hatten mich gelehrt, dass man Feuer nicht mit Feuer bekämpft – man bekämpft Feuer mit Wasser. Nach und nach begriff ich, was das hieß: Wenn ein Mithäftling mich herausforderte oder bedrohte, musste ich in meinem tiefsten Innern eine Entgegnung finden, ich musste mich auf die Lehren und Werte der Black Panther Party besinnen, statt auf Gewalt zurückzugreifen.

Ich hatte einen Job im Speisesaal, in einem riesigen Gebäude, in dem es zudem eine Küche, Vorratskammern, Gefrierkammern, eine Bäckerei und eine Metzgerei (Ausbildungsstätten für Häftlinge), einen Entspannungsraum für Arbeiter, zum Ausruhen zwischen zwei Schichten, und eine Spülküche gab. Stets kochte eine riesige Wanne Wasser in der Spülküche. Wir trugen kniehohe Gummistiefel, Gummischürzen, die vom Hals runter bis zum Rand der Gummistiefel reichten und hitzeisolierende Gummihandschuhe, damit wir beim Hantieren mit dem kochend heißen Wasser geschützt waren. Als Erstes tauchten wir die Töpfe und Pfannen in das heiße Wasser, wobei wir abgebrochene Besenstiele zum Untertauchen verwendeten, holten sie auf dieselbe Art und Weise wieder hoch und schoben sie in eine Ecke, wo wir sie mit einem Wasserschlauch abspritzten. Wenn alle Utensilien gut abgespritzt waren, stellten wir sie auf Trockengestelle. Normalerweise arbeiteten immer drei von uns gleichzeitig, und wir wechselten uns bei der Arbeit mit dem kochenden Wasser ab; manchmal waren wir auch nur zu zweit. Wir mussten immer sehr schnell arbeiten, aber ich war vorsichtig; niemals habe ich mich verbrüht.

In den meisten Gefängnissen arbeiteten Schwarze und Weiße nicht zusammen. Im Speisesaal allerdings schon. Die weißen Häftlinge hatten die »besseren« Jobs, sie durften kochen und beim Anrichten helfen;

die schwarzen wurden zum Putzen und zum Servieren an den Warmhaltetischen eingeteilt. (Die weißen Häftlinge hatten ihre eigenen Warmhaltetische und wurden auch ausschließlich von weißen Häftlingen bedient.) Die meisten von uns arbeiteten 16 Stunden am Tag, jeden zweiten Tag und zwischen den Mahlzeiten durften wir uns abmelden und in unsere Schlafsäle oder in den Hof hinausgehen. Wir konnten auch im Hinterzimmer des Speisesaals auf die nächste Schicht warten. Anders war es für die Schwarzen, die direkt im Speisesaal arbeiteten. Sie servierten das Essen oder putzten den Boden und die Tische, auch während die anderen Häftlinge aßen, und schenkten die Getränke ein, Kool-Aid zum Beispiel. Die Arbeiter im Speisesaal waren gezwungen, 16 Stunden am Tag sechs oder sieben Tage die Woche zu arbeiten, und zwischen den Mahlzeiten war es ihnen nicht – wie uns – erlaubt, hinauszugehen. Nach einigen Wochen Tätigkeit in der Spülküche, blieb ich zwischen meinen Schichten immer mal wieder im Speisesaal zurück, um mich mit den Arbeitern dort zu unterhalten. »Was ihr hier tut, ist Sklavenarbeit«, sagte ich ihnen. »Es sollten für euch dieselben Regeln gelten wie für uns alle.« Ich schlug ihnen vor, eine Bittschrift zu formulieren und sie dem Aufseher zuzuleiten.

Im Hinterzimmer der Küche sprach ich auch mit weißen Gefangenen. »Als Weiße habt ihr zwar einen besseren Job und dadurch hat jeder von euch einen persönlichen Vorteil, doch als Gruppe müsst ihr viele Ungerechtigkeiten ertragen.« Und ich fuhr fort: »Wir sind alle Opfer derselben korrupten Machenschaften, derselben Brutalität, denselben Prügeleien, derselben Sex-Sklaverei – all dessen, wovor die Gefängnisverwaltung die Augen verschließt. Wir alle leben unter denselben erniedrigenden, unmenschlichen Bedingungen im Kerker, derselben unzureichenden medizinischen Versorgung.« »Wir alle«, so versuchte ich ihnen klarzumachen, »egal ob weiße oder schwarze Häftlinge, wir alle müssen dieses Leid aus denselben Gründen ertragen.« Sie hörten mir zu. Ich spürte, dass ich Fortschritte machte.

Im August geriet ich in einen handfesten Streit mit einem Freien. Ich kann mich nicht erinnern, worum es überhaupt ging, aber ich wurde für einige Tage ins *Red Hat* gesteckt. Draußen stieg die Temperatur auf über 30 Grad. Drinnen in der 1x2-Quadratmeter-Zelle im *Red Hat* schien es doppelt so heiß. Ich setzte mich auf die Betonpritsche. Ich stand auf und Schweiß rann an mir herunter, allein vom Nachdenken. So manches Mal fühlte ich mich jetzt betrogen, denn schwarz geboren zu sein, bestimmte, wo man einmal landen würde. Ziemlich traurig, dass ich erst ins Gefängnis gehen musste, um zu erfahren, dass es in diesem Land und überall auf der ganzen Welt bedeutende

Afroamerikaner gab, und um Vorbilder zu finden, die ich doch eigentlich schon in der Schule hätte kennenlernen müssen. Meine größte Hilfe in dieser Zeit war die Erkenntnis, dass ich kein Krimineller mehr war. Ich betrachtete mich als politischen Gefangenen. Nicht in dem Sinne, dass ich wegen eines politischen Verbrechens eingelocht war, sondern weil das politische System, in dem ich lebte, mich gnadenlos im Stich gelassen hatte – sowohl als Individuum als auch als US-Bürger. Diese Erkenntnis nahm im *Red Hat* für mich Gestalt an.

Ich erinnere mich noch sehr genau an den Tag meiner Entlassung, den 21. August 1971, denn dies war der Tag, an dem George Jackson, der Feldmarschall der Black Panter Party, von Wärtern im Gefängnis *Soledad* von Kalifornien erschossen wurde. Nach dreitägigem Eingesperrtsein in der stinkenden Gruft vom *Red Hat*, hätte meine Entschlossenheit, die Black Panther Party und ihre Prinzipien zu unterstützen, nicht größer sein können. Als ich vom Mord an George erfuhr, gab das meiner Überzeugung nur noch zusätzliches Futter.

Einige Wochen später hörte ich im Radio, dass die Häftlinge vom *Attica*-Gefängnis im Norden von New York 42 Gefängnisangestellte als Geiseln genommen hatten. Das *Attica* war berüchtigt für seine unmenschlichen Haftbedingungen. Das hatte ich schon gehört, als ich im Tombs einsaß. Es hieß, die Gefangenen dort bekämen statt einer Dusche einmal in der Woche einen Eimer Wasser und ein dreckiges Handtuch; keine Seife, keinerlei medizinische Versorgung und auch kein angemessenes Essen. Dazu auch dort diese unerträgliche Überbelegung. Ich versuchte, über das Radio an neue Informationen zum Aufstand im *Attica* heranzukommen, doch tief unten in Louisiana war das unmöglich. Erst Tage später erfuhren wir, dass der Gouverneur von New York, Nelson Rockefeller, die Gefängniswachen und verschiedene Polizeistationen beauftragt hatte, das *Attica* zurückzuerobern. Wir erfuhren auch, dass die Gefängnisbeamten den Gefangenen im *Attica* versprochen hatten, es werde Gespräche geben, wenn sie den Aufstand und die Geiselnahme beendeten. Eine Lüge. Als am Morgen des 13. September Hubschrauber über dem Gefängnishof kreisten, erwarteten die Häftlinge, dass die Beamten der Strafvollzugsbehörde und des Gouverneurbüros im Hof landeten, um ihnen Rede und Antwort zu stehen. Stattdessen aber schallte der Befehl über den Hof, sie sollten ihre Hände über dem Kopf verschränken und sich auf den Boden legen.

Die Hubschrauber ließen vom Militär verwendetes Tränengas über dem Hof auf die Gefangenen hinabregnen. Ohne jede Vorwarnung stürmten mehr als fünfhundert uniformierte, bewaffnete Polizisten aus ganz New York zusammen mit hunderten Gardisten, Sheriffs und Polizeibeamten aus den nördlichen Grenzstaaten den Gefängnishof und feuerten wahllos in die Menge. Sie trafen unbewaffnete Häftlinge ebenso wie Geiseln. Gefangene, die einen Schutzkreis um die Geiseln gebildet hatten, wurden ebenfalls einfach niedergeschossen. Zehn Geiseln und neunundzwanzig Häftlinge kamen ums Leben.

Keine Geisel wurde von Gefangenen ermordet, doch am Tag des Massakers hieß es in offiziellen Erklärungen, dass Häftlinge vier Geiseln die Kehle durchgeschnitten und eine andere kastriert hätten. Ein Beamter erzählte Reportern außerhalb des Gefängnisareals, dass er »mit eigenen Augen« die kastrierte Geisel »gesehen« hätte. Am folgenden Tag verkündete der Gerichtsmediziner Dr. John Edland die Wahrheit: Alle Geiseln wurden durch Polizeipatronen getötet. Keiner Geisel wurde die Kehle durchgeschnitten. Keine Geisel wurde kastriert. Der Gouverneur gab demzufolge zwei weitere Autopsie-Berichte in Auftrag, die Edlands Erkenntnisse bestätigten. Als Gegenleistung für seine Integrität und seinen Mut, erhielten Edland und seine Familie Morddrohungen. Er wurde als Verräter und als »Nigger lover« beschimpft.

All dies erfuhren wir erst sehr viel später, aber durch meine Erfahrung als Häftling wusste ich, dass die Vorfälle im *Attica* niemals so stattgefunden haben konnten, wie damals im Radio berichtet. Nach dem Gemetzel im Gefängnishof begann das barbarische Vorgehen gegen die überlebenden Insassen. Ich war frustriert und wütend und empfand unendliches Mitleid für die abgeschlachteten und so brutal behandelten Männer im *Attica*-Gefängnis. Doch neben diesem Entsetzen über die unmenschliche Vorgehensweise durch die New Yorker Behörden und die von den Gefangenen erlittenen Qualen hatte sich ein Gedanke in meinem Kopf festgesetzt: die Gefangenen im *Attica* hatten sich zusammengetan und vereint gehandelt.

Die Grenzen, die die Häftlinge normalerweise trennten – durch Rasse, Religionszugehörigkeit, Geld – schienen bei den 1280 Menschen in jenem Gefängnishof keine Rolle mehr zu spielen. Dies unterstrich, was ich von der Black Panther Party gelernt hatte. Das Bedürfnis, menschlich und respektvoll behandelt zu werden, berührt jeden von uns. Und das Wichtigste im Widerstand ist die Solidarität.

Kapitel 15
Herman Wallace

Zum ersten Mal hört ich den Namen Herman Wallace im New Orleans Parish Prison. Wie ich kam er aus New Orleans und war wegen Einbruchdiebstahls in Haft. Auch sein Weltbild hatte sich völlig verändert, nachdem er Mitgliedern der Black Panther Party im Gefängnis über den Weg gelaufen war. Während ich die Panther im Tombs von New York kennenlernte, kam er mit ihnen im Parish Prison in Berührung. »Im Gefängnis traf ich den Vorsitzenden Mao, ich traf Marx und Engels, Chou En-Lai, Fidel, Che, George Jackson, Ho Chi Minh, Kwame Nkrumah, und natürlich Frantz Fanon«[12], schrieb Herman einmal. »Ich lernte eine ganz neue Denkweise kennen.« Er gelobte, den Grundsätzen der Black Panther Party von Huey Newton und Bobby Seale zu folgen, genau wie ich. Auf der Straße war er mir nie aufgefallen, doch im Parish Prison kannte ich ihn nach einiger Zeit vom Sehen. Wir waren in unterschiedlichen Stockwerken untergebracht, doch auf dem Weg zum oder vom Gerichtssaal und bei Terminen mit Rechtsanwälten begegneten wir uns von Zeit zu Zeit. Jeder hier nannte ihn »Hooks« aufgrund seines O-beinigen Gangs. Ich war zwar allgemein als »Fox« bekannt, doch Herman nannte mich nur bei meinem richtigen Namen, Albert. Immer wenn wir uns begegneten, hoben wir unsere mit Handschellen verschlossenen Fäuste bis zur Hüfte hoch: ein Zeichen unserer Solidarität. »Power to the People« hörte man dann.

Als ich zurück ins Angola kam, war auch Herman dort, allerdings im Camp A untergebracht, und unerreichbar für mich vom Hauptgefängnis. Eines Tages hörte ich, dass die Gesundheitsbehörden Camp A für abrissreif erklärt hatten und Herman sollte mit anderen ins Hauptgebäude umgesiedelt werden. Ich suchte ihn auf den Gängen und fand ihn im Schlafsaal Pinie 1. Als er mich sah, lächelte er und wir umarmten uns. Herman gehörte zu den Menschen, deren Lächeln das ganze Gesicht strahlen lässt. Er war unbewacht und zeigte sich mir gegenüber so offen, dass ich sofort Vertrauen zu ihm fasste. Was unser Temperament angeht, waren wir das genaue Gegenteil: Hooks war ein extrovertierter Provokateur, aggressiv, geradeheraus, unerschrocken. Ich dagegen eher zurückhaltend und diplomatisch, introvertiert. Aber

12 Frantz Fanon: *Die Verdammten dieser Erde* (*Les damnés de la terre*. Mit einem Vorwort von Jean-Paul Sartre. Maspero, Paris 1961). Das Buch erschien Anfang Dezember 1961, wenige Tage vor dem Tod des Autors. Es ist Fanons berühmtestes Werk und fasst seine Erfahrungen, Ideen und politischen Analysen zum Kampf gegen den Kolonialismus und Imperialismus zusammen.

wir verfolgten dieselben Ziele; wir hatten dieselben Moralvorstellungen und Prinzipien. Er erzählte mir, wie er die Häftlinge in Camp A organisiert hatte, ich erzählte ihm von meinen Aktionen. Beide wussten wir, dass wir viele Gegner hatten: die Freien, die einflussreichen inhaftierten Mittelsmänner, die Macht und Geld durch Zuhälterei erlangten, die inhaftierten Drogendealer und auch diejenigen, die sich durch die im Angola allgegenwärtige und ungezügelte Korruption bereicherten. Beide wussten wir, dass wir Vergeltungsschläge zu erwarten hatten; dass wir Opfer bringen mussten. Ich konnte sehen, dass er bereit war, diese Opfer zu bringen, und er sah dasselbe in meinen Augen. Zusammen begannen wir, im Angola ein neues Kapitel der Black-Panther-Geschichte zu schreiben. Bis heute weiß ich nicht, wie und warum, aber wir waren fest davon überzeugt, unbesiegbar zu sein.

Auf dem Hof, wo wir normalerweise Fußball spielten, hielten wir Parteiversammlungen ab. Manchmal, wenn abends die Männer sich dort die Bälle zuwarfen, kamen Herman und ich mit ihnen ins Gespräch: »Um frei zu sein, müsst ihr euch zuerst selbst befreien«, sagte Herman den Männern. »Ihr habt es nicht verdient, als ›Eigentum‹ wie zu Zeiten der Besitz-Sklaverei behandelt zu werden«, sagte ich. »Ihr seid kein Besitz, ihr seid Menschen«, ergänzten wir beide einstimmig. Ich ermutigte sie: »Ihr müsst eure Würde und euren Stolz in euch selbst finden. Ich bin der lebende Beweis dafür, dass das möglich ist.«

Wir erklärten ihnen das Konzept des institutionalisierten Rassismus und auf welche Art und Weise es diesem Konzept förderlich war, uns wegzusperren – wie Polizei und Justiz uns Schwarze diskriminierten. »Ich dachte immer, es wäre einfach nur Pech, dass ich immer wieder der Polizei in die Hände fiel«, erklärte ich. »Jetzt weiß ich, es war kein Pech. Ich war ihre Zielscheibe, weil ich schwarz bin, deswegen wurde ich auch immer und immer wieder hinter Gitter gebracht.« Wir erklärten ihnen, dass wir uns als Gruppe zusammen gegen die Institutionen stemmen mussten, denn dies war der einzige Weg, um eine Veränderung herbeizuführen; wir hatten keinerlei Macht, wenn wir als Einzelpersonen kämpften. Immer wieder gingen wir zusammen die Grundsätze der Black Panther Party durch. Punkt 1: »Wir wollen Freiheit. Wir wollen die Macht, das Schicksal unserer schwarzen Community selbst zu bestimmen.« Punkt 4: »Wir wollen angemessene, menschenwürdige Wohnungen, die den Menschen Schutz bieten.« Punkt 7: »Wir wollen, dass der willkürlichen Polizeigewalt und dem Mord an Schwarzen ein sofortiges Ende gesetzt wird.« Punkt 9: »Wir wollen, dass alle Schwarzen, die vor Gericht kommen, von Geschworenen ihrer eigenen ›peer‹-Gruppe oder Leuten ihrer schwarzen Community beurteilt werden, wie es die Verfassung vorsieht.« Herman und mir wurde klar, dass eine Vielzahl der Männer um uns herum niemals gehört hatte, dass sie zu irgendetwas gut wären. Die Unterdrückten werden immer nur das Schlechteste von sich selbst glauben, schrieb Frantz Fanon, und wir empfanden dies genauso.

Uns war von Anfang an bewusst, dass es im Angola einen Sex-Sklavenmarkt gab, doch am Anfang waren wir so sehr damit beschäftigt, die Gefangenen zu organisieren und ihnen eine Struktur zu geben, dass wir dieses Problem noch nicht im Blick hatten. Dann, eines Tages, saß ich auf meinem Bett und ein Junge, der von einem Mithäftling vergewaltigt worden war, setzte sich mir schräg gegenüber an die Wand. Zum ersten Male in meinem Leben machte mir der Blick in dieses junge Gesicht die Konsequenzen einer Vergewaltigung deutlich. Ich sah das Gesicht eines jungen Menschen, dem die Würde genommen, dessen Geist gebrochen und dessen Stolz zunichtegemacht worden war. Dies war einer der erschütterndsten Augenblicke meines neu entdeckten Bewusstseins. Ich sah in diesem Gesicht, wie ein menschliches Wesen total zerstört worden war. Früher hatte ich Vergewaltigung als physische Gewaltanwendung gesehen, und ich empfand es als meine Pflicht als Black Panther, solch einen Akt der Gewalt zu verhindern. Nun aber wurde mir klar, dass Vergewaltigung mehr war als ein physischer Akt. Vergewaltigung bedeutete die komplette Zerstörung eines anderen Menschen.

Ich fühlte jetzt, dass die Tatsache, einem anderen Menschen wehzutun – egal auf welche Art und Weise – moralisch verwerflich und absolut inakzeptabel war, und mit dieser Erkenntnis überkam mich ein großes Gefühl der Schande; ich wurde überflutet von Erinnerungen, in denen ich gekämpft und Menschen physisches Leid zugefügt hatte. Ich war gewalttätig und brutal gewesen, um auf der Straße zu überleben. Mit der Erkenntnis, anderen Menschen Leid zugefügt zu haben, fühlte ich großen Schmerz. Und zugleich war in mir eine neue Moral geboren: niemandem mehr wehzutun. Dies war ein besonderer Moment für mich, als Mann und als menschliches Wesen. Dies war der Moment, in dem ich den wahren Kern meines Wesens entdeckte.

Am folgenden Tag suchte ich Herman auf. Ich öffnete die Tür seines Schlafraumes und brüllte hinein, ich müsse ihn sprechen. Wir standen im Gang am Geländer und ich sagte ihm, was passiert und wie wütend und traurig ich über mich war; wie ich zum ersten Male in meinem Leben spürte, dass Dinge, die ich Menschen angetan hatte, ein Angriff auf die Menschheit als Ganzes gewesen waren. Herman sagte, er fühle sich genauso und wir diskutierten, was wir dagegen tun konnten. Später am Tag erzählten wir auch den Häftlingen, die zu unserer Versammlung auf den Fußballplatz kamen, davon. Als Panther, so sagten wir ihnen, mussten wir gegenüber den Vergewaltigungsvorfällen klar Stellung beziehen. Und zwar nicht nur sagen, dass sie verwerflich seien, sondern die Taten sofort stoppen. Die im Hof zusammengekommenen Häftlinge erklärten sich bereit, mitzuhelfen. Wir wollten damit anfangen, dass wir den Neuankömmlingen im Angola versuchten, Schutz zu geben. Schwarze Häftlinge wurden immer donnerstags vom Ankunftszentrum mit dem Bus zum Hauptgefängnis gefahren. Von nun an begrüßten wir die Neuankömmlinge an diesen Tagen und begleiteten sie persönlich in ihre Schlafsäle. (Vergewaltigungen passierten am *Fresh Fish Day* in schwarzen wie weißen Gefangenengruppen gleichermaßen, aber Schwarze und Weiße wurden an unterschiedlichen Tagen die Gänge entlanggeschickt.)

Herman und ich nannten unsere Aktion den »Anti-Vergewaltigungs-Trupp«. Wir stellten Regeln auf, damit andere Häftlinge mitmachen konnten: Immer zu zweit patrouillieren; niemals allein. Gewalt ist nur der allerletzte Ausweg. Jeden *Fresh Fish*-Donnerstag bewaffneten wir uns also und gingen hinaus auf den Gang, stellten uns den neuen Häftlingen vor und erklärten ihnen, sie stünden von nun an unter dem Schutz der Black Panther Party. Wir begleiteten sie zu den ihnen zugewiesenen Schlafsälen und klärten sie darüber auf, welche Art von Spielchen einige Gefangene trieben, um sexuell übergriffig zu werden, jemanden zu vergewaltigen oder andere Gefangene zur Sexsklaverei zu nötigen. »Leiht euch nichts aus«, warnten wir sie. »Nehmt nichts an, was andere Gefangene euch anbieten, bittet niemanden um einen Gefallen, nehmt keinen Gefallen an. Denn wenn ihr dies tut, dann seid ihr angreifbar und leichte Beute für Sex-Jäger.« Wir sagten ihnen, wenn sie etwas bräuchten, dann sollten sie uns fragen. Wir würden ihnen helfen, die Sachen zu besorgen, die sie brauchten – egal, ob Seife, Zahnpasta, Deo oder »Zuzus«, wie wir zu Snacks wie Chips oder zu Süßigkeiten sagen. Wenn wir jemanden dabei erwischten, der einem anderen Häftling drohte oder sexuell übergriffig wurde, mischten wir uns ein. Manchmal reichte es schon, laut zu sagen: »Hey, Bruder, lass das, hau ab« oder »Hier läuft nichts« – und die Sache war erledigt. Ein anderes Mal mussten wir auch schon mal tätlich werden. Wir verbreiteten die Nachricht, dass Leute, die sich mit jemandem anlegten, der unter unserem Schutz stand, sich mit den Black Panthern auseinandersetzen müssten. In dem Maße, in dem die Präsenz der Partei in den Gängen wuchs, so wurden auch wir von den Strippenziehern – Insassen, die ihre Geschäfte mit Glücksspielen, Drogen und Prostitution machten – deutlich mehr beobachtet. Ich hatte nie eine direkte Auseinandersetzung mit irgendjemandem von ihnen, denn wir waren immer zu dritt oder zu viert unterwegs. Dies hätte uns zwar nicht vor einem Angriff geschützt, aber wir fühlten uns einfach besser.

Wo immer wir uns auch zusammen aufhielten, im Schlafsaal, am Arbeitsplatz, in der Essensschlange oder in den Gängen, Herman und ich sprachen über die Black Panther Party. Einige Jungs machten schon mal Bemerkungen, wie: »Ey, Mann, das is alles, worüber du quatschst, diese Panther?« Ich leugnete es nicht. Für mich gab es nur die Panther. Unsere Liste an Feinden war lang. Da gab es nicht nur die Zuhälter und Drogendealer, weiße und schwarze, die uns hassten. Wir zogen auch Spitzel an, die über uns versuchten, an Informationen zu kommen, die sich verkaufen ließen. Auch das Sicherheitspersonal belauschte uns. Wir wussten, dass wir den Status Quo bedrohten. Ich hatte so manches Mal Angst, getötet zu werden. Ich glaubte aber auch, dass das, wofür ich kämpfte, viel wichtiger war als ich selbst. Niemals wäre ich auf den Gedanken gekommen, mit dem aufzuhören, was wir taten.

Herman und ich verbrachten sechs oder sieben Monate zusammen im Hauptgefängnis. Während dieser Zeit riefen wir die erste offizielle Sektion der Black Panther Party hinter Gittern ins Leben. Es war keine Untergruppe wie in den Städten. Wir hatten keine Materialien, die wir verteilen und keine Bücher, die wir zusammen lesen konnten. Wir hatten keine Möglichkeit, täglich Unterrichtsstunden in Politik abzuhalten. Wir konnten nicht überprüfen, wie sich die Männer in ihrem politischen Bewusstsein oder in ihren Moralvorstellungen weiterentwickelten. Wir konnten von den Männern um uns herum nicht verlangen, zwei Stunden täglich zu lesen, so wie es die Panther auf der Straße voraussetzten. Einige der Insassen, die zu unseren Versammlungen kamen, begriffen das politische Konzept der Black-Panther-Bewegung sofort. Sie versprachen, den Grundsätzen zu folgen und taten es auch. Viele, die anfangs regelmäßig dabei waren, hatten aber nicht die Kraft oder den Willen, weiterzumachen. Die meisten Männer, die zu unseren Treffen kamen, gingen keinerlei Verpflichtung oder Bindung ein, aber ich hatte das starke Gefühl, dass unsere Gespräche in ihnen etwas bewirkten.

Kapitel 16
17. April 1972

Am Morgen des 17. April 1972 zog ich mich an, putzte meine Zähne und wartete darauf, dass die Freien die Tür aufschlossen und »Futter« riefen. Normalerweise waren jedem Trakt zwei Freie zugeteilt. Während der Mahlzeiten blieb einer der beiden Wächter im Gang stehen und dirigierte die Essensschlange, der andere – meistens ein ranghöherer – begleitete die Männer seines Trakts persönlich in den Speisesaal. Als an diesem Morgen die Türen vom Hickory-Schlafsaal geöffnet wurden, waren die Gefangenen aus den anderen Blöcken schon herausgelassen worden und der Gang war übervoll. Ich ging zusammen mit einem Gefangenen namens Everett Jackson zum Frühstück. Ich kannte ihn nicht, aber da er als Rechtsbeistand angestellt war, hatte ich ihn schon einmal um Hilfe in meinem Fall gebeten. Außerdem begleitete uns Colonel Nyati Bold zum Speisesaal. Wir bemerkten den Stau vor uns: Häftlinge wurden am »Spitzel-Tor« aufgehalten. Durch die Reihen verbreitete sich die Nachricht, dass es einen »buck« gäbe, einen Streik der Arbeiter im Speisesaal. Keine Überraschung für mich. Ich hatte über Wochen mit den Leuten aus der Küche über ihre Rechte gesprochen. Die Arbeiter im Speisesaal kündigten an, so lange die Arbeit zu verweigern, bis der Gefängnisdirektor mit ihnen spräche. Nach fünf bis zehn Minuten ertönte ein Pfiff, mit dem wir aus den Gängen wieder zurück in unsere Schlafsäle geschickt wurden, um dort auf das Ende des Streiks zu warten. Auch die Gefangenen, die draußen auf dem Gelände unterwegs waren oder Krafttraining machten, mussten bei diesem Pfeifton ebenfalls in ihre Schlafräume zurückkehren. Sobald wir alle drin waren, wurden die Türen wieder verschlossen. Ich legte mich auf meine Pritsche. Ungefähr zwanzig Minuten später ertönte ein neuer Pfiff, der uns zum Essen rief, die Türen wurden aufgeschlossen und wir stürmten neugierig auf den Gang.

Dieses Mal bewegte sich die Schlange schneller, denn der Streik war vorbei. Wieder ging ich zusammen mit Everett Richtung Speisesaal. Drinnen im Saal setzen wir uns zusammen an den Tisch. Bolt kam dazu. Nach einiger Zeit bemerkte ich einen Häftling namens Chester »Noxzema« Jackson, der auch an unserem Tisch saß. Er gehörte nicht gerade zu unseren Freunden und war auch kein Panther, aber er wollte einer sein und hing immer in unserer Nähe rum. Chester Jackson war früher ein »gal-boy« und bekannter Spitzel. Bevor wir ins Angola kamen, hatte er versucht, sich als Parteimitglied auszugeben. Er trug ein schwarzes Barrett und einen gezeichneten Panther auf der Jacke.

Er wollte von allen »Panther« genannt werden, aber niemand tat ihm den Gefallen. Alle nannten ihn nur Noxzema. Er war kein Panther, und Herman und ich trauten ihm auch nicht über den Weg, blieben aber trotzdem bei unserer abwartenden Haltung, die wir jedermann gewährten. So lehrte es die Panther-Bewegung. Und im Gefängnis hatten wir auch gar keine andere Wahl.

An jenem Tag hatte ich keinen Arbeitsdienst und deswegen Zeit, nach dem Frühstück Everett zum Anwaltsbüro im Kontrollzentrum zu begleiten, um einige Unterlagen zu meinem Fall abzuholen. Ich wartete auf dem Gang, er ging hinein und kam innerhalb von nur zehn Minuten mit allen Papieren wieder heraus. Ich lief zurück durch das »Spitzel-Tor«, den Gang zu meinem Schlafsaal hinunter und legte mich noch einmal schlafen.

Ich wurde von lautem Pfeifen und großem Geschrei draußen geweckt. Ein Freier stand in unserer Tür und schrie: »Hey, Nigger, alle aufsteh'n. Raus auf'n Gang und in einer Reihe aufstellen. Raus mit euch.« Ich ging hinaus und stellte mich hinter Hunderten anderer Leute an. Freie mit Maschinengewehren und Pistolen rannten über den Hof.

Bei uns am Ende der Schlange wusste zunächst niemand, was los war. Ich überlegte, dass es etwas mit dem Vorfall am Tag zuvor zu tun haben könnte, als ein Freier in seiner Wachkabine auf dem Gang attackiert worden war. Ein Häftling hatte sich der Kabine genähert und den zwanzigjährigen Wächter Mike Gunnells mit Benzin vollgespritzt, während ein Mittäter brennendes Material hineingeworfen hatte, das die Kleidung des Wachmanns sofort in Brand setzte. (Gunnells sagte aus, er habe den Häftling Rory Mason erkannt, der ein Stück Papier angezündet habe, konnte aber denjenigen, der das Benzin hineingeschüttet hatte, nicht identifizieren. So wurde nur Mason angeklagt und verurteilt.) Der aktuelle Aufruhr konnte aber auch einen ganz anderen Grund haben. Das Angola war stets Nährboden für Chaos und Unruhe zu jener Zeit. Tag für Tag wurde auf dem Gefängnishof gekämpft, es ging um Prostitution, Drogen und Glücksspiele. Tag für Tag gab es Konflikte zwischen rassistischen, inhaftierten Wachen und Freien auf der einen Seite und den normalen Häftlingen auf der anderen. Dazu den permanente Kampf innerhalb der Gefängnisleitung hinter den Kulissen: ein Machtspiel zwischen dem aktuellen Gefängnisdirektor C. Murray Henderson, seiner rechten Hand, dem Verwalter Lloyd Hoyle und den alteingesessenen Angola-Familien, die seit Generationen die Leitung der Anstalt innehatten. Der Sicherheitschef Hayden Dees, Nachkomme einer langen Linie von Angola-Familien, war kommissarischer Direktor gewesen und jedermann hatte erwartet, dass er auch offiziell ernannt würde. Als dann 1968 Henderson aus Tennessee Gefängnisdirektor wurde, war dies ein unliebsamer Schock für den »alten Herrn«. Henderson war schließlich ein Außenstehender. Man konnte darüber denken, was man wollte, aber Dees war betrogen worden.

Die Spannungen zwischen Henderson und Dees verschärften sich noch, als das Justizministerium einmal genauer hinsah, weil ein Häftling 1971 gegen die Gefängnisleitung geklagt hatte. Der Gefangene Hayes Williams und drei Mithäftlinge klagten den Gouverneur und den Sicherheitschef der Gefängnisbehörde an, dass die unzulänglichen Haftbedingungen im Angola das in der Verfassung verbriefte Verbot von *grausamen und ungewöhnlichen Strafen* verletzten.

Nachdem Williams' Anklage dem Gericht vorlag, wurde das Justizministerium mit einbezogen und Direktor Henderson unter Druck gesetzt, die Rassentrennung im Gefängnis aufzuheben, die Jobs für inhaftierte Wachen abzuschaffen sowie vertretbare Disziplinarmaßnahmen und angemessene Unterkünfte zu dokumentieren. Henderson auf der anderen Seite versuchte Dees dazu zu zwingen, diese Änderungen vorzunehmen. Das ging schief. Dees war zu jener Zeit der mächtigste Mann im Angola, der das Gefängnis mit starker Hand führte, aber nichts dokumentierte. Er wollte, dass alles so weiterlief – wie auf einer Plantage.

Neue Nachrichten gingen durch die Reihen der Häftlinge, dass ein Sicherheitsmann getötet worden war. Niemanden überraschte das. Es gab immer wieder Straftaten oder Kampfhandlungen, bei denen ein hinzukommender Wächter getötet werden konnte. Und es gab tausende Gründe, die dazu führten, dass ein Häftling so an seine Grenzen kam, dass er voller Zorn explodieren und aus Rache auf einen Freien im Angola losgehen würde: auf dem Feld ohne Handschuhe arbeiten zu müssen, in gefesseltem Zustand geschlagen zu werden, 32 Cent am Tag für 16 Stunden Arbeit zu verdienen, keinerlei medizinische Hilfe zu bekommen. Die Gefangenen waren gezwungen, Verletzungen mit Hausmitteln zu behandeln, die sie von ihren Familien erlernt hatten. Männer wurden gezwungen, demütig den Kopf zu senken und nie enden wollende Herabwürdigungen auszuhalten: Beschimpfungen, Bedrohungen, dazu körperliche Gewalt, sowohl seitens der Gefängnisangestellten als auch der Sicherheitsbeamten. Man muss den Hund nur lange genug treten, dann wird er sich umdrehen und zubeißen.

Unterdessen dehnte sich der Kampf für Menschen- und Bürgerrechte über das ganze Land aus. Auch die Zahl der Gefangenen, die das taten, was wir im Namen der Black Panther schon länger praktizierten, wuchs: Sie erhoben ihre Stimme und riefen zu Widerstand auf. Außerhalb des Gefängnisses drängten einige schwarze Abgeordnete auf Gefängnisreformen. Im Februar 1972, genau zwei Monate vor dem Mordfall im Angola, meldete sich der Abgeordnete John Conyers aus Michigan bei einer nationalen Anhörung zur Strafrechtsreform zu Wort. Die Anhörung fand in New Orleans statt und war von der Abgeordneten Dorothy Mae Taylor aus Louisiana, und der *Black State Legislators Association* organisiert worden. Conyers Auftritt schaffte es am folgenden Tag auf die Titelseiten vieler Zeitungen, denn er bezeichnete alle schwarzen Häftlinge in den USA als »politische Gefangene«. Er sagte, diese Leute »kämen aus einem Umfeld, in dem kriminelle Handlungen einzig und allein ihr Überleben sicherten«. Zwei ehemalige schwarze Häftlinge kamen ebenfalls zu Wort und beschrieben die im Angola zur Tagesordnung gehörenden Gräueltaten. Der eine von ihnen, Andrew Joseph, erzählte, dass er mit eigenen Augen gesehen hatte, dass Wachen in eine Menschenmenge hineingefeuert hätten, nur weil diese gegen das schlechte Essen protestierte – Gefangene wurden niedergeschossen »wie Hunde«. Der andere, Lazarus Smith, sagte, er habe »mindestens 60 Männer« an Verletzungen sterben sehen, weil diese im Angola keinerlei medizinische Hilfe erhalten hätten. Er sagte, er selbst habe in einem Kampf einen Mitgefangenen niedergestochen, doch danach habe eine Wache den verwundeten Mann »noch so lange drangsaliert, bis er starb«.

Dieser öffentliche Auftritt kam bei den Verantwortlichen im Angola nicht gut an. Trotz ihrer internen Streitigkeiten beschlossen Henderson und Dees aber schließlich zusammen folgenden Grundsatz: kein Schwarzer hatte das Recht, die brutale Behandlungsweise und die schlechten Haftbedingungen im Angola öffentlich zu kritisieren. (Die Gefängnisleitung verhinderte jeden weiteren Besuch der Abgeordneten Taylor.) Jeden Häftling, der sich beklagte oder Widerstand leistete, stufte man als »militant« ein und wollte man kleinkriegen, egal ob er aus politischer Überzeugung sprach oder nicht.

Im Rückblick hätte mir eigentlich sofort klar sein müssen, was passieren würde, als es in den Reihen der Häftlinge nun hieß, ein weißer Gefängniswärter sei getötet worden. Langsam bewegte sich die Menschenschlange Richtung Umkleideraum, wo Hayden Dees zusammen mit lokalen Vollzugsbeamten die Gefangenen nacheinander zu dem Mord verhörte.

Als ich in den Raum trat, sah ich Dees und einen Hilfssheriff namens Bill Daniel hinter einer Theke stehen, an jeder Seite drei oder vier Freie. Dees schaute auf, als ich näherkam. »Woodfox, du verdammter Scheißnigger, du hast Brent Miller getötet«, brüllte er.

»Nein, habe ich nicht«, sagte ich. Hilfssheriff Daniel zog einen Revolver unter der Theke hervor und zielte auf mein Gesicht. »Ich blas dir dein verdammtes Gehirn weg, Nigger«, sagte er. »Wenn du denkst, ich hätte Angst vor dir, nur weil du ein Black Panther bist, dann weißt du nicht, wer ich bin, Scheißkerl. Ihr Black Panther, ihr solltet alle euren Arsch nach St. Francisville bewegen, da zeigen wir euch was.«

Ich zeigte keinerlei Furcht. »Ey, Mann, besser du nimmst die verdammte Knarre von meinem Gesicht weg«, sagte ich.

Sie verfluchten und beschimpften mich und befahlen mir, mich auszuziehen. Ich zog das graue Sweatshirt, die Jeans und Gummistiefel aus und warf meine Kleider als Haufen in die Ecke. Irgendjemand gab mir einen fleckigen weißen Overall zum Anziehen. Sie schlossen meine Hände zusammen und befestigten sie an einem Lederriemen an meiner Hüfte. Auch meine Füße wurden an den Knöcheln mit einer Kette zusammengeschlossen. Ich war barfuß. Zwei Wachen auf jeder Seite. Einer – der mit dem Maschinengewehr – führte mich aus dem Raum, dann weiter durchs »Spitzel-Tor« und hoch in den Speisesaal, wo wir nach rechts abbogen und durch das Kontrollzentrum hindurch bis zum Kerker gingen. Auf dem Weg die Treppe hinauf zum Kerker verprügelten sie mich. Halb schoben sie mich, halb trugen sie mich die Treppe hoch und drückten mich in die Dusche, die sich an einem Ende des Stockwerks befand. Sie verschlossen die Duschtür und nahmen mir die Ketten durch die Gitterstäbe ab. Sie wussten, dass, wenn sie mir die Ketten im Duschraum abgenommen hätten, ich auf sie losgegangen wäre. Den ganzen Tag über wurden Männer hereingebracht. Die Schläge und die flehenden Schreie der Gefangenen vom Treppenaufgang hallten durch die Wände. Einige Häftlinge stießen wilde Flüche gegen die Wärter aus und versuchten, sich zu wehren; andere flehten um Gnade. Die Wärter packten fünf Gefangene zusammen in eine Zelle, die nur für eine Person vorgesehen war. Aber niemanden zu mir in die Dusche.

Ich hatte Brent Miller gar nicht gekannt, höchstens vom Sehen, aber ich hatte einiges von der Miller-Familie gehört. Miller und seine Brüder wuchsen im Angola auf, ihre Familie hatte schon viele Generationen lang dort gelebt. Sein Vater leitete die Schweinefarm auf dem Gefänggelände. Das erklärte die Schläge. Sie waren nicht auf Gerechtigkeit aus, sie wollten Rache. Scheißkerle, dachte ich. Jede Art menschlichen Gefühls, das ich für Brent Miller oder die Miller-Familie empfunden hatte, war mir gerade ausgetrieben worden.

Ich fragte mich, wo Herman war. Herman und ich hatten immer geahnt, dass sie eines Tages einen Grund dafür finden würden, uns von den anderen Gefangenen aus den Gängen zu isolieren. Aber dass ich so aus heiterem Himmel jetzt einfach weggeschlossen wurde, machte mir wieder einmal deutlich, dass im Gefängnis von einem Moment zum anderen nichts mehr ist wie zuvor. Die ganze Nacht hindurch brachten Freie und Hilfssheriffs Gefangene in den Kerker, versetzten ihnen Schläge im Treppenaufgang und packten sie wie Sardinen in die Zellen. Ich war immer noch allein in der Dusche. Ich weiß nicht, wie viel Zeit verging, bis Brent Millers älterer Bruder Nix mit sieben oder acht Freien auf unserem Stock erschien.

»Da is er, der Nigger, in der Dusche«, brüllte er und zeigte auf mich.

»Mach die Tür auf«, brüllte er einen der Freien an.

Der Freie antwortete: »Der Direktor hat gesagt, wir dürfen niemanden in die Dusche lassen.« Dann hörte ich ihn leise etwas flüstern, wie »Wenn Sie die Tür aufmachen wollen, dann lasse ich den Schlüssel hier im Kasten und Sie können selbst aufschließen.«

Nix und seine Freunde kamen schon auf mich zu.

»Du Scheißkerl von Nigger, du hast meinen Bruder umgebracht«, brüllte er. Sie standen nun direkt vor der Dusche.

»Komm her, Scheißkerl, komm vor an die scheiß Stäbe«, schrie er.

Ich brüllte zurück: »Geht's noch in deinem scheiß Hirn? Ich komm ganz sicher nicht an die scheiß Gitterstäbe. Komm rein und hol mich.«

Ein paar Häftlinge in den Zellen daneben begannen Krach zu machen, schlugen an die Wände und auf die Böden und brüllten ebenfalls: »Lass doch den Scheißkerl da allein.« Sie rüttelten an den Gitterstäben: »Komm her und geh auf *mich* drauf.«

Ich stand stockstill und beobachtete die Duschtür. Jeden Moment konnte sie aufgeschoben werden. Ich war zu aufgebracht und wütend, viel zu viel Adrenalin, um Angst zu haben. Sie hätten mich aus der Zelle herauszerren und zu Tode prügeln können. Ich hätte gekämpft mit allem, was mir zur Verfügung stand. Einer der Etagenwächter musste dann einen höheren Offizier gerufen haben, denn jemand kam die Treppe hoch und befahl Nix und seinen Männern, den Ort zu verlassen.

Als alle weg waren, ließ ich mich auf den Boden sinken, lehnte mich gegen die Betonwand und blickte auf den Eingang zu unserem Stock. Anfangs dachte ich, sie hätten mich in den Kerker gebracht, um ein Exempel zu statuieren. Ich wusste, dass sie keinerlei Beweis, kein Indiz hatten, um mich mit dem Mord an Brent Miller in Verbindung zu bringen. Ich hatte den Mann nicht getötet. Je länger ich aber auf dem

Boden in der Dusche saß, desto mehr glaubte ich, dass sie mir den Mord einfach anhängen wollten. Ich war der Erste gewesen, den sie eingebuchtet hatten. Sie hatten mich am helllichten Tage über den Hof zum Kerker geführt, mit bewaffneten Wärtern an meiner Seite. Also würde jetzt jedermann im Angola wissen, dass mein Name als Täter gehandelt würde.

Sie brauchten keine Beweise.

Später einmal erfuhr ich, dass Brent Miller im Schlafsaal Pinie 1 erstochen worden war. Er wurde dreiundzwanzig Jahre alt. Ehemalige Mithäftlinge erzählten Jahre später den Ermittlern, dass die Gefangenen von Pinie 1 in jener Nacht unbehelligt zurück in ihren Schlafsaal gehen durften – Brent Millers Blut war noch da.

Kapitel 17
CCR

Am folgenden Tag kamen Freie in meinen Duschraum und befestigten Fußeisen an meinen Knöcheln. Meine Handgelenke waren immer noch mit Handschellen an einem Hüftgurt aus Leder festgemacht. Diese Art von Fesseln sollte für mich in den kommenden Jahrzehnten zur Normalität werden. Sie führten mich zu einem Auto und ich stieg ein. Ein Captain, der neben mir saß, stieß mir seine Ellbogen in die Rippen, vor die Brust, ins Gesicht. Sie fuhren mich zu einem Gebäude direkt hinter dem Eingangstor, in dem sich Aufnahmezentrum und *Death Row* (der Todestrakt) befanden. Dort drinnen gab es einen Zellentrakt, der CCR hieß: *Closed Cell Restricted* (nur ein anderer Name für *solitary confinement*, Isolationshaft). Wieder wurde ich im Treppenaufgang heftig verprügelt. Wegen der Hand- und Fußfesseln konnte ich mich nicht wehren oder zurückschlagen. Ich versuchte wenigstens, nicht hinzufallen, damit sie mich nicht auch noch treten konnten, aber sie brachten mich zum Stolpern. Einer von ihnen versetzte mir einen Tritt direkt ins Auge. Sie packten mich und zerrten mich die Stufen hoch, die ganze Zeit schlugen und traten sie auf mich ein. Sie brachten mich zum Todestrakt (CCR-Isolationshaft). Später fand ich heraus, dass dieser auf Stock B lag. Sie öffneten das Sicherheitstor und steckten mich in Zelle 15. Auch dort wurde ich weiter geschlagen und getreten. Als sie wieder draußen waren, verriegelten sie die Tür und befahlen mir, zum Gitter zu kommen. Ich tat es und hielt meine Handschellen so hoch, dass sie sie aufschließen konnten. Sie machten mir alle Fesseln durch die Gitterstäbe ab.

In der Zelle gab es eine nackte Pritsche, die an der linken Wand anmontiert war, eine Toilette aus Keramik, ein Waschbecken an der hinteren Wand und einen kleinen Metalltisch mit Bank, befestigt an der rechten Zellenwand. Es gab weder Matratze noch Decke. Ich kontrollierte zuerst einmal meinen ganzen Körper, um zu sehen, welche Verletzungen ich davongetragen hatte. Überall hatten die Schläge Blutergüsse hinterlassen, aber ich konnte mich immerhin noch selbständig in der Zelle bewegen. Ich ging umher, um den Schmerz loszuwerden. Die Zelle war drei Meter lang und zwei Meter breit. Ich konnte vier oder fünf Schritte gehen, von vorne nach hinten und wieder zurück. Als ich hörte, dass die Sicherheitstür am Ende des Stockwerks aufging, stellte ich mich ganz nah vorn an die Gitterstäbe und horchte, um möglicherweise eine Stimme wiederzuerkennen.

Als das Sicherheitspersonal weg war, rief ich laut in den Gang hinein, um meine Mithäftlinge nach ihren Namen zu fragen. Sie riefen zurück. Ich kannte keinen. Am späten Nachmittag brachten sie Herman und steckten ihn in die Zelle neben mir. Er war im Kerker und im Treppenaufgang zur CCR brutal verprügelt worden. Ich konnte ihn nicht sehen, doch wir standen beide vorne an den Gitterstäben und konnten uns unterhalten. Herman war früher einmal im Schlafsaal Pinie 1 untergebracht gewesen und hatte Brent Miller gekannt. An jenem Morgen hatte er seinen damaligen Schlafsaal Pinie 3 wie immer zum Frühstück verlassen und war danach zur Arbeit in die Schilderwerkstatt gegangen, als sie plötzlich alle herausgezerrt und zum Verhör gebracht worden waren. Er sagte, viele verschiedene Leute hätten ihn an jenem Morgen beim Frühstück und im Werk gesehen haben müssen. Wir überlegten zusammen, wie wir unsere Familien und die Parteimitglieder darüber informieren konnten, was mit uns geschehen war. Beide waren wir der Ansicht, dass die Black Panther Party uns retten und dass es eine Aktion geben würde, um uns zu befreien. Ich glaubte, es käme zu Massenprotesten in den Straßen. »Die Leute werden aufbegehren und nicht zulassen, dass wir ohne ausreichende Beweise verurteilt werden«, meinte Herman. So naiv waren wir! (Wir wussten auch nicht, dass die COINTELPRO des FBI zusammen mit anderen staatlichen Behörden, der örtlichen Polizei, der Staatsanwaltschaft und dem gesamten Justizapparat die Black Panther Party zu jenem Zeitpunkt schon mehr oder weniger ausgeweidet hatte. Es gab zwar immer noch eine Black-Panther-Zeitung und eingefleischte Mitglieder im ganzen Land, auch in New Orleans, doch die Infrastruktur und Geschlossenheit der Partei waren dahin. Herman und ich wussten davon nichts; wir wussten ja noch nicht einmal, was COINTELPRO war.) Freie kamen hoch in unseren Trakt und verspotteten uns: wir würden auf dem elektrischen Stuhl sterben, und wir wären die Ersten in der Reihe vor dem Stuhl, vor allen anderen, die auf ihre Exekution warteten.

Die Züchtigungen der Gefangenen als Vergeltung für Brent Millers Tod hörten nicht auf. Die Gefängnisverwaltung fühlte die Notwendigkeit, die Kontrolle über die Anstalt zurückzugewinnen, und der Weg, um dies zu erreichen, war für sie Einschüchterung durch Angst und brutale Gewaltausübung. Durch Mundpropaganda erfuhren wir, dass Häftlinge tagelang geschlagen wurden, und dass Gefängnisbeamte den örtlichen Hilfssheriffs und auch Farmern erlaubten, ihnen drinnen »zu helfen«. Immer wieder wurden Männer mitten in der Nacht aus ihren Zellen gezerrt, um »verhört« zu werden.

Einem Häftling, Shelly Batiste, gelang es, einen Bericht über die Misshandlungen nach draußen zu schicken. Er wurde in der Black-Panther-Zeitung veröffentlicht:

> Häftlinge wurden gnadenlos verprügelt ... dann mit den Kopfwunden und anderen Verletzungen oder Verbrennungen einfach liegen gelassen, ohne sie medizinisch zu versorgen. Wir wurden alle in 1,5 x 2,5 Meter großen Zellen weggesperrt, in Gruppen zu viert, fünft und sechst, etc. Wir können nicht schlafen, denn in jeder Zelle gibt es nur eine einzige Matratze. Das Essen ist kalt und wird rationiert. Wir dürfen nicht duschen ... Die Wächter kamen nachts immer mal wieder ein paar Tage hintereinander herein, haben die Brüder aus den Zellen gezerrt, einfach willkürlich, die, die für sie ein militantes Aussehen hatten und haben diese Brüder dann gnadenlos zusammengeschlagen. Ein Bruder im Angola, Wayne heißt er, wurde so brutal zusammengeschlagen, dass er im Krankenhaus in Baton Rouge behandelt werden musste, und jetzt schaut ein Wächter jede Stunde mal in seine Zelle, ob er noch lebt. Die anderen, die nicht halb totgeschlagen wurden, mussten gefesselt in der Mitte sitzen und zwei, drei oder vier Schweine schnitten ihnen von allen Seiten her die Haare ab, und zwangen sie dann auf allen vieren zurück in ihre Zellen zu kriechen. Ihre Schockbehandlung führen sie mit Baseballschlägern, Eisenrohren und Hackengriffen aus, sie sprühen Tränengas und Pfefferspray in die Gesichter der Brüder, sodass die, die versuchen, die Angriffe abzuwehren, nichts sehen können. Die Brüder, die nicht weggeschlossen wurden, sondern weiter auf den Feldern arbeiten, müssen sieben Tage die Woche schuften; man schießt auf sie. Sie haben keine Chance, da rauszukommen, sie werden mit Schlägern malträtiert und gezwungen zu sagen, sie seien ›Huren‹; und nach diesen sadistischen Heldentaten müssen sie weiterschuften, mit all ihren schlimmen Verletzungen.

An dem Tag, an dem Brent Miller getötet wurde, gab der stellvertretende Gefängnisdirektor Lloyd Hoyle ein Interview in der *Times-Picayune* von New Orleans. An jenem Montag, dem 17. April, erzählte Hoyle dem Journalisten, dass es für den Vorfall keine Erklärung gäbe. Am Morgen des 18. April stand sein Bericht in der Zeitung. »Was wir nicht vergessen dürfen«, so Hoyle, »ist, dass wir hier unter uns einen beträchtlichen Anteil von feindseligen Leuten haben. Für den Überfall könnte es alle möglichen Gründe geben.« Hoyle fügte hinzu, dass er keinerlei Informationen darüber habe, ob der Brandanschlag auf den Wärter in der Kabine am 16. April mit dem Mord an Miller in Verbindung gebracht werden könnte.

Am selben Tag etwas später oder aber am nächsten Morgen erzählte Gefängnisdirektor Henderson den Reportern eine ganz andere Geschichte. In der Nachmittagsausgabe der *State-Times* vom 18. April – also einen Tag nachdem der stellvertretende Direktor Hoyle den Journalisten erzählt hatte, dass »es alle möglichen Gründe gegeben haben könnte«, die zum Mord an dem Wärter geführt hatten – wurde C. Murray Henderson mit den Worten zitiert, dass »schwarze militante Häftlinge« Brent Miller ermordet hätten, und dass seine »Nachforschungen« in diesem Mordfall bereits »vier oder fünf Hauptverdächtige« ergeben hätten. (Wenn man diese Aussagen zeitlich zurückverfolgt, zeigt sich, dass Henderson in seinem Bericht die »schwarzen militanten Häftlinge« schon erwähnt hatte, bevor alle Schwarzen im Gang überhaupt verhört worden waren. Kein Weißer war zu diesem Zeitpunkt befragt worden.) Henderson erzählte der Zeitung auch, dass an dem vorangegangenen Sonntag, dem Tag an dem der Wächter den Brandanschlag erlitten hatte und dem Tag bevor Miller ermordet worden war, Gefängnisbeamte einen mit Schreibmaschine geschriebenen Brief »abgefangen« hatten, der an die *Sunday Advocate* in Baton Rouge adressiert war, und in dem jemand die Verantwortung für den Brandanschlag auf den Wärter Mike Gunnels übernommen hatte. (Ein Brief, von dem der stellvertretende Gefängnisdirektor Hoyle offensichtlich nichts wusste.) Henderson berichtete, in dem Brief seien Gefängnisbeamte im Angola für »schuldig« befunden worden, »extrem rassistisch« zu handeln. Dies sei in einem »Volksgericht« zur Sprache gekommen, das angeblich am selben Tag stattgefunden habe, an dem der Wärter Opfer des Brandanschlages geworden war. Weiterhin hieß es in dem Brief, die Öffentlichkeit sei genauso schuldig wie »diese rassistischen Schweine, die uns gefangen halten«, und dass »noch mehr passieren wird«. Unterzeichnet war das Schreiben mit: *The Vanguard Army, Long Live the Angola Prison Involvement.*

Ich persönlich hatte nie von solch einer *Vanguard Army* gehört und glaube auch nicht, dass dieser Brief – falls er überhaupt existierte – von einem Angola-Häftling geschrieben worden war. Kein schwarzer Gefangener hatte 1972 Zugang zu einer Schreibmaschine. Es gab weder Schreibmaschinen in den Schlafsälen der Schwarzen noch im Speisesaal und auch nicht in der Küche, wo ich arbeitete. Es gab keine in der Schilderwerkstatt, wo Herman beschäftigt war, und ganz sicher keine auf dem Gefängnishof oder auf den Feldern. Die einzigen Häftlinge, die die Möglichkeit gehabt hätten, eine Schreibmaschine zu benutzen, waren inhaftierte Bürohelfer, aber das waren alles Weiße. Die Gefängnisaufsicht wusste, wie sie Häftlinge aufgrund ihrer Handschrift identifizieren konnte; sie hatten in ihren Akten die Handschrift jedes einzelnen Gefangenen hinterlegt. Genauso hätten sie aber auch jede Schreibmaschine im Gefängnisareal überprüfen können, ob der Brief darauf geschrieben worden war. Wenn der Brief mit einem Mordmotiv am Sonntag abgefangen worden wäre, hätte dann nicht der stellvertretende Direktor davon am Montag vor dem Gespräch mit der Presse wissen müssen? Dieser Brief wurde bei keinem der Prozesse zu Brent Millers Ermordung vorgelegt.

In dem von Henderson eingereichten Bericht an die *State-Times* am Tag nach dem Mordanschlag hieß es auch, dass der »Sitzstreik der Häftlinge« im Speisesaal am besagten Morgen als »Ablenkungstaktik« inszeniert war, um die Wachen vom Gang wegzulocken. Doch es wurden gar keine Wachen vom Gang weggerufen an jenem Tag. Es waren wie immer nur zwei Wärter pro Block dort unterwegs. Vorschriftsgemäß war einer der beiden als Begleitung der Gefangenen mit im Speisesaal, während der andere draußen auf dem Gang blieb. Am Morgen des Streiks hatte sich an diesem Ablauf nichts geändert. Der Wärter, der an diesem Morgen auf dem Gang unterwegs war, sagte später aus, dass er nicht einmal gewusst habe, dass es einen Streik der Küchenangestellten gegeben habe. Im *State-Times*-Artikel widersprach Henderson sich dann schließlich selbst, als er am Ende zugab, »Der Mann [Brent Miller] war alleiniger Aufseher über vier Schlafsäle, obwohl der ursprüngliche Plan in diesem Bereich die Aufsicht von fünf Männern gefordert hatte. Wir hatten schon lange ein Problem damit, einen Aufseher in Bereichen wie diesem auf sich allein gestellt zu wissen. Wir haben pausenlos um mehr Geld für weitere Leute gebeten, aber wir haben es nicht bekommen.« Hendersons Anschuldigung, dass »militante Häftlinge« Miller ermordet hätten, und zwar aufgrund seiner weißen Hautfarbe, blieb in den Köpfen haften. Am Tag nach dem *State-Times*-Artikel titelte die *Associated Press* über den Vorfall »Militante Kämpfer sind die Täter, ›Black Power‹-Unterstützer im Angola beschuldigt«.

Die Freien kamen auf unsere Etagen und schnitten uns allen die Afros ab, weil es ihrer Aussage zufolge, eine neue Regelung gäbe, dass alle Häftlinge einen kurzen Haarschnitt zu tragen hätten. Dann aber brachten sie jedem von uns eine Matratze, eine Decke und einige unserer persönlichen Habseligkeiten. Seit jenem Zeitpunkt fand ich auf meinem Essenstablett Notizzettel mit Bemerkungen wie »Du wirst sterben«, »Iss dieses Essen und du isst meinen Schwanz«, oder »Dieses Essen wird dich töten«, jeweils unterschrieben mit »KKK«. Ich wies das Essen zurück. Ich bekam Drohbriefe. Ich war mir sicher, dass sie innerhalb des Gefängnisses geschrieben worden waren, denn die

Umschläge hatten keine Briefmarken. Ich durchsuchte das ganze folgende Jahr hindurch das Essen auf meinem Tablett nach zermahlenem Glas ab, selbst dann, wenn kein Zettel dabei war.

Wir wurden 23 Stunden am Tag weggesperrt. Anfangs ignorierte ich den Druck, den die Zelle auf mich ausübte. Es war sonst ja rundherum noch viel los. Und niemals hätte ich auch nur einen Moment gedacht, dass ich länger als ein paar Wochen oder höchstens ein paar Monate auf solch engem Raum eingesperrt sein würde. Einmal pro Tag, normalerweise morgens, öffneten sich alle sechzehn Zellentüren gleichzeitig und wir wurden für eine Stunde hinausgelassen. In dieser Zeit konnten wir duschen und auf unserem Stock auf und ab gehen. Manchmal schaute ich aus dem Fenster gegenüber meiner Zelle. Für CCR-Häftlinge gab es keinen Sport auf dem Hof. Einige der Leute hier waren jahrelang nicht draußen gewesen. Wir konnten nicht telefonieren und auch keine Anrufe empfangen. Wir durften keine Bücher, Zeitschriften oder Zeitungen lesen, kein Radio hören. Es gab keine Ventilatoren auf dem Stockwerk; kein Eis, kein heißes Wasser in den Waschbecken unserer Zellen. Es gab auch keine Kochplatte auf dem gesamten Stock, um Wasser zu kochen. Es erübrigt sich zu sagen, dass wir keinerlei Möglichkeit hatten, uns weiterzubilden, weder gesellschaftlich noch beruflich oder religiös; wir durften keinem handwerklichen Hobby nachgehen (Leder- oder Holzarbeiten, Malerei). Ratten kamen die Abflussrohre der Duschen hoch und rannten durch das ganze Stockwerk. Wir bewarfen sie mit allem, was wir finden konnten, damit sie nicht in unsere Zellen rannten. Nachts kamen noch die Mäuse dazu. Und dann noch die Roten Ameisen. Sie waren überall: in unserer Kleidung, im Bett, in der Post, in den Toilettensachen, im Essen.

Unser Essen stellten die Wärter vor den Zellentüren auf den Boden. Wir streckten die Hände durch die Stäbe und zogen es unter der Tür hindurch in die Zelle hinein. Jedes Mal, wenn wir unseren Stock verlassen mussten, und selbst wenn es nur um den Gang von der Zellentür bis zur Brücke ging, wurden wir gezwungen, uns vollständig auszuziehen, nach vornüberzubeugen, und unser Hinterteil für eine »Leibesvisitation einschließlich Körperöffnungen« auseinanderzuziehen, und wenn wir danach wieder angezogen waren, legte man uns alle Fesseln wieder an. Zurück in der Zelle kam es zur nächsten Leibesvisitation, sobald die Fesseln abgenommen worden waren. Wenn wir nach draußen geführt wurden – in den Hof oder zur Krankenstation – stülpten sie eine Black Box über unsere Handschellen. Das war extrem schmerzhaft, denn man konnte die Hände und Finger darunter überhaupt nicht mehr bewegen.

Wenn ich die folgenden Jahre meines Lebens mit einem Wort beschreiben sollte, dann wäre dieses Wort »Trotz«. Der Isolationstrakt wurde zu jener Zeit mehr oder weniger von weißen inhaftierten Wächtern geleitet, unter Aufsicht von Freien, die den ganzen Tag über ein und aus gingen. Diese Häftlingswachen behandelten die Gefangenen in der CCR äußerst brutal. Sie liebten es, uns zu bedrohen oder zu verspotten – doch nur dann, wenn sie draußen vor unserer Zelle standen oder aber wenn wir vollständig gefesselt waren. Sie waren nämlich nicht so dumm, sich mit uns anzulegen, wenn wir keine Fesseln trugen. Sie hassten mich und sie hassten Herman, denn wir beide ließen uns ihre rassistischen Bemerkungen nicht gefallen. Wenn sie mit schmutzigen Worten über uns herzogen, zogen wir mindestens genauso schmutzig über sie her. Nichts, was aus ihrem Mund kam, konnte uns verletzen. Wir konnten ihnen Paroli bieten, und sie konnten uns nicht stoppen. Wir gaben freche Widerworte. Wir machten sie schlecht. Wir widersetzten uns ihren Anordnungen. Wenn sie auf einen Häftling losgingen, rüttelten wir an den Stäben und brüllten. Jeder Akt des Widerstandes endete auf die gleiche Weise: vier oder fünf von ihnen kamen in unsere Zellen und gingen auf uns los. Es ist ein höllisches Gefühl, dazustehen und zu wissen, dass man jetzt verprügelt wird; du weißt, dass es furchtbar wehtun wird, doch deine Moral lässt es nicht zu, dass du einen Rückzieher machst. Ich hatte häufig eine Scheißangst. Manchmal zitterten mir die Knie und knickten fast weg. Ich zwang mich dazu, mich nicht von der Furcht besiegen zu lassen. Dies war eine meiner größten Leistungen in jenen Jahren. Ich ließ mich nicht von der Angst beherrschen. Ich sagte einfach: »Hey, Leute, kommt doch rein. Einer von euch Scheißkerlen wird aber nicht wieder rausgeh'n.« Man kämpft nicht, um zu gewinnen. Man kämpft, damit man beim nächsten Blick in den Spiegel nicht vor lauter Scham die Augen niederschlagen muss. Sie kamen nie allein. Sie waren immer mehr als wir. Ich hatte Angst, aber im tiefsten Innern war ich stark.

Nach einigen Wochen rief mich Gefängnisdirektor Henderson zu sich, um mit mir zu sprechen. Er fragte mich nicht, wo ich an jenem Morgen war, an dem Brent Miller getötet wurde, oder was ich zu der Zeit getan hatte oder mit wem ich zusammen war. Er fragte mich nicht nach dem Brief, der angeblich am Abend vor dem Mord an Miller »abgefangen« und mit »The Vanguard Army« unterschrieben worden war. Er fragte mich, warum ich Brent Miller getötet hatte. Ich sagte ihm, ich hätte Brent Miller nicht getötet. Er fragte mich, warum ich Weiße hasste. Ich sagte ihm, ich hasste keine Weißen. Zurück in meiner Zelle war mir vollkommen klar, dass sie Herman und mir den Mord anhängen würden.

Am 5. Mai 1972 wurden Herman und ich angeklagt, zusammen mit Chester Jackson, 31, und einem Häftling namens Gilbert Montegut, 21. Herman war 29 Jahre alt, ich 25. Herman und ich wussten genau, warum wir verurteilt werden würden: die Gefängnisaufsicht wollte die Black Panther Party im Angola auslöschen. Warum Chester Jackson angeklagt wurde, konnten wir nur ahnen: die Gefängnisleitung ging wohl davon aus, dass er in der Partei mitmischte. Gilbert Montegut kannte niemand von uns. Es stellte sich heraus, dass er nur zur falschen Zeit am falschen Ort war. Montegut war von Hayden Dees schon Wochen vor dem Mordanschlag auf Miller in Isolationshaft gesperrt worden, weil er – zusammen mit einigen anderen Häftlingen – angeblich »militant« war. Dees musste ihn und die anderen dann aber eine Woche vor dem Mord gezwungenermaßen aus dem CCR-Trakt wieder herausholen, denn er hatte den notwendigen Papierkram nicht erledigt. Die US-Regierung hatte mit Unterstützung der Staatsbeamten von Louisiana Druck auf Henderson und Hoyle ausgeübt, damit sie Dees dazu verpflichteten, für die Gefangenen, die monatelang weggeschlossen werden sollten, eine umfangreiche Dokumentation zu erstellen. Dees weigerte sich, selbst als Hoyle ihm ein Ultimatum stellte: die Formalitäten erledigen oder die Häftlinge zurück in den allgemeinen Gefängnistrakt entlassen. In derselben Woche, in der die Häftlinge die Isolationshaft verlassen hatten, geschah der Mord an Miller. Dees gab sofort Hoyle die Schuld und behauptete, einer der Mörder müsste aus der Gruppe stammen, die Hoyle aus der CCR entlassen hatte. Als Dees dann auch noch den Freien mitteilte, dass Miller hatte sterben müssen, weil Hoyle die »militanten« Häftlinge aus der Isolation herausgelassen hatte, wurden die Wächter so wütend, dass sie Hoyles Entlassung forderten. Einer von Millers Brüdern griff Hoyle sogar persönlich an. Der stürzte durch eine Glastür und wurde aufgrund seiner Verletzungen ins Baton Rouge Krankenhaus eingeliefert.

Montegut wurde also aus der Gruppe herausgefischt, damit Hayden einen Schuldigen für den Mord an Brent Miller präsentieren konnte. (Später erfuhren wir, dass einige Gefangene behauptet hätten, Montegut sei in der Gruppe derer dabei gewesen, die den Brandanschlag auf den Wächter verübt hatten. Montegut war aber niemals dafür offiziell angeklagt oder verurteilt worden. Rory Mason war der Einzige, der für schuldig befunden worden war.) Als Montegut in die CCR zurückgebracht wurde, kam er auf meine Etage, und erst da lernte ich ihn kennen. Er war keineswegs militant.

Fast dreißig Jahre später schrieb Billy Sinclair, ein ehemaliger Häftling und jahrelanger Herausgeber der preisgekrönten Zeitschrift *The Angolite* einem meiner Rechtsanwälte, dass einer der Gründe, warum Herman und ich in seinen Augen nicht schuldig seien, die »Persönlichkeit« Gilbert Monteguts und Chester Jacksons wäre. Er bezeichnete sie als »kleinkriminelle Ganoven, die gar nicht in der Lage wären, einen einzigen klaren politischen Gedanken zu formulieren, geschweige denn eine politische Ideologie zu vertreten«. Sinclair fuhr fort: »Zu denken, dass entweder Hooks oder Woodfox in irgendeiner Form von krimineller Verschwörung mit diesen beiden Typen gemeinsame Sache gemacht haben könnten, um einen Gefängniswächter zu ermorden, ist Schwachsinn.«

Herman und ich merkten schnell, dass die meisten der sogenannten »militanten Häftlinge«, die auf unseren CCR-Stock geschickt wurden – jene also, die zusammen mit Gilbert Montegut vor dem Anschlag auf Miller aus der Isolationshaft entlassen worden waren –, nur Mist laberten. Sie rannten zwar von Zeit zu Zeit draußen auf dem Hof herum und tönten, sie seien »Revolutionäre«, aber das waren sie keineswegs. Viele von ihnen mischten noch kräftig bei den Gefängnisspielchen mit. Beim »bar fighting« zum Beispiel, wenn sie alle vorn an den Gitterstäben standen und lautstark stritten. Sie waren Zocker. Alle 23 Stunden, wenn die Türen überall gleichzeitig aufgingen, begannen die Kämpfe: Einer schlich zum Beispiel in eine andere Zelle, dessen Bewohner gerade unter der Dusche stand, schnappte sich die Kiste mit dessen Habseligkeiten und verschwand damit.

In unseren Gesprächen über solche Heuchelei waren Herman und ich uns einig, dass die Männer, die sich so aufführten, krasse Defizite hatten. Wir sprachen auch über die Panther, die wir im Gefängnis getroffen hatten. Ich erinnerte mich daran, wie diese Männer, allein durch ihr Verhalten in der Lage gewesen waren, alles und jeden in ihrem Umkreis zu verändern. Herman und ich begannen damit, in der einen Stunde, die wir außerhalb unserer Zellen verbringen durften, 15-minütige Versammlungen auf unserem Stock abzuhalten. Zur ersten kamen ein oder zwei Häftlinge. Wir sprachen mit ihnen darüber, wie man ihre Lebensbedingungen angenehmer gestalten könnte. Wir fragten die Männer, was sie brauchten. Nach und nach kamen immer mehr Häftlinge zu den Treffen. Wir fragten die Männer, in was für einem Umfeld sie gerne leben wollten, welches Verhalten sie sich untereinander wünschten. Auf dieser Grundlage erstellten wir eine Liste mit Regeln, nach denen wir leben wollten.

Hooks und ich hatten das große Glück, Familienmitglieder zu haben, die uns regelmäßig besuchten. Im CCR-Trakt war es den Häftlingen nicht gestattet, mit ihrem Besuch am Tisch zu sitzen. Uns wurde nur Besuch ohne direkten Kontakt zugebilligt. Der Gefangene musste in einer Kabine sitzen, zwischen ihm und dem Besucher war ein engmaschiges Trenngitter aus Aluminium angebracht. Während der gesamten Besuchszeit hatten wir Fesseln angelegt. Das Erste, was meine Mutter wissen wollte, als sie mich besuchte, war, ob man mich geschlagen oder bedroht hätte. Sie hatte Angst, dass die Aufseher mich verletzen würden. Ich log und sagte, es wäre alles okay. Ich wollte nicht, dass sie mitbekam, was ich alles durchmachte. Am Ende ihrer Besuche ließ sie mir immer so viel Geld auf meinem Gefängniskonto, wie sie gerade übrig hatte. Meistens 15 Dollar, oder 20, manchmal auch mehr. (Als meine Geschwister noch Teenager waren und den einen oder anderen Job hatten, ließen auch sie immer das da, was sie gerade entbehren konnten.) Am Ende unserer Treffen stellte sich meine Mutter jedes Mal direkt vor mich und gab mir einen Kuss durch das Trenngitter.

Einige andere Männer auf meinem Stock hatten auch regelmäßige Besucher, die Geld für ihr Konto daließen. Herman und ich baten sie, ihr Geld in einen Pool zu geben – so wie wir es taten – damit es dem ganzen Stockwerk zugutekäme. Sie waren einverstanden. Als wir das nächste Mal alle unsere Zellen verlassen durften, verkündeten wir dem gesamten Stock: wenn jeder Einzelne die von allen zusammen aufgestellten Regeln befolgte, dürfte sich jeder von ihnen einmal in der Woche ein Teil im Geschäft kaufen und dazu das Geld aus dem Pool des Stockwerks verwenden. Jede Woche schickten wir einen Zettel durch alle Zellen, und jeder schrieb auf, was er gerne haben wollte: Schokoriegel, Duschschlappen, Unterwäsche, Tabak, Chips, einen Spiegel – egal was. An dem Wochentag, an dem der Laden öffnete, bestellten wir alles, was auf der Liste stand und jeder Häftling bekam sein gewünschtes Teil. Wenn einer auf dem Stock die Regeln brach, bekam er in dieser Woche nichts. Auf diese Weise konnten wir dem gegenseitigen Beklauen ein Ende bereiten.

Wir trainierten uns in Kampfkunst. Wir lasen uns laut vor. Wir gaben Mathe- und Rechtschreibunterricht. Wir diskutierten darüber, was auf der Welt vor sich ging. Jeden Freitag verteilten wir Rechtschreib- oder Mathetests. Wir animierten die Leute, miteinander zu sprechen und zu diskutieren. Wir versicherten jedem Einzelnen, dass er ein Mitspracherecht habe. »Steht für euch selbst ein«, sagten wir ihnen, »für euer Selbstwertgefühl, für eure Würde.«

Selbst der raueste, abgebrühteste Typ sprang darauf an, wenn man die Würde und Menschlichkeit in ihm weckte, und ihn aufforderte, diese Menschenwürde in ihm selbst zu sehen. »Die Wachen werden zurückschlagen«, sagten wir ihnen, »aber wir werden von nun an alle zusammenstehen.«

Kapitel 18
King kommt

Einige Wochen nachdem Herman und ich in die Isolationshaft gesteckt worden waren, hörten wir, dass Robert King, der die Black-Panther-Partei im Orleans Parish Prison unterstützt hatte, in einem anderen Stock einsaß. Zum ersten Male traf ich King, als ich 18 war, in einem Schlafsaal im Angola. Mithäftlinge hatten mir erzählt, er wäre ein *holy roller*, ein echter Fundamentalist, und so ging ich ihm aus dem Weg. Obwohl er von imposanter Gestalt war, nutzte er seine Größe und Stärke niemals, um jemanden einzuschüchtern. Er verbrachte einen Haufen Zeit auf seiner Pritsche und las die Bibel. Er sagte, er liebe den Fluss der Sprache darin. Er liebe die Gleichnisse und die Bergpredigt. Er versuchte, mit mir darüber zu reden, aber ich war gefangen in meiner eigenen Welt – im Kampf ums Überleben. Ich dachte, er hätte jeglichen Kontakt zur realen Welt verloren. An dem Tag, an dem er auf Bewährung entlassen wurde, sagte ich ihm: »Ich kann jetzt wohl behaupten, miterlebt zu haben, wie der letzte der alten Hasen nach Hause geht.« Er war 23 Jahre alt. King wurde anschließend ein semi-professioneller Straßen-Boxer – sie gaben ihm den Namen Speedy King. Er hatte unterschiedliche Jobs, bis er wegen eines Raubüberfalls angeklagt und verurteilt wurde, den er nie begangen hatte. (Der wahre Täter wurde als viel älter und mit anderer Gesichtsfarbe und anderer Figur beschrieben.) King wurde zu 35 Jahren Haft verurteilt. Nachdem er im Orleans Parish Prison Mitglied der Partei geworden war, mischte er auch in den dortigen Protestaktionen mit. Ins Angola überführt, steckten sie ihn direkt in den Kerker. Die Anklage lautete, »als Rechtsanwalt aufgespielt«. Dann kam er ins *Red Hat*, und dann auf Stockwerk D in die Isolationszelle.

Ich ließ ihm eine Notiz zukommen, in der ich ihm mitteilte, dass Herman und ich auf Stock B waren und ihn fragte, ob er irgendetwas brauche. In den folgenden Tagen bezahlten wir die Trustees mit Tabak und Süßigkeiten dafür, dass sie zwischen uns Postbote spielten. Wir wussten, dass die Freien und die inhaftierten weißen Wärter ihn schikanieren würden, weil er ein Panther war. King war darauf eingestellt und schrieb zurück, das wäre kein großes Problem. Bevor King im CCR-Trakt angekommen war, hätte ich nie geglaubt, dass außer Herman irgendjemand diesen langen Weg mit mir gehen könnte. Einen Weg voller Krawall und Brutalität. In Kings Briefen erkannte ich die Stärke dieses Mannes. Ich erkannte seine Moral, ich erkannte seine Integrität. Ich glaubte, mich auf ihn verlassen zu können. Ich saß in meiner Zelle und dachte an den Moment zurück, in dem ich ihn das erste Mal getroffen hatte. Ich begriff nun, was er in seinen ersten Gesprächen mit mir vor so vielen Jahren erreichen wollte: dass ich die Grenzen meiner selbst und meines Lebens auf der Straße sprengte, dass ich einen neuen Menschen erschuf. Noch immer wollte er dies für alle Menschen um ihn herum. Ich fragte mich, ob mein erstes Zusammentreffen mit King der Beginn eines langen gemeinsamen Weges war. Wer weiß schon, welche unbekannten Kräfte da im Spiel waren? Herman, King und ich, die Black Panther vom Angola, wir befanden uns in einer schrecklichen Lage. Aber jetzt waren wir drei.

Als ich nach ungefähr einem Monat in Isolationshaft einmal auf meiner Pritsche saß, brach mir plötzlich der Schweiß aus und die Wände meiner Zelle bewegten sich gleichzeitig auf mich zu. Meine Kleidung wurde mir schrecklich eng. Ich zog mein T-Shirt und meine Hose aus, doch noch immer hatte ich das Gefühl, erdrückt zu werden, zu ersticken. Die Decke drückte dazu von oben herab. Das Atmen fiel mir schwer, das Denken fiel mir schwer, das Sehen fiel mir schwer. Ich zwang mich aufzustehen. Ich ging einige Schritte vorwärts, versuchte, nicht hinzufallen. Am Ende der Zelle angelangt, drehte ich um und ging zurück zur Zellentür. Ich drehte erneut und wiederholte das Ganze, marschierte hin und her, minutenlang, vielleicht eine Stunde. Irgendwann war ich so müde, dass ich mich auf die Pritsche legte und einschlief. Nachdem dieses bedrückende Erlebnis ein paar Mal über mich hereingebrochen war, wusste ich, wie es sich ankündigte: meine Kleider wurden eng und ich fing an zu schwitzen. Meine Umgebung schien mich zu erdrücken. Manchmal dauerte es fünf oder zehn Minuten, ein anderes Mal ein paar Stunden. Das Einzige, was half, war auf und ab zu gehen. Normalerweise endete dieser Zustand erst, wenn ich vom Hin- und Herlaufen so erschöpft war, dass ich mich hinlegen und schlafen konnte. Diese Vorfälle – Klaustrophobie, wie ich später lernte – begleiteten mich meine gesamte Gefängniszeit hindurch. Ungefähr drei Jahre lang schlief ich aufrecht im Sitzen, gegen die Wand gelehnt, weil ich glaubte, dies würde die Anfälle unterbinden. Sie schienen dadurch auch weniger zu werden, doch sie hörten niemals ganz auf.

Kapitel 19
CCR-Kämpfe

Tränengas. Das war die Antwort Nummer eins des Sicherheitspersonals auf die Forderung der Häftlinge, mit Respekt und Anstand behandelt zu werden. Gas setzt den Häftling vollkommen außer Gefecht, sodass die Wärter problemlos in seine Zelle eindringen und ihn nach Lust und Laune verprügeln können. Unser Stockwerk wurde regelmäßig unter Gas gesetzt. Dann stürmten die Wächter unsere Zellen, gingen auf uns los, traten und schlugen uns und drückten uns mit aller Gewalt auf den Boden oder auf die Pritsche, damit sie uns die Fesseln anlegen konnten. In diesen Schlägereien versuchten sie uns so viel Schmerz wie möglich zuzufügen. Es ist sehr schwer, mit Hand- und Fußfesseln zurückzuschlagen, doch ich tat es, so gut ich konnte. Ich spuckte, ich biss, versuchte dem Angreifer einen Kopfstoß zu verpassen. Dies war anschließend ein Grund, uns in den Kerker zu schaffen und uns einen Eintrag zu verpassen. Auch King auf dem anderen Stock ließ sich nichts von den Sicherheitsleuten gefallen, und so wurde er genauso unter Gas gesetzt und in den CCR-Kerker geschleppt wie wir. Im Laufe der 1970er-Jahre nebelten sie uns so häufig mit Tränengas ein, dass die Häftlinge im CCR-Trakt irgendwann nahezu immun dagegen waren. Anfangs war das Gas noch sehr schmerzhaft, doch wenn sich die erste Wolke einmal aufgelöst hatte, dachten wir gar nicht mehr daran, bis irgendwann ein Freier zum Zählappell auf unseren Stock kam – und eine Gasmaske trug. Zum Lachen!

Unser Widerstand gab uns eine Identität. Unsere Identität gab uns Kraft. Unsere Kraft gab uns einen unerschütterlichen Willen. Meine Entschlossenheit, mich nicht brechen zu lassen, war stärker als alles andere in mir, stärker als alles, was sie mir antaten. Die Häftlinge um uns herum sahen, wie Herman, King und ich den Häftlingswärtern und Freien Widerworte gaben, wenn sie uns verspotteten, sie sahen, dass wir uns weigerten, zurück in unsere Zellen zu gehen, bis wir mit einem Aufseher sprechen durften. Sie sahen, dass wir diesen Kampf auch in ihrem Namen führten. Für bessere Lebensbedingungen, für mehr Respekt.

Wir sprachen mit den Männern, erklärten ihnen, warum wir Widerstand leisten mussten, zeigten ihnen, dass wir Druck ausüben konnten. Wir konnten uns nach unserer freien Stunde weigern, zurück in unsere Zellen zu gehen; wir konnten uns nach dem Essen weigern, die Tabletts zurückzugeben. Wir konnten an unseren Zellentüren rütteln (»shaking down«) oder mit unseren Schuhen auf die Tische oder Waschbecken schlagen (»knocking down«), damit es die Aufseher unter uns hörten. Wir konnten uns weigern, in unserer freien Stunde die Zellen zu verlassen, wir konnten uns weigern, die nächste Mahlzeit einzunehmen oder wir konnten einen Beschwerdebrief über die Missstände schreiben und ihn alle unterzeichnen. Auch wenn wir solche Aktionen wie »knocking down« und »shaking down« nicht selbst erfunden hatten, so konnten wir den Männern doch klarmachen, dass wir mehr Macht hatten, wenn wir als Gruppe zusammenwirkten, statt jeder für sich alleine. Eine Aktion allein konnte – wenn wir sie wirklich alle zusammen auf die Beine stellten – so manches Mal schon ausreichen, um einen hochrangigen Beamten dazu zu veranlassen, persönlich mit uns zu reden. Bevor wir eine neue Aktion mit Leuten der gesamten Etage in Angriff nahmen, brauchten wir allerdings einen Konsens, denn das Sicherheitspersonal schlug normalerweise sofort zurück. Meistens kämpften wir um Dinge, die uns vorenthalten blieben oder um menschlichere Haftbedingungen. Wenn der Wärter unseres Stockwerks allerdings ein Arschloch war und sich ständig mit uns anlegte, dann stimmten wir auch mal ab, ob wir fordern sollten, ihn auszutauschen. Dann machten wir eine offizielle Eingabe an den jeweiligen Direktor: einer müsse weg – er oder wir.

Normalerweise ging es dann so weiter, dass ein Leutnant oder Captain kam und uns drohte: »Was zum Teufel ist hier für ein Lärm? Wir gasen euch gleich ein, Scheißkerle.« Und wir antworteten dann: »Ey, Mann, wir versuchen nur seit ein paar Tagen, Toilettenpapier zu kriegen. Und die Leute hier geben uns das scheiß Toilettenpapier nicht.« Meistens sagte er dann: »Okay, kein Problem« und ging. Eine Stunde verging und noch eine zweite, und wenn wir weiterhin nichts von ihm hörten, dann legten wir wieder mit dem Rütteln an den Stäben los. Bevor wir uns versahen, ging dann die nächste dunkelgelbe Gaswolke über uns nieder. Oder der Typ ließ sie beim Rausgehen sofort hinter sich zurück. Manchmal machten diese Ranghöheren aus dem gesamten Stockwerk einen Kerker. Sie nahmen dann jeden Mann einzeln aus der Zelle heraus, legten ihm die Fesseln an – leistete er Widerstand, bekam er Pfefferspray und Schläge – und führten ihn zur Brücke außerhalb des Stocks. Anschließend gingen sie in seine Zelle und warfen alles, was sie dort fanden, in den Gang, schlossen den Häftling wieder in seiner Zelle ein und gingen zum nächsten. Wenn alle Zellen leer waren, schoben sie die erbeuteten Habseligkeiten auf einen Haufen am Ende des Stockwerks zusammen. Wir lebten unter Kerkerbedingungen. Der Haufen blieb dort unangetastet, bis wir unsere Freistunde hatten; diese Stunde mussten wir sofort dazu nutzen, alles zu durchstöbern und unser Zeug wieder in unsere Zelle zu räumen. Alles, was einem nicht selbst gehörte, hielt man hoch und fragte, »Wem gehört das?« und reichte es durch zu seinem Besitzer. Es dauerte Tage.

Es gab aber auch Zeiten, an denen der diensthabende Captain mit uns redete, und wir das Gefühl hatten, er wollte gut und richtig handeln. Als wir uns einmal beklagten, dass wir nicht genügend Essen auf dem Tablett hatten, befahl der Captain unserem Sergeant: »Holen Sie die Tabletts da raus und legen Sie Essen drauf.« Ein anderes Mal hielten wir unsere Tabletts fest, weil wir tagelang abgelaufene und saure Milch bekommen hatten. Wir weigerten uns, die Tabletts unter der Tür durchzuschieben, und sagten dem Wärter, wir gäben sie erst zurück, wenn wir einen Ernährungsberater gesprochen hätten. Der diensthabende Captain schickte einen, mit dem wir reden konnten.

Das effektivste Protestmittel war der Hungerstreik. Wenn wir drei Tage lang die Nahrung verweigerten, musste das Gefängnispersonal laut Gesetz sofort das *Department of Public Safety and Corrections* in Louisiana benachrichtigen. Genauso wenig wie die Freien wollten, dass ranghohe Offiziere auf ihren Stock gerufen wurden, genauso wenig wollten die Offiziere, dass Staatsbeamte ins Gefängnis einbestellt wurden. Sie würden möglicherweise Missstände entdecken, die überhaupt nichts mit den Protesten der Gefangenen zu tun hatten. Einmal entschieden wir uns, einen Hungerstreik zu beginnen, wenn wir das uns versprochene Toilettenpapier nicht bekämen. Schon allein die Androhung eines Hungerstreiks veranlasste den Wächter damals das Toilettenpapier sofort zu verteilen.

Unsere Siege waren rar, doch jeder Sieg machte die vielen Niederlagen zuvor wett. Jeder Sieg setzte einen Adrenalinrausch frei. Ab und zu hatten wir auch mit Häftlingen zu tun, die plötzlich wegen jeder Kleinigkeit an den Stäben rütteln wollten. Sie sagten zum Beispiel: »Ey, Mann, seine Zimtschnecke ist größer als meine« oder »Ich habe nur eine Scheibe Brot und er hat zwei.« Mit denen musste ich dann ein ernstes Wort sprechen und ihnen begreiflich machen, dass man nicht bei jedem Problem die extremste Protestform anwenden musste, um es zu lösen. Man konnte auch andere Lösungen finden. Wenn dieser Häftling zur Strafe mit Gas eingenebelt wurde, und selbst wenn es nur Pfefferspray in seiner eigenen Zelle war, dann betraf dies das gesamte Stockwerk, denn das Gas verteilte sich überallhin. Man kann nicht einen einzelnen Häftling mit Gas bestrafen; war einer dran, waren wir alle davon betroffen.

Herman und ich waren ungefähr einen Monat lang zusammen auf demselben CCR-Stock untergebracht, als eines Tages ein Freier an meiner Zellentür auftauchte und mir sagte, ich solle packen. Ich frage ihn, warum und er antwortete: »Du ziehst um.« Ich sagte: »Nein, ich ziehe nicht um.« Er ging wieder weg. Ich sprach mit Herman darüber. »Ey, Mann, ich geh hier nicht weg. Denen zeig ich's, diesen Scheißkerlen«, sagte ich.

Wir wussten, dass sie mit ihrem Gas zurückkommen würden. Hooks brüllte durchs ganze Stockwerk, um alle zu warnen, während ich in meiner Zelle herumsuchte, um irgendetwas zu finden, das ich als Waffe benutzen könnte, wenn sie in meine Zelle eindrangen. Ich riss den Motor aus meinem Ventilator heraus und steckte ihn in eine Socke und das Ganze dann noch in eine zweite Socke. Diese steckte in meinem Hosenbund hinten, als sieben oder acht Freie auftauchten, Baseball-Schläger, Gummiknüppel und Totschläger aus Leder bereit. Einer von ihnen hatte Handschellen und Fußfesseln dabei, die sie mir umlegen wollten.

Herman und der Rest des Stocks begannen mit dem Stäbe-Rütteln und schrien: »Lasst den Mann in Ruhe.« »Nicht alle auf ihn, Scheißkerle.« Sie schlossen meine Tür auf und befahlen mir rauszukommen. Als ich mich weigerte, kam ein Freier mit erhobenem Knüppel ein paar Schritte auf mich zu. Ich hob meinen Arm mit der Socke. Ein Wächter rief: »Achtung, er hat was in der Hand«, und zog den anderen zurück aus der Zelle. Sofort verriegelten sie wieder die Tür. Captain Hilton Butler kam mit einem Tränengas-Werfer zurück und schoss ihn direkt auf mich ab. Eine der Gaspatronen traf meine Brust. Ein sehr intensives Gas, eines, das man draußen im Freien benutzt, um Menschenansammlungen zu zerstreuen, breitete sich in meiner Zelle aus. Ich hörte, wie meine Mithäftlinge riefen: »Steck den Kopf in den Scheißtopf. Steck den Kopf in den Scheißtopf.« Ich steckte also meinen Kopf in die Toilettenschüssel und spülte ab. Normalerweise erlaubt einem das Vakuum, das entsteht, wenn das Wasser die Schüssel verlässt, kurz Luft zu schöpfen. Es war nicht genug. Ich trat auf die Kloschüssel ein bis sie zerbrach. Ich beugte mich hinunter und hielt mein Gesicht direkt über das Loch oberhalb des Rohres. Zwischen den einzelnen Atemzügen griff ich nach den Scherben der Kloschüssel und schleuderte sie auf Butler, um ihn davon abzuhalten, den Gaswerfer direkt auf mich abzufeuern. Er ging hinüber zu meiner Nachbarzelle, zu Herman, und zielte mit der Pistole um die Ecke und durch die Stäbe in meine Zelle. Er feuerte blind drauflos. Hooks verfluchte ihn und brüllte, er solle aufhören. Dazu bewarf er ihn mit allem, was er fand.

Ich weiß nicht mehr, wie lange das alles andauerte, doch irgendwann hörte Butler auf zu schießen.

Nach einer Weile sagte er, wenn ich herauskäme und mir die Fesseln anlegen ließe, würden sie nicht auf mich losgehen und mich auch nicht schlagen. Ich glaubte ihm zwar nicht, aber ich war nah daran, das Bewusstsein zu verlieren. Ich hatte Angst, an dem Schleim in meinem Hals zu ersticken. Ich konnte meine Augen nicht öffnen. Ich wollte nicht in meiner Zelle sterben. Als sie die Tür öffneten, ging ich raus und ließ mir die Fesseln anlegen. Sie schlugen mich nicht. Als ich an den anderen Zellen entlanggeführt wurde, sah ich, dass allen anderen auch übel war von der Gaswolke. Ich hörte Hermans Stimme hinter mir, schon ganz heiser vom Schreien, aber er schrie weiter. Schließlich brachten sie King und Herman auch weg. Während sie noch mit mir und meinem Umzug alle Hände voll zu tun hatten, teilten sie King mit, er würde nach Stock B umziehen. Er leistete keinen Widerstand, denn er wollte ja mit mir und Herman auf einer Etage sein. Sie steckten King zunächst in die sogenannte »kurze Etage«, in den ersten Stock, wo es nur 13 Zellen gab, und mich in Kings alte Zelle auf Stockwerk D. Danach verlegten sie King auf Stock B. Später dann Herman auf Stock A. In derselben Nacht räumten sie tatsächlich alle Zellen der CCR leer, nahmen sogar die Matratzen raus und verwandelten damit die CCR-Zellen in einen Kerker – als Strafe für alle wegen meines Verhaltens.

Sie hatten geglaubt, sie würden unsere Zusammenarbeit und Strukturen dadurch zerschlagen, dass sie uns trennten, doch alles, was sie erreichten, war, unseren Einfluss auf die anderen Häftlinge nur noch größer und wichtiger zu machen. Wo immer sie uns auch hinsteckten, wir begannen die Leute des Stockwerks zu organisieren: Geld in einem Pool sammeln. Häftlinge unterrichten. Durch unser eigenes Verhalten Beispiel geben. Auf diese Art und Weise vermittelten wir den Männern die Stärke von gemeinsamem Handeln, von Solidarität. Auf manchen Stockwerken zeigten unsere Anstrengungen größere Erfolge als auf anderen. Das hing immer von den jeweiligen Charakteren ab. Einmal war ich auf einem Stock mit einem Häftling, der richtig gefährlich war, ein Schlägertyp mit der Mentalität eines Haussklaven. Er machte bei unseren Protesten nicht mit. Immer wenn wir im Hungerstreik waren, nahm er den Häftlingen, die streikten, Essen vom Tablett weg. Einige spuckten irgendwann in ihr Essen, um ihn daran zu hindern.

Im Juni 1972 hörten wir, dass das Repräsentantenhaus in Louisiana eine Reihe der Gesetze verabschiedet hatte, die auf Vorlagen der Abgeordneten Dorothy Mae Taylor beruhten: keine inhaftierten Wärter im

Angola und die Abschaffung der Rassentrennung. Es sollten Krankenakten angelegt und diese vom Gesundheitsamt in Louisiana überprüft werden. Staatsbeamte und Gefängnisleitung brauchten viel Zeit, um dies alles in Angriff zu nehmen, doch Taylor war hartnäckig. Sie hatte sich schon seit geraumer Zeit für bessere Haftbedingungen im Orleans Parish Prison und im Angola eingesetzt, und war daran gewöhnt, vom rassistischen weißen Establishment dafür heftig kritisiert zu werden. Eine Woche nachdem Brent Miller getötet worden war, gab der Generaladjutant der Nationalgarde von Louisiana, Generalleutnant David Wade – einst Leiter von Strafvollzugsprogrammen im Staat Louisiana – der Abgeordneten Taylor sogar die Schuld an Millers Tod. »Ich habe eine ganz deutliche Meinung zu dem, was sie hier an Schaden angerichtet hat … als sie die Unruhen im Angola derart anfachte«, sagte er der Zeitung *Times-Picayune* in New Orleans. »Und das Resultat war der Mord an einem Wächter in der vergangenen Woche.« In demselben Interview nannte Wade die Abgeordnete Taylor eine »Wichtigtuerin« und sagte, sie sei »nur daran interessiert, im Fernsehen zu erscheinen und eine Menge Ärger zu machen.« Wenn sie ein Gefängnis besuchte, so fügte er hinzu, »werden sie [die schwarzen Häftlinge] wild.« Die Abgeordnete Taylor hörte indes nie auf, Reformen anzumahnen. Ihr Mut in den 1960er- und 70er-Jahren – als schwarze Frau – in der rassistischen »Welt des weißen Mannes« im Süden zu leben und zu arbeiten, war bemerkenswert und ist für mich nach wie vor eine Inspiration.

In jenem Sommer wurden wir des Mordes an Brent Miller angeklagt. Zwei Freie kamen in unsere Zellen, legten mir Hand- und Fußfesseln an und führten mich zu einem Transporter, der direkt vor dem Tor geparkt war. Herman, Gilbert Montegut und Chester Jackson saßen schon im Wagen. Ich stieg ein, aber die Tür stand noch offen, als Brent Millers Bruder Nix in einem Pickup heranbrauste und mit quietschenden Bremsen neben uns anhielt. Er sprang aus dem Auto, sichtlich betrunken, fuchtelte mit einem Gewehr herum und schrie: »Wo sind sie, diese Hurensöhne? Ich töte euch alle, ihr Nigger.« Er zielte auf unsere Köpfe. Ich bewegte mich nicht. Keiner von uns bewegte sich. Die Freien, die rings um den Transporter standen, brüllten auch. »He Nix, lass das, das wirst du nicht tun«, sagte einer von ihnen. »Runter mit der Waffe.« Ein anderer schrie: »Die kommen alle auf den elektrischen Stuhl. Wenn du sie jetzt tötest, gehst du in den Knast.« Ich saß stocksteif da und starrte die lange Straße entlang, die zum Eingangstor des Angola führt. Ein Auto mit Blaulicht näherte sich. Es war Hilton

Butler, der Captain, der die Tränengaspatrone in unser Stockwerk gefeuert hatte. Er fuhr durch das Tor, sprang aus dem Wagen, Zigarre im Mund, dichter roter Haarschopf. »Nix, Nix, du Hurensohn«, brüllte er. »Ich hab dir doch gesagt, du sollst deinen verdammten Arsch nicht herbringen und dir Ärger einbrocken! Hau ab nach Hause.« Er riss Nix die Flinte aus der Hand. »Die haben meinen Bruder ermordet«, brüllte Nix zurück. Butler hielt die Waffe am gestreckten Arm weit weg und befahl: »Du bringst deinen verdammten Arsch jetzt nach Hause, bevor du im Knast landest.« Nix stieg in seinen Pickup und fuhr los, wendete aber noch einmal, um uns aus dem offenen Fenster zu beschimpfen. Ein paar Minuten später brauste er davon. Niemand von uns sagte ein Wort. Die Türen wurden geschlossen, und wir fuhren zu einem Gericht in St. Francisville, wo unsere Anklageschriften verlesen wurden und wir einen Pflichtverteidiger zugeteilt bekamen.

Herman, King und ich hatten in den 1970er-Jahren so viele Kämpfe mit Behörden auszufechten, dass diese in meinem Kopf mittlerweile wild durcheinandergehen. Jede einzelne unserer Protestaktionen konnte ein paar Stunden oder auch einen ganzen Tag dauern, einige sogar Tag und Nacht. Ich zerschlug während meiner Zeit in Isolationshaft mindestens drei oder vier Toilettenschüsseln, bis diese durch rostfreie Stahltoiletten ersetzt wurden. In jenen Jahren kamen sie so häufig mit ihren Gaswerfern zu uns, dass ein Captain, der wegen eines Gefangenenprotests auf Kings Stockwerk gerufen worden war, fragte: »Was wollt ihr denn noch? Ich war schon gestern Abend so von Gas umnebelt, dass meine Frau mich nicht ins Bett gelassen hat.«

Sich dem Alltag in der Zelle anzupassen, über Monate und Jahre hieß, sich jeden Aspekt des Lebens neu zu erkämpfen – um zu überleben. Lesen zu können in dieser Umgebung, in all dem Krach rundherum. Frühzeitig zu erkennen, wann ein Mithäftling ausflippte, ob ich mich verteidigen musste oder versuchten konnte, etwas zu verhindern, bevor es passierte. Den Körper zu trainieren innerhalb dieser engen Begrenzungen einer Zelle. Ich wurde lebendes Beispiel dafür, dass man das Schlimmste überleben kann, um erst sich selbst und dann seine Welt zu verändern – ganz egal, wo man sich gerade aufhält. Herman, King und mir war klar, dass die Basis für unseren Widerstand Bildung sein musste. Nur diese konnte uns retten. Noch immer bin ich vollkommen erstaunt darüber, dass wir drei zu derselben Schlussfolgerung kamen, obwohl wir doch jeder allein in seiner Zelle auf unterschiedlichen Stockwerken hockten. Bildung und ein Blick nach draußen, über die Gefängnismauern hinweg. Wenn wir nicht bloß dahinvegetieren wollten, mussten wir weiter Neues lernen und unseren Geist auf die Welt außerhalb des Angolas richten.

Manchmal ließ ein Freier auf meinem Stock eine Zeitung zwischen den Stäben der ersten Zellentür zurück, und die wurde dann heimlich von Zelle zu Zelle weitergereicht. Ich las und las, jede Zeitung, die bei uns landete. Als es uns irgendwann erlaubt wurde, Radio zu hören und Zeitungen zu lesen, hörte ich so viele Nachrichtensendungen wie nur möglich. Ich abonnierte auch eine Zeitung. Alle drei taten wir das. Wir führten hitzige Debatten und diskutierten über alles, was in der Welt passierte. Wir schrieben uns Notizen und Briefe hin und her, manchmal ließen wir uns sogar absichtlich in den Kerker schicken, weil wir dort miteinander reden konnten. Zu jener Zeit war es möglich, dem diensthabenden Sergeant zu sagen, man habe Kopfschmerzen oder man habe Probleme, über die man alleine nachdenken müsse, und dann wurde man in den Kerker gebracht. Es gab in unserem Gebäude nur einen Kerker für CCR- und Todestrakt-Gefangene, mit zwei großen Zellen. Sie steckten uns zwar nicht zu dritt in eine, aber zwei in die eine und den anderen daneben. So hatten wir Zeit zusammen und konnten im Kerker viele Gespräche führen.

Zur selben Zeit begannen wir auch damit, uns in juristischen Fragen weiterzubilden. Wir wussten, dass sich durch die ständigen Misshandlungen nichts verändern würde. Wir würden den anderen niemals körperlich ebenbürtig sein. Auf Stock D war ein Häftling namens Arthur Mitchell untergebracht, der mit großem Erfolg Klagen gegen das Gefängnis angestrengt hatte. Aus diesem Grund ließen ihn die Wärter auch in Ruhe. Ich lieh mir von Arthur ein Rechtswörterbuch aus und durchstöberte die Gefängnisbibliothek nach juristischer Fachliteratur.

Ich las alles zur Rechtsprechung, was ich in die Finger bekam, Tag und Nacht, im Stehen, im Sitzen oder auf meiner Pritsche liegend. Es gab Tage, da saß ich mitten in meiner Zelle mit vier oder fünf Jurabüchern aufgeschlagen um mich herum. Durch Hörensagen erfuhr ich, dass ein weißer Häftling im Todestrakt, genannt Big John, richtig Ahnung von Rechtsprechung hatte, und so schrieb ich ihm einen Brief und erklärte ihm meinen Fall. Ich wusste, es würde nicht leicht werden: die Grand Jury[13], die mich in West Feliciana Parish, wo auch das Angola liegt, angeklagt hatte, bestand ausschließlich aus weißen

13 Bei der Grand Jury (»Große Jury«, in der Regel 16 bis 23 Personen) handelt es sich um die Zusammenkunft der Geschworenen, die nach dem US-amerikanischen Strafrecht darüber entscheiden, ob die von der Staatsanwaltschaft vorgebrachten Anschuldigungen eine Anklageerhebung bzw. einen Prozess rechtfertigen.

Männern. Frauen und Schwarze waren nicht zugelassen – ein Verfassungsbruch. Big John half mir, indem wir Briefe austauschten, die von Trustees oder auch von Leuten eines Häftlings-Rechtsbeistands, der beide Stockwerke besuchte, überbracht wurden. Ich stellte pro se einen schriftlichen Antrag ans Gericht – ohne Rechtsanwalt –, um das Urteil der Grand Jury wegen des Ausschlusses von Frauen und Schwarzen zu kippen. Dann dachte ich nicht mehr weiter darüber nach. Herman, King und ich kämpften in der Isolation ums Überleben. Meine Gedanken waren längst nicht mehr bei meiner Verfassungsbeschwerde und noch nicht einmal bei dem drohenden Prozess gegen mich. Beides schien weit entfernt. Ich hatte einfach zu wenig Erfahrung in Rechtssachen. Ich war darauf fokussiert, zu begreifen, wie wir die Gesetze zur Erleichterung unseres täglichen Lebens nutzen konnten. Jahre später sollte ich herausfinden, dass das Gericht meine Beschwerde damals nie behandelt hatte.

Bevor wir eine Klage gegen unsere Haftbedingungen einreichen konnten, mussten wir zunächst einmal zeigen, dass wir versucht hatten, unser Problem dadurch zu lösen, dass wir dem Gefängnisdirektor eine Beschwerdeschrift überreichten. Wenn wir innerhalb von zwei Wochen keine Antwort erhalten hatten, konnten wir Klage bei Gericht erheben. Ab 1985 wurde dieser Prozess komplizierter. Das *Department of Public Safety and Corrections* von Louisiana führte ein neues Beschwerdeverfahren ein, das ARP *(Administrative Remedy Procedure)*, demzufolge ein Häftling, der einen Missbrauch oder ein anderes Problem anzeigen wollte, seine Beschwerde zunächst bei dem für sein Camp oder seinen Zellenblock zuständigen Beamten einzureichen hatte. Wurde diese zurückgewiesen, musste er sie dem Gefängnisdirektor vorlegen. Wenn dieser sie ebenfalls zurückwies, dann ging sie zum *Department of Public Safety and Corrections* von Louisiana. Bekam der Antragsteller von dort keine Hilfe, musste er eine »Petition of Review«, einen Antrag auf Überprüfung seiner Beschwerdeschrift beim *state court* (einzelstaatliches Gericht) stellen. Scheiterte dieser vor Gericht, konnte er anschließend seine erste Klage dem *state court* vorlegen. Wenn der Häftling jedoch einen Verfassungsbruch anzeigen wollte, wie zum Beispiel die *Verhängung grausamer oder ungewöhnlicher Strafen* oder aber *die Versagung des gleichen Schutzes durch das Gesetz* oder *die Verweigerung eines ordentlichen Gerichtsverfahrens nach Recht und Gesetz*, also die Verletzung der Zusatzartikel 8 und 14 der US-Verfassung, dann hatte er die Möglichkeit, das staatliche Gericht zu überspringen und konnte sofort ans Bundesgericht gehen. Trotzdem musste das ARP-Verfahren innerhalb des Gefängnissystems durchlaufen werden. Durch dieses neue, vom *Department of Corrections* und dem Gesetzgeber eingeführten Verwaltungsverfahren verzögerten die Beamten die Zeit, bis ein Häftling vor Gericht angehört wurde, um sechs bis zwölf Monate. Ziel war es, den Gefangenen durch die Verlangsamung des Verfahrens den Mut und die Motivation zu nehmen, Zivilklagen gegen Missstände und schlechte Haftbedingungen anzustrengen.

Mehr als hundert Jahre lang verweigerten die Richter der Einzelstaaten und der Bundesrichter rigoros die Verurteilung der Misshandlung von Gefangenen, denn nach dem Gesetz – gemäß 13. Zusatzartikel zur US-Verfassung – waren Gefangene »Sklaven des Staates«. Dieser Zusatzartikel, durch den die Sklaverei 1865 abgeschafft wurde – »Weder Sklaverei noch Zwangsdienstbarkeit darf [...] in den Vereinigten Staaten oder in irgendeinem Gebiet unter ihrer Gesetzeshoheit bestehen« – enthält den Nebensatz »... außer als Strafe für ein Verbrechen, dessen die betreffende Person in einem ordentlichen Verfahren für schuldig befunden worden ist.« Richter stützten sich auf diese Zusatzerklärung als Entschuldigung für ihre Weigerung, Gewalt und Missbrauch gegen Gefangene auf die Tagesordnung zu nehmen. Sie hatten sogar einen Namen für diese Entscheidung: die *hands-off doctrine* (Finger-weg-Doktrin). In den 1960ern erließ der *Supreme Court* (Oberste Gerichtshof) eine Vorschrift, die den Häftlingen die Verfassungsrechte garantierte und ihnen die Türen öffnete, um Staatsbeamte vor dem Bundesgericht zu verklagen.

Ich brauchte eine ganze Weile, um die juristischen Fachwörter und die Gerichtssprache sowie die Abläufe und Zusammenhänge im Justizsystem zu verstehen. Wenn ich eine Passage in meinen Jurabüchern nicht verstand, las ich sie so häufig – manchmal vierzig oder fünfzig Mal –, bis ich mir ihre Bedeutung erschließen konnte.

King klagte dagegen, dass ihm der Hofgang verwehrt wurde. Dazu nahm er Bezug auf den Zusatzartikel 14 »... des gleichen Schutzes durch das Gesetz« und unterstrich, dass den Leuten aus dem Todestrakt Hofgang gewährt wurde und wir unter denselben Bedingungen untergebracht waren wie sie. Wenn bei den Häftlingen aus dem Todestrakt keine »Sicherheitsgefahr« bestand, wenn sie auf dem Hof waren, so betonte er, dann sollte dies für CCR-Häftlinge genauso gelten. Herman und ich suchten andere Wege, um unser Grundrecht auf ein Verbot der »Verhängung grausamer oder ungewöhnlicher Strafen« einzuklagen. Unsere erste Klage vor Gericht in den frühen 1970er-Jahren – und alle weiteren von Angola-Häftlingen angestrengten Verfahren – waren unter der sogenannten *Hayes-Williams-Klageschrift* zusammengefasst. Diese 1971 von Williams und drei weiteren Häftlingen eingereichte Klage beschrieb die Art und Weise, in der die Haftbedingungen im Angola die durch die Zusatzerklärungen 8 und 14 *(Verhängung grausamer und ungewöhnlicher Strafen; ein ordentliches Gerichtsverfahrens nach Recht und Gesetz)* verbrieften Rechte verletzten. Nach dem Prozess um die *Hayes-Williams-Klage* im Juni 1975 befand Richter E. Gordon West vom *Federal District Court* das Angola der Verletzung der Zusatzartikel 8 und 14 der US-Verfassung schuldig. In seiner Begründung schrieb er, dass die Haftbedingungen im Angola »das Rechtsbewusstsein jedweder nachdenkenden Person erschüttern müsste«, und stellte die Haftanstalt unter Bundesaufsicht. Das *District Court* ordnete an, dass das Angola die Bedingungen zu verbessern und das *Department of Public Safety and Corrections* die Gefängnisse zu dezentralisieren hätte. Es sollte allerdings noch zwei Jahre dauern, bis das Abkommen, namens »consent decree« (Anerkennungsurteil), mit neuen, für die Leitung des Angola bindenden Regelungen und Vorschriften in Kraft trat.

Der erste Prozess, den ich gewann, war 1974 oder 75 eine Klage gegen das vom *Department of Corrections* verfügte Verbot für Gefangene, Kleidungsstücke mit Markennamen oder Logos zu tragen. Zu jener Zeit konnte man aber nur schwer Jogginghosen ohne Logos bekommen und den Häftlingen wurde durch das Verbot das Leben unnötig schwer gemacht. Ich stellte bei der Gefängnisleitung einen Antrag, Jogginghosen mit Logo tragen zu dürfen – der Direktor wies diesen ab. Ich machte eine Eingabe bei Gericht zur Überprüfung der Entscheidung – und gewann. In seiner Stellungnahme schrieb die Richterin der Gefängnisleitung, wie dumm diese Vorschrift sei; nicht mit dieser Wortwahl natürlich. Sie sagte, die Vorschrift sei unsinnig, denn es wäre nahezu unmöglich, irgendein Kleidungsstück zu kaufen, das nicht ein Logo oder einen Markennamen trüge.

In der Zeit, in der wir Beschwerdebriefe schrieben, vor Gericht Klage erhoben und Protestaktionen organisierten, wurden uns nach und nach auch Privilegien zuteil, die man niemals zuvor in einem CCR-Trakt gekannt hatte. Mit der Zeit bekamen wir die Erlaubnis eigene Ventilatoren, Radios und Bücher in unseren Zellen zu haben. Wir durften auch Zeitungen oder eine Zeitschrift abonnieren. Mitte der 1970er-Jahre bekamen wir Moskitonetze für die Fenster. Ende der 70er hatten Herman, King und ich sogar manchmal die Gelegenheit einen Kassettenrekorder zu benutzen. Immer wenn ein anständiger Captain Dienst hatte, durften wir den Rekorder zwischen unseren

Stockwerken hin und her schicken; er musste dafür einem Wärter die Erlaubnis erteilen, den Apparat von einem Stock zum anderen zu tragen. Jeder von uns benutzte den Rekorder ein paar Tage lang und gab ihn dann an Häftlinge auf demselben Stock weiter. Der Transport von einer Zelle zur nächsten funktionierte in der Weise, dass einer nach der Freistunde den Rekorder vor seiner Tür abstellte und ein Freier oder Orderly ihn eine Zelle weiter brachte. Schließlich bekamen wir auch die Erlaubnis, Kassettenrekorder in unseren Zellen aufzubewahren. Jedes dieser neuen Privilegien konnte natürlich jederzeit aufgehoben werden – und so geschah es auch. Dann starteten wir eine neue Protestaktion.

Kapitel 20
Mein Prozess 1973

Als 1973 mein Fall vor Gericht verhandelt wurde, kämpfte die Black Panther Party schon seit Längerem ums Überleben. COINTELPRO hatte der Partei überall im Land großen Schaden zugefügt: hatte Panther eingesperrt, einige getötet, einige gegeneinander ausgespielt oder aufgehetzt, falsche Informationen in Umlauf gesetzt, die Panther gesellschaftlich verteufelt und Mitglieder ihrer Familien bedroht. Mit ihren unterschiedlichen philosophischen Ansätzen hatten die einzelnen Gruppierungen innerhalb der jungen Bewegung keine Chance, sich unter diesem konstanten Beschuss zusammenzufinden oder ihre internen Probleme zu lösen. Die beiden Parteiführer Huey Newton und Eldridge Cleaver trennten sich 1972, Cleaver verließ die USA. Die im ganzen Land verstreuten Panther gingen teilweise in den Untergrund, um ihre Haut zu retten; einige hatten unter ständiger Überwachung gelebt.

Nach unserer Verurteilung 1972, rief Malik Rahim die New Orleans Panther und andere Aktivisten im Haus seiner Mutter zusammen und gründete ein Komitee zu unserer Unterstützung mit dem Namen »Free the Angola 4«. Chester Jackson und Gilbert Montegut waren zwar keine Mitglieder der Partei, waren in den Augen der Öffentlichkeit allerdings ebenfalls Panther und sehr eng mit uns verbunden. Im Juni desselben Jahres waren wir Thema in der Black-Panther-Zeitung. Die New Orleans Panther hielten Wohltätigkeitsveranstaltungen ab, um Rechtsanwälte und das Drucken von Info-Material zu finanzieren. Die New Orleans Panther Marion Brown, Althea Francois, Shirley Duncan und andere – darunter viele Collegestudenten – besuchten uns. Im Rahmen der wachsenden Unterstützung, die wir erfuhren, trat auch ein weißes Ehepaar dem Komitee bei: der ortsansässige Aktivist Harry »Gi« Schafer und seine Frau Jill, die schon sehr bald Führungsrollen im Komitee übernahmen. Sie hatten seit 1969 die *Students for a Democratic Society* (SDS) auf dem New Orleans Campus der Universität von Louisiana geleitet. Einer der beiden erklärte sich bereit, den Job des Schatzmeisters im Komitee anzunehmen. Schwarze Anwälte aus Baton Rouge kamen ins Angola, um sich mit uns zu treffen. Und auch ein weißer Anwalt, Charles Garretson, der gerade erst die juristische Fakultät verlassen hatte, besuchte uns.

Bis mein Prozess vor Gericht 1973 dann tatsächlich stattfand, gab es das Unterstützungskomitee allerdings nicht mehr. Die Spendeneingänge hörten einfach auf; keiner wusste, wo das Geld geblieben war. Für uns, innerhalb der Gefängnismauern, schien es so, als ob da draußen einfach jeder wieder seiner Wege ginge. Erst 1975 schickte mir jemand einen Zeitungsartikel über Gi und Jill Schafer, aus dem ich erfuhr, dass die beiden Schafers FBI-Informanten waren, die absichtlich die Ämter im Komitee übernommen hatten, um es von innen heraus zu demontieren. Ihnen wurden 16 000 Dollar im Jahr gezahlt, damit sie das SDS an der Universität von Louisiana unterwanderten, deren Arbeit zum Erliegen brachten und alle Strukturen zerstörten. Sie spionierten und provozierten, erfanden Lügengeschichten, um Misstrauen unter den Studierenden und Friedensdemonstranten zu säen und forderten Aktionen heraus, die viel extremer ausfielen, als sie geplant waren. Das Resultat waren massive Verhaftungen. Nebenschauplatz ihrer FBI-Aktivitäten war das Hilfskomitee zur Unterstützung der Angola 4, dessen Niedergang sie betrieben. Im Sommer 1972 rief Huey Newton – in einem Versuch, die Aktivitäten innerhalb der Partei zu bündeln – die New-Orleans-Gruppe der Black Panther nach Oakland und schickte als Ersatz Panther-Vertreter von Cincinnati nach New Orleans. Niemand dort traute den Leuten aus Ohio, denn sie waren alle unbekannt. Da nun die New-Orleans-Panther in Oakland waren, nutzten die Schafers ihre Macht im Komitee rücksichtslos aus. Aus Dokumenten, die wir im Zuge des *Freedom of Information Act* des FBI einsehen durften, erfuhren wir viele Jahre später, dass sie den Auftrag hatten, jeden unserer Versuche, Spendengelder für Anwälte aufzutreiben, zu sabotieren – und genau das gelang ihnen.

Die schwarzen Rechtsanwälte, die aus Baton Rouge gekommen waren, verschwanden ebenso still und leise wie die Spendengelder. Der junge weiße Anwalt Charles Garretson jedoch hielt zu uns und erklärte sich bereit, uns ohne jede Bezahlung zu vertreten. Garretson war aufrichtig und meinte es gut mit uns – mehr als dreißig Jahre später schrieb er meinen Rechtsanwälten noch einmal und bot ihnen an, im neuen Prozess als Zeuge für mich auszusagen –, aber 1973 war er noch sehr jung und unerfahren. Zudem stand er einem engen Netzwerk von »guten alten Kumpels« gegenüber, von denen jeder jeden kannte oder zumindest im selben Viertel wohnte. Sie waren fest entschlossen, mich hinter Gitter zu bringen, koste es, was es wolle. Er hatte keine Chance.

Mein Prozess in West Baton Rouge begann einen Tag nachdem die Jury ausgewählt worden war, Anfang März 1973. (Herman, Gilbert Montegut und Chester Jackson bekamen einen Prozesstermin für 1974.) Ich wurde durch Garretson vertreten, der meinen Fall »pro bono publico«, also kostenlos, übernommen hatte. Es gab nur den Anwalt und mich. Ich wusste, dass ich allein sein würde. Meine Mom konnte es sich nicht leisten, nach Baton Rouge zu kommen, und selbst wenn, hätte sie keine Unterkunft dort gehabt. Bei meiner Ankunft sah ich draußen vor dem Gerichtsgebäude zuallererst eine Gruppe schwer bewaffneter Gefängniswärter vom Angola und einige Hilfssheriffs von Iberville Parish. Auf dem Dach standen zwei weitere bewaffnete Hilfssheriffs bereit. Innen im Gebäude lehnten bewaffnete Wärter an den Wänden. Die Geschworenen – alles Weiße – saßen schon auf ihren Plätzen, als ich in Handschellen und Fußfesseln von zwei Hilfssheriffs hereingeführt wurde. An der Anklagebank angekommen, nahm man mir die Fesseln ab. Die Kläger waren John Sinquefield und Leon Picou.

Zuerst wurde die Gerichtssachverständigen gehört. Nach Aussage des Gerichtsmediziners wurde Brent Miller am Morgen des 17. April 1972 gegen 7.45 Uhr mit 32 Messerstichen niedergestochen. Er starb vier Minuten später, um 7.49 Uhr. Er hatte Wunden am Rücken, an der Brust, an den Seiten und am Bein. Sein Körper wurde in einer Blutlache im Gemeinschaftsraum gefunden, dem ersten Raum nach dem Eingangstor; die Häftlinge mussten diesen Raum durchqueren, um ihre Schlafsäle zu erreichen, wo in zwei Reihen ihre Pritschen angebracht waren. Es gab eindeutige, identifizierbare Fingerabdrücke an der Tür, die nicht meine waren, und auch nicht Hermans, Monteguts oder Jacksons. Der Fingerabdruck passte auch zu keinem der Ermittler oder der Häftlinge, die Millers Leiche hinausgetragen hatten. Als der Polizeibeamte, der für die Überprüfung der Abdrücke verantwortlich war, gefragt wurde, ob er die sichergestellten Fingerabdrücke mit denen, der auf dem gleichen Gang wohnenden Gefangenen verglichen habe, sagte er: »Nein, habe ich nicht.« Man fand keinerlei Blut auf irgendeinem Bett und auch nirgendwo anders im Schlafraum. Der zweite Wärter, der an jenem Tag den Schlafsälen Pinie zugeteilt war, Paul Hunter, sagte aus, dass er nach dem Frühstück zum Saal Pinie 1 zurückgekehrt sei und Miller im Gemeinschaftsraum auf dem Boden liegend vorgefunden habe. Nach den Ermittlungen sei Miller »im Gemeinschaftsraum gegen einen Tisch und dann auf den Boden gefallen«.

Ein Häftling namens Hezekiah Brown war der Kronzeuge gegen uns. Mitte sechzig und mit zahnlosem Mund, wirkte Brown im Zeugenstand wie ein harmloser alter Mann, er saß allerdings schon seine dritte oder vierte Haftstrafe wegen schwerer Vergewaltigungsvorwürfe im Angola ab. Er war tief in die Sex-Geschäfte im Angola verstrickt und galt als großer Einschmeichler und Spitzel. Er putzte im Büro des Lieutenants die Schuhe der Wärter und man munkelte, er sei ein Kurier der Drogendealer, die auf den Gängen unterwegs waren. Es hieß, sie steckten die Drogen in seine Schuhputzkiste, während er im Kontrollzentrum war, und er brächte das Zeug dann zurück in die Schlafsäle. Er versorgte die Freien auch mit Kaffee. Jeder im Gefängnis wusste, dass man ihm kein Wort glauben konnte. (Jahrzehnte später schrieb der frühere Redakteur des *Angolite* Billy Sinclair einem meiner Rechtsanwälte: »Ich war mit Hezekiah Brown zusammen im Todestrakt; sogar auf demselben Stock. Er war bis zu dem Tag, an dem er starb, ein rücksichtsloser, krankhafter Lügner. Er war selbst im Todestrakt ein mieser kleiner Spitzel, der die Gefängnisangestellten immer wieder mit falschen Informationen und frei erfundenen Geschichten über verurteilte Häftlinge fütterte, nur um eine extra Ration Kaffee oder Essen zu bekommen. Er machte ein lukratives Geschäft: er tauschte Informationen gegen persönliche Geschenke.«

Brown lebte im Schlafsaal Pinie 1 und sagte aus, er habe den Mord beobachtet. Er sagte, er sei allein im Schlafsaal gewesen, als Brent Miller hereinkam, um einen Kaffee mit ihm zu trinken. Er habe sich auf Browns Bett gesetzt, das sich am Ende der Bettenreihe, also direkt am Eingang zum Gemeinschaftsraum befindet. Brown gab an, dass er sich gerade zum Stecker der Kaffeemaschine heruntergebückt habe, als ich mit Herman Wallace, Gilbert Montegut und Chester Jackson den Schlafsaal betreten habe. Wir hätten allesamt unsere Gesichter hinter Halstüchern versteckt, sagte er. Wir hätten auch alle Waffen getragen. Er sagte, ich hätte Miller von hinten gepackt und mit einem Messer »reingehauen«, dann hätten die anderen auf ihn eingestochen. Dann hätten wir ihn vom Bett heruntergezogen, in den Gemeinschaftsraum geschleift und unablässig weiter zugestochen. Schließlich sei ich »rausgerannt«, Herman, Jackson und Montegut hinterher, und er sei mit Millers Leiche zurückgeblieben. »Als ich die Tür zuschlagen hörte«, so gab er an, »wusste ich, dass sie weg sind, und ich – ich weiß nicht, warum ich los bin, aber ich bin los zur Tür hin.« Er sagte, er habe beim Öffnen der Tür zum Schlafsaal gemerkt, dass er durch den Windstoß »wieder zu Sinnen gekommen sei« und plötzlich gesehen, dass er noch seinen Schlafanzug trug. Auf die Frage, wie weit er gekommen sei, bevor er gemerkt habe, dass er noch im Pyjama war und umgedreht sei, sagte er: »Äh, ich bin nicht – äh, nicht so gut vom, unter dem – aus der Tür rausgekommen, also, so – und dann bin ich zurück.«

Brown gab zu Protokoll, dass er auf dem Weg zurück durch den Schlafsaal an Miller vorbeigegangen sei: »Er lag da, und dann atmete er zum letzten Mal.« Er habe dann Hose und T-Shirt angezogen und sei dann noch einmal an Millers Leiche vorbei hinausgegangen. Von da aus dann nach rechts in die Blutplasma-Station (die sich hinter der Kleiderkammer im Spitzel-Bereich befindet), »ganz direkt wie der Vogel ins Nest«. Auf die Frage, wer nach dem Überfall sonst noch auf dem Gang war, sagte er, er habe niemanden dort gesehen. Auf die Frage nach der Farbe des Tuches, mit dem ich mein Gesicht verdeckt hatte, sagte Brown: »Könnte rot gewesen sein, könnte auch blau gewesen sein.« Er entschied sich dann für Blau.

Im Kreuzverhör gab Brown zu, dass er bei seiner ersten Befragung den Beamten eine andere Geschichte erzählt habe. Zunächst hatte er den Ermittlern gesagt, er wäre die ganze Zeit in der Blutplasma-Station gewesen. »Ein paar Tage später«, so gab er im Zeugenstand an, wäre er um Mitternacht aufgeweckt und in einen Raum gebracht worden, in dem Hilfssheriff Bill Daniel, Gefängnisdirektor C. Murray Henderson und Verwaltungspersonal auf ihn gewartet hätten. Dort hatte die Gefängnisleitung ihm mitgeteilt, sie »wüssten«, dass er im Schlafsaal Pinie 1 war, während der Mord an Miller geschah, und dann »erzählten sie mir genau, was passiert war«. Daraufhin gab Brown eine andere Aussage zu Protokoll und berichtete den Beamten, ich hätte Brent Miller zusammen mit Chester Jackson und Herman Wallace getötet. In der Aussage jener Nacht hatte er Gilbert Montegut gar nicht erwähnt, doch in einem dritten Protokoll tauchte dann auch Montegut auf. Brown sagte aus, dass niemand ihm irgendetwas als Gegenleistung für seine Zeugenaussage versprochen hätte.

Auch Joseph Richey, der Häftling, den ich damals beim Vergewaltigungsversuch eines Jungen im Aufnahmezentrum gestoppt hatte, sagte gegen mich aus. Er gab zu Protokoll, er habe in Pinie 4 schräg gegenüber Pinie 1 gestanden, als Brent Miller Pinie 1 betreten habe. Als Nächstes sei dann irgendwann Leonard »Specs« Turner aus dem Schlafsaal herausgerannt, gefolgt von mir, Herman, Chester Jackson und Gilbert Montegut – was allerdings der Aussage von »Augenzeuge« Brown widersprach, der mit keinem Wort Leonard Turner erwähnt hatte. Richey bezeugte, dass wir keine Tücher vor dem Gesicht gehabt hätten und widersprach damit seinerseits Brown. Auf die Frage, ob ich bei meiner Flucht nach links oder rechts gelaufen sei, sagte er, er wisse es nicht mehr, aber ich sei im Gang unmittelbar vor einen Müllcontainer gelaufen. Richey sagte, dass Hezekiah Brown uns in einem blauen Pyjama aus Pinie 1 den Gang entlang in Richtung Speisesaal gefolgt war und zwar »so schnell wie es ihm sein [krankes] Bein erlaubte«. Dort habe er plötzlich gestoppt und sei umgekehrt, zurück in seinen Schlafsaal – auch dies ein Widerspruch zu Browns eigener Aussage, er habe den Schlafraum nicht im Pyjama verlassen, sondern sei noch auf der Türschwelle umgedreht, weil er doch durch den Windstoß durch die geöffnete Tür wieder »zu Sinnen gekommen sei«. Richey fuhr fort, dass er nach Browns Rückkehr in den Schlafsaal noch immer dort gestanden und alles beobachtet habe. Brown sei dann, nachdem er sich umgezogen hatte, wieder aus der Tür herausgekommen. Er sagte weiter, dass er selbst anschließend zu Pinie 1 gelaufen sei und beim Anblick des mit unzähligen Stichwunden übersäten Sicherheitsbeamten nicht umgedreht und weggelaufen, sondern zu Brent Millers Leiche hingegangen sei. Dort hätte er »eineinhalb Minuten« neben ihm gestanden, bevor er den Raum verlassen und auf dem Gang neben Pinie 1 eine Zigarette rauchend auf den Sicherheitsdienst gewartet habe.

Ein weiterer Häftling, namens Carl Joseph »Paul« Fobb, mit dem ich damals in der Spülküche zusammenarbeitete, und der 1972 schon fast völlig blind war, widersprach den Aussagen von Brown (und Richey) gleichermaßen. Er sagte aus, dass er in der Nähe von Pinie 2 gewesen sei, als ich »gegen 8.05 Uhr« (also 15 Minuten nachdem Miller laut Aussage des Gerichtsmediziners gestorben sei), den Schlafsaal Pinie 1 allein betreten habe und ungefähr »fünf oder zehn Minuten« später – auch allein – mit einem Lappen in der Hand wieder herausgekommen sei. Den Lappen hätte ich in den Schlafsaal Pinie 4 geworfen und wäre quer über den Gang gegangen, also dorthin, wo Joseph Richey nach eigenen Aussagen gestanden hatte. (Paul Fobb sagte aber aus, er habe Richey an jenem Morgen gar nicht gesehen. Und auch Richey gab seinerseits an, Paul Fobb nicht gesehen zu haben.) Dieser »Lappen«, den ich angeblich weggeworfen hatte, wurde nirgendwo anders in meinem Prozess erwähnt. Fobb bezeugte, er habe weder Herman noch Chester Jackson noch Gilbert Montegut gesehen. Und Hezekiah Brown ebenfalls nicht. Er sagte, ich sei die einzige Person gewesen, die Pinie 1 verlassen habe, nachdem Miller ermordet worden war, und dass er »fassungslos« gewesen wäre, mich dort in jenem Moment zu sehen. Das schien mir eine seltsame Wortwahl seinerseits, denn zu jenem Zeitpunkt hatte er noch gar nicht wissen können, dass ein Mord passiert war. Er sagte aus, ich hätte ein blaues Gefängnishemd mit einem weißen T-Shirt darunter angehabt. Und er bezeugte, dass er keinerlei Blutspuren an mir gesehen hätte, als ich herauskam.

Fobb räumte ein, dass er auf einem Auge an grauem Star leide und auf diesem Auge komplett blind sei, und dass sein anderes Auge »verletzt« gewesen sei. Bei seiner Zeugenaussage versuchte er zwei unzusammenhängende, schwammige Aussagen wiederzugeben, die er neun Monate nach dem Mord getan hatte und die mich unter

Verdacht stellten, Miller ermordet zu haben. (Er hatte die Aussagen neun Monate nach seiner Verlegung vom Schlafsaal in einen brutalen Zellenblock gemacht.) Er bezeugte, dass er »zwei oder drei« heftige Auseinandersetzungen zwischen Brent Miller und mir beobachtet hätte, und dass er gesehen habe, wie Miller mich aus Pinie 4 »herausgetragen« habe, da ich mich dort gar nicht aufhalten durfte. Er sagte, er habe mitangehört, wie ich einem ungenannten »Kumpel« erzählt hätte, dass ich »fünfzig Jahre habe«, und dass ich »jetzt mit dem kleinen Arschloch abrechnen würde« – mit Anspielung auf Miller. Der Streik des Küchenpersonals sei meine Idee gewesen, ein Ablenkungsmanöver für die Freien, um an jenem Tag die Wächter vom Gang wegzulocken, damit ich Brent Miller töten konnte. »Es war ein Komplott«, betonte er, »um die Freien vom Gang wegzulocken, um ihm eine Chance zu geben, zu tun, was er tun wollte: auf die Jagd zu gehen.« Dieses Zeugnis gab exakt die Theorie wieder, die Gefängnisdirektor Henderson den Journalisten am Tag nach Millers Ermordung verkündet hatte, neun Monate bevor Henderson Fobbs Aussage hörte.

Von der Anklagebank aus sah jeder für mich wie ein Lügner aus, aber Paul Fobbs Lügen waren einfach nur absurd. Jeder wusste, dass der Mann nicht mehr sehen konnte. Einer meiner Zeugen beschrieb, dass Fobb ständig vor irgendwelche Hindernisse lief. (Jahre später beauftragten meine Anwälte eine Expertin, Fobbs Augenoperationen vor 1972 sowie seine Krankenakten zu überprüfen, und sie kam zu dem Ergebnis, dass Fobbs Sehvermögen zum Zeitpunkt von Millers Ermordung so schlecht war, dass er niemals eine Person in 10 bis 12 m Entfernung hätte wahrnehmen können.) Er hätte gar nicht erkennen können, dass ich es war, der aus dem Schlafsaal herausgerannt kam, geschweige denn, ob ich ein weißes T-Shirt unter dem durchgeknöpften Gefängnishemd trug, wie er es bezeugte. Seine Aussage, ich allein sei aus Pinie 1 herausgekommen, widerspricht den Ausführungen des Kronzeugen, Hezekiah Brown und auch denen von Joseph Richey. Fobb sagte weiterhin, ich hätte keine Blutspuren an mir gehabt – nachdem ich angeblich 32-mal auf einen Mann eingestochen hatte. Zudem hat der Streik des Küchenpersonals keine »Wachen vom Gang weggezogen«. Laut Dienstplan befand sich während der Mahlzeiten ein Wärter jedes Traktes im Speisesaal und ein anderer im Gang. Letzterer regelte die Warteschlange oder saß in seiner Wachkabine.

Entgegen Paul Fobbs Zeugenaussage hatte ich nie irgendeine Auseinandersetzung mit Brent Miller. Ich wusste, wer er war, war ihm hier und dort einmal begegnet, und ich hatte auch von der Miller-Familie gehört, aber nie ein Wort mit ihm Brent gewechselt.

Normalerweise sollten Häftlinge sich nicht gegenseitig in ihren Schlafräumen besuchen, doch sie gingen schon mal rein, blieben ein Weilchen und verschwanden dann wieder. Ein paar Freien war das ganz egal; anderen nicht. (Wenn die Freien sich an die Gefängnisordnung gehalten hätten, wären die Türen zu den Schlafsälen stets abgeschlossen und nur zu den Arbeits- oder Mahlzeiten offen gewesen, doch normalerweise waren sie nicht verschlossen.) Brent Miller hatte mich nie angesprochen. Ich hatte ihn nie angesprochen. Er hatte mich nie aus einem Schlafsaal herausgeholt. Ich hatte nie einen Disziplinareintrag von ihm bekommen.

Was mich am allermeisten verwirrte in Fobbs Ungereimtheiten, war seine Behauptung, ich hätte immer wieder von dem »Komplott« geredet, einen Wärter zu töten, und zwar so laut, dass er es gut hören konnte. Wie konnte er denn all diese Gespräche mit meinem »Komplizen« verfolgen? Wenn ich wirklich einen Freien hätte verletzen oder töten wollen, dann hätte ich wohl nicht so laut darüber gesprochen, dass es zwischen klappernden Töpfen und rauschendem Wasser in der Spülküche jeder mithören konnte. Ich hätte wohl ebenso wenig laut darüber gesprochen, wenn wir in der Pause mit schwarzen und weißen Häftlingen zusammensaßen, die ich nicht kannte oder denen ich nicht traute. Ich hätte niemals in der Nähe von Paul Fobb davon gesprochen.

Außerdem hätte ich gern die Geschworenen gefragt – angenommen, es hätte wirklich in meiner Macht gestanden, einen Streik des Küchenpersonals zu organisieren, obwohl ich gar nicht vor Ort war – wie ich im Vorhinein gewusst haben konnte, dass unter den Wärtern, die angeblich »vom Gang weggezogen« wurden, nicht auch Brent Miller gewesen wäre? Die Wärter hingen normalerweise nicht in den Schlafsälen herum! Wie konnte ich wissen, dass Brent Miller sich in Pinie 1 aufhielt? Später nutzten Gefängnisleitung und der Staat Louisiana tatsächlich die Tatsache, dass Miller sich an jenem Tag in einem der Schlafsäle aufgehalten hatte, um seiner Witwe eine Entschädigung und Schmerzensgeld verweigern zu können.

Es war kein Schock für mich, dass Fobb uns solche Lügen auftischte. Was mich empörte, war die Tatsache, dass die Jury ihn tatsächlich ernst nahm. Und dasselbe empfand ich bei den Geschichten von Hezekiah Brown. Niemand im Gefängnis wäre so dumm, im Beisein eines der größten Spitzel im Angola, einen Sicherheitsbeamten anzugreifen und zu töten und diesen Spitzel dann am Leben zu lassen.

Anfangs hatte ich Hoffnung. Dann aber merkte ich sehr schnell, dass die Widersprüche und Ungereimtheiten der Kronzeugen für die

Jury gar keine Rolle spielten. Ich merkte, dass sich alle Beteiligten dieses Prozesses – Kläger, Anwälte, Richter, Wärter – nicht nur beruflich, sondern auch persönlich gut kannten. Die Art und Weise, wie sie miteinander sprachen und umgingen, zeigte persönliche Freundschaften. Wenn die Geschworenen im Saal waren, diskutierten sie den Fortgang des Prozesses. Wenn die Geschworenen den Raum verlassen hatten, unterhielten sie sich lachend in kleineren Gruppen im Gerichtssaal verstreut. Einige von ihnen gingen zusammen zum Mittagessen. War es ihr gemeinsames Vorhaben, mich hinter Gitter zu bringen?

Kein anderer Wärter, der an jenem Morgen auf dem Gang, am »Spitzel-Tor«, beim Einweisen vor dem Speisesaal oder in einer der Wachkabinen seinen Dienst verrichtet hatte, wurde in den Zeugenstand gerufen, um zu bestätigen, dass ich, Herman, Chester Jackson oder Gilbert Montegut dort waren. Und keiner von ihnen wurde gerufen, um zu bestätigen, dass er irgendeinen der Kronzeugen, der behauptet hatte, vor Ort gewesen zu sein, gesehen hätte.

An dem Tag, an dem Brent Miller getötet wurde, trug ich die Sachen, die ich normalerweise trug: blaue Jeans, ein graues Sweatshirt und Gummistiefel für meine Arbeit in der Spülküche. Während meines Prozesses sagte Bill Daniel, Hilfssheriff in St. Francisville, aus, er habe mir eine grüne Armeejacke, eine blaue Hose und braune Schnürschuhe abgenommen, die daraufhin als Beweismittel gesichert wurden.

Alle Kronzeugen beschrieben meine Kleidung unterschiedlich. Hezekiah Brown, der zunächst zugegeben hatte, er könne sich an meine Kleidung nicht erinnern, sagte später aus, dass ich »Gefängniskleidung«, also ein blaues Hemd und eine blaue Hose trug. Brown war auch der einzige Zeuge, der sagte, ich hätte mein Gesicht mit einem Halstuch oder einem Schal bedeckt. Joseph Richey bezeugte, dass ich die »vom Staat verordnete Kleidung trug: blaues, durchgeknöpftes Hemd und Jeans« und »keine Jacke«, und dass »absolut nichts« mein Gesicht verdeckte. Paul Fobb, nach ärztlichen Angaben blind, »sah« irgendwie, dass ich ein weißes T-Shirt unter dem durchgeknöpften, blauen Hemd trug, dazu auch »die typischen Gefängnis-Jeans«. Er sagte aus, dass ich beim Hinein- oder Hinausgehen kein Tuch vor meinem Gesicht trug. Er war der Einzige, der aber bezeugte, ich hätte einen Hut auf meinem Afro getragen.

Der Blutfleck auf der grünen Militärjacke, die ich nach Aussage des Hilfssheriffs getragen hatte, war so winzig, dass er nicht typisiert werden konnte. Auch auf der blauen Hose und den braunen Schuhen gab es jeweils einen kleinen Fleck, beide aber so klein, dass das Kriminallabor nicht mit Sicherheit herausfinden konnte, ob das Blut von einem Menschen oder aber von einem Tier stammte.

Ein handgefertigtes Messer mit mehreren Schichten Klebeband als Griff wurde als Tatwaffe vorgelegt. Der Wärter, der das Messer in Pinie 1 gefunden hatte, sagte aus, es wäre voller Blut gewesen. Ein Forensik-Experte des Labors bestätigte, dass auf dem Messer, als es im Labor ankam, weniger als drei Tropfen Blut gefunden worden waren, nicht genügend auf jeden Fall, um das Blut zu analysieren. Es gab keinerlei Hinweise darauf, dass es irgendetwas mit Brent Millers Tod zu tun gehabt hatte. Schon merkwürdig, dass auf keinem der Gegenstände, die als Beweismittel angenommen wurden, genügend Blut war, um festzustellen, ob es von einem Menschen oder von einem Tier stammte, oder um herauszufinden, ob es mein Blut oder Brent Millers Blut oder das Blut von irgendeinem anderen Angeklagten war.

Ein deutlicher, identifizierbarer blutiger Fingerabdruck war an der Eingangstür zum Schlafsaal Pinie 1 gefunden worden. Außerdem wurden parallel vier Fingerabdrücke derselben Hand und zwei Abdrücke von Teilen der Handfläche sichergestellt. Keiner dieser Abdrücke passte zu meinen eigenen, keiner zu Hermans, Chesters oder Gilberts. Der Abdruck stammte weder von einem der Häftlinge, die Millers Leiche weggetragen hatten, noch von einem der Ermittler. Der sichergestellte Fingerabdruck wurde auch nie mit dem von Häftlingen verglichen, die auf demselben Gang untergebracht waren, obwohl doch alle in den Akten registriert waren.

Die drei Männer, die gegen mich aussagten – Brown, Richey und Fobb – wurden später in Wohneinheiten mit besseren Bedingungen umgesiedelt. Richey und Fobb verließen das Angola und zogen in komfortablere Unterkünfte in der staatlichen Kaserne. Richey wurde sogar Hafturlaub am Wochenende zugestanden. Er hatte im Laufe der Jahre so viele Freiheiten, dass er trotz Haftstrafe drei Banken ausrauben konnte. Fobb durfte aus medizinischen Gründen immer wieder mal Urlaub zu Hause machen – normalerweise war das Häftlingen vorbehalten, die weniger als sechs Monate zu leben hatten – und verbrachte einige Jahre außerhalb der Gefängnismauern. Während dieser Zeit wurde er wegen einer Reihe von Delikten verurteilt, unter anderem wegen häuslicher Gewalt. Brown wurde in das komfortabelste Quartier im Angola verlegt, unter dem Namen »dog pen« (Hundezwinger) bekannt. Dort wurden die Jagdhunde des Gefängnisses untergebracht und trainiert. 1986 wurde Browns lebenslange Haftstrafe stillschweigend umgewandelt – er kam frei.

Ich selbst hatte in dem Prozess drei Zeugen, die zu meinen Gunsten aussagen wollten. Dies verlangte ihnen eine Menge Mut ab, denn nach ihrer Aussage wurden sie augenblicklich in restriktivere, schlechtere Unterkünfte verlegt. Einer von ihnen sogar in den Kerker. Der erste Zeuge, der zu meiner Verteidigung sprach, war Colonel Nyati Bolt, der in meinem Schlafsaal – Hickory 4 – wohnte. Er sagte aus, dass er zusammen mit mir und einem anderen Häftling namens Everett Jackson auf dem Weg zum Speisesaal war, als das erste Pfeifsignal um sieben Uhr ertönte. Er wartete mit uns in der Schlange während des Aufstands in der Küche und ging auch mit uns beiden zusammen zurück ins Hickory 4, als wir zurück in die Schlafsäle beordert wurden. Dort blieben wir circa 20 Minuten, sagte er, bis ungefähr 7.35 Uhr. Zu dem Zeitpunkt ertönte der zweite Pfiff und wir kehrten zum Speisesaal zurück, wo wir zusammen frühstückten. Anschließend, so bezeugte er, ließ er mich und Everett Jackson in ein Gespräch vertieft im Gang zurück, also irgendwann kurz nach acht, und lief durch das »Spitzel-Tor« Richtung Heizungsraum, wo er arbeitete.

Im Verhör sagte Everett Jackson aus, dass er mich erst drei Wochen kenne. Wir wohnten in demselben Schlafsaal, hatten aber vorher nie miteinander gesprochen. Erst an jenem Tag hatte ich ihn zu meinem Antrag auf eine gerichtliche Verfügung befragt. »Woodfox und ich sprachen über die Möglichkeit, dass ich an jenem Morgen eine Verfügung zu seinem Fall bei Gericht beantragen könnte, und wir hatten uns auf dem Gang dazu ausgetauscht«, gab er zu Protokoll.

Ich wiederholte exakt Bolts Aussage und fügte hinzu, dass wir beide – nachdem Bolt uns nach dem Frühstück auf dem Gang allein gelassen hatte – direkt zum Kontrollzentrum gegangen waren, das sich schräg gegenüber dem Speisesaal befand. Dort hatte Jackson im Büro die notwendigen juristischen Formulare geholt, die ich für meinen Antrag brauchte. Das Ganze dauerte »acht bis zehn Minuten«, erklärte Jackson.

Er gab mir die Dokumente und blieb dann dort an seinem Arbeitsplatz.

Staatsanwalt John Sinquefield befragte Everett Jackson nach der Zeitspanne zwischen dem ersten und zweiten Pfiff zum Frühstück an jenem Morgen.

Sinquefield: Sie gingen zurück in Ihren Schlafsaal; Mr. Woodfox war die ganze Zeit mit Ihnen zusammen?
Jackson: Ja, das war er. Er war die ganze Zeit mit mir zusammen.

Sinquefield: Sie haben nicht kurz am Pinie 1 Station gemacht, oder?
Jackson: Nein.
Sinquefield: Sie haben nicht kurz dort reingeschaut, um einem Schwein eins zu verpassen, oder so?
Jackson: Was soll das heißen, welchem Schwein, wie?
Sinquefield: Haben Sie?
Jackson: Welchem Schwein?
Sinquefield: Ich glaube, so sagt man auf der Straße üblicherweise zu einem Polizisten, einem Sicherheitsbeamten oder jemandem in ähnlicher Funktion; stimmt doch, oder?
Jackson: Nein, wir haben nirgendwo angehalten und kein Schwein niedergeschlagen.
Sinquefield: Aber Sie wissen, was ein »Schwein« ist.
Jackson: Ich weiß nicht, was Ihre Definition von Schwein ist; ich weiß, was meine ist.
Sinquefield: Was ist Ihre Definition?
Jackson: Ein kleines Tier mit vier Beinen.

Der Richter unterbrach Sinquefields Befragung und verbat sich, den Ausdruck »Schwein« im Gerichtssaal zu verwenden. Sinquefield fuhr fort und fragte Everett Jackson, ob ich Brent Miller getötet hätte.

Jackson: Nein. Hat er nicht.
Sinquefield: Er hat sich zu keiner Zeit von Ihnen entfernt?
Jackson: Nein, hat er nicht.
Sinquefield: Sie haben ihn nicht zufällig mit einem Messer oder Ähnlichem gesehen?
Jackson: Nein.
Sinquefield: Sie haben nicht zufällig Blut an seiner Kleidung bemerkt?
Jackson: Nein.
Sinquefield: Er hat nicht zufällig davon gesprochen, er wolle jemanden töten oder niederstechen drüben in Pinie 1?
Jackson: Nein, zu mir nicht, hat er nicht.
Sinquefield: Und Sie haben auch nicht zufällig beobachtet, wie er diese Tat beging?
Jackson: Nein.
Sinquefield: Haben Sie nicht zufällig jemanden schreien oder um Hilfe rufen gehört?
Jackson: Nein.
Sinquefield: – nichts dergleichen, drüben in Pinie 1?
Jackson: Nein, nein.

Sinquefield: Glauben Sie, Sie hätten es gehört, wenn dort jemand gerufen hätte?
Jackson: Ganz sicher hätte ich das. Wie ungefähr dreitausend andere auch.
* * *
Sinquefield: Er hat sich nicht zwischendurch weggeschlichen?
Jackson: Hätte er doch gar nicht können.
Sinquefield: Er ist nicht rübergelaufen und hat zufällig in Pinie 1 einen Mord begangen, als Sie mal gerade nicht hingeguckt haben, oder?
Jackson: Das hat er nicht gemacht.

Everett Jackson wurde gefragt, warum er nicht mehr weiter an meinem Fall arbeitete. »Woodfox ist in dem einen Teil des Gefängnisses untergebracht und ich in dem anderen«, sagt er. »Ich kann ihn nicht persönlich treffen oder mit ihm sprechen, deswegen kann ich auch gerichtlich nichts für ihn tun.«

Beim Kreuzverhör sagte er aus, dass er vom Schlafsaal in einen Zellenblock verlegt wurde, nachdem er ausgesagt hatte, dass wir beide am Morgen von Brent Millers Ermordung zusammen gewesen waren.

Herbert »Fess« Williams, der in Pinie 4 lebte, sprach ebenfalls zu meiner Verteidigung. Er sagte, er sei zwischen 7.45 und 8.00 Uhr dort auf dem Gang gewesen und habe mich nicht gesehen, und er habe auch keinen anderen der sogenannten ›Kronzeugen‹, die behauptet hatten, dort gewesen zu sein, an jenem Morgen gesehen. Herbert Williams Job war es, den Müll in den vier Pinie-Schlafsälen aufzusammeln und so machte er regelmäßig seine Runden, mit dem Müllkarren den Gang rauf und runter. An dem Morgen, an dem Brent Miller starb, so sagte Williams, habe er Pinie 4 beim ersten Pfiff zum Frühstück noch nicht verlassen. Als der zweite Pfiff ertönte, so gegen 7.35 Uhr oder 7.40 Uhr, hatte er seinen Schlafraum verlassen und sich auf den Weg Richtung Speisesaal gemacht. Er habe dabei seinen Müllkarren gesucht, der nicht dort gestanden habe, wo er normalerweise stand, auf dem Rasenstück neben Pinie 4. Er sagte, der Karren habe nicht auf dem Gang vor Pinie 1 gestanden (ein Widerspruch zu Joseph Richeys Aussage, ich sei beim Hinausrennen aus Pinie 1 vor einen Müllkarren gelaufen) und er habe ihn auch nirgendwo anders gesehen. Deswegen sei er Richtung Speisesaal gelaufen, um den Karren auf dem Weg dorthin möglicherweise zu finden. Er sagte, manchmal benutzten gebrechliche Häftlinge den Wagen für den Weg zum Speisesaal. Auf dem Gang sei er Hezekiah Brown begegnet, mit einer

Plastiktüte voller Zucker in der Hand. Er sagte, er habe gewusst, dass in der Tüte Zucker gewesen war, denn »ich habe versucht, sie ihm wegzureißen«. Er fügte hinzu, Brown habe »eine Art Pyjamaoberteil« getragen.

Williams erzählte, er sei nach seiner Zeugenaussage, dass ich nicht am Tatort war, als Miller ermordet wurde, in den Kerker gebracht und dann noch vier weitere Male »verhört« worden. Im Kerker hatte man ihn in eine Einzelzelle mit vier oder fünf anderen Männern gesperrt. Ohne Bett. Er erzählte, dass ihm alle Zähne ausgeschlagen worden waren, als ein anderer Häftling ihm »zufällig« den Ellbogen ins Gesicht gerammt hatte. Dann brachte man ihn in einen Zellentrakt, in dem die Gefangenen 23 Stunden am Tag weggeschlossen waren. Als mein Rechtsanwalt Charles Garretson im Zeugenstand von ihm wissen wollte, wie es ihm mit den »Befragungen« durch Gefängnisbeamte gegangen sei, korrigierte Williams ihn und wiederholte, er sei fünfmal »verhört« worden. Er hatte mehrmals beteuert, er habe mich an jenem Morgen nicht auf dem Gang gesehen, ebenso wenig wie Herman oder Chester Jackson oder Gilbert Montegut. Nach dem zweiten Verhör, so sagte er, »schlossen sie mich weg«.

»Wohin haben sie Sie weggeschlossen?«, fragte Garretson.

»Sie schlossen mich in Einzelhaft.«

»Für wie lange?«

»Seitdem bin ich dort. Ich bin immer noch dort.«

»Sie sind in Einzelhaft?«

»Ja, Sir.«

Die Ankläger Picou und Sinquefield widersprachen der letzten Aussage und versuchten Williams dazu zu bringen, seine Erklärung zu korrigieren. Williams sagte aus, er sei zunächst für zwei oder drei Wochen in den Kerker gebracht worden und anschließend in einen Zellenblock, der in seiner Wahrnehmung keinen Unterschied zum Kerker machte – oder zur »Einzelhaft« – außer, dass es im Zellenblock ein Bett gab.

Picou fragte Williams dann aus heiterem Himmel: »Wissen Sie eigentlich, wer ich bin?« und erinnerte ihn daran, dass er Rechtsbeistand im Bezirk West Feliciana Parish und demzufolge »für das Angola-Gefängnis zuständig« gewesen war. Er fragte Williams dann noch einmal, ob er an jenem Morgen auf dem Gang gewesen sei. »Ja«, antwortete Williams.

»Und Sie waren genau an der besagten Stelle?«, fragte Picou.

»Ich war an der besagten Stelle.«

»Sie gingen nicht zum Frühstück.«

»Ich ging nicht zum Frühstück.«

»Alle gingen zum Frühstück, außer vielleicht ein oder zwei oder drei Personen; ist das richtig?«

»Ich weiß nichts von ein oder zwei Personen; ich ging nicht.«

»Aber Sie waren dort.«

»Ich war genau dort, ganz in der Nähe.«

»Wer noch – wer war noch dort?«

»Ein weißer Junge war noch dort.«

»Wie heißt er?«

»Wie soll ich wissen, wie er heißt? Der ist doch gar nicht dort untergebracht. Der gehört nach oben – oben in den Stock über uns.«

Der Staatsanwalt wechselte das Thema. Der weiße Häftling, der vielleicht oder vielleicht auch nicht, an dem Morgen, an dem Brent Miller getötet wurde, dort in der Nähe auf dem Gang war, wurde mit keinem Wort mehr erwähnt.

Ein Häftling namens Larry Robinson sagte aus, Hezekiah Brown um 7.45 Uhr in der Blutplasma-Station gesehen zu haben, also exakt zu der Zeit, als Brown Zeuge beim Mord an Brent Miller gewesen sein will. Auf die Frage, warum er die Zeit 7.45 Uhr, so exakt benennen konnte, antwortete Robinson, er habe zu dem Zeitpunkt auf seine Uhr geschaut, weil er überlegte, wie er an jenem Morgen der Arbeit auf dem Feld entkommen könne, und man ihn um 7.45 Uhr am Ausfalltor im Schleusenbereich erwartete. Ein anderer Zeuge, Clarence Sullivan, der mit mir in der Spülküche arbeitete und für mich aussagen wollte, bestätigte, dass Paul Fobb nichts, was mehr als ein paar Meter von ihm entfernt war, sehen konnte und dass er ständig gegen irgendwelche Hindernisse laufe.

* * *

Am Ende meines Prozesses gab der Richter den Geschworenen mit auf den Weg, dass »der Staat die Beweislast trage« und dass »wenn die Beweislage begründete Zweifel zuließe«, dass ich Brent Miller getötet habe, sie – die Geschworenen – auf nicht schuldig plädieren müssten. Als ich von meinem Platz aus in die Gesichter der Geschworenen blickte, hatte ich keinerlei Zweifel, dass sie mit dem Urteil »schuldig« auf ihre Plätze zurückkehren würden. Ihre Beratung dauerte weniger als eine Stunde. Das Urteil lautete schuldig. Ich würde lebenslänglich bekommen. Ich erinnere mich noch genau daran, was ich damals dachte: Sie werden mich nicht brechen. Ich werde es nicht zulassen, dass sie mich brechen – komme, was da wolle.

Nach Prozessende wurde ich noch bis zum Anbruch der Dunkelheit im Gerichtsgebäude festgehalten. Sie luden mich in einen Gefängnistransporter, zwei Hilfssheriffs an beiden Seiten neben mir auf dem Rücksitz mit Flinten auf dem Schoß. Zwei bewaffnete Sheriffs saßen vorne. Keiner der beiden verlor ein Wort darüber, wo es hinging, aber ich merkte, dass wir nicht Richtung Angola fuhren. Wir fuhren Richtung Wald. Ich fragte mich, ob sie nach einem Platz suchten, wo sie mich umbringen konnten. Nach einiger Zeit erreichten wir das West Feliciana Parish Gefängnis. Die beiden Sheriffs vorne stiegen aus, kamen aber nach kurzer Zeit wieder zurück. Wieder kein Wort. Danach brachten sie mich ins Angola. Ich habe keine Ahnung, ob sie irgendeinen offiziellen Auftrag hatten, mich dorthin zu fahren oder ob sie mich einfach nur zu Tode erschrecken wollten.

»Hallo mein Kleiner, geht's dir gut?«, fragte meine Mom, als sie mich zum ersten Male nach meiner Verurteilung besuchte.

Ich war zurück im Angola. Wir trafen uns im Besucherraum des CCR-Trakts. Ich log sie an, log sie durch die Wand, die zwischen uns lag, an.

»Klar, Mama, alles okay. Mir geht's gut«, versicherte ich.

Keinerlei Sorge oder Furcht war in meinem Gesicht oder in meinen Bewegungen zu entdecken.

»Ich bekomme einen neuen Prozess«, sagte ich.

Ich glaubte gar nicht, dass ich einen neuen Prozess bekäme, aber ich wollte nicht, dass meine Mom oder meine Familie unter meiner Pein und meinen Sorgen zu leiden hatten. Immer wenn meine Familie mich besuchte, bemühte ich mich nach allen Kräften, mich bester Laune zu zeigen.

Zurück in meiner Zelle tat ich dasselbe. Mir war ein Mord angehängt worden, man hatte mich im Prozess gejagt und schuldlos verurteilt. Doch ich fühlte mich nicht wie ein Opferlamm. Ich fühlte mich als Mitglied der Black Panther Party. Im Grunde war ich nun revolutionärer gestimmt als zuvor. Im September 1973 schrieb ich einem Freund:

> Ich finde, dass die Entwicklungen in Amerikkka … die Lügen, der Kapitalismus, Imperialismus und Rassismus, die Ausbeutung, die Unterdrückung und der Mord an den Armen und Unterdrückten absolut extreme Züge annimmt. Meiner Meinung nach ist jeder, der diese Entwicklungen nicht als extrem einstuft, ein spießiger Kleinbürger oder ein dummer Kapitalist!! Die Geschichte hat uns gelehrt, dass die Revolution zwar eine blutige Angelegenheit, aber trotz alledem

ein äußerst notwendiges Ereignis in unserem Leben ist. Revolution bedeutet Blutvergießen, Tote, Opfer, Leid und Elend – nichts kann und wird sich daran ändern. Das Verteilen von Flugblättern ist nur ein Versuch, dem Unausweichlichen auszuweichen. Es ist die Aufgabe der revolutionären Kräfte in diesem Land, die Revolution auf den Weg zu bringen, anstatt zu versuchen, ihr auszuweichen.

Kapitel 21
Hermans Prozess 1974

Nach meiner Verurteilung 1973 teilte Herman der NAACP LDF *(National Association for the Advancement of Colored People, Legal Defense and Educational Fund)* mit, dass wir von einem Geschworenengericht verurteilt worden waren, das Frauen und Schwarze aus ihren Reihen ausschloss. Ein Rechtsanwalt vom NAACP LDF namens Norbert Simmons traf sich mit Herman und gab ihm zu verstehen, dass dies ein begründeter Einspruch sei. Er erklärte sich auch bereit, Herman in dieser Sache zu vertreten und einen schriftlichen Antrag auf Aufhebung von Hermans Anklage zu stellen. Richter Edward Engolio vom 18. Judicial District Court gab dem Antrag statt, was bedeutete, dass jeder, der von genau diesem Geschworenengericht angeklagt worden war, freigesprochen wurde – insgesamt sechsundzwanzig Menschen. Die Staatsanwaltschaft legte zunächst Berufung ein, zog diese aber sehr bald wieder zurück. Jeder Beschuldigte, der von dieser Grand Jury angeklagt worden war, sollte einen neuen Prozess bekommen (nur ich nicht; ich war ja schon verurteilt und deswegen nicht mehr auf ihrem Radar.) Die Art und Weise, wie die neuen Mitglieder der Geschworenen, die Hermans, Chester Jacksons und Gilbert Monteguts Fall vorgelegt bekamen, ausgesucht worden waren, war kritisch – doch erst Jahre später erfuhren wir davon. Während all dieser Zeit war der Antrag, den ich im Jahr zuvor gestellt hatte, immer noch nicht erledigt worden; ich kannte mich im Rechtswesen aber noch nicht gut genug aus, um zu wissen, dass die Anträge vor Prozessbeginn erst anerkannt werden müssen.

Herman, Jackson und Montegut kamen alle drei in East Baton Rouge vor Gericht. Ihr Anwalt war Charles Garretson, der auch mich vertrat. Am zweiten Verhandlungstag saßen Garretson, Herman und Montegut nach der Mittagspause wie gewohnt auf der Anklagebank, als Chester Jackson hinter dem Staatsanwalt auftauchte und sich an dessen Tisch setzte. Er trat plötzlich als Kronzeuge auf – ein Plan, den er, wie wir später herausfanden, die ganze Zeit verfolgt hatte. Nach Auskunft der Beamten hatte er den Behörden zwei Tage nach dem Tod Brent Millers eine Erklärung abgegeben, die mich und Herman mit Millers Ermordung in Verbindung brachte. Wir hatten keine Ahnung davon. Auch Garretson hatte keinen blassen Schimmer. Der hatte dann nur eine knappe halbe Stunde Zeit, diese neue Entwicklung zu verdauen, bevor er sich daranmachte, den Mann zu befragen, den er kurz zuvor noch verteidigt hatte. Die Erkenntnis, dass sie Jackson gebrochen hatten, damit er jetzt gegen Herman und Montegut aussagte, erschütterte Garretson bis ins Mark. (Später sagte er dann, »[ich] stand komplett unter Schock. … Ich musste alles in meiner Kraft Stehende tun, um meine Professionalität und gesunden Menschenverstand und Grips zusammenzubringen, damit ich nach der Mittagspause an diesem Tag überhaupt weitermachen konnte.«)

Jackson sagte vor Gericht aus, er und ich seien an jenem Morgen allein zum Frühstück Richtung Speisesaal gegangen und hatten auf dem Weg angehalten, um auf Herman »zu warten«. »Nach ungefähr 10 Minuten«, so fuhr er fort, »kam Herman und fragte mich, ob ich ›die Waffen‹ dabeihätte.« Ankläger Ralph Roy, der Jackson befragte, hakte nach, ob er nicht »die Waffe«, also Singular, meine? Jackson verbesserte seine Antwort und sagte, Herman habe nach »der Waffe« gefragt. Er fuhr fort, wir drei wären umgedreht, wären den Gang zurückgelaufen und hätten dann zwischen den beiden Eiche-Schlafsälen angehalten, wo Herman »sich nach einem Freien umsah, den man ermorden könnte«. Als Herman zurückkam, so Jackson, sagte er uns, da säße »ein Mann« auf einem Bett in Pinie 1. Er erzählte, dass wir alle unsere Gesichter mit Halstüchern bedeckt hatten, und dass Brent Miller auf dem Bett saß und im Gespräch mit Hezekiah Brown »Richtung Gebäudefront« schaute – im Gegensatz zu dem, was Brown ausgesagt hatte.

Jackson sagte, er wäre nicht sofort in den Schlafsaal gegangen, sondern hätte noch eine Weile hinten im Gemeinschaftsraum verbracht, er nannte das »die Lobby«, als Herman und ich hereingekommen wären. Jackson fuhr fort, er hätte sich vor Hezekiah Brown »versteckt«, denn Brown sei sein »Freund«. Jackson beschrieb die Wand, hinter der er stand, als »Massivbeton«, durch die man »nicht hindurchschauen konnte«, und doch gab er an, er habe gesehen, wie ich den Schlafsaal betreten, wie ein »Straßenräuber« Miller von hinten gepackt und ihm Messerstiche vorn in die Brust versetzt hätte. (Brown hatte ausgesagt, ich hätte ihn in den Rücken gestochen.) Jackson sagte dann, dass er, als Miller niedergestochen war, aufstand und versuchte, aus der Tür hinauszukommen, Herman ihn aber zurück ins Schlafquartier gedrückt habe. In jenem Moment, sagte Jackson, seien »alle« mit Messern auf Miller losgegangen. Er sei direkt auf die Gruppe zugegangen und ich hätte ihm ein Messer gegeben und habe ihm befohlen, auch zuzustechen, was er tat. Während wir alle weiter auf den Wärter einstachen, sei Leonard »Specs« Turner aus dem hinteren Teil des Schlafsaales an uns vorbei und aus dem Gebäude hinausgelaufen. Anschließend habe Hezekiah Brown das Gebäude durch den Hauptausgang verlassen, während Jackson weiter auf den Wärter eingestochen habe – all dies im Widerspruch zu den Aussagen von Brown und Richey und Fobb. Jackson schätzte die Länge des Überfalls auf »zehn oder elf Minuten«.

Er bezeugte, dass – als er das Gebäude verließ – »die Leute aus allen anderen Schlafsälen zu Pinie 1 kamen und ich einfach rausging und mich umzog«. Jackson erzählte weiter, dass Herman und ich dann Pinie 1 verlassen hätten, ich »an der Seite« von Pinie 1 entlanggerannt und er zusammen mit Herman schräg rüber zu Pinie 3 gegangen sei, wo Herman seine blutverschmierten Kleider ausgezogen und sie in einen Mülleimer in der Ecke des Schlafsaales gesteckt habe. (Es wurde nach dem Mord an Miller niemals irgendein blutverschmiertes Kleidungsstück in irgendeinem Mülleimer in irgendeinem Schlafsaal gefunden, oder wenn eines gefunden wurde, dann wurde es jedenfalls niemals als Beweismittel vorgelegt.) Er sagte, dass Herman frische Kleidung »hinter einem Bett« hervorgeholt und sie gegen seine blutige ausgetauscht habe. Als er gefragt wurde, was Herman mit seinen blutbefleckten Sachen gemacht habe, antwortete Jackson: »Er ließ sie dort«, und dann: »Ich weiß nicht genau, was er damit gemacht hat.« Als der Ankläger ihn ermunterte: »Er nahm sie mit?«, änderte Jackson seine Antwort: »Er nahm sie mit, ja, aus der Tür heraus, also Richtung Tür … Er machte daraus so ein Bündel.«

Jackson widersprach in seiner Geschichte nicht nur den Aussagen Hezekiah Browns in allen Punkten, sondern auch seinen eigenen, die er den Beamten gegenüber zwei Tage nach Millers Ermordung gemacht hatte. Damals hatte er ausgesagt (was wir erst Jahre später erfuhren), dass er auf seinem Weg den Gang entlang Herman und mich auf dem Hof in der Nähe der Pinie-Schlafsäle stehen sah. Ich hätte auf meinem Afro einen braunen Hut getragen, »eine Art Jagdmütze«. Er sagte, er habe sich zu uns gestellt und nachdem Herman weg war, hätte ich ihm gesagt, ich würde jetzt »ein Schwein töten«. Herman sei zurückgekommen und habe gesagt, dass dort in Pinie 1 ein »Schwachkopf« säße. Jackson sagte, er sei daraufhin Richtung Speisesaal gegangen. Ein paar Minuten später habe er Schreie gehört und sei den Gang zurück zu Pinie 1 gelaufen. In dieser Aussage von 1972 hieß es dann auch, er habe durch ein Fenster geschaut und gesehen, wie Herman und ich auf Miller eingestochen hätten. Dann habe er den Schlafsaal *betreten*, wo Miller niedergestochen worden war und Herman habe ihn zur Seite gestoßen, als er und ich rausgelaufen seien. Jackson sagte damals, er sei uns gefolgt. In dieser Version war er bei der Messerstecherei nicht dabei. Gilbert Montegut hatte er in keiner der beiden Versionen erwähnt.

Im Kreuzverhör sagte Jackson aus, er sei vier Mal zwischen Millers Ermordung am 17. April und dem Abend des 19. April verhört worden, und am Ende stand dann die Erklärung, er habe durch ein Fenster beobachtet, wie Herman und ich Brent Miller niedergestochen hätten. In seinem ersten Verhör hatte er ausgesagt, er wisse überhaupt nichts von dem Vorfall. Am folgenden Tag sei er »aufgegriffen« und »ins Loch gesteckt« worden. Er bestätigte, dass er von Gefängnisdirektor Henderson, Captain Hilton Butler und Hilfssheriff Daniel verhört worden war. Auf die Frage, ob er geschlagen worden sei, antwortete er: »Ich wurde geschlagen … Das war ein hartes Zusammentreffen, als sie mich das erste Mal einlochten.« Versehentlich deutete er an, er sei so schwer »geschlagen« worden, dass er einen Arzt brauchte. Er habe am 19. April seinen Anwalt gebeten: »Geh zum Krankenhaus, hol einen Arzt für mich … Ich habe dir doch gesagt, dass die Leute mich schikanieren werden.« Auf die im Kreuzverhör gestellte Frage, ob ihm die Beamten während des Verhörs eine Waffe an die Schläfe gehalten hätten – was er in den Monaten vor Prozessbeginn Herman und Gilbert Montegut erzählt hatte – antwortete Jackson, er habe den beiden das »nie ernsthaft« so gesagt.

Jackson erwähnte Montegut mit keinem Wort und die Ankläger fragten ihn auch nicht danach, obwohl doch ihr Kronzeuge, Hezekiah Brown, Montegut als einen der Messerstecher mit ins Geschehen hineingezogen hatte. Als Garretson Jackson befragte, wollte er wissen, ob Montegut Brent Miller niedergestochen habe. Jackson antwortete: »Also, das kann ich nicht ganz genau sagen. Darauf kann ich Ihnen keine ganz genaue Antwort geben.« Er sagte, dass Montegut definitiv weder bei uns auf dem Gang war noch »während des Kampfes« bei uns. Er widersprach der Anschuldigung, der Staatsanwalt habe sein Urteil für eine entsprechende Zeugenaussage auf »Totschlag« herunterstufen wollen, und er sagte weiter, als die Ankläger Hezekiah Brown und ihn einen Tag vor Hermans Prozess in einen Raum gesperrt hatten (was Garretson am ersten Prozesstag herausgefunden hatte), hätten sie »gar nichts besprochen«, was mit ihrer Zeugenaussage oder mit den Ereignissen am Mordtag zu tun hatte.

Als Hezekiah Brown im Zeugenstand saß, wiederholte er die gut eingeübte Aussage, die wir schon von meinem Prozess kannten: Ich hätte mich Miller von hinten genähert, ihn an mich herangezogen und in den Rücken gestochen; dann wäre ich mit Herman, Jackson *und Gilbert Montegut* aus dem Schlafsaal hinausgerannt, Leonard Turner war nicht dabei – alles in Widerspruch zu dem, was Jackson ausgesagt hatte. An Punkte, die von dieser Geschichte abwichen, konnte er sich nicht »erinnern«. Als Garretson ihn fragte, ob mein Körper oder Hermans oder Monteguts Millers Körper berührt hätten, antwortete er, das wisse er nicht. Auf die Frage, ob es eine Menge Blut gegeben habe, sagte er, er wisse es nicht, denn er habe »nicht auf irgendein Blut geachtet«. (Auf Browns Bett, also da, wo nach Browns Aussage Miller gesessen hatte, während auf ihn eingestochen wurde, war nicht ein einziger Blutfleck gefunden worden, Decke und Laken waren nicht zerwühlt.) Beim Versuch, den Zeitpunkt des Todeseintritts zu ermitteln, fragte Garretson Brown, ob die Sonne schon am Himmel stand, als er den Schlafsaal verließ. Brown antwortete, er wisse es nicht.

Brown gab unabsichtlich ein kleines Detail preis, das unserer Behauptung, wir hätten diesen Mord in die Schuhe geschoben bekommen, mehr Gewicht verlieh, in meinem Prozess aber gar nicht erwähnt worden war. Im Laufe meines Prozesses sagte er, dass die Beamten in seinem zweiten Verhör »mir gesagt haben, was genau passiert ist«. Bei Hermans Prozess rutschte es Brown heraus, dass in der Nacht, in der er um Mitternacht aus dem Bett gezerrt und zum zweiten Verhör gebracht wurde, auf dem Tisch im die Akten von »ausgewählten« Gefangenen – schätzungsweise meine, Hermans und Jacksons – schon für ihn bereitlagen. Brown gab in Hermans Prozess auch zu, er habe Gilbert Montegut später – unter Zwang – in seine Aussage aufgenommen. »Ich wusste, dass wenn ich in dem Moment gesagt hätte: ›Nee, davon weiß ich nix‹, … ich dafür bestraft worden wäre«, sagte er. »Sie hätten mich in eins von diesen Löchern gepackt, und ich … ich war schon mal in so ’nem Loch im Todestrakt gewesen … und, ey, das überleb ich nicht noch mal.«

Ein weiterer Kronzeuge, ein Häftling namens Howard Baker, widersprach beiden, Chester Jackson *und* Hezekiah Brown. Baker bezeugte, er sei gerade an Pinie 1 vorbeigegangen, als Herman »mit Blut am Sweatshirt und vorne seine ganzen Hosenbeine runter«, also »so viel, dass du's sofort gesehen hast, wenn du hingeguckt hast«, aus der Tür von Pinie 1 herausgekommen und dann den Gang nach *rechts* Richtung Speisesaal gelaufen sei. Baker fügte hinzu, er habe weder mich noch Chester Jackson noch Gilbert Montegut gesehen, aber dafür einen Häftling namens Pedro, der Herman ›zwei oder drei Sekunden‹ später aus dem Schlafaal gefolgt sei, also gegen 7.55 Uhr oder 8.00 Uhr. Baker sagte aus, er habe weder Hezekiah Brown noch Leonard Turner noch Paul Fobb oder Joseph Richey an jenem Morgen gesehen. Nur Herman und Pedro. Niemand anderes hatte Pedro je mit irgendeinem Wort in irgendeiner Aussage erwähnt.

Baker fuhr fort, dass Herman rechts den Gang hinunter an der Kleiderkammer entlang und durch das Spitzel-Tor an einem Sicherheitsbeamten vorbeigelaufen sei, und dann hinter dem Speisesaal durch ein anderes Sicherheitstor, das ebenfalls von einem Sicherheitsbeamten bewacht ist – obwohl er voller Blut war – und schließlich in der Schilderwerkstatt ankam, wo er arbeitete. Niemand stellte ihm eine Frage. Am Eingang zur Schilderwerkstatt checkte er mit seiner ID-Nummer und Name seiner Unterkunft – so wie sich jeder Häftling am Arbeitsplatz ausweisen muss – bei einem Wärter ein. Ungefähr »sechs Minuten später« betrat Baker nach eigener Aussage das Werk, und Herman – noch immer in seiner blutverschmierten Kleidung – fragte ihn nach einem Schlüssel für die Kiste mit Arbeitskleidung. Baker gab ihm den Schlüssel und Herman zog sich saubere Sachen an. Die blutigen legte er »oben auf die Kiste drauf«. Dann sei auch Pedro in seiner blutbefleckten Kleidung ins Werk gekommen und hätte mit Herman geredet. Er sagte, Herman habe seine blutigen Sachen weggenommen und in einem Ofen vor dem Werk verbrannt.

Baker war mit dieser Geschichte erst herausgerückt, nachdem er viele Monate lang unter brutalsten Bedingungen im Zellenblock B eingesessen hatte. Die Gefängnisakten, die wir mit unseren Anwälten Jahre später einsehen durften, zeigen, dass Howard Baker nach diesen Aussagen in einen Schlafsaal im Camp A verlegt wurde, wo er als »Sicherheitsangestellter« arbeiten durfte. Anschließend kam er in den »Hundezwinger«, den hochgeschätzten Trakt mit wenigen Sicherheitsvorkehrungen, in dem auch Hezekiah Brown untergebracht war. Im Zeugenstand erklärte Baker, der Grund, warum er seine Geschichte erst so lange Zeit nach Millers Ermordung ans Licht gebracht habe, sei sein »Gewissen« gewesen. Wieder einige Jahre später widerrief er diese Zeugenaussage und erklärte, sicher habe ihm damals niemand geglaubt, als er Herman beschuldigte: vor der Schilderwerkstatt gäbe es ja schließlich gar keinen Ofen und auch sonst wo im Werk keinen Ort, wo man hätte Kleider verbrennen können und »jeder wusste das«.

Als Joseph Richey in den Zeugenstand trat, wiederholte er, dass er Leonard Turner aus Pinie 1 hatte herauskommen sehen, dahinter ich, Gilbert Montegut, Chester Jackson und Herman. In dieser zweiten Aussage behauptete er aber nicht mehr, ich sei vor einen Müllcontainer gelaufen (der sich ja laut Herbert »Fess« Williams gar nicht auf dem Gang befand), sondern die Tür habe »gegen den Müllcontainer geschlagen«. Da die Tür offen stand, konnte Richey in den Schlafsaal hineinschauen. Er konnte dort in Pinie 1 den Körper eines Menschen sehen, der auf dem Boden lag. Er sagte, nachdem Hezekiah Brown

Pinie 1 verlassen habe, sei er, Richey, hineingegangen, habe sich kurz Brent Millers Leiche angeschaut und den Raum dann wieder verlassen, um draußen darauf zu warten, dass die Sicherheitsleute kämen.

Herman hatte fünf Alibizeugen. Einer von ihnen, Gerald Bryant, arbeitete in der Küche und sagte aus, dass er Herman gegen 7.30 oder 7.45 Uhr an jenem Morgen im Speisesaal nicht nur gesehen, sondern ihm auch noch Bücher mitgegeben habe. Ein anderer Häftling, Clarence Jones, sagte, er wisse genau, dass er Herman an jenem Morgen, ein Frühstückstablett gegeben habe, weil er zu der Zeit doch im Speisesaal arbeitete. Er habe auch gesehen, wie Bryant Herman Bücher gegeben habe. Andere Zeugen bestätigten, sie seien mit Herman zusammen direkt vom Speisesaal in die Schilderwerkstatt gelaufen. Garretson präsentierte dem Richter und den Geschworenen den Dienstplan als Beweis dafür, dass Herman am 17. April vor acht Uhr mit der Arbeit begonnen habe. Häftling Henry Cage bestätigte, als er gegen acht Uhr an jenem Morgen an seinem Arbeitsplatz eintraf, hätte Herman schon mit seiner Arbeit begonnen.

Was Gilbert Montegut betraf, so hatten ihn verschiedene Zeugen, darunter ein Captain, im Krankenhaus gesehen, also weit entfernt von Pinie 1 vor und nach dem Frühstück. Captain Wyman Becks Zeugenaussage rettete Montegut. Da er an jenem Tag im Krankenhaus Dienst hatte, konnte er sich daran erinnern, dass er Montegut um die Zeit herum, als Millers Leiche gefunden wurde, im Krankenhaus gesehen hatte. Beck bestätigte auch, dass die Gefängnisbeamten ihn gerufen und gesagt hatten, er solle Montegut den Gang zurückschicken. Ein Gefängnismitarbeiter bezeugte, dass Montegut zwischen 7.30 und 8.00 Uhr im Krankenhaus war, und unterstrich die Aussage des Captains, dass die Gefängnisleitung das Krankenhaus bat, Montegut den Gang zurückzuschicken. Es gab allerdings keine Erklärung, aus welchem Grund Montegut zurückgerufen wurde.

Den Geschworenen lagen dieselben forensischen Informationen vor wie bei meinem Prozess. Zusammengefasst: kein Kleidungsstück, keine Waffe, keinerlei objektive Beweisstücke brachten uns mit dem Mord an Brent Miller in Verbindung. Es gab einen deutlich identifizierbaren blutigen Fingerabdruck, der weder zu mir noch zu Herman, Montegut oder Jackson passte.

Zurück in Isolationshaft, verfolgten Robert King und ich Hermans Prozess in der Zeitung. Die Nachricht, dass Chester Jackson als Kronzeuge gegen Herman aufgetreten war, erfüllte mich mit Abscheu und Empörung. Solch ein Verräter. Ich dachte zurück an unser erstes

Zusammentreffen zu viert mit dem Anwalt. Zwei Jahre war das her. Ich erinnerte mich auch daran, dass ich das Gefühl hatte, irgendetwas stimme mit Jacksons Verhalten nicht. Er war recht teilnahmslos; er saß zurückgelehnt im Stuhl. Damals hatte ich mich noch gewundert, ob es reine Nervensache oder ob er ein gebrochener Mann war. Jetzt sah ich klar. Er log mich und Herman an, er wusste, dass wir nicht schuldig waren und versuchte nur, seinen eigenen Arsch zu retten. Er log uns und unsere Anwälte zwei Jahre lang an. Die ausschließlich aus Weißen bestehende Jury brauchte keine lange Beratungszeit. Herman wurde für schuldig befunden, den Mord an Brent Miller begangen zu haben. Gilbert Montegut wurde für nicht schuldig erklärt. Als Gegenleistung für seine Zeugenaussage bekam Jackson die Möglichkeit für einen »plea deal« und bekannte sich des Totschlags schuldig.

Herman bekam lebenslänglich und wurde in den CCR-Trakt zurückgeschickt. Nicht auf meinen Stock. Mittlerweile war uns klar, dass sie uns niemals mehr zusammen auf einer Etage unterbringen würden. In jenem Jahr und die Jahrzehnte danach versuchten sie, sich zwischen mich und Herman zu schieben. Sie versuchten, unsere Beziehung zu spalten. Dabei merkten sie nicht, dass jede Aktion ihrerseits uns nur noch fester zusammenschmiedete; unseren Zusammenhalt stärkte. Nach unserer vorschnellen Verurteilung ohne ausreichende Beweise und den Lügen im Gerichtssaal, nach unseren unfairen Prozessen und unrechtmäßigen Verurteilungen wussten wir, dass wir den Rest unseres Lebens damit zu kämpfen haben würden. Diese Erkenntnis stärkte jedoch auch unsere Entschlossenheit, mit neuer Kraft und Hingabe, unseren Weg zu verfolgen. Es entstand ein Gefühl starker Loyalität und Zusammengehörigkeit. Diese Bindung konnte man am besten mit einem Zitat aus der Fernsehserie *Star Trek* (Raumschiff Enterprise) beschreiben: »Getrennt, aber immer vereint. Ohne Berührung, aber immer miteinander verbunden.« *(Separated but never apart, never touching but always connected.)* Das war unser Motto. Noch dreißig Jahre später unterzeichnete ich meine Briefe an Herman mit »Immer vereint«. Sie konnten uns hinstecken, wohin sie wollten – und das taten sie auch –, doch sie konnten sich niemals zwischen uns stellen. Hermans Prozess hatte uns in kurzer Zeit unglaublich stark zusammenwachsen lassen: als Panther, als Kameraden und als Menschen. Ich schrieb Herman, ob er irgendetwas bräuchte und er schrieb zurück, nein, alles okay.

Jahre später fanden wir heraus, dass weniger als einen Monat nach Hermans Verurteilung im Januar – am 15. Februar 1974 –, Gefängnisdirektor C. Murray Henderson die Verantwortlichen um die sofortige Entlassung Hezekiah Browns bat.

Kapitel 22
King in der Falle

In der Zeit zwischen meinem und Hermans Prozess wurde Robert King zu Unrecht des Mordes an einem Häftling auf seinem Stock schuldig gesprochen. Er war aus denselben Gründen in die Falle geraten wie Herman und ich: verurteilt als Bestrafung für sein militantes Auftreten, aggressives Verhalten, unverblümtes Reden und seinen Widerstand – dies alles war für die Behörden Grund genug, ihn wegzuschließen. King war ein Anführer, ein Panther, ein Agitator. Für die Gefängnisleitung war er ein »Unruhestifter«. Auf seinem Stock war er immer derjenige, der den Freien, die respektlos mit Häftlingen redeten, Widerworte gab. Bei Protesten gegen die Haftbedingungen war er derjenige, der sich weigerte, zurück in seine Zelle zu gehen. Er ließ sich nicht den Mund verbieten, wenn ihm befohlen wurde »still zu sein«. Er wurde nicht leiser, wenn ihm gesagt wurde, er wäre »zu laut«. Er schlug zurück, wenn Sicherheitsleute auf ihn losgingen. Er machte seinen Mithäftlingen Mut, gegen unmenschliche Haftbedingungen zu kämpfen. Sein Mut, seine Entschlossenheit und seine Kraft hatten großen Einfluss auf andere Gefangene.

Der Mord auf Kings Etage geschah zu jener Zeit, als es den Häftlingen noch erlaubt war, ihre Freistunde zusammen auf dem Stock zu verbringen. Zwei Gefangene – August Kelly und Grady Brewer – gerieten in eine heftige Auseinandersetzung. Beide waren bewaffnet. Im Laufe ihres Streites stach Brewer auf Kelly ein und tötete ihn. Es herrschte kein Zweifel darüber, dass Brewer ganz allein und in Notwehr auf Kelly eingestochen hatte. Ein Dutzend Zeugen schaute zu, wie es passierte. Vom anderen Ende des Stockwerks kam ein Wärter gelaufen und sah Brewer mit der Tatwaffe in der Hand. Brewer war voller Blut. Er erklärte der Gefängnisleitung, er habe in Notwehr gehandelt. Trotz dieser eindeutigen Fakten wurden alle Häftlinge der Etage des Mordes angeklagt. Die Beamten taten das, um jemanden unter den Beschuldigten dazu zu nötigen, zu reden – und so geschah es auch. Sie fanden einen Gefangenen, der gegen King aussagen wollte. So wurden King und Brewer des Mordes an August Kelly beschuldigt und ihnen wurde gemeinsam der Prozess gemacht. Den Häftling, der gegen King ausgesagt hatte (und der später alles widerlegte und zugab, er sei unter der Dusche gewesen, als Kelly getötet wurde), holte man aus der CCR heraus und gab ihm den Status »Trustee«.

Vor ihrem Prozess im Sommer 1973 trafen King und Brewer ihren Pflichtverteidiger lediglich ein Mal. Grady Brewer war sehr besorgt, dass ein einziges Treffen nicht ausreichend wäre, damit der Anwalt seine Verteidigung ausreichend vorbereiten könnte. Viele Male wiederholte er diese Sorge vor dem Richter in öffentlicher Sitzung. Der Richter forderte ihn auf, zu schweigen. Brewer redete weiter und verlangte einen neuen Anwalt. Der Richter drohte, wenn er nicht ruhig wäre, würde man ihn knebeln. Brewer meldete sich erneut zu Wort und wurde augenblicklich gefesselt und geknebelt. Dasselbe geschah mit King, der kein Wort gesprochen hatte. Man band den beiden die Hände auf dem Rücken zusammen. Der Mund wurde ihnen mit Panzertape zugeklebt. Auf diese Weise mundtot gemacht, mussten sie den Prozess durchstehen. Aufgrund der von der Gefängnisleitung erzwungenen Lüge eines Häftlings wurden King und Brewer schuldig gesprochen. Das Urteil lautete: lebenslänglich. Beide wurden zurück in die CCR-Isolation geschickt, einige Zeit verbrachte King auf meinem Stock.

Als 1974 Elayn Hunt als erste Frau die Leitung des *Department of Public Safety and Corrections* in Louisiana übernahm – was aufgrund einer von der Abgeordneten Dorothy Mae Taylor eingebrachten Gesetzesvorlage geschah –, wurde im Angola schließlich das Verbot erlassen, Inhaftierte als Wärter zu beschäftigen. Außerdem wurde die Rassentrennung offiziell aufgehoben. Das aus Insassen rekrutierte Wachpersonal wurde zu seiner eigenen Sicherheit in ein weit abgelegenes Camp verlegt und sie blieben dort, bis man sie freiließ oder sie verstarben. Im Zuge der Aufhebung der Rassentrennung im CCR-Trakt wurden die weißen Häftlinge auf die zuvor ausschließlich Schwarzen vorbehaltenen Etagen verteilt. So kamen auch zwei weiße Häftlinge zu uns auf Stock D. Einer von ihnen, ein weißer Rechtsextremist und Mitglied der Ku-Klux-Klan-Bewegung weigerte sich, auf eine Etage mit schwarzen Häftlingen zu ziehen und sagte, in diesem Falle würde er den Kerker vorziehen – sie erfüllten seinen Wunsch. Dafür kam ein anderer Weißer zu uns. Einer der beiden Neuen, Pelts, bekam die Zelle direkt neben mir.

Es war vollkommen problemlos, die Rassentrennung auf Stock D aufzuheben. Ich sprach mit den beiden Weißen offen darüber, wie wir unser Stockwerk als Gruppe organisiert hatten. Ich erklärte ihnen die Verhaltensmaßregeln und Vereinbarungen, die wir alle zusammen aufgestellt hatten. Ich sagte ihnen, es sei vollkommen gleichgültig, ob man schwarz oder weiß war, wir wollten nur, dass alle die Regeln beachteten und jeder mit jedem respektvoll umging. Pelts und ich wurden Freunde. Er hatte keine Familie, die ihn besuchte, und er hatte kein Geld. Ich dachte bei jeder Proviant-Bestellung an ihn und bestellte für ihn mit. Er liebte Eiscreme. Als mir einmal mein Schwager ein neues Radio mitbrachte, schenkte ich Pelts mein altes. Er sagte, niemand sei jemals so nett zu ihm gewesen.

Am folgenden Tag standen wir vorne an den Gitterstäben und redeten, als er mir noch einmal dankte. Ich sagte: »Hey Mann, alles gut, ich freue mich, wenn du es gebrauchen kannst.« Wir drehten uns um und gingen beide zurück in unsere Zellen. Das Nächste, was ich hörte, war, dass der Häftling neben Pelts auf der anderen Seite – Shelby – den Gang entlangbrüllte: »Einen Freien her, einen Freien her.« Ich holte meinen Spiegel und ging damit nach vorne an die Stäbe. Ich hörte ein Keuchen, dem Ersticken nahe, und richtete meinen Spiegel so aus, dass ich in Pelts' Zelle hineinschauen konnte. Er hockte auf allen vieren zwischen Toilette und Pritsche und schnappte nach Luft. Sein Gesicht war knallrot. Eine dicke Vene, so breit wie ein Finger, zeichnete sich in seinem Nacken ab. Er schien starr, wie eingefroren, versuchte aber immer wieder seinen Kopf zu heben. Er sah hoch und unsere Blicke trafen sich im Spiegel. »Halt durch, Mann«, rief ich ihm zu. »Gleich kommt Hilfe, Pelts, sie kommen. Halt durch.« In seinen Augen las ich, *Wenn ich nur meinen Kopf heben kann, dann ist alles gut.* Niemals habe ich ein menschliches Wesen sich so abstrampeln sehen, um etwas zu tun, es aber nicht tun zu können. Plötzlich brach Pelts ganz zusammen und starb an einem schweren Herzanfall. Zum ersten Mal in meinem Leben starb ein Freund. Es haute mich um. Ich schob den Schmerz ganz nach hinten in meinem Kopf, dahin, wo er mich nicht so quälte. Mehr konnte ich nicht tun.

Irgendwann zwischen 1974 und 1975 rief man aufgrund eines Protestes auf Kings Stockwerk nach der Gefängnisleitung. Als der Direktor sich beim Hinausgehen umschaute, fragte er den Sergeant: »Wo, verdammt sind denn die Fernseher? Holt mal einen gottverdammten Fernseher her!« Für einen Fernsehapparat hatten wir hier nie gekämpft. Fernseher wurden auf allen Stockwerken der CCR an den Wänden schräg gegenüber den Zellen installiert; zunächst einer für jeweils fünf Zellen. (Später gab es einen Fernseher für drei Stockwerke.) An Wochentagen gingen sie automatisch morgens um 6 Uhr an und um Mitternacht wieder aus, am Wochenende oder in den Ferien liefen sie die ganze Nacht.

Nachdem der Fernseher auf unserem Stock installiert war, beschnitten sie allerdings unsere Freistunde. Eine Zeit lang ließen sie drei Gefangene zur selben Zeit raus. Drei konnten immer noch zu mächtig sein, wenn sie sich weigerten, in ihre Zellen zurückzugehen, oder anderen Befehlen nicht folgten, und so wurde die Regelung noch einmal verschärft und immer nur einer allein durfte seine freie Zeit außerhalb der Zelle verbringen. Jeder von uns war also zu einer anderen Zeit draußen, die Freistunden waren über den ganzen Tag verteilt. Die Fernseher führten zu großer Uneinigkeit auf dem Stock; die Häftlinge wollten unterschiedliche Sendungen sehen, und schon bald begannen die Streitigkeiten um das Fernsehprogramm.

1974 rollte der Supreme Court von Louisiana Kings Prozess neu auf, weil ihrer Meinung nach Kings erstinstanzlichem Richter »Ermessensmissbrauch« zur Last gelegt werden konnte: die Tatsache, dass er King und Brewer während des Prozesses fesseln und knebeln ließ. King bekam 1975 einen neuen Prozess. In diesem zweiten Prozess wurde er zwar nicht geknebelt, saß aber wieder in Fesseln und Häftlingskleidung auf der Anklagebank. Im Laufe des Prozesses sagte Grady Brewer aus, dass er allein August Kelly in Notwehr getötet hatte, und der frühere »Kronzeuge« gegen King weigerte sich dieses Mal, irgendetwas Belastendes gegen King von sich zu geben. Trotzdem wurde King zum zweiten Male für schuldig erklärt. Sein Urteil lautete lebenslänglich, zurück in die CCR-Isolation.

Kapitel 23
Gary Tyler

Zur selben Zeit, also zwischen 1974 und 1975, wurde nach unseren pausenlosen Protestaktionen den Gefangenen vom CCR-Trakt endlich Hofgang gewährt. Einige von ihnen waren Jahrzehnte nicht draußen gewesen. Die Sicherheitsleute umzäunten sechs lange, rechteckige Felder mit Maschendrahtzaun und Stacheldraht. Aus der Luft sah es aus wie eine Hand mit sechs Fingern. Wir bekamen dreimal die Woche, wenn das Wetter mitspielte, für eine Stunde Hofgang – statt der Freistunde auf unserem Stock. Was für eine Erholung, draußen zu sein. Es gab Tage, da nutzte ich meinen Hofgang einfach, um ein paar Runden zu rennen und manchmal rannte ich die ganze Stunde hindurch ohne anzuhalten.

Die Sportabteilung des Gefängnisses deponierte einen Stapel Gewichte am Rand jedes kleinen Feldes und gab uns kleine Plastikfußbälle zum Spielen. Wir warfen uns die Bälle gegenseitig über die Abgrenzungszäune zu, doch wenn einer am Stacheldraht hängen blieb, war das Spiel schnell zu Ende. Herman kam auf die Idee, aus alten Socken einen Ball zu basteln. Er stopfte eine Socke mit Lappen voll und faltete sie dann so geschickt, dass er den Klumpen in eine andere Socke stecken konnte: eine phänomenale Erfindung – das Sockenballspiel! Von nun an machte jeder sich einen Sockenball; wir nannten diese Bälle »big thumpers« (dicke Brummer). Sobald wir auf den Hof durften, rannten wir alle den Bällen hinterher. Ich schaffte es irgendwann, einen Sockenball über drei Felder zu werfen. In dem Spiel ging es darum, sie immer auf die Seite des Feldes zu werfen, wo der andere nicht stand, damit er hinterherrennen musste. Wenn man den Ball nicht fing oder ihn fallen ließ, hieß das zwanzig Liegestütze oder Bankdrücken. Die meiste Zeit ließen uns die Freien draußen auf dem Hof total in Ruhe. Wir waren laut und redeten dummes Zeug, während wir zusammen spielten. An manchen Sommertagen genoss ich es auch einfach nur, die oberen Knöpfe meines Anzugs aufzumachen, die Hosenbeine hochzukrempeln und mich die ganze Stunde lang ausgestreckt ins Gras zu legen.

Eines Tages, als ich raus auf den Hof kam, war es eiskalt und das Gras war mit einer leichten Eisschicht überzogen. Der Aufseher ließ sich sofort zu der Bemerkung herab: »Oh, wie schade, das wird wohl nichts mit dem Hoflauf heute.« Ich hasste diesen herablassenden Ton. Deswegen bückte ich mich, zog meine Schuhe aus und rannte meine Runden – barfuß. Viele taten es mir gleich. Wir wollten damit den

Eindruck vermitteln, dass wir nicht zu brechen, unbesiegbar waren, dass wir entschlossen handeln würden, dass wir uns nicht verkrochen vor ihnen, dass uns unser Kampf wertvoller war als unsere eigene Sicherheit, unser eigener Trost, unser eigenes Leben und unsere eigene Freiheit. Irgendwann bedeckten sie jedes Feld mit einer Betonschicht, sodass wir auch rauskonnten, wenn der Regen den Hof überspülte. Es war großartig, die Weite draußen zu spüren, und frische Luft zu atmen. Und doch konnte auch dieses neue Gefühl uns nicht den Druck nehmen: Wir wussten, gleich ging es wieder zurück in die Zelle.

Am 7. Oktober 1975 hörten Herman, King und ich im Radio, dass ein 17-jähriger schwarzer Schüler namens Gary Tyler wegen der Erschießung eines 13-jährigen weißen Jungen angeklagt war. Er wurde zum Tode verurteilt – der jüngste Gefangene in den USA, der je im Todestrakt saß. Sie brachten ihn ins Angola. Durch Mundpropaganda erfuhren wir, dass die Freien planten, ihn ins »Loch« zu stecken, und zwar zusammen mit einem »rape artist« – einem Häftling, der sich darauf »spezialisiert« hatte, junge Gefangene zu vergewaltigen. Niemals würden wir das zulassen. An dem Tag, an dem sie Gary ins Angola brachten, begaben wir uns alle drei in den Kerker. Der CCR-Kerker war nicht so überfüllt wie der normale Gefängniskerker, normalerweise mit höchstens zwei oder drei Häftlingen pro Zelle belegt. Sie steckten Gary direkt in die Zelle neben uns mit zwei anderen Leuten. Ich weiß nicht mehr alles, was wir den Typen sagten, doch wir machten ihnen klar, dass Gary unter unserem Schutz stand. Als einer seiner Mithäftlinge abends den Kerker verließ, stellten wir uns Gary persönlich vor und erzählten ihm von unseren politischen Aktivitäten. Wir boten ihm an, er könne sich jederzeit bei den Black Panthers melden und wir wären immer für ihn da. Ich glaube, wir verbrachten zwei oder drei Tage dort unten mit ihm. Wir sagten ihm, er lebe in einer Welt des gewalttätigen Kampfes, im »bewaffneten Kampf« – denn genau das war es. Die anderen hatten Totschläger, Baseballschläger und Gaspistolen. Wir versuchten ihn darauf vorzubereiten, wie er überleben könne. Wir erzählten ihm, er müsse sich selbst mit Wissen bewaffnen und immer im Blick haben, was draußen in der Gesellschaft passierte, auf keinen Fall um den Dreck kümmern, der hier drinnen vor sich ging. Er erzählte uns seine Geschichte und wie ihm dieser Mord an dem weißen Jungen angehängt worden war.

Gary war einer von Dutzenden schwarzer Schüler, die in Louisiana mit Bussen täglich in die Schulen für Weiße gefahren wurden, wo ab 1974 die Rassentrennung aufgehoben wurde. Eines Tages hielten hundert weiße Schüler und auch Erwachsene von Garys Schule, der Destrehan High School, den Bus mit den schwarzen Jugendlichen an und warfen unter üblem Gegröle und Beleidigungen Flaschen und Steine nach ihnen. Inmitten dieser Tumulte wurde der 13-jährige weiße Schüler, Timothy Weber, tödlich von einer Kugel getroffen. Der Busfahrer gab anschließend zu Protokoll, der Schuss sei außerhalb des Busses abgefeuert worden. Der Bus und die schwarzen Insassen wurden gründlich durchsucht, keine Waffe wurde gefunden. Die schwarzen Schüler wurden umgehend zu einer Polizeiwache gefahren und verhört. Gary wurde angeklagt, die öffentliche Ordnung zu stören, als er sich gegen die brutale Behandlungsweise auf der Wache zur Wehr setzte. Kurzerhand wurde er des Mordes angeklagt. Er bekam heftige Prügel. Später wurde unter dem Sitz, auf dem er im Bus gesessen hatte, eine Waffe »gefunden«. Viele Jahre später wurde diese Waffe auf der Polizeiwache identifiziert: Sie stammte von einem Schießübungsplatz, der der Polizei zum Training zur Verfügung stand. Nach diesen Erkenntnissen widerriefen auch die Zeugen, die damals gegen Gary ausgesagt hatten, ihre Falschaussagen und verteidigten sich damit, sie wären von der Polizei bedroht und eingeschüchtert worden.

Mit Würde und Stärke ertrug Gary die unvorstellbare Qual, wegen eines Verbrechens, das er gar nicht begangen hatte, zum Tode verurteilt und im Todestrakt eingeschlossen zu sein – im Alter von 17 Jahren. Als sein Urteil in »lebenslang ohne Bewährung« geändert wurde, ertrug er auch die mehr als sieben Jahre Isolation in der CCR, um danach dreißig Jahre bei den Insassen des Angola als Mentor, Wortführer und Lehrer tätig zu sein. Im Jahre 2012 ordnete der US Supreme Court an, dass lebenslange Haft ohne Bewährung für jugendliche Straftäter gegen die Verfassung verstieß, und vier Jahre später galt diese neue Verordnung auch rückwirkend. Tyler wurde im April 2016 aus dem Gefängnis entlassen. Noch immer fühle ich mich durch Gary Tylers Persönlichkeit inspiriert. Nach seiner Freilassung begann er unverzüglich, den Menschen in seiner Community zu helfen.

Kapitel 24
Essensschlitze

Eine der erniedrigendsten Praktiken in der CCR war es, dass uns das Essen auf dem Boden serviert wurde. Es gab in unseren Zellentüren keine Schlitze, durch die ein Tablett hindurchpasste, sodass die Angestellten uns das Essen unter den Türen hindurchschoben. Dann irgendwann Mitte der 70er-Jahre hatten wir die Nase voll. Das Stockwerk war dreckiger als sonst. Eine Woche war hier nicht geputzt worden. King war in der Zelle neben mir. Wir redeten. Hin und her. »Ey, Mann, ich kann diesen Scheiß nicht glauben. Die schieben uns das Essen durch den Dreck, als ob wir Hunde wären.«

»Sie behandeln uns wie Tiere im Zoo.«

»Ich bin kein verdammtes Tier, ich bin ein Mensch.«

»Das hier ist entwürdigend und unmenschlich.«

»Wann verlangen wir endlich, wie Menschen behandelt zu werden?«

Wir bezogen Herman mit ein und er sagte, lass uns was tun. Wir legten der Gefängnisleitung einen Beschwerdebrief vor, in dem wir beklagten, dass wir wie die Tiere vom Boden essen müssten. Wir forderten, dass man Essensschlitze in die Türen schnitt, sodass wir wie menschliche Wesen essen konnten. Wir forderten, dass der Gefängnisdirektor uns innerhalb der folgenden zwei Wochen antwortete.

In den darauffolgenden Tagen sprachen wir mit anderen Häftlingen von verschiedenen Stockwerken, um einen Konsens zu finden. Als von der Gefängnisleitung keinerlei Rückmeldung kam, beschlossen wir einen Hungerstreik. Wir schickten eine entsprechende Nachricht in alle Zellen des CCR-Traktes und baten die Gefangenen aller Etagen um ihre Unterstützung. Jeder Einzelne unterzeichnete.

Unsere Mahlzeiten wurden uns weiterhin vor die Tür gestellt. Dreimal am Tag. Wir ließen sie dort stehen. Wir tranken nur das Wasser aus dem Hahn unseres Waschbeckens. Nach ungefähr einer Woche ohne Nahrung hatte ich kaum noch Energie, irgendetwas zu tun. Nach zwei Wochen ging ich nicht mehr auf den Hof raus. Wir saßen auf dem Boden vor den Gitterstäben und redeten viel. Es hört sich verrückt an, aber wir redeten übers Essen. Wir beschrieben uns gegenseitig in allen Einzelheiten unsere Lieblingsmahlzeiten, Speisen, die unsere Mütter und Frauen zubereiteten, unser Lieblingsessen. Jemand sagte zum Beispiel: »Ey, Mann, niemand macht solch ein Schweineschnitzel wie meine Mom: da fällt das Fleisch vom Knochen ab«, oder: »Meine Mom machte die besten roten Bohnen auf der ganzen Welt.« Wir redeten auch darüber, was wir zuallererst essen würden, wenn wir draußen wären. Ab und zu kam ein Orderly vorbei und erzählte uns von irgendeinem Typen auf unserem Stockwerk, der einen Bissen von seinem Tablett heruntergenommen hatte. Wir ignorierten das. Wir wollten niemanden beim Namen nennen, damit die Männer nicht aufeinander losgingen. Es ist sehr hart, dem Essen, das direkt vor dir steht, zu widerstehen, wenn du gerade verhungerst. Und es war noch mal härter, weil die Qualität unseres Essens sich in jenen Wochen auf rätselhafte Weise stark verbesserte. Sie servierten uns gebratenes Hähnchen, Würstchen und gebratenen Fisch – also nicht das, was wir kannten. Wenigstens einmal am Tag kam einer der hochrangigen Beamten auf unseren Stock und sagte so etwas wie: »Bereit, was zu essen? Isst du jetzt was?« Ein paar von uns sagten einfach *Nein*, andere rissen das Maul auf: »Ey, Mann, was soll das? Warum fragst du mich so'n Scheiß? Nein, natürlich esse ich nicht.« Dann antwortete der Beamte, so etwas wie: »Schon gut, Mann, ich mach hier nur meinen Job«, und ging.

Nach einigen Wochen begannen zwei der CCR-Stockwerke wieder Nahrung zu sich zu nehmen. Stock D, wo King und ich lebten, und Stock A, mit Herman, hielten den Hungerstreik durch. Es war äußerst schmerzhaft, manchmal unerträglich. Wenn die Ernährung ausfällt, beginnt der Körper sich selbst aufzufressen – so fühlte es sich auf jeden Fall an. Nach ungefähr 40 Tagen schrieben King, Herman und ich uns Nachrichten hin und her, um herauszufinden, wie lange wir so weitermachen würden. Bei uns allen standen die Wangenknochen und das Schlüsselbein durch den Gewichtsverlust weit heraus.

Gerade als wir neue Strategien diskutierten, wie wir unsere Essensschlitze bekommen könnten, schickte uns die Verwaltung einen Häftling von Stock A, der mit King und mir reden sollte. Er berichtete, das Sicherheitspersonal wolle wissen, was sie tun könnten, damit wir den Hungerstreik beendeten. Wir antworteten, wir wollten Schlitze in der Tür. King fügte hinzu, dass wir in der Zeit, in der diese Schlitze gemacht würden, unser Essen oben durch die Gitterstäbe von den Tabletts herunternehmen wollten, statt es unter der dreckigen Zellentür hereinzuziehen. Am folgenden Tag kamen einige Aufseher und kündigten an, sie würden Schlitze in unsere Türen schneiden und wir könnten jetzt im Stehen durch die Gitterstäbe essen, wenn wir wollten. Wir stimmten zu, hatten aber keine Ahnung, dass wir die kommenden anderthalb Jahre an den Gitterstäben stehend essen würden. Unser Hungerstreik dauerte 45 Tage. Die erste Mahlzeit, die wir nach Ende des Streiks bekamen, war das Frühstück. Wir standen also an den Gittern, als sie die Tabletts ausgaben, und ich wollte gerade meine

Hand durch die Stäbe strecken, um mein Essen entgegenzunehmen, als ich sah, dass es Haferbrei gab. Ich hasste Haferbrei. Nachdem ich jetzt so lange gewartet hatte, konnte ich auch noch die paar Stunden bis zum Mittagessen durchstehen.

Anfangs hielten wir unser Tablett mit einer Hand außen vor den Gitterstäben fest und nahmen mit der anderen das Essen runter, dann hatte King die Idee, T-Shirts oder anderen Stoff in Streifen zu reißen und daraus Schlingen zu machen, die wir dann von den Stäben herunterhängen lassen und die Tabletts zum Essen draufstellen konnten. Irgendjemand kam auf die Idee, Pappe in die Schlinge zu legen, und der hatte dann ein kleines »Regal«. Schnell bastelten wir uns alle solch ein Regalbrett. Einige der Jungs dekorierten es sogar aufwändig. Wir brauchten Wochen, um wieder zu Kräften zu kommen. Im Laufe der folgenden eineinhalb Jahre schnitten die Gefängniswärter Schlitze in fast allen Zellenblocks, und erst dann kamen sie zur CCR. Sie hatten gehofft, dass wir in der Zwischenzeit aufgegeben und unser Essen wieder unter der Tür hineingezogen hätten. Wir gaben aber nicht auf. Irgendwann begannen sie dann auch mit den Schlitzen in den CCR-Zellen, aber King und ich auf Stock D waren wieder einmal ganz zum Schluss an der Reihe. Als nur noch vier Zellentüren fehlten, teilten sie uns mit, ihnen wäre das Material ausgegangen. Daraufhin aßen die Häftlinge von Stockwerk D – auch die, die schon Türschlitze bekommen hatten – weiterhin im Stehen. Einige Wochen später drohten wir mit einem erneuten Hungerstreik, wenn die letzten Türen auf unserem Stock nicht auch ihre Schlitze bekämen. Schon am selben Tag konnten wir durchs Fenster Laster sehen, die Schweißausrüstung und -geräte geladen hatten. Die Arbeiten wurden erledigt. Die Gefängnisleitung hatte wohl gehofft, unseren Zusammenhalt zu brechen, der uns eineinhalb Jahre so stark gemacht hatte. Wir hielten aber weiter zusammen.

Ein Jahr später wurde King wegen Widerstands gegen die Leibesvisitation ins Camp J gesteckt. In Camp J war es noch immer gang und gäbe, die Essenstabletts unter der Zellentür hindurchzuschieben. Also musste King noch einmal ganz von vorn anfangen und seine Mithäftlinge von ihren Rechten überzeugen. Er weigerte sich, Essen anzufassen, das auf dem Boden gestanden hatte. Die Gefängniswärter ließen es aber auch nicht zu, dass er eine Schlinge hinaushängte, um stehend an den Gitterstäben zu essen. Es blieb ihm nichts anderes übrig, als mit den Orderlies zu sprechen, die den Gefangenen einzeln die Tabletts brachten, und die meisten von ihnen erlaubten ihm, sein Tablett mit ausgestrecktem Arm durch die Gitterstäbe festzuhalten.

Dann nahm er mit der anderen Hand die Papierteller mit dem Essen, faltete sie und zog sie in seine Zelle hinein. Zwei Jahre lang aß er so. Sie schnitten Essensschlitze in die Türen, als King schon wieder zurück in der CCR saß.

Im Jahre 1977 übernahm die Gefängnisleitung endlich die vom Bundesstaat und Staatsbeamten unterzeichnete neue »Vereinbarung mit Anerkenntnisurteil«. Die neuen Verordnungen sorgten offiziell für eine Dezentralisierung der Staatsgefängnisse, den Abbau von Überbelegung in den Zellen und die Verbesserung der Haftbedingungen im Angola. Von nun an sollte die U. S.-Regierung für die folgenden Jahrzehnte die Leitung der Gefängnisse von Louisiana übernehmen. Auch wenn der Gefängnisalltag noch immer von Gewalt geprägt war, so wurde er mit der Zeit doch weniger blutig – besonders seitdem die Gefängnisse zur Durchsuchung der Häftlinge mit Metalldetektoren ausgestattet worden waren. Zum einen wurden damit die Gefangenen durchgecheckt, bevor sie die Schlafsäle betraten, und zum anderen wurde draußen das Gelände durchsucht. Damit konnten Messer und andere Waffen aus dem Verkehr gezogen werden. In den folgenden Jahren – man kann sagen, über Jahrzehnte – stand das Angola regelmäßig wegen Verletzungen des Anerkenntnisurteils vor Gericht, da das Gefängnis den Verbesserungen der Haftbedingungen oder anderen vereinbarten Neuerungen nicht nachkam. Zwanzig Jahre nach dieser richterlichen Entscheidung befand sich das Angola noch immer unter Bundesaufsicht, da die Gefängnisleitung es nicht fertigbrachte, alle Verpflichtungen der Vereinbarung zu erfüllen. Erst im Jahre 1998, als die Republikaner im Kongress ein Gesetz verabschiedeten, mit dem man vor dem Bundesgericht auf Auflösung des Anerkenntnisurteils klagen konnte, falls »die Mehrzahl« der im Anerkenntnisurteil angemahnten Verpflichtungen erfüllt worden war, konnte das Angola die Hayes-Williams-Anklageschrift beiseitelegen. Als das neue Urteil in Kraft trat, forderten wir eine Kopie davon an. Wir wussten zu dem Zeitpunkt nicht, dass wir bewusst eine bearbeitete Abschrift zur Verfügung gestellt bekamen, in der die CCR-Privilegien herausgestrichen worden waren.

Kapitel 25
Mein Triumph

Nach vielen Jahren im Gefängnis und vielen Jahren in Einzelhaft, hatte ich alle Emotionen, die das *Department of Public Safety and Corrections* in Louisiana erwartet hatte, durchlitten: Wut, Verbitterung, die Gier danach, jemanden leiden zu sehen, so wie ich litt, den Rache-Faktor – alles. Eine Sache kam allerdings noch hinzu, die sie sicher nicht gewollt und auch nicht erwartet hätten – ich wurde Autodidakt. Ich konnte mich in einem Buch verlieren. Lesen war mein Lichtblick. Lesen war meine Rettung. Büchereien und Universitäten und Schulen aus ganz Louisiana spendeten Bücher fürs Angola und wenigstens dieses eine Mal zahlte sich die Ignoranz der Gefängnisleitung uns gegenüber aus, denn in der Gefängnisbibliothek fanden sich eine ganze Menge radikaler Bücher: Bücher, die wir niemals mit der Post hätten empfangen dürfen. Bücher, die wir uns niemals hätten leisten können. Bücher, von denen wir nie gehört hatten. Herman, King und ich fühlten uns zunächst von den Büchern und Autoren angezogen, die sich mit Politik und Rassenfragen beschäftigten: George Jackson, Frantz Fanon, Malcolm X, Marcus Garvey, Steve Biko, Edridge Cleavers *Soul on Ice*, J. A. Rogers' *From »Superman« to Man*. Wir lasen alles, was wir zu Sklaverei, Kommunismus, Sozialismus, Marxismus, Anti-Imperialismus, den afrikanischen und weltweiten Unabhängigkeitsbewegungen in die Hände bekommen konnten. Ich kreuzte alle diese Bücher auf der Bestellliste der Bibliothek an, erwartete aber nie, sie wirklich zu bekommen, bis sie auf einmal da waren. Ich las. An meine Zellenwand gelehnt, auf dem Boden sitzend, auf meinem Bett, an meinem Tisch – ich las und las.

Die inhaftierten Bibliothekare waren sehr besorgt um diese Bücher. Einige Jahre später ließ ich sogar eine Klage fallen, weil einer der Gefangenen, der in der Bibliothek arbeitete, mich inständig darum bat. Ich hatte gegen das Gefängnis prozessiert, weil sie Zensur ausübten und mir ein Buch über COINTELPRO nicht über die Post zustellen ließen. Der Gefängnisbibliothekar kam extra hoch auf meinen Stock, um mit mir zu reden. Er sagte, er sei sehr beunruhigt, dass die Klage durchginge. Und dann käme die Verwaltung vielleicht auf die Idee, eine Inventur der Gefängnisbibliothek anzuordnen und wir würden eine Menge unserer Bücher verlieren. Er sagte, er würde dafür sorgen, dass ich ein Exemplar des Buches bekäme, und das tat er auch.

Je mehr ich las, desto mehr lernte ich über die Weltgeschichte allgemein und die amerikanische Geschichte im Besonderen: die 1791 von Toussaint Louverture angeführte Sklavenrebellion in Haiti, die Streiks der Leute in den Kohlebergwerken, sowie die Arbeiter- und Gewerkschaftsbewegungen quer durch die USA, das von Präsident Andrew Jackson angeordnete Massaker unter den amerikanischen Ureinwohnern, die vom Land ihrer Vorfahren vertrieben worden waren. Jedes dieser Bücher nahm ich ganz in mich auf und versuchte herauszufinden, was sie in mir bewegten. Die Worte des vietnamesischen Revolutionärs und Anführers der kommunistischen Partei Ho Chi Minh hallten in mir wider, als ich las, dass er der eindringenden französischen Armee so etwas gesagt hatte, wie: »Wir sind gewillt zu sterben, zehn zu eins – ihr auch?« Das traf mich tief ins Herz: diese Bereitschaft, Opfer zu bringen.

In George Jacksons *Soledad Brother* beeindruckte mich, dass er, obwohl er vom System so miserabel behandelt worden war, dies nie als Ausrede dafür benutzte, in seinem Kampf nachzulassen. Er versuchte alles. Ich war gerade auf Stock D untergebracht, als mir das Buch in die Hände fiel. »Unser Leben«, so schrieb er, »ist Kampf, permanente Revolution; das ist die Situation, in die wir hineingeboren wurden. Es gibt noch andere Völker auf dieser Erde. Und wenn wir deren Existenz verneinen und uns in unser Leid und Elend verkriechen, und jedwede Art von Rassismus tolerieren, dann sind wir nicht besser als unsere Feinde. Wir kapitulieren vor der Niederlage ... Die Geschichte fegt über uns hinweg, sie darf aber dieses Mal nicht unserem Einfluss entwischen!!!!«

Malcolm X hat mich gelehrt, an das große Ganze zu denken, die einzelnen Themen miteinander zu verbinden.

Ich bestellte die Biografien und Autobiografien von Frauen und Männern, selbst wenn meine politischen Vorstellungen oder Grundsätze nicht mit ihren übereinstimmten. Ihre Biografien zu lesen und zu hinterfragen, half mir dabei, meine eigenen Werte und meine eigenen Verhaltensnormen weiterzuentwickeln.

Auch King war ein großer Leser; wir lasen häufig dieselben Bücher und diskutierten sie anschließend. Er las außerdem gerne Romane und große Literatur, und er las Shakespeare, Charles Dickens und auch J.R.R. Tolkiens Bücher, oft auch mehrmals. Beide lasen wir alles von Louis L'Amour[14]. Ich liebte Philosophie, Geographie, Wirtschaft, Biologie und andere naturwissenschaftliche Bücher. In jedem Buch,

14 Louis L'Amour (1908–1988), bürgerlich Louis Dearborn LaMoore, erfolgreicher amerikanischer Schriftsteller, der weltweit vor allem durch seine zahlreichen Western-Romane bekannt geworden ist.

egal in welchem, konnte ich etwas Wertvolles für mich entdecken. Ich schätzte sogar Bücher von religiösen Autoren und Autorinnen, wie z. B. Mutter Teresa, obwohl ich nicht gläubig war. Um wahrhaftig sein zu können, schrieb sie, müsse das Opfer uns wehtun und uns leer machen. Das sprach mich an. Sie schrieb auch, dass wir nicht so sehr an unsere eigene Schwäche, sondern an die Liebe glauben sollten.

Mein größter Triumph in all diesen Jahren in Einzelhaft war es, einem Mann das Lesen beizubringen. Er hieß Charles. Wir nannten ihn Goldy, denn sein Mund war voller goldener Zähne. Er lebte nur ein paar Zellen von mir entfernt, den Gang hinunter auf Stock D. Ich wusste, dass er nicht lesen konnte, auch wenn er versuchte, es zu verheimlichen. Ich kannte die Anzeichen, denn meine Mutter tat dasselbe, um zu verheimlichen, dass sie nicht lesen konnte. Eines Tages erzählte ich ihm dann von meiner Mom und von dem, was sie alles schaffte und konnte. Ich erzählte ihm, dass sie weder lesen noch schreiben konnte, und fragte ihn auch danach. »Das muss einem nicht peinlich sein«, sagte ich. Er erzählte mir, er habe nie lesen gelernt, weil er gar nicht zur Schule gegangen sei. »Als ich ein Kind war, hatten wir einfach gar nichts«, sagte er. »Wir mussten los und es uns holen.«

»Wenn du etwas lernen möchtest«, erklärte ich ihm, «dann kann ich es dir beibringen, aber es wird nur klappen, wenn du es wirklich lernen möchtest.« Er sagte, er wolle lernen. Wir benutzten ein Wörterbuch. Ich stand in meiner Freistunde vor seiner Zelle, er stand in seiner Freistunde vor meiner. Wir gingen dann alle Wörter durch und versuchten, sie mit Hilfe des Ausspracheschlüssels am Ende jeder Seite zu lesen. Das e auf dem Kopf (ə), sagte ich ihm, hört sich an wie »ö«, und so erklärte ich ihm alle Symbole und Laute für jedes neue Wort. In der Zeit zwischen unseren beiden Unterrichtsstunden, so sagte ich ihm, könne er mich jederzeit rufen, wenn er Hilfe brauchte. »Ruf mich, Goldy, sobald du ein Wort nicht rauskriegst, egal welche Zeit. Tagsüber oder nachts, wenn du eine Frage hast, ruf mich einfach.«

Er nahm mich beim Wort.

»Fox!«, brüllte er zu jeder x-beliebigen Nachtstunde.

»Was?«, antwortete ich.

»Ich kann das hier nicht aussprechen«, brüllte er wieder.

»Buchstabiere es«, rief ich zurück.

Und er buchstabierte.

»Schau auf den Schlüssel am Ende der Seite«, rief ich zurück. »Was denkst du, was es heißen könnte?« Und so ging es hin und her, bis er es raushatte. Einige Zeit später hörte ich dann: »Hey, Fox!«

»Ja, Goldy. Was ist denn?«, sagte ich.

»Was heißt das hier?«, sagte er.

Als er mir irgendwann den ersten Satz aus einem Buch vorlas, sagte ich ihm, wie stolz ich wäre, auf das, was er alles gelernt hätte. Er dankte mir, aber ich sagte ihm, er solle sich selbst danken. »Neunundneunzig Prozent deines Erfolges beruhen darauf, dass du wirklich lesen lernen wolltest«, sagte ich. Innerhalb eines Jahres las er wie ein Schüler der High School.

Jetzt stand die Welt ihm offen.

Kapitel 26
Kampf gegen die Leibesvisitation

Bis zum September 1977 hatte ich so viel über Besitzsklaverei gelesen, dass ich eine Verbindung sah zwischen den unnötigen Leibesvisitationen bei den CCR-Häftlingen und der Art und Weise, wie afroamerikanische Männer und Frauen als Sklaven behandelt worden waren. Alle Schwarzen, Männer und Frauen, waren bei einer Versteigerung gezwungen worden, sich auf dem Podest auszuziehen, bevor auf sie geboten und sie verkauft wurden. Ihr Körper wurde nach Krankheiten abgesucht, der Mund und die Genitalien geprüft, als ob sie Vieh auf dem Markt wären. Dies ist eine der entwürdigendsten Praktiken, die ein Mensch erfahren kann. Auch wir wurden jedes Mal einer Leibesvisitation unterzogen, wenn wir unseren Stock verließen, vorher und nachher, selbst wenn wir vollständig gefesselt und unter Aufsicht von ein oder zwei Wachen waren, die jeden unserer Schritte verfolgten. Die Leibesvisitation beinhaltete auch immer eine Untersuchung aller Körperöffnungen. Wenn wir alle Kleider abgelegt hatten, mussten wir unseren Mund öffnen, den Hodensack anheben, unsere Fußsohlen zeigen, uns umdrehen, nach vorne beugen und unsere Hinterbacken auseinanderziehen. Gefangene in CCR-Haft erleiden die größtmögliche Isolation und rigorosesten Einschränkungen aller Menschen im Angola. Die Chance, dass ein vollständig bekleideter Mann in Handschellen, die vor seinem Körper an einen Hüftgurt angeschlossen sind, irgendwelche Schmuggelware in seinem After verbirgt, ist gleich Null. Unter diesen Voraussetzungen waren Leibesvisitationen nur eine weitere unnötige und grausame Schikane.

Was die ganze Sache noch schlimmer machte, war, dass bei der Leibesvisitation im Angola immer einige Sicherheitsleute anwesend waren. Einige der Freien machten abfällige, rohe und erniedrigende Bemerkungen über unseren After und die Größe und Form unserer Genitalien. Diese Art der Bestrafung konnte ich kaum ertragen. King und Herman ging es genauso. Wir hielten Versammlungen mit den Häftlingen auf unserem Stock ab. Die Männer standen dabei vorne an den Gitterstäben, und wir fragten sie, ob sie alle mitmachen würden, wenn wir uns gegen die entwürdigenden Leibesvisitationen, die wir täglich erleiden mussten, zur Wehr setzten. Wir schrieben eine Petition, in der wir die Gefängnisbeamten aufforderten, diese Leibesvisitation zu unterlassen, weil diese herabwürdigend wäre und keinerlei rechtmäßigem Sicherheitszweck diente. Wir fügten hinzu, dass solche Leibesvisitationen, wenn sie denn unverzichtbar wären, in einer menschlicheren, respektvolleren Art und Weise durchzuführen seien. Herman gelang es, dass alle Gefangenen von Stock A die Petition unterzeichneten, und King und mir, dass alle auf unserem Stock mitzogen. Uns wohlgesonnene Orderlies brachten die Petition in die übrigen Etagen. Fast alle hatten am Ende unterschrieben. Wir baten die Gefängnisleitung um eine Antwort innerhalb der folgenden zwei Wochen.

Während dieser Wartezeit stellten King und ich einige juristische Nachforschungen an und fanden Fälle, in denen die Gerichte Leibesvisitationen als verfassungswidrig angesehen hatten, auch wenn sie in manchen Gefängnissen unter bestimmten Bedingungen zulässig waren: nachdem ein Gefangener während eines Besuches mit seinem Anwalt oder seiner Familie direkt Kontakt gehabt hatte zum Beispiel, oder wenn er das Gefängnisareal verlassen hatte und wieder zurückkehrte. Der Gefängnisdirektor meldete sich nie bei uns zurück. Wir tauschten die Telefonnummern unserer Familien aus, sodass wir sie informieren konnten, wenn jemand vom Stockwerk heruntergenommen wurde. Denn nun sollte es zur Sache gehen.

Disziplinarbericht vom 24. 9. 1977

Albert Woodfox #72148

Während einer routinemäßigen Leibesvisitation weigerte sich Häftling Albert Woodfox nach vornüberzubeugen und seine Gesäßhälften auseinanderzuziehen. Lieutenant Horace Isaac und ich befahlen dem Häftling Albert Woodfox, sich vornüberzubeugen und seine Gesäßhälften auseinanderzuziehen, was er verweigerte. Häftling Woodfox musste unter physischem Zwang auf einen Tisch gelegt werden, damit Lieutenant Horace Isaac dessen Gesäßhälften auseinanderziehen konnte. Häftling Woodfox ging auf Lieutenant Horace Isaac los, als ob er ihm etwas antun wollte. Im Isolationsbereich CCR versetzte Häftling Woodfox dem Offizier John R. Christen einen Faustschlag auf den Mund, der bei dem Offizier zu einem Aufspringen der Lippen und zwei lockeren Vorderzähnen führte. Offizier Christen wurde abgelöst und zur Behandlung ins Feliciana Krankenhaus gebracht. Häftling Albert Woodfox schlug dann Offizier Harry Bereas auf dessen linken Kiefer. Häftling Woodfox versetzte Offizier Emus einen Tritt an dessen linkes Bein. Ein Schadensbericht zu diesem Vorfall wurde vorgelegt.

Urteil: schuldig

Strafe: 10 Tage Isolationshaft

Disziplinarbericht vom 5. 10. 1977

Albert Woodfox #72148

Bevor er seine Isolationshaft antrat, wurde dieser Häftling von Captain Travis Jones gefragt, ob er einer vollständigen Durchsuchung zustimmen würde. Die exakte Antwort des Häftlings war, Zitat »Nee, du schaust mir nicht in den Arsch, du nicht«, Zitatende. Woodfox wurde von den Beamten über den Bürotisch gelegt, um zwischen seinen Gesäßbacken nach Schmuggelware zu suchen. Als die Beamten diesen Häftling zwangen, sich über den Tisch zu beugen, leistete er Widerstand und versuchte, aus dem Büro zu entkommen. Er trat mich außerdem vor mein rechtes Scheinbein, als wir ihn durchsuchen wollten. Die einzige Gewalt, die wir anwendeten, war die, die nötig war, um den Häftling Woodfox in Schranken zu halten.

Urteil: schuldig

Strafe: 10 Tage Isolationshaft

Wir forderten von niemandem unseres Stocks, sich der Leibesvisitationen körperlich zu erwehren. Ich sagte jedem Einzelnen, er müsse seine persönliche Entscheidung treffen, ob er sich erniedrigen und entwürdigen lassen wollte. Wer Widerstand leistete, zahlte seinen Preis. Alle Häftlinge, die sich wehrten, wurden brutal verprügelt. Einige von ihnen mussten ins Krankenhaus. Als die Freien kamen, um King aus unserem Stock herauszuholen, leistete auch er Widerstand. Ich fürchtete um sein Leben und legte sofort Protest ein, doch ich fühlte mich vollkommen hilflos: Alles, was ich tun konnte, war, an meinen Gitterstäben zu rütteln und die Wachen anzuschreien, sie sollten aufhören, ihn so zu malträtieren. Wir alle brüllten und rüttelten an den Stäben und stießen wilde Flüche aus, dass die Wachen von ihm ablassen sollten. Sie kamen zurück und setzten das ganze Stockwerk unter Tränengas. Sie drangen in Kings Zelle ein und gingen auf ihn los, schlugen ihn furchtbar zusammen und schleppten ihn in den Kerker. Anschließend brachten sie ihn vor den Disziplinarausschuss, der ihn dem Camp-J-Strafprogramm zuwies – einem dreistufigen »Programm« im härtesten Strafcamp des Angola –, erst kurz zuvor eingerichtet. Jeder Häftling musste dort über sechs Monate drei Stufen brutalster Entbehrungen ohne Disziplinareintrag überstehen, bevor er in seine gewohnte Unterkunft zurückdurfte.

Sie steckten Herman und mich in den CCR-Kerker. Ich wurde mindestens fünf Mal vom Disziplinargericht ins Camp J geschickt, doch irgendjemand blockierte jedes Mal meinen Transfer. Der Grund dafür, so hörten wir, war, dass einer der Miller-Brüder zu jener Zeit im Camp J arbeitete. Ich wollte aber eigentlich ins Camp J, denn King war dort und brauchte Unterstützung. Er leistete bei den Leibesvisitationen dort weiterhin Widerstand, genauso wie Herman und ich uns in der CCR zur Wehr setzten.

Anfangs gaben sie mir dreißig Tage Kerker. Jeder Gefangene musste sich beim Eintritt in den Kerker einer Leibesvisitation unterziehen. Dementsprechend bekam ich Prügel, als ich mich der Leibesvisitation beim Verlassen des Stockwerks verweigerte, und noch einmal, als ich der Durchsuchung beim Eintritt in den Kerker widerstand. Aufgrund des damals geltenden Anerkenntnisurteils waren die Gefängnisbeamten verpflichtet, die Gefangenen alle zehn Tage für eine 24-stündige »Pause« aus dem Kerker herauszulassen. Nach diesen 24 Stunden kamen sie wieder zurück, um den Rest ihrer Zeit abzusitzen oder die nächsten zehn Tage abzuwarten. Viele Häftlinge verzichteten auf ihre 24-Stunden-Pause, weil sie einfach so schnell wie möglich und ohne Verzögerung den Kerker hinter sich bringen und das Theater mit dem Hin- und Herwechseln vermeiden wollten. Als ich persönlich auch auf diese 24-Stunden-Pause verzichten wollte, ließen sie mich nicht. Sie sahen dadurch die Chance, meine Kerkerzeit zu verlängern, denn sie wussten, dass ich beim erneuten Eintritt in den Kerker die Leibesvisitation verweigern würde. Dann hätten sie die Möglichkeit, mich wegen meines Widerstandes ein weiteres Mal zu verprügeln.

Der Kerker hatte sich seit den 1960er-Jahren, als ich zum letzten Mal dort war, sehr verändert. Die Häftlinge bekamen jetzt drei Mahlzeiten am Tag. Es waren keine großen Portionen in den Styroporbehältern, kein Salz und Pfeffer und auch kein Nachtisch, aber es war doch besser als zwei Scheiben Brot. Jetzt hatten wir auch immer eine Matratze in die Zelle, sodass es viel einfacher war, die Matratzenzeit unter uns Gefangenen aufzuteilen. Das Gesetz schrieb nun vor, dass wir juristische Bücher haben durften. Im CCR-Trakt, in dem ich untergebracht war, gab es insgesamt weniger Gefangene als im Hauptgefängnis, und deswegen auch weniger Personen zusammen in einer Zelle.

Sonst war der Kerker aber derselbe geblieben: ausgerichtet darauf, die Gefangenen zu quälen und mental zu brechen. So manches Mal drehten sie einfach tagelang das Wasser am Waschbecken ab, sodass ich gezwungen war, Wasser aus der Toilette zu trinken. Dies war eines der beschämendsten Dinge, die ich während meiner vielen Jahre in Einzelhaft ertragen musste. Ich erfuhr aber auch, wie stark mein

Überlebenswille war. Mit der Zeit spürte ich, wenn ich irgendwo in der Zelle hockte und an meine körperlichen Grenzen kam, dass mein Verstand und meine Gefühle keine Grenzen kannten. Ich wusste, es gab für mich keine Grenzen.

Nachdem wir von der Gefängnisleitung keinerlei Rückmeldung zu den unnötigen Leibesvisitationen bekommen hatten, schrieb ich einen Brief an die *New Orleans Legal Assistance* (*NOLA*, Rechtsbeistand New Orleans) und bat um Hilfe für unsere Klage vor Gericht. Goldy stellte sich ebenfalls als Kläger zur Verfügung, obwohl dies für ihn sicher Konsequenzen seitens der Gefängnisverwaltung und der Sicherheitsabteilung nach sich ziehen würde. NOLA strengte für uns eine Klage vor dem 19. Judicial District Court an.

Wir zogen vor Gericht und nach sechs Monaten wurde das Urteil verkündet: Wir gewannen.

Der Richter sprach zwar kein vollkommenes Verbot der Leibesvisitation aus, doch er schränkte die Häufigkeit der Maßnahme ein und verbesserte die Methoden bei der Untersuchung der Körperöffnungen. Der Richter bestimmte außerdem, dass meine Zeit im Kerker, die mir durch die Proteste gegen Leibesvisitationen zusätzlich aufgebrummt worden war – ungefähr 300 Tage – aus meinen Akten gestrichen wurde.

Leider wurde Kings Zeit in Camp J durch die Anordnung nicht eliminiert. Sie hielten ihn von September 1977 bis November 1979 weiter in Camp J fest. Im Juli 1979 strengte er eine erneute Klage an. In der Gluthitze seiner Zelle in Camp J schrieb er seine Klage mit der Hand auf: die grausamen und ungewöhnlichen Haftbedingungen, sieben Jahre lang, 23 Stunden am Tag, weggesperrt zu sein, die durch das schlechte Licht im Camp verursachten Augenschäden, Bluthochdruck und einen körperlichen Verfall durch Bewegungsmangel. Er schrieb, dass die 23 Stunden absoluter Einsamkeit am Tag »seine Bürger- und Menschenrechte verletzten und in direktem Widerspruch zu dem in den USA geltenden Recht auf Schutz vor grausamen und ungewöhnlichen Strafen stand«.

Trotz Isolationshaft setzte Herman im selben Jahr in West Feliciana ein Habeas-Corpus-Gesuch auf, das die Rechtmäßigkeit unserer Dauerhaft in Frage stellte. Big John half ihm dabei. Beide Klagen, Kings und Hermans, wurden abgelehnt. Unsere Kämpfe mit den Freien dauerten die ganzen 1970er-Jahre hindurch. Sie suchten immer wieder nach einem Grund, uns ins Loch stecken zu können. Ich bastelte mir einen Schraubenzieher, indem ich das Ende meiner Radioantenne bearbeitete, um bei Bedarf die Rückklappe meines

Radios öffnen zu können. Jeder Häftling tat das. Ich bekam dafür einen Disziplinareintrag, weil das Antennenstück in ihren Worten als »Abzug« für eine selbstgebastelte Pistole zu gebrauchen war. Ein anderes Mal durchsuchte ein Freier meine Zelle und ich sah, wie er etwas aus seiner Jackentasche nahm. Ich fragte ihn: »Was holen Sie da aus Ihrer Tasche raus?« Er drehte sich zu mir um und sagte: »Nichts, was dich verdammt interessieren sollte.« Später kamen sie dann zu mir rein und sagten, ich käme in den Kerker, weil sie Schießpulver in meiner Zahnpastatube gefunden hätten. Wieder bekam ich einen Akteneintrag.

Im Isolationstrakt hängten sie an den Stockwerken A und D ein Schild auf: PANTHER ETAGE: ACHTUNG. In den späten 1970er-Jahren wurde ein junger Gefangener namens Kenny Whitmore auf unseren Stock gebracht. Er erzählte mir später, dass er beim Anblick dieses Schildes überhaupt nicht gewusst habe, was ihn da wohl erwartete. Das erste Buch, das ich ihm zum Lesen gab, war *Native Son* von Richard Wright[15]. Kurz nachdem ich ihn einmal auf seinen Fall angesprochen und ihm Mut gemacht hatte, er könne alles erreichen, wenn er sich nur darauf konzentriere, murrte er: »Ey, Mann, du bist eher ein Professor als eine Gefahr.« Kenny war sehr daran interessiert, sich selbst weiterzubilden. Wir wurden sehr gute Freunde und Kampfgenossen. Er und ich sollten zwanzig Jahre lang auf demselben Stock leben. In den 1980er-Jahren gaben wir uns afrikanische Namen. Kenny nannte sich *Zulu Heshima*; *Zulu* bedeutet in der Zulu-Sprache »Himmel« und *Heshima* in Swahili »Ehre«. Wir nannten ihn Zulu. Ich suchte mir die Namen *Shaka* – nach dem großen Krieger und Monarchen des Zulu-Königreiches, Shaka Zulu – und *Cinque* aus – nach Joseph Cinque, dem Sklaven, der die Revolte gegen die Sklavenhändler auf dem Schiff La Amistad anführte. Einen afrikanischen Namen anzunehmen, war für mich ein Symbol der Freiheit, das Gefühl, neugeboren zu werden, mein afrikanisches Erbe zurückzuerlangen. Wir nannten unsere neuen Namen »Freiheitsnamen«, denn sie verkörperten unsere Befreiung. Da wir Joseph Cinques Namen lediglich gelesen und niemals laut

15 Richard Wright (1908–1960) war einer der ersten afro-amerikanischen Bestseller-Autoren. Sein erfolgreicher sozialkritischer Roman *Native Son* erschien 1940 (ungekürzt erstmals 1993), wurde verfilmt und für das Theater bearbeitet (unter der Regie von Orson Welles). Wright schuf mit *Sohn dieses Landes* (dt. Berlin 1969, vollständige Neuübersetzung Zürich 2019) einen Roman, der die Unterdrückung der Schwarzen in seiner Zeit drastisch und unter Verwendung autobiografischer Elemente schildert; zugleich eine Anklage gegen die Gesellschaft der Weißen, die diese Unterdrückung sowohl zulässt wie auch mit verursacht.

gesprochen gehört hatten, sprachen wir es »Cin-cue« aus. King nannte mich einfach Q. Ich gab King den Namen, den er für sich selbst gewählt hatte, Moja, was in Swahili »ein« bedeutet. *Ein König.*

So manche Nacht schrieb ich etwas auf. Ich halte mich nicht für einen Dichter, aber wenn mich starke Gefühle durchströmten, brachte ich sie manchmal in Gedichtform. So konnte ich ausdrücken, was mich innerlich beschäftigte. 1978 schrieb ich eines meiner ersten Gedichte. Es heißt »I wait.«

6 x 8 cell, and I wait!
I wait for revolution, and I wait
For unity, and I wait for peace!
I wait while people shoot up dope,
And while people smoke down grass!
Yes, I wait, am I a fool?
I wait, I wait and I wait!
People party down, and I wait!
I wait while people do the boogy,
Robot, bus stop, and hustle our lives away!
I wait while people drag ass!
Education, agitation, organization,
I'm still waiting!
Justice! I'm waiting
and I wait, and wait, and wait!
Gates flying open, people running,
Jumping, screaming, laughing, and
I wait!
Can I be wrong to wait?
I even wait for answers that never
Come, foolish huh! But I wait!
I'm waiting for justice for those
Murdered, pigs killing our youth,
And I wait for it to stop!
People waiting for food stamps,
hunger stalks, waiting for medical
aid, bodies die! Decent homes cause
there's too many rats, roaches, and
snails, I'm still waiting!
I wait for truth in schools, I ask
for truth, and I'm told to *WAIT!*

I wait while youth dies from my body,
death stalks my soul, and I wait!
I wait while revolutions of liberations
sweep across the world, Amerikkka[16], I'm
Waiting!
I wait for black man and woman to discover
love, I wait for them to discover it, yes,
I wait! I wait for the embrace of family,
sound of father, brother, black men, and son,
and I still wait! Seconds turn to years, years
turn to centuries, and I wait!
WHY![17]

Irgendwann 1979 waren Herman und ich einmal zufällig zur selben Zeit draußen auf dem Hof der CCR. Wir standen in zwei nebeneinanderliegenden Feldern und konnten uns durch den Maschendrahtzaun hindurch unterhalten, anstatt über den ganzen Hof zu brüllen, wie wir es so häufig tun mussten. War es das wert, durch all dieses Leid zu gehen, das uns widerfuhr? Sollten wir irgendetwas ändern? Bedauerten wir irgendetwas? Beide kamen wir zu demselben Schluss, dass alles, was wir durchgestanden hatten, notwendig gewesen war. Wir

16 Die Schreibung *Amerikkka* für America spielt auf den Ku-Klux-Klan an.

17 2x3 Meter, und ich warte! / Ich warte auf die Revolution, und ich warte / Auf Solidarität, und ich warte auf den Frieden! / Ich warte, während die Leute sich einen Schuss setzen, / Und während die Leute kiffen! / Ja, ich warte, bin ich ein Narr? / Ich warte, ich warte, und ich warte! / Die Leute machen Party, und ich warte! / Ich warte, während die Leute den Boogie tanzen, / den Robot, den Bus-Stop, und unser Leben verzocken! / Ich warte, während die Leute ihren Arsch nicht hochkriegen! / Bildung, Bewegung, Organisieren, / Ich warte immer noch! / *Gerechtigkeit!* Ich warte / und ich warte und warte und warte! / Tore fliegen auf, Leute laufen raus, / Springen, schreien, lachen, und / Ich warte! / Kann es ein Fehler sein, zu warten? / Ich warte sogar auf Antworten, dich ich nie / Bekomme, wie dumm huhuhh! Aber ich warte! / Ich warte, dass diejenigen Gerechtigkeit erfahren, die / Ermordet wurden, Schweine, die unsere Jugend töteten, / Und ich warte darauf, dass das alles aufhört! / Leute, die auf Essensmarken warten, / Verhungernde, die auf medizinische Hilfe warten, sterbende Körper! Angemessene Wohnungen, denn / es gibt zu viele Ratten, Kakerlaken und Schnecken, Ich warte immer noch! / Ich warte darauf, dass in den Schulen die Wahrheit gesagt wird, ich fordere / Wahrheit, und sie sagen mir, ich solle *WARTEN!* / Ich warte, während die Jugend an meinem Körper abstirbt, / der Tod in meine Seele schreitet, und ich warte! / Ich warte, während Befreiungskriege / die ganze Welt überschwemmen, Amerikkka, Ich / Warte! / Ich warte darauf, dass schwarze Männer und Frauen die Liebe / Entdecken, Ich warte darauf, dass sie sie entdecken, ja, / Ich warte! Ich warte auf die Umarmung der Familie, / die Stimme des Vaters, Bruders, der schwarzen Männer und Söhne, / und Ich warte immer noch! Sekunden werden zu Jahren, Jahre / werden zu Jahrhunderten, und Ich warte! / WARUM NUR!

wussten, dass wir nicht 23 Stunden am Tag für das weggeschlossen waren, was wir getan hatten. Wir waren dort, weil wir die waren, die wir waren. Opfer waren nötig, um etwas zu verändern. Keiner von uns bedauerte irgendetwas. Niemals mehr verloren wir ein Wort darüber.

In dieser Zeit wurde Goldy aus dem Angola entlassen. Monate später hörten wir, dass er, nachdem er sich einen Schuss gesetzt hatte, auf der Straße gestorben war.

Die Achtzigerjahre

Von Nelson Mandela lernte ich: Wenn du ein hohes Ziel hast, kannst du die Last der ganzen Welt auf deinen Schultern tragen. Von Malcolm X lernte ich: Es kommt nicht darauf an, wie du anfängst, es kommt darauf an, wie du es beendest. Von George Jackson lernte ich: Wenn du nicht bereit bist für das, woran du glaubst, zu sterben, dann glaubst du an gar nichts.

Kapitel 27
»Jetzt hab ich dich«

Wenn man inmitten von Beton lebt, gewöhnt man sich an Lärm. Die Töne prallen vom Boden und von den Wänden ab und kommen als Echo zurück. Wenn jemand auf deinem Stockwerk einen Anfall bekam, konntest du ihn weinen oder schreien hören. Es gab Typen, die stundenlang oder tagelang stöhnten. Unentwegt lief der Fernseher, und zwar bei voller Lautstärke. Wenn jemand rief, hörte man das den ganzen Stock rauf und runter. Sechzehn Mal am Tag wurde eine Zellentür geöffnet und dann, genau eine Stunde später, wieder geschlossen. Wenn sich zwei Typen stritten – man hörte alles. Wenn sie eine Zelle filzten – man hörte alles. Wenn ein Häftling bei einem anderen vor der Tür stand, um mit ihm zu reden, musste er schreien, um gehört zu werden; jedes Gespräch konnte man hören. Jedes Mal, wenn ein Gefangener aus dem Stock geholt wurde, hörte man die Ketten rasseln, die der Wärter in die Zelle mitbrachte. Anschließend hörte man die Ketten zwischen den Füßen des Gefangenen rasseln, wenn er hinausging und genauso, wenn er wieder zurückkam. Häftlinge auf verschiedenen Stockwerken hatten die Angewohnheit, sich durch das Rohrleitungssystem zu unterhalten, mit der Folge, dass man den ganzen Tag diese Gespräche mitanhören musste. Die Sicherheitsleute installierten Abhörapparate in diesen Rohren. Das war der Grund, warum ich nie persönliche Gespräche durch die Rohre führte; jeder konnte alles mitanhören.

Einzelhaft wird als besonderes Strafmaß genutzt, um einen Gefangenen zu brechen. Es gab nichts, was die Belastung, 23 Stunden am Tag allein weggeschlossen zu sein, mildern konnte. Noch 1982, nach zehn Jahren, hatte ich gegen den unbewussten Drang zu kämpfen, einfach aufzustehen, die Tür zu öffnen und hinauszuspazieren. Wir alle, die wir in einer Isolationszelle festsaßen, hatten unentwegt mit heftigen, außergewöhnlichen Gefühlen zu kämpfen, mit nie gekannten Gefühlen, möglicherweise den stärksten, die es gibt: der Angst, die Kontrolle über sich selbst zu verlieren, und die Angst, seinen Verstand zu verlieren. Jeder Tag ist absolut gleich. Die einzige Änderung, die es gibt, ist die, die du selbst herbeiführst. Die einzige Chance, diese Einzelzellen zu überleben, ist, sich dem Leid und der Qual zu stellen. Der Druck der Zelle veränderte die meisten Männer. Einige wurden depressiv und verkrochen sich in sich selbst, isolierten sich, sprachen nicht mehr, verließen niemals mehr ihre Zelle. Andere redeten ununterbrochen, wurden verwirrt, handelten irrational. Wenn ich einen

Mann erlebte, der kurz davor war, gebrochen zu werden, sprach ich mit ihm, versuchte ihm hindurchzuhelfen. Ich konnte fühlen, was er durchlebte, auch wenn es mich in jenem Moment nicht betraf, aber ich hatte all dies selbst erlebt. Ich tat, was ich konnte, um ihn abzulenken. Ich drang in seine Gedankenwelt ein, damit er nicht alleine war. Es funktionierte nicht immer. Ich hatte Männer erlebt, die viele Jahre mit hohen moralischen Grundsätzen gelebt hatten und ganz plötzlich destruktiv wurden und chaotisch.

Ich musste jeden Einzelnen auf meinem Stockwerk in meinem Dasein unterbringen. Sich mit fünfzehn Persönlichkeiten – meiner eigenen und vierzehn anderen – 24 Stunden am Tag zu beschäftigen, war furchtbar kräftezehrend. Jedes Mal, wenn jemand Neues dazukam, musste ich seine Persönlichkeit kennenlernen, seine Vorlieben und Abneigungen und das, was ihn in Wut brachte. Zunächst ist die Umgebung eine Weile lang ganz ruhig, bis die Leute sich ein Bild von ihm gemacht haben und einschätzen können, wie er sich verhalten wird: ob er sich einfügen oder Unruhe stiften wird. Einige dieser Leute waren schwer geschädigt, Menschen ohne jede Selbstachtung, ohne Anstand, ohne moralische Werte, ohne Grundsätze. Das Gefängnis ist ein sehr gewalttätiger Ort. Pausenlos musste man mit einem Angriff rechnen. Es gab Häftlinge, die waren regelrecht paranoid, die lagerten Urin und Scheiße in ihrer Zelle, um dies als Waffe bei einem Angriff zu nutzen. Es gab Häftlinge, die heißes Wasser oder menschliche Exkremente auf jemanden in ihrer Zelle ausschütteten, aus Wut oder aus Rache. Es gab Psychopathen, die einen ohne jeden Grund angriffen, die einfach das Bedürfnis hatten, Ärger zu machen.

Mir war klar, dass jeder Einzelne durch seine Erfahrungen in der Gesellschaft draußen geformt worden war. Daran erinnerte ich mich immer wieder, wenn ein neuer Gefangener zu uns auf den Stock kam, mit dem es Probleme gab. Sich in Einzelhaft zu befinden, lastete schwer auf manchen Männern, und wirkte sich furchtbar negativ auf ihr Verhalten aus. Ich versuchte mit jedem von ihnen individuell und in einem ruhigen Moment Kontakt zu knüpfen. Man lernt, dass jeder Mensch aus einer Vielzahl von Schichten besteht. Und man sucht nach einer guten. Dabei kann es aber auch zu großen Enttäuschungen kommen. Einmal gab ich einem Mithäftling juristischen Beistand. Als Ergebnis wurde die bereits in Haft verbüßte Zeit auf seine Strafe angerechnet. Er wurde also tatsächlich aufgrund meiner Hilfe freigelassen. Am Tag nachdem er das neue Urteil vernommen hatte, kam er an meine Zellentür und bewarf mich mit seiner Scheiße. Er war total sauer, weil ich in jenem Moment Nachrichten im Fernsehen sah und ihn nicht das

Programm wechseln ließ. Solche Erfahrungen muss man gleich wegschieben, denn sonst wird man verbittert. Jeden Tag beginnt man von vorn. Man sucht nach Menschlichkeit – in jedem einzelnen Menschen.

Ich machte jeden Morgen mein Bett. Ich putzte die Zelle. Ich hatte meinen eigenen Putzlappen, mit dem ich die Wände putzte. Sobald Besen und Mopp ausgeteilt wurden, fegte und wischte ich meinen Zellenboden. Jeden Morgen machte ich mindestens eine Stunde Sport in meiner Zelle. An den Tagen, an denen ich keinen Hofgang hatte, rannte ich fast die ganze Freistunde, die mir außerhalb der Zelle zur Verfügung stand, den Stock hoch und runter. Sport ist wichtig, um nicht in Depression zu verfallen. Jeden Tag schaute ich ein oder zwei Stunden Nachrichten durch die Gitterstäbe und jeden Tag verbrachte ich mindestens zwei Stunden mit meinen Büchern. Ich vermied es, negative Gespräche um mich herum mitzubekommen. Manchmal lag ich quer auf meinem Bett und stemmte die Füße gegen die Wand, der Kopf hing über der Bettkante: entspannend damals.

Die monotone Wiederholung der täglichen Abläufe konnte sehr peinigend sein. Ich nannte dies »noch ein Tag im Fort Dodge«[18], in dieser brutalen Einöde. Ich bemühte mich, meinen Alltag immer mal wieder ein wenig zu verändern. Ich frühstückte zum Beispiel monatelang oder auch ein Jahr auf meiner Pritsche sitzend. Dann stand ich monatelang beim Frühstück. Dann saß ich eine Zeit lang beim Frühstück am Tisch. Tief drinnen allerdings wusste ich, es war immer alles gleich. Ich konnte mir gar nicht selbst weismachen, dass irgendetwas anders wäre.

Sosehr wir auch die Monotonie des Alltags hassten, so brauchten wir sie doch, um mental stabil zu bleiben. Sie gab uns Vertrautheit, ein Gefühl von Sicherheit und Vertrauen in unseren Lebensraum. Eldridge Cleaver sprach dabei von dem »Territorialen Imperativ«: Wenn Menschen ihre Umgebung kennen, dann wissen sie auch, wie sie dort überleben können. Wenn das Licht immer zur selben Zeit angeht oder wenn sie immer zur selben Zeit essen. Es brachte Ordnung in unser Leben. Sobald wir uns an den Tagesablauf gewöhnt hatten, konnten wir uns auf etwas verlassen. Die kleinste Veränderung konnte sich verheerend anfühlen.

Die größten Veränderungen fanden statt, wenn uns ein neuer Gefängnisdirektor oder Colonel übergestülpt wurde. Der wollte

---

18 Dodge City ist eine Stadt im US-amerikanischen Bundesstaat Kansas. Sie galt durch ihre Lage als Außenposten im »Wilden Westen« und wurde durch viele Western-Romane oder -Filme weltweit bekannt. »Fort Dodge« gilt als Synonym für ein gefährliches, gewaltbereites, aber auch ödes Nest im Wilden Westen.

nämlich dann meistens seine Macht demonstrieren, auch wenn es gar nicht nötig war. Das alte Sprichwort, dass unkontrollierte Macht korrupt ist, ist nur zu wahr (»Macht korrumpiert, absolute Macht korrumpiert absolut.«[19]). Ich warte noch immer auf die Situation oder die Erfahrung, in der die ultimative Macht eines Menschen über einen anderen wohltätig ist – ausgenommen Mütter und Väter bei ihren Kindern. Meistens bringt Macht Grausamkeit mit sich. Wenn sich in unserem Leben etwas änderte, waren alle verwirrt oder bestürzt, selbst die Wärter. Die Häftlinge spürten es am heftigsten. Es konnte tatsächlich so etwas Simples sein wie ein verspätetes Frühstück.

Wenn es normalerweise um halb sieben Frühstück gibt, dann erwartet man nach dem Aufstehen auch, dass um diese Zeit der Essenswagen auf dem Stock entlanggeschoben wird. Wenn er nicht kommt, wird man unruhig. Nach weiteren fünfzehn Minuten beginnt ein emotionales Chaos. Du versuchst, dich durch Auf- und Abgehen zu beruhigen. Du glaubst, irgendetwas im Camp oder im Gefängnis stimmt nicht. Du wirst daran erinnert, dass du keine Kontrolle über dein Leben hast. Du musst die Hoffnungslosigkeit bekämpfen. Du musst die Wut bekämpfen, dass dein Tablett nicht gekommen ist. Eine Veränderung in der täglichen Routine kann die menschliche Logik zunichtemachen. Ich habe Kerle gesehen, die anfingen, sich zu schütteln und an den Stäben zu rütteln, und nach dem Frühstückstablett zu schreien und zu brüllen, wenn es nicht pünktlich kam. Neun von zehn Malen wurden sie dann mit Gas eingenebelt und in den Kerker geschleppt. Ich trainierte mich darin, eine Veränderung als Chance zu sehen, statt als Bedrohung. Ich entwickelte eine mentale Härte. Ich sagte mir selbst, dass ich alles überleben konnte – außer den Tod.

Es gab auch Veränderungen, die ich nicht mochte, aber verstand. Sie verboten uns zum Beispiel, Bilder an den Zellenwänden aufzuhängen, denn Papier führte zu Brandgefahr. Wenn ein Häftling Feuerzeugbenzin herumspritzte und ein angezündetes Streichholz gegen die Wand warf, konnte das Papier in Flammen aufgehen. Andere Verordnungen hingegen wurden nicht aus Sicherheitsgründen erlassen, sondern waren reine Schikane. Einmal verhängte ein Major die neue

---

19 Das Diktum »Power tends to corrupt and absolute power corrupts absolutely« stammt von dem Historiker Lord Acton (1834–1902), eine kritische Äußerung gegen das Dogma der päpstlichen Unfehlbarkeit. Quelle: Brief an Mandell Creighton (5. April 1887), in: *Historical Essays and Studies, by John Emerich Edward Dalberg-Acton* (1907), edited by John Neville Figgis and Reginald Vere Laurence, Appendix, Seite 504.

Regelung, dass wir nur einen einzigen Styroporbecher in unserer Zelle aufbewahren durften. Eine ganze Reihe der Männer bekamen einen Akteneintrag dafür, dass sie mehr als einen Becher in der Zelle hatten. Allerdings hatte dieser Eintrag keine große Bedeutung, es gab ja nichts mehr, was sie uns wegnehmen oder verbieten konnten. Nur, als wir ab 1987 Besuche empfangen durften, hatten die Freien noch einmal die Macht, die Männer in die Knie zu zwingen. Wenn man einer Ordnungswidrigkeit für schuldig befunden worden war, wurden einem Besuche für sechs Monate gestrichen.

Es gab Wärter, die wegschauten, wenn mal eine Regel missachtet wurde – solange es kein Sicherheitsrisiko gab. Wenn etwas in deiner Zelle nicht richtig lief, gaben sie dir die Chance, es wieder in Ordnung zu bringen. Andere wiederum ergötzten sich daran, mit den Akteneinträgen zu drohen. Sie spazierten dann an deiner Zelle vorbei und zeigten auf dich mit den Worten: »Ich hab dich.« Diese Einschüchterungsversuche wirkten aber bei vielen von uns nicht. Auch mich störte es nicht die Bohne, einen Eintrag zu bekommen, selbst dann nicht, wenn es bedeutete, dass die Kontaktbesuche gestrichen wurden. Wenn sie bei mir vorbeikamen und sagten, »Ich hab dich«, antwortete ich nur: »Arschloch. Schreib's doch auf.« Immer wieder hörte ich auf meinem Stock auch Antworten wie, »Und schreib deine Mama auch noch auf«, und Ähnliches. Wenn wir Glück hatten, dann war der Freie, der uns einschüchtern wollte, zu faul, um den Papierkram zu erledigen, oder er konnte nicht gut genug lesen oder schreiben. Der nächste Major oder Colonel, der das Sagen über das Camp bekam, würde sowieso wieder neue Verordnungen erlassen. Dem mochte es vielleicht scheißegal sein, wie viele Styroporbecher wir in der Zelle hatten – er würde sich etwas anderes ausdenken.

Das Kochen in der Zelle war nie offiziell erlaubt, es wurde aber über Jahre hinweg toleriert, besonders dann, wenn wir den Freien, die Dienst hatten, etwas von unserem Essen abgaben. In jener Zeit durften uns unsere Familien einmal im Jahr eine Ladung Konserven schicken oder wir durften Konserven, Salz und Gewürze in der Kantine kaufen. Wir stellten aus Toilettenpapier feste Ringe her, die wir zum Kochen verbrannten.

Lebensmittel, die wir nicht in der Kantine kaufen konnten, wie zum Beispiel Fleisch oder andere notwendige Dinge, besorgten wir uns auf dem Schwarzmarkt. Dieser CCR-Schwarzmarkt funktionierte durch ein Netzwerk von Gefangenen, auf die Verlass war. Wenn ein Mann sein Wort gibt, dann stiehlt er nicht. Er lügt auch nicht. Er tut das, was er sagt, dass er es tut.

Da Herman, King und ich als verlässlich galten, wusste jeder, der uns half, dass er auch bezahlt würde. Ein Gefangener in der Maschinenwerkstatt zum Beispiel fertigte ganz nebenbei Kochtöpfe und Bratpfannen an, indem er riesige Bohnendosen auseinanderschnitt und aus Metallresten Griffe dranmontierte. Er gab diese Pfanne dann einem Orderly, der im CCR-Trakt arbeitete, und der wiederum nahm sie mit auf unseren Stock, wenn er hier Dienst hatte. Er legte die Pfanne einfach in die Dusche. Ich nahm sie dann in meiner freien Stunde aus der Dusche heraus und bezahlte den Überbringer durch eine Art Tauschhandel: das konnten Lebensmittelmarken sein, ein Paar Turnschuhe oder eine Jeans, Tabak, juristische Hilfe oder was auch immer wir aushandelten. Manchmal wollte der Überbringer seinen Anteil, manchmal auch nicht. Viele unserer Mithäftlinge halfen uns ohne Gegenleistung, denn sie hatten viel Gutes von uns gehört und schätzten uns. Auf diese Weise bekamen wir so ziemlich alles, was wir brauchten. Wir kochten in unseren Zellen, brieten Hähnchen oder Schnitzel mit roten Bohnen, Schlangenbohnen oder was auch immer auf dem Schwarzmarkt vorrätig war.

King war berühmt für seine selbstgemachten Pralinen. Er stellte sie nach einem Rezept von einem inhaftierten Koch her, Cap Pistol, den er Jahre zuvor kennengelernt hatte. King sammelte zuerst die Butterportionen, Zuckerpäckchen und Milchreste von seinem Essenstablett. Wenn er diese Mischung aus Butter, Zucker und Milch in der selbstgemachten Pfanne dann mit der exakten Hitze karamelisiert hatte, schüttete er die Mixtur in einen Umschlag aus Manila-Karton zum Abkühlen und Aushärten. Andere Gefangene sammelten mit der Zeit regelmäßig ihre Butter, Zucker und Milch für ihn, den Rest besorgte er sich auf dem Schwarzmarkt im Angola. Während des Erhitzens wurde das ganze Stockwerk in einen süßen Duft gehüllt. Trustees brachten King Pekannüsse, die auf dem Angola Areal angebaut wurden, damit er damit seine süße Masse verfeinerte. King stellte regelmäßig einen ganzen Haufen Süßigkeiten für die Gefangenen im Todestrakt her. Und so manches Mal brachte ein Sicherheitsbeamter ihm ein Pfund Zucker als Tausch für ein paar Süßigkeiten.

Mitte der 1980er-Jahre untersagte der neue Gefängnisdirektor das Kochen in den Zellen. Wir taten es dennoch; wir taten es nur heimlicher. Ich schob meine Metallkiste in die Mitte der Zelle, um dahinter zu kochen. Wir konstruierten sogenannte »Peeper« an den Gitterstäben – Glasstücke von einem zerbrochenen Spiegel mit Kaugummi festgeklebt –, damit wir mit einem Blick sehen konnten, wer unseren Stock entlangkam. Wenn sich einer von den Freien näherte, machte ich sofort das Feuer aus und schob das Essen und die Bratpfanne aus dem Sichtfeld heraus. King stellte seine Süßigkeiten auf der Klobrille her, sodass er beim Näherkommen eines Freien das Feuer ins Wasser stoßen konnte. Schließlich wurden Glasspiegel von den Stockwerken verbannt, und wir mussten Metallspiegel im Gefängnisladen kaufen. Diese waren okay zum Haarekämmen oder zum Beobachten, was der Typ in der Zelle neben dir machte, doch wenn man mit dem Metall den Gang kontrollieren wollte, konnte man lediglich ein kleines Stück sehen, bevor das Spiegelbild sich verzerrte.

Jeder CCR-Stock verfügte über ein Miniatur-Schachspiel und ein Miniatur-Damespiel, die alle benutzen durften. Ich hatte von einem Mithäftling, der die Isolationshaft verlassen hatte, ein eigenes Schachspiel für meine Zelle bekommen. Irgendwann hatte jeder von uns dreien – Herman, King und ich – ein eigenes und wir spielten häufig zu zweit. Wenn ich gegen King spielte, riefen wir uns die Züge von Zelle zu Zelle zu. Mit Herman konnten wir spielen, indem wir Nachrichten auf Papier hin und her schickten. Ich hatte damals den Eindruck, Herman könnte ein wahrer Schachmeister werden. Er konnte einfach so aus dem Gedächtnis spielen. Im Kerker bastelte King sich Schachfiguren aus Toilettenpapier, um mit jedem, der in seine Zelle kam, spielen zu können. Wenn Herman eine Figur fehlte, fertigte er sie aus Seife an. Irgendwann kam Herman auf die geniale Idee, Schachturniere im CCR-Trakt zu organisieren. Diese Aktivität gab den Männern einen positiven Denkanstoß, sie konnten sich auf etwas freuen, etwas tun. Wir brachten allen, die wollten, das Schachspielen bei und das Turnier wurde mit großer Ungeduld erwartet.

Auch Domino war beliebt auf unserem Stock. In unserer freien Stunde durften wir ab und zu auf dem Boden vor der Zelle eines Mithäftlings sitzen und Domino oder Karten mit ihm spielen, je nachdem, welcher Sergeant gerade Dienst hatte. Ich spielte Schach, Domino oder Dame mit meinem Zellennachbarn. Wir bauten das Spiel zwischen uns auf dem Boden auf. Da wir nicht viel Bewegungsfreiheit hatten, benutzten wir einen Bleistift, um unsere Spielfiguren auf die entsprechenden Felder zu schieben. Dann erfanden wir für uns auch zusätzliche »Banditen-Regeln« beim Domino, um das Spiel spannender zu machen. Bei jedem Spiel ging es darum, den Gegner durch Geschwätz aus der Fassung zu bringen und seine Konzentration zu stören. Wenn einer von uns Müll spielte, befahlen wir ihm, sich in die Mülltonne zu stellen.

Bis in die 1990er-Jahre hinein war es uns nicht gestattet, Kalender in der Zelle zu haben. Sobald die Wärter einen bei uns fanden, auch, wenn er selbstgemacht war, zerrissen sie ihn und warfen ihn weg. Ich habe nie herausgefunden, warum sie das taten. Ich fragte mich, ob sie es taten, damit wir unser Zeitgefühl verloren – eine andere Möglichkeit, uns zu brechen. Einmal fragte ich einen älteren Mithäftling danach, und er meinte, der Grund seien die Bilder der Frauen in Badekleidung neben dem Kalendarium.

Wir benötigten keinen Kalender, um zu merken, wann der Frühling in Sommer überging. Die Sommerhitze von Louisiana ist in einer Gefängniszelle unerträglich. Noch Jahre nachdem man das Gefängnis verlassen hat, hat man diese brutale Zeit nicht vergessen. Es gibt keinerlei Luftzirkulation. Nicht einen Windhauch. Nie. Die kleinen Ventilatoren, die wir in unserer Zelle benutzen durften, zeigten überhaupt keine Wirkung. Die Moskitos fraßen uns bei lebendigem Leibe auf. Bis wir irgendwann Netze aufhängen durften, verbrannten wir unsere Socken, um die Moskitos abzuwehren. Durch den Rauch schien unser Stock wie im Londoner Nebel zu verschwinden. Wir saßen nur in Unterwäsche in unseren Zellen. Es war so heiß, dass man kaum einen Brief schreiben konnte, denn der Schweiß tropfte einem von der Stirn und von den Händen aufs Papier, der Stift rutschte auf dem feuchten Papier weg oder riss Löcher hinein. Ab und zu schlief ich auf dem kahlen Boden, in der Hoffnung, dort wäre es kühler als auf der Pritsche. Die Mäuse, die mir über die Füße oder Beine liefen und die Insekten, die über mich hinwegkrabbelten, nahm ich dabei in Kauf. Es wurde nicht kühler. Wir hängten Betttücher an die Stäbe vor dem Fenster, um das Sonnenlicht abzuschwächen, das mitten in die Zelle schien, auch wenn dies eigentlich streng untersagt war.

Nachdem wir jahrelang Eis gefordert hatten, stellte die Verwaltung in den 1980er-Jahren endlich Eisboxen auf jede Etage. Orderlies füllten sie morgens nach dem Frühstück und abends nach der letzten Mahlzeit mit Eis. Jeder von uns hatte eine Art Becher, um sich etwas Eis zu holen. In meiner Freistunde außerhalb der Zelle füllte ich den Gefangenen, die mich darum baten, Eis in ihre Behälter ab. Meinen eigenen füllte ich dann direkt, bevor ich zurück in meine Zelle musste, und schüttete die Eisbrocken in mein Waschbecken. War das Eis geschmolzen, tauchte ich mein Handtuch hinein und rieb mich kalt ab. Manchmal legte ich auch mein Bettlaken ganz in das Eiswasser hinein und wickelte mich darin ein. Später wurde ein großer Ventilator an einem Ende des Stocks aufgestellt. Nach unseren pausenlosen Beschwerden und Protesten stellten sie noch einen zweiten am anderen Ende auf, jedoch hatte keiner der beiden Ventilatoren irgendeine positive Wirkung, außer dass die heiße Luft und die Feuchtigkeit herumgewirbelt wurden und die beiden Teile einen Höllenlärm machten. Die Gluthitze war eine Qual, und wir ließen in unseren Protesten nicht nach. Schließlich bekamen wir fünf Ventilatoren für jeden CCR-Stock, die sie an den Wänden gegenüber den Zellen installierten. Doch auch dadurch wurde es im Sommer nicht kühl – und im Winter nicht warm.

In den Wintermonaten konnte ich zwar hören und riechen, wie die Heizkörper morgens angingen, doch in unseren Zellen wurde es nicht wärmer. Jeder Gefangene bekam eine Decke. Wenn du das Geld hattest, einen Orderly zu bezahlen, brachte er dir noch eine zweite. An sehr kalten Tagen zog ich mir zwei T-Shirts übereinander, darüber zwei Sweatshirts, eine Jogginghose über meine Jeans, zwei Paar Socken, dazu eine Mütze. Dann wickelte ich mich noch in meine Decke ein – wie ein Baby im Tragetuch. So krabbelte ich unter meine zweite Decke und wartete auf die Wärme. Was mich im Rückblick so erstaunt, ist die Tatsache, wie viel der menschliche Körper aushalten kann.

Meine Lieblingszeit des Tages war zwei oder drei Uhr morgens. Wenn alle anderen normalerweise schliefen. Niemand hatte zu dieser Zeit draußen seine Freistunde. Die Lautstärke im Fernseher war niedrig gedreht. Es war relativ friedvoll und ruhig. Zu dieser Zeit konnte ich mich sammeln und auf Wesentliches konzentrieren. Ich liebte es, in dieser Zeit zu lesen – oder nachzudenken. Es war meine persönliche Zeit, in der ich mich mit dem Druck, 23 Stunden am Tag in einer 2x3 Meter großen Zelle gefangen zu sein, mit meinen Gefühlen und meinen innersten Gedanken auseinandersetzen konnte. Ich schaute zurück auf die Erlebnisse des Tages und analysierte, wie ich darauf reagiert hatte. Ich fragte mich immer mal wieder, warum ich dies oder jenes getan hatte. Ich erkannte, dass ich fast ausschließlich aufgrund meines Bauchgefühls agierte. Später merkte ich auch, dass mein erstes instinktives Gefühl normalerweise das richtige war. In diesen Morgenstunden dachte ich auch über die Nachrichten des Tages nach. Nachrichten im Fernsehen zu verfolgen, egal ob gute oder schlechte, hielt meinen Geist wach. Ich dachte zudem über die Gespräche nach, die ich tagsüber auf meinem Stockwerk geführt oder die Aktivitäten, die ich unternommen hatte. Manchmal las ich frühmorgens auch bestimmte Passagen in Büchern nach, die mir besonders gut gefallen hatten, oder ich schrieb mir ein imaginäres Budget auf, mit dem ich mein alltägliches Leben bestritt. Ich gab mir selbst einen Job, bei dem ich zweihundert Dollar die Woche verdiente und führte dazu ein Kassenbuch. Ich notierte mir, wie viel Geld ich bei diesem Gehalt für Miete, Gas, Strom und Lebensmittel ausgeben konnte. Ich träumte mich häufig in die freie Welt: Ich saß am Abendbrottisch mit meiner Familie, ich fuhr Auto, ich ging zum Einkaufen, ich machte Urlaub. Ich fantasierte herum, wie ich den Yosemite Nationalpark besuchte, über den ich einmal eine Fernsehsendung von *National Geographic* gesehen hatte. Diese Träumereien stärkten meinen Glauben, dass ich eines Tages in Freiheit lebte. Ich lernte, dass Träumen und Fantasien keine physikalischen Grenzen gesetzt sind, denn die Gedanken und die menschliche Vorstellungskraft sind grenzenlos.

Immer wieder werde ich gefragt, ob wir in den Einzelzellen überhaupt Fenster hatten. Es gab immer ein Fenster, das in unserem Sichtbereich lag, normalerweise an der Wand gegenüber unserer Zelle. In den 1970er-Jahren gingen unsere Fenster raus auf den Hof vom Todestrakt. In den 1980ern auf den Hof vom CCR. In meiner Freistunde stand ich meistens am Fenster, und wenn Herman unten auf dem Hof Sport machte, riefen wir uns etwas zu. (Immer wenn Herman auf seinem Stock ein Fenster zum Hof hatte, nutzte auch er seine Freistunde, um zu schauen, ob King oder ich unten waren, und rief gleichfalls zu uns herunter.) Einmal saß ich in einer Zelle mit Blick auf den Wald, wo ich Vögel und Stinktiere und einige andere Tiere beobachten konnte. Leider kamen irgendwann die Bulldozer, um die Bäume nahe des Gefängnisareals aus Sicherheitsgründen niederzuwalzen. Einmal hatte ich auch – wenigstens für kurze Zeit – ein Fenster in meiner Zelle. Es gab mir zwar nicht das Gefühl, weniger eingeschlossen zu sein, aber ich konnte es eigenhändig öffnen und schließen. Ich ließ es zum Beispiel gerne geöffnet, wenn es regnete, denn dann kam die Frische herein. Trotz der Fenster konnten wir leider nie den Himmel direkt über uns sehen, wir sahen nur den Himmel am Horizont. Wenn wir in eine andere Zelle verlegt wurden, bekamen wir zwar einen neuen Blickwinkel, aber es war noch immer das, was wir sonst auch sahen. Wir nannten dies unsere endlosen Aussichten.

In den frühen 1980er-Jahren wussten Herman, King und ich, dass wir vergessen waren. Die Black-Panther-Bewegung gab es nicht mehr. (Die offizielle Organisation, so war zu hören, hatte 1982 ihre Aktivitäten eingestellt.) Wir schrieben eine Menge Briefe an verschiedene Organisationen, in denen wir um Hilfe baten. Ich kann mich aber an keinen einzigen Antwortbrief erinnern. Ich war absolut enttäuscht. Ich fühlte mich auch irgendwie betrogen. Wir waren einfach vergessen: von der

Partei, von politischen Organisationen, von den Menschen, mit denen wir zusammen gekämpft hatten. Ich war frustriert. Die vielen Anwälte und Rechtsbeistände, die wir schriftlich darum baten, sich unserer Fälle anzunehmen, wiesen uns ab oder ignorierten schlicht unsere Briefe. Uns war klar, dass es in unserem Fall zu gravierenden Justizirrtümern und Fehlurteilen gekommen war. Da auf unsere Schreiben keine Antworten kamen, hatten wir keine andere Wahl, als unseren Kampf allein weiterzuführen. Wir wurden zu unserem eigenen Hilfskomitee. Jeder wurde für den anderen zu einer Inspirationsquelle.

Kapitel 28
Krankenappell

Ich ging niemals freiwillig ins Krankenhaus, nur wenn es absolut notwendig war. Die medizinische Versorgung im Angola – und in allen anderen Gefängnissen – war und ist erbärmlich. Es gibt lange Verzögerungen, schlecht ausgebildete Ärzte und eine Menge falscher Diagnosen in den Gefängniskrankenhäusern. Im Angola wurde zum Beispiel bei jeder Diagnose im Krankenhaus Aspirin gegeben. Da man dafür, vollständig gefesselt, in einem Streifenwagen ins Krankenhaus gefahren wurde und stundenlang in einem winzigen, nach Urin und Erbrochenem stinkenden Raum von der Größe einer Besenkammer eingesperrt warten musste, verzichtete ich auf eine Diagnose im Krankenhaus. Die zwei Aspirin konnte ich mir in der Kantine auch selbst kaufen. Um einen Arzt zu bekommen, statt einer Krankenschwester, musste man sich schon als Notfall melden. Bei meinen Krankheiten oder Verletzungen hatte ich aber nie das Gefühl, dass es ein Notfall sein könnte. Viele Schnittwunden oder Blutergüsse behandelte ich selbst mit einem alten Hausmittel, das ich von meiner Großmutter gelernt hatte: der eigene Speichel. Das funktionierte wunderbar, um die Heilung zu fördern.

Viele Jahre lang gab es für uns nur eine einzige Möglichkeit, medizinisch behandelt zu werden: eine Krankenschwester oder ein Rettungssanitäter kam zwischen 13 Uhr und 15 Uhr auf unseren Stock und rief »Sick call« (Krankenappell), woraufhin jeder, der einen Arzt brauchte, sich an den Gitterstäben seiner Zelle bereitstellte. Die Ärzte kamen manchmal auch mitten in der Nacht, denn ihnen war doch der Gesundheitszustand der Gefangenen oder deren medizinische Versorgung vollkommen egal. Wenn sie nachts kamen, konnten sie automatisch die Zahl der Gefangenen, um die sie sich kümmern mussten, kleinhalten.

Wenn der Ruf der Krankenschwester ertönt war, ging sie oder ein Sanitäter die Zellen entlang und befragte die Häftlinge nach ihren Symptomen. Der eine oder andere bekam auch sofort rezeptfreie Medikamente gereicht. Manchmal kam es zu Beschwerden: »Sie sind kein Arzt. Ich habe Schmerzen, ich brauche einen Arzt.« Wir wussten alle sehr wohl, dass ein Sanitäter oder eine Krankenschwester nicht dazu qualifiziert war, eine ordentliche Diagnose durch die Gitterstäbe hindurch zu stellen.

Die Häftlinge begannen, Klagen einzureichen. Ihr Vorwurf war »bewusste Gleichgültigkeit« in ernsten medizinischen Notlagen, und damit die Verletzung des 8. Zusatzartikels zur Verfassung (»grausame oder ungewöhnliche Strafen«). Der Richter zog eine solche Klage aber erst in ernste Erwägung, wenn der Gefangene drei Dinge nachweisen konnte: dass die Unterlassung angemessener medizinischer Versorgung beträchtliche Folgen oder unnötige Schmerzen nach sich ziehen würde; dass sich die Gefängnisverwaltung bewusst gleichgültig verhielt und eine angemessene medizinische Hilfe aus voller Absicht unterließ; und dass durch diese Achtlosigkeit dem Häftling Schaden zugefügt wurde. Für die Gefangenen im Angola war dieser Nachweis kein Problem. Nachdem die Gerichte in den Bundesstaaten von Klagen dieser Art überschwemmt worden waren, schaltete sich das Bundesgericht ein und stattete dem Staatsgefängnis von Louisiana einen Besuch ab. Als Resultat musste die Gefängnisleitung neue Regelungen erlassen, die es den Häftlingen ermöglichten, ärztliche Hilfe zu erhalten.

Im Laufe der 1980er-Jahre wurde im Angola ein neues System eingeführt: es gab nun Formulare für Krankmeldungen. Dieses Formular wurde den Häftlingen ausgehändigt, die einen Arzt brauchten. Wir konnten auf einer Liste unsere Symptome abhaken und in einem extra Kästchen in unseren eigenen Worten unsere Beschwerden erklären. Dann wurde das Formular gefaltet, zwischen die Gitterstäbe gesteckt, und das Warten begann. Irgendwann kam jemand, der die Blätter einsammelte, und sie hoffentlich einem Arzt gab, der dann eine Diagnose stellte und entschied, wer von uns ins Krankenhaus durfte und wer in seiner Zelle behandelt werden sollte. Wenn ein Gefangener zu krank war, um dieses Prozedere abzuwarten, wenn er zum Beispiel starkes Erbrechen hatte oder stark blutete, konnte er sich als Notfall melden und durfte möglicherweise sofort ins Krankenhaus.

Es gab aber auch eine ganze Menge Inhaftierte, die einen Krankenhausbesuch auf jeden Fall zu vermeiden suchten, denn jeder, der dorthin ging – egal, aus welchem Grund –, bekam einen Akteneintrag wegen »Simulation einer Krankheit«. Ein Gefangener konnte deutlich sichtbare Krankheitszeichen aufweisen – Schmerzkrämpfe, Fieberschübe oder eine nicht heilende Wunde –, er konnte sogar Blut spucken, und trotzdem wurde ihm Simulation bescheinigt. Genau dies geschah mit mir im Jahre 1982. Rund um meine Taille hatte ich damals einen Ausschlag, der kam und ging. Ich machte die entsprechende Anmerkung im Formular und sie brachten mir eine Salbe, die ich auftragen sollte. Es war gerade Hochsommer, die Hitze unerbittlich und kaum zu ertragen. Der Ausschlag wurde schlimmer. Ich benutzte die Salbe und bastelte mir aus Toilettenpapier eine Schärpe. Der Ausschlag entwickelte sich zu einer schlimmen Entzündung. Als meine Haut anfing, an verschiedenen Stellen zu eitern, erklärte ich mich selbst zum Notfall und einige Tage später wurde ich ins Krankenhaus gebracht. Sie unterstellten mir, ich würde simulieren, warfen mir vor, der Ausschlag wäre von mir selbst herbeigeführt, da er immer wieder kam und ging. »Wie kann ich denn selbst einen Ausschlag herbeiführen, der meine gesamte Taille befallen hat?«, fragte ich sie. Schließlich wurde ich von einem Arzt behandelt, der mir eine verschreibungspflichtige Creme gab. Als ich zurück in meiner Zelle war, kam mir die Idee, dass ich möglicherweise auf das Gummiband in meiner Unterhose allergisch reagierte. Ich schmierte mir die Salbe auf den Ausschlag und drehte meine Unterhose von innen nach außen, wobei ich das Gummiband ein Stück runterrollte. Tatsächlich verschwand der Ausschlag. Ich bekam natürlich den Eintrag für meinen Krankenhausbesuch.

Wenn es bei einem Häftling bei einer Krankheit um Leben oder Tod ging, schaltete sich normalerweise das ganze Stockwerk ein. Wir rüttelten an den Stäben und brüllten, bis jemand kam. Als King einmal in seiner freien Stunde umherging, bemerkte er, dass unser guter Freund und Kamerad Colonel Nyati Bolt unter seiner Pritsche lag. Er war seit Tagen krank, war zwar ein paar Mal im Krankenhaus gewesen, dann aber mit einem Aspirin zurückgeschickt worden. Jetzt habe er sich unter der Pritsche verkrochen, so sagte er, um »dem qualvollen Licht zu entkommen«. Er hatte brutale Kopfschmerzen, und das Licht bereitete ihm selbst durch die geschlossenen Augen hindurch unerträgliche Schmerzen. King nahm die Gefahr, Prügel einzustecken, in Kauf und weigerte sich am Ende seiner Freistunde, zurück in seine Zelle zu gehen. Er blieb so lange bei Bolt, bis medizinisches Personal kam, um ihn ins Krankenhaus zu bringen. Später erfuhren wir, dass Bolt einen Schlaganfall erlitten hatte. King schien sein Leben gerettet zu haben.

Bei sehr schweren Erkrankungen, wie zum Beispiel Krebs, wurden die Häftlinge stationär aufgenommen, viele von ihnen zogen es aber vor, während der Behandlungspausen in die CCR zurückgebracht zu werden. Die Gefangenen in Einzelhaft werden nämlich nicht in einer Normalstation untergebracht, sondern allein in einem Raum mit Bett, Stuhl, Toilette und Waschbecken weggeschlossen.

Die vielen Jahre in der Isolation, der Mangel an Bewegung und schlechtes Essen hatten meiner Gesundheit zugesetzt. Mit Mitte dreißig wurde bei mir Bluthochdruck diagnostiziert und ich bekam entsprechende Medikamente. Ich wurde angehalten, meinen Salzkonsum einzuschränken – eine schwierige Aufgabe, wenn der Hauptanteil der Nahrung, den man in der Kantine zu sich nimmt – das heißt Fleisch in Konserven, Pommes, Peperoni und Fertigsuppen – Unmengen von Salz aufweist. Ich machte mir aber keine großen Sorgen. Ich dachte überhaupt nicht mehr darüber nach. Ich konnte sowieso nichts daran ändern. Den Großteil meiner gesundheitlichen Probleme behandelte ich außerdem selbst: durch das regelmäßige Laufen auf dem Hof schwitzte ich Erkältungen und Fieber aus, kurierte geschwollene Knie und Schmerzen in den Gelenken. Ich trank heißen Tee mit einem Schuss WICK VapoRub gegen Halsschmerzen.

Immer wenn ich einen meinen »Zucker-Crash« hatte, wenn mir also schwindlig wurde oder ich mich allein durchs Rumsitzen überanstrengt fühlte, aß ich etwas Süßes. Als ich dann mit Mitte vierzig wegen eines Check-ups in der Klinik war und der Arzt meine Ergebnisse vor sich liegen hatte, fragte er: »Wie lange haben Sie schon Diabetes?« Nie hatte mir jemand gesagt, dass ich Diabetes hätte. Ich bekam Tabletten, die meinen Blutzucker regulieren sollten. Einige Jahre später bekam auch meine Mutter die Diagnose Diabetes. Mit Mitte sechzig, als meine Rechtsanwälte durchgesetzt hatten, dass ich nach vierzig Jahren das erste Mal von einem Arzt außerhalb des Gefängnisses untersucht wurde, diagnostizierte er Hepatitis C. Ich machte mir nie Gedanken darüber, wie traurig das war oder wie schmerzhaft oder wie unfair. Meine Einstellung zu meiner Gesundheit war immer: Ich lebe, weiter geht's.

Kapitel 29
Razzia, Lug und Trug

Razzien sind Teil der Gefängnispraxis. Als wir in den 1970er-Jahren zum ersten Mal in Isolationshaft kamen, stellten sie unsere Zellen fast täglich auf den Kopf – manchmal sogar fünf oder sechs Mal am Tag – reine Schikane. Zu jener Zeit wussten die Freien ganz genau, dass wir uns heftig wehren würden, wenn sie unsere Habseligkeiten so respektlos behandelten, und unser Widerstand gab ihnen dann einen Vorwand dafür, uns mit Gas einzunebeln oder zu verprügeln. Bis wir 1978 unsere Klage gegen die unmenschlich durchgeführten Leibesvisitationen gewonnen hatten, begann jede Razzia damit, dass der Gefangene alle Kleider ablegen und dann den bekannten erniedrigenden Akt über sich ergehen lassen musste: Genitalien anheben, Fußsohlen zeigen, den Mund weit öffnen, vornüberbeugen und die Gesäßhälften zur Untersuchung auseinanderziehen. Danach durften wir uns wieder anziehen, bekamen Fesseln angelegt, wurden aus der Zelle herausgeführt und mussten uns an der gegenüberliegenden Wand aufstellen. Nach unserer gewonnenen Klage durften sie uns vor einer Razzia nicht mehr dieser grässlichen Leibesvisitation unterziehen, doch das Anlegen der Fesseln blieb bestehen. Warten mussten wir im Gang, auch wieder an der Wand.

In den 1980er-Jahren gab es zwei Arten von Razzia-Teams. Das eine war im gesamten Gefängniskomplex unterwegs und führte jeden Tag Razzien durch, von morgens bis abends. Sie suchten nach Drogen, Waffen oder anderer gefährlicher Schmuggelware; sie hielten sich nicht mit kleineren Regelverstößen auf, wie zum Beispiel zu vielen Styroporbechern, Zeitschriften oder Büchern. Die andere Razzia-Gruppe arbeitete nur innerhalb der CCR. Ihre Strategie war es, jeden Tag zwei Zellen in jeder Schicht zu durchsuchen – vier Razzien am Tag auf jedem Stockwerk. So musste jeder Einzelne von uns alle vier Tage eine Durchsuchung über sich ergehen lassen, manchmal auch öfter. Der Sergeant konnte außerdem zu jeder anderen Zeit eine »Extra«-Razzia anordnen.

Die Art und Weise, in der wir – und unsere Habseligkeiten – während einer Durchsuchung behandelt wurden, hing von den jeweiligen Sicherheitsbeamten ab. Einige drangen in deine Zelle ein wie bei einer Invasion, durchwühlten alle persönlichen Sachen, lasen die persönliche Post. Sie drehten die Matratzen um, warfen alle persönlichen Dinge auf den Boden und trampelten einfach darüber hinweg. Sie waren befugt, unsere juristische Post zu öffnen, durften sie aber nicht aus der Zelle mitnehmen und lesen. Einige Beamte ließen uns mit dem Gesicht zur Wand stehen, während die Gruppe in unserem Rücken die Zelle auseinandernahm. Das Gefühl, das wir dabei hatten, war furchtbar, denn wir sahen ja nicht, was sie mit unseren Sachen taten – wir hörten es nur.

Es gab viele Gefangene, die mit den Wärtern Streitgespräche anfingen, doch das Ende vom Lied war, dass sie einen Eintrag bekamen mit dem Vermerk »Widerstand geleistet« oder »Bedrohung eines Beamten« und im Kerker landeten. Ich hatte gelernt, mich nicht von ihnen provozieren zu lassen. Ich sprach nur mit ihnen, wenn sie meine juristische Post lasen. Dann sagte ich: »Ihr dürft das nicht lesen, das wisst ihr ganz genau.« Bei diesen Worten zeigte mein Gesicht keinerlei Emotionalität. Sie zu töten, heftig auf sie einzuschlagen, sie anzuspucken, sie wüst zu beschimpfen – all das ging mir im Kopf herum. Wenn in solch einem Moment irgendjemand von uns ohne Fesseln diese Wärter in die Finger gekriegt hätte, dann möchte ich nicht wissen, was mit ihnen passiert wäre.

Dann gab es noch die Wärter, die wir »robocops« nannten, diejenigen, die nicht so grausam handelten, aber immer strikt nach Anordnung. Wir durften normalerweise nur sechs Garnituren haben, sechs T-Shirts und sechs Paar Socken. Alles, was darüber lag, nahmen die Robocops uns weg und warfen es in den Gemeinschaftsraum. Was immer wir ihrer Meinung nach nicht in der Zelle haben durften, landete auf einem großen Haufen: extra Zeitungen, Briefumschläge, Briefmarken, Zeitschriften. Ein extra Bettlaken oder eine zweite Decke (offiziell war nur jeweils ein Stück erlaubt) landete im Gemeinschaftsraum. Alles wurde zu einem großen Haufen zusammen- und von den Orderlies den Gang hinuntergefegt – nachdem die Wärter aber alles durchgeschaut und rausgenommen hatten, was sie selbst brauchten.

Andere Wärter waren milder gestimmt und ließen dich zum Beispiel das extra Paar Socken behalten; die ließen auch die privaten Fotos nicht auf den Boden fliegen und leerten auch nicht deine Schubladen aus. Und dann gab es auch noch die, die deine Zelle gar nicht richtig durchsuchten, sondern einfach in ihren Büchern abhakten, sie hätten es getan. Diese Sorte Wärter führten dich in Fesseln in den Gemeinschaftsraum, gingen zurück in deine Zelle, setzten sich dort auf deine Pritsche und blätterten zehn bis fünfzehn Minuten in einer Zeitschrift – und dann gingen sie wieder. Fast jeder Häftling besaß ein sogenanntes »shot book«, ein selbstgemachtes Spiralbuch gefüllt mit Bildern von Frauen, aus Zeitschriften ausgeschnitten und eingeklebt: Filmstars in Tanga-Bikinis oder Models in Unterwäsche und nackte Frauen aus Pornoheften. Diese Bücher wurden von einem zum anderen weitergereicht und im CCR-Trakt gehandelt. Einige Häftlinge bastelten oder kauften solche Shot Books, damit sie eines zur Hand hatten, wenn die Freien zur Razzia in ihre Zellen kamen. Sie ließen sie wie zufällig auf ihrem Bett liegen in der Hoffnung, der Wärter würde sich aufs Bett setzen und darin herumblättern – und die Durchsuchung vergessen.

Meistens wurde meine Zelle bei einer Razzia allerdings vollkommen auf den Kopf gestellt. Der gesamte Inhalt meiner Kisten – Briefe, Fotos, Hygieneartikel – ausgeleert; alle meine Bücher auf dem Boden und Bett verstreut. Es dauerte Stunden, bis alles wieder an Ort und Stelle war. Ich stellte die Bücher wieder »ins Regal«, das heißt, lehnte sie auf dem Fußboden in einer Reihe an die Wand. Ich faltete meine Kleidung und legte sie ordentlich in eine der beiden Metallkisten unter dem Bett. In die andere Kiste kamen meine Fotoalben, Schreibsachen, Post und Papiere. Sachen wie Zahnpasta und Lebensmittel legte ich in leere Bleichmittel-Plastikflaschen, die ich in der Mitte auseinandergeschnitten hatte, um Insekten fernzuhalten. Manchmal warf das Razzia-Team meine Flaschen zusammen mit meinen Cola-Dosen, die ich nutzte, um Nudelwasser zu erhitzen oder um mir eine heiße Schokolade zu machen, einfach weg. Manchmal ließen sie diese Dinge aber auch unberührt.

Als die US-Regierung nach der von Hayes Williams gewonnenen Klage in den 1970er-Jahren die Leitung des Angola übernahm, war eines der Zugeständnisse, die das *Department of Public Safety and Corrections* von Louisiana im Zuge des Anerkennungsurteils machen musste, die Überprüfung der Häftlingsunterkünfte im Angola. Für Gefangene, die noch immer nach Rassen getrennt lebten, gab es ein »Gremium zur Neueinstufung« *(reclass board)*, dessen Aufgabe es war, alle neunzig Tage zu kontrollieren, ob der jeweilige Häftling noch immer streng weggeschlossen bleiben musste oder möglicherweise in den allgemeinen Hafttrakt zurückgeführt werden konnte. Der offizielle Grund dafür, dass Herman und ich weiterhin in Isolationshaft, abgeriegelt leben mussten, lautete »Ursprüngliche Begründung für eine Haftverschärfung«. Alle Gefangenen hatten die Gelegenheit, der Anhörung dieses Ausschusses beizuwohnen, und jahrelang nahm ich diese Chance auch wahr, selbst wenn mir von Anfang an klar war, dass es für keinen Häftling eine Möglichkeit gab, sich aus der CCR »herauszuarbeiten«. Es gab keinerlei festgeschriebene Richtlinien, anhand derer der Gefangene diesen Ausschuss dazu bringen konnte, ihn in eine weniger restriktive Unterkunft zu verlegen. Wir wurden praktisch je nach Lust und Laune des jeweiligen verantwortlichen Beamten hin und her geschickt. Wenn zum Beispiel im CCR-Trakt eine freie Zelle benötigt wurde, transferierten sie einen CCR-Häftling in den Schlafsaal des Hauptgefängnisses und seine alte Zelle wurde neu belegt. Wir sahen Männer, die aus der Isolation herausdurften, obwohl sie Verhaltensauffälligkeiten zeigten, Männer, die gerade Einträge für gewalttätige Übergriffe auf Mithäftlinge bekommen hatten, Männer, die erst kürzlich in den Kerker gebracht worden waren. Wir kannten einen Gefangenen, der den Gefängnisdirektor mit dem Messer bedroht hatte und trotzdem die CCR verlassen durfte. Herman, King und ich – ohne Verhaltensauffälligkeiten und mit nur sehr wenigen Einträgen – waren nie dabei.

Zunächst saßen wir dort einige Jahre aus purem Hass und Rachegelüsten seitens der Gefängnisverwaltung fest. Sie hatten sich selbst eingeredet, dass Herman und ich Brent Miller ermordet hatten und King unser Komplize gewesen war. (Kings Akte vom Tag seines Haftbeginns im Angola im Mai 1972 sagte, er wäre für den Isolationstrakt vorgesehen worden, da er im Mordfall Brent Miller »befragt« werden musste, obwohl sich später herausstellte, dass Miller ganze vier Wochen vor Kings Eintreffen im Gefängnis getötet worden war). Anschließend hielten sie uns dann wegen unserer politischen Überzeugungen von allen anderen fern. Sie wussten aufgrund unserer langjährigen Aktivitäten in der CCR, dass wir keine »normalen« Gefangenen waren, dass wir anders waren. Sie wussten, dass es unser Ziel war, unser Umfeld zu verändern. Dass wir in der Lage waren, Gefangene zu einer Einheit zu verschmelzen. Dass wir an die Grundsätze der Black-Panther-Bewegung glaubten. Viele Jahre später wurde diese These von Gefängnisdirektor Burl Cain bestätigt, der unter Eid aussagte, wir würden aufgrund unseres »Pantherdaseins« in Isolationshaft festgehalten. Im Jahre 2008 gab er eine Erklärung ab, in der er konstatierte, er würde mich auch dann nicht aus der CCR entlassen, wenn er sicher wüsste, ich wäre im Mordfall Miller nicht schuldig. »Auch dann ließe ich ihn in der CCR sitzen«, sagte er. »Ich weiß doch, dass er noch immer die Politik der Black Panther voranbringen will, und ich möchte nicht, dass er überall herumspaziert, denn er würde versuchen, die Neuankömmlinge zu organisieren. Er würde alle möglichen Probleme verursachen, mehr als ich ertragen könnte, und immer würden die Schwarzen sie [Woodfox und Wallace] hetzen. Er [Woodfox] muss in seiner Einzelzelle bleiben, solange er im Angola einsitzt.«

Das CCR-Einstufungsgremium bestand normalerweise aus einem Major oder Captain und einem Einstufungsbeamten. Es war üblich, dass der Häftling vor einem Tisch stand, an dem die Beamten dahinter die Papiere zu seinem Fall durchgingen. Als ich jedoch vor der Kommission stand, schauten sie nicht einmal hoch. Sie unterzeichneten, dass ich in Isolationshaft untergebracht war. Sie stellten mir nicht eine einzige Frage. Nie stellten mir die Beamten dieses Gremiums überhaupt eine Frage. Nie hatte ich den Eindruck, dass sie in meine Akten überhaupt einmal reingeschaut hatten. Sie redeten die ganze Zeit übers Jagen oder Fischen oder ähnliche Themen und schoben die Papiere, die meine Zukunft in der Isolation besiegelten, ganz in die Ecke des Tisches. Bei anderen Anhörungen unterzeichneten sie die Papiere schon, während ich den Raum betrat. Manches Mal fragte der diensthabende Offizier: »Warum kommst du immer noch hierher vor den Ausschuss, Woodfox? Du weißt doch, wir können dich nicht rauslassen.« Selbst die Wachen wussten, dass die Anhörung vor diesem Gremium nur Zeitverschwendung war. Sie riefen durch das ganze Stockwerk, wenn sich der Ausschuss traf, und fragten uns, ob wir hingehen wollten. Wenn ich Ja sagte, hieß es: »Warum du? Du kommst doch sowieso nicht raus.« Irgendwann ging ich nicht mehr hin. Es war ein Heidenaufwand, sich alle Fesseln anlegen zu lassen, nur um ein paar Sekunden vor diesen Herren zu stehen. Nachdem ich mich entschieden hatte, an keiner Anhörung mehr teilzunehmen, brachte der Sergeant mir die unterzeichneten Papiere vorbei, die bestätigten, dass ich weiterhin in der CCR bliebe und steckte sie zwischen meine Gitterstäbe – alle 90 Tage.

In den Achtzigern führten wir nicht mehr solch heftige Kriege wie in den Siebzigern. Aus den Insassen rekrutierte Wachen gab es längst nicht mehr; jetzt wurden schwarze Vollzugsbeamte angeheuert, und zehn Jahre später wussten die Leute, die auf unserem Stock arbeiteten, auch nichts mehr von dem Mord an Brent Miller. Einige Wärter, weiße und schwarze, verbrachten auch schon mal zwölf Stunden am Tag auf einer Etage, lernten die Inhaftierten näher kennen und waren nicht so hasserfüllt wie ihre Vorgänger. Die Neuen arbeiteten im Angola, um ihre Familien zu ernähren und ihre Rechnungen zu bezahlen. Sie sahen, dass Herman, King und ich keine Schlägertypen waren, nicht gewalttätig, keine Rassisten. Wir waren höflich. Viele von ihnen erzählten uns, dass sie während ihres Trainings für diesen Job vom *Department of Corrections* gehört hatten, wir seien die »Schlimmsten der Schlimmen«. Sie waren dann regelrecht schockiert, als sie uns kennenlernten. Es gab Gefängnisbeamte, die Herman und mir versicherten, sie glaubten an unsere Unschuld; sie konnten sich nicht vorstellen, dass wir Brent Miller getötet haben könnten.

Es gab aber natürlich immer auch Wärter, die die absolute Macht und Kontrolle über einen anderen Menschen genossen, Wärter, deren ganzes Leben und deren Identität darauf beruhte, ihre Macht bei den Gefangenen auszuleben. Einer von diesen öffnete zum Beispiel einmal meine Zellentür, damit ein anderer Häftling auf mich losgehen konnte. Der war ein richtiger Schlägertyp und Stänkerer, und jeder auf unserem Stock wusste, dass er und ich nicht miteinander auskamen. Als er einmal draußen seine Freistunde hatte, baute er sich vor meiner Zellentür auf. Ich stand auf und ging zur Tür. Ich wusste, es würde jetzt etwas geschehen, denn sonst hätte er sich nicht dort postiert. Meine Tür ging auf. Er versuchte, an mir vorbeizukommen; wir kämpften und ich verprügelte ihn. Ich bekam einen Eintrag und wurde in den Kerker gesteckt, obwohl ich mich doch offensichtlich nur verteidigt hatte. Ich schrieb dem Gefängnisdirektor, er möge doch bitte Nachforschungen über den Wärter anstellen, der meine Tür geöffnet hatte. Ich bekam nie eine Antwort. Jahre später zitierte der Staat meinen Akteneintrag, um zu zeigen, wie gewalttätig ich war – als Begründung dafür, dass sie mich in Isolationshaft behalten mussten.

Kapitel 30
Kameraden

Keiner von uns hatte geglaubt, dass wir in der CCR noch lange am Leben bleiben würden. Von Anfang an dachten wir, sie brächten uns dorthin, um uns zu töten. Wir hatten uns damit abgefunden. Aber wir überlebten. Herman und King hatten großen Anteil an meiner Treue zum revolutionären Kampf. Niemals wäre ich auf den Gedanken gekommen, ihre Loyalität in Frage zu stellen. Ihre Taten sprachen lauter als ihre Worte. Eines meiner Lieblingssprichwörter heißt: »Der Mund kann alles sagen, aber der Arsch ist der Beweis.« Wenn man seinen Arsch das tun lässt, was der Mund sagt – das ist es, was zählt. Herman und King waren niemals Heuchler, niemals sagten sie das eine und taten dann das andere. Sie lebten ihr Leben genauso, wie das Sprichwort es sagt: der Arsch tut, was der Mund sagt. Und darum vertraute ich ihnen. Ich brauchte viele Jahre, um sie wirklich als Individuen kennenzulernen, aber über diese Jahre wuchs langsam eine großartige Freundschaft und Liebe.

Herman Wallace war im 13. Viertel von New Orleans aufgewachsen, gar nicht weit von meinem Wohnhaus entfernt. Da er sechs Jahre älter war als ich, waren wir uns nie auf der Straße begegnet. Wie alle schwarzen Männer meines Alters, die im Süden aufwuchsen, wurde er in frühester Jugend mit Rassismus konfrontiert. »Alles war nach Hautfarbe getrennt, vom Toilettenhäuschen draußen bis in die Kirchen hinein«, schrieb er einmal. »Man durfte Weißen nicht in die Augen schauen, man musste den Blick gesenkt halten, wenn man herumlief. Alles war gesellschaftlich so angelegt, dass die Afroamerikaner als unterlegenes Volk galten.« Als Herman acht Jahre alt war, begann er durch kleine Diebstähle in Lebensmittelläden zum Überleben seiner acht Geschwister beizutragen. Und er zog sonntags mit einem Karren zum Schrottplatz in New Orleans (der an diesem Tag geschlossen war), um all die weggeworfenen losen Kupfer- und Aluminiumteile aufzusammeln. Am darauffolgenden Samstag zog er den Karren dann erneut zum Schrottplatz, um die zusammengesuchten Teile wieder zu verkaufen. Alles, um seine Geschwister durchzubringen. Später schrieb er dazu, dass er »sein Bestes« getan habe, um für die Familie da zu sein. »Ich hackte Holz, um das Haus warm zu halten und damit wir kochen konnten«, schrieb er, »ich wusch unsere Kleider auf dem Waschbrett, schon lange bevor wir eine Waschmaschine bekamen. Ich bügelte auch für die ganze Familie und flocht meinen Schwestern Zöpfe, bevor wir morgens alle in die Schule gingen.« Auf der Straße beschützte er seine Schwestern.

Eine Zeit lang lebten er und seine älteren Geschwister bei der Großmutter. Von ihr lernte er auch kochen. Da in der Zwei-Zimmer-Wohnung der Großmutter nicht genügend Betten waren, schliefen er und sein Bruder auf dem Fußboden. Er schrieb dazu: »Ich konnte mir nicht erklären, warum meine Eltern so hart arbeiteten und trotzdem so arm waren.« Als Teenager verübte er weitere kleine Delikte und verbrachte einige Zeit im Jugendstrafvollzug. »Da saß man dann und wartete jeden Sonntag auf Besuch«, sagte er. »Du fühlst dich vollkommen verlassen, todunglücklich, so als ob die ganze Welt gegen dich ist.«

Im Januar 1967 wurde er eines Bankraubes beschuldigt und festgenommen. Im darauffolgenden Jahr wurde er verurteilt und bekam fünfzig Jahre. 1969 schafft er es, aufs Dach des Orleans Parish Prisons zu fliehen, sprang aufs Dach des Nebengebäudes und gelangte mit einigen weiteren Häftlingen auf die Straße. Er wurde in Florida wieder gefasst und ins Parish Prison zurückgebracht, wo er nun im Kerker landete. Da er im Regen unterwegs gewesen war, schienen seine Schuhe eingelaufen zu sein und er zog sie kurzerhand aus. Zu der Zeit, als Herman im Kerker ankam, war zufällig Malik Rahim dort, einer der New Orleans Black Panther, den ich auf C-1 im Parish Prison kennengelernt hatte. Als Malik sah, dass Herman ohne Schuhe kam, fragte er ihn nach seiner Schuhgröße. Herman sagte sie ihm und Malik zog seine eigenen Schuhe aus. »Ey, Bruder, hör mal«, sagte er und gab Herman die Schuhe, »du kannst meine haben. Meine Kameraden lassen mich nicht ohne gehen.« Dann ging er weg – barfüßig.

Dies war Hermans erster Kontakt zur Black-Panther-Bewegung. Bei den Panthern fand er Freunde und seinen Lebenszweck. Er wurde bald Mitglied der Partei im Parish Prison und engagierte sich bei den Gefängnisaufständen. »Wir zerbrachen jede Kommode, jedes Waschbecken und jede Waschschüssel, die wir fanden«, erzählte er. »Wir stapelten alle unsere Matratzen am Anfang der Etage aufeinander und zündeten sie an, um die Gefängnisverwaltung daran zu hindern, uns körperlich anzugreifen.« Nach zweitägiger Belagerung sagte der Sheriff, er würde mit den Häftlingen verhandeln, und es gäbe keinerlei Repressalien. Er ermöglichte es den Gefangenen außerdem, ihre Beschwerden vor dem Mikrofon eines CBS-Kameramanns zu formulieren, dem er ins Gefängnis Einlass gewährt hatte. Der Sheriff erklärte den Reportern, das Problem in den Gefängnissen sei Überbelegung und fehlende finanzielle Mittel, und er stellte heraus, dass in Zweierzellen vier bis fünf Menschen untergebracht seien. Er hielt sein Versprechen und nahm keine Rache an den Häftlingen. (Wie ich erst viel später erfuhr, war auch Herman damals im Parish Prison, als wir eine Geisel nahmen, um das Gespräch mit der Abgeordneten Dorothy Mae Taylor zu erzwingen; auch sein Stockwerk nahm damals eine Geisel, genauso gewaltlos wie wir. Beide Wärter waren nach dem Gespräch unverletzt wieder freigelassen worden.) Der Anschluss an die Black-Panther-Bewegung war der entscheidende Einschnitt in Hermans Leben. Einundvierzig Jahre später war Herman den Grundsätzen der Partei so fest verbunden wie am ersten Tag. Stolz trug er die von dem früheren Panther und Künstler Emory Douglas handgezeichnete Symbolfigur der Black-Panther-Bewegung an seinem Hut und an anderen Stellen auf seiner Kleidung, auch wenn er dafür immer wieder einen Akteneintrag bekommen sollte.

Robert King wuchs in New Orleans und in Gonzales, Louisiana, auf. Seine Kindheit verbrachte er in Algiers, dem zweitältesten Viertel in New Orleans am Westufer des Mississippi. Der Hinterhof, in dem er als Kind spielte, grenzte zufälligerweise an Malik Rahims Hof. Kings Großmutter erzog ihn inmitten eng verbundener, aber auch armseliger Familienverhältnisse. Sie starb, als er fünfzehn war. Kurze Zeit später, King war mit zwei Freunden auf der Straße unterwegs, wurden sie von einer Polizeistreife angehalten, weil sie »zu der Beschreibung der Täter passten«, die einen Überfall auf eine Tankstelle verübt hatten. King wurde zur State Industrial School for Colored Youth, einer staatlichen Erziehungsanstalt in Scotlandville, geschickt, dreizehn Meilen nördlich von Baton Rouge. Wieder auf freiem Fuß nahm er verschiedene kleine Jobs an, verlor allerdings viele von ihnen aufgrund der *vagrancy laws*, der Gesetze gegen das Vagabundieren.

Die Polizei nutzte zu jener Zeit diese *vagrancy laws* und Anzeigen wegen »Landstreicherei«, um ihre wöchentlichen Arrestquoten zu erfüllen: Sie griffen Schwarze auf und verhafteten sie wegen »fehlender Existenzsicherung«, egal ob diese Männer Arbeit hatten oder sogar ihren eigenen Betrieb. Ein Großteil der Schwarzen in den 1960er-Jahren hatten kleine Jobs, von denen sie leben konnten, die aber keine »offiziellen Jobs« waren; sie zogen von Haus zu Haus, um beispielsweise Messer zu schleifen oder Gemüse zu verkaufen. Lumpensammler zogen mit alten Hemden oder Hosen durch die Viertel. An jeder Ecke schallte es »Luuumpen«, und die Leute kamen herbei und kauften dieses oder jenes für einen oder zwei Dollar. Viele Leute machten aus diesen alten Kleidern neue. Der Verkäufer hatte keinen Arbeitsnachweis.

Jeder Schwarze, Mann oder Junge, kannte das Gefühl, von der Polizei ohne offensichtlichen Grund aufgegriffen zu werden. Man hing zum Beispiel an der Ecke mit seinen Freunden rum, und plötzlich hielt eine Streife an, die Beamten stiegen aus und ordneten an, alle sollten sich an der Mauer aufstellen. Jeder Schwarze wurde einzeln abgetastet und gefragt, was er so täte, und sollte außerdem seinen Beschäftigungsnachweis zeigen. Dann rief die Streife über Funk ihre Kollegen, beschuldigte alle ohne Gehaltsnachweis oder ähnliche »Arbeitsbescheinigung« des Vagabundierens oder der Landstreicherei und ließ sie ins Gefängnis stecken. Nach drei Tagen in Haft hatten die Männer meistens ihre Arbeit oder was sie sonst an Unterstützung zum Leben brauchten, verloren und mussten wieder ganz von vorn beginnen.

Wie die meisten Schwarzen in jenen Tagen hatte King die Wahl: entweder für seine Familie Essen herbeizuschaffen oder sie verhungern zu sehen. Keine schwierige Wahl. Mit achtzehn kam er zum ersten Mal wegen Raubüberfalls ins Angola, dann wieder mit dreiundzwanzig – zu dem Zeitpunkt traf ich ihn zum ersten Mal. Zurück auf der Straße fing er an zu boxen und wurde ein semiprofessioneller Boxer, bekannt als »Speedy King«. Mit 28 wurde King verhaftet und eines bewaffneten Raubüberfalls beschuldigt, den er nicht begangen hatte. Im Prozess sagte sein Mitangeklagter aus, dass er King bei Ansicht der Fahndungsfotos nur ausgewählt hatte, weil er unter Folter von der Polizei zu dieser Falschaussage gezwungen worden war. Trotz dieses Geständnisses wurde King zu 35 Jahren verurteilt. In Haft traf er Mitglieder der Black-Panther-Bewegung und trat der Partei im Parish Prison von New Orleans bei. Später sagte er von dieser Zeit im Gefängnis, »dort gingen mir nach und nach die Augen auf und ich erkannte die Ungerechtigkeit, in der wir lebten. Das war eine bittere Pille. Ich fühlte mich zurückversetzt in die Sklaverei.«

Herman und King waren die beiden Menschen, denen ich bedingungslos vertraute. Das Vertrauen in meine Mithäftlinge gestaltete sich graduell unterschiedlich, je nach deren Persönlichkeit oder dem Fehlen von Persönlichkeit. Das musste ich bei jedem Einzelnen und im Umgang mit ihnen herausfinden. Bei Herman und King war das anders. Da brauchte ich keine Verteidigungsmaßnahmen. Ich glaubte, dass sie nie etwas tun würden, was mich körperlich oder emotional verletzte. Ich glaubte ihnen, dass sie mir den Rücken freihielten, komme, was wolle. Nie musste ich mir Sorgen machen, ob King für mich da wäre, ob Hooks für mich da wäre. Egal, was ich täte, sie wären da. Ganz sicher. Und genauso vertrauten sie mir auch.

Diese Art Vertrauen ist hinter Gittern sehr selten. Im Gefängnis musst du eigentlich alles um dich herum in Frage stellen. Das Gefängnis lehrt dich, dass die meisten Nettigkeiten nur mit Hintergedanken getan werden. Es werden immer Gegenleistungen erwartet, irgendwann, und es kann sein, dass diese Erwartungen ein Verhalten einschließen, das einem die Haare zu Berge stehen lässt, weil es zum Beispiel mit deinen Moralvorstellungen oder deinen Werten unvereinbar ist. Um dir also deine Ehre und Würde zu bewahren, lernst du besser, Angebote oder Freundlichkeiten von Mithäftlingen abzulehnen. Nur weil Herman, King und ich uns bedingungslos vertrauten, gab es Gefälligkeiten und Liebenswürdigkeiten in unserem Leben.

Nelson Mandela schrieb, dass es für jeden Gefangenen die größte Herausforderung ist, »die Gefängniszeit unversehrt zu überleben, aus dem Gefängnis ungebrochen herauszukommen, seine Überzeugungen zu bewahren oder sogar zu bereichern«. Er beschrieb, wie das Zusammenleben mit seinen Kameraden auf Robben Island ihm half, überhaupt am Leben zu bleiben. »Zusammen waren wir stark«, sagte er. »Wir unterstützten uns gegenseitig und jeder gab dem anderen Kraft.« Genauso war es bei uns dreien. Immer wenn ich dachte, ich könne keinen weiteren Schritt tun, fand ich irgendwie die Kraft, diesen Schritt für Herman und King zu tun. Wir mussten stark bleiben, damit wir unsere Gedanken und unseren Verstand freihalten konnten, obwohl wir 23 Stunden am Tag weggesperrt waren. Wir mussten stark bleiben, damit wir anderen Häftlingen zeigen konnten, dass der Kampf gegen die Unterdrückung kein Lockerlassen erlaubt, kein Zurückweichen. Wir wollten unseren Mithäftlingen zeigen, dass unser Kampf für Würde und Anerkennung wichtiger war als unsere eigene Sicherheit und unsere eigene Freiheit und unser eigenes Leben. Wir mussten stark bleiben, damit die Gefängnisverwaltung uns nicht brechen konnte.

Ich liebte und schätzte die Freundschaft meiner beiden Kameraden. Ich hatte bis dahin nicht gewusst, dass zwischen drei Männern so viel Loyalität und Zuneigung überhaupt existieren konnte. Wir waren durch solch brutale Zeiten, solch großes Leid und Schmerzen gegangen, dass wir alles Recht gehabt hätten, selbst hart und verbittert und hasserfüllt gegenüber jedem anderen und gegenüber allem anderen zu sein. Wir jedoch, wir erlaubten dem Gefängnis nicht, uns zu prägen. Wir definierten uns selbst.

Natürlich waren wir nicht immer einer Meinung. Wir konnten uns streiten wie Hund und Katze. Aber dieser Streit wurde nie persönlich. Wir waren drei starke Charaktere, die unterschiedliche politische Positionen über dies und das vertraten, und wir gerieten uns darüber so manches Mal in die Haare. Aber selbst im Zorn und Frust war uns die Achtung voreinander heilig. Niemals zweifelte ich daran, dass die beiden ehrliche Gedanken und Gefühle und Urteile hatten. Wir hörten einander zu. Wir sahen jeder in jedem eine großartige Persönlichkeit. Herman und King würden eher ihr Leben opfern als mich zu betrügen, und ich fühlte dasselbe für sie. Wir verloren nie unseren Glauben aneinander.

Herman schrieb einmal ein Gedicht, das in meinen Augen genau das ausdrückt, was wir sein mussten, um zu überleben: Männer aus Stahl.

Man of Steel

My keepers believe I'm the man of steel,
Ripping and running, in and out of my life,
As if this shit ain't real.
They frame me for murder—and when their conspiracy is exposed, and they are all deposed, the judge declares—case closed.

Equal access to Justice, equal access to rule,
Doctrines never meant for the man of Steel but to
terminate 40 years of his indomitable will.

Maybe my soul is that of concrete
Maybe it is that of the wind
Maybe it is that of fire
Maybe it is the spirit of the people—the spirit of my ancestors,
Whatever my keepers wish my soul to be,
The man of steel is always free.[20]

20 Mann aus Stahl // Meine Wärter glauben, ich bin der Mann aus Stahl, / Klauen und rennen und Drogendealer, rein in mein Leben und raus, / Als ob dieser Scheiß nicht wahr wäre. / Sie hängen mir den Mord an – und wenn ihre Verschwörung rauskommt und sie alle ihren Eid abgelegt haben, dann erklärt der Richter – Fall abgeschlossen. // Gleicher Zugang zur Gerechtigkeit, gleicher Zugang zum Gesetz, Doktrinen, die nie für den Mann aus Stahl bestimmt waren, nur dazu, seinen 40-jährigen, unerschütterlichen Willen zu brechen. // Vielleicht ist meine Seele aus Beton / Vielleicht aus Wind / Vielleicht aus Feuer / Vielleicht aus dem Geist der Menschen – dem Geist meiner Vorfahren, / Was auch immer meine Wärter wünschen, wie meine Seele sei, / Der Mann aus Stahl ist immer frei.

Kapitel 31
Kontaktbesuch

1986, vierzehn Jahre nachdem wir in Isolationshaft eingeschlossen worden waren, verlegte die Gefängnisbehörde uns alle von der CCR und vom Todestrakt ins Camp J, um Reparaturen oder auch größere Renovierungen am alten Gebäude vorzunehmen. Unsere neue Unterkunft war die *Gar Unit* in Camp J, ein Straflager, in dem King zwei Jahre in den späten Siebzigern wegen seines Widerstandes gegen die Leibesvisitationen verbracht hatte. Camp J-Häftlinge hatten noch weniger Privilegien als CCR-Häftlinge: kein Laden, kleinere Mahlzeiten, kein Salz und Pfeffer, weniger Bücher und noch einiges mehr. CCR-Gefangene sollten eigentlich auch in Camp J unter denselben Haftbedingungen und Regeln leben wie zuvor in der CCR – das heißt von den strengeren Regeln des Strafcamps ausgenommen sein –, aber es gab ein ständiges Tauziehen darum. Der Camp J-Major wollte, dass alle nach seiner Pfeife tanzten. Wir führten Hungerstreiks durch oder weigerten uns, in unsere Zellen zurückzugehen, wenn sie uns die Camp J-Regeln aufzwingen wollten, und nach und nach konnten wir uns unsere CCR-Regelungen zurückerobern. Einiges konnten jedoch auch wir nicht ändern: die Zellen waren viel kleiner, und wenn wir duschten, wurden die Türen abgeschlossen. Mit den Sicherheitsleuten gerieten wir deswegen häufig in Streit. Die meisten von uns brauchten nur zehn bis fünfzehn Minuten zum Duschen. Wenn wir aber einmal dort eingeschlossen waren, mussten wir warten, bis ein Wärter uns wieder hinausließ, sodass wir manchmal eine halbe oder Dreiviertelstunde in der Dusche ausharren mussten, bevor er endlich kam. Manchmal sogar noch länger. Dadurch wurde unsere Freistunde außerhalb der Zelle um einiges verkürzt.

Unser »Hofgang« fand in einem kleinen, abgegrenzten Feld statt. Es gab keine Möglichkeit zu rennen, man konnte lediglich ein wenig im Kreis joggen oder gehen. Unsere Fenster hatten Milchglasscheiben, sodass wir nicht nach draußen sehen konnten. Ich stellte einen ARP-Antrag *(Administrative Remedy Procedure)* wegen der milchigen Scheiben. Ich las alle gesetzlichen Bestimmungen zu der Frage, wie viel Sonnenlicht Gefangenen zustünde. (Selbst im Camp J stand es den Gefangenen offen, sich juristische Bücher aus der Bibliothek auszuleihen – mittlerweile auch im Gesetz verankert.) Meinem Antrag wurde stattgegeben, denn das Gesetz unterstützte meine Forderung. Sie mussten die Milchglasscheiben gegen normales Glas austauschen, durch das wir nach draußen sehen konnten.

Sie installierten sogar Schwarz-Weiß-Fernsehen im Camp J für uns, und zum ersten Mal konnten wir auch Kabelfernsehen schauen. Das Kabelfernsehen hatten wir beantragt, lange bevor wir ins Camp J verlegt worden waren. Wir wussten nämlich, dass das Hauptgefängnis diesen Zugang schon vor vielen Jahren installiert hatte. Die gute Nachricht wurde uns von einem Häftlingsvertreter überbracht, der zuvor mit der Gefängnisleitung Gespräche geführt hatte. »Hey Leute«, sagte er, »die haben euch jetzt Kabel eingerichtet. Ihr müsst nur Channel 5 anmachen und ihr habt Cinemax.« Niemals werde ich vergessen, als die Baseball World Series im Fernsehen begann und wir auf Channel 5 umschalteten: Das Erste, was wir sahen, war eine nackte Frau, die an einem Strand entlangspazierte – irgendein ausländischer Film. Und das war das Ende des Baseball-Abends. Ein paar wenige sportbegeisterte Typen beschwerten sich. Es wurde hin und her diskutiert, doch da wir Entscheidungen nach dem Mehrheitsprinzip trafen, war die Wahl eine schnelle Sache. Ich glaube, es ging zwölf zu drei aus für den ausländischen Film.

Die Besuchsregelungen im Camp J waren noch viel strenger als in der CCR. Wir mussten jetzt sogar bei jedem Besuch ohne direkten Kontakt Fesseln tragen. Die Sichtschirme waren so dunkel, dass wir – um überhaupt die Konturen unseres Besuches erkennen zu können – ein paar Schritte vom Schirm zurücktreten mussten. Im CCR war es Herman, King und mir erlaubt gewesen, zur selben Zeit im Besucherraum unsere Familien zu treffen, und wir hatten sie deswegen immer dazu ermuntert, zur selben Zeit zu kommen. Wir drei konnten uns dann zwar nicht direkt sehen, weil wir einzeln und nacheinander in die Besucherkabinen geführt wurden, aber wir konnten trotz der Trennwände miteinander reden. Unsere Familien hatten sich regelmäßig darüber amüsiert, wie wir es schafften, lange Konversationen zu führen, obwohl wir stur geradeaus blickten. Auf der anderen Seite des Schirms hatten unsere Familien ihre Stühle zurück bis ganz an die Wand gerückt und uns so die Möglichkeit gegeben, alle zu sehen und mit allen zu reden – ein Hoffnungsstrahl der Menschlichkeit in jenem Moment. Jetzt, im Camp J, sah alles anders aus. Wir waren in einzelnen Besucherkabinen eingeschlossen, allein mit dem, der uns besuchte. Wir drei hatten keine Möglichkeit, während der Besuchszeiten miteinander zu kommunizieren, denn unsere Familien durften uns nicht zur selben Zeit besuchen.

Während unserer Zeit im Camp J kam die Gefängnisverwaltung auf die Idee, für einige Monate eine schwachsinnige Arbeitsgruppe für CCR-Häftlinge einzurichten. Wir durften ein paar Stunden am Tag raus aus der Zelle – entweder morgens oder nachmittags –, um auf dem Feld zu arbeiten. Es gab zwei unterschiedlich besetzte Schichten am Tag und sie teilten Herman, King und mich natürlich nie zusammen ein. Die Mahlzeiten nahmen wir immer nur allein ein, eingeschlossen in unseren Zellen.

Eines Tages wurde ich richtig krank bei der Arbeit draußen. Ich versuchte, weiterzuarbeiten, doch als alle meine Energien erschöpft waren, setzte ich mich auf den Boden. Ich hatte absolut keine Kraft mehr. Sergeant David Ross kam herübergeritten und sagte, ich solle aufstehen und anfangen zu arbeiten. Ich antwortete ihm, ich könne nicht mehr arbeiten, ich müsse ins Krankenhaus. Er sagte, er würde auf keinen Fall den Rettungswagen rufen und ich solle jetzt weiterarbeiten. Dann ritt er weg. Als er später noch einmal vorbeikam, sagte ich ihm, ich bräuchte einen Arzt, ich sei sehr krank. Er antwortete wieder, er riefe keinen Krankenwagen und ich solle sofort aufstehen. Dann wurde alles weiß um mich herum. Ich muss alle viere von mir gestreckt haben. Sergeant Ross rief also endlich den Rettungsdienst. Der Sanitäter bekam keinen richtigen Blutdruckwert, sodass sie mich ins Krankenhaus brachten. Dort wurde ich behandelt, was das Krankenhauspersonal allerdings später bestritt, um den Wärter zu decken. Der Arzt bestätigte, er habe nichts gefunden und beschuldigte mich, eine Krankheit vorgetäuscht zu haben, was dann zu einer Disziplinaranzeige führte.

Ich reichte Klage gegen Sergeant Ross, den Arzt und den Sanitätsdienst ein: Sie hatten den 8. Zusatzartikel der Verfassung verletzt, der mich vor grausamen und ungewöhnlichen Strafen schützte. Zudem hatten sie mir die Rechte des 14. Zusatzartikels nicht gewährt, da Ross mir die Gleichbehandlung und den Schutz verwehrt hatte. Damit waren die Verfassungsrechte und Verordnungen über den Umgang mit Gefangenen ignoriert worden.

Während meiner eigenen Nachforschungen erhielt ich Zugang zu meinen Krankenakten, die zeigten, dass ich auf Hitzeschlag behandelt worden war, obwohl doch der Arzt zu Protokoll gegeben hatte, ich sei vollkommen gesund gewesen. Ich konnte nachlesen, dass der Arzt mich nach der Untersuchung in einen gekühlten Raum gelegt und mir Wasser zu trinken gegeben hatte. Im Prozess berief ich mich auf diese Krankenunterlagen, als der Arzt, der Sergeant Ross decken wollte, aussagte, er habe mich gar nicht behandelt. Der Sanitäter sagte aus, er habe von mir an jenem Morgen keinen Blutdruckwert bekommen können, weil sein Messgerät nicht richtig funktioniert habe. Während des Kreuzverhörs fragte ich ihn, ob er in seiner Vorfallmeldung das kaputte Blutdruckmessgerät erwähnt habe, was er verneinte. Ich fragte weiter, ob er jetzt jeden Tag mit diesem kaputten Gerät unterwegs sei, und er sagte, er habe es dem Krankenhaus zurückgegeben. Ich fragte, wie er einen kaputten Blutdruckmesser einfach zurückgeben könne, ohne eine Schadensmeldung dazu abzugeben. Mit dem Einsatz eines schadhaften oder nicht funktionstüchtigen Blutdruckmessgerätes würde er doch das Leben von kranken Häftlingen aufs Spiel setzen.

Am Ende vereinfachte der Richter die Klage und ließ meinen Teil – meine Beweise gegen den Arzt und den Notfalldienst – einfach beiseite. Er gab bekannt, ich hätte keine »absichtliche Gleichgültigkeit« des medizinischen Personals nachweisen können. Folglich konnte die Jury meine Beweise für eine »Vertuschung« nicht vollständig berücksichtigen. Der einzige Teil meiner privaten Nachforschungen, den sie in der Klage geltend machen konnten, war die Frage, ob Sergeant Ross bewusst meine Rechte gemäß den Zusatzartikeln 8 und 14 verletzt hatte. An meinem Prozesstag weigerte sich leider einer meiner beiden Augenzeugen, der mit mir täglich auf dem Feld arbeitete und alle Vorkommnisse gesehen und gehört hatte, vor Gericht auszusagen. Der andere litt im Zeugenstand an Gedächtnisverlust und seine Aussagen waren dementsprechend irreführend. Angesichts der Tatsache, dass der Richter den Teil meiner Klageschrift abgewiesen hatte, der meine Beweismittel enthielt, blieb der Jury lediglich die Entscheidung, meine Zeugenaussage gegen die Zeugenaussage von Sergeant Ross abzuwägen. Nach meinen Erfahrungen mit dem Justizsystem und der Tatsache, dass das Gericht während meines Prozesses meine vorherigen Haftstrafen offen auf den Tisch gelegt hatte – darunter die jüngste Verurteilung wegen des Mordes an Brent Miller –, hatte ich das Gefühl, dass die Geschworenen wohl nicht in meinem Sinne entscheiden würden. Ich hatte recht.

1987 beschäftigte ich mich allein in meiner Zelle mit einem anderen Fall und bat die Bibliothek mir ein Exemplar von Hayes Williams' Anerkenntnisurteil von 1975 für Hintergrundrecherchen zu besorgen. Als ich anfing zu lesen, merkte ich, dass ich das gesamte Dokument nie zuvor zu Gesicht bekommen hatte. Jenes, das uns in den 1970er-Jahren ausgehändigt worden war, schien eine überarbeitete und gekürzte Fassung gewesen zu sein; auf einmal sah ich, dass Änderungen, die den CCR-Häftlingen von Nutzen gewesen wären – wie zum Beispiel das Recht auf direkten Kontakt zu Besuchern –, von der Verwaltung zensiert worden waren, um zu verhindern, dass wir dementsprechende Informationen bekamen. Meine Entdeckung teilte ich sofort schriftlich

Herman und King mit und reichte ein ARP dazu ein. Zu jener Zeit war Hilton Butler im Angola Gefängnisdirektor, der frühere Captain, der uns in den 1970er-Jahren so häufig unter Gas gesetzt hatte. Nun war er gezwungen, uns Kontaktbesuche zu ermöglichen – das erste Mal für CCR-Häftlinge. Einmal im Monat wurde solch ein Kontaktbesuch gestattet.

Ein vollkommen anderes Erlebnis für uns, als das, was wir sonst kannten, wenn wir hinter einem Schirm aus Stahlgeflecht saßen. Wir wurden in einen größeren Raum mit Tischen und Stühlen geführt. Sie befreiten uns von Handschellen und Fußfesseln. Meinen ersten Kontaktbesuch in fünfzehn Jahren bekam ich in jenem Jahr um die Weihnachtszeit herum. Meine Mutter kam mit meinem Bruder Michael, meiner Schwester Violetta und ihrer ältesten Tochter Nelyauna. Anfangs fiel ein natürlicher Umgang miteinander noch schwer. Ich fühlte mich unbehaglich. Ich hatte vergessen, wie sich Nähe zu einem Menschen anfühlte. Ich war daran gewöhnt, durch eine Trennscheibe mit jemandem zu sprechen. Es hatte nie die Möglichkeit gegeben, jemanden zu umarmen. Man hatte seinem Gegenüber noch nicht einmal in die Augen schauen können.

Dieser erste Kontaktbesuch war für mich eine extreme Belastung. Als meine Mutter ihre Hand auf mein Bein legte, brachen die alten Erinnerungen über mich herein. Ich wurde wieder ihr Kind. Ich musste gegen Tränen ankämpfen. Als sich die vier zum Gehen bereit machten, überkam mich eine Welle der Sehnsucht, der Wunsch, mit ihnen zu gehen. Alle umarmten mich, und ich wusste überhaupt nicht, was ich tun sollte. Ich hatte meine Mom bisher immer durch die Scheibe küssen können, hatte immer Michaels Finger und die der anderen berühren können – aber jemanden umarmen? Nach fünfzehn Jahren war mir eine Umarmung vollkommen fremd. (King erzählte mir später, er habe dasselbe gefühlt. »Es fühlte sich absolut merkwürdig an, einfach seltsam«, sagte er. »Ich wusste gar nicht mehr, wie man jemanden umarmte. Es war trauriger als traurig. Ich merkte, wie viel ich entbehrt hatte.«) Ich selbst brauchte Monate, um diese Besuche richtig genießen zu können.

Mehr als zwei Jahre lang verbrachten wir in Camp J. Die Renovierungsarbeiten an dem alten Gebäudekomplex waren längst abgeschlossen. Während meiner Zivilklage gegen David Ross wurde bekannt, dass die Umsiedelung von Gefangen aus CCR und Todestrakt ins Camp J eine Verletzung des Anerkenntnisurteils darstellten. Die Staatsbehörden wurden eingeschaltet, und 1989 zogen wir zurück in die CCR.

Kapitel 32
Reifezeit

Ich fühle mich sicher, selbst wenn ich von Feinden umgeben bin, denn die Wahrheit ist allmächtig und wird obsiegen.

Sojourner Truth

Ich glaube, dass sich das Leben in ständiger Bewegung befindet. Sogar in der Gefängniszelle, wo sich jeder Tag in betäubender Gleichheit wiederholt. Sogar gefangen auf einem Stockwerk mit vierzehn anderen Personen, denen man nicht entfliehen konnte: nicht dem, der immer jammert; nicht dem, der so schlecht riecht. Sogar wenn der pausenlose Krach und das quälende Gefühl, meine Zelle nicht verlassen zu dürfen, fast unerträglich geworden war. (Ich weinte. Ich weinte oft, wenn unser Stock zugeschlossen worden war und niemand mich weinen sehen konnte.) Sogar in der Angst, dass ich eines Tages verrückt würde so wie viele andere, die ich kannte. Ich sah, dass sich das Leben ständig veränderte, und ich erlaubte es mir selbst auch, mich zu verändern.

Mit vierzig merkte ich, wie ich meine Zelle verwandelt hatte, wie aus einem begrenzten Raum der Zerstörung und Bestrafung etwas Positives geworden war. Ich nutzte diesen Raum, um mich weiterzubilden, ich nutzte diesen Raum, um meinen Charakter und meine Moral zu stärken, ich nutzte diesen Raum, um meine eigenen Grundsätze und Verhaltensregeln zu entwickeln, ich nutzte diesen Raum für alles andere als das, wofür meine Geiselnehmer ihn vorgesehen hatten.

In meinen Vierzigern sah ich, dass ich einen moralischen Kompass für mich entwickelt hatte, der allem widerstand: ein starkes Gefühl dafür, was richtig oder falsch war, selbst wenn andere Menschen dieses Gefühl nicht teilten. Ich sah es. Ich fühlte es. Ich schmeckte es. Wenn sich irgendetwas nicht richtig anfühlte, dann konnte auch keine Bedrohung, kein noch so großer Druck von außen mich dazu bringen, es zu tun.

Ich wusste, dass mein Leben das Resultat einer bewussten Entscheidung war, die ich in jeder Minute des Tages aufs Neue traf. Meine Entscheidung, besser zu werden. Meine Entscheidung, Dinge für andere besser zu machen. Meine Entscheidung, mich nicht brechen zu lassen. Meine Entscheidung, meine Umwelt zu verändern. Ich wusste, dass ich nicht nur fünfzehn Jahre Einzelhaft überlebt hatte, ich hatte auch meine unverbrüchliche Treue zur Black-Panther-Bewegung unter Beweis gestellt. Ich hatte meinen Mitgefangenen geholfen, zu verstehen, dass sie als Mensch wertvoll waren, dass sie etwas wert waren. Ich konnte mich immer noch daran erinnern, wie ich mich fühlte, als ich von den Panthern im Tombs akzeptiert wurde, als ich in ihren Augen sah, dass sie mich wertschätzten, dass ich ihnen etwas bedeutete, obwohl ich ein Gefangener war, der fünfzig Jahre bekommen hatte und der sich selbst nicht wertschätzte. Als Mitglied der Black Panther Party gab ich mein Wort, dass ich es zu meiner Pflicht machen würde, andere Gefangene zu beschützen, sie darin zu unterstützen, sich auf das Leben außerhalb der Gefängnismauern zu konzentrieren, ihnen zu zeigen, dass sie Teil dieser Welt waren. Ich hielt mein Wort.

In meinen Vierzigern verstand ich erst richtig, was meine Mom alles geopfert hatte, um uns gut versorgen zu können. Ich spürte auf einmal all die Liebe, die sie für uns empfunden hatte, und ich für sie. Alles, was sie mir in den vielen Jahren gesagt hatte, kam in meiner Erinnerung zurück. Die Lektionen, die sie mir mitgegeben hatte, und die im kindlichen Hochmut jener Jahre verloren gegangen waren, wurden der Grundstein meines eigenen Wissens. »Wenn man eine Ente mit Wasser bespritzt«, sagte sie immer, »dann perlt es ab. Merk dir das für dein Leben.« Ich hatte als Kind natürlich keine Ahnung, was sie mir damit sagen wollte, aber im Rückblick wusste ich dann, was sie meinte: mich nicht durch die Armut und Schwierigkeiten in meiner Kindheit definieren zu lassen. Sie wollte mir sagen, dass ich mir die Schmerzen und schmerzvollen Umstände meines Lebens den Buckel runterrutschen lassen sollte. Ich erinnerte mich an ihre Worte, als ich sie brauchte. Jetzt verstand ich ihre Bedeutung und sie halfen mir, weiterzumachen. »Ich habe immer gejammert, dass ich keine Schuhe hatte«, sagte sie, »bis ich einen Mann sah, der keine Füße hatte.« Ihre Worte machten mir Mut, mich auf meine Stärken zu konzentrieren, anstatt mein Leid, von der Außenwelt abgeschnitten zu sein, zu beklagen und mich davon herunterziehen zu lassen. »Wenn dir jemand Zitronen gibt«, sagte sie immer, »mach Limonade daraus.«

In seinem Roman *Native Son* schreibt Richard Wright sinngemäß: Zum Überleben braucht der Mensch nicht nur Brot, sondern auch die Möglichkeit, sich selbst zu entfalten. Niemals habe ich diese Worte vergessen. Als ich vierzig war, hatte ich so viel gelesen und so viel gelernt, dass ich meine eigenen Werte und meinen eigenen Verhaltenskodex entwickeln konnte. Grundlage war das 10-Punkte-Programm der Black Panther Party. In den Jahren nach dem Auseinanderbrechen der Bewegung befasste ich mich noch stärker mit deren Werten und erweiterte meinen Blickwinkel über die vorangegangenen Kämpfe hinaus. In meinen Büchern fand ich Trost und Hoffnung durch die

Worte bedeutender Männer und Frauen, die meine Gedanken zu verstehen und mein Leben zu schätzen schienen.

»Ohne Kampf gibt es keinen Fortschritt«, so schrieb Frederick Douglass. »Diejenigen, die ankündigen, die Freiheit zu fördern, dabei aber dem aktiven Kampf entsagen, möchten ernten, ohne den Boden zu beackern, sie möchten Regen ohne Blitz und Donner. Sie möchten den Ozean ohne das grausame Gebrüll der Fluten. Der Kampf mag ein moralischer Kampf sein oder ein körperlicher. Oder auch beides in einem, moralisch und körperlich; aber es muss immer ein Kampf sein. Macht gibt nichts von sich her, ohne dass sie etwas dafür verlangt. Das hat sie nie getan und wird sie auch nie tun.«

Malcolm X schrieb: »Jede Niederlage, jedes Unglück, jeder Verlust, birgt seinen eigenen Samen, seine eigene Lehre, um es beim nächsten Versuch besser zu machen.« Malcolm zeigte mir die Richtung. Er gab mir eine Vision. Der Bürgerrechtskämpfer Whitney Young beschrieb das Schwarzsein so: »Schaut mich an, hier bin ich. Ich habe meine Würde. Ich habe meinen Stolz. Ich habe meine Wurzeln. Ich lasse nicht locker, ich fordere Mitbestimmung in allen Entscheidungen, die mein Leben und das Leben meiner Kinder betreffen. Denn das heißt, ich bin jemand.« Es gab nicht das eine Zitat, das mich durch all die Jahre der Einzelhaft trug, es gab tausend, zehntausend. Ich tauchte tief in die Bücher ein, die zu mir sprachen. Sie gaben mir Trost und Zuversicht.

Als ich vierzig war, konnte ich meiner Mom den Menschen zeigen, zu dem ich geworden war. Ich konnte ihr danken für ihre weisen Worte und für die Lektionen, die sie mich gelehrt hatte, und ich konnte ihr sagen, dass sie mein großes Vorbild war – meine Heldin. Ich dankte ihr für die Opfer, die sie für mich und meine Geschwister gebracht hatte. Ich entschuldigte mich, dass ich ihr in meinen jungen Jahren so viel Kummer verursacht hatte und sagte ihr, wie sehr ich all das schätzte, was sie für mich getan hatte. Ich wollte immer, dass meine Mutter Grund hatte, stolz auf mich als Mensch zu sein. Ich saß zwar im Gefängnis, doch ich konnte ihr dennoch zeigen, dass ich dieser Mensch geworden war.

Mit vierzig hatte ich gelernt, dass Menschsein bedeutet, sich weiterzuentwickeln, zu gestalten, zu wachsen – und dass Angst dieses Wachsen stoppt. Angst verlangsamt das Wachsen. Angst führt zu Verwirrung und Unsicherheit. Angst zerstört unser Selbstwertgefühl. Als die Angst unter meinen Mithäftlingen verschwunden war, sah ich, dass die Menschen viel besser miteinander umgehen konnten. Sie konnten auf einmal miteinander klarkommen. Ich frage mich, ob wir in unserer Gesellschaft nicht auch eine Welt aufbauen können, in der wir keine Angst voreinander haben.

Die Neunzigerjahre

In der Welt, durch die ich reise, erschaffe ich mich ständig neu.

Frantz Fanon

Kapitel 33
Verspätete Gerechtigkeit ist verweigerte Gerechtigkeit

Ich boxe gegen die Wand. Meine Knöchel sind voller Schwielen vom Gegen-die-Wand-Boxen. Ich mache Liegestütze auf meinen Fäusten. Ich habe keine tiefsinnigen Gedanken. Ich bin ein praktischer Mensch. Ich habe so wenig Bedürfnisse, dass sie mich nicht sehr quälen können, wenn mir etwas verweigert wird. Ich brauche nichts. Ich komme durch den Tag wie schon tausende Male zuvor. Ist heute der Tag, an dem sie mich brechen? Ich schiebe den Gedanken weit weg. Pure Willenssache. Ich bleibe in Bewegung, damit ich später schlafen kann. Manchmal kann ich nicht schlafen. Ich arbeite daran, versuche zu verstehen, warum das so ist. Ich höre Musik. Musik ist meine Zuflucht. Ein Ausweg. Es gibt Tage, an denen ist die Musik meine Rettung. Ich höre sie sehr laut, um die Hintergrundgeräusche zu übertönen. Ich höre sie gedämpft. Ich tanze nicht zu der Musik, aber manchmal wiege ich mich danach.

Am 11. Februar 1990 sah das ganze Stockwerk zusammen im Fernsehen, wie Nelson Mandela nach 27 Jahren Haft aus dem Gefängnis entlassen wurde. Mandela war eine Inspirationsquelle für mich. Eingesperrt wegen seiner Überzeugungen verbrachte er achtzehn Jahre auf Robben Island, wo er gezwungen wurde, dicke Kalksteinbrocken von einem Ende des Steinbruchs zum anderen zu schleppen. Er und seine Kameraden schliefen auf Stroh. Wärter urinierten neben ihnen während des Essens. Eingelocht, weil er sich der weißen Minderheitsherrschaft und der Unterdrückung der Schwarzen in Südafrika widersetzte. Seine erste Rede in Freiheit handelte von der Notwendigkeit, das brutale Apartheidregime zu beenden. »Jetzt ist der Zeitpunkt gekommen, an dem wir den Kampf an allen Fronten verschärfen müssen«, verkündete er. »Wir fordern die internationale Gemeinschaft auf, die Kampagne zur Isolierung des Apartheidregimes fortzusetzen … Es gibt keine Umkehr auf unserem Weg zur Freiheit. Wir dürfen es nicht zulassen, dass Angst sich uns in den Weg stellt.« Mandela blieb unbeugsam. Während meiner unendlich langen Zeit in Einzelhaft war er stets Vorbild und Inspirationsquelle für mich. Manchmal half mir schon der Gedanke an Menschen, denen es noch viel schlechter ging als mir und die auch überlebten.

Jahrelang legten Herman und ich keine Berufung gegen unsere Verurteilungen aus den 1970er-Jahren ein. Wir verschwendeten gar keinen Gedanken daran. Wir dachten, das wäre eher von Nachteil für uns. Doch King überredete uns, es doch zu tun. Da Hermans Anwalt keine fristgerechte Berufung nach der Verurteilung 1974 eingelegt hatte, musste Herman es verspätet noch einmal versuchen. 1990 wurde seinem Gesuch stattgegeben. Im Frühling 1991 stellten King und ich einen Antrag auf ein Wiederaufnahmeverfahren. King las sich sorgfältig meine Papiere durch und rief dann den Gang entlang: »Was ist denn mit deinem Antrag passiert, in dem du gegen die Grand Jury Einspruch erheben wolltest?« Ich antwortete ihm, ich hätte keine Ahnung; ich hatte es total vergessen. »In den Papieren sieht man, dass noch alles offen ist«, sagte er. »Es wurde nie verhandelt. Und wenn deinem Antrag stattgegeben würde, dann müssten sie dir einen neuen Prozess machen.« Laut Gesetz müssen die Richter vor der Hauptverhandlung über das Wiederaufnahmeverfahren entscheiden. King schickte mir juristische Bücher den Gang entlang in meine Zelle, damit ich sie las und wir über meinen Fall diskutieren konnten. Wenn einer von uns seine Freistunde hatte, stand er vor der Zellentür des anderen und wir besprachen den Fall.

Zwei Probleme gab es zu klären: Zum einen stellten wir fest, dass das Gericht nie über meinen Antrag entschieden hatte. Zweitens traf bei mir der Punkt »mangelhafter Rechtsbeistand« zu, denn Charles Garretson hatte meinen Fall nicht ausreichend weiterverfolgt und daher nicht die vom Gesetz geforderte beste Verteidigung eingebracht. Ihm fehlte wohl einfach das Wissen darüber.

Ich hatte diesen Punkt ganz vergessen. Keine Entschuldigung natürlich vor Gericht. Rechtsbeistand ist im 6. Zusatzartikel zur Verfassung formuliert. Der Anwalt war dazu verpflichtet, meinen Fall ausreichend zu recherchieren, bevor die Hauptverhandlung begann. King schrieb ein Gesuch zur Wiederaufnahme des Verfahrens für mich handschriftlich auf einen Notizblock. Wir konnten zu jener Zeit mechanische Schreibmaschinen ausleihen, und King verwendete Dünndruckpapier mit Kohlepapier dazwischen, sodass wir Kopien machen konnten. (Kohlepapier war solch eine Seltenheit auf unserem Stock, dass jede Seite so häufig benutzt wurde, bis sie fast weiß war.) Während des Schreibens schickte er mir regelmäßig die fertigen Abschnitte zum Lesen in die Zelle. Ich reichte den Antrag am 17. September 1991 ein.

Hermans Einspruch wurde 1972 vom Berufungsgericht abgelehnt, ebenso wie die Revision vom Supreme Court von Louisiana 1992. Ich hatte da mehr Glück. Acht Monate nach meiner Berufung hob Richter Thomas Tanner am 27. Mai 1992 vom 18. Judicial District Court in Iberville Parish meine Verurteilung aufgrund des Diskriminierungsverdachts in der Grand Jury auf, und bestätigte, dass mein Anwalt Anstrengungen hätte unternehmen müssen, die Anklage von einer verfassungswidrig zusammengesetzten Jury zurückzuweisen. Der Staat legte Berufung gegen die Entscheidung des Richters ein und verlor: Ich bekam einen neuen Prozess. Ich war in Hochstimmung, wusste allerdings nicht, dass ich noch sechs Jahre auf diese neue Verhandlung warten musste. Ich bin immer noch der Meinung, dass sie den neuen Termin absichtlich verzögerten, weil sie hofften, sie würden mich in der Zwischenzeit mental brechen können oder ich würde sowieso sterben – dann hätten sie sich einen neuen Prozess erspart!

Bevor ich eine neue Verhandlung bekam, musste es erst eine neue Anklage geben. Diese wurde im März 1993 erhoben, genau an dem Ort, an dem ich schon 21 Jahre zuvor angeklagt worden war: am Gerichtshof von St. Francisville. 1972 waren Frauen und Afroamerikaner von der Grand Jury ausgeschlossen. 1993 waren Schwarze und Frauen zugelassen; eine dieser Frauen war Anne Butler, die Ehefrau des ehemaligen Gefängnisdirektors C. Murray Henderson, des Mannes, der mir damals den Mord angehängt hatte. Anne Butler war nicht nur eine der Geschworenen, sie durfte auch in der Jury ein Buch über das Angola-Gefängnis herumreichen, das sie zusammen mit Henderson geschrieben hatte, und in dem es ein Kapitel über den Mord an Brent Miller gab. Dieses Buch hatte keinerlei journalistischen Anspruch. Ihre »Berichterstattung« bestand aus Interviews mit den damaligen Gefängnisbeamten, die die ursprüngliche Mordgeschichte über mich, Herman, Chester Jackson und Gilbert Montegut 1972 erfunden hatten.

Laut Butlers Bericht hatte ich, zusammen mit Herman Wallace und Chester Jackson, Brent Miller ermordet. Sie räumte ein, dass Gilbert Montegut nichts mit dem Vorfall zu tun gehabt habe, es sei ihm angehängt worden, weil die Gefängnisverwaltung die »militanten Gefangenen«, die kurz vor dem Mord aus der Isolationshaft entlassen worden waren, dafür verantwortlich machen wollte. Sie verlor kein Wort darüber, warum ihr Mann als Gefängnisdirektor es zuließ, dass ein Mann des Mordes angeklagt wurde, von dem er sicher wusste, dass er die Tat nicht begangen hatte.

Sie verlor kein Wort über Chester Jacksons Zeugenaussage und die Frage, warum sie sich so fundamental von Hezekiah Browns »Augenzeugenbericht« unterschied, obwohl Jackson doch angeblich am Mord von Brent Miller beteiligt gewesen war. Und auch kein Wort darüber, dass alle Kronzeugen Browns Aussagen widersprochen hatten, und widersprüchliche Aussagen darüber machten, in welche Richtung ich davongerannt war, welche Kleidung ich trug und ob diese Blutspuren aufwies oder nicht. Nichts darüber, dass keiner der Kronzeugen den anderen sah, obwohl sie doch anscheinend alle am selben Ort und zur selben Zeit das Geschehen beobachtet hatten. Nichts über die blutigen Sportschuhe, die nach dem Mord gefunden wurden, und die die Ermittler – und Butlers Ehemann – trotz ihres Wissens darüber aus dem Prozess herausgehalten und niemals ins Kriminallabor zur Untersuchung geschickt hatten. (Erst Jahre später hatten wir durch Einblick in Behördendaten von der Existenz dieser Schuhe erfahren.)

Anne Butler gab dem Kapitel über den Mord an Brent Miller den Titel »Rassistische Schweine, die uns gefangen halten«, ein Satz, den sie aus dem Brief übernommen hatte, der nach Aussage der Gefängnisbeamten einen Tag vor Millers Tod »abgefangen« worden war. Dieser abgefangene Brief, von dem nicht ein einziges Mal während meines Prozesses die Rede war, und von dem der stellvertretende Gefängnisdirektor Lloyd Hoyle anscheinend keine Ahnung hatte, als er am Mordtag mit der Presse sprach, dieser Brief, so hieß es, habe die Urheberschaft des Überfalls auf Mike Gunnells in seiner Wachkabine für sich beansprucht und »weitere, nicht näher beschriebene Gewaltakte angekündigt«. Zudem sei ein »Volksgericht« abgehalten worden, das die Gefängnisverwaltung wegen ihres »extremem Rassismus« verurteilt habe. Unterschrieben sei der Brief mit »The Vanguard Army, Long Live the Angola Prison Involvement« gewesen.

Anne Butler schrieb nichts darüber, dass der Verfasser dieses Briefes nie identifiziert worden war – wenn er denn überhaupt existierte –, obwohl die Verwaltung doch von jedem Insassen eine Handschriftenprobe sowie Zugang zu allen auf dem Gefängnisareal vorhandenen Schreibmaschinen besaß. Falls der Brief also existierte und von einem Häftling geschrieben worden war, hätten sie problemlos herausfinden können, wer ihn geschrieben hatte. Wenn sie ihn Herman oder mir angehängt hätten, wäre er doch sicher bei einer unserer beiden Verhandlungen zitiert worden.

Butler nannte Brown – den rücksichtslosen Vergewaltiger – in ihrem Buch den »unterhaltsamen Hezekiah Brown«, der nur »leichte Arbeiten« verrichten konnte wegen seines »schwachen Fußgelenks« und der deswegen »den Wärtern Kaffee kochte«. Sie schrieb, er sei wegen »relativ kleiner Delikte« in Mississippi, Oklahoma und Alabama eingesperrt gewesen, bevor er ins Angola kam. Dabei verschwieg sie seine zahlreichen Verurteilungen wegen schwerer Vergewaltigung. Später kam uns zu Ohren, dass Brown, der zur Zeit meiner Verurteilung auf freiem Fuß gewesen war, sich bei seiner Ankunft am Gerichtsgebäude zunächst geweigert hatte, vor der Grand Jury auszusagen. Obwohl er viele Jahre zuvor entlassen worden war, musste ein

Wärter – sein »Betreuer« – vom Angola hinzugerufen werden, um ihn zu beruhigen und ihn persönlich in den Saal der Grand Jury zu begleiten. Auch dies war eigentlich unrechtmäßig, da niemand außer dem Staatsanwalt und den Jury-Mitgliedern diesen Saal betreten darf.

Zu dem Mord an Miller schrieb Butler:

> Brent Millers Mutter erinnerte sich daran, dass ihr Sohn ihr einmal – nachdem es im Angola zu Unruhen gekommen war – erzählt hatte, die anderen Beamten hätten ihm eine Kette gegeben, die er zur Bändigung widerspenstiger Häftlinge benutzen sollte. »Er sagte, die Gefangenen hätten ihn angefleht, sie nicht zu schlagen, und er sagte zu mir, ›Mama, ich hätte doch nicht einen von ihnen geschlagen – für nichts in der Welt, das konnte ich nicht.‹« Und dann lag dieser blonde, lachende kleine Junge, den jedermann liebte, der Footballheld der High-School, dieser junge Bräutigam, tot auf dem Boden, mit 32 Stichwunden von mindestens zwei Messern, seine Hände im Todeskampf zu Fäusten geballt, die bis zum Ende versucht hatten, die scharfen Klingen zu packen und abzuwehren.

Sie beschrieb in allen Einzelheiten Millers Wunden und erklärte, »dadurch, dass bei der obligatorischen Autopsie kleine Stifte in jede Wunde gesteckt werden mussten, um fotografische Nachweise zu sichern, erinnerte der Körper an ein Stachelschwein«.

Diesen demagogischen Bericht durfte die Grand Jury lesen. Dann schrieb Butler aber fälschlicherweise, dass ich wegen »Diebstahls« und »schwerer Vergewaltigung« verurteilt worden war. Diese Geschichte wurde den Geschworenen also zugänglich gemacht. In einer anschließenden Denkschrift schrieb Butler:

> Dieses Buch wurde von den Mitgliedern der Grand Jury heftig nachgefragt, als der Fall neu aufgerollt wurde, denn im Laufe dieser langen Zeit hatte nahezu jeder die kleinen Details, die ja von großer Bedeutung sein können, vergessen. Die Anwälte lasen das Buch; die Zeugen lasen das Buch; selbst einige der Geschworenen lasen das Buch. Aber wer sollte wohl aus den circa 13 000 in der Gemeinde von West Feliciana registrierten Wählern herausgesucht werden, um in der Grand Jury seine Pflicht zu erfüllen? Ich! Ich fragte den stellvertretenden Staatsanwalt, der mit dem Fall befasst war, ob er mich in diesem speziellen Fall nicht besser davon entbinden sollte, doch er bestand darauf, dass es das Recht, genauso wie die Verantwortung jedes Bürgers sei, seine Pflicht in der Grand Jury zu erfüllen, wenn er gerufen würde.

Wie erwartet, wurde ich am 17. März 1993 erneut verurteilt. Bei meiner Vernehmung standen mir zwei Pflichtverteidiger zur Seite: Bert Garraway, Anwalt aus Baton Rouge und Richard Howell aus St. Francisville.

Die beiden beantragten die sofortige Einstellung meines Verfahrens, da Anna Butler ihren verzerrten, reißerischen Bericht über Brent Millers Tod an ihre Jury-Kollegen weitergegeben hatte. Richter Bruce Bennett wies den Antrag meiner Anwälte zurück und schrieb: »Es ist nichts daran auszusetzen, dass ein Mitglied der Jury sich tieferes Wissen über einen Fall aneignet, und das kann auch durch ein ganzes Buch zu einem speziellen Fall geschehen.«

In der Zwischenzeit versuchte Herman, der sich selbst vor Gericht vertrat, die Beweismittel aufzuspüren, die der Staat uns unserer Ansicht nach vorenthielt. Er stellte einen pro se-Antrag (ohne Rechtsanwalt) auf Grundlage des *Public Records Act*, in dem er »alle Dokumente … die in irgendeiner Weise zur Verhaftung, zu den Ermittlungen oder zum Strafverfolgungsverfahren im Fall Herman Joshua Wallace gehörten«, anforderte. Am 27. Mai 1993 stellte er einen erneuten Antrag auf Dokumenteneinsicht beim 20. Judicial District. Beide Stellen verweigerten die Herausgabe der Dokumente. Herman ging vor Gericht und schließlich verlangten beide, das 19. und das 20. Judicial District Court vom Staat, Hermans Forderung stattzugeben. Der Staatsanwalt antwortete, es lägen keinerlei Dokumente zu diesem Fall vor – eine Aussage, die wir zehn Jahre später als Lüge identifizieren konnten. Herman versuchte anschließend, vom Staatsgefängnis von Louisiana durch eine gerichtliche Verfügung die Vorlage der Dokumente zu erwirken, um Einsicht in »die vollständige Akte zu den Ermittlungen … über den Tod von Brent Miller« zu bekommen. In ihrer Antwort betonte die Gefängnisverwaltung des Angola, dass »im Staatsgefängnis von Louisiana keine Dokumente zur Verfügung stünden, die über die Ermittlungen zum Tod von Brent Miller Auskunft gäben«.

In jenem Mai focht Herman sein Urteil von 1974 in einem Gesuch zur Wiederaufnahme des Verfahrens an, und forderte, dass Chester Jacksons Deal – vom Angeklagten zum Kronzeugen zu werden – ihm und seinem Anwalt Charles Garretson, sowie den Geschworenen zugänglich gemacht werden müsse. Um seine Anschuldigungen zu untermauern, fügte Herman seinem Antrag eine eidesstattliche Erklärung bei, die er von einem Mithäftling bekommen hatte. Dieser hatte erklärt, dass er Jackson im Jahre 1985 gefragt habe, warum er Missbrauch mit verschreibungspflichtigen Medikamenten betriebe. Jackson hatte dem Häftling geantwortet, er habe vor Gericht Dinge ausgesagt, die jeder Realität entbehrten, und dass der stellvertretende Gefängnisdirektor Hayden Dees ihm den Tod angedroht habe, wenn er nicht eine Zeugenaussage unterzeichne, die ihn selbst, Herman und mich mit dem Mord an Brent Miller in Verbindung brachte. Herman betonte, er wäre um sein Verfassungsrecht auf ein ordentliches Gerichtsverfahren betrogen worden. Er musste jahrelang auf eine Antwort warten.

Als Garraway und Howell mich zum ersten Mal im Angola besuchten, fragten sie mich, ob ich bereit wäre, mich einem Lügendetektor-Test zu stellen. Ich glaube, sie waren sehr überrascht, als ich sofort zusagte. Einige Zeit später kamen sie in Begleitung eines Prüfers und mit einem Lügendetektor zurück. Ich absolvierte den Test erfolgreich, indem ich behauptete, ich habe Brent Miller nicht umgebracht. Ich fragte Garraway und Howell, ob sie meinen nächsten Prozess an einen anderen Ort verlegen könnten, da in St. Francisville, wo ich schon zweimal angeklagt worden war, ein großer Prozentsatz der Bevölkerung im Angola arbeitete oder blutsverwandt, beziehungsweise angeheiratet war.

Der Richter sagte mir eine Verhandlung in Amite City zu, eineinhalb Stunden Autofahrt östlich vom Angola entfernt, von New Orleans aus Richtung Norden. Amite City war eine kleine, weiße, konservative Gemeinde mit 4000 Einwohnern im »Bibelgürtel« (protestantische Region im Süden der USA) gelegen. Hier, in Tangipahoa Parish, war nicht nur der Ku-Klux-Klan stark vertreten, ich fand auch noch heraus, dass die Familie Miller eine Zeit lang in Tangipahoa Parish gelebt hatte und dass Brent Miller, weil er aus der Gegend stammte, in der Nähe von Amite City begraben worden war. Der Wechsel des Prozessortes war für mich also eher der Wechsel vom Regen in die Traufe.

Kapitel 34
Mein größter Verlust

Jeden Morgen wachte ich in der CCR-Zelle mit demselben Gedanken auf: Ist heute der Tag, an dem ich meinen Verstand und meine Selbstdisziplin verliere? Werde ich anfangen zu heulen und niemals mehr aufhören? Werde ich mich zu einer Kugel zusammenrollen, wie ein kleines Baby – als erstem Anzeichen dafür, dass ich meinen Verstand verlöre? Jeden Tag schob ich dieses Gefühl weit von mir. Jeden Tag musste ich die Kraft dafür aufbringen. Ich musste den Willen und die Entschlossenheit aus meinem tiefen Innern hervorholen, um mich nicht brechen zu lassen. Diese Fähigkeit hatte meine Mom mir mitgegeben.

Einmal allerdings war ich ganz nahe dran, es nicht zu schaffen: als meine Mom starb, das war am 27. Dezember 1994. Ich sagte mir immer, »wenn du atmen kannst, dann kannst du alles überstehen«. Als aber meine Mom starb, da war mein Atem einfach weg. Egal, wie sehr ich mich auch anstrengte, ich konnte nicht mehr atmen. Ich hatte immer geglaubt, wenn ich lange genug lebte, dann würde ich siegen. Aber jetzt war sie weg und kam nie mehr in mein Leben zurück, egal, wie lange ich lebte. Ich fragte mich, ob ich ohne meine Mom überhaupt einmal wieder würde atmen können.

Ruby Edwards wurde am 9. Mai 1929 geboren. Als sie ein Teenager war, beschrieb die NAACP die Jim-Crow-Gesetzgebung in der Louisiana Weekly als »modernes, angepasstes Sklaventum, das die Fesseln einfach durch das Schild ›Nur für Weiße‹ ersetzt; das die Sklavenviertel durch Slums ersetzt; das drei Mahlzeiten am Tag durch die Hungerlöhne von Dienstmädchen und Gepäckburschen ersetzt; das die Peitsche des Herrn durch die Fackel der Meute und den Knüppel des Polizisten ersetzt.« Dies war ihre Welt, doch meine Mom ließ sich nicht von ihrer armseligen Situation und ihrem Kummer gefangen nehmen. Ich erinnere mich an eine Situation, als ich als kleiner Junge mit ihr zusammen in der Canal Street einkaufen ging. Uns Schwarzen war es zu jener Zeit nicht gestattet, ein Kaufhaus durch die Haupteingangstür zu betreten und auch nicht, in den Gängen zu verweilen. Wir durften zwar unser Geld im Kaufhaus ausgeben, waren es aber nicht wert, dort gesehen zu werden. Wir traten also durch die Hintertür des Ladens ein. Meine Mom gab dem weißen Verkäufer ein Bild von einem Kleid, das sie aus der Zeitung ausgeschnitten hatte. Immer wieder erlebten wir, dass diese jungen, weißen Verkäufer sehr unhöflich, ungeduldig und respektlos zu uns waren. Er verschwand und irgendwann brachte er uns schließlich ein Kleid, das aussah, wie das auf Moms Bild. Meine Mom hatte immer geglaubt, dass das Leben besser würde. Als ich geboren wurde, war sie fest entschlossen, uns ein gutes Leben zu ermöglichen.

Die Eltern meines biologischen Vaters, die ein kleines Geschäft in New Orleans führten, hatten jedoch andere Vorstellungen. Die Mutter meines Vaters schleppte meine Mutter vor Gericht, um das Sorgerecht für mich zu bekommen und erklärte dem Richter, meine Mom wäre nicht in der Lage, mich großzuziehen. Meine Mutter, damals erst achtzehn Jahre alt und als Analphabetin nicht in der Lage, die Gerichtsdokumente, die sie für unfähig erklärten, zu lesen, hatte jedoch die Stärke und den Mut, sich nicht unterkriegen zu lassen. Sie holte alle ihre Nachbarn und Familienmitglieder in den Gerichtssaal, damit sie ihr bescheinigten, sie sei eine gute Mutter. Der Richter entschied zu ihren Gunsten, und sie behielt das alleinige Sorgerecht. Er wies das Krankenhaus an, den Namen meines Vaters auf die Geburtsurkunde zu setzen, und so wurde ich – wenn auch nur dem Namen nach – ein Woodfox.

Das letzte Mal, dass ich meine Mutter sah, war ungefähr einen Monat, bevor sie starb. Sie befand sich wegen einer anstehenden Herzoperation im Krankenhaus. Michael hatte sie am Abend davor noch besucht, und sie hatte über starke Schmerzen in ihrer linken Körperhälfte geklagt. Die Schmerzen wurden unerträglich, und so rief Michael die Schwester; die holte den Arzt, der meine Mutter augenblicklich in den OP bringen ließ. Ihre Niere war aufgeplatzt und musste sofort entfernt werden. Ungefähr zwei oder drei Wochen später bekam sie dann ihre Herzoperation, bei der eine Arterie freigelegt werden musste. Danach wurde einer ihrer Zehen blau-lila, weil der Fuß wegen ihrer Diabetes nicht durchblutet wurde. Sie stimmte zu, den Zeh abnehmen zu lassen. Irgendwann sagte sie dann zu meinem Bruder: »Bring mich zu Albert ins Angola.«

Ich war gerade zufällig draußen auf dem Gang in meiner Freistunde und schaute aus dem Fenster, als ich meinen Bruder einen Rollstuhl Richtung Besuchereingang schieben sah. Ich dachte, er würde irgendjemand Fremdem helfen. Sie brachten mich runter ins Besucherzimmer und nahmen mir dort die Fesseln ab. Als ich mich umdrehte und meine Mutter im Rollstuhl sah, klappte ich fast zusammen. Sie hatte so viel Gewicht verloren. Es kostete mich immense Kraft und Willensstärke, um diesen Schock zu verdauen und meinen Kummer vor ihr zu verbergen: Die Frau, die für mich immer die Stärke unserer Familie repräsentiert hatte, in diesem Zustand zu sehen. Ich neckte sie und hob sie hoch, was keinerlei Anstrengung erforderte, und setzte sie auf meinen Schoß. Sie war wirklich nur noch Haut und Knochen. Trotz ihres körperlichen Zustandes konnte ich in ihren Augen aber noch immer meine Mom sehen. Ich brachte kein Wort heraus. Sie sagte mir, sie sei müde. »Weißt du, Kleiner, die Leute wollen mit das Bein abschneiden, aber ich lasse nicht zu, dass diese Weißen noch mehr an mir rumschneiden«, sagte sie. »Lieber möchte ich sterben.« Nach ungefähr einer halben Stunde schien sie einzunicken, ihren Kopf auf meiner Brust. Ich gab Michael ein Zeichen, dass es Zeit wäre, zu gehen. Ich wusste, dass meine Mom gekommen war, um Good-bye zu sagen.

Es gehört zu den Grausamkeiten im Gefängnis, dass man immer der Letzte ist, der erfährt, was in der eigenen Familie vorgeht. Herman wusste vom Tod meiner Mutter, noch bevor ich davon erfuhr. Seine Schwester hatte ihn irgendwie benachrichtigen können. Ein Trustee brachte mir eines Tages einen Beileidsbrief von Herman. Als ich den Brief gelesen hatte, entfuhr es mir: »Was soll der Scheiß?« Später fand ich heraus, dass einer meiner Brüder im Gefängnis angerufen hatte, die Wärter mir diese Information aber vorenthielten. Während der Leutnant seine Runde machte, zeigte ich ihm Hermans Brief und fragte ihn, warum mich niemand informiert hatte. Er antwortete, er wisse gar nichts darüber, aber ich könne das Telefon benutzen und zu Hause anrufen. Ein Wärter kam, legte mir die Fesseln an und brachte mich zur Brücke außerhalb des Stockwerks, damit ich meine Schwester anrufen konnte. Sie weinte. Meine Brüder waren bei ihr. Ich fragte sie über Mamas Tod aus und sprach mit ihnen darüber, was noch zu tun war und was sie schon getan hatten. Als ich am nächsten Morgen aufwachte, war die Decke meiner Zelle nur wenige Zentimeter von meinem Gesicht entfernt. Dies war der schlimmste Klaustrophobie-Anfall, den ich in meiner gesamten Zeit in Einzelhaft hatte. Ich schloss die Augen und befahl mir zu atmen. Einfach atmen. Ich weiß nicht, wie lange ich so dalag. Ich war schweißgebadet, als ich irgendwann meine Augen endlich öffnete.

Als alles in meiner Zelle wieder normal schien, stand ich auf. Ich wusch mich und zog mich um. Die Trauer traf mich tief ins Herz. Und ich war wütend. Ich wollte jemanden verletzen. Meine Gefühle waren ein heilloses Chaos. Ich kannte das nicht: die Gefühle nicht im Griff zu haben. Deswegen ging ich an dem Tag in meiner Freistunde auch nicht raus aus der Zelle. Ich wollte nicht unkontrolliert auf jemanden losgehen. Ich wusste, das würde meinen Kummer und meine Leere nicht lindern. Ich schrieb einen Brief an den Gefängnisdirektor John Whitley, ob er mir ermöglichen könne, dass ich an der Beerdigung meiner

Mutter teilnähme, um mich von ihr zu verabschieden. Im Angola war es zu jener Zeit üblich, Häftlingen zu gestatten, an der Beerdigung von nahen Verwandten teilzunehmen. Ich war geschockt und am Boden zerstört, als er mir zurückschrieb, nein, ich bekäme diese Erlaubnis nicht. Er sagte, Gefangene in Einzelhaft bekämen keine Beurlaubung. In afroamerikanischen Familien ist es eine sehr wichtige Tradition, bei einer Beerdigung zusammenzukommen und sich gemeinsam von dem Toten zu verabschieden. Die Grausamkeiten der Gefängnisverwaltung und des Staates Louisiana zwangen mich erneut dazu, alle meine Kräfte zu mobilisieren, damit nicht der Wahnsinn Herr über meinen Verstand würde. Niemals werde ich diesen Verlust in Worte fassen können.

Seither ist der Monat Dezember für mich immer ein sehr trauriger, schwerer Monat gewesen. Dies zeigt sich auf verschiedene Art und Weise. Häufig bin ich dann sehr düster gestimmt, depressiv. Oder ich fühle mich total verunsichert oder aber nicht richtig vollständig. Immer mal wieder überkommt mich ein unbändiger Schmerz, und er scheint nie vorbeizugehen. Manchmal dauert er ein paar Stunden, manchmal ein paar Tage, manchmal Wochen. Irgendwann schließlich verkriecht er sich wieder in mir.

Ein Jahr nachdem meine Mom gestorben war, saß ich einmal auf meiner Pritsche und dachte nach, als ich plötzlich Moms Stimme in meinem Kopf vernahm. Es war, als ob ihre Stimme durch die Jahre hindurchhallte, um mir etwas zu sagen. In jenem Moment schrieb ich auf meinem Bett sitzend ein Gedicht als Hommage an meine kluge und starke Mom.

Echoes

Echoes of wisdom I often hear,
  a mother's strength softly in my ears.
Echoes of womanhood shining so bright,
  echoes of a mother within darkest night.
Echoes of wisdoms on my mother's lips, too young
  to understand it was in a gentle kiss.
Echoes of love and echoes of fear
  Arrogance of manhood wouldn't let me hear,
Echoes of heartache I still hold close
  As I mourn the loss of my one true hero.
Echoes from a mother's womb,
  heartbeats held so dear,
  life begins with my first tears.

Echoes of footsteps taken in the past,
    echoes of manhood standing in a looking glass.
Echoes of motherhood gentle and near.
    echoes of a lost mother I will always hear.[21]

21 ECHOS // Echos der Weisheit höre ich häufig, / die Kraft einer Mutter sanft in meinem Ohr, / Echos der Mutterschaft leuchten so hell, / Echos einer Mutter in der dunkelsten Nacht. / Echos der Weisheiten auf den Lippen meiner Mutter, zu jung, / um zu verstehen, sie steckten in einem sanften Kuss. / Echos der Liebe und Echos der Angst / die männliche Arroganz ließ sie mich nicht hören, / Echos des schmerzenden Herzens sind ganz nah / im Leid über den Verlust meiner einzig wahren Heldin. / Echos von einer Mutters Leib, / Herzschläge so lieb und teuer, / das Leben beginnt mit meinen ersten Tränen. / Echos der Schritte aus der Vergangenheit, / Echos der Männlichkeit beim Blick in den Spiegel. / Echos der Mutterschaft zart, ganz nah. / Echos einer verlorenen Mutter, die ich immer hör.

Kapitel 35
Vorbereitung auf meinen Prozess

1995 wurde ein neuer Gefängnisdirektor im Angola eingestellt: Burl Cain. Außerhalb unseres Staates sollte er als »großer Gefängnisreformer« bekannt werden, der an die »Resozialisierung durch Christus« glaubte. In Louisiana war er über viele Jahre hinweg in einen Skandal nach dem anderen verwickelt. Häufig war es um »Nebengeschäfte« gegangen, die er mit Unternehmern im Angola getätigt hatte und um die Instrumentalisierung von inhaftierten Arbeitskräften. Eines seiner ersten Geschäfte im Angola tätigte er mit der Agri-Can Co., einem Konservenunternehmen, das den Gefangenen vier Cent die Stunde zahlte. Ihre Aufgabe war es, von verdorbenen Konserven das Datumsetikett abzukratzen und ein neues draufzukleben, damit diese Konserven dann noch nach Lateinamerika und andere Länder verkauft werden konnten. Ein Angola-Häftling, der als Rechtsbeistand aushalf, ließ dem *Department of Health and Human Services* (DHHS, US-Bundesministerium für Gesundheit) einen entsprechenden Hinweis zukommen. Staatsbeamte stellten Kisten mit Kondensmilch sicher, die nicht mehr zum Verzehr geeignet waren, aber in einem Raum auf dem Gefängnisareal »vom Boden bis zur Decke« gestapelt waren. Nachdem das Neu-Etikettierungs-Unternehmen im Angola geschlossen worden war, rächte sich Cain an dem inhaftierten Anwalt, indem er ihn zur Feldarbeit verdammte.

Cain veränderte noch einiges im Gefängnis. Er verstärkte den Stacheldraht, der auf den Maschendrahtzäunen rund um das Gelände befestigt war, mit einer »Ziehharmonika«, einer zusätzlichen NATO-Drahtrolle. Er installierte Stechuhren am Ende jedes CCR-Stockwerks, um sicherzustellen, dass die Wärter die Häftlinge exakt alle dreißig Minuten zählten. Wir hörten also alle dreißig Minuten die Wärter ihre Karte stempeln. Cain ersetzte auch den Ledergurt um unsere Hüften durch eine stählerne Kette.

Ich schickte meinen Anwälten Bert Garraway und Richard Howell detaillierte Angaben über die Vorkommnisse in meiner Verhandlung 1973: Ich beschrieb die Zeugen, fasste ihre Aussagen zusammen und unterstrich die Widersprüche darin. Ich gab ihnen zudem einen persönlichen Fragenkatalog für jeden Zeugen. Allein für den Zeugen Joseph Richey schickte ich ihnen dreißig Fragen. Ich bat die beiden Anwälte, Fachleute zu suchen, die die Anschuldigungen gegen mich entkräften konnten, wie zum Beispiel einen Experten für Blutspuren, der die Ungereimtheiten in der Anklage erklären konnte, einen Experten für Fingerabdrücke, der den blutigen Fingerabdruck identifizieren konnte, der auf der Tür des Schlafsaales gefunden worden war, und einen Augenarzt, der sich Paul Fobbs Krankenakte einmal genauer anschauen sollte. Ich bat sie, sich die Kassetten mit den Interviews aushändigen zu lassen, die Anne Butler und C. Murray Henderson für ihr Kapitel über den Mord an Brent Miller verwendet hatten.

In der Zeit, in der mein Anwalt die Gerichtsakten zu meinem Fall durchsah, kam es zu einem Durchbruch. In der Kiste mit meinen Prozessunterlagen fand er Dokumente, die meinem Verteidiger bei meiner ersten Verhandlung vorenthalten worden und vom Gericht versiegelt waren. Diese Dokumente belegten, dass Gefängnisdirektor Henderson und andere Gefängnisbeamte Hezekiah Brown für seine Zeugenaussage gegen mich bezahlt hatten. Es gab Beweismaterial dafür, dass Brown jede Woche eine Stange Zigaretten versprochen worden war – Bezahlung in der höchsten Gefängniswährung also, die man sonst nur in den Bereichen Glücksspiel oder Sexhandel verwendete. Diese Bezahlung wurde auch weitergeführt, als Henderson das Angola schon verlassen hatte – bis zu Browns Entlassung. Mein Anwalt fand Kopien von Briefen, die Henderson einem Richter und an das *Department of Public Safety and Corrections* 1974 geschrieben hatte, und in denen er um Strafverkürzung für Brown bat. Zu jener Zeit musste der Antrag auf Straferlass für Häftlinge in der lokalen Presse angekündigt werden, damit die Gemeinschaft und die Opfer des Verbrechens die Möglichkeit bekamen, sich einzuschalten.

Im Jahre 1975 erreichte ein angeblich von Hezekiah Brown gesendeter Brief den *Board of Pardons and Paroles* (Begnadigungsausschuss von Louisiana), in dem er eine Reihe von »Personen, die ein Interesse daran hätten, zu seinen [Browns] Gunsten vor Gericht auszusagen« aufführt: die Justizvollzugsbeamten Bobby Oliveaux und Bert Dixon, den stellvertretenden Leiter der Untersuchungshaft Hilton Butler, den Staatsanwalt für West Feliciana, Leon Picou (mein Ankläger 1973) und den früheren Gefängnisdirektor C. Murray Henderson. Brown wurde im Juni 1986 aus der Haft entlassen. Sein Todesurteil, das 1972 in »lebenslänglich« umgewandelt worden war (als der Supreme Court die Todesstrafe als verfassungswidrig einstufte), wurde nun noch einmal geändert zu »in Haft verbüßte Zeit«.

Alle diese Dokumente konnten wir gegen Brown im Zeugenstand heranziehen, denn in meinem Prozess 1973 hatte er behauptet, er habe weder Geld noch sonstige Versprechungen als Gegenleistung für seine Aussage erhalten. Ich schickte Herman die uns vorenthaltenen Briefkopien. Er konnte sie für sein Berufungsverfahren verwenden. Leider bekamen wir nie die Chance, Hezekiah Brown persönlich zu seinen Lügen zu befragen. Er starb, bevor mein neuer Prozess begann.

Anne Butler weigerte sich, uns die für das Kapitel über den Miller-Mord aufgezeichneten Interviews zur Verfügung zu stellen. Damit zwang sie meine Anwälte, diese vom Gericht einzufordern. Während der Beweisaufnahme begründete Butler ihre Ablehnung damit, dass sie Angst gehabt hätte, die Kassetten könnten beschädigt oder zerstört werden. Das Gericht ließ sich die Kassetten von ihr aushändigen, um Kopien zu erstellen. In den Gesprächen auf der Kassette schienen die Gefängnisbeamten übertrieben selbstsicher, weil sie davon ausgingen, dass Herman und ich unwiderruflich zu »lebenslänglich« verurteilt worden waren. Sie erzählten offen und freimütig alles über das Komplott gegen Herman und mich. Im Interview gab der damalige Captain Hilton Butler zu: »Hezekiah war einer, dem man seine eigenen Worte in den Mund legen konnte … und Hayden tat das«, wodurch er deutlich machte, wie zuverlässig Brown als Zeuge war. Die Interviewpartner gaben auch offen zu, dass Gilbert Montegut die Tat nur angehängt worden war, weil Hayden Dees ihm die Tat anhängen wollte.

Da Hezekiah Brown vor Prozessbeginn starb, stellten wir bei dem der Verhandlung vorsitzenden Richter Bruce Bennet den Antrag, Browns Zeugenaussage nicht vor den Geschworenen zu verlesen, denn wir hätten ja keine Möglichkeit mehr, ihn wegen der neuen Informationen – nicht nur, dass er gelogen hatte, als er sagte, er habe kein Geld für seine Zeugenaussage bekommen, sondern auch, dass er gesehen hätte, wie Gilbert Montegut Brent Miller niederstach – zur Rede zu stellen. Der Richter wies unseren Antrag zurück. Browns Zeugenaussage wurde verlesen. (Richter Bennet erlaubte auch John Sinquefield, meinem Staatsanwalt von 1973, Hezekiah Brown Aufrichtigkeit und Ehrlichkeit während des Verhörs zu bescheinigen.)

Da Richter Tanner meine Anklage wegen Mordes 1992 gekippt hatte, war mein Angola-Urteil von »lebenslänglich« auf fünfzig Jahre Haft für bewaffneten Raubüberfall herabgesetzt worden. Am 29. April 1996 wurde ich aus dem Angola entlassen, da ich fünfundzwanzig Jahre von den fünfzig abgesessen hatte – die Hälfte der Zeit war obligatorisch. Wenn mir damals nicht der Mord an Miller in die Schuhe geschoben worden wäre, hätte ich zu dem Zeitpunkt einfach nach Hause gehen können … Doch: Ich packte meine Habseligkeiten zusammen, um mich für den Transfer ins Gefängnis von Tangipahoa Parish bereit zu machen, wo ich meinen zweiten Prozess erwarten sollte.

Am Tag vor meiner Abreise aus dem Angola kam ein junger, weißer Wärter in meine Zelle und sagte mir, ich solle mich mit meiner Familie und meinem Anwalt, und jedem, den ich auftreiben konnte, in Verbindung setzen, denn er habe Gerüchte gehört, dass Familie Miller bei meiner Entlassung am Eingangstor auf mich warten würde und dass »man offiziell entschieden habe«, keinen der hochrangigen Offiziere des Gefängnisses am Morgen dorthin abzuordnen. Ich rief augenblicklich meinen Bruder Michael, meine Schwester Violetta und ihren Mann, sowie meine beiden Anwälte an. Sie alle meldeten sich telefonisch im Gefängnis und auf der Polizeiwache in St. Francisville. Man beruhigte sie, mir würde nichts passieren, ich hätte nichts zu befürchten. Später fragte ich noch einmal bei Michael nach, und er sagte mir, Burl Cain habe ihm versichert, ich sei in Sicherheit und es würde keinerlei Probleme geben.

Sheriff Bill Daniel von West Feliciana Parish, der mir vor fast genau vierundzwanzig Jahren als Hilfssheriff in der Kleiderkammer eine Pistole an die Schläfe gehalten hatte, sollte mich in das kleine Stadtgefängnis von Amite überführen, wo ich während meines zweiten Prozesses untergebracht sein würde. Ich wurde vollständig gefesselt und aus meiner Zelle geführt, um Daniel zu treffen. Ich sah niemanden höheren Ranges außer einem Leutnant. In jenem Moment ahnte ich, dass irgendetwas Beschissenes lief, und ich bereitete mich seelisch darauf vor. Egal, was passierte, sie würden mich nicht brechen. Sie konnten mich töten, mich verletzen, alle zusammen auf mich losgehen – ich würde nicht flehen, nicht schreien und auch nicht um Gnade betteln. Ich würde ihnen nichts schenken. Ich würde nichts in diesem Gefängnis zurücklassen – und vor allem nicht meinen Mut.

Die Mitglieder der Familie Miller warteten wirklich draußen am Tor auf mich. Sie waren alle in Militärkleidung und mit Waffen über der Schulter. Ich trug mich gerade aus dem Gefängnisbuch aus, als einer der Miller-Brüder anfing, Schimpfwörter und Drohungen zu brüllen: »Nigger, Scheißkerl. Du kommst hierhin zurück.« Und dann weiter: »Du wirst hier im Angola sterben, Nigger.« Er brüllte, sie würden mich töten. Ich hielt den Stift in der Hand und merkte, wie ich langsam eine Faust machte und ihn darin verbarg; ich würde ihn als Waffe nutzen, wenn ich dazu gezwungen würde. Ich ließ meine gefesselten Hände vor meinem Bauch sinken, hielt den Stift aber weiterhin in der Faust. Brents Bruder machte einen Schritt nach vorn, um an der Betonwand vorbeizukommen, die uns trennte, doch der Hilfssheriff stoppte ihn mit der Hand. Daniel befahl mir, in den Transporter zu steigen. Ich verließ die Männer Richtung Transporter und erwartete eigentlich jede Minute Schüsse von hinten, die mich töteten.

Ich setzte mich auf die Rückbank und drehte den Kopf, um durch das Rückfenster alles Weitere zu beobachten. Bill Daniel und die Miller-Brüder waren in eine heftige Diskussion geraten. Schließlich aber kam Daniel zum Wagen und fuhr mich nach St. Francisville, wo man bereits auf mich wartete.

Kapitel 36
Amite City

Im Gefängnis von Amite City wurde ich nach Erledigung aller Formalitäten in eine Zelle gesteckt, die ich 23 Stunden am Tag nicht verlassen sollte. Diese erste Zelle hatte eine Betonpritsche und ein Loch im Boden als Toilette. Nachdem ich mich darüber beschwert hatte, sagten mir die Hilfssheriffs, meine richtige Zelle würde gerade noch vorbereitet und ich könne sehr bald umziehen. Ich wartete Stunden. Schließlich brachten sie mich in eine Zelle mit dem Namen E-1, die normalerweise für psychisch Kranke genutzt wurde. Diese Zelle besaß ein großes Panoramafenster zu Observierungszwecken. Ich hatte keinerlei Privatsphäre mehr. Einmal saß ich auf der Toilette, Jogginghose und Unterhose bis zu den Fußgelenken heruntergezogen, als eine Gruppe Schulkinder auf ihrer Gefängnis-Besichtigungstour direkt vor meiner Zelle vorbeigeführt wurde. Vor meinem großen Glasfenster blieben die Kinder stehen und starrten hinein. Dies war einer der erniedrigendsten Momente meines ganzen Lebens. Ich starrte stur geradeaus und versuchte so viel Würde in meinen Blick zu legen, wie ich in dieser Situation nur konnte. Nach diesem Vorfall trommelte ich an meine Tür, bis einer der Wärter kam. Ich bestand darauf, jemanden von der Gefängnisleitung zu sprechen. Sie schickten einen Leutnant; man entschied, ich bekäme eine Mülltüte, mit der ich das Fenster verhängen konnte, wenn ich die Toilette benutzte.

Ich schrieb einen Brief an den Gefängnisdirektor, in dem ich fragte, warum ich mit einem derart vorbildlichen Verhaltenszeugnis aus dem Angola nun in Einzelhaft säße. Ich stellte einen Antrag auf Verlegung in den allgemeinen Gefängnistrakt. Der Direktor kam persönlich zu mir in die Zelle und sagte, dass ich aufgrund der offiziellen Beurteilung in meinen Gefängnisakten als Häftling »hoher Priorität« gelte, der »für sich selbst und für andere eine Gefahr darstelle«. Dumm und heuchlerisch war für mich die ganze Sache in der Hinsicht, dass ich wegen der »Gefährdung für mich selbst und für andere« zwar 23 Stunden am Tag weggeschlossen wurde, doch drei Mal in der Woche zusammen mit den anderen Gefangenen auf den Hof hinausdurfte. Was für eine Überraschung. Immer wenn die Zeit für einen Hofgang gekommen war, öffnete das Kontrollzentrum automatisch meine Tür und ich ging ganz allein einen langen Gang entlang. Ich wurde informiert, welche weitere Tür ich anzusteuern hatte, wenn ich davorstand, wurde sie geöffnet und ich kam auf den Hof. Als ich zum ersten Mal dort draußen war, lief ich eine Runde nach der anderen. Plötzlich ging die Tür noch einmal auf und alle Häftlinge aus dem Hauptgebäude kamen heraus. Ein nervenaufreibender Moment für mich, denn man hatte mir doch bestätigt, ich dürfe wegen meines Status »hohe Sicherheitsstufe« nicht mit anderen Gefangenen zusammenkommen. Ich war mir sicher, dass die Gefängnisbeamten absichtlich eine Situation herbeiführen wollten, in der ich um mein Leben kämpfen musste. Ich verlangsamte mein Lauftempo und versuchte beim Blick in ihre Gesichter herauszufinden, welcher der Männer mich wohl angreifen würde. Zu meiner großen Überraschung passierte überhaupt nichts. Keine Falle. Durch Mund-zu-Mund-Propaganda und dadurch, dass viele der Häftlinge hier früher im Angola eingesessen hatten, wussten die meisten, wer ich war, woran ich glaubte und für was ich kämpfte. Sie ließen mich in Ruhe.

Nach sechsmonatigem Aufenthalt im Amite versuchte eine Gruppe Kubaner – von denen einige in Haft waren, seit sie mit der *Mariel* 1980 in die Staaten übergesetzt waren –, aus dem nahegelegenen Gemeindegefängnis auszubrechen. Einer von ihnen glaubte, er könne vom Dach des Gebäudes über einen Zaun hinwegspringen, doch er stürzte und wurde mit zertrümmertem Bein ins Krankenhaus gebracht. Nach der Behandlung kam er zu uns ins Amite. Ein Captain fragte mich, ob es okay wäre, dass sie ihn zu mir in die Zelle steckten. »Ist in Ordnung«, sagte ich, »aber ich dachte, ich wäre zu gefährlich für andere Häftlinge. Fragen Sie doch mal den Direktor, warum er einen anderen Gefangenen in meine Zelle steckt, ich aber nicht in den allgemeinen Gefängnistrakt umziehen darf.« Der Wärter kam schon nach einer Stunde zurück. »Pack deinen Scheiß zusammen«, sagte er. »Du kommst in den West-Flügel.« Ich stopfte alle meine Habseligkeiten in eine Tasche und nahm meine Matratze unter den Arm. Im Amite-Gefängnis mussten wir unsere Matratzen immer mitnehmen, wenn wir umzogen. Sie brachten mich in den sogenannten Immigranten-Schlafsaal, in dem die Häftlinge anderer Nationalitäten untergebracht waren, die meisten von ihnen Kubaner. Es war ein kleiner Zellentrakt, genannt »pod« (Kapsel) mit Gemeinschaftsraum und Dusche. Im *pod* gab es insgesamt acht Zellen, vier im oberen Stock und vier im unteren. Die Zellen waren eigentlich für eine Person vorgesehen, doch in jeder befand sich ein Stockbett. Die Zellentüren wurden um sechs Uhr morgens geöffnet und blieben den ganzen Tag hindurch offen. Zu den Zählappellen ertönte die Stimme des Sergeants durch die Lautsprecher, alle sollten »einfrieren«, und er würde dann zum Tor kommen und uns zählen. Einige Sergeants wollten, dass ihre Leute zum Zählen in den Zellen blieben. Dann versammelten wir uns allesamt auf dem ersten Stock und gingen zu fünft oder zu sechst in die Zellen. Theoretisch waren wir nachts alle in unseren Zellen allein eingeschlossen, doch manchmal steckten sie dreißig Leute in ein *pod*, das für acht vorgesehen war. Dann schliefen welche auf dem Boden im Gemeinschaftsraum, andere unter der Treppe oder auf den Tischen. Unter dem Fenster zum *pod* hatten sie einen Essensschlitz geschnitten, der nur von außen aufgeschlossen werden konnte. Zu den Mahlzeiten stellten wir uns in einer Reihe auf und unsere Tabletts wurden durch den Schlitz geschoben.

Ich sprach zwar kein Wort Spanisch, doch mit Zeichensprache und ihrem gebrochenen Englisch konnten wir uns unterhalten. Da keiner von ihnen Englisch lesen oder schreiben konnte, waren sie nicht in der Lage, die Formulare für eine Krankmeldung auszufüllen. Ohne die Formulare hatten sie aber keine Berechtigung, von einem Arzt behandelt zu werden. Also begann ich damit, allen bei ihrem Papierkram zu helfen, sodass einige mich bald fragten, ob ich auch Briefe an ihre Familien schreiben könnte. Der eine oder andere hatte seinen Lieben zu Hause seit Monaten nicht mitteilen können, wo er gelandet war. Anschließend schrieb ich in ihrem Namen auch an die US-Einwanderungsbehörde *(Immigration and Naturalization Service).* Im Laufe der Zeit verstand ich auch den einen oder anderen spanischen Ausdruck: »sí« für ja, »alto« für Stopp oder »no tengo nada« für ich habe nichts.

Nach einiger Zeit wurden ein paar neue, zweisprachig aufgewachsene Gefangene eingeliefert, die für uns übersetzen konnten. Mit ihrer Hilfe konnte ich die Häftlinge auf den Besuch von Vertretern der Einwanderungsbehörde vorbereiten, die einmal im Monat dem Gefängnis einen Besuch abstatteten. Ich hatte keine Ahnung, dass meine Arbeit sich wie ein Lauffeuer unter den kubanischen Gefangenen verbreitete. Als ich einmal draußen auf dem Trainingsplatz war, kamen fünf oder sechs mir völlig unbekannte junge Kubaner langsam auf mich zu. Ich stellte mich mental auf eine körperliche Auseinandersetzung ein. Als sie direkt vor mir standen, stellten sie sich im Halbkreis um mich herum, begrüßten mich wie einen Freund und bedankten sich dafür, dass ich den kubanischen Einwanderern in meinem *pod* geholfen hatte. Dieses Erlebnis bestärkte mich in meinen Glauben an die Menschlichkeit.

Nach vierundzwanzig Jahren plötzlich sein Leben außerhalb einer Zelle zu verbringen, war seltsam. In der CCR im Angola steht dir jeder,

der mit dir redet, frontal gegenüber, hinter den Stäben einer Zelle. Im *pod* war es anfangs nervenaufreibend für mich, immer Leute um mich herum zu haben, von allen Seiten angesprochen zu werden oder zu spüren, dass sich jemand von hinten näherte. Auch an das Umhergehen ohne Fesseln musste ich mich erst gewöhnen. Ich war außerdem nicht gewohnt, mich ohne Begleitung im Gefängnis zu bewegen. Im Amite benutzten sie Kameras und elektronische Türöffner, um die Gefangenen von einem Ort zum anderen zu leiten. Als ich zum ersten Mal diesem Leitsystem folgen sollte, um meinen Anwalt zu treffen, wartete ich an der Tür und hörte das Schloss aufspringen, wusste aber nicht, dass ich die Tür öffnen konnte. Ich wartete wie immer auf einen Wärter, der mich abholte. Meine Mithäftlinge hinter mir sagten mir, ich solle die Tür aufmachen. Ich drückte sie auf und ging einen langen Gang entlang – ganz allein … Die ganze Zeit ging mir durch den Kopf, dass ich fast mein halbes Leben lang Fesseln und Handschellen getragen hatte und mich nur von zwei Aufsehern eingerahmt irgendwo hinbewegen konnte, immer und überall.

Im Gemeinschaftsraum konnte ich mich gar nicht mehr erinnern, wann ich zum letzten Mal einen Telefonhörer in der Hand gehalten hatte, statt zwischen Ohr und Schulter eingeklemmt, oder wann ich zum letzten Mal ungehindert auf einen Fernseher geschaut hatte, ohne Gitterstäbe dazwischen. Erstaunt merkte ich, dass ich gar nicht wusste, wohin mit meinen Händen. Sollte ich sie in die Taschen stecken? Sollte ich sie auf den Tisch legen? Ich wusste es nicht. Nach und nach gewöhnte ich mich daran und wurde selbstsicherer. Ich aß mit den anderen Gefangenen zusammen und wir spielten Karten und Domino an den Metalltischen. Doch immer hing auch etwas Ungewisses, Bedrohliches in der Luft. Immer schien eine potenzielle Gefahr nahe, jeden Tag, 24 Stunden am Tag. Als Häftling sucht man immer Verbindungen oder Freundschaften, zum eigenen Schutz. Auch ich tat das, doch ich traute den anderen nicht über den Weg. Mir war immer bewusst, dass ich jeden Augenblick angegriffen werden konnte. Das war mein Existenzzustand, die Bedingungen, unter denen ich lebte.

Im *pod* herrschte große Fluktuation. Schon nach wenigen Monaten waren wir gar keine »Immigrantenabteilung« mehr; wir waren mehr Amerikaner als andere Nationalitäten. Einige Häftlinge wurden in andere Gefängnisse oder andere Gemeinden oder in einen anderen Trakt im Amite überstellt; andere bekamen ihre Verhandlungen, wieder andere kamen auf Kaution frei oder legten Berufung ein und wurden rausgelassen.

Es konnte passieren, dass ich drei oder vier verschiedene Zellenpartner an einem Tag hatte. Es geschah zum Beispiel, dass ich um ein Uhr nachts mein Zellenschloss aufspringen hörte, jemand hereingebracht wurde, der seine Matratze zum Schlafen auf die Pritsche legte, aber um sieben Uhr morgens schon nicht mehr da war. Manchmal brachten sie auch einen total betrunkenen Typen rein, der sich vollpisste. Der schmiss dann beispielsweise seine Matratze auf den Boden und verlor das Bewusstsein – den holten sie dann erst am nächsten Tag wieder raus. Bei jedem neuen Mitbewohner musste ich wachsam sein. Ich musste die Zeichen erkennen, die Körpersprache lesen, musste darauf achten, wie der Typ sprach, wenn er hereinkam; ist er eher normal, ist er ein Schlägertyp, ist er verrückt, ist er verängstigt? Vom ersten Moment an musste ich ihn anhand seiner Körpersprache analysieren, ihn anhand seines Verhaltens einer Kategorie zuordnen, damit ich wusste, wie ich mit ihm umzugehen hatte. Sobald ich mich dann an einen Typen gewöhnt hatte, war er schon wieder weg und der nächste kam. Ich bat darum, einen Zellenpartner mit einem schwerwiegenderen Vergehen zu bekommen, zum Beispiel einen Mörder, einfach damit dieser ständige Wechsel aufhörte. Ich wollte jemanden in meiner Zelle, der auch eine Weile dablieb. Obwohl auch das natürlich keine Garantie für Ruhe war. Mein Zellenpartner konnte wochenlang normal scheinen und dann auf einmal durchdrehen und sich mit mir anlegen, nach Streit suchen oder auch mitten in der Nacht aus heiterem Himmel auf den Toilettendeckel losschlagen und rumschreien.

Der Großteil der Gefangenen war so jung, dass es mir fast das Herz brach. Ich hörte ihnen zu, versuchte sie zu verstehen. Ich fragte sie, warum sie ihm Gefängnis waren. Sie beschrieben die Methoden der Polizei und im Justizvollzug – es waren genau dieselben, die in den 1960er-Jahren auch in schwarzen und lateinamerikanischen Communities angewendet wurden: Schwarze und Latinos in den Straßen rauspicken und ihnen zur Buchbereinigung *plea deals* aufzwingen, durch die sie für kleine Delikte lange Haftstrafen verbüßen mussten. Einer der Jugendlichen erzählte mir, sein Bewährungshelfer habe ihn aufgegabelt, weil er ihn zusammen mit einer der Justiz bekannten Schwerverbrecherin gesehen hatte – wie sich herausstellte, war diese Schwerverbrecherin seine Großmutter. Sie hatte dreißig Jahre zuvor wegen Drogenmissbrauchs eine zweijährige Haftstrafe abgesessen. Ich redete auf die Jungs ein, wie wichtig es für sie sei, sich auf das Leben außerhalb der Gefängnismauern zu konzentrieren. Sie nannten mich OG, für »old gangster« (alter Gangster). Damit drückten sie mir ihren Respekt aus.

Von Anfang an bereitete mir die Grand Jury in Tangipahoa Parish Sorge. Ich wusste, dass einige der Wärter Klan-Mitglieder waren. Wir befanden uns schließlich im Herzen des bekannten »David-Duke-Gebiets«[22]. Die Stadt war ausgesprochen konservativ. Ich ließ meine Rechtsanwälte an meinen Sorgen teilhaben. Richard Howell antwortete mir, dass er sich als Bezirksanwalt für Baton Rouge beworben habe und mich nun nicht länger vertreten könne und dass ein neuer Anwalt meinen Fall übernähme. Clay Calhoun wurde als sein Nachfolger bestimmt. Er hatte als Anwalt in East Feliciana praktiziert. Monate vergingen. Zwei Jahre vergingen.

Am 27. März 1998, fünf Jahre nachdem Herman seinen Antrag auf Wiederaufnahme des Verfahrens eingereicht hatte, wurde er vom 19. Judicial District Court zu einer Anhörung eingeladen. Als es bei der Anhörung um die Frage ging, ob seine Verteidigung nur mangelhaften Rechtsbeistand geleistet habe, stand der Mitangeklagte Chester Jackson plötzlich auf und sagte als Kronzeuge gegen ihn aus. Der Anwalt stand vor einem großen Interessenkonflikt. Unser ehemaliger Anwalt Charles Garretson sagte aus, dass ihm alle Informationen über die Abmachung zwischen Staat und Jackson vorenthalten worden waren. Garretson fuhr fort, er sei nach der Mittagspause »vollkommen überrumpelt« gewesen, »einen Angeklagten verloren zu haben«. »Ich hatte das Gefühl, ich war der Einzige im Gerichtssaal, der nicht Bescheid wusste«, klagte Garretson. »Ich hatte das Gefühl – nein, ich wusste –, dass alle Hilfssheriffs Bescheid wussten. Ich hatte das Gefühl, der Richter wusste es, alle wussten es, nur ich nicht.« Garretson sagte aus, dass ihm vor seinem Kreuzverhör mit Chester Jackson dessen Mutter erzählt habe, dass es da eine »abgemachte Sache« gäbe: Wenn ihr Sohn aussagte, bekäme er nur »Totschlag« und ein dementsprechend »geringeres Strafmaß«, viel weniger als das, was er gerade absäße. Außerdem, so erläuterte sie, würden sie ihn »vom Angola wegbringen und in ein Camp verlegen«. Als Jackson allerdings während der Verhandlung auf solch einen Deal angesprochen wurde, bestritt er rigoros, dass es so etwas gegeben habe.

22 Benannt nach dem Ex-Chef des Ku-Klux-Klans, David Duke. David Ernest Duke (*1950) ist ein US-amerikanischer Politiker und prominenter Neonazi. Er war Leiter der *Knights of the Ku Klux Klan*, vertritt die rassistische Ideologie der Überlegenheit weißer über schwarze Menschen *(White Supremacy)*, tritt sehr häufig mit antisemitischen Äußerungen hervor und ist ein bekannter Holocaust-Leugner. Als Kandidat der Republikanischen Partei wurde er 1989 für drei Jahre in das Repräsentantenhaus von Louisiana gewählt.

Im September 1998 sagte Kommissar Allen J. Bergeron, er wisse nichts von Hermans Gesuch für ein Wiederaufnahmeverfahren. Er unterstrich, dass Chester Jacksons Erklärung, er habe nichts für seine Zeugenaussage gegen Herman erhalten, »im genauesten Sinne der Wahrheit entspräche«.

Kapitel 37
Die Kreuzritter

Mein neuer Prozess war auf November 1998 terminiert. Einige Monate bevor er beginnen sollte, ereigneten sich zwei Dinge, die mein Leben entscheidend veränderten. Die erste Änderung brachte ein fünfundzwanzigjähriger Jura-Student: Scott Fleming, ehrenamtlicher Helfer von *Critical Resistance* – einer Organisation mit Sitz in Oakland, die es sich zum Ziel gesetzt hatte, den gefängnis-industriellen Komplex[23] abzuschaffen – hatte viele Briefe von Häftlingen an die Organisation gelesen, als er auch Hermans Brief in die Finger bekam. In jenem Brief hatte Herman um Unterstützung für meine bevorstehende Verhandlung gebeten. Er hatte unsere ganze Geschichte erzählt, inklusive unserer sechsundzwanzig Jahre Einzelhaft. Herman hatte in dem Brief unsere beiden Adressen in Amite angegeben. Scott schrieb uns zurück und bat um einen Telefonanruf. Er wollte uns helfen.

Der zweite Vorfall betraf Malik Rahim, den früheren Panther, der mich und Herman im Orleans-Parish-Gefängnis betreut und uns in allem freundschaftlich zur Seite gestanden hatte. Er nahm an einer Veranstaltung der *Workers World Party* teil – zufällig ebenfalls in Oakland –, als unser früherer CCR-Kamerad Colonel Nyati Bolt ihn ansprach und ihm von meinem bevorstehenden neuen Prozess erzählte. Bis zu jenem Zeitpunkt hatte Malik noch gedacht, Herman und ich wären auf freiem Fuß. Malik spürte meinen Bruder auf und rief meinen Anwalt an.

Scott nahm an, wir hätten eine Unterstützer-Gruppe im Hintergrund in New Orleans, und während er noch auf unsere Antwort wartete, versuchte er diese ausfindig zu machen. In einem kleinen, anarchistischen Buchladen mit Namen Crescent Wrench fand er eine Gruppe junger Aktivisten, die zwar weder irgendetwas über uns wussten noch irgendjemanden kannten, der etwas über uns wusste, die aber an dem Fall sehr interessiert waren. Shana Griffin, Anita Yesho, Brice White, Icky, Brackin Kemp (Firecracker) und einige andere verfassten Flyer zu meinem bevorstehenden Prozess und schickten sie in der ganzen Stadt herum. Zudem organisierten sie Mitfahrgelegenheiten, damit möglichst viele Leute an meinem Prozess teilnehmen konnten.

23 Der Begriff »prison-industrial complex« (PIC), »Gefängnisindustrie«, bezeichnet profitorientierte Gefängnisbetriebe, die mit billiger Häftlingsarbeit große Gewinne erwirtschaften.

Malik flog nach Louisiana, finanziert durch Spendengelder, die der Aktivist der *Workers World Party* Richard Becker und die Organisatorin der Oakland Gemeinde Marina Drummer aufgetrieben hatten, um meinen Anwalt Bert Garraway zu treffen. Garraway sagte Malik, es gäbe keinen Grund, dass er oder irgendjemand anderes an der Verhandlung teilnähmen – alles, was es zu tun gäbe, sei, eine »Siegesfeier vorzubereiten«. Malik verließ daraufhin Garraways Büro, flog zurück nach Oakland und machte zusammen mit Becker im Workers World Büro 10 000 Kopien des Flyers über meinen Fall. Diese wurden allesamt in den folgenden Wochen auf Veranstaltungen in der Bay Area unter die Leute gebracht. Er machte meinen Prozess unter Aktivisten und ehemaligen Panthern im ganzen Land bekannt. (Aufgrund Maliks Beziehungen zur Organisation *Pastors for Peace* erreichte unsere Geschichte sogar Kuba.) Bei einer Workers-World-Konferenz in New York City druckte Malik Hunderte von Postkarten mit einer Stellungnahme des früheren Justizministers und Gründers *des International Action Centers* Ramsay Clark. Darin drückte Clark die Sorge über einen fairen Verlauf meines Prozesses aus und kündigte eine genaue Beobachtung an. Zur gleichen Zeit, als das Auswahlverfahren für die Zusammensetzung meiner Jury lief, wurden die Büros von Richter Bruce Bennett und des Staatsanwalts mit diesen Karten überschwemmt.

Als ich Scotts Brief erhielt, führte ich noch am selben Tag ein R-Gespräch mit ihm. Er befragte mich nach meinen Anwälten und wir redeten über meine bevorstehende Verhandlung. Am Ende unseres Gesprächs bat er mich, ihn während meines Prozesses jeden Abend anzurufen, um ihn über den Fortgang zu unterrichten, denn er wollte in seinem Netzwerk von Anwälten und Aktivisten per E-Mail alle neuen Entwicklungen ankündigen. Ich versprach es ihm.

Malik sprach auch mit dem früheren Black-Panther-Parteimitglied Elmer Pratt (Geronimo Ji-Jaga Pratt) über uns – einem hochdekorierten und zu Unrecht verurteilten Vietnam-Veteranen, der Opfer der COINTELPRO geworden war und erst kürzlich das Gefängnis verlassen hatte. Ji-Jaga überlebte siebenundzwanzig Jahre in kalifornischen Gefängnissen, viele Jahre davon in Einzelhaft, schuldig gesprochen für einen Mord, obwohl das FBI und andere zuständige Beamte ganz genau wussten, dass er nicht schuldig war. (FBI-Ermittlungsakten zeigten, dass sich Ji-Jaga zur Zeit des Mordes in Oakland aufhielt, der Mord aber in Los Angeles passierte.) Ji-Jagas Verurteilung wurde schließlich aufgehoben, und er kam 1997 frei. Grund dafür war die Anordnung eines Richters, der herausfand, dass der Hauptzeuge der Anklage ein

Polizei- und FBI-Informant gewesen war, der einen Meineid geleistet hatte. Nach seiner Freilassung sagte Ji-Jaga: »Ich möchte der Erste sein, der zu einer neuen Revolution aufruft«, und er beschrieb sich selbst als »Soldat …, der sich der Befreiung meines Volkes und aller unterdrückten Völker verschrieben hat.« Der aus New Orleans stammende Ji-Jaga hatte ein riesiges Netzwerk an Unterstützern aufgebaut, denen er von Herman und mir berichtete. Er erzählte den Leuten, die der ganzen Sache misstrauten, weil sie nie zuvor von uns gehört hatten, dass wir Panther wären und politische Gefangene, unabhängig davon, wie die ursprüngliche Anklage gegen uns lautete.

Im November 1998, ungefähr eine Woche vor Beginn meiner Verhandlung, saß ich in meiner Zelle in Amite und las, als ein junger Häftling an meine Tür kam und sagte: »Woodfox, unten wird gleich so ein Kerl einen weißen Jungen vergewaltigen.« Damit ging er weg. Ich zog meine Turnschuhe an und ging hinunter. Ich näherte mich der einzigen Zelle, die von den Wärtern per Kamera nicht einsehbar war, Zelle 15. Drei Häftlinge waren darin.

»Was ist hier los?«, fragte ich.

»Was geht dich das an?«, fragte einer zurück.

»Ihr versucht, den Jungen hier zu vergewaltigen, und das geht mich sehr wohl was an«, sagte ich.

»Das ist verdammt nicht deine Scheißsache«, sagte er.

Ich sagte ihm, ich mache es zu meiner Sache. Ich versetzte ihm einen Schlag ins Gesicht, er schubste mich, und wir gerieten in eine Schlägerei. Der andere rannte hinaus. Der weiße Junge verschwand. Im Laufe des Kampfes schlug ich mit meinem Gesicht auf die Oberkante der Pritsche und beide Augen liefen blau an. Als Garraway mich wieder zum Gespräch traf, sagte er, er wolle meinen Prozessbeginn nach hinten verschieben. »Ich kann dich nicht in diesem Zustand vor die Geschworenen bringen«, erklärte er. Er ging zum Gericht und beriet sich mit dem Richter. Ich weiß nicht, was er ihm erzählte, aber wir bekamen einen zweiwöchigen Aufschub. Mein neuer Prozessbeginn war der 7. Dezember 1998.

In der Nacht vor meinem Prozess hatten mein Bruder und seine damalige Frau Pam Gäste aus Louisiana bei sich wohnen, die meiner Verhandlung beiwohnen wollten. Malik hatte ebenfalls Besucher im Haus seiner Mutter und in der Garage. Der New Orleans Aktivist Opal Joyner hatte auch Unterstützer bei sich zu Hause. Opal und Pam fütterten alle durch. Malik konnte sich mithilfe von Spenden der

Unterstützer – darunter auch Luis Talamantez, ein Mitglied der San Quentin Six und langjähriger Organisator und Aktivist von Gefangenengruppen – ein Auto leihen und ein Hotelzimmer 19 Meilen außerhalb von Amite City buchen.

Mir war durchaus bewusst, dass der Prozess hart werden würde. »Die Staatsanwaltschaft stellt fest«, so schrieb Staatsanwältin Julie Cullen in einem Memorandum vor der Hauptverhandlung, »dass der Grund, warum Brent Miller hier Opfer wurde, nichts mit ihm persönlich zu tun hat oder mit irgendetwas, was er persönlich getan hat, sondern lediglich damit, dass er ein weißer Justizvollzugsbeamter war.«

Trotz allem hatte ich noch Hoffnung. Wir hielten das Beweismaterial in Händen, dass der damalige Gefängnisleiter C. Murray Henderson den Kronzeugen Hezekiah Brown für seine Aussage gegen uns bezahlt hatte. Als Beweis lag uns die Äußerung des vormaligen Captain und Direktors Hilton Butler vor, dass man Brown »Worte in den Mund legen konnte«. Wir hatten neue Unterstützer. Mein Gefühl der Hoffnung wurde begleitet vom Gefühl großer Dankbarkeit. Herman, King und ich waren so lange ganz allein gewesen.

Was ich damals nicht wusste, war, dass meine Anwälte Geld vom Staat bekamen, um Experten anzuheuern und meine Alibi-Zeugen aufzuspüren, aber keines von beidem taten. Ich wusste damals nicht, dass ein Jurastudent im ersten Semester gewissenhafter gearbeitet hätte als sie.

Kapitel 38
Mein Prozess 1998

Ich erkannte Malik sofort bei Betreten des Gerichtssaals. Er saß neben meinem Bruder. Beide hatten wir jetzt graue Strähnen in unserem Haar. Alle anderen, außer meiner Familie und meinem Freund Ernest aus Kindertagen, waren mir fremd: Geronimo Ji-Jagas Frau, Ashaki Pratt, genauso wie Luis Talamantez, die ehemalige Panther-Aktivistin Gail Shaw aus Sacramento und viele Aktivisten aus New Orleans. Ich hasste es, während der Verhandlung mit dem Rücken zum Publikum zu sitzen. Während der Sitzungsunterbrechungen drehte ich mich deswegen um und sprach mit den Leuten, obwohl das nicht gern gesehen wurde. Immer wieder versuchte ein Wärter sich zwischen uns zu stellen, aber ich empfand solch eine überwältigende Dankbarkeit für diese Menschen hinter mir, dass ich mich immer wieder umdrehte, um ihnen durch Kopfnicken meine Wertschätzung zu zeigen, um ihnen in die Augen zu schauen und ihnen meinen Dank auszudrücken.

Vom ersten Moment an wurde mir in diesem Prozess klar, dass meine Rechtsvertreter Bert Garraway und Clay Calhoun der Staatsanwältin Julie Cullen in keiner Weise gewachsen waren. Mindestens fünf Vertreter der Staatsanwaltschaft saßen jeden Tag aufs Neue auf der Anklageseite. Meine beiden Anwälte waren unvorbereitet und konnten in allen Belangen leicht ausgeschaltet werden. Cullen griff zu jedem schmutzigen Trick, der ihr zur Verfügung stand, um meine Unschuld anzuzweifeln und die Wahrheit zu verschleiern. Sie machte zudem hetzerische Äußerungen über die Black-Panther-Bewegung und über Brent Millers Ermordung: Miller hatte 32 Stichwunden, eine davon circa 15 cm tief, die von seiner linken Schulter aus geradewegs durch die Luftröhre ging. Genau diese Wunde führte dazu, dass Blut in seine Lunge drang – letztendlich die Todesursache. Cullen fragte den Gerichtsmediziner, ob Miller Schmerzen gehabt habe, bevor er starb. »Ja«, sagte der Gerichtsmediziner.

Der Wärter, der Millers Leichnam fand, sagte aus, es habe »sehr viel Blut« gegeben, Miller habe in einer Blutlache gelegen. Trotzdem entlockte Cullen dem Gerichtsmediziner noch die Aussage, dass es möglich gewesen sei, dass Miller die Stichwunden, die zum Tode geführt hätten, auf dem Bett sitzend zugefügt bekommen habe, ohne dass auf dem Bett Blut gefunden wurde (dieses Szenario hatte Brown beschworen: Miller saß auf dem Bett und wurde von allen Seiten von vier Männern angegriffen).

Miller war möglicherweise vom Bett »aufgesprungen«, sagte der Gerichtsmediziner, und deswegen sei auf dem Bett »kein Blut« gefunden worden. Niemand fragte danach, wie er vom Bett nach hinten auf den Boden heruntergezogen werden konnte – was einige »Zeugen« aussagten –, ohne die Bettdecke durcheinanderzubringen.

Staatsanwältin Cullen sagte den Geschworenen, ich hätte Brent Miller getötet, weil ich Weiße hasste. Meine enge Beziehung zur Black-Panther-Bewegung mache deutlich, dass ich Gewalt gegen Weiße befürworte. Der Mord an Brent Miller, so sagte sie, war ein »Verbrechen aus Hass«, ein »rassistisch motivierter Black-Panther-Mord«.

Um ihr Bild von mir als Rassist und militantem Kämpfer zu vervollkommnen, berichtete Cullen den Geschworenen von meinem Brief – der bei den Behörden angeblich verlorengegangen war, denn er wurde in keinem Prozess herangezogen – an das ehemalige Panther-Mitglied Shirley Duncan 1972, in dem ich schrieb, dass weiße Rassisten getötet werden sollten und in dem ich Amerika mit drei *k*s geschrieben hatte. Da auch Cullen diesen Brief nicht hatte, rief sie den früheren Einstufungsbeamten auf, der zu jener Zeit im Angola gearbeitet hatte, damit er die Nachricht, die er dem Gefängnisdirektor *zu* diesem Brief geschrieben hatte, vorläse. Man erfuhr, dass Shirley Duncan nach dem Brief von meiner Besucherliste gestrichen worden war. Der Brief war anscheinend schlimm genug, um einen Besucher von der Liste zu entfernen, doch der Einstufungsbeamte hatte mir deswegen nie einen Disziplinareintrag gegeben. (Seine Aktennotiz zu dem Brief an den Direktor war außerdem mit einem Datum – sieben Monate nach der Streichung Shirley Duncans aus der Liste – versehen.)

Nachdem Hezekiah Browns Zeugenaussage von 1973 den Geschworenen in voller Länge verlesen worden war (von einem Polizeibeamten im Zeugenstand), rief Cullen John Sinquefield als Zeugen auf. Sinquefield hatte mich 1973 als damaliger Staatsanwalt strafrechtlich verfolgt. Er durfte ungehindert Browns »Aufrichtigkeit«, sein positives Verhalten und seine angebliche Ehrlichkeit rühmen und sagte wortwörtlich, Brown habe »mit fester Stimme, sehr spontan, schnell und präzise zu allen Fakten ausgesagt«. Sinquefield fuhr fort: »Ich war stolz darauf, in welcher Art und Weise er alle Fragen beantwortete. Ich glaube, das verlangte eine Menge Mut.« Garraway hatte dazu keine Einwände. Seine Behauptung, dass ich ein Rassist sei, der Weiße hasste, unterstrich Sinquefield mit einer Geschichte aus dem Jahre 1970: Als ich damals nach einem Tränengasvorfall den Gerichtssaal in New Orleans betreten habe, sei er, Sinquefield, auch dort gewesen und habe miterlebt, wie ich – gefesselt an Händen und Füßen – meine Fäuste mit den Worten erhoben habe: »Schaut, was diese rassistischen, faschistischen Schweine mir angetan haben.«

Da wir Brown nicht im Zeugenstand zu seinen Lügen befragen konnten, mussten wir versuchen, durch die Aussagen anderer Zeugen zu beweisen, dass Hezekiah Brown gelogen hatte. Wir riefen den früheren Gefängnisdirektor C. Murray Henderson auf, der bestätigte, dass Brown, kurz nachdem er »seine Geschichte« über mich, Herman und Chester Jackson erzählt hatte, in den angenehmeren Trakt, den *dog pen* überführt worden sei. Henderson bestätigte, dass er gefordert hatte, Brown, als Gegenleistung für seine »Hilfe« im Mordfall Miller, einmal pro Woche eine Stange Zigaretten zukommen zu lassen, und dass er den Gouverneur in einem Brief um Browns Begnadigung bat. Er hatte dann noch einen weiteren Brief mit der Bitte um eine Empfehlung für Browns Strafminderung an den Richter der ersten Instanz geschickt und ihm angeboten, persönlich vor dem Begnadigungsausschuss in Browns Interesse auszusagen. Browns Gnadengesuch, so fügte er hinzu, sei aus Gefängnismitteln finanziert worden. (Zu jener Zeit mussten die Häftlinge Anzeigen ihres Gnadengesuchs in der örtlichen Presse veröffentlichen, damit die Gemeinde die Gelegenheit hatte, darauf zu reagieren.) Als in Browns Urteil 1986 seine Strafe mit der schon verbüßten Zeit verrechnet wurde, hatte er mehr als 900 Dollar auf seinem Gefängniskonto, obwohl, wie Henderson aussagte, er gar keinen Job hatte. Diese Tatsache lässt vermuten, dass Hezekiah Brown auch Bargeld für seine Lügen erhalten hatte. »Er verdiente im Angola kein Geld«, sagte Henderson. »Es gab auch keine Verwandten oder Freunde, die ihn besuchten.« Weiterhin bestätigte Henderson, dass Hayden Drees einmal zwei Häftlinge – Joseph Richey und Paul Fobb – in die sehr komfortable Polizeikaserne umziehen ließ, als Gegenleistung für ihre Aussage gegen mich. Dies sei ohne seine Genehmigung geschehen, so gab er zu, und habe »außerhalb der normalen Ermittlungen« stattgefunden. Die staatliche Kaserne war den privilegiertesten Häftlingen vorbehalten. Die Gefangenen, die dort landeten, arbeiteten als Bedienungen in der Gouverneursvilla.

Zu Gilbert Montegut, den Hezekiah Brown ebenfalls am Tatort gesehen haben wollte, der aber im Prozess von 1973 für nicht schuldig befunden worden war, sagte Direktor Henderson: »In meiner Anwesenheit, hat er [Brown] niemals den Namen Gilbert Montegut erwähnt.« Der ehemalige Captain Hilton Butler sagte im Zeugenstand ebenfalls aus, dass er nicht glaube, Montegut sei am Tatort gewesen.

Diese Erkenntnisse hatten aber keinen von beiden daran gehindert, Montegut – von dem sie wussten, dass er nicht schuldig war – vom Gericht zu »lebenslänglich« verurteilen zu lassen.

Der ehemalige Captain Wyman Beck wiederholte seine bei Hermans Prozess gemachte Aussage, dass er Montegut am Morgen des Mordtages im Krankenhaus gesehen habe. Ein Häftling, der als Krankenhausangestellter arbeitete, hatte Montegut ebenfalls im Büro des Krankenhauses gesehen an jenem Morgen, und als er von dem Mordvorwurf hörte, besprach er die Angelegenheit mit Beck, der »nicht glaubte, dass er [Montegut] damit etwas zu tun gehabt haben könnte«. An diesem Punkt unterbrach Cullen die Zeugenaussage und erhob Einspruch. Der Krankenhausangestellte und Captain Beck waren einer Meinung, dass »es ziemlich schwierig gewesen sein müsste, in einen Mordfall verwickelt und gleichzeitig ihm Krankenhaus gesehen worden zu sein«. Zudem hatte Joseph Richey ausgesagt, dass er zuerst mich vom Schlafsaal habe wegrennen »sehen«, und danach auch Gilbert Montegut, der direkt nach dem Mord aus Pinie 1 herausgestürmt sei, und zwar »in einem Tempo, das mir vermittelte, er sei zu spät dran, um pünktlich zum Futtern zu kommen«.

Ex-Captain Hilton Butler trat in den Zeugenstand und erklärte, er sei von Anne Butler und C. Murray Henderson zu dem Mord an Miller für ihr Buch interviewt worden, aber er sei sich »nicht mehr sicher«, ob er gesagt habe, »man konnte Hezekiah die Worte in den Mund legen«. Der Richter gestattete es uns anschließend nicht, die Original-Aufnahme von Butlers Worten abzuspielen. Mein Anwalt las den Geschworenen vor, was er damals gesagt hatte. Alle wussten mittlerweile, dass es keinen objektiven Beweis gab, der mich mit dem Mord in Verbindung brachte, und deswegen brachte Julie Cullen eine neue, absichtlich verwirrende Theorie ins Spiel: Der blutige Fingerabdruck, der am Tatort gefunden worden war, der weder zu meinem noch zu Hermans noch zu irgendeiner anderen beschuldigten Person passte. Eine »Expertin«, die im *State Troopers Department* arbeitete, bezeugte, dass der Fingerabdruck ein »Abdruck der halben Handfläche« war, sodass die Tatsache, dass er nicht mit meinem übereinstimmte, auch wenn er 1972 und 73 »sehr gut identifizierbar« schien, wieder einmal relativiert wurde. Dass der blutige Fingerabdruck vom Tatort nicht zu meinem passte und die Information, dass die Ermittler diesen Abdruck nie mit denen aller anderen Häftlinge, die an jenem Tag auf dem Gang unterwegs waren, verglichen haben, hätte mich in den Augen der Geschworenen dringend entlasten müssen. Anklägerin Cullen wusste das. Mit voller Absicht vernebelte sie einige Aspekte in der laufenden

Verhandlung und hatte auch meine Anwälte nicht rechtzeitig über ihre neue »Handflächenabdruck«-Theorie informiert. Dass die Anwälte erst durch die Expertin im Zeugenstand von der neuen Theorie erfuhren, stellte eigentlich eine Verletzung der Prozessordnung dar. Cullen erklärte dies dem Richter damit, dass sie keine schriftlichen Unterlagen über die Handflächenabdruck-Theorie bekommen habe. Später sagte dann aber ihre eigene »Expertin« aus, sie habe Cullen über diese Theorie schon 1997, also ein Jahr zuvor, informiert.

Ich bat Garraway, beim Gericht einen Antrag auf Feststellung der Ungültigkeit des Verfahrens wegen schwerer Verfahrensverstöße zu stellen. Der Antrag wurde mit der Begründung abgelehnt, wir hätten schließlich unseren eigenen Experten berufen können, der dann die Möglichkeit gehabt hätte, Cullens Zeugin zu widerlegen. Der Richter erinnerte Garraway daran, dass uns für solche Maßnahmen öffentliche Gelder bereitgestanden hätten.

Cullen hörte nicht auf, mit hinterlistigen Taktiken Verwirrung unter den Geschworenen zu stiften. Anhand ihrer Befragungstaktik fand sie die Möglichkeit, die vom Richter nicht zugelassenen Beweismittel doch einfließen zu lassen.

Beispielsweise wollte sie der Jury eine handgeschriebene, undatierte Aussage ohne Unterschrift vorlegen, die ein früherer Angola-Captain am Abend nach Millers Tod verfasst und die der Richter als unzulässig eingestuft hatte. Diese handgeschriebene Aussage wurde Leonard »Specs« Turner zugeschrieben und angeblich an dem Tag, bevor Turner auf Bewährung freikam, an den ehemaligen Angola-Captain C. Ray Dixon weitergegeben. Cullen rief Turner in den Zeugenstand. Auch wenn er, sagte, er habe diese Aussage nicht gemacht, legte sie im Grunde den Inhalt des Papiers während ihrer Befragung offen.

Meine Anwälte mischten sich bei dieser eindeutig hinterlistigen Fragetaktik nicht ein einziges Mal ein. Der folgende Dialog wurde aufgezeichnet, um Cullens Methoden zu verdeutlichen. Ihre Zwischenfragen wurden entfernt.

Cullen: Erinnern Sie sich daran, dass wir beide über Albert Woodfox' Beteiligung im Mordfall Brent Miller geredet haben?
Turner: Noch einmal: Ich kann mich nicht erinnern. Ich sage Ihnen immer wieder dasselbe.
* * *
Cullen: Also gut, erinnern Sie sich daran, was Sie mir über den 17. April 1972 erzählt haben? Dass Sie gesehen hätten, was Albert Woodfox an dem Tag getan hat?

Turner: Nein, Ma'am, daran kann ich mich überhaupt nicht erinnern.
* * *
Cullen: Okay, aber haben Sie gesehen, was Albert Woodfox am 17. April 1972 getan hat?
Turner: Ich kann mich nicht erinnern, das habe ich doch gerade gesagt.
* * *
Cullen: Aber haben Sie gesehen, dass Albert Woodfox am 17. April 1972 Brent Miller getötet hat?
Turner: Nein, das habe ich, glaube ich, nicht gesehen, Ma'am.
* * *
Cullen: Wenn Sie gesehen hätten, dass jemand mit 32 Messerstichen getötet wurde, würden Sie sich daran erinnern?
Turner: Ich glaube, ja, das würde ich.
* * *
Cullen: Wenn Sie so ungefähr eineinhalb bis zwei Meter von jemandem entfernt gewesen wären, auf den 32-mal eingestochen wurde, glauben Sie, Sie würden sich daran erinnern?
Turner: Kann sein und kann nicht sein. Ich – ich weiß nicht, ob ich mich daran erinnern würde oder könnte.
* * *
Cullen: Haben Sie mir nicht erzählt, dass Albert Woodfox und ein paar andere Brent Miller getötet haben?
Turner: Nein, Ma'am, das habe ich Ihnen nie erzählt.
* * *
Cullen: Haben Sie C. Ray Dixon damals, im April 1972, erzählt, dass Albert Woodfox zusammen mit ein paar anderen Brent Miller getötet hat?
Turner: Ich kann mich nicht daran erinnern, ob ich ihm das erzählt habe, ob ich es getan habe oder nicht.
* * *
Cullen: Erinnern Sie sich daran, Murray Henderson erzählt zu haben, dass Sie sich in einer Position befanden, aus der heraus Sie nichts sehen konnten, aber dass Hezekiah dort war?
Turner: Nein, Ma'am, ich erinnere mich nicht.
* * *
Cullen: Haben Sie jemals [dem Angola-Beamten Bobby] Oliveaux davon erzählt, was Sie gesehen haben?
Turner: Ich erinnere mich nicht daran, ob ich ihm je irgendetwas erzählt habe.
* * *

Cullen: Gut, haben Sie irgendwann mit [dem Angola-Beamten Carl] Kimble darüber gesprochen, was Sie im Schlafsaal Pinie 1 gesehen haben?
Turner: Nicht, dass ich mich erinnere.
* * *
Cullen: Okay. Sie streiten also nicht ab, dass Sie ihm gesagt haben – das erzählt haben –, Sie erinnern sich nur nicht, richtig?
Turner: Was erzählt habe?
* * *
Cullen: Dass Sie gesehen haben, wie Albert Woodfox Brent Miller getötet hat? Lassen Sie uns auf den Punkt kommen, Mr. Turner.
Turner: Also, ich habe nie –
* * *
Cullen: Sie wissen, worüber wir gerade sprechen.
Turner: Das habe ich ihm nie gesagt.
* * *
Cullen: Gut. Erinnern Sie sich daran, C. Ray Dixon diese Erklärung gegeben zu haben?
Turner: Nein, ich kann mich nicht daran erinnern, diese Erklärung irgendjemandem gegeben zu haben.
* * *
Cullen: Gut. Bestreiten Sie, C. Ray Dixon diese Erklärung gegeben zu haben?
Turner: Ja, das tue ich.

C. Ray Dixon sagte aus, er könne sich nicht daran erinnern, Turners Erklärung vernommen zu haben, und er könne sich auch nicht erinnern, was der Inhalt dieser Erklärung war, aber als er sie geschrieben sah, erkannte er, dass sie in seiner eigenen Handschrift verfasst war. Der Richter erlaubte ihm, den Geschworenen einige Teile der Erklärung laut vorzulesen – die Teile, die mich mit dem Mord in Verbindung brachten. Er unterrichtete die Geschworenen, dass die Erklärung lediglich dazu da war, um »den Zeugen [Turner] zu diskreditieren«, und nicht, um zu zeigen, dass die einander widersprechenden Erklärungen wahr seien.

Aber wie kann eine Jury etwas »überhören«? (Selbst wenn Turner diese Aussage wirklich gemacht hatte, hätte sie nach der Erklärung von Direktor Henderson angezweifelt werden müssen. Dieser hatte ausgesagt, dass Turner zwei Tage nach Millers Ermordung auf Bewährung freikommen sollte und dass er ihm gesagte hatte: »Wenn Sie mir keine Informationen geben, werde ich den Bewährungsausschuss ansprechen und dafür sorgen, dass Sie den Rest der acht Jahre auch noch absitzen, und keinen Tag weniger.«)

Ich hatte 1973 die Unterstützung von drei Zeugen, die aussagten, dass sie mich zum Zeitpunkt von Millers Ermordung im Speisesaal gesehen hatten und zwei Zeugen, die sich in Pinie 1 oder in deren Nähe aufhielten und aussagten, ich sei nicht dort gewesen. Ich hatte angenommen, dass meine Verteidiger diese Zeugen allesamt zur Verhandlung einbestellen würden, damit sie dort ihre Aussagen wiederholten. Oder aber, dass sie zumindest sicherstellten, dass die Erklärungen von damals der Jury zu Gehör gebracht werden würden. Doch die Verteidiger konnten nur einen einzigen meiner Alibi-Zeugen auftreiben, der bereit war auszusagen, und sie konnten auch nur die Suche nach einem weiteren Zeugen nachweisen.

Der Richter würde es nicht zulassen, dass wir die Zeugenaussagen von damals verlasen, außer meine Anwälte konnten beweisen, dass sie mit allen ihnen zur Verfügung stehenden Mitteln nach diesen Personen gesucht hätten.

Da die Namen meiner vermissten Alibi-Zeugen in öffentlicher Sitzung diskutiert wurden, fiel Violettas Mann, Michael Augustine, und unserem alten Freund aus Kindertagen, Ernest Johnson, der Name Herbert »Fess« Williams auf. Sie hatten gehört, er sei in New Orleans gestorben und dachten darum, sie könnten, wenn sie nachwiesen, dass er nicht mehr lebte, seine Zeugenaussage von damals verlesen lassen. Williams war jener Häftling, der zum Zeitpunkt von Millers Ermordung direkt vor dem Schlafsaal Pinie 1 gestanden und ausgesagt hatte, dass ich nicht dort gewesen wäre und Joseph Richey (der behauptete, er habe mich aus dem Schlafraum hinausrennen sehen) auch nicht. Williams hatte seine ursprüngliche Stellungnahme nie geändert, nicht einmal, als er in den Kerker verbannt, verletzt und danach im Zellenblock weggeschlossen worden war. Sobald Michael und Ernest das Gerichtsgebäude an jenem Tag verlassen hatten, fuhren sie die vierundsiebzig Meilen zurück nach New Orleans und ließen sich von Williams' Familie bestätigen, dass er verstorben sei. Sie fragten im Büro des Gerichtsmediziners nach Williams' Totenschein und waren zur Mittagszeit am folgenden Tag wieder zurück im Gericht. In einer kurzen Pause gestattete das Gericht, dass die Abschrift von Herbert Williams' Stellungnahme vor den Geschworenen verlesen wurde.

Sheriff Bill Daniel behauptete in meinem Verhör, er habe mich niemals in der Kleiderkammer bedroht, und sagte: »Niemals habe ich in dieser Haftanstalt Häftlinge mit gezogener Waffe befragt. Immer habe ich meine Waffe am Eingangstor zur Aufbewahrung abgegeben.«

Jahre später fanden meine Anwälte Zeugen, die erklärten, dass Daniel in jenen Jahren nicht immer »seine Waffe am Eingang abgegeben hat«. Einer von ihnen sagte aus, dass die beiden Hilfssheriffs Bill Daniel und Thomas Guerin bei Verhören mit Gefangenen »immer sehr erregt waren; und sie trugen Waffen«.

Meine Verteidiger riefen keine Experten der Gerichtsmedizin in den Zeugenstand, um die Klage der Staatsanwaltschaft gegen mich anzufechten. Meine Rechtsbeistände befragten keine Gerichtsmediziner, die doch Licht ins Dunkel der Ereignisse hätten bringen können, zumal wenn man Blutstropfen, Blutspritzer und -spuren exakt untersucht hätte; sie unterhielten sich nicht mit Experten für Fingerabdrücke. Sie zwangen den Richter nicht zu der Anordnung, den am Tatort sichergestellten blutigen Fingerabdruck mit allen anderen aus den Gefangenenakten zu vergleichen. Sie beauftragten niemanden damit, Millers Autopsie-Bericht zu überprüfen. Sie stellten noch nicht einmal sicher, dass alle Stellungnahmen der Alibi-Zeugen aus meinem ersten Prozess vor den Geschworenen verlesen wurden. Mein Frust war groß.

Als ich in den Zeugenstand trat, bezeugte ich, dass ich Miller lediglich vom Sehen kannte; ich hatte niemals eine Auseinandersetzung mit ihm gehabt, und Miller hatte mich auch nie wegen eines Fehlverhaltens gerügt, eine Tatsache, die durch Akteneinsicht leicht bestätigt werden konnte. Im Kreuzverhör bedrängte Julie Cullen mich. Sie fragte mich, ob ich Rassist wäre: »In einem Brief an Schwester Diane, haben Sie AMERIKKKA geschrieben. Warum?«, fragte sie. »Sind Sie Rassist?« »Hat Ihnen Ihr Rassismus das Recht gegeben, Wärter mit einer Schusswaffe zu bedrohen, um aus dem Parish Prison auszubrechen?« »Haben Sie, weil Sie selbst Opfer von Rassismus waren, den bewaffneten Raubüberfall begangen und wurden dafür verurteilt?« »Waren Sie selbst Opfer, als Sie damals im Gerichtssaal Ihre Fäuste hochgereckt und mit den Ketten gerasselt und über die weißen rassistischen Faschisten geklagt haben?« Es war extrem anstrengend und ermüdend, Cullens ständigen Anspielungen und ihren Wortverdrehereien ausgesetzt zu sein. An einem Punkt der Befragung wollte sie wissen, welche Kleidung ich damals getragen hatte. Garraway fragte nach, welche Zeit sie mit ›damals‹ meinte und sie sagte: »Als Sie Brent Miller getötet haben.«

Ich antwortete: »Ms. Cullen, Sie wissen ganz genau, dass ich Brent Miller nicht getötet habe, denn Sie wissen, dass ich den Test am Lügendetektor gemacht habe.« Das war unüberlegt gesagt. Wusste ich doch, dass die Ergebnisse eines Lügendetektors vor Gericht nicht anerkannt würden, da sie offiziell als unzuverlässig gelten. Ich hatte gar nicht die

Absicht, dies zu sagen. Aus mir sprach bloße Verzweiflung. Der Richter mahnte die Geschworenen, meiner Aussage keinerlei Bedeutung zu schenken.

Als später eine Reporterin die an meiner Verhandlung beteiligten Geschworenen interviewte, sagte eine von ihnen, ich hätte es »besser wissen« müssen, als solch eine Bemerkung »reinzuschieben«. »Meiner Meinung nach«, so erläuterte sie, »hat diese Bemerkung mit dem Lügendetektor die Geschworenen gegen ihn aufgebracht.« Und sie fügte hinzu: »Das war wenigstens bei mir so. Ich glaube, dass Albert Woodfox wusste, dass solch ein Beweis nicht zulässig war, dass er ihn gar nicht hätte vorbringen dürfen.« Der Wahrheitsgehalt meiner Aussage war für dieses Mitglied der Jury also weniger entscheidend als die Tatsache, dass ich meine Rechte im Verfahren kannte.

Der Prozess dauerte neun Tage. Am letzten Tag war der Gerichtssaal vollgepackt mit uniformierten Polizeibeamten in weißen Handschuhen, Gefängniswärtern und Hilfssheriffs. Es war hart für mich zu sehen, wie meine Familie versuchte, sich weiter Hoffnung zu machen, während ich tief im Innern schon wusste, wie das Urteil lauten würde. Ich machte mir Sorgen um meinen Bruder Michael. Er war so hoffnungsvoll vor dem Prozess und sogar noch während der langwierigen Verhandlungstage. Die meisten Zuschauer im Gerichtssaal wussten jedoch, dass das bestmögliche Ergebnis für mich nur das fehlende Mehrheitsurteil der Jury sein konnte. Die Geschworenen zogen sich fünf Stunden lang zur Beratung zurück. Als sie das Urteil verlasen – »schuldig« – wandte ich mich zuallererst meinem Bruder und meiner Schwester zu. Violettas Augen füllten sich mit Tränen. Ich sah sie an, und dann trafen sich meine und Michaels Augen. »Sie werden mich niemals brechen«, sagte ich. »Sie werden niemals meinen Geist brechen.«

Nach Ende des Prozesses berichtete Bert Garraway einer Reporterin: »Eigentlich kann man sagen, dass der Staat hier die Black Panther angeklagt und verurteilt hat.« Ramsey Clark veröffentlichte eine Erklärung, in der es hieß, mein Prozess sei ein Beispiel für ein »ungeheuerliches Fehlverhalten der Staatsanwaltschaft«. Stan Miller wiederum, Brent Millers Bruder, sagte der Zeitung *Advocate* in Baton Rouge: »Dies ist wie ein verfrühtes Weihnachtsgeschenk für unsere Familie.«

Das *WBAI-Pacifica Radio* in New York interviewte mich noch am Abend meiner Verurteilung. »Ich gebe den Geschworenen keine Schuld«, sagte ich. »Sie hatten nicht alle Informationen.« Am Ende des Interviews wurde ich gefragt, woran ich glaubte. »Wenn du nicht bereit bist, zu kämpfen«, sagte ich, »wenn du nicht bereit bist, Opfer zu bringen, dann wirst du nie etwas ändern können. Der Kampf ist der Wesenskern von Veränderung, und das ist der Grundsatz, nach dem ich versuche, mein Leben zu leben. Ich habe schon einen hohen Preis dafür gezahlt, doch ich bereue nichts. Wenn ich gewusst hätte, was alles auf mich wartete und wenn ich die Zeiger der Uhr zurückdrehen könnte, ... ich würde nichts in meinem Leben ändern – nicht einen Moment meines Einsatzes, nicht einen Moment des Kampfes, nicht einen Moment des körperlichen Schmerzes, den ich durch Misshandlungen in New York und im Angola erleiden musste.«

Kapitel 39
Zurück ins Angola

Während ich im Amite-City-Gefängnis war, machte sich im Angola ein neuer Oberst – mit Spitznamen Macho Man – daran, die Haftbedingungen für die Insassen der CCR deutlich zu verschärfen. Er hatte die Aufsicht für beide Bereiche: Camp J und CCR. In den Isolationszellen schränkte er nach und nach alle Privilegien ein, die Strafen wurden härter. Ich bekam Briefe von King und Herman, in denen sie mir ihre Situation vor Augen führten. Da alle Gefängnispost von den Wärtern geöffnet wird, musste ich zwischen den Zeilen lesen. Wenn King schrieb: »Oh, Mann, irgendwo im Gefängnis ist der Teufel los«, dann wusste ich, dass er damit die CCR meinte. Wenn er schrieb: »Oh, Mann, ich hab heute den ganzen Tag nichts zu essen gehabt«, dann wusste ich, dass sie dort einen Hungerstreik planten.

Ich wurde am 23. Februar 1999 verurteilt: »Lebenslänglich« ohne Möglichkeit auf Bewährung, Hafturlaub oder Aussetzung des Urteils. Ich war bereit, zurückzugehen und meinen Kameraden zur Seite zu stehen. Seit der Urteilsverkündung hatte ich mich mental darauf vorbereitet, nun wieder 23 Stunden am Tag eingesperrt zu sein. Es war sehr schwer für mich, mich damit abzufinden, zurück in Einzelhaft zu gehen, nachdem ich fast drei Jahre unter normalen Haftbedingungen hatte leben dürfen, aber ich hatte ja keine Wahl. Die Alternative zu »überleben« hieß, »sich brechen zu lassen«. Die Einzelzelle, die sie mir in der CCR zuteilten, befand sich auf Stock B. Mein Kamerad und Freund Kenny »Zulu« Whitmore war auch auf Stock B. Herman auf F und King auf C. Zulu gab mir eine Kassette mit einer Rede von Malcolm X, die ich mir in meiner neuen Zelle in jener Nacht von vorne bis hinten anhörte. Bücher hatte ich von Malcolm X schon viele gelesen. Aber seine Stimme zu hören, war etwas anderes, etwas ganz Besonderes. Die wichtigste Lektion, die ich von Malcolm lernte, ist die, dass Veränderung möglich ist, dass du das, was die Gesellschaft aufgrund deiner Rasse und deiner wirtschaftlichen Situation aus dir gemacht hat, hinter dir lassen und du dich neu definieren kannst. Malcolm lehrte mich zudem, über den Tellerrand, über die Mauern, hinauszublicken.

King und Herman hatten schon einmal eine Petition gegen die verschärften Bedingungen in der CCR verfasst, von den Häftlingen unterzeichnen und dem Gefängnisdirektor zukommen lassen. Der Direktor hatte nie geantwortet. Nach meiner Ankunft im Angola begannen wir, Nachrichten von Stockwerk zu Stockwerk zu schicken, um einen Hungerstreik zu planen und die Kameraden zu ermutigen, daran teilzunehmen und stark zu bleiben. Ohne unser Wissen zeigte aber ein Orderly, der King und Herman die Nachrichtenzettel weiterleitete, sie den Vollzugsbeamten. Auf den Zetteln standen zwar keine Namen, aber es war nicht schwierig für den Sicherheitsdienst, die Handschriften zu identifizieren. Rund sechzig Häftlinge nahmen am Hungerstreik teil. King und Herman wurden aus ihren Zellen herausgerufen, damit sie – wie man ihnen sagte – an einem Treffen mit dem Direktor teilnehmen konnten. Sie wurden eingegast, verprügelt und in den Kerker von Camp J geworfen. Die beiden führten den Hungerstreik im Kerker weiter, so wie wir in der CCR auch.

Mich konnten sie nicht in eine Strafzelle stecken, denn sie hatten weder meinen Namen noch meine Handschrift auf irgendeinem Nachrichtenzettel. An dem Tag, an dem sie King und Herman in den Kerker sperrten, versuchte ich draußen vom Hof aus die Gefangenen auf den anderen Stockwerken zum Weitermachen zu animieren. »Bleibt stark. Gebt nicht auf. Lasst euch nicht von ihnen einschüchtern«, rief ich über den ganzen Hof. Und hoch zu den Gefangenen der anderen Stockwerke brüllte ich: »Hier ist nicht Camp J, sie können uns nicht so behandeln, als ob hier Camp J wäre.«

Am Tag darauf brachten sie mich nach dem Hofgang statt in meine Zelle ins Büro von Macho Man. Er fragte mich, warum es gerade jetzt diesen Hungerstreik gäbe. Ich sagte: »Warum fragen Sie das mich?« Er antwortete: »Ich habe gehört, dass Sie einer der Anführer sind; Sie haben großen Einfluss auf die anderen Häftlinge. Wenn Sie den anderen sagen, sie sollen nicht essen, dann essen sie auch nicht.« Ich sagte: »Ich bin kein Anführer. Sie haben keine Beweise.« Er sagte mir, er habe Beweise, und ich entgegnete: »Und warum führen wir dann dieses Gespräch hier? Ich sollte eigentlich in Camp J sein mit Hooks und King.« Er fragte noch einmal, warum wir das täten. Ich sagte ihm: »Der Grund für diesen Hungerstreik ist der, dass Sie einmal das eine sagen und einmal das andere. Die Leute trauen Ihnen nicht. Wir verlangen, dass der Direktor persönlich herkommt und das Desaster sieht, das Sie hier angerichtet haben.« Er schaute auf den Wärter, der mich in sein Büro gebracht hatte und sagte: »Wegsperren.«

Sie steckten mich in den CCR-Kerker. Ich hatte eine Matratze zur Verfügung, ein Bettlaken und eine Decke. Ich trug einen Overall. Kein Radio, kein Fernsehen, keine persönlichen Gegenstände. Ich konnte mir juristische Fachbücher bestellen, aber nichts anderes. Jeden Tag durften wir für fünfzehn Minuten unsere Zelle verlassen, um zu duschen. Die meisten Männer im Kerker waren psychisch krank, für sie hatten Tränengas und Schläge schon vor ihrem Einzug in den Kerker auf der Tagesordnung gestanden. Sie schrien oder boxten auf die Wände, stundenlang, um auf irgendeine Art und Weise mit dem Druck fertigzuwerden. Ich musste meine Gefühle ausschalten. Wie gewöhnlich zwang ich mich dazu, eine intellektuelle Antwort auf die Geschehnisse um mich herum zu finden. Dies war so manches Mal die einzige Möglichkeit für mich, nicht psychisch krank zu werden. Auch im Kerker führte ich meinen Hungerstreik weiter. Ich bekam dafür aber nie einen Eintrag. Während all dieser Jahre im Angola war ich an so vielen Hungerstreiks beteiligt, dass ich sie gar nicht mehr zählen kann, doch niemals bekam ich dafür einen Disziplinareintrag. Sie schrieben mich auf wegen »Widerstand geleistet« oder »Gehorsamsverweigerung« oder »schwere Gehorsamsverweigerung«. Sie wollten aber keine Nachweise unserer Proteste.

Ich wurde dreißig Tage lang im Kerker festgehalten. Herman, King und ich blieben die gesamte Zeit hindurch im Hungerstreik. Einmal in der Woche wurde ich vor das Disziplinargericht gerufen und erfuhr, dass Ermittlungen gegen mich wegen der Planungen zu einem zweiten Hungerstreik liefen, die aber noch nicht abgeschlossen waren. Am Ende der dreißig Tage wurde ich durch den Ermittlungsbericht entlastet. Der Major im Disziplinarausschuss fragte mich, ob wir die Sache vertraulich erledigen könnten. »Ich stecke in der Klemme«, sagte er mir, »ich finde keine Beweise, um Sie schuldig zu sprechen, aber ich habe Order von ganz oben, Sie ins Camp J zu schicken.« Ich sagte: »Dann tun Sie halt Ihren Job.« Er sprach mich für irgendetwas schuldig und sie brachten mich ins Camp J. Mir war es egal. Ich wollte mit meinen Kameraden zusammen sein. Jahre später las ich erst den Eintrag, den er damals verfasst hatte:

> [Woodfox] zeigte sich daraufhin sehr kämpferisch und sagte: »Sie schicken mich sowieso ins Camp J, genau so wird es kommen, denn dieser Scheiß ist noch nicht vorbei, und zwar so lange nicht, wie Wallace, King und die anderen Häftlinge, die wegen der Organisation des Hungerstreiks im Camp J saßen, weggesperrt blieben«. Er fügte hinzu, dass sie lediglich eine friedvolle Demonstration organisiert hatten, und dass das doch total in Ordnung wäre. Und dann sagte er noch: »Also los, sperren Sie mich jetzt ins Camp J, das müssen Sie doch sowieso tun.«

In Camp J brachten sie mich für die erste Nacht auf Hermans Stockwerk in den »Alligator-Trakt« und tags darauf in den »Hai-Trakt«. King saß im »Hecht-Trakt«.

In Camp J musste man ein Strafprogramm durchlaufen, aber so, wie es sich im Angola abspielte, kann man auch schlicht und einfach Folter dazu sagen. King beschrieb es so: das »Programm« nimmt Gefangene auf und schickt sechs Monate später Patienten zurück. Es gab drei Restriktions-Stufen innerhalb des Programms. Die Mehrzahl der Häftlinge begann auf Stufe 2, in der wir 23 Stunden und 45 Minuten am Tag in unseren Zellen verbrachten; einmal am Tag fünfzehn Minuten raus, um zu duschen. Zu den Mahlzeiten gab es kein Dessert auf dem Tablett und auch kein Salz und Pfeffer. Wir konnten nichts im Gefängnis-Shop kaufen außer Hygieneartikel. Wir durften keine eigenen Kleider anziehen, alle trugen Overalls. Wir durften sechs Bücher haben, darunter die Bibel (wenn wir wollten), und Schreibsachen. Drei Mal in der Woche durften wir eine Stunde raus auf den Hof.

Die Camp J Angestellten hatten keine professionelle Ausbildung, einige von ihnen waren undiszipliniert und hatten keinerlei ethisches Empfinden, was zu brutalen Misshandlungen und Gas-Einsätzen führte – besonders gefährdet waren hier psychisch Kranke oder Häftlinge, die dem Druck des mehr als 23-stündigen Eingesperrtseins nicht standhalten konnten und sich brechen ließen. Camp J war auch für Vollzugsbeamte der meistgefürchtete Einsatzort im gesamten Angola. Wärter wurde dorthin beordert, wenn das Sicherheitspersonal oder die Verwaltung sie bestrafen wollte, immer mit der Möglichkeit, sie auch wieder zurückzuholen. Die Wärter hatten den ganzen Tag damit zu tun, den Häftlingen Fesseln anzulegen und wieder abzunehmen. Wir bekamen Fesseln für den Weg zur Dusche, in der Dusche wurden sie abgenommen und für den kurzen Weg zurück in die Zelle wieder angelegt. Dies dann multipliziert mit fünfzehn – so viele Gefangene, wie es auf dem Stock gab. Auf dem Hof befreiten sie uns von den Fußfesseln, doch wir konnten uns schlecht sportlich betätigen, weil unsere Hände ja noch immer in Höhe der Taille festgebunden waren. Es war fast unmöglich zu rennen; wenn man fiel, konnte man sich nicht mit den Händen abfangen. Einige Wärter, die zu faul waren, ihre Arbeit richtig zu erledigen und mit uns rauszugehen, bestachen Häftlinge mit Zigaretten – die waren in Camp J sonst verbannt –, damit sie auf den Hofgang verzichteten.

Wenn ein Gefangener die Stufe 2 im Camp ohne Disziplinareintrag überstanden hatte, durfte er zur Stufe 3 aufsteigen. Dort hatte er einige Privilegien, wie zum Beispiel die Erlaubnis, ein Radio zu benutzen, Snacks in der Kantine zu kaufen, eine Freistunde im Gemeinschaftsraum zu verbringen und eigene Kleidung anzuziehen. Nach drei Monaten in Stufe 3 ohne Eintrag war es möglich, ihn wieder in die normale Unterkunft zurückzubringen. Zu jedem Zeitpunkt und je nach Lust und Laune der Sicherheitsbeamten oder aus welchem Grund auch immer, konnte man einen Disziplinareintrag bekommen und zur Stufe 2 zurückgeschickt werden – oder noch schlimmer, zur Stufe 1, was bedeutete, noch einmal ganz von vorn anfangen zu müssen. Stufe 1 war die härteste Zeit, sie dauerte dreißig Tage. Die Mahlzeiten bestanden aus einem Klumpen Nahrung, zusammengemischt aus all dem, was die anderen Häftlinge an dem Tag bekamen. Die Gefangenen von Stufe 1 hatten keinen Hofgang und noch weniger persönliche Gegenstände als alle anderen. Die Männer der Stufe 1 mussten Umhänge aus Papier tragen, damit sie keine Chance hatten, sich zu erhängen. Die Unsicherheit, die uns alle permanent in Camp J umgab, führte zu großen psychischen Belastungen. Es gab Etagen, auf denen die Wärter absolute Stille einforderten. Ein Häftling konnte dort, wenn er sich mit jemandem unterhielt oder sein Essen mit jemandem teilte, zurückgestuft werden. Von jeder der drei Stufen konnte der Gefangene für zehn bis dreißig Tage in den Camp J Kerker geschickt werden. Im Kerker bleibt die Zeit stehen. Tage, die man im Kerker verbringt, zählen nicht als »verbüßte Zeit« im Strafprogramm. Die härteste Unterkunft in Camp J war »the booth«, eine Einzelzelle, die sich zusätzlich innerhalb eines isolierten Raumes befand. Das bedeutete doppelte, totale Isolation.

Jeder, der sich in Stufe 1 oder im Kerker »danebenbenahm«, bekam eine Vier-Punkte-Fixierung: an Fußgelenken und Handgelenken an die vier Ecken des Bettes gefesselt und gezwungen, in seinem eigenen Urin und Kot liegen zu bleiben. Diejenigen, die sich wehrten und wild mit dem Kopf umherschlugen, bekamen einen Football-Helm aufgesetzt. Ich habe diese Fixierung nie ertragen müssen, doch ich habe sie im Kerker häufig auf meinem Gang zur Dusche in anderen Zellen gesehen.

Die Gefangenen mit »gutem Benehmen« konnten sich innerhalb von sechs Monaten aus Camp J herausarbeiten. Allerdings waren die Umstände im Angola so wie in allen Gefängnissen: was auf dem Papier steht, geschieht vielleicht gar nicht. Hatte der Wärter einen schlechten Tag, ließ er seine Laune an einem Häftling aus oder war aus einem anderen Grund einfach nur brutal; es gab Gefängnisbeamte, die sich regelmäßig mit dem einen oder anderen Häftling anlegten, ihn provozierten, nur um anschließend aufgrund seiner Reaktion die Entschuldigung dafür zu haben, ihn eine Stufe zurückzuschicken. Oder sie beschuldigten einen von ihnen, etwas getan zu haben, von dem sie wussten, dass er es nicht getan hatte, nur um ihn verrückt zu machen. Die Gefangenen waren Schikanen, Psychospielchen, Provokationen,

Schlägen und der ständigen Bedrohung, zurückgestuft zu werden, ausgesetzt. Die Angst davor, dieses Strafprogramm niemals verlassen zu können und den Boden unter den Füßen zu verlieren, wurde zu ernsthafter psychologischer Folter. Die überwältigende Mehrheit der Gefangenen, die Camp J verließen, waren gebrochene Menschen.

Als ich nach dreißig Tagen Kerker ins Camp J zurückkam, begann ich auf Stufe 2. In der Zwischenzeit hatten wir gehört, dass die CCR-Leitung alle vor dem Hungerstreik zurückgenommenen Privilegien wieder eingeführt hatte. Sie hatte aber damit gewartet, bis wir den CCR-Stock verlassen hatten, damit es nicht so aussah, als hätte unser Hungerstreik Wirkung gezeigt. Ich zwang mich dazu, mich schnell daran zu gewöhnen, in einer kleineren Zelle zu leben und keinerlei persönliche Gegenstände um mich zu haben. Im Oktober sanken die Temperaturen, und da wir draußen auf dem Hof keine eigene Kleidung tragen durften, bekamen wir ungewaschene Sweatshirts zum Drüberziehen. Nachdem ich einige Male ein richtig dreckiges tragen musste, reichte ich einen ARP-Antrag *(Administrative Remedy Procedure)* ein und bekam recht. Die Verteidigung der Gefängnisverwaltung sagte, es gäbe nicht genügend Sweatshirts, um sie nach jedem Tragen und bevor sie der Nächste bekäme, waschen zu können. Der Richter entschied, dass sie mehr Sweatshirts anschaffen müssten, damit immer saubere an die Gefangenen ausgegeben werden könnten.

Als ich es bis zur Stufe 3 geschafft hatte, verlangte ich nach meinem Radio, das im Lager aufbewahrt wurde. Ein Wärter kam mit der Nachricht zurück, ich könne es nicht bekommen, da mein Apparat zusätzlich über einen Kassettenspieler verfüge und Kassetten im Camp J nicht erlaubt waren. Ich wollte aber gar keine Kassetten haben, sagte ich ihm. »Ich möchte den Kassettenspieler gar nicht benutzen. Ich möchte nur mein eigenes Radio haben, damit ich mir kein neues kaufen muss«, erklärte ich ihm. Meine Logik konnte ihn nicht umstimmen. Ich stellte erneut einen ARP-Antrag, doch dieses Mal wurde ihm nicht stattgegeben. Ich musste also ein, wie es hier genannt wurde, »Camp J-Radio« kaufen, ein winziges Transistorgerät aus durchsichtigem Plastik mit grauenhaftem Empfang.

Manchmal waren King und ich zur selben Zeit draußen auf dem Hof, jeder in seinem abgegrenzten Gehege, sodass wir uns wenigstens etwas zurufen konnten. Das war für mich jedes Mal ein guter Tag.

Ganz gerührt war ich, als mich Jahre später ein Brief von einem Insassen erreichte, der eine Zeit lang in Camp J in der Zelle neben mir gesessen hatte. Eine Frau in Baton Rouge hatte von unserem Fall gehört und ihn per Brief gefragt, ob er jemals etwas von mir gehört habe. Er schickte ihr einen Brief ohne Unterschrift zurück, in dem er ihr von seinem Zusammentreffen mit mir erzählte. Als ich von diesem Brief erfuhr, erinnerte ich mich an ihn, wusste aber seinen Namen nicht mehr. Er schrieb, als er in die Zelle neben mir eingezogen sei, wäre er ein »sehr depressiver und sorgenvoller« Mann gewesen.

Er schrieb:

> Die üblen, harten und grausamen Bedingungen des Gefängnislebens hatten so langsam ihren Tribut gefordert. Ich traute niemandem mehr, jeden anderen sah ich als Feind an. Geblieben waren mir … zwei Freunde, ihre Namen: Einsamkeit und Leid.
>
> Eines Tages bekam ich einen neuen Zellennachbarn. Ganz überrascht hörte ich eine Stimme, die sagte: »Mein Name ist Woodfox.« Ich denke, *Oh Mann – habe ich nicht selbst schon genug Probleme. Jetzt ist auch noch so ein Verrückter nebenan in der Zelle.* Und wieder diese Stimme: »Mein Name ist Woodfox und ich möchte mich dir vorstellen.« Dieses Mal sehe ich eine Hand durch die Gitterstäbe herausragen, eine Hand, die meine schütteln will … Ich war äußerst skeptisch und ängstlich, meine Hand ebenfalls da rauszustrecken, denn ich habe schon Typen gesehen, denen wurden die ausgestreckten Hände mit Rasierklingen aufgeschlitzt oder mit selbstgemachten Messern, aber aus irgendeinem unerklärlichen Grund schüttelte ich Mr. Woodfox die Hand, und am nächsten Tag sprach er mich wieder an. Und er fragte mich noch, willst du was lesen … Ich schaute mir den Mann genauer an, ich hatte jemanden vor mir, der schon mehr als 27 Jahre lang in einer Zelle saß. Ich sah auch, dass er dazu verdammt war, hier im Angola zu sterben. Und trotzdem: da war kein Hass in ihm. Und auch keine Angst. Aber ich sah, dass er fest entschlossen war, ein besserer Mensch zu werden. Obwohl er in einer Welt lebte, in der ein besserer Mensch zu sein doch manchmal gar nichts bedeutete. Ich sah, dass er ein Mann war, dessen Weisheit unbegrenzt schien und dessen Wissensdurst sein Schicksal bestimmte. All dies und noch viel mehr sah ich in Mr. Woodfox, und genau dies inspirierte mich, tief drinnen in mir auch ein besserer Mensch zu werden. Durch Mr. Woodfox erinnerte ich mich daran, dass ein Mann, der nicht nach Wissen streben will, genauso ist wie ein Junge, der kein Mann werden will. Jetzt weiß ich, dass Wissen der Schlüssel für Dinge sein kann, die sonst im Leben unmöglich erscheinen.

Kathy Flynn Simino, eine Anwältin, die in einem Büro in New Orleans bedürftigen Klienten bei ihren Berufungsverfahren half, legte unverzüglich Berufung gegen meine Verurteilung ein, mit dem Verweis darauf, dass der Staat zum einen entlastendes Beweismaterial zurückhielt – die Bezahlung von Hezekiah Brown –, das nach dem Gerichtsentscheid 1963 *Brady vs. Maryland* durch den Supreme Court sogenannte »Brady-Material«, und zum anderen auf Grundlage der Tatsache, dass das Auswahlverfahren der Grand Jury für meinen Prozess in vielerlei Hinsicht fragwürdig war. Anne Butler war vor meiner Verhandlung gerichtlich dazu aufgefordert worden, uns die gewünschten Kassetten mit den Interviews der Gefängnisbeamten zum Mordfall Miller auszuhändigen, und wir konnten anhand der Stellungnahmen erkennen, dass es sehr wohl Betrügereien bei der Auswahl der Geschworenen gegeben haben könnte.

Simino legte 1999 Berufung für mich ein. Der Berufungsantrag beim *state court* eröffnete mir drei Chancen. Zuerst ging er an den Richter der ersten Instanz. Wenn der die Berufung zurückwies, ging er zum Berufungsgericht und wenn dieses ihn auch zurückwies, weiter zum Supreme Court von Louisiana. Ich wusste schon vorher, dass alle drei Gerichte meinen Berufungsantrag ablehnen würden. Die Richter eines US-Staates möchten in der Verbrechensbekämpfung Stärke zeigen. Der institutionalisierte Rassismus hatte freie Bahn – damals wie heute. Nach diesen drei Versuchen hatte ich die Möglichkeit, einen Antrag auf Wiederaufnahme des Verfahrens nach dem PCRA *(Post Conviction Relief Act)* zu stellen, in den wir neues Beweismaterial einfügen konnten. Das PCRA-Verfahren würde dieselben drei Stationen durchlaufen: beginnend mit dem Richter erster Instanz, dann das Berufungsgericht von Louisiana und anschließend der Supreme Court. Würde mein Antrag von allen drei Stellen zurückgewiesen, hätte ich die Möglichkeit, ans Bundesgericht zu gehen.

2000–2010

Sie versuchten, uns zu begraben. Sie ahnten nicht, dass wir Samen waren.

Mexikanisches Sprichwort,
von den Zapatisten verwendet

Kapitel 40
Wir halten zusammen

1. Januar 2000. Ein neues Jahrhundert. Um Camp J verlassen zu dürfen, musste ein Häftling 90 aufeinanderfolgende Tage in Stufe 3 ohne Eintrag überstanden haben. King und Herman waren mir 30 Tage voraus im Programm. Als sie endlich rausdurften, weigerten sie sich aber, mich zurückzulassen. Der Ausschuss, der für die Einstufung zuständig war, brachte sie zurück in ihren Zellen in Camp J. Mit diesem Akt drückten sie nicht nur ihren Widerstand aus, sondern auch das Gefühl von Solidarität. Da sie hartnäckig darauf bestanden, nicht ohne mich gehen zu wollen, kam es dazu, dass die Gefängnisbeamten einen Monat später zunächst nur mich in die Isolationshaft zurückschickten. Danach durften auch King und Herman zurück, aber mit einer Woche Zeitunterschied. Sie steckten uns alle drei in verschiedene Stockwerke.

Während unserer Zeit in Camp J war die Unterstützung für uns außerhalb des Gefängnisses gewachsen. Anfangs schrieben Leute von draußen nur mir Briefe. Als sie von Hermans Fall erfuhren, unterstützten sie auch ihn mit Briefen. Sie baten uns, sie auf unsere Besucherlisten zu setzen. Zehn Leute durften wir notieren. Als meine Besucherliste voll war, animierte ich sie, sich auf Kings Liste eintragen zu lassen. Wenn sie nämlich ihre Besuche bei Herman und King mit den anderen Leuten auf der Liste koordinierten, konnten wir uns alle zusammen sehen. Als irgendwann auch Weiße uns einen Besuch abstatteten, zeigten sich viele Sicherheitsbeamte äußerst schockiert. Dies passte nun gar nicht in ihre Weltanschauung. Wir hatten Unterstützer auf beiden Seiten, Schwarze und Weiße: Shana Griffith, Brice White, Anita Yesho, Opal Joyner, die ehemalige Panther-Aktivistin Althea Francois, Marion Brown, Malik Rahim und andere in New Orleans; Marina Drummer, Gail Shaw, Millie Barnett und Scott Fleming in Kalifornien; dazu Leslie George und Anne Pruden in New York. Während wir im Camp J isoliert waren und nur sehr beschränkten Zugang zu Telefon und Post hatten, entstand draußen eine Unterstützer-Gruppe, die uns den Namen »The Angola 2« gab. Obwohl ich ihnen sehr dankbar war, hörte sich der Name für mich aber nicht richtig an: Wir waren drei, nicht zwei. Auch King war ein Panther, zu Unrecht angeklagt und rechtswidrig verurteilt. Er brachte dieselben Opfer wie Herman und ich. Er lebte nach denselben moralischen Grundsätzen wie Herman und ich. Wir hielten zusammen denselben Kämpfen stand, und wir wurden gleichermaßen verprügelt, eingegast und weggeschlossen. Auch King wurde aufgrund seiner politischen Überzeugungen in Einzelhaft gesteckt – achtundzwanzig Jahre. Wir drei hatten so viel gemeinsam durchgestanden. Jetzt konnte man uns nicht trennen. Ich schrieb Herman und fragte ihn, ob wir nicht dafür sorgen sollten, dass auch King dabei wäre. Sollten wir nicht »The Angola 3« heißen? Herman stimmte zu.

Ich musste King fast mit Gewalt dazu zwingen, dass er zustimmte. Wir waren draußen im Hof. Er sagte *Nein*. Er glaubte, dass Herman und ich die gegenwärtige Dynamik für die *Angola 2* alleine nutzen sollten; er wollte die Aufmerksamkeit nicht von uns ablenken. Ich schaute ihn nur an ... King ist eine der selbstlosesten Menschen, die ich kenne. Wenn er 1000 Tropfen Wasser zur Verfügung hätte, würde er sie 1000 durstigen Menschen geben und selbst darauf verzichten. »King«, sagte ich, »zusammen sind wir stärker. Wir können jetzt nicht einen Keil zwischen uns treiben lassen.« »Dann frag die Leute aus der Gruppe«, gab er schließlich nach. »Wenn sie zustimmen, dann okay.« Herman und ich schrieben an die Kerngruppe und baten sie darum, einen Kontaktbesuch an einem bestimmten Datum anzumelden. Wie durch ein Wunder wurde all diesen Besuchsanfragen stattgegeben. Der diensthabende Wärter gestattete es uns, zwei Tische im Besucherraum zusammenzuschieben, sodass wir alle zusammen an einem Tisch sitzen konnten. Herman und ich erklärten der Runde unsere Entscheidung. Niemand hatte etwas dagegen. Die »A 3« war geboren. Die Angola-2-Unterstützergruppe wurde offiziell zur *National Coalition to Free the Angola 3* – ihre Mitgliederzahl stieg stetig.

In der Zwischenzeit waren King, Herman und ich mit einer neuen Zivilklage beschäftigt, in der wir geltend machten, dass unser jahrzehntelanges Eingesperrtsein, 23 Stunden am Tag in einer Einzelzelle, gegen den 8. Zusatzartikel *(grausame oder ungewöhnliche Strafen)* verstieße. Der Supreme Court hatte verlautbart, die Verfassung »schreibe zwar keine komfortablen Gefängnisse vor ..., erlaube aber auch keine inhumanen Gefängnisse«. Unsere Klage fußte außerdem auf der Tatsache, dass uns das Recht auf einen ordentlichen Prozess versagt geblieben war, weil der Untersuchungsausschuss *(90-day review board)* im Angola nur Alibi-Funktion hatte, und den 14. Zusatzartikel *(Recht auf ein ordentliches Gerichtsverfahren)* verletzte. Zudem stellten wir fest, dass auch der 1. Zusatzartikel – das Recht auf Rede- und Pressefreiheit – verletzt wurde, denn der Grund, warum wir jahrzehntelang in Isolation festgehalten wurden, waren unsere politischen Überzeugungen. Herman schrieb der ACLU (*American Civil Liberties Union*,

Amerikanische Bürgerrechtsunion, eine US-amerikanische Nichtregierungsorganisation, Louisiana) in New Orleans und bat um Hilfe. Einer der Anwälte der Organisation, Al Shapiro, nahm mit uns Kontakt auf und die ACLU erhob am 30. März 2000 in unserem Namen Klage beim Gericht von Louisiana in Baton Rouge gegen den Minister des *Department of Public Safety and Corrections*, Richard Stalder sowie gegen den Direktor des Angola, Burl Cain, und einige andere. (Später verschoben Ankläger des *Corrections Departments* die Klage zum Bundesgericht, um die Jury mit mehr Weißen besetzen zu können.) Unsere Klageschrift forderte das Gericht auf, den Staat Louisiana dazu zu bewegen, uns vom CCR-Trakt in das allgemeine Gefängnis zu überstellen. Zudem forderten wir Entschädigungen für die Folgen der uns zugefügten Misshandlungen sowie für unsere Anwalts- und Gerichtskosten.

Unsere Unterstützer in New Orleans trafen sich wöchentlich, manchmal in Maliks Haus, manchmal in einer leeren Kirche. Sie organisierten Flohmärkte und Konzerte, um Spenden für unsere Anwälte und Ermittler zu sammeln. Sie entwarfen Plakate, um die Leute auf uns aufmerksam zu machen. Scott Fleming, der 1999 seinen Abschluss an der juristischen Fakultät gemacht hatte, und Leslie George, Produzentin und Reporterin vom *Pacifica Radio* in New York, trafen sich in New Orleans und erarbeiteten unter Zuhilfenahme von Interviews mit früheren Mithäftlingen und alten Gefängnisakten neue Strategien für unseren Fall. Marina Drummer aus Oakland stellte für unsere Unterstützer-Gruppe unter dem Namen *Community Futures Collective* den »501(c)(3) Status«[24] sicher.

Dieser Status erlaubte es uns, aktiv Spenden einzutreiben sowie Anwälte und Ermittlungsbeamte anzuwerben. (Marina organisierte von dem Zeitpunkt an auch ein zentrales Büro für unsere Unterstützer-Gruppe.) Viele Menschen schrieben in ihren Blogs über uns. Sie baten einschlägige Zeitungen und TV-Nachrichtensender um Berichterstattung, doch sie bekamen keine Antwort. Die einzige landesweite Zeitung, die in dieser Anfangszeit über uns schrieb, war die *Workers World*, das Presseorgan der *Workers World Party*. Doch auch ohne die Mainstream-Presse wuchs das Interesse an uns: ehemalige Panther

24 Dieser Status erfasst 28 Arten US-amerikanischer gemeinnütziger Gesellschaften oder Vereinigungen: *Religious, Educational, Charitable, Scientific, Literary, Testing for Public Safety, to Foster National or International Amateur Sports Competition, or Prevention of Cruelty to Children or Animals Organizations* (Gemeinnützige Organisationen zur Förderung von Religion, Ausbildung, sozialen Zwecken, Wissenschaft, Kunst, Sport, Kinderschutz und Tierschutz).

im ganzen Land meldeten sich, genauso wie andere Gruppierungen, die sich für die Rechte von Gefangenen einsetzten. Anne Pruden aus Brooklyn wurde zu einer treuen und engagierten Freundin, die uns in der Anfangszeit half, einen Anwalt zu finden, noch bevor sie die Details, die unsere Unschuld bewiesen, kannte. Im Mai 2000 schrieb Marina in unserem Namen an Amnesty International und sie nahmen uns auf die »Watchlist« der »gefährdeten Personen«.

Durch das rasche Anwachsen unserer Unterstützer und mit dem Druck der Klage im Rücken, begannen das *Department of Corrections* und die Gefängnisverwaltung mich, King und Herman zu schikanieren. Die Zensur wurde verschärft; sie ließen einen großen Teil unserer Post einfach verschwinden. Sie zeigten jetzt großes Interesse an den Büchern und Zeitschriften, die wir lasen. Sie sagten, jeder Bericht oder jedes Buch, das die Black Panther erwähnten, sei Schmuggelware, denn es wäre mit einer kriminellen Vereinigung verknüpft. Eine ganze Menge der eintreffenden Post für uns wurde unter allen möglichen Vorwänden an den Absender zurückgeschickt. Die Razzien wurden aggressiver. Herman, King und ich, wir zeigten alle drei dieselbe Reaktion auf den steigenden Druck von außen: selber Druck machen. Unsere persönliche Sicherheit war nie ein Thema. Wir waren bereit, alles zu riskieren, um unsere politischen Überzeugungen aufrechtzuerhalten – koste es, was es wolle. Und genau dasselbe fühlten wir auch, wenn wir die Aktionen unserer Unterstützergruppe begleiteten. Viele Leute fragten, ob sie uns beschützen sollten. »Nein«, sagten wir. »Macht euch keine Sorgen, was mit uns wird«, sagte ich ihnen. »Nicht der Rede wert.«

Zum ersten Mal, seit Jahrzehnten, waren da draußen Menschen – außer unseren Familien –, die sich um uns sorgten und kümmerten. Menschen kämpften für uns. Sie glaubten der Staatsanwaltschaft nicht. Sie glaubten den Gerichten nicht. Sie glaubten den Gefängnisbeamten nicht. Sie glaubten uns und sie glaubten an uns. Sie vertrauten uns und boten uns ihre Freundschaft an. Wir schenkten diesen Menschen unsere Freundschaft. Anfangs war es sehr schwer für mich, ihre Briefe zu beantworten. Ich war nicht daran gewöhnt, Menschen an meinen Gedanken und an meinem Leben teilhaben zu lassen. Doch Herman, King und ich teilten eine ganz besondere Eigenschaft: den Willen – das wirkliche Bedürfnis –, etwas zu verändern. Wahre Veränderung kann sehr schmerzhaft sein, denn sie bedeutet, dass man einen Teil von sich aufgibt. Wie wussten aber aus unserer Erfahrung, dass wir durch Veränderung mehr gewinnen als verlieren würden. Wir erweiterten unsere Wahrnehmung, wir erweiterten unser Mitgefühl. Wir nannten dies »Bewusstseinssteigerung«. Wir redeten darüber, wie das gesamte Menschengeschlecht sein Bewusstsein erweitern müsste, und zwar nicht als einzelne Rasse oder Gruppe, sondern als menschliche Wesen, als Gattung. Wenn wir das nicht täten, würde die Menschheit aussterben, denn wir würden uns gegenseitig zerstören. Veränderung bedeutete Entwicklung.

Jetzt war wieder Veränderung gefragt, ich sollte mein Herz öffnen. Es überraschte mich, wie häufig ich um Rat gefragt wurde. »Anstatt dir zu zeigen, wie man Mut aufbringt«, antwortete ich jemandem, der mich fragte, wie er ›mutig‹ werden könnte, »schreibe ich dir, dass ich deinem Mut Anerkennung zolle und ihm Ehre erweise. Ich begrüße deinen Mut. Ich lege mich des Nachts hin und bin voller Liebe für deinen Mut. Wenn ich nach einem Ziel oder Sinn suche, danke ich deinem Mut. Mut ist nicht immer um uns, wir können ihn nicht jeden Tag spüren. Wie alles im Leben kommt und geht er, mit jeder neuen Herausforderung, die sich uns jeden Tag aufs Neue stellt.«

Kapitel 41
Zurückgehaltene Beweise

Im Jahre 2000 kam Scott Fleming an Bord und arbeitete kostenlos als Anwalt für uns. Als Erstes schrieb er einen Berufungsantrag für Herman, mit neuem Beweismaterial – dem »Brady-Material« –, das Herman vorenthalten worden war, aber während meines zweiten Prozesses ans Licht kam: der Beweis, dass man Hezekiah Brown für seine Zeugenaussage bezahlt hatte. Als Hermans PCRA-Antrag geschrieben war – und während mein Berufungsantrag noch im Justizdschungel unterwegs war –, wandte Scott sich meinem Fall zu. Er half beim Aufspüren und Auswerten neuen Materials, das wir in meinen Antrag zur Wiederaufnahme des Verfahrens aufnehmen konnten und das zum Beweis unserer Unschuld beitrug. In Zusammenarbeit mit den Anwälten Nick Trenticosta, Mike Rocks und Susana Herrero sowie dem Ermittler Gary Eldredge, stellte Scott neue, detaillierte Ermittlungen zum Mordfall an – dreißig Jahre nach der Tat. Einen ersten Erfolg konnten wir in dem Moment verzeichnen, als Howard Baker seine damalige Zeugenaussage gegen Herman zurückzog. Baker hatte bezeugt, dass er Herman am Morgen der Tat mit Blutspuren an T-Shirt und Hose aus Pinie 1 hatte wegrennen sehen, und dass er später beobachtete, wie Herman seine blutigen Kleider in einem Ofen vor der Schilderwerkstatt verbrannte. Jetzt, als Baker auf freiem Fuß war, sagte er einem Ermittler, dass er bei Hermans Verhandlung gelogen habe, um sich selbst zu schützen.

In einer eidesstattlichen Erklärung erläuterte Baker, dass 1972

> das Angola Leben und Tod bedeutete, Menschen wurden gekauft und verkauft – und die Wärter wussten, was dort passierte … Waffen waren allgegenwärtig. Man konnte an einem Abend eine Razzia durchführen, und am folgenden Tag gab es dort so viele Waffen wie zuvor. Ich sah jede Woche vier Messerstechereien, Woche für Woche. Ich wurde angegriffen und erlitt zweiundzwanzig Stichwunden am Kopf und musste die Wunde von einem Mithäftling nähen lassen … Als Miller getötet wurde, rief man mich nicht sofort zum Verhör. Die Gefängnisverwaltung ließ verlauten, dass jeder Häftling an seinen eigenen Vorteil denken sollte, wenn er eine Aussage zum Mord an Miller machte. Für mich war die ganze Sache klar: Ich war über sechzig und bekam die Chance, mir selbst zu helfen – also tat ich etwas, wodurch ich diesem Pfuhl entfliehen konnte. Und so gab ich am 16. Oktober 1972 Gefängnisdirektor Dees eine Erklärung zu Protokoll, die eine Lüge war. Und meine Zeugenaussage, die auf diesem Protokoll fußte, war

> auch eine Lüge. Ich hatte wirklich geglaubt, das würde mir persönlich helfen, denn Dees hatte mir versichert, meine schriftliche Erklärung würde mein Strafmaß verändern ... Dees brauchte unbedingt eine Erklärung für den Mordfall. Wenn sie die beteiligten Typen hätten hängen und verbrennen können, sie hätten es getan. Aber die ganze Sache stand zu sehr im Licht der Öffentlichkeit. Ich hatte gehört, dass Hooks und Woodfox verdächtigt wurden – und zwar, wie es schien, schon fünf Minuten nach Millers Ermordung. Überall im Gefängnis hörte man, dass die Gefängnisleitung die beiden mit der Tat in Zusammenhang brachte. Deshalb gab ich diese Aussage zu Protokoll. Ich war sehr überrascht, dass niemand sie zerpflückte. War doch dumm, zu glauben, dass ein Häftling, der von oben bis unten mit Blut besudelt ist, unbehelligt zur Schilderwerkstatt gehen konnte, gerade an jenem Tag. Und es gab ja dort auch gar keinen Ofen, in dem man die Kleidung hätte verbrennen können. Es gab nur einen Heizofen, mit dem man die Farbe auf den Nummernschildern trocknen konnte. Kleidung konnte man da nicht verbrennen, und Dees wusste das. Und Dees weiß auch, dass man durch zwei Kontrollstellen hindurchmuss, wenn man zur Schilderwerkstatt möchte. Da kam man doch nicht blutverschmiert durch. Ich habe damals niemanden aus Pinie 1 hinausrennen gesehen. Ich war zur Tatzeit gar nicht in der Nähe von Pinie 1. Ich habe gelogen, um zu versuchen, mir selbst zu helfen.

Nach Verabschiedung des *Louisiana Public Records Act* bekam Scott Fleming Zugang zu Materialien, die mir und meinen Verteidigern bei beiden Prozessen absichtlich vorenthalten worden waren, darunter auch die Originalnotizen, die sich die Hilfssheriffs Bill Daniel und Thomas Guerin im Interview mit Gefangenen nach Millers Tod 1972 gemacht hatten. Er bekam auch Zugang zu Julie Cullens Gerichtsprotokollen, zu Unterlagen aus dem Kriminallabor mit Ergebnissen zur Spurensicherung, sowie Dokumente zu Haftbedingungen im Angola und FBI-Akten. Fleming interviewte zusätzlich eine Reihe früherer Häftlinge, er traf Anwälte und Ermittler in New Orleans und Baton Rouge. Er überprüfte das Auswahlverfahren für die Grand Jury und beauftragte Mike Rocks damit, die Akten zum »voir dire« – der Vorabprüfung der Geschworenen bezüglich ihrer Voreingenommenheit oder Befangenheit – durchzusehen. Mike stellte Nachforschungen zu den Kriterien an, nach denen die Grand Jury und ihre Vorsitzenden in West Feliciana Parish ausgesucht wurden. Er schaute sich Rasse und Geschlecht beinahe jedes einzelnen Geschworenen der vergangenen dreißig Jahre an – zwischen 1964 und 1993 –, um zu beweisen, dass das Gefälle zwischen Afroamerikanern und Weißen sehr groß war: Afroamerikanische Geschworene wurden rein willkürlich ausgewählt und ihr Anteil im Verhältnis zu ihrem Prozentsatz an der Gesamtbevölkerung wurde einfach nur geschätzt. Es gab viel häufiger weiße Vorsitzende, die von weißen Richtern mit Bedacht ausgewählt worden waren. Scott analysierte forensische Erkenntnisse, informierte sich über neue Forschungsmethoden zur Untersuchung von Blutflecken, Spuren an Kleidung und Fingerabdrücken – sowohl für das Jahr 1973 als auch 1998. Er gab einem Augenexperten Paul Fobbs Krankenakten zu lesen, damit er sich aufgrund von Fobbs zahlreichen Augenoperationen vor 1972 einen Überblick über dessen Sehkraft verschaffen konnte. Er drehte praktisch jeden Stein einzeln um, damit kein Indiz über meine mangelhafte Verteidigung oder ein Fehlverhalten der Anklage verlorenging. Nur weil Scott Fleming so überaus gründlich arbeitete, konnte ich meinen Fall vor Gericht die folgenden fünfzehn Jahre halten.

In den dreihundertachtundvierzig Interviews, die Guerin und Daniel mit Häftlingen am Tag nach der Ermordung Millers geführt hatten, und die der Staat vor meinen beiden Verhandlungen 1973 und 1998 unter Verschluss gehalten hatte, entdeckte Scott bedeutsame Belege dafür, dass der Ankläger meinen Verteidigern das sogenannte »Brady-Material« hätte aushändigen müssen – es aber nicht getan hatte.

Um 1998 die Offenlegung zu umgehen, hatte Julie Cullen im *In-Camera*-Verfahren, also »hinter verschlossenen Türen«, nur dem Richter allein Einblick die Unterlagen verschafft. Richter Bruce Bennett sagte, er würde »einen Versuch wagen« und die Aufzeichnungen lesen, warnte aber, dass »ich nicht sicher bin, ob ich das, was Sie als entlastendes Material sehen, auch anerkennen kann … und ich lasse mich ungern in die Position eines, … eines Hüters von entlastendem Material drängen … Das ist eine ziemlich unbehagliche Situation, in der ich mich im Moment befinde.« Der Richter erinnerte Cullen daran, dass »… wenn ich etwas übersehe, das eigentlich entlastendes Material ist, dann müssen Sie alle hier damit leben«. Cullen antwortete klar und deutlich: »Ich bin mir dessen vollkommen bewusst, Euer Ehren.« Nachdem also alle Unterlagen »hinter verschlossenen Türen« geprüft worden waren, entschied die Anklage, lediglich die Anmerkungen des Sheriffs zu den Interviews mit mir, Chester Jackson und Gilbert Montegut öffentlich zu machen. Diese Aufzeichnungen füllten eine halbe DIN-A4-Seite.

Durch die anderen dreihundertfünfundvierzig Interviews bekamen wir eine ganze Menge Informationen, die meiner Verteidigung von Nutzen gewesen wären, wichtige Hinweise, die die staatlichen

Ermittler ignoriert hatten, Hinweise, die unsere Verbindung zur Tat vollkommen ausschlossen. Für uns war klar, dass die Gefängnisbeamten und die Hilfssheriffs dermaßen entschlossen waren, Herman und mir die Tat anzuhängen, dass sie alle Beweise auf die wirklichen Täter bewusst und willentlich übersehen hatten. Zwei der befragten Häftlinge hatten damals tatsächlich Blutflecken an ihrer Kleidung – so stand es in den Unterlagen –, und doch war diese Kleidung nie zur weiteren Untersuchung ins Kriminallabor geschickt worden.

Da sie schriftliche Aufzeichnungen hatten, sahen die beiden Hilfssheriffs Daniel und Guerin nie die Notwendigkeit, mit Hezekiah Brown eine Befragung durchzuführen, obwohl er doch der Hauptzeuge war und behauptet hatte, Brent Millers Ermordung mit eigenen Augen verfolgt zu haben. Die beiden befragten auch nur vierzehn der in Pinie 1 untergebrachten Häftlinge. Drei Mal so viele hingegen, nämlich siebenundvierzig Häftlinge, die im Hickory 4, also in meinem Schlafaal, lebten. (Von den weißen Gefangenen aus den Schlafsälen Eiche, die direkt neben Pinie liegen, ließ man insgesamt nur sieben zur Befragung kommen.)

Den Aufzeichnungen der Hilfssheriffs war zu entnehmen, dass ein Gefangener Kratzspuren »hinten links in der Nähe des Schulterblattes« aufwies, was ebenfalls niemals weiter untersucht worden war. (Die forensischen Untersuchungen zeigten, dass Brent Miller Haut- und Blutreste unter seinen Fingernägeln hatte, doch auch die wurden nie überprüft.) Einer Notiz neben dem Namen eines Gefangenen zufolge »hörte dieser am Tag vor der Tat ein Gespräch. G. K. [die Initialen eines Mithäftlings] war in dieses Gespräch involviert.« Neben diese Anmerkung hatte Guerin ein einziges Wort geschrieben: »Verschwörung«. Auch diese Bemerkung wurde von den Ermittlern nie weiterverfolgt.

Als die Hilfssheriffs direkt nach dem Mord Joseph Richey befragten, hatte er ihnen beiden erzählt, er sei an jenem Morgen zum Hickory 4 gegangen und habe einem Häftling namens »Crutches« Zigaretten gegeben. Daniel schrieb: »P-4 [Pinie-4] 72037 [Joseph Richey] ging zum Futtern, dann zu hic-4 und gab Crutches Zigaretten, dann zurück in den Schlafsaal.« Guerin schrieb: »Joseph Richey – Pinie 4 – 72037 – gab Crutches Zigaretten.« Während meiner Verhandlung hatten sowohl Richey als auch Daniel ausgesagt, dass Richey nur diese eine Beobachtung gemacht hatte. Bei der Durchsicht der Akten zur Unterbringung der Häftlinge erfuhr Scott, dass Richey nach seiner ersten Aussage – er habe Crutches Zigaretten gegeben – in einen Zellenblock verlegt worden war. Nach einem Monat Aufenthalt dort machte er eine zweite Aussage, in der er sagte, er habe mich von

Pinie 1 wegrennen sehen. Daraufhin wurde er vom Zellenblock zurück in einen Schlafsaal gebracht. Scott las in den Unterlagen, dass jeder Häftling, der gegen mich ausgesagt hatte, anschließend eine komfortablere Unterkunft bekam. Umgekehrt wurde jeder, der zu meinen Gunsten ausgesagt hatte, in eine Zelle mit strengeren Restriktionen verlegt.

In den Akteneinträgen, die Julie Cullens vor der Hauptverhandlung getätigt hatte, fand Scott noch weitere Beweise dafür, dass sie sehr wohl gewusst hatte, dass Joseph Richey log, als er aussagte, er habe mich nach dem Mord aus Pinie 1 herausrennen sehen: Er sagte ihr, er habe zunächst gar nicht »gehört«, dass mein Name mit der Tat in Verbindung gebracht wurde, sondern hatte erst später zufällig Chester Jacksons Familie von mir sprechen hören. Die entsprechende Akte enthielt Cullens persönliche Anmerkungen, in denen sie das Gespräch mit Richey zusammengefasst hatte. Richey war außerdem unter dem Namen Joseph Bowden bekannt. Cullen schrieb: »Als CJ [Chester Jackson] sich für seine Zeugenaussage bereit machte und JB [James Bowden alias Richey] CJs Familie über den Fall sprechen hörte, realisierte er zum ersten Male, dass AW [Albert Woodfox] mit dem Mordfall in Verbindung gebracht wurde.« Jahre später erzählten zwei von Jacksons Schwestern, sie hätten von Chester erfahren, dass Herman und ich nichts mit dem Mord zu tun gehabt hätten.

Ein weiteres, unglaubliches Beispiel von Willkür und Inkompetenz zeigte sich in einer Gesprächsnotiz von Direktor C. Warden Henderson mit dem FBI: dass nämlich die Spurensicherung in der Nähe des Tatortes »ein Paar blutige Turnschuhe« gefunden hatte. Kein Gefängnisbeamter hatte es für nötig befunden, diese ins Kriminallabor zu geben; die Blutspuren auf den Schuhen wurden nie untersucht, die Schuhe waren auch niemals als Beweismaterial in meinem oder in Hermans Prozess vorgelegt worden. Und doch musste der Direktor zu einem gewissen Zeitpunkt geglaubt haben, dass sie eine Schlüsselrolle in Millers Mordfall gespielt haben könnten, denn die Hilfssheriffs waren angewiesen, eine Zeit lang alle Häftlinge nach ihrer Schuhgröße zu fragen.

Am Mordtag trug ich ein graues Sweatshirt, Jeans und Gummistiefel. Die Ankläger hatten immer behauptet, ich hätte eine grüne Militärjacke, Jeans und ein Paar braune Schuhe getragen, die Bill Daniel angeblich am Mordtag beschlagnahmt hatte. Aus den Dokumenten des Kriminallabors erfuhr Scott, dass diese Kleider aber erst eine Woche später im Labor abgeliefert wurden, eine Woche nachdem alle anderen Beweismittel schon zusammengetragen und analysiert worden waren.

Keines der anderen Beweismittel war meinen Verteidigern zugänglich gemacht worden. Wir hatten nie eine Möglichkeit, eigene Nachforschungen damit anzustellen. Keine Jury hatte diese Beweise je gesehen. Wir hatten keine Chance, die Hinweise zu verfolgen, die möglicherweise Licht auf das Tatgeschehen geworfen hätten. In unseren Augen war das ein klares Fehlverhalten der Staatsanwaltschaft. Doch Julie Cullen kam ungeschoren davon, wie eben alle Ankläger davonkommen. Es gibt keine Kontrolle über die Staatsanwaltschaft in diesem Land, keine Kontrolle über rücksichtslose und unverantwortliche Beamte – denen es nicht um Gerechtigkeit oder Wahrheit geht, sondern nur um ihre eigene Karriere und ihren Sieg –, die Dinge tun, die weitreichende und unumkehrbare Konsequenzen für das Leben von Menschen haben.

In unserem Gesuch auf eine Wiederaufnahme des Verfahrens wies Scott darauf hin, was die Aktennotizen der Hilfssheriffs alles nicht enthielten: die Namen der Polizisten, die bei der Beweisaufnahme dabei waren; die Namen der Polizisten, die das Beweismaterial gefunden hatten; Fotos des noch unberührten Tatortes (Gefängnispersonal hatte Millers Leiche zur Seite gezogen, noch bevor die ersten Polizeibeamten eintrafen); eine vollständige Auflistung des aufgenommenen Beweismaterials; oder Fotos und Notizen, die die Orte der gefundenen Fingerabdrücke beschrieben.

Zusätzlich zu den Brady-Materialien stellte Scott eine Liste von mehr als zweiundzwanzig Punkten auf, bei denen er mangelhafte Verteidigung feststellte: dass meine Anwälte Bert Garraway und Clay Calhoun keine Experten für ihre Ermittlungen hinzugezogen hatten, die fehlerhaften Blutanalysen nicht beanstandeten, Julie Cullen bei der Befragung Leonard Turners im Zeugenstand ohne Einmischung walten ließen; die Anwälte hatten grobe Fehler gemacht, als sie zum Beispiel dem Ankläger in meinem ersten Prozess 1973 gestatteten, eine Aussage zu Hezekiah Browns Glaubwürdigkeit und Verhalten zu machen; sie hatten die Blutspuren und die blutigen Fingerabdrücke am Tatort nicht untersucht und auch nicht angemerkt, dass objektive Beweise unwiederbringlich verloren gegangen waren.

Scott stützte sich in meinem neuen Prozess auch auf die Zusammensetzung der Jury in der Verhandlung von 1973. Er sprach die von Mike Rocks aufgedeckten Missstände an, wie zum Beispiel das *voir dire*: Keiner der Geschworenen wurde vorab zu seiner Einstellung gegenüber anderen Rassen und besonders gegenüber Schwarzen befragt. Um eine unvoreingenommene Jury zu stellen, wäre dies ein absolutes Muss gewesen, insbesondere deshalb, weil von Anfang an klar war, dass meine Hautfarbe und meine Mitgliedschaft in der Black Panther Party zur Sprache kommen würden. Er brachte Themen auf den Tisch, wie zum Beispiel die Verfassungsmäßigkeit bei der Zusammensetzung meiner Grand Jury und deren Vorsitz. Er stellte fest, dass es in West Feliciana Parish zur Gewohnheit geworden war, dass der Richter den Vorsitzenden oder die Vorsitzende persönlich bestimmte, anstatt der zufälligen Auswahl zu vertrauen.

Leonard Turner gab dem Ermittler Gary Eldredge eine eidesstattliche Erklärung ab, dass er zwar gesagt habe, er hätte nichts gesehen am Morgen der Tat, er sich zur Tatzeit aber in Pinie 1 aufgehalten habe. Er sagte, Herman, Gilbert und ich hätten den Mord nicht begangen, sagte aber nicht, wer es war. Turner sagte unter Eid aus:

> 1972, in dem Jahr, in dem Mr. Miller getötet wurde, war ich als Häftling im Pinie 1 Schlafsaal des Angola-Gefängnisses untergebracht. An jenem Morgen war ich gerade dabei, den Eingangsbereich sauber zu machen, so wie jeden Tag. Mr. Miller war drinnen im Schlafsaal und redete mit Hezekiah. Ich putzte weiter und zwei weitere Männer aus einem anderen Schlafraum kamen herein. Ich sagte ihnen: »Ey, Leute, da ist die Polizei drinnen.« »Wissen wir«, antwortete einer der beiden. Die zwei gingen zu Miller und Hezekiah hinein. Dann kam noch ein dritter dazu. Er ging direkt zu Mr. Miller (der uns seinen Rücken zugedreht hatte). Dieser dritte packte Miller von hinten, legte ihm einen Arm um den Hals und stach mit einem Messer in der freien Hand auf ihn ein. Sofort kamen die anderen beiden hinzu … auch sie hatten Messer in der Hand und stachen zu. Ich haute ab. Ich kenne Hooks Wallace, Albert Woodfox und Gilbert Montegut. Keiner von ihnen war zu der Zeit im Schlafsaal oder in der Nähe. Ich habe genau gesehen, was passiert ist, und ich bin mir absolut sicher, dass keiner dieser drei etwas mit dem Mord zu tun hat.

Ermittler Eldredge befragte eine Reihe von Zeugen und trug Indizien zusammen. Scott Fleming und meine Anwälte Mike, Nick und Susana arbeiteten wochenlang täglich viele Stunden, um unsere Nachforschungen auszuwerten und damit den Berufungsantrag festzuklopfen. Teil davon war auch Scotts Zusammenfassung der widersprüchlichen Zeugenaussagen gegen mich. Scott schrieb:

> Im vorliegenden Fall hat der Staat in dreister Art und Weise nicht weniger als vier absolut unvereinbare Theorien zum Mord an Brent Miller vorgelegt. Hezekiah Brown sagte aus, Albert Woodfox, Herman Wallace, Chester Jackson und Gilbert Montegut hätten den Mord begangen. Chester Jackson sagte, er selbst sei es gewesen, zusammen mit Albert Woodfox und Herman Wallace. Paul Fobb erklärte, er

habe Albert Woodfox allein dort »gesehen«. Howard Baker behauptete, es waren Herman Wallace und »Pedro«. Dass der Staat so viele widersprüchliche Theorien des Tatvorgangs präsentiert hat, ist ein deutliches Zeichen von Unredlichkeit. Selbst ohne das Hintergrundwissen – die schäbigen Methoden, mit denen der Staat sein Zeugnis gegen Mr. Woodfox absichert – ist es offensichtlich, dass die Kronzeugen gelogen haben mussten; all diese unvereinbaren Aussagen konnten doch gar nicht der Wahrheit entsprechen …

Brown und Jackson haben beide behauptet, Brent Millers Ermordung mit eigenen Augen gesehen zu haben. Brown sagte aus, dass er und Miller allein in Pinie 1 gewesen waren, als vier Männer, jeder mit einem Messer bewaffnet, hereinkamen und Miller erstochen hätten. Jackson hingegen behauptete, dass drei Männer mit nur zwei Messern Pinie 1 betraten, wo sie Brown, Miller, Specs [Leonard Turner] und »fünf oder sechs« andere Männer getroffen hätten. Jackson war nicht in der Lage, zu sagen, ob die fünf oder sechs Männer hinten im Raum an der Tat beteiligt gewesen waren. Brown war sich sicher, dass der Angriff begann, als Woodfox Miller in den Rücken stach. Jackson war sich aber genauso sicher, dass Mr. Woodfox Miller in die Brust stach. Brown gab an, Miller habe auf dem Bett gesessen und in den Raum hineingeschaut, Jackson sagte, Miller habe nach vorne Richtung Tür geblickt (was die Frage aufwirft: Wie konnte Mr. Woodfox Miller überhaupt überraschen, wenn er den Raum mit einem Tuch über seinem Gesicht betreten und ihn von hinten angegriffen hatte?). Brown bezeugte, dass die ganze Aktion nur ein oder zwei Minuten gedauert habe und dass Miller augenblicklich außer Gefecht gesetzt worden und zu Boden gestürzt sei (in seiner zweiten Version auch zu Boden gerissen). Jackson auf der anderen Seite sagte aus, dass der Angriff länger als zehn Minuten gedauert und Miller bis zum letzten Moment auf seinen beiden Füßen gestanden habe. Richey behauptete, die Männer seien schon »zwei bis drei Minuten« nach ihrem Eintreten aus Pinie 1 wieder herausgerannt. Wie lange es auch immer gewesen sein mag, Paul Fobb erklärte, er habe draußen gestanden »regungslos vor Schock« und darauf »gewartet«, dass Mr. Woodfox den Raum verließe. Brown gab an, er habe sich vor Angst an die Wand gekauert, bis Miller tot war und die Angreifer verschwunden waren, anschließend sei er aus dem Gebäude hinausgerannt. Jackson sagte, dass Specs – von Brown nie erwähnt – und Brown zusammen aus Pinie 1 herausstürmten, während drinnen die Messerstecherei weiterging.

Joseph Richeys und Paul Fobbs Berichte begannen dort, wo Browns Aussage zu Ende ging: in dem Moment, in dem sie die Angreifer herausrennen sahen. Richey bezeugte, dass er Mr. Wallace zusammen mit Woodfox, Jackson, Montegut, Brown und Specs eilig Pinie 1

> verlassen sah. In seiner Prozessaussage liefen alle sechs Männer den Gang entlang Richtung Speisesaal. Richey hatte allerdings in seiner ersten Aussage behauptet, Woodfox sei in die entgegengesetzte Richtung gelaufen, und zwar zu den Hickory-Schlafsälen, während nur Brown und Jackson Richtung Speisesaal unterwegs gewesen seien. In seiner protokollierten Zeugenaussage hatte Richey vergessen, wohin Mr. Wallace und Specs liefen (obwohl er sich dann knapp zwei Jahre später doch wieder daran erinnern konnte). Fobb hingegen sah nur Mr. Woodfox allein und niemanden sonst.
>
> Bemerkenswert ist die Tatsache, dass die Zeugen der Anklage – die ihren eigenen Angaben zufolge nach dem Mord nur wenige Meter voneinander entfernt gestanden haben wollen – sich gegenseitig gar nicht gesehen haben. Richey sagte, er habe Fobb nicht gesehen. Fobb hatte Richey nicht gesehen (obwohl er behauptete, dass Mr. Woodfox einen Lappen nach Richey geworfen habe). Brown hatte weder Baker noch Richey noch Fobb gesehen. Jackson hatte weder Baker noch Richey noch Fobb gesehen. Fobb sagte, er habe niemand anderen »gesehen«. Jeder Einzelne von ihnen sagte also, dass niemand anderes am Tatort war. Und doch wollten all diese Kronzeugen uns glauben machen, dass sie alle in Pinie 1 oder wenigstens ganz in der Nähe waren, als Miller ermordet wurde … Mein Fall wurde zu einem »swearing contest« zwischen zehn Häftlingen der Verteidigung (Woodfox, Wallace und Montegut) und dreien der Anklage.

Viele Jahre später erfuhren wir von weiteren Vorfällen, die als Fehlverhalten der Anklage gelten. Meine Anwälte waren zum Beispiel nie darüber informiert worden, dass Joseph Richey in den 1960er-Jahren an Schizophrenie litt und das Medikament Thorazine sowie weitere Antipsychotika einnahm, als er in meinen beiden Verhandlungen seine Zeugenaussagen machte. Dies legte er erst 2008 in einer eidesstattlichen Erklärung offen. Richey hatte vor meinem Prozess 1998 der Anklägerin Julie Cullen gestanden, dass er Antipsychotika nehme. Sie forderte ihn auf, seine Medikamente mit zur Verhandlung zu bringen, doch meinen Anwälten hatte sie nie davon erzählt. Als wir 2008 davon erfuhren, war es natürlich zu spät, diese Information noch in meinen Prozess einzubringen. Wie gewöhnlich konnten wir nichts dagegen tun: Es gibt keine Rechtshilfe für Opfer von Fehlverhalten der Staatsanwaltschaft, auch wenn die Verantwortlichen massiv ihre Berufsregeln verletzen.

Kapitel 42
King verlässt den Bauch der Bestie

Im Dezember 2000 bekamen wir die unglaubliche Nachricht, dass King ein neuer Prozess vor einem aus drei Richtern bestehenden Gremium des U.S. Court of Appeals for the Fifth Circuit (Bundesberufungsgericht) gewährt wurde. Grund dafür war der von seinem Anwalt Chris Aberle aus Mandeville eingereichte Habeas-Corpus-Antrag (ein Antrag auf Haftprüfung). Chris hatte sich einige Zeit lang mit Kings Fall beschäftigt und war dann in den frühen 1990er-Jahren Kings Vertreter am U.S. Court of Appeals for the Fifth Circuit gewesen. Aberle hatte für King den Berufungsantrag geschrieben, nachdem der Federal District Court seinen Habeas-Corpus-Antrag abgelehnt hatte. Nach Ablehnung der Berufung, bot Chris King an, ihm zu helfen, ans Bundesgericht zu gehen. King hatte Chris' zweites Habeas-Corpus-Gesuch immer als »Kunstwerk« bezeichnet. Seine Anhörung in jenem Dezember wurde von Dutzenden Angola-3-Sympathisanten besucht. Das Gericht sagte King Hafterleichterungen zu, weil seine offensichtliche Unschuld bewiesen und in seinem vorangegangenen Prozess Verfassungsbruch begangen worden war.

Nun stand der Staat mit dem Rücken zur Wand. Sie hatten keine Möglichkeit, King für den Mord an August Kelly zum zweiten Male zu verurteilen. Der tatsächliche Mörder hatte gestanden, dass er allein die Tat begangen hatte. Es war nirgendwo objektives Beweismaterial aufgetaucht, das King mit dem Mord in Verbindung brachte, außerdem hatte der Kronzeuge, der 1973 gegen ihn ausgesagt hatte, Ende der 1980er-Jahre seine Zeugenaussage aus dem ersten Prozess widerrufen und zugegeben, er habe im Zeugenstand gelogen, weil die Behörden ihm sonst Konsequenzen angedroht hätten. Der Staat bot King einen Deal an. Wenn er sich »der Beihilfe zu einer Straftat« für schuldig erklärte, begrenze sich das Urteil auf die bereits in Haft verbüßte Zeit und er könne das Angola sofort verlassen. King wollte aber kein Geständnis machen. Er wollte nicht durch eine Lüge freikommen. Er wollte in einem fairen Prozess freigesprochen werden. Da wir aber alle gerade erlebt hatten, wie grauenhaft mein Prozess abgelaufen war, bedrängten Herman und ich ihn, das Angebot anzunehmen, um rauszukommen – und nach Hause zu gehen. Er wollte uns nicht zurücklassen. Er wollte nicht, dass wir in Unterzahl waren. Ich weiß, dass ich persönlich ganz genauso gefühlt hätte, aber ich wollte trotzdem, dass er ginge. »Ey, Mann, du muss nach Hause gehen«, drängte ich ihn, »wenn einer von uns frei ist, sind wir alle frei.« King dachte über meine Worte nach. Schließlich teilte er uns mit, er wolle das Geständnis machen.

Als er an dem Tag, an dem er freikommen sollte – am 8. Februar 2001 – den Gerichtssaal betrat, erfuhr er, dass der Staat seinen Deal geändert hatte. Nun hieß das Geständnis: »Verschwörung zum Mord.« Ich bin fest davon überzeugt, dass sie ihn mit dem ersten, weniger weitreichenden Geständnis einfach in den Gerichtssaal locken wollten, um ihm dann das neue, ursprünglich geplante Geständnis abzufordern. Dies war ein wohlüberlegter und hinterhältiger Trick – in einem Moment, in dem seine Familie und Freunde draußen warteten, um ihn nach Hause zu holen. Er hatte den ersten Gewissenskonflikt gerade für sich durchlebt und entschieden. Doch jetzt war es wieder eine neue Lüge. Er war nicht schuldig. Letztendlich zog King dann doch die Freiheit der Gerechtigkeit vor. Er stand vor der Verteidigerbank und wurde aufgefordert, seine rechte Hand zum Eid zu heben. King hob seine linke Hand. Er machte das Geständnis. Anschließend brachte man ihn zurück ins Angola, damit er den Papierkram für seine Freilassung erledigen und seine Habseligkeiten zusammenpacken konnte. Herman war auf demselben Stock untergebracht und die beiden verabschiedeten sich voneinander. Der diensthabende Sergeant erlaubte ihm auch, sich von mir zu verabschieden. Wir beide hatten siebzehn Jahre zusammen auf einem Stock verbracht. Er hat mir in allen Belangen immer sicheren Halt gegeben. Die meisten Typen hier im Angola redeten nur über das, was im Gefängnis vorging; sie konnten nicht über den Tellerrand hinausblicken, hatten keinerlei Perspektive oder Interesse für das Draußen. King und ich führten weitläufige Gespräche über Philosophie und das Leben an sich, über unsere politischen Ansichten, Geschehnisse in der Welt, Bücher, die wir gelesen hatten, neue Verordnungen des Supreme Court, Präsidentschaftswahlen und auch über Sport. Wir kannten unsere gegenseitigen Schwächen und Stärken, unsere Gewohnheiten und Launen. Als er an meine Zellentür kam, um sich zu verabschieden, umarmten wir uns – durch die Stäbe.

Wenn King ein ganz neues Leben begonnen und niemals zurückgeblickt hätte – so wie er es verdiente –, wären Herman und ich darüber sehr glücklich gewesen. Aber es kam anders: Er traf sich mit unserer Unterstützer-Gruppe an der Basis und plante mit ihnen die nächsten Aktionen. Er reiste mit der früheren Panther-Aktivistin Althea Francois von einer Universität zur anderen, um Vorträge über uns und Plädoyers gegen die Isolationshaft zu halten. Zusammen mit einer zweiten Panther-Aktivistin, Marion Brown, plante er eine Vortragsreise nach Europa. Nach neunundzwanzig Jahren Isolation,

23 Stunden am Tag, hatte er es innerhalb von nur drei Monaten geschafft, in New York City beim Black Panther-Filmfestival unsere Geschichte zu erzählen. Kurz danach war er zurück vor den Toren des Angola-Gefängnisses, dieses Mal mit einem Megaphon in der Hand und einem Haufen Unterstützer um ihn herum. Er protestierte lautstark gegen die Einzelhaft und gegen die Ungerechtigkeiten, denen Herman und ich ausgeliefert waren.

Am 28. Juni 2001 machte Scott Fleming vor Kommissarin Rachel Morgan vom 19. Judicial District Court East Baton Rouge Hermans PCRA-Antrag geltend. Im Bundesstaat Louisiana können Einsprüche einem Kommissar oder einer Kommissarin vorgelegt werden, die den Fall analysieren und einen Vorabbericht anfertigen, bevor er dem Richter unterbreitet wird. King hatte zwei Busladungen von Sympathisanten dabei. Er hielt auf den Treppenstufen des Gerichtsgebäudes eine Pressekonferenz ab, in der er den Reportern erklärte, mit welchen Taktiken der Staat Beweise zurückhielt, die Hermans Unschuld hätten offenlegen können. Die Kommissarin empfahl Herman einen Antrag auf eine Beweisanhörung zu stellen, um die unter Verschluss gehaltenen, entlastenden Beweismaterialien aus meinem letzten Verfahren ans Licht zu bringen: die Tatsache, dass Hezekiah Brown für seine Zeugenaussage geschmiert worden war, und vieles andere. Herman sollte Jahre auf diese Anhörung warten müssen.

In jenem ersten Sommer in Freiheit begann King auch Großbestellungen für seine im Gefängnis perfektionierte Schoko-Süßigkeit anzunehmen. Das erwirtschaftete Geld nutzte er für Angola-3-Kampagnen und für seine Reisekosten. Er gab den Schokostückchen den Namen *Freelines*. Einer seiner Freunde schenkte ihm große Kochtöpfe, ein anderer dachte sich eine Aufschrift für die Verpackung mit der Botschaft FREE THE ANGOLA 3 aus.

King verbrachte die nächsten fünfzehn Jahre in Gerichtssälen, auf Pressekonferenzen, auf den Stufen des Capitols, bei Anhörungen, in Hörsälen, auf Demos und Protestmärschen, in Buchläden, bei Radiosendern, in Universitäten und im britischen Parlament. Überall erzählte er von mir und Herman, verdammte die qualvolle Isolationshaft und kämpfte für ein friedvolles Zusammenleben. »Ich bin frei vom Angola«, so sagte er häufig, »aber Angola wird nie frei von mir sein.« Wo immer King auftrat, wuchs die Unterstützung für uns: die Leute interessierten sich. Bei jedem seiner Auftritte kamen Menschen auf ihn zu, die sich Sorgen um ihre eigene Familie oder Freunde in Isolationshaft machten. Und für jeden Einzelnen nahm er sich Zeit zum Reden. Er nahm die Sorgen und den Kampf jeder Familie und jedes Gefangenen in sich auf, gerade so, als ob es sein eigener Kampf wäre. King hatte immer gesagt, dass das Gefängnis wie ein Tunnel sei und die Freiheit wie ein Licht am Ende des Tunnels. Doch als er dann draußen war, erklärte er mir, jetzt wäre er wieder in einem Tunnel, einem neuen Tunnel mit einem neuen Licht in der Ferne. »Ich glaube, dieser Kampf hört niemals auf«, sagte er den Reportern. »Ehrlich, er beginnt immer wieder aufs Neue.«

Kapitel 43
Folter in Camp J

Im März 2002 bestimmte die US-Friedensrichterin Docia Dalby, dass unsere Zivilklage gegen »grausame und ungewöhnliche Strafen« einen Schritt nach vorn gebracht werden könne. »Angesichts der natürlichen, zeitlichen Beschränkung des menschlichen Lebens, und ganz besonders eines Lebens im Gefängnis, kann man sich eine atypischere oder außerordentlichere Haftvollstreckung nur schwer vorstellen«, schrieb sie. »Dreißig Jahre in Isolationshaft«, so fuhr sie fort, »überschreitet alle Grenzen.«

Die Vergeltungsmaßnahmen und Schikanen gegen uns begannen augenblicklich. Die Gefängnisbeamten hatten Herman im Visier. Ein Razzia-Team stand eines frühen Morgens vor seiner Zellentür. Sie fanden nichts an Schmuggelware. Eine neue Mannschaft stand abends um acht erneut vor der Tür, durchsuchte alles noch einmal, doch auch sie fanden nichts. Am folgenden Tag, als Herman gerade draußen auf dem Hof war, gab es noch eine Razzia in seiner Zelle: die dritte in zwei Tagen. Dieses Mal »fand« ein Wärter einen selbstgemachten Handschellenschlüssel, den wir einen »shim« (Metallkeil) nennen. Herman kam sofort in den Kerker. Vier Tage später wurde er vor den Disziplinarausschuss geladen. Er wies die Behauptung zurück, er habe einen »shim«, und fragte, ob er für einen Lügendetektor bezahlen könne, um seine Unschuld zu beweisen. Sie verweigerten ihm solch einen Test und verurteilten ihn zur Haft in Camp J, wo er das sechsmonatige Programm zu durchlaufen hatte. Zuvor allerdings bekam er dreißig Tage Kerkerhaft.

Aus dem Kerker von Camp J schrieb er mir, dass die Vollzugsbeamten anscheinend mit voller Absicht psychisch kranke Häftlinge bei ihm einquartierten, die sie aus ihrer normalen Unterkunft – der *Treatment Unit* (TU) – herausholten. Diese Häftlinge, so beschrieb er es mir, »schrien, brüllten und führten Tag und Nacht Selbstgespräche. Und wenn einer ruhig wurde, fing der nächste gleich wieder an. »Es schien, als ob sie in verschiedenen Schichten tätig waren, um den Krach nicht abebben zu lassen.« Herman schrieb dem Direktor von Camp J, dass er befürchte, der psychische Gesundheitszustand der sowieso schon kranken Häftlinge würde sich durch die Kerkerbedingungen noch verschlechtern. Er schrieb den Unterstützern draußen, sie könnten sich möglicherweise telefonisch bei der Gefängnisleitung beschweren. Schließlich konnte er uns erleichtert mitteilen, dass der führende Psychologe im Angola endlich ein Machtwort gesprochen habe und die psychisch kranken Häftlinge in ihre normalen Unterkünfte in der TU zurückgebracht würden.

Nach dreißig Tagen Kerker begann Herman mit der Stufe 1 im Camp J. Er bekam nicht genug zu essen, hatte aber keine Möglichkeit, sich etwas zu kaufen, denn nur die Camp J Häftlinge von Stufe 3 durften sich in der Kantine etwas besorgen. Nach dreißig Tagen auf Stufe 1 sollte Herman eigentlich auf Stufe 2 vorrücken, doch aus irgendeinem Grund wurde er für weitere dreißig Tage auf Stufe 1 festgehalten. Ich hasste es, dass sie Herman so brutal verfolgten anstatt mich. Wir waren uns sicher, dass der Grund, warum sie uns nicht beide gleichzeitig schikanierten, der war, dass sie ihre Strategie nicht offenlegen wollten. In ihrem Kopf hatten sie sich ein Konzept des Leugnens zurechtgelegt. Sie wussten auch, dass ich wusste, was in Camp J vor sich ging und sie wussten, dass es mich beschäftigte.

In jenem Frühling traf Scott Fleming in Kalifornien die Menschenrechtsaktivistin und Gründerin des Body Shops, Anita Roddick. Auch ihr erzählte er von uns. Sie konnte nicht glauben, dass wir wirklich dreißig Jahre in Isolationshaft saßen und schrieb augenblicklich über uns in ihrem Blog: »Kein größeres Medienorgan hat bis jetzt Interesse gezeigt. Hiermit rufe ich nun alle Medien auf: erzählt die Geschichte der *Angola Three*. Die Wahrheit kann ihnen möglicherweise zur Freiheit verhelfen.« Zu meiner großen Überraschung bat sie mich in einem Brief darum, auf meine Besucherliste gesetzt zu werden. Im August 2002 kam sie zu einem Kontaktbesuch.

Es gibt nur sehr wenige Menschen, die mich wirklich überraschen. Aber einen Menschen wie Anita hatte ich noch nie zuvor in meinem Leben getroffen. Eine höchst erfolgreiche, weltbekannte Business-Mogulin, Gründerin eines Weltkonzerns und Menschenrechtsaktivistin besuchte mich im Hochsicherheitstrakt von Louisiana – und sie hätte nicht lockerer sein können. Sie war intelligent, lustig und alles andere als ehrfürchtig, sodass ich mich in ihrer Gesellschaft sehr wohl fühlte. Sie war auch bescheiden, was mich sehr beeindruckte. Ihre Leidenschaft und ihr Enthusiasmus für die Menschen und die Menschenrechte und die Rechte von Gefangenen waren enorm. Sie hatte ein umfassendes Wissen über soziale Gerechtigkeit; sie war offen und ehrlich. Wir redeten über alles, kompromisslos. Sie fragte mich, einen Mann, der über drei Jahrzehnte lang in Einzelhaft saß, ob ich Sex vermisse. Ich sagte ihr, Ja. Sie brachte mich zum Lachen. Als wir nach diesem ersten Kennenlernen aufstanden, um uns zu verabschieden, umarmten wir uns, und sie schenkte mir ein strahlendes Lächeln. »Ich überlege gerade, was für eine bombastische Party wir haben werden, wenn ihr beide, du und Herman, hier rauskommt«, sagte sie.

Im September schrieb sie über unser Treffen einen Bericht für *Counterpunch.org*:

> Ich weiß jetzt schon, was die Leute mich fragen werden, wenn sie hören, dass ich mich der Angelegenheit der Angola Three angenommen habe: Warum gerade ich, warum gerade jetzt, warum 12 000 Meilen um die Welt fahren, um in diesem abgelegenen Gefängnis diesen Fall aufnehmen? Ich erinnere mich dabei an ein Zitat, das ich vor vielen Jahren an der Wand einer Bank in Indien gelesen habe. Es stammt von Ghandi: »*Wann immer du Zweifel hegst oder dein inneres Selbst dich überwältigt, dann mache folgenden Versuch: Stell dir das Gesicht des ärmsten und schwächsten Menschen vor, den du je in deinem Leben gesehen hast, und dann frage dich selbst, ob der Schritt, den du gerade in Erwägung ziehst, für diesen Menschen irgendeinen Nutzen hätte.*«
>
> Albert Woodfox ist nicht schwach, in keiner Beziehung. Doch für ihn, und in gleicher Weise für seine Kameraden Herman Wallace und Robert [King], lohnt sich jede meiner Anstrengungen und die Anstrengung jedes Einzelnen von euch, der wie ich Ungerechtigkeiten da bekämpfen möchte, wo sie ihm begegnen.

Anitas Mann, Gordon, bat Herman ebenfalls, ihn auf die Besucherliste zu setzen, und auch er besuchte Herman in Camp J. Bei ihrem nächsten Besuch erzählte Anita mir, wir brauchten uns keine Sorgen mehr darüber zu machen, wie wir das Geld für unsere Anwälte zusammenbekämen. Unsere Unterstützergruppe, die durch unzählige Kuchenbasare versucht hatte, Geld für uns aufzutreiben, konnte sich von nun an auf Werbekampagnen und politische Aktionen konzentrieren. Anita besuchte mich anschließend noch viele Male und brachte ab und zu ihre Kollegin, die Journalistin Brooke Shelby Biggs, mit, die Herman auf seine Besucherliste schrieb; wenn Herman nicht in Camp J war, konnten wir ein Treffen mit allen zusammen organisieren. Anita und Gordon Roddick veränderten unser Leben. Sie machten mächtig Wirbel um unseren Fall. Als trotz unablässiger Bitten an die Mainstream-Presse unsere Geschichte nicht veröffentlicht wurde, wandte sich Anita an die großen Zeitschriften im Land und schaltete kostenpflichtige Anzeigen. Sie schrieb über uns in ihrem Blog und gab Interviews und erzählte in der BBC und in der britischen Presse über die Gräuel der Isolationshaft. In Großbritannien waren die Medien dem Thema gegenüber aufgeschlossener als die Mainstream-Presse in den USA. Anita erzählte unsere Geschichte überall, wohin sie auch ging.

Am 2. Oktober 2002 stellte Scott meinen Antrag auf ein Wiederaufnahmeverfahren. Es steckte so viel Arbeit in diesem Antrag. Ich fragte mich, wie ich Scott jemals dafür danken könnte. So viel Zeit und Engagement, so viele persönliche Opfer, um an diesen Punkt zu gelangen. Ungefähr eine Woche später schickte ein Freund Herman und mir das Programm für das fünfunddreißigjährige Jubiläum der Black Panther Party ins Gefängnis. Ich bekam eine Nachricht von der Poststelle, in der mir mitgeteilt wurde, dass ich die Post nicht ausgehändigt bekäme, weil sie mit der »Gang« zu tun habe. Sie schrieben, die Post würde an den Absender zurückgeschickt. Herman bekam das Programm in seine Zelle in Camp J zugestellt. Kurz darauf erschien jedoch ein Wärter bei ihm und konfiszierte es wieder. Herman schrieb augenblicklich einen Brief an den Direktor und bat um Auskunft über das Konfiszieren von Briefen. Er bekam nie eine Antwort. Am folgenden Tag kamen einige Leutnants zu seiner Zellentür und forderten ihn auf, all seine persönlichen Sachen zusammenzupacken. Da gerade seine sechs Monate in Camp J abgelaufen waren, dachte er, sie brächten ihn zurück in die CCR. Stattdessen aber eskortierten sie ihn ins Cuda, das Camp J-Gebäude, in dem sich der Kerker befand. Im Eingangsbereich fand er all seine Sachen auf den Boden geschmissen wieder, wild durcheinander. Als die Beamten ihn hindurchführten, machten sie sich einen Spaß daraus, seine Besitztümer zu malträtieren: Sie stapften durch die Fotos, die auf der Erde lagen und kickten seine Hygienesachen quer durch den Raum – all dies um »aggressives Verhalten zu provozieren«, so schrieb er einem Freund. »Ich schaffte es aber, mir auf die Zunge zu beißen, und fragte nur, warum ich in den Kerker käme. Sie antworteten, das würde ich früher oder später schon selbst herausfinden.« Am 28. Oktober, nach siebzehn Tagen im Kerker, wurde Herman vor das Disziplinargericht geladen und erfuhr, dass sein Verbrechen der Besitz »rassistischen Gang-Materials« war – das Programm zum fünfunddreißigjährigen Panther-Jubiläum! Das Urteil lautete: drei Monate in Stufe 2, neunzig Tage zur Bewährung ausgesetzt, um seine Zeit dort zu verlängern, dazu dreißig Tage Einzelhaft. »Das ist psychische Folter«, schrieb Herman, »wenn du jemandem Privilegien einräumst und sie kurz danach wieder zurückschneidest. Sie wollen dich erniedrigen. Ihre Macht demonstrieren.« Sie steckten Herman in eine Zelle, in der 24 Stunden lang Kameras auf ihn gerichtet waren.

Zwei Wochen später, als Herman wieder zurück in der normalen Camp J Zelle war, öffnete sich um 6.20 Uhr seine Tür und es hieß, er solle ans Eingangstor seiner Etage kommen. Er wurde in die Dusche eingeschlossen, während seine Zelle wieder einmal auf den Kopf gestellt wurde. Dann holten ihn aus der Dusche raus und steckten ihn erneut in den Kerker.

Nach zwei Tagen benachrichtigte der Gefängnisdirektor ihn, man habe bei der Durchsuchung einen Schraubenzieher und einen »shim« gefunden. Wieder einmal hieß es für ihn: Stufe 1. »Meine Gefängnislaufbahn ist exemplarisch«, schrieb Herman einem Unterstützer. »Niemals zuvor wurde ich beschuldigt, einen Handschellen-Schlüssel, ein Metallstück oder ein Messer in meiner Zelle zu haben, nie … aber jetzt, wo ich einundsechzig bin, werde ich angeklagt, geschmuggelte Sachen zu besitzen.« Wöchentlich wurde zu jener Zeit seine Zelle auf den Kopf gestellt, schrieb er entrüstet. »Was für einen Sinn hätte es denn eigentlich gehabt, solch gefährliche Dinge in meine Zelle zu schmuggeln, wo ich doch wusste, dass es mir schaden würde?«

Herman begann, die Erfahrungen seiner Mithäftlinge aus dem Camp J-Kerker aufzuzeichnen und versprach denen, die bereit waren, ihm ihre Geschichten zu erzählen, sie für die Menschen außerhalb der Gefängnismauern öffentlich zu machen. Ein Gefangener erzählte ihm, er wäre dreizehn Tage lang an Händen und Füßen an seine Pritsche gefesselt gewesen. Ein anderer sollte drei Mal zwei Dollar zahlen für die Ladung Pfefferspray, die man ihm verpasst hatte. Ein Häftling war, während er einen Brief an seine Mutter schrieb, von einem Wärter aufgefordert worden, sein Tuch abzunehmen, das er zum Gebet regelmäßig auf dem Kopf trug. Als er es nicht augenblicklich abzog, gab es eine Ladung Tränengas für ihn. Er stürzte zu Boden und bekam einen Krampfanfall. Als er wieder zu sich kam, setzte es Schläge, weil er nicht auf Befehl aufgestanden war – er hatte das Bewusstsein verloren. Ein anderer erzählte Herman, er habe einmal das Gefühl in seinen Armen verloren, nachdem über Monate zwangsweise seine Hände hinter seinem Körper gefesselt worden waren, wenn er die Zelle verließ. Ein Gefangener berichtete, er sei an einen Punkt gekommen, an dem er Angst hatte, sich selbst zu verletzen. Als er die Gefängnisleitung um Hilfe bat, kamen sie mit Gas. Er schrieb Herman dazu: »Sie verweigern mir mentale und medizinische Hilfe, deswegen muss ich mich ritzen, um ihre Aufmerksamkeit zu erregen.« In jener Nacht drehte der Gefangene eine Glühbirne aus seiner Lampe heraus, zerbrach sie und fügte sich selbst Schnittwunden zu. »Ich pack's nicht mehr – is' vorbei«, schrieb er an Herman. Er wurde ins Krankenhaus gebracht, seine Wunden wurden genäht und er kam zurück in seine Zelle. Am folgenden Tag beorderte man ihn zu einer Anhörung vor den Disziplinarausschuss, wo entschieden wurde, er käme zurück auf Stufe 1 mit dreißig Tagen Einzelhaft. Er erfuhr, dass er die Kosten für seine medizinische Versorgung, für den Krankenwagen und für die zerbrochene Glühbirne zu tragen habe. Nach der Anhörung brachten sie ihn zurück in seine Zelle. Aus Unachtsamkeit ließ der

Wärter ihn den Overall anbehalten, den er vor dem Ausschuss getragen hatte. Der Gefangene zog ihn aus, wickelte ihn an die oberste Stange seiner Zellentür und versuchte, sich aufzuhängen. Ein inhaftierter »Etagen-Kontrolleur«, der 20 Cent in der Stunde dafür bekam, alle Zellen auf der Etage abzulaufen und nach selbstmordgefährdeten Mithäftlingen Ausschau zu halten, sah ihn dort hängen, packte seine Beine durch die Gitterstäbe und hielt ihn hoch, während alle anderen rundherum um Hilfe schrien. Als der Direktor und ein Oberst herbeigeeilt waren, beschuldigten sie den Etagen-Kontrolleur, dem Gefangenen den Overall für diese Tat ausgehändigt zu haben. »Ich bin plötzlich mittendrin in diesem Wahnsinn«, schrieb Herman daraufhin einem Freund.

Herman schaffte es, die Geschichten der Gefangenen von Camp J rauszuschicken. Sie erreichten den Künstler und jahrelangen Unterstützer Rigo 23, der sie zusammen mit Auszügen aus Hermans Briefen und Interviews mit anderen Häftlingen in einem kleinen Buch herausbrachte. »Niemand sollte solch eiskalte Barbarei, wie wir sie hier erfahren, erdulden müssen«, schrieb Herman 2002 an Anita Roddick in einem Brief, den sie online postete. »Niemand sollte zulassen, dass diese Barbarei so weitergeht; leider geht sie aber in diesem Moment weiter. Jeden Tag nun schafft sich unser Geist mehr und mehr Raum und schaut hervor hinter den Mauern der Schande.«

In einem Interview in der New Orleans *Times-Picayune* über unsere Zivilklage gegen dreißig Jahre Isolationshaft sagte der Angola-Direktor Burl Cain klar und deutlich, wir wären »Heulsusen«. Er erklärte dazu, Herman und ich hätten »ein Verbrecherleben« gewählt und sollten »in den Spiegel schauen und nicht nach draußen. Es ist Zeit für sie, sich selbst zu betrachten«.

Anita fragte uns in einem Brief, ob wir einige Essays zu ihrem Buch *A Revolution in Kindness* beisteuern könnten. Herman, der heimlich Essen an die Gefangenen weitergab, die im Camp J an Händen und Füßen an ihre Pritsche gefesselt waren, schrieb einen Essay für sie, der davon erzählte, wie man Häftlingen das Schachspiel beibringen konnte. »Ich bekam dann von Anita Roddick einen Brief, in dem sie sich für meinen Beitrag zu *A Revolution in Kindness* bedankte«, schrieb Herman später einem Freund aus seiner Zelle in Camp J. »Dabei bin ich doch derjenige, der ihr danken sollte, Millionen Mal, aber ich möchte sie nicht langweilen.« (Als das Buch erschienen war, versuchte Anita es uns im Gefängnis zukommen zu lassen, doch es wurde aus dem Angola verbannt, weil es zu »Gewalttätigkeiten anstachelte«.)

Herman wusste so gut wie ich, dass er im Visier der Gefängnisbeamten war, weil wir diese Klage eingereicht hatten. Die Wärter im

Camp J waren Experten darin, den Disziplinarausschuss zu nutzen, um Folter und Missbrauch gegen die Gefangenen zu rechtfertigen. Sie konstruierten einen Fall um den Häftling herum, machten Akteneinträge über ihn, ließen ihn vor den Disziplinarausschuss rufen, der dann seine Haftstrafe verlängerte – und der Kreislauf begann von Neuem. Kein Häftling konnte diesem Stufenprogramm je entfliehen. Dies war ihre Methode, um ihm auf legale Weise Leid und Schmerz zuzufügen. Herman hat sich in unseren Botschaften, die wir hin- und hersandten, niemals beklagt. Ich wusste natürlich, wie sehr er litt. Ich wusste auch, dass sie ihn niemals brechen würden. Er schickte unseren Unterstützern draußen ein Gedicht, das er in Camp J geschrieben hatte:

They removed my whisper from general population
To maximum security
I gained a voice
They removed my voice from maximum security
To administrative segregation
My voice gave hope
They removed my voice from administrative segregation
To solitary confinement
My voice became vibration for unity
They removed my voice from solitary confinement
To the Supermax of Camp J
And now they wish to destroy me
The louder my voice the deeper they bury me
I SAID, THE LOUDER MY VOICE THE DEEPER
THEY BURY ME!

Power to the People!
Free all political prisoners, prisoners of war, prisoners of
conscience![25]

25 Sie entfernten mein Flüstern vom Hauptgefängnis / Und brachten es In den Hochsicherheitstrakt / Ich bekam eine Stimme / Sie entfernten meine Stimme vom Hochsicherheitstrakt / Und brachten sie in die Einzelzelle / Meine Stimme gab Hoffnung / Sie entfernten meine Stimme von der Einzelzelle / Und brachten sie in die absolute Isolation / Meine Stimme setzte Schwingungen frei, die zur Solidarität aufriefen / Sie entfernten meine Stimme von der Isolation / Und brachten sie ins Supermax von Camp J / Und dort versuchen sie, mich zu vernichten / Je lauter meine Stimme, desto tiefer vergraben sie mich / ICH SAGTE, JE LAUTER MEINE STIMME, DESTO TIEFER VERGRABEN SIE MICH! // Alle Macht dem Volke! / Freiheit für alle politischen Gefangenen, Kriegsgefangenen, Gefangenen aus Gesinnungsgründen!

Am 7. Dezember 2002 veranstaltete King zum Gedenken an den vierten Jahrestag meines zweiten Prozesses zusammen mit einigen anderen Mitgliedern der *National Coalition to Support the A3* am Eingangstor vom Angola eine Kundgebung. Dieses Mal richtete sich der Protest gegen die unmenschlichen Bedingungen in Camp J und die falschen Anschuldigungen, um Herman dort weggeschlossen zu halten. Dutzende Sicherheitsbeamte vom Angola und bewaffnete Hilfssheriffs der West Feliciana Parish umzingelten die Demonstranten. Polizisten in Zivil fotografierten sie. King sagte den Reportern, die sich zusammenfanden: »Camp J ist ein Foltercamp. Zahlreiche Häftlinge, die hier einsitzen, begehen Selbstmord.«

Die Demonstranten blieben neunzig Minuten. Auf ihrem Weg zurück nach New Orleans fuhren die Demonstranten im Konvoi, denn nach der Umzingelung von bewaffneten Beamten bei ihrer Kundgebung fürchteten sie die weitere Beobachtung des Vollzugsdienstes. Unsere Unterstützer fragten in ihren Briefen Herman anschließend voller Sorge, ob ihre Proteste die Lage für ihn noch verschlimmert hätten. Sie fragten, ob sie ihre Aktionen stoppen sollten. »Niemals«, schrieb Herman zurück. »Protestiert weiter!«

Als ich in jenem Monat einmal einen Brief schrieb, begann es zu regnen. Dann verdunkelte sich der Himmel und es wurde schwierig, zu lesen und zu schreiben. Ich rief den auf unserem Stock diensthabenden Wärter: »Hey, Mann, das Licht in Zelle 14 anmachen.« Er ignorierte mich. Ich rief noch einmal, weil ich dachte, er hätte mich nicht gehört. Kein Licht. Ich bat ihn wenigstens fünf Mal, das Licht in meiner Zelle anzuschalten. Nichts geschah. Ich rief ihm zu, er solle den Aufseher holen. Er sagte: »Du bestimmst hier gar nichts. Ich mach das Licht an, wann ich will.« Normalerweise hatte ich meine Gefühle im Griff. Ein Wärter konnte meine Zelle vor meinen Augen demolieren, meine Kleider auf den Boden schmeißen, meine Matratze herumwirbeln, meine persönliche Post lesen, und ich würde ihm nur sagen, er solle meine juristische Post nicht lesen – doch nie würde ich bei all dem meine Gefühle zeigen. An jenem Tag allerdings wurde ich von meinen Gefühlen übermannt. Ich rüttelte an den Gitterstäben. Ich schrie dabei und brüllte so lange, bis der Wärter an meine Tür kam. Er sagte mir, ich solle ein Stück zurücktreten. Ich gehorchte. Er sagte mir, ich würde die Nacht im Kerker verbringen und gab mir einen Overall zum Anziehen.

Als sich die Tür meiner Kerkerzelle schloss, setzte ich mich auf die Matratze am Boden. Ich dachte an meine Schwester. Das erste Mal, als Violetta Brustkrebs hatte, schaffte sie es gut. Ich wusste, dass der Krebs zurückkommen könnte, doch ich war trotzdem vollkommen unvorbereitet, als sie wieder krank wurde. Violetta war noch ein Kind, als sie mich zum ersten Mal im Gefängnis besuchte. Auf der Straße hatte ich sie immer beschützt. Zehn, zwanzig, dreißig Jahre später gab sie mir immer noch das Gefühl, dass sie sich bei mir sicher fühlte. Niemals wankten ihre Liebe und ihr Vertrauen. Als frühere Panther und Aktivisten 1998 zu meinem Prozess kamen, um mich zu unterstützen, dankte meine Schwester ihnen fürs Kommen und umarmte sie. Sie ließ sich vom TV-Nachrichten-Team draußen vor dem Gerichtsgebäude weder einschüchtern noch ängstigen. »Wir wollen, dass er zurück nach Hause kommt«, sagte sie geradeheraus. »Es wird Zeit, dass er zurück nach Hause kommt.«

Bei ihrer Nachuntersuchung nach fünf Jahren, Ende 2001, fand Violetta heraus, dass der Krebs zurückgekommen war. Als sie mich besuchte, erzählte sie mir, dass ihre Lunge befallen war. Am 10. August 2002 starb Violetta. Sie war fünfzig Jahre alt. Die einzige Bitte, die meine Schwester in den dreißig zurückliegenden Jahren an mich gerichtet hatte, war, dass ich zu ihrer Beerdigung kommen sollte. Bei ihrem letzten Besuch im Gefängnis bat sie mich noch einmal inständig darum. Sie war schwach und blass und unglaublich dünn. Ich wusste, dass es ihr sehr schlecht ging. Ich versprach ihr, zu kommen, um sie zu beruhigen. Nach ihrem Tod schrieb ich sofort an die Gefängnisleitung und fragte sie, ob ich der Beerdigung meiner Schwester beiwohnen dürfe. Meine Anfrage wurde abgelehnt. Sie schickten mir Fotos von Vis Trauerfeier. Ihr Mann, Michael Augustine, mein Freund aus Kindertagen, besuchte mich danach. Mein Bruder Michael kam in jenem Monat zwei Mal vorbei. Ich telefonierte mit Vis Töchtern und mit ihrem Sohn. A3-Unterstützer, die ebenfalls auf der Beerdigung gewesen waren, besuchten mich.

Ich dachte an unsere Kinderzeit zurück …, wie wir Erdbeeren pflückten auf den Feldern hinter der Farm unserer Großeltern. Meine Schwester besaß solch eine natürliche Schönheit, so ungekünstelt und leicht. Ihre Zuneigung zu mir hatte mich immer geerdet. Ich fühlte großen Schmerz, mit ihr ein Stück von mir selbst zu verlieren.

Im April 2003 hieß King eine Gruppe von Aktivisten bei der *Critical Resistance South Regional Conference* in New Orleans willkommen. Er verlas eine Erklärung der Angola 3, in der er die Bedeutung betonte, gegen Isolationshaft, gegen rassistisch organisierte Gefängnisse und gegen das US-Strafvollzugssystem aufzubegehren. Später in jenem

Monat, am 17. April, waren er und unsere Unterstützer zurück vor den Toren des Angola und erinnerten damit an den Jahrestag, als Herman und ich vor einunddreißig Jahren erstmalig weggeschlossen worden waren. In ihrer Kundgebung feierten sie unseren Widerstand und protestierten gegen den unrechtmäßigen Schuldspruch im Mordfall Brent Miller. Dieser Jahrestag sollte zu einem traditionellen Zusammentreffen werden.

Im folgenden Monat fand ein offiziell gestatteter Kontaktbesuch zwischen Anita Roddick, Robert King und einigen unserer Unterstützer mit mir, Zulu und einem befreundeten Mithäftling namens Roy statt. Mitten in unser Gespräch platzten plötzlich einige hochrangige Gefängnisbeamte herein und beendeten den Besuch nach nur zwanzig Minuten. Sie eskortierten King und unsere Besucher aus dem Gebäude heraus und befahlen allen, das Gelände mit ihren Autos in den nächsten Minuten zu verlassen. Anita hatte auf dem Rücksitz eines der Autos schon das Büro von Gefängnisdirektor Burl Cain am Telefon, noch bevor das Gefängnis außer Sicht war. Später berichteten die Gefängnisbeamten mir, der Besuch sei so abrupt abgebrochen worden, weil King ein »Sicherheitsrisiko« gewesen wäre. Sie steckten Roy in den Kerker, weil er angeblich auf seinem Besucherformular die Unwahrheit geschrieben habe. Die Gefängnisleitung warf King vor, einen falschen Namen angegeben zu haben: Im Gefängnis war er unter dem Namen Robert King Wilkerson bekannt. Als er das Angola verließ, hatte er allerdings zum ersten Mal in seinem Leben Einsicht in seine Geburtsurkunde und erfuhr, dass er einen anderen Namen und ein anderes Geburtsdatum hatte, als er dachte. Sein richtiger Name war Robert Hilary King, den er von da an für seinen Führerschein und alle anderen juristischen Dokumente benutzte. Roy wurde von der Gefängnisleitung ins Camp J geschickt, aber nachdem sich unsere Anwälte in den Fall eingemischt hatten und beweisen konnten, dass er keine einzige Gefängnisregel gebrochen hatte, kehrte er zurück in die Isolationshaft.

Später in jenem Monat entschied das Bundesberufungsgericht, dass King, Herman und ich das Recht hatten, gegen Direktor Warden Cain und den Chef des *Department of Public Safety and Corrections*, Richard Stalder, zu klagen, was sie damit begründeten, dass wir grausame und ungewöhnliche Strafen in der CCR zu erleiden hätten. Herman war jedoch weiterhin den gewohnten Schikanen ausgesetzt. Er wurde für weitere neun Monate in Camp J festgehalten. In dieser Zeit schickte Marina Drummer Newsletter an unsere Unterstützer und erweiterte unsere E-Mail-Liste, um die Basis an Unterstützern für gemeinsame Aktionen zu verbreitern. Immer mehr Leute aus diesen Unterstützer-Gruppen kamen sogar ins Gefängnis, um mich zu besuchen; einige wurden meine Freunde. Sie erzählten mir von ihren politischen Überzeugungen und Aktionen; ihre Besuche rührten mich zutiefst.

Im August 2003 flogen King und der Künstler Rigo 23 nach Südafrika, wo sie auf Einladung von Nelson Mandelas *Institute for Global Dialogue* mit Führern des ANC *(African National Congress)* zusammentrafen. King hielt den folgenden Monat Vorträge in Johannesburg, Pretoria, Durban, KwaZulu-Natal, Kapstadt und auf Robben Island. Innerhalb des Angola versuchten Herman und ich so gut wie möglich in Kontakt zu bleiben, indem wir uns Briefe schrieben, die von unseren Trustees hin und her gebracht wurden. Ein neues Jahr begann. Als Herman im Februar 2004 endlich in die CCR zurückdurfte, konnte ich seine Knochen unter der Haut sehen. Während seiner Zeit in Camp J hatte er mehr als dreißig Pfund verloren – der Kampfgeist in seinen Augen war aber ungebrochen.

Kapitel 44
Grausam und ungewöhnlich

Anhand der Post, die wir von King bekamen, hatten Herman und ich die Möglichkeit, Kings Wege nachzuverfolgen. Immer wenn wir einen Stapel Briefe und Postkarten bekamen, wussten wir, wo er war: Amsterdam, Belgien, Paris, London, Lissabon, Rio. Er war außerdem in vielen Staaten der USA unterwegs: Washington D.C., Boston, Los Angeles, Chicago, Houston. Seine Worte trieben die Menschen an, selbst etwas zu tun. Dutzende Unterstützer, Journalisten und neue Freunde wollten mit uns sprechen und beteiligten sich an R-Gesprächen aus dem Gefängnis.

Wir waren alle gleichermaßen frustriert, dass die Zivilklage, die wir im Jahre 2000 gegen unsere Isolationshaft angestrengt hatten, anscheinend irgendwo im Gericht steckengeblieben war. Die Staatsbeamten nutzten offenbar eine Verzögerungstaktik nach der anderen und argumentierten, dass Gefängnis- und Staatsbeamte vor solchen Klagen geschützt sein sollten. All dies änderte sich im Jahre 2005, als ein Team von Rechtsanwälten aus New York unter Leitung von George Kendall unsere Zivilklage übernahm – kostenlos. George, ein früherer Anwalt des *American Civil Liberties Union Eleventh Circuit Capital Litigation Project*, hatte in politischen Fragen eng mit dem *Innocence Project* und dem *NAACP Legal Defense and Educational Fund* zusammengearbeitet und Strafrechtskurse an verschiedenen Instituten gegeben, so zum Beispiel an der Yale Law School, dem Florida State University College of Law und der St. John's University School of Law. George hatte von unserem Fall durch Nick Trenticosta erfahren. Zunächst war George nur insoweit mit unserem Fall befasst, als er die jahrzehntelange Isolationshaft als Verletzung unseres in der Verfassung verankerten Rechts geltend machte. Um die Sache ins Rollen zu bringen, schickte er vier Anwälte ins Angola, die die Aufgabe hatten, tausende Seiten Gefängnisakten durchzusehen. Damit waren sie mehr als zwei Wochen beschäftigt. Dann suchte er sich ein Team exzellenter junger Rechtsanwälte zusammen, die sich mit unserem Fall auseinandersetzen sollten, darunter Carine Williams, Corine Irish, Sam Spital und Harmony Loube. Vervollständigt wurde dieses Team später durch Katherine Kimpel und Sheridan England aus Washington D.C., die sich auf die juristischen Fragen zu Haftbedingungen in Isolationshaft spezialisiert hatten, sowie Billy Sothern und Robert McDuff aus New Orleans, die sich auf meinen Berufungsantrag konzentrierten.

In den folgenden zwei Jahren ließ Georges Team mehr als sechzig Zeugen in unserem Zivilprozess aussagen. Als Gefangene waren wir stets an Vorgaben gebunden: Was konnten wir rechtmäßig bezüglich der uns zugefügten Schäden fordern oder welchen Unterlassungsanspruch konnten wir geltend machen? Diese Anwälte allerdings hatten die Grundeinstellung »Lasst sie uns aus dem Gefängnis rausholen« und nicht nur »Lasst sie uns aus der CCR rausholen«. Ich glaube, das machte einen großen Unterschied für die Art und Weise, in der wir wahrgenommen wurden. Als George mit seinem Anwaltsteam 2009 in ein anderes Unternehmen überwechselte, ließen sie uns dennoch nicht im Stich. Eine der Bedingungen, die George seinem neuen Arbeitgeber stellte, war die, dass das neue Unternehmen sich weiterhin für uns einsetzte.

Unterdessen hatten Herman und ich mit zahlreichen Verzögerungen in unserer Strafsache zu tun. Scott Fleming machte 2002 eine Eingabe für ein Wiederaufnahmeverfahren beim Court of Appeal First Circuit. Es vergingen ganze drei Jahre, bis das Gericht von Louisiana unseren Antrag zurückwies – am 8. August 2005. Nach einem weiteren Jahr lehnte der Supreme Court unsere Berufung ebenfalls ab – am 29. September 2006. Insgesamt brauchte ich also von meiner ersten Eingabe 1999 sieben Jahre, bis ich alle »Rechtsmittel im Staat Louisiana ausgeschöpft hatte« und am Bundesgericht klagen durfte.

Hermans Fall wurde ebenfalls in die Länge gezogen. Er stellte seinen Antrag auf Wiederaufnahme des Verfahrens am 9. September 2000. Dieser Antrag wurde an einen Gerichtsbevollmächtigten weitergeleitet, der ein Jahr später, am 10. September 2001, für Herman eine Beweisanhörung anordnete. Zwei Jahre und neun Monate später, im Juni 2004, bestimmte das 19. Judicial District Court, dass Hermans Antrag hinsichtlich Hezekiah Browns Lügen ungerechtfertigt sei und verwarf in einem Zug auch alle anderen Punkte in Hermans Antrag. Herman und Nick Trenticosta gingen 2005 damit an den First Circuit Court of Appeal. Dieser kippte einen Teil der von den unteren Instanzen festgesetzten Urteile und stimmte der Zurückweisung aller Punkte zu, außer der Anschuldigungen an Hezekiah Brown – hierzu wurde eine neue Anhörung gefordert.

Mehr hatte ich auch gar nicht erwartet. Aus eigener Erfahrung wusste ich, dass es im Justizapparat nicht um Unschuld oder Gerechtigkeit geht. (Der Staat wusste ja bereits, dass ich mit meiner Klage 1973 gegen die Grand Jury durchgekommen war, entschied sich aber nun, dies zu ignorieren.) Ein Unschuldiger konnte zum Tod durch den Strang verurteilt werden und das Gericht würde festlegen, welche

Art von Seil dazu benutzt werden sollte. In der Justizsprache nennt man dies ein »ordentliches Gerichtsverfahren«. Der Schmerz, den ich über die Zurückweisung jeder unserer Punkte vor Gericht empfand, war für mich umso schlimmer, je mehr ich an die Menschen dachte, die so hart für uns gearbeitet hatten und an alle unsere Unterstützer, die uns draußen zur Seite standen. Ich wollte verhindern, dass sie den Mut verloren. Ich fühlte mich verantwortlich dafür, jedes Mal, wenn eine Entscheidung nicht so verlief, wie wir es erhofft hatten, positiv zu bleiben und allen unseren Unterstützern Mut zu machen. Ich schrieb Botschaften, mit denen ich versuchte, sie alle zu erreichen: durch Newsletter und auf Websites. Nach meiner Niederlage vor Gericht 2006 schrieb ich:

> Ich sage euch, weitermachen! … Man kann nicht darauf hoffen, solch einen Kampf ohne Rückschläge oder Wunden zu überstehen. Die Kunst eines großen Soldaten zeigt sich nicht seiner Fähigkeit zu kämpfen, sondern in seiner Fähigkeit, seine Ehre, seinen Stolz und seine Selbstachtung zu bewahren, und ganz besonders seine Menschlichkeit, selbst in der dunkelsten Stunde seines Lebens! Allen Freunden, Familien, Kameraden und Unterstützern der *National Coalition to Free the Angola 3*, gratuliere ich zu ihrer großartigen Arbeit. Gut gemacht! Ich umarme euch alle in meinem Herzen, in meiner Seele und in meinem Geist, und ich finde großen Trost darin, zu wissen, dass wir – Herman und ich – in der Schlacht, die vor uns liegt, nicht allein sind! Habt Mut zu kämpfen. Habt Mut zu siegen!

Hermans Beweisanhörung fand am 20. September 2006 im Angola statt. Da so viele Menschen der Anhörung in Baton Rouge 2004 beigewohnt hatten, wollten die Behörden dieses Mal die anwesende Menge möglichst ausdünnen. Doch Hermans Familie und eine gehörige Zahl an Unterstützern schafften es trotzdem dorthin. Nick Trenticosta, Scott Fleming und Susana Herrero vertraten Herman wie schon zuvor vor der Kommissarin Rachel Morgan am 19. Judicial District Court. Sie hoben die Vorzüge der Brady-Papiere hervor, die er im Wiederaufnahmeverfahren eingebracht hatte. Sie präsentierten der Kommissarin fünf von Direktor C. Murray Henderson zwischen Februar 1974 und November 1975 geschriebene Briefe, mit denen er versucht hatte, die Begnadigung für Hezekiah Brown zu erreichen. Sie zeigten ihr, auf welche Art und Weise die Gefängnisbeamten selbst nach Hendersons Abschied aus dem Angola an diesem Deal immer noch festhielten. 1978 schrieb der damalige Direktor Frank Blackburn dem Leiter des *Department of Corrections* Paul Phelps einen Brief, in dem er ihn aufforderte, Brown jede Woche eine Stange Zigaretten zukommen zu lassen. »Dies, so glaube ich, würde teilweise die Verbindlichkeiten einlösen, die der Staat mit [Brown] wegen seiner Zeugenaussage im Mordfall Brent Miller eingegangen ist«, so Blackburn. In einer handgeschriebenen Mitteilung antwortete Phelps: »Da stimme ich Ihnen zu. Direktor Henderson hat diese ursprüngliche Vereinbarung so getroffen. … Und ich denke, wir sollten diese auch beibehalten.«

Bobby Oliveaux, ein pensionierter Angola-Wärter, sagte bei der Anhörung aus, er sei von den Behörden darauf hingewiesen worden, sicherzustellen, dass Hezekiah Brown in Haft immer ausreichend mit Zigaretten versorgt sei. Wenn diese innerhalb des Gefängnisses einmal nicht erhältlich waren, sollte Oliveaux sie aus eigener Tasche bezahlen. Bevor Brown aus dem Angola entlassen wurde, so berichtete Oliveaux, zog er vom *dog pen* in ein Außengebäude um, mit eigenem Fernseher. Er wurde sogar als Orderly bezahlt, ohne die entsprechende Arbeit zu tun. Oliveaux fuhr fort, er habe Brown gut gekannt und wisse, dass die Gefangenen, die er beaufsichtigte »wie Kinder« für ihn waren. (Oliveaux war der »Macher«, von dem es hieß, er sei am Tag meiner Verurteilung 1993 ins Gerichtsgebäude gerufen worden, um Hezekiah Brown dazu zu bringen, gegen mich vor der Grand Jury auszusagen.)

Der Kommissarin wurde zudem ein Brief vom 10. Dezember 1984 vorgelegt, in dem Howard Marsellus, der Vorsitzende des Begnadigungsausschusses an Gouverneur Edwin Edwards schrieb, dass er Hezekiah Browns Gnadengesuch unbedingt unterstütze. Marsellus erklärte: »Wir … empfehlen, dass Ihre Exzellenz dem Antragsteller eine Umwandlung seiner Strafe in die ›bereits in Haft verbüßte Zeit‹ gewährt.«

Weniger als zwei Monate später entschied Kommissarin Morgan zugunsten Hermans und empfahl dem Gericht, sein Urteil aufzuheben. In einem siebenundzwanzigseitigen Bericht legte sie dar, dass Hermans Verurteilung von Grund auf ungerecht gewesen sei, da der Staat grundlegendes Beweismaterial zum Amtsvergehen unterschlagen hatte. Sie zitierte Gefängnisdirektor Henderson mit seinem Versprechen, dass er Hezekiah Brown für seine Zeugenaussage helfen würde, einen Straferlass durchzusetzen. Dieses Versprechen war in der Abschrift meines Prozesses von 1998 zu lesen. Mein Anwalt Bert Garraway befragte Henderson:

Garraway: Haben Sie ihm [Brown] versprochen, dass er für seine Informationen und seine Aussagen zu Gunsten der Staatsanwaltschaft Hilfe bei seinem Gnadengesuch erhalten wird?
Henderson: Jaa …

Garraway: Und haben Sie ihm diese Hilfe auch gegeben?
Henderson: Ich habe Briefe für ihn geschrieben.

Hätte die Jury bei Hermans Verhandlung von dem Deal gewusst, so schrieb Morgan, dann »hätte dies ernsthaft die Entscheidung der Geschworenen hinsichtlich Browns Glaubwürdigkeit beeinflusst«. Sie fuhr fort: »Man kann wohl sagen, dass solch ein Versprechen, eine entsprechend veranlagte Person zum Lügen getrieben habe könnte. Wir sollten uns vor Augen halten, dass Brown kein Newcomer im Strafvollzug war und auch kein junger, naiver Mensch. Direktor Henderson gab Brown dieses Versprechen direkt vor seiner Aussage im Zeugenstand.« Herman war in Hochstimmung. Wir alle. Doch der Bericht der Kommissarin war lediglich eine Empfehlung, keine letzte Entscheidung. Die sollte Richter Michael Erwin vom 19. Judicial District treffen.

Jetzt, wo ich alle juristischen Wege innerhalb des Bundesstaates ausgeschöpft hatte, durfte ich mein Gesuch vor das Bundesgericht bringen. Anwalt Chris Aberle, der im Jahre 2000 einen neuen Prozess für King gewonnen hatte, schrieb mein Habeas-Corpus-Gesuch, das wir am 11. Oktober 2006 einbrachten. Bevor Präsident Bill Clinton 1996 den *Anti-Terrorism and Effective Death Penalty Act* unterzeichnet hatte, der das Habeas-Corpus-Verfahren schwächte, nannte man es den »Great Writ« – einen gerichtlichen Erlass, der den Staat davon abhielt, eine Person ohne ersichtliche Gründe auf unbestimmte Zeit festzuhalten. In meinem Habeas-Gesuch machten wir geltend, dass 1.) die Anklage in meinem Prozess 1998 wissentlich unter Meineid getätigte und falsche Zeugenaussagen vorgelegt hatte; 2.) die Anklage entlastendes Material unterschlagen hatte: den Beweis, dass Zeugen gelogen hatten, sowie Beweise für meine Unschuld; 3.) die Anklage die *Confrontation Clause of the Constitution* (6. Zusatzartikel zur Verfassung) verletzt hatte, indem sie Chester Jacksons außergerichtliche Stellungnahme verwendet; 4.) das Auswahlverfahren für die oder den Vorsitzenden der Grand Jury in meiner Verhandlung von rassendiskriminierenden Aspekten beeinflusst wurde.

Mein Habeas-Antrag war an Richter James Brady vom U. S. District Court für den Middle District of Louisiana gerichtet.

Im folgenden Jahr begannen die Anstrengungen von George Kendalls Team in unserer Zivilklage wegen »grausamer und ungewöhnlicher Strafen« Früchte zu tragen. Im August 2007 entschied die US-Friedensrichterin Docia Dalby, dass eine drei Jahrzehnte währende

Haft im Louisiana Staatsgefängnis auf jeden Fall eine »grausame und ungewöhnliche Strafe darstelle«. In ihrer fünfzigseitigen Erklärung schrieb sie: »Diese Männer, alle über 60 Jahre alt, haben gezeigt und zeigen auch jetzt, dass sie keine Gefahr für die ›Sicherheit und Ordnung oder das Funktionieren dieser Anstalt‹ sind«. Sie betonte, dass die Verantwortlichen sich immer noch auf den »ursprünglichen Haftgrund« für das Wegsperren ins CCR beriefen, obwohl – wie sie deutlich hervorhob – die Gefängnisse ihre Politik im Jahre 1996 geändert und genau diesen Grund für die Verlängerung von Haftstrafen abgeschafft hatten. »Bis 1999«, schrieb Richterin Dalby, »waren die Kläger länger als irgendein anderer Mensch in der gesamten Geschichte des Angola eingeschlossen und auch länger als irgendein anderer Gefangener in den USA insgesamt.« Dalby sagte, dass die Gefängnisbeamten hätten wissen müssen, dass »die Isolation in einer winzigen Zelle, 23 Stunden am Tag, für mehr als drei Jahrzehnte, gravierende Entbehrungen in allen menschlichen Grundbedürfnissen« bedeuten würde. Sie fuhr fort, die Einzelhaft möge zur verfassungsrechtlichen Überprüfung für kurze Zeit sinnvoll sein, doch jeder vernünftige Gefängnisbeamte wüsste doch wohl, dass Isolationshaft, die dreißig Jahre hinausgezögert werde, gegen die Verfassung verstoße. Nicht nur die Gerichte hatten »das ungeheure Ausmaß und die brutalen Entbehrungen, die mit dieser Art von Einzelhaft einhergingen, regelmäßig beanstandet«, schrieb Richterin Dalby, »sie sei auch Gegenstand wissenschaftlicher Untersuchungen, sowie Thema in Fernsehsendungen und Filmen gewesen … Es ist doch auch eine Frage des gesunden Menschenverstandes, dass drei Jahrzehnte extremer Isolation und erzwungener Untätigkeit und Bewegungslosigkeit in einem Raum, der kleiner ist als ein begehbarer Kleiderschrank, im Widerspruch zu dem steht, was für die Befriedigung der menschlichen Grundbedürfnisse notwendig erscheint. Mit jedem weiteren Tag, der vergeht, erhöhen sich die Auswirkungen exponentiell: Ein einziger Regentropfen, der unaufhörlich auf einen Stein fällt, wird selbst den härtesten Stein irgendwann aushöhlen.«

Diese Stellungnahme bedeutete für uns einen großen Schritt zum Erfolg. Sie bedeutete zwar nicht, dass wir gewonnen hatten, doch jetzt hatten wir die Möglichkeit, einen Prozess zu der Frage anzustrengen, ob langfristige Isolationshaft unter den von uns erlittenen Bedingungen gegen die Verfassung verstieß.

Dann allerdings kam die nächste niederschmetternde Nachricht. Am 10. September 2007 verstarb ganz unerwartet Anita Roddick an einem Gehirnaneurysma. Ich fühlte mich innerlich wie ausgehöhlt. Anita – so voller Leben. Anita wollte die Welt verändern. Ihr Tod kam absolut unerwartet. Ich konnte es nicht fassen, nicht damit umgehen. Sie war eine Freundin. King flog nach London und sprach bei Anitas Gedenkgottesdienst. Herman und ich drückten unsere Trauer und unsere Liebe in Briefen aus, die laut verlesen wurden. Anitas Mann Gordon besuchte uns. Er war auf Hermans Besucherliste eingetragen und organisierte seinen Besuch so, dass er zusammen mit einer Person ankam, die auf meiner Liste stand. So wurden Herman und ich zur selben Zeit in den Besucherraum gerufen. Gordon konnte dadurch mit uns beiden sprechen. Er sagte, er würde versuchen, Anitas Wunsch, uns in Freiheit zu sehen, zu erfüllen und versprach, weiter für die A3 zu kämpfen. Wir waren sehr berührt davon, dass er uns trotz seiner großen Trauer nicht vergaß und dass er sich die Zeit nahm, uns zu besuchen. Gordons und Anitas Tochter Samantha bat mich in einem Brief um einen Besuchstermin, um ihre Mutter zu vertreten.

Bevor sie starb, erzählte Anita mir, dass in unserem Fall große Fortschritte erzielt wurden. Nach Anitas Tod meldeten sich viele ihrer Freunde und Weggefährten, die beim Gedenkgottesdienst von ihrer Arbeit für die A3 hörten, bei uns, um ihre Arbeit weiterzuführen. Gordon brachte alle neuen Unterstützer durch Marina Drummer in Kontakt mit dem schon bestehenden Hilfskomitee und es entstand eine Art Beratergremium. Organisator Chuck Blitz, einer von Gordons Freunden, initiierte ein wöchentliches Freitagstreffen, um über neue Strategien für die A3 zu beraten. Diese Zusammenkunft sollte für die kommenden acht Jahre jede Woche stattfinden. Chuck und einige Mitglieder des Gremiums versuchten mit Marina zusammen einen Teilzeit-Koordinator zu finden. Sie heuerten dafür Tory Pegram an, die frühere Sprecherin für Entwicklung und Bildung bei der ACLU (*American Civil Liberties Union*, Amerikanische Bürgerrechtsunion, eine US-amerikanische Nichtregierungsorganisation) in Louisiana.

Zu jenem Zeitpunkt konnten wir auf ein sehr großes Hilfskomitee bauen. Wir hatten eine Menge Grassroots-Unterstützer an der Basis, von denen einige uns schon seit nahezu zehn Jahren zur Seite standen – seit meinem Prozess 1998. Wir wurden von Aktivisten unterstützt, die ehrenamtlich die Kommunikation vorantrieben, Spenden sammelten, auf Konferenzen sprachen, Proteste organisierten, Zeitungsberichte schrieben, Hauswände mit Parolen bemalten und die Öffentlichkeit über unseren Fall informierten; sie besuchten uns, schrieben uns Briefe, zahlten Geld auf unser Konto, nahmen unsere R-Gespräche an, telefonierten mit den Gefängnisbeamten, um sich nach unserem

Wohlergehen zu erkundigen und schickten uns Puzzles, Zeitschriften und Bücher. Das neue Beratergremium wurde Teil des aus bekannten Anwälten und Experten (soziale Gerechtigkeit), Unternehmern und Wirtschaftsführern, Organisatoren nationaler politischer Kampagnen, bedeutenden NGO-Repräsentanten, pensionierten Richtern, Medienprofis, Filmemachern und Schauspielern bestehenden Komitees, die sich alle gleichermaßen mit Herzblut einbrachten. Obwohl sie in den unterschiedlichsten Sphären arbeiteten, waren sie durch die Politik und Medien mit uns verbunden. Die Ziele unseres Komitees waren dieselben wie vor Anitas Tod: unsere Geschichten sollten die Gräuel der Isolationshaft in Amerika in die Öffentlichkeit bringen, uns aus der Isolation heraus und in die normale Gefängnispopulation überführen helfen und letztendlich zu unserer Freiheit führen.

Ich setzte Tory auf meine Besucherliste, und sie besuchte mich wirklich regelmäßig zwei Mal im Monat über ein ganzes Jahr hinweg. Dadurch konnte sie Herman und mich über alles auf dem Laufenden halten: die A3 Zusammenkünfte, Kings Aktivitäten in der Öffentlichkeit, Presseberichte über uns, sowie alle Einzelheiten über die Arbeit für die *International Coalition to Support the Angola 3*. Es war fast unmöglich für uns, all dies zu verfolgen.

Wollte man all die Stunden, die die einzelnen Mitglieder unserer Unterstützergruppe und des Beratergremiums darauf verwendeten, sich für unsere Freilassung einzusetzen, darstellen, all die Ideen, die sie hervorbrachten, all die Aktionen, die sie durchführten, die Opfer, die sie brachten, die Zeit und das Geld, das sie dafür einsetzten, die Frustrationen, die sie über sich ergehen ließen, die Einzelheiten über jeden unserer Siege – kleine wie große –, den Schmerz über jede Niederlage, wollte man all dies, was in unserem Namen auf die Beine gestellt wurde, erzählen, so könnte man darüber ein neues Buch schreiben.

Herman und ich trafen ganz bewusst die Entscheidung, unseren Unterstützern größtmögliche Autonomie zu übertragen. Wir konnten die Arbeiten des Komitees, des Gremiums, oder der individuellen Aktivisten, die sich für uns einsetzten, nicht mit detaillierten Vorgaben voranbringen, denn die Beschränkungen im Gefängnis ließen dies nicht zu: unsere gesamte Post wurde gelesen, unsere Telefongespräche wurden aufgenommen, der Besucherraum war verwanzt. Wir konnten keine Treffen abhalten. Unsere Haltung gegenüber den Unterstützern hieß: Wenn ihr ehrlich und verantwortungsbewusst handelt, dann halten wir euch den Rücken frei.

Hinter uns stand ein großes Team von Rechtsexperten, die vollkommen unabhängig vom Unterstützerkomitee arbeiteten und auch das eine oder andere Mal eine andere Meinung vertraten: von Zeit zu Zeit plädierten sie beispielsweise für weniger Öffentlichkeit und weniger Aktionismus. Auf der anderen Seite waren unsere Unterstützergruppen manchmal auch mit deren rechtspolitischen Strategien unzufrieden. Nie verlangten wir von unseren Juristen, dass sie auf Druck unserer Unterstützer ihre Strategien änderten, und genauso wenig verlangten wir von unseren Unterstützern, ihre Aktionen zu drosseln, die unseren Fall ins Rampenlicht brachten. Wir vertrauten darauf, dass beide Seiten wussten, was sie taten, und wir wollten sicherstellen, dass niemand daran gehindert würde, so zu unserer Freilassung beizutragen, wie er es am besten konnte.

Am 9. Oktober 2007, fast ein ganzes Jahr nachdem Kommissarin Rachel Morgan ihre Empfehlung zur Aufhebung von Hermans Urteil abgegeben hatte, bestritt Richter Michael Erwin vom 19. Judicial District Court, dass der Staat entlastendes Beweismaterial zurückgehalten habe und dass Hezekiah Brown für seine erste Zeugenaussage bei Hermans Prozess 1974 bezahlt worden war. Dies war meines Wissens nach das erste Mal in der Geschichte des Staates Louisiana, dass das Gericht der Empfehlung eines Kommissars oder einer Kommissarin nicht gefolgt war. Richter Erwin erwiderte die siebenundzwanzigseitige Empfehlung von Kommissarin Morgan mit einer Seite, mit einem einzigen Satz, ohne jede weitere Erklärung: »Das Gericht stimmt der Empfehlung der Kommissarin auf Anspruch der Brady-Forderung nicht zu.«

Herman klagte daraufhin am Supreme Court von Louisiana.

Kapitel 45
»Bist du noch normal?«

Regelmäßig bekamen wir Besuch von den Sozialarbeitern des Gefängnisses, die uns fragten, ob wir mit ihnen reden wollten. King, Herman und ich führten freundliche Gespräche mit ihnen, hüteten uns jedoch, sie um Hilfe zu bitten. Denn hätten wir das getan, wäre dies ganz sicher irgendwann im Laufe unserer Gefängniskarriere gegen uns verwendet worden. Ein Wärter konnte dir nämlich einfach damit drohen, dich in die *Treatment Unit* (TU), die »psychiatrische Station«, zu schicken. Und wenn man einmal von der normalen Zelle in eine TU geschickt worden war, dann kam man möglicherweise als Schwachkopf zurück. Das beliebteste Medikament, das sie den Gefangenen zu jener Zeit verabreichten, war Prolixin. Ich weiß nicht, ob sie den Leuten eine Überdosis gaben, oder ob dieses Medikament von Natur aus dazu führte, dass die Männer absolut unbeweglich wurden. Es brach mir das Herz, wenn ich sah, was das Medikament mit ihnen anstellte. Um von einem Ende unseres Ganges bis zum anderen zu kommen, brauchten sie fast eine Stunde. Eine verdammte Stunde. Sie duschten nicht mehr. Ihre Zellen verdreckten.

Medikamente wie Prolixin nannten wir auch »chemische Fesseln«. Sie töteten den Geist. Immer wenn ein Sicherheitsbeamter bei uns im Dienst war, der noch etwas Menschlichkeit an sich hatte, fragte ich ihn, ob er mich aus der Zelle herausließe, damit ich einem dieser Patienten während seiner freien Stunde draußen helfen könnte. Ich fegte und wischte dann dessen Zelle und steckte ihn unter die Dusche. Der Häftling war zu nichts anderem in der Lage, als einfach die ganze Zeit ruhig dazustehen, während ich ihn wusch. Psychisch kranke Gefangene bekamen im Angola keinerlei Hilfe. Über viele Jahre hinweg, von den späten 1990er-Jahren bis zu den späten 2000ern, waren die CCR-Zellen innerhalb der TU untergebracht. Wir teilten uns den Kerker mit den psychisch Kranken, und ich wurde ein ums andere Mal Zeuge, wie Wärter die Leute eingasten, weil sie nicht aufhörten zu schreien oder an die Gitterstäbe zu schlagen. Diese Männer gehörten meiner Meinung nach auf gar keinen Fall in den Kerker. Manchmal gingen die Sicherheitsleute auch in ihre Zellen und schlugen sie. Auch wenn ich dies nicht sehen konnte, so hörte ich doch die Schläge.

In Vorbereitung auf unseren Zivilprozess mussten auch Herman, King und ich uns mit den Psychologen treffen. Der Staat wollte zeigen, dass wir uns an das Leben in der Zelle »angepasst« hatten und hoffte, dokumentieren zu können, dass das jahrzehntelange, 23-stündige

Eingeschlossensein am Tag uns nicht wirklich geschadet hatte. George Kendall stand uns zur Seite, der herauszufinden versuchte, welchen Einfluss die Isolationshaft wirklich auf uns hatte.

Über die Psyche und die Gefühle zu reden, fiel keinem von uns leicht. Im Jahre 2003 hatte Nick Trenticosta uns gebeten, Stuart Grassian zu treffen, einen staatlich anerkannten Psychiater und ehemaliges Mitglied der Harvard Medical School. Grassian war Fachmann auf dem Gebiet der Folgen von Isolationshaft. Anhand seiner umfangreichen Forschungsergebnisse hatte Grassian ein psychisches Syndrom dokumentiert, das durch Isolationshaft hervorgerufen wird und ein ganz spezifisches Erscheinungsbild bietet: Panikattacken, Verfolgungswahn, Halluzinationen, Überempfindlichkeit, Erinnerungs- und Konzentrationsschwierigkeiten, dazu das Problem, klar zu denken. Grassian fand heraus, dass selbst ein kurzer Aufenthalt in Isolationshaft dazu führen kann, dass »eine Person in eine mentale Starre verfallen kann, in eine Art ›Nebel‹, in dem Aufmerksamkeit und Konzentration getrübt werden«. Die Unfähigkeit, »Aufmerksamkeit zu zeigen und diese Aufmerksamkeit wach zu erhalten, erfährt der Betroffene als eine Art dissoziative Erstarrung. … Die Unfähigkeit, seine Aufmerksamkeit auf etwas Neues zu richten, führt zu einem ›Tunnel-Blick‹, in dem die Aufmerksamkeit des Betroffenen feststeckt. … [Gefangene in Einzelhaft können] Probleme haben, eine normale Struktur von Wachzeit am Tag und Schlafenszeit in der Nacht aufrechtzuerhalten. Einige sind unfähig, während des Tages ihrem Bett zu widerstehen – unfähig, den lähmenden Effekt dieser Starre zu abzuwehren – und finden nachts keinen ruhigen Schlaf. Schwierigkeiten im Denken und in der Konzentration, eine ungeordnete Gedankenflut, Depressionen, Ängste, Unruhe, Reizbarkeit und die Unfähigkeit, Reize von außen zu tolerieren – [all dies sind typische Anzeichen].«

Als ich Grassian traf, hatte ich das Gefühl, verwundbar zu sein. Ich war es nicht gewohnt, meine tiefsten Gefühle mit jemandem zu teilen. Aber ich wusste, dass diese barbarischen Praktiken der Isolationshaft gestoppt werden mussten. »Der einzige Weg, diese Zelle zu überleben, ist, sich dem Schmerz anzupassen, ihn nicht in Frage zu stellen«, erklärte ich ihm. Ich konnte nicht alle seine Fragen beantworten, doch ich gab mein Bestes. »Wenn Sie gleich gehen, dann gehen Sie zurück in Ihr Leben«, sagte ich. »Ich gehe dann in meine 2x3-Meter-Zelle und dann habe ich nur ein paar Minuten Zeit, mir all diese Schutzschichten um mich herum wieder aufzubauen, all meine Abwehrschilde.« Bei jedem Besuch, den ich bekam, musste ich diese Schichten, die meine seelische und meine körperliche Gesundheit bewahrten, herunterreißen. Kurze Zeit später, zurück in meiner Zelle, musste ich alle Schichten wieder neu aufbauen. Ich musste mein Gefühlsleben vollkommen runterfahren. Ich vergrub meine Gefühle so tief, dass die Dinge, die mich normalerweise berührt oder bewegt hätten, mich nun nicht mehr berührten oder bewegten. Ich hatte ungefähr fünf bis zehn Minuten zwischen dem Besucherraum und der Zelle, um das zu schaffen. »Das Ausschalten aller Gefühle ist die schmerzhafteste, qualvollste Aufgabe, die ich mir vorstellen kann«, sagte ich. »Aber ich muss es tun, um zu überleben.«

Herman erzählte Grassian, dass er Dinge vermisse, wie nach der Feldarbeit unter einer Weide zu sitzen und in ihrem Schatten einen milden Lufthauch zu spüren. Es fiel ihm schwer, zu beschreiben, wie es sich anfühlte, in einer 2 x 3 Meter großen Zelle eingesperrt zu sein. Seine Augen füllten sich mit Tränen. »Leid. Wie beschreibt man Leid?«, sagte Herman und Grassian schrieb mit zitternden Händen in seinen Bericht: »Wenn ich das Leid spüre, überkommt es mich – wie eine Flutwelle. Ich muss das Gefühl sofort stoppen. … Man muss so viel unterdrücken.« King, der ja schon draußen unterwegs war, wurde ebenfalls von Grassian interviewt. »Das Thema, das bei allen drei Männern in den Gesprächen den wichtigsten und größten Raum einnahm, war wohl das von Trauer und Verlust und der verzweifelte Versuch, diese Gefühle nicht zuzulassen – aus Angst, von ihnen überwältigt zu werden.«

Einige Jahre später schickte der Staat uns dreien einen anderen Psychologen zum Interview. Bei diesem Gespräch konnte ich die Fragen beantworten, ohne zu tief in meinen Gefühlen zu graben. Am Ende des zweiten Interviews war ich allerdings ziemlich genervt über seine Frageweise: Er versuchte mir unablässig in den Mund zu legen, dass die Erlaubnis, Bücher in der Zelle zu haben und sich drei Mal in der Woche eine Stunde lang draußen auf dem Hof bewegen zu können, es für uns doch erträgbar mache, und deswegen auch akzeptabel sei, 23 Stunden am Tag in einer Einzelzelle zu verbringen. Als wir zum Schluss kamen, fragte er mich, ob ich ihn auch etwas fragen wolle. Ich wollte. »Glauben Sie, dass Fernsehen und die Möglichkeit, Süßigkeiten in der Kantine zu kaufen, für jemanden, der fast vierzig Jahre in Isolationshaft mit höchster Sicherheitsstufe sitzt, einen Unterschied macht?«, fragte ich ihn. Er antwortete nicht. »Glauben Sie, dass ein Telefongespräch dann und wann, das Leid und die Trostlosigkeit von 23 Stunden Untätigkeit in einer winzigen Zelle über vierzig Jahre – jahraus, jahrein – mildert? Tut es nicht.« Und ich ergänzte: »Wenn man nicht aus der Zelle herauskann, dann ist es egal, was sie einem geben oder erlauben – das macht dann alles keinen Unterschied. Der Druck, in einer Zelle zu sitzen, ist immer da. Der Kampf, nicht den Verstand zu verlieren, ist immer da. Sie möchten, dass ich glaube, ich sei okay, obwohl Sie wissen, dass ich nicht okay bin. Ich kann Ihnen keine genauen Angaben darüber machen, in welcher Weise diese Isolationshaft mich verändert hat, doch ich kann Ihnen mit Sicherheit sagen, dass sie mich verändert hat.«

Mein Anwalt George Kendall wollte bei seinem nächsten Besuch wissen, was ich dem staatlichen Psychologen erzählt hatte. Ich erfuhr, dass der Staat mir für das nächste Interview einen anderen schicken wollte. Ich erklärte ihm, ich könne mir vorstellen, dass der erste einen Gewissensschock erlitten habe und deswegen ausgefallen war. Vielleicht hatte er ja verstanden, dass 23 Stunden am Tag eingeschlossen zu sein, Jahr für Jahr, eine »grausame und ungewöhnliche Strafe« darstellte. Wir erfuhren allerdings nie, ob das wirklich der Grund für den Wechsel war. Herman und ich wollten keinen anderen vom Staat bestellten Psychologen sprechen. Die staatlichen Anwälte versuchten, unsere Ablehnung zurückzuweisen, doch George und sein Team behielten die Oberhand.

Für George war es wichtig, dass ein weiterer Psychologe von Gefängnisseite mit uns sprach, damit die Zivilklage gut vorbereitet werden konnte. Er organisierte für uns ein Treffen mit Craig Haney, Professor für Psychologie und Forscher an der University of California in Santa Cruz. Haney hatte Weltruf mit der Erforschung der Folgen von Isolationshaft auf Gefangene erlangt. Seine wissenschaftlichen Arbeiten zeigen, dass schon zwei Wochen Einzelhaft in einem Menschen Ängste, Rückzug, Reizbarkeit, Halluzinationen, Aggressionen, Verfolgungswahn, Zornanfälle, Kontrollverlust, einen ständig drohenden Gefühlskollaps, Überempfindlichkeit, Selbstverstümmelung und Selbstmordgedanken auslösen können.

Herman und ich bekamen einzeln Kontaktbesuch von Haney im Angola. Auch mit King sprach er. Bei einem dieser Besuche bestellte ich etwas zu essen in den Besucherraum. Das Essen kam, aber die Wärter machten keine Anstalten, meine Handschellen zu lösen. Sie wollten die Ketten nur entfernen, wenn ich mich hinter die Trennwand setzte. So führten wir das Gespräch notgedrungen mit der Abtrennung zwischen uns. Haney war ein großer Kenner und leidenschaftlicher Kämpfer auf dem Gebiet der Isolationshaft, er gefiel mir sofort. Doch wiederum hatte ich das Gefühl, dass ich nur relativ unberührt den Zweck solch eines Treffens erfüllen konnte – ich konnte aufzeigen, dass diese unheimlich lange Isolationshaft mich verändert hatte. Doch die Schutzschicht um mich herum durfte ich nicht ankratzen, um nicht den Verstand zu verlieren. Meine Angst, irgendwann zu schreien anzufangen und nicht mehr aufhören zu können, saß mir immer im Nacken. Und das ist nicht nur so dahingesagt. Ich beschrieb meine Platzangst-Attacken und meine Schlafprobleme – immer nur sehr wenige Stunden am Stück schlafen zu können. Ich erzählte Haney, dass ich die ganze Zeit mit mir selbst sprach, dass ich mit mir selbst lauthals diskutierte, weil niemand anderes da war, mit dem ich sprechen konnte. Als ich ihm sagte, dass es mir nicht gestattet worden war, den Beerdigungen meiner Mutter und meiner Schwester beizuwohnen, weinte ich. Um aus der Depression wieder herauszukommen, so erklärte ich Haney, »versuche ich das wieder emporzuholen, was mein Wesen ausmacht, das, woran ich glaube«, und ich beschrieb ihm, wie ich an den Grundsätzen und Werten festhielt, die ich von der Black Panther Party gelernt hatte: Ich sagte ihm, ich machte mir Sorgen darum, vollkommen gefühllos zu werden. »Ein Teil von mir«, erklärte ich ihm, »ist weg, wurde mir weggenommen – meine Seele. Diesen Teil musste ich opfern, um zu überleben. Das war der Preis dafür, dass ich überlebte, ohne meine Grundsätze und Werte zu verraten.«

Herman drückte seine Gedanken über die Schwierigkeit mit den eigenen Gefühlen umzugehen, so aus: »Ich bleibe weg von solchen Sachen, solchen emotionalen Sachen. Die schiebe ich vorsichtig zur Seite. Ich spüre, dass es dort einen Damm von Gefühlen und Empfindungen und Tränen gibt, der plötzlich bersten könnte. Ich muss es schaffen, das zurückzuhalten. Es ist wie ein Reflex, die Art und Weise, wie wir hier drinnen funktionieren, einfach ein Überlebensmechanismus. Man muss seine Gefühle unterdrücken und verleugnen. Man macht sich große Sorgen darüber, was wohl passieren würde, wenn man seinen Gefühlen und Tränen freien Lauf ließe. … Man darf nicht zusammenbrechen, man darf nicht laut stöhnen – wenn ich es nicht tue [Kontrolle bewahren], dann weiß ich nicht, was mit mir geschieht. Ich habe schon zu viele Typen gesehen, die ihre Gefühle rausließen und nie mehr davon loskamen. Dagegen kämpfe ich Tag für Tag.«

In seinem Abschlussbericht schrieb Haney: »Alle drei Männer halten an ihren Überzeugungen fest, die ihnen geholfen haben, stark zu bleiben, trotz massiver Entbehrungen. Sie sehen sich selbst als Vertreter von etwas, das größer ist als sie selbst – als führende Köpfe, die aufrecht dafür eintreten, den Vollzug im Angola zu verbessern –, und sie werden versuchen, nicht die mindeste Schwäche zu zeigen, weil sie wissen, was dies dann für die anderen bedeuten würde – für diejenigen, die auf ihrer Suche nach Führung, Stärke und Vorbildern jetzt zu ihnen aufsehen. Und deswegen ist es für diese drei Männer ganz besonders schwierig, ihre eigene Verwundbarkeit und Schwäche zuzugeben, egal wie grausam die Bedingungen um sie herum sind.«

Kapitel 46
2008

Am 14. Januar 2008 wurde James »Buddy« Caldwell – seines Zeichens Elvis-Imitator und früherer Staatsanwalt des Sixth Judicial District von Louisiana – als neuer Generalstaatsanwalt für Louisiana eingeschworen. Eine seiner ersten Amtshandlungen war es, den Kläger meines ersten Prozesses von 1973 für sein Team anzuheuern: John Sinquefield – Caldwells Freund aus Kindertagen. Sinquefield wurde »sein persönlicher Assistent«, die Nummer zwei in seinem Büro. Es war keine Überraschung für uns, dass wir von Anfang an auf Caldwells Radar auftauchten. Da war schließlich die enge Verbindung zu Sinquefield und die Tatsache, dass mein Fall dem Büro des Generalstaatsanwaltes vorlag; dorthin wurden meine Unterlagen vor meinem zweiten Prozess 1998 weitergereicht. Zur gleichen Zeit machte aber auch George Kendalls Team Druck, um die Zivilklage voranzubringen: Sie reichten Anträge ein und ließen Dutzende ehemalige und aktuelle Gefängnisbeamte aus dem Angola unter Eid aussagen. Unser Unterstützerkomitee hatte großartige Arbeit geleistet, indem es die Lügen und falschen Darstellungen in der Anklage des Staates gegen uns ans Licht gebracht hatte. Nun stand der Staat unter Druck, eine Antwort zu geben, und Buddy Caldwell sah hierin eine Möglichkeit, sich zu profilieren. Es dauerte nicht lange, bis er eine Diffamierungskampagne gegen mich lostrat.

Zunächst allerdings erfuhr ich eine Neuigkeit: Brent Millers Witwe, Leontine »Teenie« Rogers, setzte sich für mich und Herman in einem Brief an den Staat ein. Sie forderte die Verantwortlichen dazu auf, ihre Fehler zuzugeben, unseren Fall neu aufzurollen und die wahren Mörder ihres Mannes zu finden. Rogers hatte einige Jahre zuvor von unserem Ermittler Billie Mizell unsere Version der Geschichte gehört. Mizell war von unseren Verteidigern mit dem Fall betraut worden. Als ich zum ersten Male davon hörte, dass Billie mit Brent Millers Witwe sprechen wollte, stimmte mich dies nicht gerade optimistisch. Teenie Rogers war gerade einmal siebzehn, als ihr Mann getötet wurde. Sie war in der Gewissheit aufgewachsen, dass die »rassistischen« Black Panther ihren Mann nur deshalb getötet hatten, weil er weiß war. Später erzählte sie mir auch, dass sie gar nicht genau wusste, warum sie Billie zu einem ersten Besuch in ihr Haus gelassen hatte. Aber sie hatte damals jeden Tag an Brent gedacht, an die »Liebe ihres Lebens«. Vielleicht hatte sie das Gefühl, sein Tod sei noch ungeklärt. In den Jahren nach Millers Tod hatte sie Entschädigung vom

Staat gefordert, da ihr Mann an seinem Arbeitsplatz sein Leben verloren hatte. Der Staat ließ kein gutes Haar an Miller und antwortete, es sei schließlich sein eigener Fehler gewesen, nicht in der Wachkabine Aufsicht geführt, sondern sich im Schlafsaal der Gefangenen aufgehalten zu haben. Rogers' Antrag wurde abgelehnt und sie bekam für einen befristeten Zeitraum fünfundvierzig Dollar in der Woche aus der Berufsunfallversicherung.

Teenie Rogers erzählte Billie Mizell bei dessen erstem Besuch, dass sie meinem ersten Prozess nicht beigewohnt hatte, weil der Schmerz für sie zu groß gewesen wäre und dass sie immer geglaubt hätte, was ihr damals versichert worden war: die blutigen Fingerabdrücke und andere Beweisstücke, die man am Tatort gefunden hatte, seien Beweis genug dafür gewesen, dass man die Schuldigen gefasst hatte. Im Zuge vieler weiterer Besuche legte Billie ihr die Beweise vor, die Hermans und meine Unschuld bezeugten: dass der blutige Fingerabdruck weder mit Hermans noch mit meinem identisch war, doch niemals mit dem der anderen auf diesem Gang untergebrachten Häftlinge abgeglichen worden wurde, dass die blutverschmierten Turnschuhe niemals im Kriminallabor untersucht oder in einen Prozess eingebracht worden waren, dass unzählige Beweise die widersprüchlichen Aussagen der »Kronzeugen« als Lügen entlarvten. In der Zeit zwischen den einzelnen Besuchen, so erzählte uns Rogers später, stellte sie auch eigene Ermittlungen an. Sie führte zum Beispiel persönliche Gespräche mit ehemaligen Wärtern aus dem Angola. Letztendlich gelangte sie zu der Überzeugung, dass ein fürchterlicher Justizirrtum passiert sei. Sie forderte daraufhin Gouverneur Bobby Jindal in einem Brief auf, den Mörder ihres Mannes zu finden.

Im Januar 2008 gelangte unsere Geschichte nach Washington D.C. King, Tory Pegram, Chuck Blitz, Gordon Roddick und einige andere Mitglieder unseres Beratungsgremiums, riefen so viele Abgeordnete und potenzielle Anwälte zusammen, wie sie finden konnten, dazu Barry Scheck, Mitbegründer des *Innocence Project*; Denny LeBoeuf, einen Verteidiger bei Todesstrafprozessen aus Louisiana, der die Aktivitäten des ACLU in Guantánamo zu jener Zeit koordinierte; Joan Claybrook, Gründerin und Geschäftsführerin von Ralph Nader's *Public Citizen*; Ira Glasser, die ehemalige Geschäftsführerin vom nationalen Büro der ACLU; Ira Arlook von *Fenton Communications*; Webb Hubbell, den stellvertretenen Generalstaatsanwalt unter Präsident Bill Clinton und ehemaligen Richter des Supreme Court von Arkansas; den Schauspieler und Kämpfer gegen die Todesstrafe Mike Farrell; sowie Gordons Freund und Kollege Ben Cohen vom Ben & Jerry's.

Bei einem dieser Treffen kamen Cedric Richmond (Orleans Parish), Vorsitzender des Louisiana *House Judiciary Committee*, Teenie Rogers, Billie Mizell, Tory und King mit dem Kongressabgeordneten John Conyers zusammen, dem Kopf des Justizausschusses im Repräsentantenhaus zu jener Zeit, der einige seiner Kollegen um sich versammelt hatte. Unser Fall wurde vor ihnen ausgebreitet. Dann stellte Billie Teenie der versammelten Mannschaft vor. Teenie verlas den an Gouverneur Jindal gerichteten Brief:

> Brent und ich wuchsen in der, wie sie allgemein genannt wurde, ›B-Line‹ auf, in direkter Nachbarschaft zum Angola, hinter dem Eingangstor der Haftanstalt. Als Kinder wussten wir, dass das Angola ein Gefängnis mit einer Farm war, doch für uns war es nur das ›Zuhause‹. Wir lebten im Angola, wir gingen dort zur Kirche und zum Angeln, wir machten dort Fahrradtouren und spielten Ball mit unseren Freunden – und dort gaben Brent und ich uns auch das Jawort. Nicht ein Tag ist in den letzten sechsunddreißig Jahren vergangen, an dem ich nicht an Brent gedacht habe und an unsere Liebe und an das Leben, das wir hätten haben können. Der 17. April 1972 fühlt sich für mich noch immer an wie gestern. Ich setzte Brent an jenem Morgen an seiner Arbeitsstelle ab, er betätigte die Stechuhr, und ich fuhr weiter zur Fachschule für Kosmetik in Baton Rouge. Nur ein paar Stunden später kam meine Schwester vorbei und sagte mir, Brent sei tot. Mein Bruder, der auch als Wärter im Angola arbeitete und an dem Tag Dienst hatte, musste Brent identifizieren – er ging nie mehr zu seinem Arbeitsplatz zurück. Auch mein Vater gab seine Stelle auf und unsere ganze Familie verließ das Angola. Die Männer, die Brent mit 32 Stichen getötet hatten, nahmen mir meinen Mann und sie nahmen mir mein Zuhause.
>
> Drei Jahrzehnte lang habe ich geglaubt, dass Albert Woodfox und Herman Wallace diese Männer waren. Im Jahre 1972 wollte ich sie beide tot sehen, ich hätte sie zu der Zeit mit meinen eigenen Händen getötet, wenn ich gekonnt hätte. Auch wenn ich, am Boden zerstört, damals weder die Zeitungsberichte lesen noch an den Verhandlungen teilnehmen konnte, so hatte ich doch keinen Grund, daran zu zweifeln, dass die Männer, die verurteilt worden waren, auch die Männer waren, die meinen Ehemann umgebracht hatten. Jeder in B-Line wusste, dass am Tatort ein blutiger Fingerabdruck gefunden worden war und wenn innerhalb der Gefängnismauern ein Fingerabdruck sichergestellt wird, dann ist es ja keine große Mühe, herauszufinden, von wem er stammt – die Gefängnisbevölkerung ist vollkommen isoliert und von jedem Insassen hat der Staat eine Akte mit Fingerabdrücken. Ich hatte angenommen, dass der Abdruck, den der Mörder im

Blut meines Mannes hinterlassen hatte, der Gefängnisleitung einen klaren Fall beschert hatte und es ein Leichtes war, die Täter zu identifizieren. Ich hatte auch gehört, dass ein blutverschmierter Turnschuh und ein blutiges Messer gefunden worden waren, und dass Woodfox und Wallace selbst auch Blutflecken an ihrer Kleidung hatten, und so hatte ich dreiunddreißig Jahre lang nie einen Zweifel daran, dass die richtigen Männer hinter Schloss und Riegel saßen … Was ich dann aber herausfand, war, dass ich vieles eben nicht wusste.

Seit jenem Tag … weiß ich, dass der blutige Fingerabdruck vom Tatort nicht mit dem Fingerabdruck von Woodfox übereinstimmt und auch nicht mit dem von Wallace. Und was mich aber noch mehr schockierte, war die Tatsache, dass anscheinend gar kein Versuch unternommen worden war, um herauszufinden, von wem er überhaupt stammte – eigentlich eine ganz einfache Sache. Ich erfuhr auch, dass der blutverschmierte Turnschuh nie im Kriminallabor angekommen war. Ich erfuhr, dass das Messer gar nichts mit Brents Ermordung zu tun gehabt hatte. Ich erfuhr, dass die Kleider, die angeblich Albert Woodfox gehörten, eine Woche lang aus dem Kriminallabor verschwunden waren und dass sie ein paar einzelne, winzige Sprenkel aufwiesen, die möglicherweise Blut hätten sein können. Da auf meinen Mann 32-mal eingestochen worden war, scheint mir dies aber etwas unglaubwürdig. Ich erfuhr, dass der gesamte Prozess gegen Woodfox und Wallace auf Zeugenaussagen von Mithäftlingen basierte – weil eben KEIN offensichtlicher Beweis die beiden mit dem Mord in Verbindung brachte –, und dass doch eine größere Zahl der Häftlinge für sie ausgesagt hatten als gegen sie. Ich erfuhr, dass die Kronzeugen Belohnungen für ihre Falschaussagen zu erwarten hatten, sei es in Form von besseren Unterkünften, von Begnadigungen oder Zigaretten. Die Mehrzahl dieser Zeugen hat mittlerweile gestanden, dass sie gelogen haben. Ich erfuhr, dass das Urteil so eilig vollstreckt wurde, dass ein anderer Häftling, namens Robert King, ebenfalls in Isolationshaft genommen wurde und ihm erst danach mitgeteilt wurde, dass er dort in Untersuchungshaft im Mordfall Brent Miller saß. Er blieb neunundzwanzig Jahre lang in Einzelhaft, obwohl er diesen Mord doch auf gar keinen Fall hatte begehen können: Er war einige Tage *nach* dem Mord überhaupt erst im Angola eingetroffen. Vor Kurzem habe ich mit Mr. King gesprochen. Er ist ein ruhiger, freundlicher Mann und in seiner gelassenen Art noch nicht einmal verbittert darüber, was ihm angetan wurde.

Ich weiß nicht, wie es sich anfühlt, wenn man dreißig Jahre in Isolationshaft sitzt für etwas, was man gar nicht getan hat, aber ich weiß, wie es sich anfühlt, wenn man durch eine sinnlose Tat einen geliebten Menschen verliert. Jedes Mal, wenn ein neuer Zeitungsbericht oder

> eine neue Meldung im Fernsehen über diesen Fall erscheint, jedes Mal, wenn mich ein Reporter anruft, muss ich den 17. April 1972 noch einmal von vorn erleben. Ich weiß nicht, ob Sie jemals einen geliebten Menschen in solch einem brutalen Verbrechen verloren haben, aber ich kann Ihnen sagen, dass solch eine Erfahrung einen verändert – der Kummer überwältigt einen, das ›Was wäre, wenn‹ verfolgt einen. Und jetzt … jetzt habe ich noch mit einer weiteren Tragödie zu leben – die beiden unschuldigen Männer, die schon sechsunddreißig Jahre Isolationshaft hinter sich haben, und die im Gefängnis bleiben müssen für ein Verbrechen, das sie gar nicht begangen haben. Mit dieser Tragödie möchte der Staat Louisiana also leben. Ich nicht. Und ich hoffe, Sie auch nicht. … Nach mehr als sechsunddreißig Jahren kann es keine Entschuldigung dafür geben, diesen Männern noch einen Tag länger Gerechtigkeit zu verweigern. Es ist jetzt an der Zeit, dass der Staat Louisiana endlich die am Tatort sichergestellten blutigen Fingerabdrücke mit denen aller Häftlinge im Angola vergleicht, die am Tag des Verbrechens dort einsaßen und herausfindet, wer seinen blutigen Abdruck an der Wand jenes Schlafsaales hinterlassen hat, bevor er hinausging und Brent dort sterben ließ. Ich glaube an das jüngste Versprechen, dass man in Louisiana die Korruptionsvorfälle der Vergangenheit aufklären will, und deswegen fordere ich Sie auf – kraft Ihres Amtes und mit persönlichem Einsatz für Gerechtigkeit –, diesen Fall nun zu Ende zu bringen. Brent Miller war ein Angestellter dieses Staates und er hat nur seine Arbeit getan. Der Staat Louisiana schuldet ihm nun Gerechtigkeit.

Als Rogers zu Ende gelesen hatte, sagte niemand ein Wort. Einige Leute im Raum weinten. Der Kongressabgeordnete Conyers, der bei der Gefängniskonferenz 1972 damals in New Orleans alle schwarzen Häftlinge als »politische Gefangene« bezeichnet hatte, schrieb, während wir noch alle im Büro zusammensaßen, sofort einen Brief an Staatsanwalt Michael Mukasey, in dem er das Justizministerium aufforderte, unsere Fälle noch einmal für neue Ermittlungen zu öffnen. Er schrieb auch an den FBI-Direktor Robert Mueller und fragte ihn nach Akten über unseren Fall. Und er schrieb an den Gefängnisdirektor Burl Cain, um ihn um einem Besuchstermin bei mir und Herman zu bitten – für sich und für »andere Kongressabgeordnete sowie interessierte Personen«, die er mitzubringen gedachte.

Im gleichen Monat, nämlich im Januar 2008, wurden Herman, King und ich unabhängig voneinander zur Vorbereitung auf unsere Zivilklage unter Eid von den staatlichen Anwälten vernommen. Die Anwälte von Louisiana fragten mich, ob ich genügend Kleidung zur

Verfügung hätte, was ich bejahte, weil ich sowohl eine Familie als auch Unterstützer hatte, die mir Geld für Kleidung schickten. Mittellose Häftlinge, so sagte ich ihnen, die zum Beispiel einen Antrag auf Unterwäsche einreichten, müssten aber sechs Monate darauf warten. Sie fragten mich, ob wir im Sommer Ventilatoren zur Verfügung hätten. Ja, haben wir; aber wenn die Temperatur in der Zelle 38 Grad beträgt, dann helfen auch Ventilatoren nicht mehr. Sie fragten mich, ob wir in der Gerichtsverhandlung eine Aussage über Misshandlungen machen wollten. »Nicht über körperliche Misshandlungen«, war meine Antwort. »Wir werden sagen, dass die Tatsache, uns so lange in dieser Zelle festzuhalten eine ›grausame und ungewöhnliche Strafe‹ darstellt.« In unserer Anklage sollte es nicht um die Schläge gehen, den Kerker oder die Misshandlungen durch inhaftierte Wärter oder Freie, was uns und allen anderen Häftlingen im Angola ständig widerfährt. Es ging nicht um Hofzeiten oder Decken oder medizinische Versorgung. Doch bei der Einzelbefragung versuchten die Anwälte uns mit ihren Fragen immer wieder zu der Aussage zu verleiten, dass das 23-stündige Eingesperrtsein in Isolationshaft irgendwie doch nicht so schlimm wäre. Wir hatten immerhin Farbfernseher, wir hatten Ventilatoren, wir hatten Matratzen. Immer wieder versuchten wir ihnen klarzumachen, dass es uns in unserer Klage nicht darum ging, ob wir Fernseher hätten oder nicht. Sondern darum, dass 23 Stunden Einzelhaft am Tag einfach eine »grausame und ungewöhnliche Strafe« war und die Verletzung unserer Grundrechte darstellte. Unsere Klage bezog sich außerdem darauf, dass wir nicht wirklich gleich behandelt wurden: Während Dutzende andere Häftlinge im CCR-Trakt ein und aus gingen, war es uns nie möglich, rauszukommen. Uns wurde das Recht auf ein ordentliches Gerichtsverfahren verwehrt.

Die vom Staat Louisiana eingesetzten Anwälte warfen auch einen Blick in unsere Disziplinarberichte, um rechtlich einwandfreie Gründe zur Rechtfertigung unserer jahrzehntelangen Einzelhaft zu finden. Doch über all die Jahre im Angola hinweg hatten wir uns nie etwas zuschulden kommen lassen, was zu einem gravierenden Disziplinareintrag hätte führen können. Einen Eintrag hatte ich dafür bekommen, dass ich mich in den 1980er-Jahren wegen meines Hautausschlags um die Taille als Notfall gemeldet hatte. Einen anderen, als mir bei der Feldarbeit in Camp J schlecht geworden war und ich einen Krankenwagen gerufen hatte. Dann hatte ich noch einen Eintrag bekommen, weil ich einen »Speer« in meiner Zelle hatte. Brent Hicks hieß der Anwalt, der mich über diesen Vorfall befragte:

Frage: Mr. Woodfox, [im Jahre 1992] fand man in Ihrer Metallkiste einen ausziehbaren Stab in einem großen Briefumschlag; ist das korrekt?
Antwort: Ja.
Frage: Und das Teil wurde wirklich in Ihrer Metallkiste gefunden?
Antwort: Ja.
Frage: Wofür wurde dieses Teil gebraucht?
Antwort: Es ist eine Art Fernbedienung. Wir benutzen es, um das Fernsehprogramm zu wechseln.
Frage: Wozu benutzen Sie die leere, verbrannte Coladose? [Ein weiterer Eintrag]
Antwort: Damals hatten wir in unseren Zellen weder heißes noch kaltes Wasser, und wir haben sie benutzt, um Wasser zu erwärmen und zum Kaffeekochen. Man konnte löslichen Kaffee in der Kantine kaufen, aber wir hatten kein heißes Wasser in der Zelle.
Frage: Weiter. Ich zeige Ihnen nun einen Disziplinareintrag vom 5. Februar 1992. Hier steht, Mr. Woodfox, dass Sie einen selbstgemachten Speer in der Zelle hatten; ist das korrekt?
Antwort: Ja.
Frage: Mit einer Länge von knapp zweieinhalb Metern?
Antwort: Ja.
Frage: Ist das eine Waffe?
Antwort: Das gleiche Teil wie das andere auch, auch zum Wechseln des Fernsehprogramms. Wir benutzen das, um umzuschalten. Machten alle so in der CCR damals.
Frage: Ich verstehe nicht, wie das funktionieren soll. Erklären Sie mir, wie es funktioniert.
Antwort: Okay. Der Fernseher hängt gegenüber auf dem Gang, weit weg von der Zelle. [Wenn] keiner im Gang ist, um das Programm zu wechseln, und man möchte etwas anderes sehen, eine besondere Sendung, dann hält man den Speer raus, drückt damit auf den Knopf und wechselt den Sender.
Frage: Wie macht man denn aus einer Rolle Toilettenpapier solch einen Speer?
Antwort: Einfach lange feste Rollen machen. Stößt man den Speer aber fest gegen die Wand oder etwas anderes Hartes, faltet er sich einfach zusammen. Ein paar Wärter hatten mit unserem Speer kein Problem, andere schon.

Angesichts der Tatsache, dass es keine schwerwiegenden Fälle von Fehlverhalten in unserer Gefängniskarriere gegeben hatte, um die extrem harte Strafe dieser langen Einzelhaft zu rechtfertigen, versuchte der

Staat Louisiana anschließend, unsere persönlichen und politischen Verbindungen als große Bedrohung darzustellen. Sie fragten mich über die Black Panther Party aus, so als ob meine politischen Überzeugungen die extrem grausamen Haftbedingungen bei 23-stündigem Eingeschlossensein rechtfertigen könnten. Wieder wurde ich von Mr. Hicks befragt.

Frage: Hat die Black Panther Party Gewalt befürwortet?
Antwort: Nein.
Frage: Es ging immer alles friedlich zu?
Antwort: Wenn Sie mit »Gewalt befürworten« meinen, dass sie uns sagen, wir sollten rausgehen und Leute attackieren, nein. Niemals habe ich von der Black Panther Party gehört, ich solle einen Menschen oder irgendeine Gruppe attackieren.
Frage: Waren Sätze wie »Tötet die Schweine« Ausdrücke der Black Panther Party?
Antwort: Zu jener Zeit war dies ein Ausdruck aller Bewegungen. Ich glaube, man hatte einfach kein besseres Wort, das war die politische Rhetorik damals.
Frage: Was genau bedeutete dieser Satz?
Antwort: Ich glaube, er bedeutete Verschiedenes für verschiedene Leute. Für die Black Panther bedeutete das auf keinen Fall, buchstäblich jemanden zu töten, es sollte vielmehr die Sache definieren und Mitstreiter im Kampf für die Sache vereinen. Wir wollten die Korruption in der Polizei und die Korruption in der Politik bekämpfen. Wir wollten den Rassismus in der Polizei und den Rassismus in der Politik bekämpfen.
Frage: Haben Sie diesen Satz benutzt?
Antwort: Ja.
Frage: In welchem Zusammenhang haben Sie ihn benutzt?
Antwort: Wie gesagt, er war Teil der politischen Kultur damals, Teil der politischen Rhetorik. Jeder hat ihn benutzt.
Frage: War die erhobene, geballte Faust ein Symbol der Black Panther Party?
Antwort: Es war das Symbol aller Organisationen damals. Es war ein Symbol der Solidarität. Es wurde über die Jahre immer wieder falsch interpretiert und falsch zitiert, aber die geballte Faust hat immer Solidarität bedeutet und Stärke.
Frage: Solidarität wo und wie?
Antwort: Solidarität in der Community, die Solidarität des amerikanischen Volkes gegen Korruption, Solidarität der Menschen, der Arbeiter im Kampf gegen ungerechte Arbeitsbedingungen.

Frage: Glauben Sie, die Regierung war zu jener Zeit korrupt?
Antwort: Ja, das war sie.
Frage: Warum glaubten Sie das?
Antwort: Wegen der politischen Entscheidungen, die sie getroffen haben.
Frage: Welche politischen Entscheidungen?
Antwort: Ihr Rassismus, himmelschreiender Rassismus. Rassismus durfte gelebt werden in unserem Land, gegen Afroamerikaner, gegen andere Minderheiten, Unterdrückung der Communities in ganz Amerika, die ungleiche Verteilung des Wohlstandes im Land.
Frage: Glauben Sie, die Regierung war in die Rassismusprobleme verstrickt?
Antwort: Ja, das glaube ich.
Frage: Wie denn?
Antwort: Weil sie Rassismus zuließ im ganzen Land: Afroamerikaner durften in ganz bestimmten Vierteln nicht wohnen, sie bekamen bestimmte Jobs nicht, wie andere Minderheiten auch. Die Regierung versagte darin, jedem Bürger verfassungsrechtlich Sicherheit zu verschaffen, dass sie leben durften, wo sie wollten, arbeiten in den Jobs, für die sie qualifiziert waren, Zugang zu Bildung zu hatten und Chancengleichheit – unabhängig von ihrer Hautfarbe.
Frage: So sah es für Sie aus in den 1970er-Jahren?
Antwort: Ich sah es, ich wusste es, ich lebte damit, ich erfuhr es am eigenen Leib.
Frage: Glauben Sie, dass es immer noch so ist?
Antwort: Ich glaube, dass dieses Land immer noch von Rassismus geprägt ist.
Frage: Glauben Sie, dass die amerikanische Regierung auch heute noch korrupt ist?
Antwort: Oh ja … Ich glaube, dass die Regierung die Verantwortung für alle ihre Bürger trägt, für jeden Einzelnen. Ich glaube, dass sie die Verantwortung dafür trägt, ihre Bürger vor Ereignissen zu schützen, über die sie keine Kontrolle haben, wie zum Beispiel Arbeitslosigkeit – und ich glaube, dass die Regierung in Zeiten von Arbeitslosigkeit oder Rezession die Pflicht hat, allen Bürgern angemessene Wohnungen, Kleidung, Essen, medizinische Versorgung, Bildung und Chancengleichheit zu garantieren, und wenn die US-Regierung oder die Regierung eines einzelnen Bundesstaates sich weigert, dies zu tun, dann ist das in meinen Augen eine Form von Korruption.
Frage: Und Sie glauben, dass in den 1970er-Jahren diese Form von Korruption üblich war?
Antwort: Ich glaube, dass dies so auch heute noch üblich ist.

Frage: Was ist mit der ungerechten Verteilung, die Sie eben ansprachen?
Antwort: Ja.
Frage: Erklären Sie, was Sie damit gemeint haben.
Antwort: Unterbezahlte Angestellte, gekürzte Sozialleistungen, zurückgefahrene medizinische Vorsorge, mehr Arbeitsstunden für weniger Geld.
Frage: Und wenn Sie über ungleiche Verteilung des Wohlstands reden, wollen Sie damit sagen, dass diese Ungleichheit auf Rassismus beruht?
Antwort: Nein, diese Ungleichheit ist überall. Diejenigen, die die Ressourcen in diesem Land besitzen, die die Produktionsmittel besitzen, die Industrie, wissen Sie, wenn sie dem Arbeiter weniger bezahlen, als seine Arbeit wert ist, wenn sie ihn nicht am Gewinn, den sie aus seiner Arbeit schlagen, teilhaben lassen, wenn sie seine medizinische Versorgung beschneiden, Sozialleistungen kürzen, auf Gewinne oder Verluste setzen – das alles ist meiner Meinung nach eine Form von Korruption.
Frage: Haben Sie in den 1970er-Jahren zum Umsturz der korrupten Regierung für Gewalt plädiert?
Antwort: Nein. Ich habe für Solidarität plädiert, ich habe Petitionen an die Regierung organisiert und Proteste unterstützt.
Frage: Haben Sie damals eine Revolution befürwortet?
Antwort: Ja.
Frage: Erklären Sie mir das.
Antwort: Revolution bedeutet, dass sich die Dinge ändern müssen, dass das Land verändert werden muss, dass die Regierung sich um jeden einzelnen Menschen kümmern muss, dass die Privatwirtschaft aufhören muss, die Menschen in ihrer großen Gier auszubeuten, und stattdessen mit den unverschämten Mengen Geld, die sie angehäuft hat, ihren Arbeitern anständige Löhne, Kranken- und Rentenversicherung zahlen soll.
Frage: Das heißt, dass Sie eine friedliche Revolution befürwortet haben statt einer blutigen Revolution?
Antwort: Ja.
Frage: Glauben Sie, dass Sie diese politischen Ansichten reformiert haben?
Antwort: Ich bin mir nicht ganz sicher, ob ich genau verstehe, was Sie meinen – mit ›reformieren‹.
Frage: Haben Sie noch immer dieselben politischen Ansichten?
Antwort: Ja. Kampf der Korruption, dem Missbrauch, dem Rassismus. Ich glaube, dass das falsch ist, ich glaube, dass es moralisch falsch ist, wenn ein Mensch so handelt oder wenn eine Regierung zulässt, dass er so handelt.

Frage: Das heißt, dass sich Ihre politischen Ansichten seit den 1970er-Jahren nicht geändert haben?
Antwort: Nein.
Frage: Bezeichnen Sie sich immer noch als Mitglied der Black Panther Party?
Antwort: Die Black Panther Party existiert nicht mehr, aber ich glaube immer noch an ihre Grundsätze und Moralvorstellungen.
Frage: Die Grundsätze, über die wir heute Morgen geredet haben?
Antwort: Das 10-Punkte-Programm, ja.
Frage: Was, denken Sie, muss passieren, damit Sie aus der Isolationshaft entlassen werden?
Antwort: Was ich denke? Ich denke, dass, wenn nicht irgendein Gericht in dieser Sache interveniert, ich niemals aus der CCR freikomme.
Frage: Woran liegt es?
Antwort: Daran, was vor über dreißig Jahren passiert ist, als ich vor dem Untersuchungsausschuss stand, wie ich da behandelt wurde.
Frage: Haben Sie das Gefühl, Sie werden bestraft?
Antwort: Ja.
Frage: Warum haben Sie das Gefühl, bestraft zu werden?
Antwort: Weil ich seit über dreißig Jahren in dieser Zelle festsitze und egal, wie sehr ich mich anstrenge, egal, wie mein Verhalten ist, ich nie die Chance bekomme, mich wieder zurückzukämpfen zu den übrigen Insassen im Hauptgefängnis.
Frage: Haben Sie das Gefühl, dass Sie einem unaufhörlichen Druck ausgesetzt sind?
Antwort: Ja, dem Druck, 23 Stunden am Tag in einer Zelle zu sitzen.
Frage: Erinnern Sie sich an ein Treffen mit Dr. D. [ein vom Staat bestellter Psychologe, der mich interviewte]?
Antwort: Ja.
Frage: Haben Sie seinen Bericht gelesen?
Antwort: Überflogen.
Frage: Vor Kurzem?
Antwort: Nein.
Frage: Können Sie seiner Schlussfolgerung zustimmen, dass Sie sich einigermaßen gut an das Leben in Isolationshaft gewöhnt haben?
Antwort: Nein.
Frage: Sie denken nicht, dass Sie sich einigermaßen gut an das Leben in der CCR gewöhnt haben?
Antwort: Ich habe es hingekriegt, zu überleben, ohne den Verstand zu verlieren, ohne einen Nervenzusammenbruch zu bekommen, wenn ich 23 Stunden am Tag in einer Zelle sitze.

Am 11. Februar 2008 erlitt ich einen weiteren schmerzlichen Verlust: Michael Augustine, einer meiner besten Freunde von klein auf, mein ehemaliger Kumpel bei den *High Steppers* und mein Schwager starb an einem Nierenleiden. Direkt nach seiner Operation besuchte er mich zum letzten Mal. Wir spielten Domino, und immer, wenn er ein Spiel verlor, bestand er darauf, auf dem Boden die verabredeten Liegestütze zu machen. Dabei lächelte und lachte er, obwohl er gerade erst an einer Körperseite zugenäht worden war. Mike verliebte sich in meine Schwester Violetta, als wir noch Kinder waren. Dann trennten sich ihre Wege, sie heirateten beide einen anderen und bekamen Kinder. Als beide Mitte vierzig und wieder Singles waren, trafen sie sich erneut und heirateten. Michaels Tod war wieder solch ein tragischer Vorfall, den ich allein in meiner Gefängniszelle nicht richtig verarbeiten konnte. Mein Wille, bei Verstand zu bleiben, erlaubte es mir nicht, mich von meinen Gefühlen gefangen nehmen zu lassen.

Gefängnisdirektor Burl Cain wünschte nicht, dass der Abgeordnete John Conyers das Angola besuchte. Anwälte von beiden Seiten wurden einbestellt, Conyers setzte sich durch. Am 20. März 2008 führte Conyers eine Delegation ins Angola, der die Abgeordneten Cedric Richmond, King, Barry Scheck, Joan Claybrook, sowie unsere Anwälte Scott Fleming und Nick Trenticosta angehörten. Direktor Cain hieß sie am Eingang willkommen und geleitete sie über das ganze Gelände, einige ließ er sogar zu mir hoch. Der Abgeordnete des Repräsentantenhauses Richmond und der Kongressabgeordnete Conyers kamen direkt vor meine Zellentür und stellten sich mir vor. Anschließend wurden Herman und ich in den Besucherraum geführt. Ich gab allen die Hand, Conyers umarmte uns beide. Er sagte, er sei geschockt gewesen, als er von unserem Fall hörte. Zum ersten Mal sprach ich auch persönlich mit Direktor Burl Cain. Er war zwar viele Male auf meinem Stock gewesen und an meiner Zelle vorbeigegangen – doch jedes Mal war ich ›der Unsichtbare‹. Jetzt fragte er Herman und mich, wie es uns ginge, und zog vor dem Kongressabgeordneten und den anderen eine Show ab. Ich war überrascht, dass ein Kongressabgeordneter der Vereinigten Staaten und Mitglied des Justizausschusses sowie ein Mitglied des Repräsentantenhauses Interesse an dem vom Staat Louisiana tolerierten Unrecht zeigten. King hatte einige Päckchen seiner selbstgemachten Süßigkeiten ›Freeline A3‹ mitgebracht und ließ Direktor Cain eines zurück.

Am nächsten Tag trafen Teenie Rogers, Conyers und Richmond wegen Rogers' Brief mit dem republikanischen Gouverneur Bobby Jindal zusammen und forderten ihn auf, unsere Unschuld in Erwägung zu ziehen und seinen politischen Einfluss auf das *Department of Corrections* und den Begnadigungsausschuss zu nutzen, damit sie unseren Fall erneut aufarbeiteten und Teenie Rogers halfen, die wahren Mörder ihres Mannes zu finden. Innerhalb einer Woche nach diesem Besuch ließ die Gefängnisleitung uns aus den Einzelzellen heraus – ein Versuch, unsere Klage zu untergraben und den Staat von diesem Druck zu befreien. Aber wir kamen noch nicht in den allgemeinen Trakt zurück. Vielmehr hatten sie einen neuen »CCR-Schlafsaal« hergerichtet, den sie Eagle 1 nannten. Oberflächlich betrachtet hätte man darin einen Fortschritt sehen können … Es war aber eine pure PR-Aktion. Wir waren immer noch von den Gefangenen im Hauptgefängnis isoliert. Wir verbrachten unsere freie Zeit ausschließlich mit CCR-Insassen: auf dem Hof, auf dem Gang, im Speisesaal. Wir lebten noch immer unter CCR-Bedingungen und das hieß: kein Ausbildungs- oder Berufsprogramme, keinerlei Weiterbildung, ebenso kein Handwerk als Hobby, wie beispielsweise Lederarbeiten, Perlenstickerei oder Malen. (Sie hatten die Tische und Stühle extra aus dem Gemeinschaftsraum heraus und in unsere Schlafsäle geräumt.) Wir hatten auch weniger Kontaktbesuche als die regulären Häftlinge. Auf dem Weg zum Speisesaal mussten wir zwar keine Handschellen und Fußfesseln tragen, doch wann immer wir nach draußen durften – egal ob allein oder in der Gruppe –, machten die Wärter den Weg frei und riefen: »Eagle 1 auf dem Gang!« Jeder, der zu der Zeit auf dem Gang war, musste hinter verschlossenen Türen warten. Es gab keinerlei strafrechtlichen Grund für diese Maßnahme. Sie taten es, um uns psychologisch unter Druck zu setzen. Selbst wenn wir zur Klinik oder zum Treffen mit einem Anwalt unterwegs waren und alle Fesseln trugen, räumten sie den Gang, wenn wir kamen. Es war nur dem Namen nach ein Gefängnis-Schlafsaal. Fünfundzwanzig CCR-Häftlinge wurden ausgewählt, die in diesen Saal umziehen durften. Sechzehn von uns stimmten zu. Eagle 1 war Teil von Camp D. Herman und ich lebten zum ersten Mal seit sechsunddreißig Jahren zusammen. Wir hatten kein Problem miteinander. Wir vertrauten uns, kannten uns sehr gut. Herman sagte, in einem Schlafsaal zu leben, nehme ihm ein wenig von der Last und Depression, die er in der Zelle gespürt hatte. Für mich war es wunderbar, Herman jeden Tag zu sehen und mit ihm zu reden. Allerdings fühlte es sich mit den vielen Sicherheitsleuten rundherum und den geltenden CCR-Regelungen noch immer an wie in einer Zelle, die Zelle war nur größer.

Wir bekamen auch alle einen Job. Über den hätte ich mich allerdings mehr gefreut, wenn wir noch die richtigen Werkzeuge dafür bekommen hätten. Herman und ich waren Hofangestellte und unsere Aufgabe war es, die Wiese rund um den Schlafsaal zu mähen. Sie ließen uns aber nicht die benzinbetriebenen Rasenmäher benutzen, die Arbeitern in anderen Gefängnistrakten zur Verfügung standen. Wir bekamen die altmodischen Handrasenmäher mit stumpfen Schneidemessern. Wir hatten keine Möglichkeit, die Messer zu schärfen. Das Gras war so dicht, dass während des Schiebens die Handgriffe abbrachen. Wir fragten viele Male nach, warum wir die Benzinrasenmäher, die alle anderen hatten, nicht benutzen durften, bekamen aber nie eine befriedigende Antwort.

Eines der größten Probleme während unserer Hofzeit war es, sich ausreichend bewegen oder trainieren zu können, denn sehr häufig wurde uns die versprochene Zeit auf dem Hof einfach gekürzt. Monatelang waren Freizeitaktivitäten außerdem nur ohne Geräte gestattet: kein Basketballkorb, keine Gewichte. Wir mussten vielerlei Anfragen stellen, bis wir für einen Mitinsassen, der beinahe vier Zentner wog und Schwierigkeiten beim Gehen hatte, einen Rollstuhl bekamen. Er konnte den Weg zum Speisesaal und zurück nicht in der dafür vorgesehenen Zeit bewältigen. Zuerst hatten wir angefragt, ob wir ihm sein Essenstablett in die Zelle bringen könnten, damit er seine Mahlzeiten nicht verpasste, und als die Verwaltung dies verneinte, baten wir um einen Rollstuhl. Als wir ihn endlich bekamen, schoben wir ihn abwechselnd zum Speisesaal.

Das Highlight meines Tages war der Gang aus dem Schlafsaal hinaus zum Frühstück in den Speiseraum – ohne Fesseln. Eine Zeit lang ging unser Schlafsaal immer als Erster zum Frühstück, und wenn es draußen noch dunkel war, konnte ich hoch am Himmel die Sterne sehen. Viele lange Jahre lang hatte ich das nicht gekonnt: die Sterne sehen. Im Speisesaal wurde ich dann zurück in die Realität geworfen. Ein leerer Raum, nur ein paar Leute aus der CCR.

Im April 2008 wandte sich der FBI-Direktor Robert Mueller an den Kongressabgeordneten Conyers, um mit ihm über die FBI-Akten zu sprechen. Er sagte, sie seien kürzlich in einer Routine-»Säuberungsaktion« zerschreddert worden. Uns wurde mitgeteilt, es gäbe keinerlei Informationen über den Inhalt dieser Akten. Im gleichen Monat suchten die Abgeordneten des Repräsentantenhauses Cedric Richmond, Avon Honey (Baton Rouge) und Elbert Guillory (Opelousas) zusammen mit King das Büro von Gouverneur Bobby Jindal auf, um eine von 25 000 Menschen unterschriebene Online-Petition *(ColorofChange.org)* abzugeben. Darin wurde gefordert, unser Urteil und unsere Isolationshaft noch einmal neu zu beurteilen. Gouverneur Jindal weigerte sich, die Abgeordneten persönlich zu treffen, sodass Richmond ihm eine Nachricht hinterließ, in der er den Gouverneur öffentlich dazu aufrief, unseren Fall noch einmal aufzurollen und Herman und mich zu begnadigen. »Der Staat Louisiana ist zu leise in dieser Sache«, sagte Richmond den Reportern, »deswegen brauchen wir die Einmischung der US-Regierung. An irgendeinem Punkt müssen wir als Staat Stellung beziehen.« Er kündigte an, dass der Gesetzgeber Anhörungen zu dem Fall durchführen werde. (Im Jahre 2011 wurde Richmond Mitglied des US-Repräsentantenhauses. Er arbeitete Seite an Seite mit dem Kongressabgeordneten Conyers im Justizausschuss und wurde zum Vorsitzenden des *Congressional Black Caucus* gewählt. Er setzte sich weiterhin öffentlich bei jeder Gelegenheit für uns ein, so lange, bis ich das Gefängnis verließ. Und noch immer arbeitet er daran, neue Gesetze auf den Weg zu bringen, die zur Reduzierung von Einzelhaft führen.)

Im Mai 2008 setzte sich ein Gremium von drei Richtern im First Circuit Court of Appeal (Berufungsgericht) mit Hermans Gesuch auseinander. Einer von ihnen, Richter Jewel »Duke« Welch entschied, dass Herman aufgrund der Probleme mit Hezekiah Browns Zeugenaussage einen neuen Prozess bekommen sollte. Leider wurde er aber von den beiden anderen Richtern überstimmt. Herman ging vor den Supreme Court von Louisiana. Unterdessen hatte ich hoffnungsvolle Nachrichten erhalten. Friedensrichterin Christine Noland hatte mein Habeas-Gesuch in Augenschein genommen und Richter James Brady empfohlen, meinen Fall dem Gericht von Louisiana erneut vorzulegen, damit ich einen dritten Prozess bekäme. Sie stützte sich dabei auf ihre Ermittlungen, nach denen mir 1988 ein guter Rechtsbeistand versagt worden war. Neben anderen Unzulänglichkeiten fand sie heraus, dass meine Verteidigung mangelhaft auf die Verletzung der Verfassungsrechte reagiert hätte: Die Verteidiger hätten damals beim Verlesen der Aussagen von Forensik-Experten sofort widersprechen müssen, als es um die Blutspritzer auf der »verloren gegangenen« Kleidung ging, die ich angeblich getragen habe. An dieser Stelle hätte unverzüglich weiter ermittelt werden müssen. Moderne Forensik-Methoden, so erklärte sie, hätten ohne Weiteres klären können, wer die Kleidung getragen habe und wessen Blut darauf zu finden war.

Im Juni sendete NBC *Nightly News* einen kurzen Beitrag über uns; unsere Unterstützer hatten seit meinem Prozess 1998 versucht, die Nachrichtensender des Landes für unseren Fall zu interessieren. »Lasst es uns klar und deutlich sagen«, war Hermans Stimme über Telefon im

Fernsehen zu hören, »die internationale Tierschutzorganisation SPAC *(Society for the Prevention of Cruelty to Animals)* würde diese Anstalt augenblicklich schließen, wenn Hunde dort untergebracht wären. Es sind ›grausame und ungewöhnliche Strafen‹.« Auch Teenie Rogers gab NBC ein Interview, ebenso wie der *Los Angeles Times.*

Im Laufe der Monate, die wir im CCR-Schlafsaal zubrachten, wurde ich immer mal wieder mit Hermans außergewöhnlichem Ideenreichtum konfrontiert. Man sagt ja, Not mache erfinderisch, und dies ist nirgendwo offensichtlicher als im Gefängnis. Hermans Kreativität sprengte jedoch jeden Rahmen. Ich beobachtete einmal, wie er seinen Lieblingsfüller mit Tinte aus einem anderen Füller befüllte. Er verband die beiden Füller mit einem Band und die Tinte des einen lief zum anderen Füller hinüber. Er nähte Stücke von dicken weißen Tennissocken auf seine normalen Socken in Höhe der Knöchel, um diese beim Gehen in eisernen Fußschellen vor dem Wundreiben zu schützen. Er stellte selbst Handschuhe her, indem er von einem Sweatshirt die Ärmel abschnitt, seine eigenen Finger auf den Stoff aufmalte und dann mit einer Rasierklinge ausschnitt. Anschließend nähte er die einzelnen Finger mit Fäden von einem aufgetrennten Laken zusammen.

Noch immer waren wir extrem frustriert, keine Chance zu haben, mit den Leuten aus dem Hauptgefängnis sprechen zu können. Die einzige Zeit, in der wir mit Gefangenen außer den eigenen CCR-Leuten zusammenkamen, war die Zeit in den Besucherräumen – und dort war es den Gefangenen eigentlich untersagt, miteinander zu reden. Wir machten Pläne, wie wir sie dennoch erreichen könnten. »Die einzige Möglichkeit, etwas zu verändern, ist es, sich in die ›Gang‹ einzuschmuggeln, sich unter die Gangmitglieder zu mischen und sie mit neuen Denkweisen zu bewaffnen«, zitierte Herman Mumia Abu-Jamal[26]. »Wenn unsere kleinen Brüder verlorengegangen sind«, so sagte Mumia, »dann ist es unsere Pflicht, sie wiederzufinden!«

Während unserer Zeit im CCR-Schlafsaal hatten wir jeden Tag Hofzeit, und Herman und ich konnten diese auch zusammen im Hof verbringen. Wir hätten es niemals zugegeben oder laut gesagt, aber die 23 Stunden in der Zelle forderten ihren Tribut von unserer Gesundheit. Wir waren nicht mehr so schnell wie früher. Wir waren

---

26 Mumia Abu-Jamal, Journalist, Autor und Bürgerrechtler, geb. 1954, seit 1969 Mitglied der Black Panther Party. Im Juli 1982 wegen »Polizistenmord« ursprünglich zum Tode verurteilt. Nach 30 Jahren Haft in der Isolation der Todeszelle wurde er 2011 in den Normalvollzug verlegt. Unzählige Berufungen und Revisionen. Seit 2011 wurde die Verteidigung von der NAACP *(National Association for the Advancement of Colored People)* übernommen.

jetzt über sechzig. An manchen Tagen schien mein Kreuz so steif, dass ich überhaupt nicht rennen konnte. Es gab Zeiten, an denen war ich absolut müde und schwach, wahrscheinlich wegen meiner Diabetes. Ich bekam jetzt auch stärkere Blutdruckmittel. Herman hatte seine eigenen Wehwehchen, außerdem wurde er langsam taub. Er bat die Leute, lauter mit ihm zu reden und sagte: »Meine Ohren machen dicht.« Nach monatelangem Warten schickte man ihn schließlich ins Krankenhaus nach Baton Rouge, um sein Gehör zu testen. Die Ärzte erklärten ihm, er leide an schwerem Hörverlust, und verschrieben ihm zwei Hörgeräte. Die Gefängnisverwaltung händigte ihm aber nur eins aus. Er sagte, dies produzierte ein starkes Ungleichgewicht in seinem Kopf.

Am 8. Juli 2008 bekam ich die Nachricht, dass einer meiner Anwälte, Nick Trenticosta, mich sprechen wolle. Immer wenn uns ein Anwalt im Gefängnis anrief, dann waren wir normalerweise auf schlechte Nachrichten gefasst. Häufig war es ein Todesfall in der Familie. Ich rief ihn zurück. Nick war freudig erregt. Er erzählte mir, meine Verurteilung sei aufgehoben, Richter Brady sei der Empfehlung von Friedensrichterin Noland gefolgt und habe das Urteil aufgrund des mangelhaften Rechtsbeistands gekippt. Zusätzlich hatte Brady herausgefunden, dass die Anklageseite rechtswidrig gehandelt hatte, als sie meinen Verteidigern Beweismaterial unterschlagen hatte. Der Staat forderte Richter Brady augenblicklich auf, seine Entscheidung noch einmal zu überdenken.

Am 25. September, nachdem Brady erklärt hatte, er bliebe bei seiner Entscheidung, erging das Urteil: Habeas Corpus. Der Staat hatte nun dreißig Tage Zeit für einen neuen Prozess oder musste die Anklagepunkte gegen mich fallenlassen. Nick überbrachte mir die Nachrichten am Telefon. Er sagte: »Albert, es hört sich an, als ob du im Rausch wärst.« Ich sagte: »Stimmt, ich bin im Rausch. Im Rausche der Gerechtigkeit.« Nick unternahm verschiedene Anläufe, Generalstaatsanwalt Buddy Caldwell zu treffen, doch der wollte kein Treffen. »Wir fordern vom Generalstaatsanwalt, das Richtige zu tun«, sagte Nick den Reportern, »und zwar im Dienste des Staates nach Gerechtigkeit zu streben … und Mr. Woodfox heute nach Hause gehen zu lassen.« Caldwell sprach ebenfalls mit den Reportern und sagte, er würde gegen Richter Bradys Entscheidung Berufung einlegen, wenn nötig bis hoch zum US-Supreme Court. »Ich werde mich mit jeder Faser meines Körpers dagegen wehren, dass er freikommt«, sagte er, »denn er ist ein sehr gefährlicher Mann.« Meine Rechtsanwälte stellten einen Antrag auf Freilassung gegen Kaution, solange Caldwells Berufung lief, und der Termin für eine Anhörung wurde festgesetzt. Bei der Anhörung über die Festsetzung einer Kaution im Oktober teilten die Tochter meines Bruders Michael, meine Nichte Rheneisha Robertson (Direktorin einer gemeinnützigen Gesundheitsorganisation) und ihr Mann, der ehemalige Fußballprofi Bernhard Robertson, dem Gericht mit, ich könne nach Freilassung bei ihrer Familie wohnen, in einer eingeschlossenen Community am Rande von New Orleans. Michael legte Zeugnis über meinen Charakter ab.

Nick erklärte dem Richter, wie sehr meine schon jetzt stark geschädigte Gesundheit aufs Spiel gesetzt würde, wenn ich noch länger im Gefängnis bliebe, und verlas anschließend meinen hervorragenden Führungsbericht. Eine Vertreterin der Staatsanwaltschaft, Dana Cummings, argumentierte gegen die Freilassung auf Kaution und sagte, der Staat würde »unwiderruflich Schaden erleiden«, wenn man mich freiließe. Sie hob noch einmal mein Strafregister hervor und betonte, ich sei »zwei Mal wegen Mordes verurteilt« worden. Richter Brady erinnerte Cummings daran, dass beide Mordanklagen zurückgenommen worden waren. Er fragte nach, warum dem Staat »unwiderruflicher Schaden« zugefügt werden könne, wenn ich auf Kaution freikäme. Cummings antwortete: »Wenn er rausgeht und einen unserer Zeugen tötet, ist das für uns ein unwiderruflicher Schaden.« Auch Direktor Burl Cain bezeugte, dass ich eine Gefahr für die Gemeinschaft darstelle, »denn er ist noch nicht resozialisiert. Er wird sich weitere Opfer suchen, sobald sich die Gelegenheit ergibt.« Außerhalb des Gerichtssaales stellte Buddy Caldwell mich als Monster dar. Er erzählte der Presse, ich sei wegen Vergewaltigung verurteilt und ein serienmäßiger Sexualstraftäter – alles Lügen.

Während das Gericht die vom Staat eingelegte Berufung zu meinen Gunsten prüfte, wurde meine Nichte wegen ihrer Bereitschaft, mich aufzunehmen, terrorisiert. Wir hörten, dass Mitarbeiter der Generalstaatsanwaltschaft den Hauseigentümerverein, dem sie angehörte, kontaktiert und Lügen über mich verbreitet hatte. Fremde drangen in die geschlossene Wohnanlage ihrer Community ein und fuhren langsam an ihrem Haus vorbei. Einige ihrer Nachbarn fanden in ihren Briefkästen Flyer, in denen ich als Vergewaltiger dargestellt wurde. »Buddy Caldwell … heizte eine Schreckenskampagne an, die Erinnerungen an jene Hetze und Hysterie wachruft, mit denen der Mob zur Lynchjustiz angestachelt wurde«, schrieb Ira Glassner, der ehemalige Geschäftsführer der ACLU. »Er schickte E-Mails an die Nachbarschaft, in denen er Woodfox als verurteilten Mörder und gewalttätigen Sexualstraftäter stigmatisierte; die Nachbarn von Woodfox'

Nichte wurden dazu aufgefordert, Petitionen gegen seine Freilassung zu unterschreiben.«

Michael erzählte mir, dass es eines Tages, als Rheneisha mit ihrem kranken Kind zu Hause war, an der Tür schellte. Sie öffnete und stand einer Meute von Reportern gegenüber, die sie interviewen wollten. Sie wusste nicht, was sie tun sollte; sie wollte zu ihrem Kind zurück, das in einem anderen Zimmer war, wollte aber auch nicht den Reportern die Tür vor der Nase zuschlagen oder etwas sagen, was negativ auf mich zurückfallen könnte. Rheneishas Nachbarn grüßten nicht mehr. Ich bat meine Anwälte, dem Richter mitzuteilen, dass ihr Name zurückgezogen werde, dass ich nach meiner Freilassung auf Kaution nicht bei ihr wohnen wollte. Ich machte mir Sorgen um die Sicherheit und um den Ruf ihrer Familie. Ich wollte nicht der Grund für Spannungen zwischen ihr und ihren Nachbarn sein. Meine Anwälte informierten Richter Brady und sagten, sie suchten eine andere Unterbringung für mich.

Als ich zum ersten Mal von Buddy Caldwells verlogenen Vergewaltigungsvorwürfen gegen mich hörte, fühlte ich mich grässlich. Gerade ich hatte doch im Gefängnis mein Leben riskiert, um andere Menschen vor Vergewaltigung zu bewahren. Und wurde jetzt als Vergewaltiger hingestellt? Ich rief meine engsten Vertrauten und die Rechtsanwälte an, um sie zu fragen, wie ich mich öffentlich gegen diese falschen Anschuldigungen wehren könne.

Keiner von ihnen wollte, dass ich öffentlich Stellung gegen die Vergewaltigungsvorwürfe nahm – meine Anwälte nicht, meine Familie nicht und meine engsten Freunde und Berater auch nicht. Jeder von ihnen hatte eine andere Begründung für die Ablehnung, doch alle baten mich, nicht öffentlich darüber zu sprechen. Einige meinten, ich solle mich nicht auf das Niveau von Buddy Caldwell herablassen. Andere sagten, meine öffentliche Verteidigung würde mich schuldbewusst aussehen lassen, wieder andere fürchteten, dass ein »Krieg der Worte« in der Presse Caldwells Anschuldigungen legitim erscheinen ließe. Einige wiederum waren sich sicher, dass diese offensichtlich frei erfundenen Beschuldigungen einfach nach und nach »erlöschen« würden. Aus Erfahrung wusste ich, dass solche Vergewaltigungsanschuldigungen niemals erlöschen. Wenn man den Ruf eines Afroamerikaners beschmutzen möchte, dann genügt es, das Wort »Vergewaltigung« in den Raum werfen. Das kann man niemals mehr ungeschehen machen. Ich hatte aber das große Bedürfnis, unsere Unterstützer wissen zu lassen, dass ich nichts mit diesen Anschuldigungen zu tun hatte. Alle Menschen hier in diesem Land, auf diesem

Planeten, die sich für die Sache der Angola 3 ins Zeug gelegt hatten, die für meine Freiheit gekämpft hatten, all jene mussten von mir hören, dass ich niemals etwas mit Vergewaltigung zu tun gehabt hatte. Mein Unterstützerkomitee und meine Anwälte schlugen vor, dass sie an meiner Stelle die Anschuldigungen dementierten.

Buddy Caldwell hatte als Grundlage für seine Verleumdungen alte Vorstrafenregister hervorgekramt, die aus der Zeit stammten, als ich im Jahre 1969 einmal nachts wegen eines bewaffneten Raubüberfalls gefasst worden war und die Polizei die Chance nutzte, um ihre Bücher zu bereinigen. Niemals hat es Vergewaltigungsvorwürfe, eine entsprechende Anklage, ein Verfahren oder eine Strafverfolgung gegen mich gegeben, niemals. Caldwell log, wenn er sagte, es gäbe dafür Zeugen und Beweise. Auf gar keinen Fall konnte er mich der Vergewaltigung beschuldigen, unmöglich. Ich war nicht schuldig. Ich wusste auch, dass meine Kameraden diese Stellungnahme in die Öffentlichkeit trügen, wenn ich es unbedingt wollte. Im Büro des Staatsanwalts befanden sich mehr als dreihundert Seiten Gerichtsmaterialien und Aktennotizen zur Ablehnung meiner Kaution: Dokumente, die fälschlicherweise behaupteten, ich sei ein »verurteilter Sexualstraftäter« und irreführenderweise feststellten, dass eine Reihe von Anklagen wegen »schwerer Vergewaltigung und bewaffneten Raubüberfalls« aus den späten 1960er-Jahren gegen mich vorlagen. Der Staat Louisiana verkündete, ich sei niemals für die Vergewaltigungen verurteilt worden, weil ich ja schon fünfzig Jahre für den bewaffneten Raubüberfall einsaß. Das war Schwachsinn, denn in der Nacht, in der ich wegen des Überfalls verhaftet worden war, hatte die Polizei damit begonnen, ihre Bücher zu bereinigen und mich deswegen der Vergewaltigung beschuldigt. In jener Zeit stand auf Vergewaltigung in Louisiana die Todesstrafe. Wenn der Staat die Möglichkeit gehabt hätte, mich wegen Vergewaltigung zu verurteilen, dann hätte er es getan. Aber Louisiana verurteilte mich wegen bewaffneten Raubüberfalls, nicht Vergewaltigung – dafür gab es keinerlei Beweismittel, keine Augenzeugen, keine Aussagen von Opfern. Trotz alledem erklärte Caldwell vor Gericht: »Keine Gemeinschaft sollte vor diesem anerkannten Berufsverbrecher in Gefahr gebracht werden, der aktuell immer noch schweren Vergewaltigungsvorwürfen ausgesetzt ist.«

Chris Aberle und Nick Trenticosta hielten dagegen, indem sie »die Vielzahl von falschen Darstellungen, verfälschten Charakterisierungen und dürftigen, inhaltlosen Beschuldigungen anprangerten, die auf offensichtlich unglaubwürdigem Hörensagen beruhten«. Sie betonten, dass fünf der sechs Vergewaltigungsvorwürfe in meine Akten eingetragen worden seien, als die Polizei mich am 13. Februar 1969 nach einem bewaffneten Raubüberfall verhaftet hatte und dabei war, ihre Bücher zu bereinigen. Meine Anwälte machten ebenfalls klar, dass ich niemals wegen der oben genannten Straftaten verurteilt worden war – nur für den bewaffneten Raubüberfall.

> Der Staat stellt zunächst fest, dass Mr. Woodfox in den Jahren 1967 und 1969 sechs Mal wegen schwerer Vergewaltigung angeklagt war. Später bezog er sich auf eine Liste mit allen Delikten, die Mr. Woodfox je begangen haben soll – darunter sechs Fälle von schwerer Vergewaltigung –, und hinterließ damit beim Gericht den fälschlichen Eindruck, dass Mr. Woodfox für diese Taten auch verurteilt worden sei. Der Staat macht aber nicht deutlich, dass fünf der sechs Vergewaltigungsvorwürfe jeweils aus einem schlichten Eintrag in drei Kriminalakten bestehen, alle drei getätigt am 13. Februar 1969, als Mr. Woodfox wegen bewaffneten Raubüberfalls verhaftet und anschließend dafür auch verurteilt wurde.
>
> Mr. Woodfox stellt nach bestem Wissen und Gewissen fest, dass während jener Zeit, die Polizei von New Orleans routinemäßig versuchte, Inhaftierte mit ungelösten Fällen zu belasten, in der Hoffnung, dass der Beschuldigte in irgendeiner Form mit der Straftat in Verbindung gebracht werden konnte. So ist es zu erklären, dass diese fünf Anschuldigungen in Woodfox' Strafregister auftauchen, obwohl er für keine davon verurteilt worden ist. Es ist also anzunehmen, dass der Staat eine Strafverfolgung ausgeschlossen hat, weil es keinerlei Beweise dafür gab, dass Mr. Woodfox diese Taten begangen hatte. Der Staat führt das Gericht auch beim sechsten Vergewaltigungsvorwurf, den er im Jahre 1967 begangen haben soll, massiv in die Irre. Auf Seite fünfzehn des Memorandums, zwischen all den anderen Straftaten, die Mr. Woodfox begangen haben soll, behauptet der Staatsanwalt am 20. November 1967, dass Mr. Woodfox die »schwere Vergewaltigung von J.C.« gestanden habe. In der Aktennotiz heißt es weiter, dass der Staat eine weitere Anschuldigung verfolge. Am 28. Februar 1968 habe Mr. Woodfox die Straftat einer schweren Körperverletzung gestanden und bekam dafür fünfzehn Monate. Nach Aussage des Staates habe Mr. Woodfox zugegeben, dass »er mit seiner Freundin in einen heftigen Streit geraten sei«. Was der Staat dem Gericht allerdings unterschlägt, ist, dass dieser Vorwurf – vom Staatsanwalt als Körperverletzung tituliert – sich auf denselben Fall bezieht, der zuvor als »schwere Vergewaltigung von J. C.« beschrieben wurde. Obwohl der Staatsanwalt in Besitz eines FBI-Dokumentes ist, das die Angelegenheit richtigstellt, hat er entschieden, diese Erklärung nicht in dieses Memorandum aufzunehmen. Wenn der Staat also vor vierzig Jahren nicht beweisen konnte, dass Mr. Woodfox eine schwere

> Vergewaltigung begangen hat, so wird er es heute ganz sicher nicht mehr können. Dies alles führt zu dem Schluss, dass die wiederholten Versuche des Staatsanwalts, Mr. Woodfox als serienmäßigen Sexualstraftäter abzustempeln, jeder Grundlage entbehren und absolut ungerechtfertigt sind. Beweise und Behauptungen dieser Art sind in diesem Verfahren fehl am Platze.

Eine andere schockierende Fehlinformation des Staates Louisiana, die Nick und Chris in unserem Memorandum zur Sprache brachten, war die, dass ich auf irgendeine Weise mit einem Komplott zum Mord am ehemaligen Gefängnisdirektor C. Murray Henderson und »anderen Verantwortlichen im Angola« in Verbindung gebracht wurde. Dieses Komplott sollte sie davon abhalten, in meiner Verhandlung 1998 auszusagen. Alles, was ich dazu zu sagen habe, ist, dass wir Henderson bei meiner Verhandlung dringend brauchten. Wir mussten Henderson im Zeugenstand dazu befragen, wie er Hezekiah Brown für seine Lügen 1973 bezahlt hatte; ob er Briefe für Hezekiahs Begnadigung geschrieben hatte; wie er Hezekiah Woche für Woche eine Stange Zigaretten hatte zukommen lassen; ob er Häftling Leonard Turner angedroht hatte, er würde seine Bewährung aufs Spiel setzen, wenn er nicht gegen uns aussagte. Das »Beweismaterial«, das aus ihrer Sicht meine Verbindung zu der Verschwörung zementierte, war eine unbestätigte, unsignierte Aktennotiz, die von einem V-Mann beschafft worden war und auf dreifachem Hörensagen beruhte.

In einer anderen irreführenden Anschuldigung, die Direktor Burl Cain während einer eidesstattlichen Erklärung von sich gab, hatte ich das Leben von Brent Millers Bruder, sowie von Ankläger John Sinquefield bedroht – diese Aussage nahm er aber kurz danach zurück und gab zu, er habe gar keine persönlichen Informationen, die diese Anschuldigung stützen könnten. Klar ist: kein Körnchen Wahrheit war in dem, was er sagte, deswegen auch keine Hinweise, keinerlei Beweismaterial.

Caldwell fuhr fort, mich in der Presse zu verleumden und zu beleidigen, während meine Anwälte versuchten, die Kaution durchzusetzen. Herman blieb von Caldwells Lügen verschont – wenigstens in jener Zeit – denn sein Fall lag noch dem Gericht von Louisiana vor. Mein Urteil hingegen war gerade gekippt worden, sodass ich Zielscheibe von Caldwells Kampagne wurde, der meinen Ruf zerstören und meine weitere Haft rechtfertigen wollte. In jenem Herbst hatte Caldwell durch das *National Public Radio* verlauten lassen, dass ich »der gefährlichste Mann in ganz Amerika« sei, wobei er geschickt der Frage auswich, warum der Staat Louisiana in meinem Fall nicht weiterkomme. In einer dreiteiligen Serie über unseren Fall, fragte die NPR-Reporterin Laura Sullivan Caldwell nach dem blutigen, niemals identifizierten Fingerabdruck vom Tatort. Caldwell antwortete: »Ein Fingerabdruck kann von überall herkommen. Wir lassen uns davon nicht aufs Glatteis führen.«

Am 1. November 2008, einem Samstag, saß ich gerade mit einem Buch auf meiner Pritsche, als Herman die Nachricht verbreitete, der Baton Rouge *Advocate* habe einen Artikel über mich veröffentlicht. Da in den CCR-Schlafsaal am Wochenende keine Zeitungen geliefert wurden, rief ich einen Freund an und bat ihn, mir den Artikel vorzulesen. Er stand auf der Titelseite und zitierte Staatsanwalt Caldwell mit den Worten, wenn man mich freiließe, würde er »sechs Fälle schwerer Vergewaltigung und sechs Fälle bewaffneten Raubüberfalls aus der Zeit zwischen 1967 und 1969 gegen mich vorbringen«.

»Wenn wir ihn jetzt rauslassen, dann sehen wir ihn wahrscheinlich nie wieder«, fuhr Caldwell in dem Artikel fort, »dieser Typ ist ein Vergewaltiger.« Nick verteidigte mich im selben Artikel mit den Worten: »Das ist eine glatte Lüge. Woodfox wurde niemals wegen sechs Vergewaltigungen angeklagt. Es gab gar keine Beweise für eine Anklageerhebung. Dies ist eine Beleidigung der Rechtsprechung gegenüber.« Auch Chris Aberle kam zu Wort und ließ sich über die »lächerlichen, absurden Anschuldigungen« aus: »Wenn diese Leute Beweise haben … warum haben sie diese nicht schon vor langer Zeit vorgelegt?« Um dem Ganzen die Krone aufzusetzen, wurde Caldwell am Ende des Artikels noch einmal zitiert: »Albert ist nie isoliert gewesen. Er hatte einen Fernseher. Er hatte allen Luxus, den man in einem Gefängnis nur haben kann.«

Ich saß auf meiner Pritsche und schrieb eine vierseitige Gegendarstellung zu den Anschuldigungen des Generalstaatsanwalts. Ich rief Noelle Hanrahan vom *Prison Radio* an und bat sie, mich beim Lesen des Briefes aufzunehmen und meine Stellungnahme dann zu senden. Ich wollte meinen Unterstützern meine Gefühle und Gedanken in meinen eigenen Worten mitteilen. Hier ein Teil meiner Rede:

> Die Staatsanwaltschaft hat sich entschieden, eine Diffamierungskampagne gegen mich loszutreten – die Erinnerungen an das COINTELPRO wach werden lässt –, um mein in der Verfassung verbrieftes Recht, auf Kaution freigelassen zu werden, auszuhebeln. … Die von COINTELPRO benutzten Methoden und Taktiken waren Lügen, Täuschungen, das Zurückhalten von Informationen und Rufmord. Diese Methoden und Taktiken sollten dazu führen, Chaos und Zerrissenheit in ausgewählten Gruppen und Organisationen

> auszulösen … Kurz nach meiner Kautionsanhörung am 14. Oktober 2008 startete die Hetzkampagne. Zunächst verbreiteten sie Lügen über mich in der Nachbarschaft meiner Nichte. Jemand kontaktierte die Hauseigentümergemeinschaft, der meine Nichte angehörte, und erzählte allen, sie würde bald einen Mörder und Vergewaltiger bei sich aufnehmen. Klar, dass damit ein Feuersturm um sie herum entbrannte.

Auf die Vergewaltigungsanschuldigungen reagierte ich folgendermaßen:

> Ich begrüße die Initiative [der Staatsanwaltschaft], alle Beweise offenzulegen. Erzählen Sie den Leuten, was Sie alles haben. Der Generalstaatsanwalt sagt, ich sei ein serienmäßiger Sexualstraftäter, okay, zeigen Sie, was Sie haben. Zeugen? DNA? Her damit. Wo sind die Beweise? Er hat keine. Keine Chance, diese Anschuldigungen durch die Gerichte zu bringen … deswegen bringt er sie in die Presse.

Nachdem Noelle meine Erklärung aufgenommen hatte, interviewte sie mich. »Meine Hauptsorge ist jetzt die Sicherheit meiner Nichte und ihrer Familie«, sagte ich ihr. »Ich bin erschüttert darüber, dass wegen der Diffamierungskampagne der Staatsanwaltschaft ihre nachbarschaftlichen Beziehungen zerrüttet sind. Welche Gemeinheit, in welcher Art und Weise die Leute mit Macht und Einfluss die Verfassungsrechte verletzen, Gesetze brechen und Immunität genießen. Sie gehen einfach fort und leben ihr Leben, während all die Leute, deren Leben sie rechtswidrig zerstört haben, alleine sehen müssen, wie sie zurechtkommen.« Ich war noch nicht am Ende.

»Der Generalstaatsanwalt erklärt, dass zwei Jurys ›gesprochen haben‹ und ich zwei Mal wegen dieses Mordes verurteilt worden bin. Was er aber nicht gesagt hat, ist Folgendes: Wenn der Staat Louisiana die Anklage und Verurteilung im Sinne der US-Verfassung und der Gesetze des Staates Louisiana verfolgt hätte, wären die beiden Urteile ja nicht so leicht zu kippen gewesen. Die Ankläger waren nur in der Lage, mich zu verurteilen, weil sie verfassungswidrige Methoden benutzt haben: offensichtliche Diskriminierungsmethoden beim Auswählen meiner Grand Jury, die Zuteilung von unfähigen Anwälten, das Zurückhalten von Beweismaterial, um den wahren Mörder zu finden.« Ich fuhr fort: »Jeder hier sagt, dass meine Urteile wegen ›Formsachen‹ aufgehoben worden sind – die Verfassung ist aber keine Formsache.« Ich schickte meine Erklärung auch noch per Mail an meine Freundin und Kameradin Gail Shaw in Sacramento und bat sie, diese online zu stellen, was sie auch tat.

Jemand in Buddy Caldwells Team musste gemerkt haben, dass es nicht ins Bild passte, dass ich friedvoll in einem Schlafsaal im Angola lebte, während Caldwell herumposaunte, was für ein gefährlicher Krimineller ich war. (Später erfuhren wir, dass Gefängnisbeamte mit der Staatsanwaltschaft heimliche Absprachen trafen, um Gründe zu finden, mich und Herman aus dem Schlafsaal wieder herauszunehmen.) Einige Zeit später erschien ein Haufen Wärter in unserem Schlafsaal, die sagten, Herman und ich hätten die Regel »30 C« der Disziplinarstrafordnung gebrochen. 30 C war eine Allerweltsregel, konnte also für alles angewendet werden, was nicht spezifisch in der Disziplinarverordnung aufgelistet war. Sie steckten uns in den Kerker. George Kendall und sein Team wurden augenblicklich aktiv, fragten offiziell nach dem Grund für diesen Schritt und beantragten unsere sofortige Rückführung.

Ich saß noch immer im Kerker fest, als Nick mich an einem Dienstag, am 25. November 2008 mit großen Neuigkeiten am Telefon überraschte. Richter James Brady hatte meinem Kautionsgesuch stattgegeben, wenn das Gericht meinen Wohnungsplänen zustimmte. Und das, obwohl die Berufung des Staates noch lief. Sobald ich eine angemessene Unterkunft gefunden hätte, konnte ich gehen. Richter Brady erklärte, er habe keinerlei Hinweise darauf gefunden, dass ich eine Gefahr für die Gesellschaft darstelle, wobei er mein Alter und mein »vorbildliches Verhalten in den vergangenen zwanzig Jahren« hervorhob. Er unterstrich zudem meinen sich verschlechternden Gesundheitszustand und beschrieb mich als »schwächlich und kränklich«. Ich hasste das – aber ich musste zugeben, dass er recht hatte. Richter Brady verlangte meine sofortige Freilassung, während die Habeas-Berufung noch lief.

Der Staat startete einen Eilantrag beim Fifth Circuit und verlangte, dass Richter Bradys Entscheidung, mir Kaution zu gewähren, auf Eis gelegt würde, bis eine Anhörung vor dem Dreier-Gremium stattgefunden hätte. Die Stellvertreterin des Generalstaatsanwalts, Mary Hunley, ritt wieder einmal auf meinen früheren Straftaten herum – »bewaffneter Raubüberfall, Flucht aus der Haftanstalt, schwere Körperverletzung, Einbruch- und Autodiebstahl« – und erklärte vor Gericht: »Es ist doch ganz offensichtlich, dass dieser Berufsverbrecher, wenn er auf Kaution freigelassen wird, entweder eine Gefahr für die Allgemeinheit darstellen oder fliehen wird.« Bemerkenswerterweise erwähnte sie nicht ein einziges Mal das Wort Vergewaltigung. Ein Richtergremium vom Fifth Circuit blockierte meine Freilassung eine weitere Woche und lehnte danach mein Gesuch auf Kaution rundheraus ab.

Ich saß ungefähr einen Monat im Kerker, als man mir endlich den Ermittlungsbericht aushändigte, in dem der Grund für meinen Transfer ersichtlich wurde: Ich war vom Schlafsaal in den Kerker gesteckt und dann in die CCR zurückverlegt worden, weil ich offensichtlich die »Telefonprivilegien missbraucht hätte«. Ich hatte tatsächlich Dreier-Gespräche geführt, die im Gefängnis eigentlich verboten sind. Doch unter den Gefangenen sind sie gang und gäbe. Sechs dieser Gespräche hatte ich mit unseren Rechtsanwälten geführt, und dies war auch gestattet. Die anderen vier waren Gespräche mit Noelle Hanrahan vom *Prison Radio* – in jener Zeit, als ich eine Erklärung zu meinen Vergewaltigungsvorwürfen abgab. Zum Zweiten wurde ich beschuldigt, »auf meiner Anruferliste vorsätzlich falsche Angaben gemacht zu haben«: Ich hatte Noelle als »Freundin« und nicht als Journalistin tituliert. Dies war aber gar keine falsche Information, da ich sie wirklich als Freundin betrachtete. Außerdem gab es auf der Telefonliste keine Spalte, in die man den Beruf seiner Freunde hätte eingeben können. Der dritte Vorwurf bezog sich auf meine »eigenmächtige Presseerklärung«. Die Gefängnisverwaltung hatte angemahnt, ich hätte hetzerische Stellungnahmen abgegeben, die unter den Insassen zu Unruhen führen könnten. Herman wurde mit denselben aufgeblähten Anschuldigungen konfrontiert wie ich: Missbrauch von Telefonprivilegien.

Chris Aberle und Nick Trenticosta verteidigten mich weiterhin in der Presse. Nick berichtete Reportern, dass die Anschuldigungen von Staatsanwalt Caldwell »skurrile Vorwürfe seien, eine Litanei von Verstößen, alle frei erfunden«. Von diesen Wahrheiten ließ sich Buddy Caldwell allerdings nicht beeindrucken. Im *Advocate* ließ er immer wieder verlauten, er würde mich augenblicklich der Vergewaltigung anklagen, für den Fall, dass ich freikäme. »Diese Vorwürfe stehen immer noch im Raum«, sagte Caldwell der Presse. »Es gibt lebende Zeugen da draußen, die dies jederzeit bestätigen. Wenn wir die Wahl zwischen zwei falschen Entscheidungen haben, dann wählen wir die, Woodfox weiter im Gefängnis zu behalten.«

Man staunte über die Leichtsinnigkeit und Kaltschnäuzigkeit, mit der er diese Vorwürfe öffentlich machte, obwohl er wusste, dass er sie doch nie würde beweisen können.

Im November 2008 musste ich erneut wegen unserer Zivilklage unter Eid aussagen. Staatsanwalt Richard Curry befragte mich.

Frage: Mr. Woodfox, welche Beweise können Sie für Ihre Behauptung vorbringen, dass Sie wegen Ihrer politischen Überzeugungen und Kontakte zwischen achtundzwanzig und sechsunddreißig Jahre

in Einzelhaft abgeriegelt wurden oder auf irgendeine andere Art und Weise Repressalien ausgeliefert waren?
Antwort: Allein schon durch die Tatsache, dass ich ungefähr fünfunddreißig Jahre in Isolationshaft festgehalten wurde – mit Ausnahme der drei Jahre, die ich im Amite City, Tangipahoa Parish Jail, verbracht habe. Ich bekam hautnah mit, dass Insassen mit schwerwiegenden Disziplinarvergehen aus der CCR entlassen wurden. Und genau danach wurden wir in der CCR doch bewertet: nach unserem Verhalten. Ich habe Leute gesehen, die aus dem Kerker zu uns kamen oder von Camp J, und dann durften sie ein paar Monate später wieder raus.
Frage: Ein Teil Ihrer Argumentation bezieht sich darauf, dass Sie wegen Ihrer politischen Überzeugungen die ganze Zeit über in Isolationshaft festsaßen. Stimmt das?
Anwort: Ja.
Frage: Welche Tatsachen sprechen für diese Behauptung?
Antwort: Die Tatsache, dass ich noch immer in der CCR stecke – länger als fünfunddreißig Jahre jetzt –, die Tatsache, dass ich ein exzellentes Verhaltensregister aufweisen kann, die Tatsache, dass es absolut gar nichts zu geben scheint, was ich tun kann, um aus der Isolationshaft rauszukommen, obwohl ich Leute mit schwerwiegenden Disziplinarvergehen sehe, die es schaffen, rauszukommen.
Frage: Und Sie argumentieren auch, dass Sie aufgrund Ihrer vermeintlichen politischen Ansichten und Standpunkte in Isolationshaft festgehalten werden. Stimmt das?
Antwort: Ja.
Frage: Und worauf begründen sich diese Behauptungen?
Antwort: Wie eben bereits gesagt, die Tatsache, dass ich anscheinend rein gar nichts dazu beitragen kann, dass ich aus der CCR entlassen werde. Dazu kommt noch die persönliche Erklärung von Direktor Cain.
Frage: Sie begründen Ihre Isolationshaft zudem damit, dass Sie sich das Grundrecht zunutze gemacht haben, selbst Klage vor Gericht einzureichen. Welche Tatsachen stützen diese Behauptung?
Antwort: Die Tatsache, dass ich seit mehr als dreißig Jahren in der CCR festsitze, die Tatsache, dass ich ein exzellentes Verhaltensregister habe, die Tatsache, dass ich niemals in irgendeinen Vorfall hier im Gefängnis verwickelt war, so wie viele andere Häftlinge, die trotzdem entlassen wurden.
Frage: Sie begründen Ihre Haft in Isolation auch damit, dass es hier um Rassenfragen gehe. Stimmt das?

Antwort: Ja. Das Thema Rasse war Teil der eidesstattlichen Aussage von Direktor Cain selbst, als er die Black-Panther-Bewegung hervorhob. Alle Mitglieder der Black Panther Party waren Afroamerikaner, die Philosophie der Black-Panther-Bewegung zielte hauptsächlich darauf ab, den Afroamerikanern zu helfen.
Frage: Wollen Sie behaupten, Direktor Cain sei ein Rassist?
Antwort: Ich kenne Direktor Cain nicht gut genug, um zu behaupten, er sei ein Rassist.
Frage: Wollen Sie behaupten, dass er Sie hier festhält, weil Sie schwarz sind?
Antwort: Wenn ich mir seine Erklärung anschaue: ja.

Im Dezember wurde im Contemporary Arts Center in New Orleans eine Kunstausstellung mit dem Titel *The House That Herman Built* eröffnet. Die Künstlerin Jackie Sumell hatte einige Jahre zuvor mit Herman Kontakt aufgenommen und ihn gefragt, wie wohl sein Traumhaus aussähe. Er bediente sie mit Briefen, Skizzen und Telefongesprächen. Außerdem setzte er sie auf seine Besucherliste. Sumell erschuf eine Kunstausstellung auf Grundlage seiner Visionen: Entwürfe, Baupläne und Modelle, sowie ein virtueller Rundgang zeigten das Haus, das Herman für sich bauen würde. Die Künstlerin integrierte zudem seine eigenen Skizzen, Auszüge aus seinen Briefen und die Papierblumen, die er eine Zeit lang angefertigt hatte, in die Ausstellung. Sie baute sogar eine begehbare 2x3-Meter-Gefängniszelle aus Holz nach. Die Kunstinstallation reiste durch die gesamten Vereinigten Staaten, inklusive Philadelphia, San Francisco und Augusta (Georgia), später dann auch nach Europa. Sie war in Polen, Großbritannien, Deutschland und Frankreich zu sehen. Durch die Ausstellung wurden Menschen, die sich sonst niemals Gedanken über das Thema gemacht hätten, für die Schrecken und Gräuel der Isolationshaft sensibilisiert. Die Besucher in Galerien und Museen hatten durch das Betreten der aus Holz nachgearbeiteten Einzelzelle die Gelegenheit, sich das Leben in einer Einzelzelle vorzustellen. Ein Filmemacher namens Angad Singh Bhalla produzierte einen Dokumentarfilm über Hermans und Jackies Gemeinschaftsprojekt mit dem Titel *Herman's House*.

In seinen Visionen erschuf Herman vor seinem Traumhaus einen Garten voller Rosen und Rittersporn. Es gab eine Veranda rundherum und ein Gewächshaus auf dem Grundstück, damit er, wie er Jackie erklärte, »immer etwas in seiner Nähe anpflanzen konnte«. In seiner geräumigen Küche war Platz für sechs Mikrowellenherde, weil er viele Gäste empfangen wollte. Porträts von John Brown, Harriet Tubman und anderer Kämpfer für die Abschaffung der Sklaverei hingen an den Wänden des Wohnzimmers. Das Panoramafenster war kugelsicher. Auf dem Boden des Swimmingpools war ein riesiger schwarzer Panther gezeichnet. Hermans Schlafzimmer hatte eine Ausstiegsluke, die zu einem Bunker führte. Sein Haus, so erzählte Herman der Künstlerin, sei im Übrigen ganz aus Holz gefertigt, damit es im Falle eines Angriffs sofort niedergebrannt werden konnte.

Kapitel 47
Immer vereint

Nach all dem Rummel waren wir als Insassen der CCR für Buddy Caldwell ein Problem. Unsere Haft zog in der Öffentlichkeit immer größere Kreise. George Kendall bereitete Herman und mich darauf vor, dass wir wohl bald für immer getrennt würden. Wie es aussah, hatte Caldwell Burl Cain angesprochen und ihn aufgefordert, Herman und mich in unterschiedliche Gefängnisse zu verlegen. Wir hörten, dass Cain diesem Vorschlag wohl zugestimmt hatte, denn die öffentliche Aufmerksamkeit, die den Angola 3 zuteilwurde, schadete dem Ruf seiner Haftanstalt. Herman war der Erste, den sie wegbrachten. Im März 2009 zog Herman in das *Elayn Hunt Correctional Center* in St. Gabriel um, knapp zwanzig Kilometer südöstlich von Baton Rouge, wo sie tatsächlich eine nagelneue CCR errichteten, um Herman angemessen unterzubringen (weitere Häftlinge kamen bald hinzu).

Herman und ich waren es gewohnt, getrennt zu leben. Außer den neun Monaten, die wir insgesamt zusammen im selben Trakt und in der CCR des Angola verbracht hatten, waren wir immer getrennt gewesen. Nichtsdestotrotz hielten wir engen Kontakt mit Hilfe von Büchern, Fotos, Musik und regelmäßigen Briefen – all dies wurde über Jahre hinweg für uns durch die Hände von Orderlies, Trustees und manchmal sogar Gefängniswärtern hin- und hertransportiert. Wir machten uns sogar gegenseitig Geburtstagsgeschenke: Tüten, die wir mit *Zuzus* (Snacks) oder anderen Dingen aus dem Gefängnisshop füllten. Wenn einer von uns draußen im Hof war und der andere in seiner Freistunde oben am Fenster stehen konnte, unterhielten wir uns, so gut es ging.

Unsere außergewöhnliche, unerklärlich starke Freundschaft hatte ihren Grund allerdings in etwas anderem … In getrennten Zellen, getrennten Stockwerken, manchmal in getrennten Gebäuden und nun sogar in getrennten Gefängnissen hatte kein Wärter eine Chance, sich zwischen uns zu stellen. Ich stand hinter Herman. Und er hinter mir. Wenn ich ihn brauchte, war er da. Nicht körperlich, aber er war da. Ich bin kein religiöser Mensch. Ich glaube nicht an Gott. Aber ich glaube an den menschlichen Geist und ich glaube, dass der menschliche Geist zu Größerem in der Lage ist, als wir denken. Hinter all dem Leid, dem Betrug, der Brutalität und den Enttäuschungen, besaßen Herman, King und ich noch eine Existenz, irgendwo, unversehrt und vereint. Nachdem wir in unterschiedliche Gefängnisse verlegt worden waren, schrieben Hooks und ich uns jede Woche einen Brief, manchmal auch öfter. Ich passte mich an. Er sich auch. Das konnten wir beide am besten.

In jenem Jahr, am 9. Oktober 2009, verwarf der Supreme Court von Louisiana Hermans Berufung endgültig. Er musste nun beim Bundesgericht auf Hilfe hoffen. Mittlerweile hatten George Kendall und sein Team neben meiner auch Hermans Strafsache übernommen. George, Corrine Irish, Carine Williams und Sam Spital arbeiteten schon an Hermans erstem Berufungsantrag: seinem Habeas-Corpus-Gesuch.

In dem Gesuch kamen sechs Mängelrügen vor, eine davon war zum Beispiel das Versäumnis des Staates, das eigene falsche Zeugnis in Hermans Verhandlung zu berichtigen: Howard Baker hatte seine Aussage von 1974 selbst als Lüge entlarvt, in der er nämlich erklärt hatte, dass er Herman mit Blutflecken gesehen hatte. Er gab zu, dass es für Herman oder irgendjemand anderen unmöglich gewesen wäre, seine Kleider in der Schilderwerkstatt zu verbrennen, weil es dort ja überhaupt keinen Ofen gab. Der Staat hatte außerdem Beweismaterial sowohl für den Vorwurf eines Amtsvergehens als auch für Hermans Entlastung zurückgehalten. So wurde zum Beispiel am 20. April 1972 eine Stellungnahme von Häftling Charles Evans festgehalten, die George nun zitierte:

> Nach dieser Aussage lebte Evans in Pinie 2, direkt neben Pinie 1 gelegen. Evans sagte aus, dass er am Morgen des 17. April 1972 um 7.51 Uhr aufwachte und [eine] »große Gruppe von Männern zwischen Pinie 1 und Pinie 2 versammelt sah. Ich hörte jemanden aus der Gruppe sagen, ein Freier sei dort in einen Kampf verwickelt. Ich sah einen älteren Mann, den ich als ›Hezekiah‹ kenne, an der Tür von Pinie 1 stehen.« Evans fuhr fort, dass er »sah, wie einer der Freien von Pinie 1 zum Schlafsaal Walnuss rannte«. Leider hatten die Gefängnisbeamten keine weiteren Details von Evans' Aussage festgehalten. Klar ist allerdings, dass Charles Evans' Erinnerungen an die Geschehnisse dieses Morgens nicht mit den Theorien des Staates zusammenpassen und damit die Glaubwürdigkeit der Kronzeugen in Frage stellen. Evans' Zeugnis wäre somit ein wertvoller Beweis für ein Amtsvergehen in Mr. Wallace' Fall, weil es die Aussagen aller vier Insassen gegen ihn ad absurdum geführt hätte. Diese vier Zeugen, die teilweise sogar die jeweilige Anwesenheit des anderen verneinten, hatten behauptet, dass nur sehr wenige Männer am Tatort gewesen waren.
>
> Hätte der Verteidigung Mr. Evans' Aussage zur Verfügung gestanden, so wären sicher weiter Nachforschungen angestellt und Mr. Evans noch einmal befragt worden. Außerdem hätte man versuchen können, die Namen der anderen Häftlinge, dieser »großen Gruppe« am

> Tatort, ausfindig zu machen. Einer aus dieser Gruppe hätte möglicherweise den wahren Mörder von Brent Miller benennen können.

Ein weiterer Punkt in Hermans Gesuch war die »unzulässige Verurteilung«, da die ihn verurteilende Grand Jury schon aufgrund ihrer Zusammensetzung augenscheinlich zu einem diskriminierenden Urteil kommen würde. Schon Hermans erste Verurteilung 1972 wurde gekippt, weil die Grand Jury in ihren Reihen weder Schwarze noch Frauen aufwies. Deswegen hoffte er, dass das zweite Urteil aus demselben Grund aufgehoben würde. Bei der Anhörung am 7. Januar 1974, direkt vor der Hauptverhandlung, lehnte der Richter Hermans Antrag ab. George Kendalls Team untersuchte daraufhin die Akten nach Hinweisen zur damaligen Rechtsprechung und fand heraus, dass zu jener Zeit Frauen allgemein von der Mitgliedschaft in einer Grand Jury ausgeschlossen waren. Gemäß Artikel 402 der Strafprozessordnung von Louisiana sollte in jener Zeit »keine Frau zum Mitglied der Grand Jury ausgewählt werden, außer sie hätte zuvor dem Justizangestellten der Gemeinde, in der sie wohnt, eine schriftliche Erklärung eingereicht, in der sie ihrem ausdrücklichen Wunsch nach einem Dienst im Geschworenengericht Ausdruck gibt«. Ruth P. Daniels, damals Mitglied der Jury-Auswahlkommission von West Feliciana Parish gab an, dass die Bewerberliste, die der Auswahlkommission zugesandt wurde, lediglich männliche Bewerber registrierte, da »keine [Frau] jemals ihren Dienst angeboten hatte«.

»Die Weigerung der ersten Instanz, diese zweite Anklage zu Fall zu bringen, erfordert nun die Aufhebung von Mr. Wallace' Verurteilung«, schrieb George, »denn der systematische Ausschluss von Frauen in der Grand Jury verletzte den 14. Zusatzartikel zur US-Verfassung (›gleicher Schutz durch das Gesetz‹).« Am 4. Dezember 2009 wurde Hermans Habeas-Gesuch Richter Brian A. Jackson am US District Court für den Middle District von Louisiana vorgelegt.

2010 trafen sich King und Nina Kowalska, eine unserer langjährigen Angola-3-Unterstützerinnen, in England mit Tessa Murphy, die damals die US-Ermittlergruppe bei Amnesty International leitete, um ihr von unserem Fall zu berichten. Wie ich später erfuhr, hatte Nina den Anwesenden beim anschließenden Amnesty-Treffen ziemlich deutlich erklärt, dass sie nicht eher die Versammlung verlassen werde, bis man sich unseres Falles annähme. Doch dazu kam es nicht. Amnesty war sofort bereit, das Thema Isolationshaft in den Vereinigten Staaten auf die Agenda zu setzen und veröffentlichte einen

Zeitungsbericht, in dem sie unsere Einzelhaft als eine Verletzung der Menschenrechte anprangerten und unsere sofortige Rückführung aus der Isolation forderten.

In jenem Juni erlitten wir einen gehörigen Rückschlag. Mein Habeas-Gesuch, das mir vom District Court zugestanden worden war, wurde abgewiesen. Ein deutlich gespaltenes Dreiergremium von Richtern des Fifth Circuit verwarf Richter Bradys Urteil und erneuerte meine Verurteilung. Das Fifth Circuit entschied, Brady hätte »geirrt« in der Vermutung, mein Rechtsbeistand im zweiten Prozess sei mangelhaft gewesen und betonte, auch wenn bei meiner Verhandlung »nicht alles perfekt gelaufen« sei, so könne ich doch nicht beweisen, dass das Ergebnis mit einem anderen Rechtsbeistand ein anderes gewesen wäre. Das Gericht nutzte Präsident Bill Clintons *Anti-Terrorism and Death Penalty Act* als Hauptgrund dafür, meine Verurteilung zu erneuern. Das Gesetz schreibt vor, dass das Bundesgericht sich der Entscheidung eines Bundesstaates fügt, solange diese Entscheidung nicht »vernunftwidrig« erscheint oder »dem geltenden Bundesrecht widerspricht«.

Ich war vollkommen deprimiert. In Gesprächen mit meinem Bruder Michael, meinen Anwälten und meinen Freunden versuchte ich trotzdem, zuversichtlich zu klingen. Die neuen Nachrichten waren für sie genauso schmerzlich wie für mich. So viele Menschen hatten so hart für mich gearbeitet und gekämpft – meine Anwälte Chris Aberle und Nick Trenticosta, die mein Habeas-Gesuch verfasst hatten und an meinem Berufungsantrag feilten; George Kendall und sein Team, die meine Habeas-Klage seit 2008 begleiteten, während sie weiter an unserer Zivilklage arbeiteten; alle meine Freunde und unsere zahlreichen Unterstützer, die in den Straßen auf uns aufmerksam machten und unseren Fall bis nach Washington gebracht hatten; mein Bruder, der im Besucherraum des Gefängnisses dafür sorgte, dass ich bei Laune blieb. Ich konnte nicht glauben, welche Opfer sie für mich gebracht hatten, mit welchem Einsatz und welcher Hingabe sie für mich gekämpft haben. Jetzt durfte ich sie auf gar keinen Fall spüren lassen, welch großen Schmerz ich empfand. Ich besann mich auf meine große Stärke – Selbstdisziplin –, um meine depressive Stimmung zu bekämpfen. Ich hielt mich an der Routine des Alltags fest. Ich ging auf den Hof, wenn ich durfte, auch wenn Enthusiasmus und Tatendrang, all das, was ich sonst draußen empfunden hatte, verschwunden waren. Der Hof machte mir keine große Freude mehr. Der einzige Grund für mich, rauszugehen, waren die täglichen Übungen, zu denen ich mich zwang. Herman fragte mich in einem Brief, wie es mir ginge. Ich schrieb ihm zurück: »Das hier tut richtig weh, aber ich werd's wohl schaffen. Jetzt brauch ich nur etwas länger, um wieder zu Atem zu kommen. Ein seltsames Gefühl, all meine Hoffnungen, meine Träume, meine Pläne und Erwartungen neu zu sortieren, aber ich schaff es.«

Einen rettenden Strohhalm schien es noch in der Entscheidung des Fifth Circuit zu geben. Das übergeordnete Gericht schickte meine Klage an Richter Brady zurück, damit mein letzter Antrag noch einmal geprüft würde: aufgrund von rassendiskriminierenden Methoden sei die Ernennung des Vorsitzenden der Grand Jury in meiner Verhandlung 1993 anfechtbar. Dieser Punkt schien die letzte Chance für mich zu sein, das Gefängnis je verlassen zu können. Die Gerichte hatten mittlerweile über alle anderen Anträge, die ich berechtigterweise stellen konnte, ihr Urteil gefällt. Ein Gefangener darf nur Punkte in ihrer ursprünglichen Formulierung vor den Supreme Court bringen. Wenn das Gericht jetzt entschied, dass dieser letzte Antrag keine Freilassung rechtfertigte, dann würde ich im Gefängnis sterben. Es sollte eine neue Beweisaufnahme geben.

Ich zwang mich dazu, nicht den Mut zu verlieren. Ich zwang mich dazu, weiter zu hoffen, und ich fand irgendwie die Stärke, weiterzukämpfen. Doch ich hatte Narben zurückbehalten: durch das Hin und Her, Vor und Zurück, Hoffnungen, Enttäuschungen, immer wieder und wieder. Unterdessen kamen wir mit unserem Zivilprozess, der unsere Jahre in Isolationshaft als grausame und ungewöhnliche Strafe bezeichnete, voran. Wir erfuhren, dass wir bald einen Prozesstermin bekommen sollten. Der Psychologe Craig Haney kam noch einmal ins Gefängnis, um Herman und mich zu interviewen. Er notierte »unverkennbare, drastische Veränderungen in unserem Aussehen und Verhalten« – bei beiden von uns. Er schrieb, dass ich »absolut niedergeschlagen, besiegt und düster« wirke. Herman, so schrieb er, sei »zögerlich … mit gebrochener Stimme«. Herman hatte Haney gesagt, er sei in großer Sorge, den »Endpunkt« erreicht zu haben und er habe Angst davor, »dies nicht durchzustehen«. Haney schrieb: »Herman sagte mir, er sei vollkommen erledigt, versuche aber, stark zu bleiben. Und dann begann er zu weinen. Als er sich wieder gefangen hatte, erzählte er mir von dem Leid, das er in den Augen der Männer um ihn herum sehe. Er sagte mir, dass sie ›schreckliche Dinge täten‹, aber dass er auch verstehe, dass das nicht ihre Schuld wäre.«

Am 1. November 2010 war ich mit meinem Umzug an der Reihe. Ich wurde ins David Wade Correctional Center nach Homer, Louisiana, gebracht, vier Stunden Autofahrt Richtung Norden. Nun befand ich mich im nördlichsten Gefängnis des Staates Louisiana: im Sibirien von

Louisiana. Herman befand sich im südlichsten. Im Wade gab es keine CCR, also errichteten sie auch dort einen neuen Trakt und füllten ihn mit zwölf Insassen vom Angola, die mit mir umziehen mussten. Nie hatte ich den Eindruck, dass die anderen Gefangenen mir die Schuld an diesem Umzug gaben. Sie wussten, dass ich keinen Einfluss darauf hatte und nichts dazu konnte.

Ich hatte schon früher einmal vom Wade gehört: Es wurde in den 1980er-Jahren als »Strafanstalt« für die »Schlimmsten der Schlimmen« gebaut. Die Gefängnisbeamten vom Angola sagten uns, unsere Verlegung sei keine Strafmaßnahme gewesen. Doch wie sollte man diesen Schritt nicht als Bestrafung sehen? Jetzt war ich sechs Autostunden von New Orleans und auch von meiner Unterstützergruppe entfernt. Es war unmöglich für Freunde oder meine Familie, mich von New Orleans aus zu besuchen und am selben Tag wieder zurückzufahren. Ich wusste, dass ich im Wade sehr einsam sein würde. Die neuen Wärter hatten uns gleich auf dem Kieker, sprachen in barschem Ton mit uns und verhielten sich unnötig grob. »He du, ich geb dir fünf Minuten, bis das Kaugummi aus deinem Mund raus ist«, schrie einer von ihnen einem Gefangenen zu, als wir gerade aus dem Transporter stiegen. Der Angesprochene neben mir schaute auf seine Hände, die ja an seiner Hüfte festgebunden und mit einer Black Box bedeckt waren, und brauchte einige Sekunden, um sich zu überlegen, wie er das Kaugummi ohne Hände aus dem Mund herausholen könnte. Der Wärter schrie ihn noch einmal an. Zwar sprachen nicht alle Gefängniswärter im Wade so rüde und herabwürdigend mit uns, doch die meisten der Vollzugsbeamten dort waren Experten darin, die Häftlinge in einer möglichst miesen Art und Weise zu behandeln. Und sie taten es, weil sie es durften. Es war niemand dort, der ihnen eine andere Art und Weise des Umgangs gezeigt hätte. Auch hatte ich das Gefühl, dass wir ihnen einfach so vor die Nase gesetzt worden waren, ohne Vorwarnung, dass sie einfach vollkommen überrascht worden waren und sie deswegen jetzt ihren Frust und ihren Ärger auf uns abluden.

Es schien, als hätte man die Zellen der neuen CCR erst am Tag bevor wir ankamen, neu hergerichtet. Man konnte noch das Desinfektionsmittel riechen, das sie zum Saubermachen verwendet hatten. Ich musste den Wärtern erklären, dass wir hier unter denselben Regeln und mit denselben Rechten leben sollten wie im Isolationstrakt des Angola. Die Wärter im Wade hatten keinen blassen Schimmer von den CCR-Regeln und -Rechten. Sie teilten mir aber ihre eigenen Regeln mit: Im Wade gab es keine Kontaktbesuche. Es gab keine Mikrowelle. Kein Eis. Hofgang gab es nur drei Mal die Woche und es war uns nicht gestattet, an Hoftagen auf unserem Stock zu bleiben. Das hieß also, wenn wir nicht auf den Hof gingen, mussten wir nach dem Duschen schnurstracks in die Zelle zurück. Im Angola hatte es fünf Fernseher auf jeder Etage gegeben. Immer drei Insassen hatten einen Fernseher zur Verfügung, und sie konnten zu dritt die Programme auswählen. Im Wade waren alle vier vorhandenen Fernseher gleich eingestellt, sodass alle Häftlinge auf einer Etage dasselbe Programm schauen mussten. Das bedeutete konkret: zwölf Männer dazu zu bringen, sich jeden Tag und jede Stunde auf eine Sendung zu einigen. Es gab auch weniger TV-Zeiten, was für diejenigen Männer eine große Einbuße an Lebensqualität bedeutete, die ihren Tag normalerweise rund um das Fernsehprogramm organisierten. Zu der Zeit, als ich das Angola verließ, besaßen die Fernseher einen Chip, der den Ton durch Radios in den einzelnen Zellen sendete. Im Wade hingegen waren die Fernseher voll aufgedreht; der Lärm war ohrenbetäubend. Im Angola konnten wir ein Telefongespräch von unserer Zelle aus führen. Wollten wir im Wade telefonieren, mussten wir dazu am Ende des Stocks, gefesselt, vor der Glasscheibe der Wachkabine stehen.

Die Zellentür ging automatisch hinter uns zu. Sie bestand aus Stahlgeflecht statt Stäben, damit wir nichts durch die Tür hinausreichen oder mit herausgestrecktem Spiegel den Gang entlangschauen konnten. Unter der Tür war kein Spalt, durch den man etwas hätte hindurchschieben können. Die Essensschlitze hatten Klappen und konnten von außen verriegelt werden. In den Zellentüren gab es keine Schlitze, durch die man uns die Handschellen oder Fußfesseln anlegen konnte, sodass wir jedes Mal, wenn wir den Stock verließen, zunächst unsere Hände für die Handschellen nah an die Essensschlitze halten, dann zum Öffnen der Tür zurücktreten und uns mit dem Gesicht zur hinteren Wand hinknien mussten, damit man uns die Fußschellen anbringen konnte. Mit dreiundsechzig litt ich aber an degenerativer Arthritis in den Knien und wusste, wie schmerzhaft das Knien auf dem Betonboden war. Deswegen setzte ich mich auf die Pritsche. Wenn ich es zugelassen hätte, mich gefühlsmäßig auf diese Situation einzulassen, wäre ich schier verrückt geworden. Aber ich fühlte diese Hochs und Tiefs nicht, die Menschen im normalen Leben fühlen. Ich lebte zwischen allen Gefühlen.

Am folgenden Tag riefen mich der Direktor und sein Mitarbeiter, ein für die South Side – wo ich untergebracht war – zuständiger Oberstleutnant, zu sich. Ich bekam Fesseln angelegt und wurde zu den beiden in einen kleinen Raum geführt. Sie begannen mich auszufragen, wie es für mich in der CCR und im Angola gewesen war, und ich hatte das Gefühl, dass sie irgendwie um den heißen Brei herumredeten. Deshalb unterbrach ich sie: »Hören Sie«, sagte ich, »ich denke, Sie haben mich hierher gerufen, um zu erkunden, wie es um meinen Geist und meinen Verstand bestellt ist. Die meisten Regeln gelten nicht für mich, denn ich nehme nicht an irgendwelchen Gefängnisspielchen oder solch einem Quatsch teil. Wenn Ihre Leute mich respektieren, dann respektiere ich sie auch. Wenn Ihre Leute mich nicht respektieren, dann respektiere ich sie auch nicht. Wenn Sie mich anrühren möchten, dann müssen Sie mich schon töten, denn ich werde mich mit aller Macht wehren, bis ich bewusstlos oder tot bin. Ansonsten bin ich so ruhig, dass Sie gar nicht merken, dass ich hier bin.« Sie schauten einander an. Der Direktor sagte: »Wir sind froh zu hören, dass Sie uns keine Probleme machen.«

Auf dem Weg zurück auf meinen Stock war mir klar, dass ich Probleme machen würde. Die Häftlinge im Wade wurden wie der letzte Dreck behandelt. Wir hatten nicht die CCR-Rechte, die wir nach staatlichem Recht eigentlich haben sollten. Sobald meine Habseligkeiten bei mir ankamen, nahm ich mein Schreibzeug zur Hand, stellte dem Direktor eine Liste unserer Privilegien der CCR zusammen und fragte ihn, wann wir diese im Wade zu erwarten hatten. Mein erster Punkt waren die Kontaktbesuche.

Diese waren der einzige Punkt, den der Direktor relativ schnell umsetzte – schon nach einigen Wochen. Für alles andere mussten wir drei bis sechs Monate drängeln und erinnern, nur damit wir eine zurechtgestutzte Fassung von dem erhielten, was uns im Angola zustand. Die anderen Gefangenen halfen mir. Wir alle wussten, dass sie im Unrecht waren. Mit der Zustimmung meiner Mithäftlinge reichte ich Unterschriftenlisten ein, schrieb Briefe an die Gefängnisleitung und entwarf wieder einmal einen ARP-Antrag *(Administrative Remedy Procedure)*. Über die ganze Zeit hinweg wurden wir von den Wärtern beleidigt, ihre Sprache war derb und respektlos – ohne jegliche Provokation unsererseits, vollkommen fehl am Platz. Selbst auf unserem Gang von der Zelle bis zur Dusche wurden wir schikaniert: »Schneller. Los, in die Dusche, beweg dich.« Wenn wir einem Sportereignis im Fernsehen zuschauten und die Leute zu laut jubelten, hörte man augenblicklich einen Wärter: »Hört auf, solch einen verdammten Krach zu machen, sonst komm ich und stecke ein paar von euch Scheißkerlen in den Kerker.«

Nach langer Zeit bekamen wir auch unser Eis. Der Tag, an dem sie am Ende des Stockwerks eine Mikrowelle installierten, war solch ein Highlight, dass Sicherheitsbeamte aus dem ganzen Gefängnis zusammenliefen, um einen Blick darauf zu werfen. Einer der Wärter sagte: »Ich habe nie geglaubt, dass ich den Tag noch erlebe, an dem sie hier in David Wade eine Mikrowelle auf der Etage haben.« Allerdings durften wir sie nicht eigenmächtig benutzen; was immer wir auch heiß gemacht haben wollten, mussten wir in der Zentrale der Wärter am Ende des Stocks abgeben und darauf hoffen, dass es später von dort zu uns zurückgebracht wurde. Andere unserer Forderungen wurden rigoros abgelehnt, egal wie häufig ich protestierte oder wie heftig ich dafür kämpfte. Sie weigerten sich zum Beispiel, Duschvorhänge anzubringen. Die Dusche befand sich direkt gegenüber vom Kontrollraum. Wir standen dort splitternackt und sichtbar für die Wärter, die in ihrem Raum beisammensaßen – darunter auch Wärterinnen. Das Wade war noch viel schmutziger als das Angola. Es gab hier mehr Insekten und kleine Nagetiere; die Zellen wurden nicht mit Insektenspray sauber gehalten, nur die Gänge. Wir bekamen viel seltener einen Besen oder Mopp. Wenn man uns für Laborwerte oder andere medizinische Tests brauchte, holte uns das Personal mitten in der Nacht heraus – irgendwann zwischen ein und drei Uhr. Wir hatten zudem große Schwierigkeiten, an juristische Bücher oder andere Materialien zu kommen. Dies betraf mich allerdings nicht so stark, weil ich das Glück hatte, Anwälte zu kennen, die mir halfen. Doch für alle anderen in Isolationshaft war es eine große Einschränkung.

Ein Erfolg für uns war es, die Erlaubnis zu bekommen, unsere Freistunde auch auf dem Stock verbringen zu dürfen, doch selbstverständlich gab es sofort neue Schwierigkeiten: sie trennten mit gelbem Klebeband ein Drittel des Gangs von der Wand aus ab und ordneten an, dass wir in unserer Freistunde hinter der gelben Linie bleiben mussten. Das war ein Tritt in den Arsch. Wie sollte man dort Sportübungen machen oder den Mithäftlingen etwas von dort rüberreichen? Wenn ich für jemanden in der Zelle einen Kaffee kochen oder ihm ein Buch geben wollte, musste ich also mit den Fußspitzen vor bis an die gelbe Linie und mich dann vornüberbeugen. Diese gelbe Linie war als Strafe für das gesamte Stockwerk gedacht: einer der Insassen hatte nämlich mit Hilfe der Fernbedienung einen Pornokanal ins DirecTV einprogrammiert und die Wärter kapierten einige Stunden nicht, wie sie ihn ausschalten konnten. Diese Praxis, alle Insassen für die Aktion einiger weniger zu bestrafen oder auch für die Aktion eines einzelnen, ist in allen Gefängnissen gleich. Man wurde immer gezwungen, auf der Stufe des kleinsten gemeinsamen Nenners zu leben. Diese Gefängnisphilosophie ruinierte schließlich sogar unser Recht auf Kontaktbesuche. Anfangs mussten wir keine Fesseln tragen. Dann kam es zu einem

Zwischenfall, bei dem ein Häftling einen anderen bedrohte, und sagte, er würde ihn und seine Familie im Besucherraum verprügeln, und dies reichte schon, um anzuordnen, dass wir von nun an alle während der Besuchszeit Handschellen und Fußfesseln tragen mussten. Auf diese Art und Weise löste das Wade alle Probleme.

Einige Monate nach meiner Ankunft rief mich der Gefängnisdirektor, Jerry Goodwin, zu sich. Ich wurde in einen Raum gebracht, in dem sich der Untersuchungsausschuss traf. »Ich möchte gerne etwas mit Ihnen besprechen«, begann der Direktor, »aber wenn Sie es nicht möchten, dann ist das für mich okay. Egal, wie Sie sich entscheiden, ich möchte Ihnen jetzt sagen, dass dieses Gespräch hier nie stattgefunden hat. Ich werde immer leugnen, dass es stattgefunden hat.« Er machte eine Pause. »Also, wenn Sie mein Anliegen trotzdem jetzt hören möchten, dann sagen Sie es mir.« »Ah, ja, okay«, sagte ich, »was denn?« Er fuhr fort: »Ich habe bei einer Haushaltsbesprechung neulich Buddy Caldwell getroffen, und ich soll Ihnen ausrichten, Sie sollten jetzt clever sein: Wenn Sie darüber nachdenken könnten, gegen Herman Wallace auszusagen, dann wäre das jetzt die Zeit für einen Deal.« Ich antwortete, ich wolle darüber nachdenken. Sobald ich zurück auf meinem Stock war, rief ich George Kendall an und bat ihn, mich zu besuchen, damit ich ihm von dem Gespräch mit Direktor Goodwin erzählen konnte. Es kam nichts dabei heraus. Wir konnten nichts tun. Caldwells Angebot kam von dritter Seite, sodass er die Möglichkeit hatte, alles abzustreiten.

Kurz nach diesem Vorfall saß ich lesend in meiner Zelle, als eine Gruppe Handwerker heraufkam und begann, die Angeln der rostigen Metallklappen an den Essensschlitzen zu ölen und mit Hämmern zu bearbeiten. Ich fragte den diensthabenden Wärter, was sie da täten und erfuhr, dass sie die Anweisung hatten, die Essensschlitze nach jeder Mahlzeit fest zu verschließen. Als sie fertig waren, schlossen sie alle Klappen zu und verschwanden. Immer wenn das Essen kam, wurden die Klappen wieder aufgeschlossen und das Tablett hindurchgereicht. Nach dem Essen wurden die Tabletts eingesammelt und die Klappen wieder fest verschlossen. So konnte man von nun an weder ein Buch noch eine Zeitung noch sonst irgendetwas in eine Zelle hineinreichen, wenn man während der Freistunde auf dem Stock herumlief. Wir konnten die Klappe auch nicht öffnen, um die Person zu sehen, die mit uns von draußen sprach. Für diese neue Maßnahme gab es absolut keine strafrechtliche Erklärung. So etwas gab es in keinem anderen Zellenblock. Es war einfach nur eine Bestrafung für uns persönlich. Das Gefühl von Isolation wurde dadurch verschärft. Die Zelle erschien uns nun noch einengender und wir brauchten einige Zeit, um uns daran zu gewöhnen. Ich schrieb dem Direktor einen Protestbrief. Als ich meinen Anwälten davon erzählte, mischten auch sie sich ein. Es dauerte mehr als sechs Monate, doch mit Hilfe der Anwälte schafften wir es, dass sie die Essensschlitze wieder offen ließen.

Immer noch litt ich unter Platzangst-Attacken, aber auch daran hatte ich mich gewöhnt. Sie begannen immer auf dieselbe Art und Weise. Es fühlte sich an, als ob die Luft um mich herum auf mich herabdrückte und die Zelle kleiner und kleiner wurde. Wenn es in der Nacht oder am frühen Morgen passierte und alle rundherum in ihren Zellen eingeschlossen waren, dann zog ich mich vollständig aus. Ich konnte das Gefühl von Kleidung auf meinem Körper nicht mehr ertragen; es fühlte sich an, als ob mein T-Shirt und meine Unterwäsche fünf Mal zu klein waren. Wenn dann ein Wärter zum Zählen vorbeikam, setzte ich mich auf die Toilette, bis er weg war, denn ich wollte nicht, dass er etwas merkte. Wir wollten, dass sie ein ganz bestimmtes Bild von uns hatten – wie in Hermans Gedicht: von den Männern aus Stahl. Wir verbargen unsere Schwächen, wo wir nur konnten, auch vor dem Sicherheitsdienst. Bei manchen meiner Platzangst-Attacken halfen mir Opern. Wenn ich eine im Radio fand, setzte ich mich auf die Pritsche, schloss die Augen und stellte mir vor, die Wände um mich herum würden sich wieder von mir weg bis zu ihrem normalen Abstand bewegen. Meistens gab es aber im Radio keine Oper. Was noch besser wirkte, war, den Attacken wegzulaufen. Ich schritt ruhig die Zelle ab, vor und zurück, stundenlang. Im Sommer hinterließ ich dann eine Spur von Schweiß unter mir, die eine Linie durch die ganze Zelle malte, von einem Ende zum anderen.

2011–2016

Meine Seele ist so weit wie die Welt, wahrhaftig, meine Seele ist so tief wie der tiefste Fluss; meine Brust hat die Kraft sich auszudehnen, bis in die Unendlichkeit. Ich bin da, um zu geben.

Frantz Fanon

Kapitel 48
Folter

Im April 2011 hielten die *International Coalition to Free the Angola 3* und das *ACLU National Prison Project* auf Antrag der Kongressabgeordneten John Conyers, Cedric Richmond und Robert »Bobby« Scott ein Podiumsgespräch im Kongress zum Thema ›Missstände in der Einzelhaft‹ ab. Tory Pegram war Mitorganisatorin dieses Treffens und moderierte die Diskussion. Auf dem Podium saßen: Robert King; Laura Rovner, Privatdozentin an der juristischen Fakultät und Expertin für Zivilrecht an der Universität von Denver; David Fathi, Leiter des *National Prison Project*; und Michael Randle, Programmkoordinator für die *Nancy R. McDonnell Community Based Correctional Facility*. Es gab eine Filmvorführung des ein Jahr zuvor erschienenen und von der Mob Film Company produzierten Dokumentarfilms *In the Land of the Free* von Regisseur Vadim Jean über uns. (Dieser Film erschien einige Jahre später mit aktualisierten Informationen und Interviews unter dem neuen Namen *Cruel and Unusual.*) Nach dem Film gaben King und unsere Anwältin Carine Williams ihre Stellungnahmen ab.

In jenem Frühling erhielt ich die Nachricht, dass mein Freund aus Kindertagen, Ernest Johnson, nach einer Erkrankung verstorben war. Das war ein Schock für mich, denn er war so alt wie ich: vierundsechzig. Am 2. Juni 2011 starb der ehemalige Panther Geronimo Ji-Jaga Pratt an einem Herzanfall. Er wurde dreiundsechzig. In meiner Zelle gab es keinen Ort, an dem ich diese schmerzlichen Verluste betrauern und bewahren konnte. Häufig dachte ich an Althea Francois, eine Mitbegründerin unseres Unterstützer-Komitees, die eineinhalb Jahre zuvor nach langer Krankheit am 1. Weihnachtstag gestorben war. Althea war ein noch junges Mitglied der Black Panther Party in den frühen 1970er-Jahren, als sie mich zum ersten Mal nach meiner Anklage im Angola besuchte. 1999 kamen wir im Besucherraum zusammen. Althea war eine ebenso liebenswürdige Person wie entschlossene Kämpferin und ihr ganzes Leben lang in der schwarzen Community politisch aktiv. In den Monaten nachdem Wirbelsturm Katrina New Orleans verwüstet hatte, war sie für den Aufbau des *Office of the Independent Police Monitor* verantwortlich, das mit der Aufgabe betraut wurde, die Rolle der Polizei von New Orleans in den Mordfällen »nach dem Wirbelsturm« aufzuarbeiten und aufzuklären. Herman und King waren ebenso geschockt von Altheas Tod wie ich. Als der *San Francisco Bay View* King um ein paar Worte zu ihrer Person bat, erinnerte er mit einem Bibelvers an Altheas außerordentlich großzügigen Charakter:

Matthäus 25,35–36: *Denn ich bin hungrig gewesen, und ihr habt mich gespeist. Ich bin durstig gewesen, und ihr habt mich getränkt. ... Ich bin gefangen gewesen, und ihr seid zu mir gekommen.*

Ich war es gewohnt, von Menschen getrennt zu werden, die ich liebte, aber die Trennung durch den Tod war anders. Althea Francois, Ernest Johnson, Geronimo Ji-Jaga Pratt, Anita Roddick, Michael Augustine, eine meiner ersten Unterstützerinnen, Opal Joyner, meine Schwester Violetta Mable Augustine, meine Mom Ruby Mable. Wenn ich je wieder aus dem Gefängnis herauskommen sollte, dann wird immer ein Teil von mir nach diesen Menschen suchen.

Mit der Zeit schwollen meine Beine und Fußgelenke an. Wie sonst auch, suchte ich Erleichterung durchs Laufen, doch das half nichts. Irgendwann waren meine Gelenke so geschwollen, dass die Wärter mir die Fußeisen gar nicht mehr anlegen konnten – sie mussten für jeden der beiden Knöchel zwei Plastikfesseln zusammenfügen und die Kette dazwischen festmachen. Bald musste ich einen Arzt aufsuchen, der mir ein Rezept für Wassertabletten ausstellte. Tatsächlich ging die Schwellung zurück, doch jedes Mal, wenn die Fußschellen zu stramm waren, blähten sich die Knöchel auf wie Ballons.

Noch immer, nach 39 Jahren, wurde ich wegen meiner Bücher und meiner Post schikaniert. Wenn ich Post bekam, die auf irgendeine Art und Weise die Black Panther Party erwähnte, wurde sie wegen »Anstiftung zum Rassenhass« konfisziert. »Ich brauche eine Pause«, schrieb ich Herman aus Frust vor der ständigen Tyrannei. »Ich bin diesen Scheiß leid.« Einer meiner Unterstützer schickte mir das Buch *The New Jim Crow* von Michelle Alexander, welches die Kontrolle glücklicherweise unbeschadet passierte. Ich ließ meine Zellennachbarn daran teilhaben und erzählte ihnen, was für ein eindringliches, kraftvolles Buch es war. Es sprach Punkte an, die wir schon in den 1970er-Jahren diskutiert hatten.

Ich blieb in engem Kontakt mit Herman im Hunt und Zulu im Angola, indem ich ihnen Briefe schrieb – ich schrieb häufig. »Trotzdem«, so erklärte ich Hooks, »fällt es mir schwer, dir und Zulu zu schreiben, denn was kann ich euch schon über den Bauch der Bestie erzählen? Ihr beide erlebt diese Hölle genauso wie ich … «

Am 18. Oktober 2011 veröffentlichten die Vereinten Nationen eine Erklärung zum Thema Isolationshaft:

> Ein UN-Experte, der sich mit dem Thema Folter beschäftigt hatte, rief alle Länder dazu auf, die Einzelhaft für Gefangene abzuschaffen, außer in sehr speziellen Fällen und dann auch nur für eine möglichst kurze Zeit, zudem plädierten sie für ein strenges Verbot für jugendliche Straftäter und Menschen mit geistiger Behinderung.
>
> »Abtrennung, Isolation, Abschottung, Zelle, Abriegelung, Hochsicherheitsgefängnis, das Loch, Isolationsabteilung … wie auch immer man es nennt, Isolationshaft sollte als Strafe oder als Erpressungsmethode in allen Staaten untersagt werden«, so erklärte der UN-Sonderberichterstatter für Folter Juan E. Méndez im Hauptausschuss 3 der UN, der sich mit sozialen, humanitären und kulturellen Fragen beschäftigt. Und er fuhr fort, diese Bestrafung könne mit Folter verglichen werden.
>
> »Einzelhaft ist eine brutale Methode, die dem Ziel der Resozialisierung – dem eigentlichen Ziel des Strafvollzugs – zuwiderläuft«, so betonte er in seinem ersten Zwischenbericht über die Folter, und erinnerte an die weltweite Praxis und den unkontrollierten Missbrauch von Isolationshaft.
>
> Zeitlich unbegrenzte oder verlängerte Einzelhaft, die zwei Wochen überschreitet, sollte absolut verboten werden, fügte er hinzu und zitierte dazu wissenschaftliche Studien, die herausgefunden hatten, dass schon nach einigen Tagen sozialer Isolation dauerhafte psychische Schäden entstehen.
>
> »Wenn man die schweren psychischen Schäden oder das entsetzliche Leid im Auge hat, zu denen Einzelhaft führen kann, dann läuft diese Bestrafungsmethode auf Folter hinaus. Es ist eine grausame, unmenschliche und erniedrigende Strafmaßnahme, egal ob die Zeit der Untersuchungshaft zeitlich unbegrenzt oder begrenzt ist, und dies gilt ganz besonders für Personen mit geistiger Behinderung oder jugendliche Straftäter.«

Kapitel 49
Vierzig Jahre

Der 17. April 2012 markierte unseren 40. Jahrestag in der CCR. Unser Unterstützerkomitee und Amnesty International organisierten regelmäßig an diesem Tag eine Protestveranstaltung; 2012 fand die Protestaktion auf den Stufen des Louisiana State Capitol statt. Unter einem Banner mit der Aufschrift SOLITARY IS TORTURE wurden Hermans und meine Erklärungen laut verlesen. Viele weitere Redner kamen zu Wort. »Für mich ist dieser Tag bitter und süß zugleich«, sagte King. »Von bitterer, tiefer Traurigkeit, dass es diesen Jahrestag überhaupt gibt, zugleich aber auch süß, wenn man die jahrelangen Anstrengungen und unseren unermüdlichen Kampf an diesem Tag sieht. Das Blatt wendet sich und die Zeit für Veränderung beginnt jetzt. Wir haben den Wind im Rücken und wir müssen weitermachen.« »Um ehrlich zu sein«, hatte ich geschrieben, »so weiß ich gar nicht genau, welche schlimmen Schäden mir zugefügt wurden, aber da ich den Schmerz noch spüre, weiß ich ganz sicher, dass ich noch am Leben bin. Wenn ich nur an den Schmerz zurückdenke und aufhöre, darüber nachzudenken, in welcher Art und Weise mich die vierzig Jahre – 23 Stunden am Tag in einem Käfig eingeschlossen – verändert haben, dann würde ich dem Wahnsinn den Sieg überlassen – gegen den ich doch vierzig Jahre lang gekämpft habe.«

Amnesty-Unterstützer wandten sich an Gouverneur Bobby Jindal, um ein Treffen mit ihm zu organisieren. Sie wollten ihm eine Petition überreichen, in der die Beendigung unserer Einzelhaft gefordert wurde; mehr als 67 000 Menschen aus 125 Ländern hatten unterschrieben. Der Gouverneur lehnte ein Treffen mit Amnesty-Vertretern und King rigoros ab und verwies sie an das *Department of Public Safety and Corrections* von Louisiana. Deren Mitarbeiter James M. Le Blanc stritt den Vorwurf ab, dass 23 Stunden Eingeschlossensein eine unmenschliche Bestrafung sei, und behauptete, Herman und ich würden in Isolationshaft festgehalten, weil wir eine Gefahr für das Gefängnispersonal, Mithäftlinge und Besucher darstellten.

Am 13. Mai 2012 berichtete die *Times-Picayune* in New Orleans, dass Louisiana die »Gefängnishauptstadt der Welt« wäre, da dort mehr Menschen pro Kopf eingesperrt seien als in jedem anderen Staat. »Erster in Amerika, heißt auch Erster in der Welt«, schrieb die Journalistin Cindy Chang, »Louisianas Inhaftierungsrate ist nahezu fünf Mal so hoch wie die im Iran, dreizehn Mal so hoch wie in China und zwanzig Mal so hoch wie in Deutschland.« Chang berichtete, dass zu der Zeit, als der Artikel geschrieben wurde, in Louisiana eine von sechsundachtzig Personen hinter Gittern saß, also fast doppelt so viele wie im Landesdurchschnitt. Unter den schwarzen Mitbürgern in New Orleans sei die Quote sogar 1:14. Sie schilderte die rigorose Strafgesetzgebung: »In Louisiana kann ein zweifacher Autoknacker vierundzwanzig Jahre ohne Bewährung bekommen. Wird man drei Mal wegen Drogenhandels verurteilt, so reicht das aus, um den Rest seines Lebens im *Louisiana State Penitentiary at Angola* zu verbringen.« Der »verborgene Motor hinter der gut geölten Gefängnismaschinerie des Staates«, so fuhr sie fort, »ist knallhartes Cash. Die Mehrheit der Insassen in Louisiana sind in kommerziellen Einrichtungen untergebracht, die von einem konstanten Zufluss an Gefangenen abhängig sind – ansonsten würde eine 182-Millionen-Dollar-Industrie den Bach runtergehen«. Später im selben Monat, genau drei Tage bevor ich wegen meines Habeas-Gesuchs nach Baton Rouge zu einer erneuten Beweisanhörung geladen wurde, startete Amnesty International eine neue online-Petition, in der sie Le Blanc nach seiner Aussage, ich wäre eine Gefahr für mich selbst und für andere, die Frage stellten: »Wo sind die Beweise?« »Am 17. April 2012 gaben Sie die Erklärung ab, dass Albert Woodfox und Herman Wallace von ihren Mithäftlingen getrennt wurden, um das Personal, andere Häftlinge und Besucher vor ihnen zu schützen«, so begann die Petition. »Wo sind die Beweise, die diese Behauptung stützen? Alle Unterlagen belegen, dass keiner der Männer in den vergangenen Jahrzehnten irgendeinen ernstlichen Verstoß gegen Regeln und Gesetze begangen hat. Auch die Aufzeichnungen der psychiatrischen Abteilung lassen keine Gefährdung ihres eigenen Lebens oder des Lebens anderer erkennen … Wo sind die Beweise?« Rund 1000 Unterzeichner der Petition schrieben Le Blanc zusätzlich eine persönliche E-Mail mit der Aufforderung, Beweise für seine These zu liefern, dass ich eine Gefahr für das Gefängnispersonal, Mithäftlinge und Besucher darstelle.

Meine neue Beweisanhörung fand im *Elayn Hunt Correctional Center* statt, dort, wo Herman untergebracht war. Leider konnte ich ihn nicht treffen. Nach meiner Ankunft steckten sie mich sofort in den Kerker. Ich protestierte heftig und erklärte, ich hätte in letzter Zeit keinen Disziplinareintrag und auch keine Vorladung, weder vom »reclass board« (Gremium zur Neueinstufung) noch vom Disziplinargericht im Hunt, bekommen. Man sagte mir, die Entscheidung käme »von oben«. Sie konfiszierten meine Strümpfe und verweigerten mir die Herausgabe der Hygieneartikel und Kleidung, die ich vom Wade mitgebracht hatte. Die anderen Häftlinge auf der Etage waren unglaublich laut, schrien herum, stöhnten oder sprachen mit sich selbst, Tag und Nacht – es war ihre Art, mit dem Druck von außen umzugehen. Meine Anwälte versuchten zu intervenieren, doch die Gefängnisleitung ließ mich nicht aus dem Kerker heraus. Ich bekam keine Minute Schlaf. Am Morgen würde ich vor Gericht stehen.

Es stand sehr viel auf dem Spiel: mein Leben hing am seidenen Faden. Aufgrund des *Anti-Terrorism and Effective Death Penalty Act* war es den Häftlingen gestattet, in ihren Habeas-Gesuchen Fragen anzusprechen, die ursprünglich dem Antrag auf ein Wiederaufnahmeverfahren vorbehalten und nicht bei vorherigen Entscheidungen herangezogen worden waren. Mit zwei Anträgen stand ich im Jahre 2006 Richter James Brady erneut am Bundesgericht gegenüber. Über einen davon hatte er schon entschieden; er hob meinen Schuldspruch aufgrund mangelhaften Rechtsbeistands im Jahre 2008 auf, doch das Fifth Circuit kehrte die Entscheidung um. Meine Anwälte brachten den Antrag anschließend vor den Supreme Court und verloren. Jetzt stand ich mit meinem allerletzten Antrag vor Richter Brady: die Klage, dass mein Urteil von 1993 durch die Grand Jury von West Feliciana Parish eine diskriminierende Entscheidung war, da der Richter – dem die Aufgabe zukam, persönlich die Vorsitzende oder den Vorsitzenden herauszupicken – fast ausschließlich Weiße als Sprecher bestimmte, obwohl die Gemeinde zu vierzig Prozent aus Schwarzen bestand. George Kendall, Sam Spital, Corrine Irish und Carine Williams hatte einen Haufen Forschungsarbeit geleistet, um diese Anhörung vorzubereiten: Sie wollten beweisen, dass Afroamerikaner als Sprecher der Jury stets unterrepräsentiert waren und die Aussage des Staates, dass das Auswahlverfahren des Richters immer »rassenneutral« gewesen sei, widerlegen.

Die Anhörung dauerte drei Tage, vom 29. bis 31. Mai 2012. Jeden Tag bat ich, bevor ich meine Zelle verließ, ein Paar Strümpfe unter die Fußschellen anziehen zu dürfen, und jeden Tag wurde meine Bitte abgelehnt. Ohne Strümpfe trugen meine Fußgelenke jedes Mal Wunden und blaue Flecke davon. Im Gerichtssaal scheute der Staat weder Kosten noch Mühen, um unsere Klage abzuwiegeln. Sie versuchten zu beweisen, dass die Auswahl der Sprecher der Grand Jury keinesfalls diskriminierend gewesen sei, indem sie Zeugen über Zeugen präsentierten, die alle dasselbe aussagten: dass objektive Faktoren, wie zum Beispiel der Bildungsstand, zu einer »neutralen« Auswahl in West Feliciana Parish geführt hätten – selbst wenn die Vorsitzenden vom Richter persönlich ausgewählt worden seien. Georges Team widersprach dieser Aussage vehement und verwies auf in Aussicht stehende

Jurys mit Afroamerikanern, deren Beruf und Bildungsstand mit den Qualifikationen der aktuell ausgewählten weißen Sprecher sehr wohl vergleichbar seien.

Am Ende der Anhörung hatte Brady es ganz allein in der Hand. Wenn er uns recht gab, bekäme ich einen neuen Prozess. Wenn er dem Staat recht gab, bekäme ich keinen. Richter Brady forderte beide Seiten auf, drei Wochen nach Erhalt der Abschrift der Anhörung – deren Fertigstellung wohl ebenfalls drei Wochen in Anspruch nehmen würde – ein Schlussplädoyer und innerhalb der anschließenden zwanzig Tage eine entsprechende Gegenschrift vorzulegen. Alles zusammengerechnet, hätte dies eigentlich innerhalb von acht Wochen dem Richter vorliegen müssen. Doch wie gewöhnlich zog der Staat den Prozess in die Länge, indem er Fristverlängerungen beantragte, bevor er die Unterlagen einreichte. So warteten wir neun Monate auf die Entscheidung.

Nach der Anhörung war ich darauf vorbereitet, ins Wade zurückzukehren. Tatsächlich aber ließen sie mich noch weitere neun Tage im Kerker sitzen. Es war unerträglich. Es gab keinen Grund, warum ich im Kerker sitzen sollte, ich hatte keine Regeln gebrochen. Draußen hatten die Temperaturen längst die 30° überschritten, drinnen in der Zelle war es um einiges heißer. Jeder Stock durfte einen Ventilator benutzen. Ich hatte kein Telefon zur Verfügung, keine Kantine, keinen Hof, kein Fernsehen, kein Eis und keine Besuche, außer meiner Anwälte. Ich durfte meinen Bruder nicht anrufen. Ich bekam Essen, das noch gefroren war. Ich durfte nur fünfzehn Minuten am Tag meine Zelle verlassen, um zu duschen. Für den Weg zur Dusche legten sie mir die Fußfesseln an. Niemand machte Anstalten, mich zurück ins Wade zu bringen, bis meine Anwälte der Gefängnisleitung androhten, Klage wegen Missachtung der Anweisungen des Gerichts zu erheben. (Später verklagten wir die Gefängnisbeamten vom Hunt, dass sie alle Transfer-, Neueinstufungs- und Disziplinarvorgänge, die benötigt worden wären, um mich während meiner Wartezeit auf die Anhörung in den Kerker zu werfen, ignoriert hatten. Eine Freundin aus New Orleans, die Rechtsanwältin Emily Posner, erhob zusammen mit Anwalt Sam Dalton die Klage; das Ende vom Lied war, dass diese in unsere Zivilklage gegen grausame und ungewöhnliche Strafen eingeschlossen wurde.)

Als ich ins Wade zurückkam, warteten dort hunderte Briefe auf mich. Amnesty hatte eine »Write for Rights«-Kampagne für Herman und mich losgetreten und alle Mitglieder aufgefordert, uns zu schreiben. Ich setzte mich auf meine Pritsche und öffnete Briefe und Karten aus der ganzen Welt – ich war tief berührt von dem, was ich las. Viele Leute hatten ganz bewusst Karten mit wunderschönen Bildern aus der Natur für mich ausgesucht.

Die Vorbereitungen für die Beweisanhörung hatte George und sein Team Monate gekostet. Jetzt, wo es geschafft war, konnten sie sich wieder auf unsere Zivilklage konzentrieren und uns – hoffentlich – für immer aus der Einzelhaft erlösen. Der Richter, der eigentlich mit diesem Fall befasst war, Richter Ralph Tyson, war 2011 gestorben und unsere Klage war zufällig an Richter James Brady weitergegangen, derselbe Richter also, der schon meinen Habeas-Antrag zu entscheiden hatte. Richter Tyson hatte in vielen Sitzungen vor der Hauptverhandlung über mehr als zwei Jahre hinweg über einzelne Anträge unsere Zivilklage beraten; aber ohne Entscheidungen war es für uns keinen Schritt vorwärtsgegangen. Richter Brady bildete sich innerhalb weniger Wochen seine Meinung. Einer unserer Anträge bezog sich auf eine Anfrage, die im Februar 2010 von Friedensrichterin Docia Dalby gestellt worden war und meinen Anwälten Zugang zum E-Mail-Verkehr zwischen Gefängnisdirektor Burl Cain und dem Büro von Staatsanwalt Buddy Caldwell verschaffen sollte, denn diese Mails waren Beweis dafür, dass die beiden sich in geheimen Absprachen einen Grund zurechtgebastelt hatten, damit Herman und ich 2008 aus dem CCR-Schlafsaal heraus und zurück in die CCR-Einzelzellen kamen.

Im Oktober erhielt King die Ehrendoktorwürde der juristischen Fakultät der *Anglia Ruskin Universität* von Cambridge, England. Wie in all seinen Reden zuvor sprach er auch dort von Herman und mir:

> Meine Entwicklung begann im Gefängnis – im Angola State Penitentiary in Louisiana –, in einer 73 km^2 großen ehemaligen Sklavenplantage. Die Erfahrung, neunundzwanzig Jahre lang in einer 2x3-Meter-Einzelzelle zu verbringen, hat mir den Unterschied zwischen Gesetz und Moral deutlich vor Augen geführt. Ich realisierte, dass der 13. Zusatzartikel zur Verfassung zwar offiziell die Sklaverei abschaffte, die Sklaverei aber nie wirklich abgeschafft wurde. Ich musste lernen, dass ein Mensch, ohne ein Vergehen begangen zu haben, vor Gericht gestellt und verurteilt werden konnte, und dass dieser Mensch legal als Sklave weiterlebte – so wie wir es aus der Verfassung von 1864 kennen: Wenn du als Schwarzer geboren wurdest, war es dein Los, Sklave zu sein. Die moderne Sklaverei lebt weiter in Amerika – und sie gedeiht. Sie hat nur eine andere Form angenommen – von der Plantage in die Gefängnisse ... Das beste Beispiel dafür sind meine beiden Kameraden Albert Woodfox und Herman Wallace,

die vierzig Jahre Einzelhaft absitzen, ebenso wie Zehntausende anderer Häftlinge, die zu Unrecht verurteilt als Sklaven in amerikanischen Gefängnissen sitzen.

Vier Monate später, am 26. Februar 2013, hob der Bezirksrichter James Brady meine Verurteilung erneut auf. Dieses Mal aufgrund des rassendiskriminierenden Auswahlverfahrens der Vorsitzenden der Grand Jury. Richter Brady hatte all die pseudowissenschaftlichen Erklärungen des Staates zur Rechtfertigung eines objektiven Auswahlverfahrens in West Feliciana 1993 – die im Grunde nur ein Heidengeld gekostet hatten – durchschaut. Ich bekam einen neuen Prozess. Ich war wie im Rausch. In einer vierunddreißig Seiten langen Stellungnahme begründete Brady seine Entscheidung damit, dass es dem Staat nicht gelungen war, zu zeigen, dass »objektive, rassenneutrale Kriterien« – wie beispielsweise Bildung und Beruf – im Auswahlprozess den Ausschlag gegeben hätten. Brady hatte in seinen Nachforschungen festgestellt, dass der Richter von West Feliciana Parish durchgehend Weißen den Vorzug gegeben hatte. Er unterstütze zudem meinen Antrag auf Freilassung auf Kaution während des laufenden Berufungsverfahrens. Der Staat wandte sich augenblicklich an das Fifth Circuit und forderte die Zurückweisung von Bradys Entscheidung und meinen Verbleib im Gefängnis, da ich weiterhin »eine Gefahr für die Allgemeinheit sei und Fluchtgefahr bestehe«. Sie argumentierten, dass die verlängerte Haft mir keinen weiteren Schaden zufügte, da »er ohnehin schon einige Jahrzehnte sitzt«.

Dreißigtausend Menschen unterzeichneten eine online-Petition von Amnesty International, die die von Brady geforderte sofortige Freilassung verlangte. Als Antwort spielte Staatsanwalt Buddy Caldwell erneut seine »Vergewaltiger-Karte« aus und stellte mich vor den Antragstellern als Sexualstraftäter dar, wie er es früher schon getan hatte. Er antwortete, ich sei der Mörder von Brent Miller und »das Beweismaterial dazu ist einwandfrei«. Herman und ich wären auch nie in Einzelhaft gewesen: »Entgegen allen Gerüchten wurden Woodfox und Wallace im Strafvollzug von Louisiana nie in Einzelhaft gehalten … Sie können ungehindert und so oft sie wollen mit anderen Insassen und dem Gefängnispersonal kommunizieren. Auf jedem Stock gibt es Fernsehen, das die Häftlinge durch die Stäbe ihrer Zellentüren schauen können. In ihren Zellen haben sie Radios und Kopfhörer, Lesestoff und Schreibsachen, Briefmarken, Zeitungen, Zeitschriften und Bücher … Im Gang können sie sich körperlich betätigen, sie können telefonieren, duschen und die zehn bis vierzehn anderen Häftlinge ihres Stocks treffen. Mindestens drei Mal in der Woche können sie raus auf den Hof und Sport treiben und die Sonne genießen, wenn sie wollen.«

In den folgenden Wochen brachten der Vorsitzende Richter a. D. am Supreme Court von Louisiana, Pascal Calogero Jr., zusammen mit den regionalen Büros der NAACP für Rechtshilfe und Bildung von New York und New Orleans, sowie die NGO *Promise of Justice Initiative* als »friends of the court« Anträge vor Gericht, um einen neuen Prozess für uns zu fordern. Richter Calogero beschrieb, in welcher Art und Weise die Vorsitzenden der Grand Jury Einfluss auf die anderen Geschworenen ausüben können: »Auch wenn der Staat mittlerweile einiges erreicht hat, um Rassendiskriminierung bei der Auswahl der Jury-Vorsitzenden auszumerzen, dürfen wir den Urteilssprüchen des undurchsichtigen alten Systems nicht einfach den Rücken kehren.« Ich persönlich stimmte der Aussage, dass der Staat »schon einiges erreicht hat, um Rassendiskriminierung auszumerzen« nicht zu – in keinem Bereich des Justizsystems –, und ich glaube auch, dass Rassen- und Geschlechterdiskriminierung nach wie vor Teil des Strafvollzugssystems sind, doch war ich Richter Calogero für seine Hilfe überaus dankbar.

An einem Nachmittag im Mai, als ich mich gerade für den Hofgang im Wade fertig machte, kam der Wärter, der mich hinausbegleiten sollte, auf mich zu und sagte, er müsse mich jetzt durchsuchen. Ich erklärte ihm, es wäre gegen die Regeln des *Department of Corrections*, Häftlinge zu durchsuchen, die im Hochsicherheitstrakt säßen, außer es gäbe einen hinreichenden Verdacht. Diese Verordnung kannte ich auswendig, denn sie kam auf, als ich den Staat 1978 wegen der Leibesvisitation verklagt hatte. »Der Gang auf den Hof ist kein hinreichender Verdacht«, sagte ich. Der Wärter antwortete, er gehorche nur dem Befehl von oben; es gäbe eine neue Verordnung im Wade: »Ich muss eine Leibesvisitation durchführen«, wiederholte er. Ich gab ihm meinen Anzug, meine Strümpfe und meine Turnschuhe. Er durchsuchte alles und gab sie mir zurück. Dann befahl er mir, die Unterhose herunterzulassen. »Arme hoch, Mund auf, Zunge raus, Genitalien anheben, umdrehen, vornüberbeugen, Backen auseinander.«

Ich schrieb Gefängnisdirektor Goodwin, dass Leibesvisitationen verfassungswidrig seien. Dazu schickte ich ihm den Erlass des 19. Judicial District von 1978, der besagte, dass Gefangene nur unter besonderen Bedingungen einer Leibesvisitation unterzogen werden dürften. Ich sandte meinen Anwälten Kopien dieses Briefes. Von Goodwin hörte ich nie mehr etwas.

Ich sprach mit den Männern meines Stocks darüber und erklärte ihnen, wir müssten diese Leibesvisitationen nicht über uns ergehen lassen, denn das Gefängnis verstoße damit gegen das Gesetz. Ich bat sie, mich in meinem Kampf dagegen zu unterstützen; niemand wollte etwas damit zu tun haben: Keiner stand hinter mir. Meine Anwälte flehten mich an, den Leibesvisitationen auf gar keinen Fall körperlich Widerstand zu leisten. »Wir bringen es vor Gericht«, sagten sie. Ein paar Sergeants und Wärter führten diese Leibesvisitationen gar nicht durch; sie mochten sie selbst nicht. Andere wiederum taten so, als wäre es ihre allergrößte Freude, jemanden dermaßen zu erniedrigen. Es gab Tage, an denen ich bis zu sechs Mal durchsucht wurde, bevor ich meine Zelle verließ und noch einmal, wenn ich wieder zurückkam, selbst wenn ich nur bis zur Wachkabine gehen wollte – immer in Begleitung und in Sicht von jeweils mindestens einem Wärter –, um ein Telefongespräch mit meinem Anwalt zu führen. Sich vornüberzubeugen, damit ein Sicherheitsbeamter in deinen After schauen kann, gibt einem ein schreckliches Gefühl von Verletztwerden. Es ist eines der beschämendsten Dinge, die einem Menschen angetan werden können. Selbst das Gericht erkannte dies. So wie damals bei meiner ersten Klage: »Leibesvisitationen einschließlich Körperöffnungen sind eine erniedrigende Handlung« und »sollten nur sehr selten angewendet werden.« Es gab Tage, an denen ich meine Zelle überhaupt nicht verließ, um die Leibesvisitation zu vermeiden.

In jenem Sommer bat George Kendall Herman und mich, den Psychologen Craig Haney noch einmal zu treffen, damit er seinen Bericht über uns fertigstellen konnte. Dieser sollte zu unserer Verteidigung in der Zivilklage verwendet werden, um den Einfluss der Einzelhaft auf unsere Psyche darzustellen. Ich sagte ihm, ich fühlte mich von Zeit zu Zeit einfach leer. Ich hatte das Gefühl, ich verlöre das Interesse an Dingen. Ich sagte: »Sie können sich nicht vorstellen, wie brutal es ist, so lange dafür zu kämpfen, nicht den Verstand zu verlieren.« Der Druck, in der Zelle eingeschlossen zu sein, verlangte einen immens starken psychischen, emotionalen und körperlichen Überlebenswillen.

Kapitel 50
Mann aus Stahl

Vielleicht ist meine Seele aus Beton
Vielleicht aus Wind
Vielleicht aus Feuer
Vielleicht aus dem Geist der Menschen – dem Geist meiner Vorfahren,
Was auch immer meine Wächter wünschen, wie meine Seele sei,
Der Mann aus Stahl ist immer frei.

Herman Wallace

Herman ging es nicht gut. Er hatte über Bauchschmerzen geklagt und sich einige Male im Gefängniskrankenhaus behandeln lassen. Er schrieb mir, die Ärzte im Hunt hätten ihm gesagt, es wäre Soor oder eine Pilzerkrankung, sodass sie ihn auf Pilzinfektion hin behandelten. Ich war erst einmal erleichtert, dass er medizinische Hilfe bekam. Im Juni 2013 kamen George Kendall und Carine Williams überraschend zu Besuch. George erzählte mir, sie hätten unsere Rechtsmedizinerin Dr. Brie Williams gebeten, die Krankenakte über unseren Gesundheitszustand auf den neuesten Stand zu bringen. Als Dr. Williams Hermans jüngste Ergebnisse sah, war sie sehr besorgt und forderte die Leute vom Gesundheitsdienst auf, noch weitere Untersuchungen bei ihm anzustellen. Sie bat auch darum, Herman selbst untersuchen zu dürfen. Die Anwälte bekamen die Erlaubnis, Herman in ein Krankenhaus in Baton Rouge zu bringen. »Albert«, sagte George, »Herman hat keinen Soor und auch keinen Pilz. Er hat Leberkrebs im fortgeschrittenen Stadium. Die Ärzte geben ihm noch drei bis vier Monate.« Ich wollte etwas sagen, doch ich war nicht in der Lage, ein Wort herauszubringen. Das Bild von Hermans Lächeln schoss mir durch den Kopf. Damals, als er auf dem Gang im Angola stand.

Dr. Williams brauchte kein CT, um Herman eine Diagnose zu geben, fuhr George fort. Sie konnte den Tumor in seiner Leber sehen und fühlen, sobald er sein T-Shirt hochhob: er stand deutlich hervor und hatte die Form und Größe eines kleinen Fußballs. Nach der Diagnose, so erklärte uns Carine, wollten die Gefängnisbeamten Herman wieder zurück in seine Zelle schicken. Es war unglaublich: Herman rang mit dem Tod, und George und Carine mussten bei der Gefängnisleitung darum kämpfen, dass Herman nicht wieder weggeschlossen wurde. Sie siegten. Zurück im Gefängnis, wurde Herman in einen Isolierraum auf der Krankenstation verlegt.

George versprach, alles Menschenmögliche zu tun, damit er aus der Isolation raus und auf die offene Krankenstation käme. Er erklärte mir, sie wollten einen Eilantrag für die Überprüfung von Hermans Habeas-Gesuch einreichen – das lag unbearbeitet mittlerweile vier Jahre dem Gericht vor, seit Dezember 2009. Sie sagten, sie kämpften darum, Herman, King und mich treffen zu dürfen, damit wir unsere Zivilklage zusammen fertigstellen konnten, doch im Moment blockiere der Staat solch eine Zusammenkunft. »Du wirst Herman wiedersehen«, versprach Carine mir. Als sie gegangen waren, rief ich meinen Bruder an. Auch Michael machten diese Nachrichten schwer zu schaffen. Er weinte sogar, weil ihm Herman ans Herz gewachsen war. Er weinte, weil er wusste, was es für mich bedeutete, Herman zu verlieren. Wir dachten doch, wir wären unbesiegbar.

George und Carine verhandelten mit dem Staat, um Hermans Einstufung von der höchsten Sicherheitsstufe auf die mittlere herabzusenken – sie drohten sogar, damit vor Gericht zu gehen, wenn dies nötig wäre. Aufgrund ihres großen Engagements wurde Herman wirklich aus der Isolation herausgenommen und in einen Schlafsaal im Gefängniskrankenhaus verlegt, wo er sich in einem Gemeinschaftsraum ohne Fesseln frei bewegen durfte. Es gelang ihnen auch, das Gericht zu der Anordnung zu bewegen, das Gefängnis müsse dem Antrag, unsere Anwälte zu treffen, zustimmen. So konnten Herman, King und ich uns tatsächlich wiedersehen.

Am 10. Juli startete Amnesty International eine neue Kampagne, dieses Mal war der Adressat der Gouverneur von Louisiana, Bobby Jindal. Sie forderten Hermans sofortige Freilassung aus humanitären Gründen. »Nachdem er jahrzehntelang unter grausamen Lebensumständen überlebt hat und nachdem sein Schuldspruch immer wieder angefochten wurde, sollte Herman Wallace nun unverzüglich freigelassen werden, damit seine Familie ihn die letzten Monate seines Lebens pflegen kann«, schrieb Tessa Murphy von Amnesty. Wieder einmal hielt sich Gouverneur Jindal bedeckt im Hintergrund, weigerte sich, mit Amnesty-Vertretern zu reden und leitete alle Fragen, die Herman betrafen, an das *Department of Public Safety and Corrections* weiter.

Dr. Williams berichtete George, dass Hermans Krankheitsverlauf – angefangen von seinem rapiden Gewichtsverlust und seiner Krankengeschichte, über sein Blutbild und den sichtbaren Tumor an seinem Leib – bei jedem Arzt den Verdacht auf Leberkrebs hätte hervorrufen müssen. Und doch betonte Pam Laborde, die Sprecherin des *Department of Corrections*, dass das Gefängnis »den Häftlingen eine angemessene Gesundheitsfürsorge zukommen lasse«. (Im Mai 2015 erhob eine Gruppe von Angola-Häftlingen eine Sammelklage im Namen Tausender im Angola inhaftierter Männer mit der Behauptung, dass die unzulängliche medizinische Fürsorge des Gefängnisses den 8. Zusatzartikel zur Verfassung breche, nämlich das »Verbot von grausamen und ungewöhnlichen Strafen«. Die Anwälte der klagenden Gruppe waren aus vier verschiedenen Organisationen zusammengekommen: dem *Advocacy Center von Louisiana*, der *ACLU* von Louisiana, der *Promise of Justice Initiative* und der Cohen Milstein Sellers & Toll PLLC. Sie interviewten Hunderte Gefangener, um genügend Beweismaterial zusammenzutragen und dokumentierten, wie die Journalisten James Ridgeway und Katie Rose Quandt für die *In These Times* schrieben, »eine medizinische Horrorgeschichte nach der anderen«. Ein Häftling zum Beispiel forderte ab 2010 ärztliche Hilfe wegen sehr starker Schmerzen in der linken Bauchgegend. Ihm wurde gesagt, er habe Blähungen. Die folgenden fünf Jahre lang, so berichteten Ridgeway und Quandt, »klagte der Häftling über Taubheit in den Füßen, Beinen und Fingerspitzen, er verlor jeglichen Appetit und nahm fast 45 Kilogramm ab. Als er schließlich im Jahre 2015 ein CT bekam, diagnostizierten die Ärzte Nieren- und Lungenkrebs der Stufe 4«.

Im Angola war es gängige Praxis, dass man Ärzte mit aberkannter Approbation anheuerte, eine Vorgehensweise, die von der *National Commission on Correctional Health Care* und dem *American College of Correctional Physicians* scharf verurteilt wurde. Zwischen 2011 und 2016, so schrieben Ridgeway und Quandt in ihrem Bericht, »waren vierzehn Ärztinnen und Ärzte im Angola beschäftigt. Zwölf von ihnen kamen ins Angola-Gefängnis, nachdem sie von der staatlichen Ärztekammer Disziplinarstrafen wegen Fehlverhaltens erhalten hatten.« Der 2016 verantwortliche ärztliche Direktor im Angola, so schrieben sie, »hatte eine zweijährige Gefängnisstrafe abgesessen, seine Approbation war ihm von 2009 bis 2014 wegen des Ankaufs großer Mengen von Crystal Meth 2006 aberkannt worden (er wurde im September 2010 im Angola angestellt). Die staatliche Ärztekammer stellte fest, er sei von Amphetaminen, Kokain und Cannabis abhängig, dazu zeige er Anpassungs- und Persönlichkeitsstörungen mit antisozialen, narzisstischen und ängstlich-vermeidenden Verhaltensmerkmalen.« Dementsprechend ist es kein Wunder, so schrieben sie, dass die Todesrate im Angola die durchschnittliche Rate in den USA zwergenhaft erscheinen lässt.

Am 12. Juli, zwei Tage nachdem Amnesty versucht hatte, ein Treffen mit dem Gouverneur zu organisieren, schrieb John Conyers einen

Brief an die *Civil Rights Division* des Justizministeriums, gemeinsam unterzeichnet von hochrangigen Parlamentariern: vom Kongressabgeordneten Jerrold Nadler *(US House Judiciary Committee, NY)*, von Mitgliedern des *Subcommittee on the Constitution and Civil Justice*, dem Abgeordneten Bobby Scott (VA) vom *Subcommittee on Crime, Terrorism, Homeland Security, and Investigation*, sowie dem Abgeordneten Cedric Richmond (LA). Dieser Brief forderte eine offizielle Überprüfung des *Department of Public Safety and Corrections*, das durch seine »katastrophale Geschichte in Bezug auf die Rechte seiner Gefangenen«, in die Schlagzeilen geraten war – wofür die »tragische Geschichte der Angola 3 das beste Beispiel ist«.

Über Herman schrieb der Kongressabgeordnete: »Uns ist zu Ohren gekommen, dass er innerhalb eines halben Jahres über 20 Kilo verloren hat. Trotz dieses dramatischen Gewichtsverlustes und trotz seines Alters von 72 Jahren, hat die Gefängnisleitung ihn bis zu seiner Einlieferung in die Notaufnahme am 14. Juni weder ärztlich behandelt noch eine ärztliche Diagnose erstellen lassen. Aufgrund dieser viel zu späten Diagnose hat seine Krankheit eine Stufe erreicht, auf der nur noch sehr beschränkte Behandlungsmöglichkeiten zur Verfügung stehen. Er ist gebrechlich und todkrank – und noch immer wird er behandelt wie jemand, der eine Gefahr für die Allgemeinheit darstellt, und bleibt weiter in höchster Sicherheitsverwahrung. Das ist gewissenlos.«

Unsere Anwälte ersuchten das Gericht um eine Freilassung auf Kaution. Hermans Freundin und Angola-3-Unterstützerin Ashley Wennerstrom und ihr Mann boten an, Herman in ihr Haus zu nehmen, wenn er auf Kaution entlassen würde und gelobten die Erfüllung aller ihm vom Gericht auferlegten Auflagen, sei es eine elektronische Überwachung oder auch eine Ausgangssperre. Ihr Haus lag nur einen Block von Hermans Elternhaus entfernt. Auch Nick Trenticosta, Hermans Freund und Anwalt, der Herman seit siebzehn Jahren kannte, gelobte vor Gericht, er sei jederzeit bereit, Herman persönlich zu begleiten und zu gewährleisten, dass er seine gerichtlichen Auflagen erfülle – wenn er nur auf Kaution freikäme. Die Kaution wurde abgelehnt.

Mein erstes Treffen mit Herman, King und den Anwälten fand am 31. Juli statt. Beamte vom Wade fuhren mich fünf Stunden zum Hunt und begleiteten mich bis in den Besucherraum. Herman kam herein: die Arme schwingend, mit einem Lächeln auf den Lippen und seine Mütze leicht schräg auf dem Kopf. Er war sehr dünn, schien aber entspannt und lebendig. Er beruhigte uns, wir sollten uns um den

Krebs keine Sorgen machen. Jetzt bekäme er eine richtige Behandlung und dann würde er den Krebs schon besiegen. Ich wollte ihm so gerne glauben. Und ich gebe zu, dass ich beim Blick in seine Augen dachte: Wenn jemand den Krebs besiegen kann, dann Herman. Wir sprachen über seine Chemotherapie, durch die ihm so übel wurde. Er sagte, er könne mit den Schmerzen umgehen, aber die Klimaanlage im Gefängniskrankenhaus ginge ihm auf die Nerven. Er war doch nur die brütend heiße Zelle in der CCR gewöhnt. Im Krankenhaus fror er die ganze Zeit. Wir diskutierten mögliche Strategien für unsere Zivilklage und die Strafverfahren. Wir diskutierten über das Weltgeschehen und die aktuellen Nachrichten. Als die Wärter mir die Transportfesseln wieder anlegten, um mich zurückzufahren, fühlte ich einen Hoffnungsschimmer. Als ich am Wade ankam, hatte mich die Realität allerdings schon wieder eingeholt. Herman und ich schrieben uns Briefe.

»Ich wusste, wie du mit dieser Situation umgehen würdest«, schrieb ich, »und wie du gesagt hast: Wir sind Freunde, Kameraden ein Leben lang … Ich kann im Moment mit niemandem darüber reden, der Schmerz und die Angst sind gerade zu neu. Michael kommt mit der Nachricht sehr schwer klar … Und ich, um ehrlich zu sein, ich fühle solch einen Schmerz und habe solche Angst, dass es schwierig ist, Tag für Tag zu funktionieren. Die Zeit nutzen, das ist es. Bleib stark, mein Freund. Immer vereint.«

Bei unserem folgenden Treffen, weniger als einen Monat später, kam Herman im Rollstuhl herein. Es war niederschmetternd, das mitanzusehen. Er hatte noch mehr an Gewicht verloren. Nachdem wir unsere gerichtlichen Sachen durchgesprochen hatten, zwangen King und ich uns dazu, weiterzureden wie in alten Zeiten. Wir sprachen über *Black Lives Matter*, die Bürgerrechtsbewegung. Sie war nach dem ungeheuerlichen Mord an Trayvon Martin aus dem Boden geschossen. Der schwarze Teenager war am helllichten Tag erschossen worden. Er hatte sich Süßigkeiten gekauft und befand sich auf dem Heimweg zum Haus seines Vaters. Trayvons Mörder, George Zimmerman, war gerade von einer Jury in Florida freigesprochen worden. Herman äußerte sich klar und deutlich dazu, wie wir die Bewegung *Black Lives Matter* schützen und unterstützen mussten. Dann aber war er auf einmal verwirrt und redete über die Vergangenheit, als ob es Gegenwart wäre, er erzählte von Football-Spielen der Louisiana University, die vor vielen Jahren stattgefunden hatten. In jenem Moment wurde mir klar, wie sehr der Krebs ihm zugesetzt hatte, denn er brachte sein Zeitgefühl vollkommen ins Wanken.

Im August 2013 stellten meine Anwälte Katherine Kimpel und Sheridan England, die mit George Kendall und seinem Team zusammenarbeiteten, einen Antrag auf Erlass einer einstweiligen Verfügung gegen die Leibesvisitationen im Wade: »Die Beklagten führen bei Kläger Woodfox eine Leibesvisitation durch und inspizieren seinen After … obwohl er beim Verlassen seiner Zelle jedes Mal an Handgelenken, Fußgelenken und mit Hüftgurt gefesselt ist; obwohl er unter ständiger Beobachtung oder in ständiger Begleitung ist; und obwohl er normalerweise keinerlei Kontakt mit Personen außer dem Gefängnispersonal hat. Die Beklagten wenden diese Praktik weiterhin an, obwohl ihnen bekannt ist, dass diese Leibesvisitationen unrechtmäßig sind und sie einem Übereinkommen zugestimmt haben, diese nicht durchzuführen.«

Anfang September veröffentlichte Herman seine Erklärung:

> Am Samstag, den 31. August, wurde ich zur Untersuchung ins Krankenhaus der Louisiana State University gebracht. Man teilte mir mit, dass die Chemotherapie nicht geholfen und sich mein Gesundheitszustand sogar noch verschlechtert habe. Darum wurde die Behandlung abgebrochen. Die Onkologen sagten, sie könnten in medizinischer Hinsicht in ihrem Verantwortungsbereich nichts mehr für mich tun. Sie empfahlen, mich ins Hospiz zu überstellen, um mir die letzten Tage meines Lebens so angenehm wie möglich zu gestalten. Man gab mir noch zwei Monate.
>
> Ich möchte, dass die Welt erfährt, dass ich ein unschuldiger Mann bin und dass Albert Woodfox genauso unschuldig ist. Und wir sind nur zwei von Tausenden zu Unrecht verurteilten Gefangenen, die im amerikanischen Gulag festgehalten werden. Wir trauern mit Brent Millers Familie und mit den vielen anderen Angehörigen, die Mordopfer zu beklagen haben und die sich von einem geliebten Menschen nicht in Würde verabschieden dürfen, weil das ungerechte Strafvollzugssystem in diesem Land es nicht zulässt. Und wir trauern mit den Familien, deren Angehörige zu Unrecht angeklagt im Gefängnis sitzen. Auch sie leiden unter dem schmerzlichen Verlust eines geliebten Menschen.
>
> Nur eine Handvoll Gefangene weltweit haben die jahrelangen Strapazen der brutalen Einzelhaft überstanden, so wie Albert und ich. Der Staat mag mir mein Leben gestohlen haben, aber mein Geist wird weiterkämpfen, zusammen mit Albert und den anderen Kameraden, die uns auf unserem Weg im Bauch der Bestie begleitet haben.
>
> 1970 habe ich einen Eid geleistet, dass ich mein Leben im Dienst der Menschen verbringen will, und obwohl ich gerade tief am Boden liege, stehe ich noch zu Diensten. Ich möchte euch allen danken, meine treuen Unterstützer, dass ihr bis zum Ende bei mir bleibt.

* * *

Im September 2013 machte Herman wieder einmal eine Zeugenaussage unter Eid, dieses Mal per Video, damit sie den Geschworenen während unseres Zivilprozesses gegen die Verhängung von »grausamen und unüblichen Strafen« – der irgendwann hoffentlich noch stattfand – zugänglich gemacht werden konnte. Unseren Anwälten war es ein Anliegen, dass die Geschworenen sich selbst ein Bild von Herman machen konnten. Der Staat sprach sich dagegen aus; ich wusste, sie hätten ihn lieber in der dritten Person weiter beleidigt und verleumdet. Bei der eidesstattlichen Aussage war kein Richter anwesend. Jeder Einwand, der während der Befragung von einer der beiden Seiten gemacht wurde, kam für einen möglichen Rechtsstreit ins Protokoll. Zu jenem Zeitpunkt hatte Herman schon unerträgliche Schmerzen, obwohl er starke Schmerzmittel erhielt. Er beantwortete alle Fragen von seinem Bett im Krankenhaus aus. Man merkte ihm an, dass das Sprechen eine ungeheure Anstrengung für ihn war und viel Energie kostete. Aber er wollte es durchziehen, trotz allen Leids und großer Erschöpfung. Unsere Anwältin Carine Williams versuchte, ihm diese Tage so erträglich wie möglich zu machen, sie half ihm, schlückchenweise Wasser zu trinken, und deckte ihn mit Decken zu. Sie bestand auch darauf, dass während seiner Aussage eine Krankenschwester bei ihm war und bat sie, sofort Bescheid zu sagen, wenn die Befragung in irgendeiner Weise zu anstrengend für ihn wurde. Zwischen den einzelnen Fragen wurde ihm immer wieder übel. Unsere Anwälte fragten regelmäßig, ob er lieber aufhören wolle, die Anwälte vom Staat Louisiana wollten ihrerseits die ganze Sache so schnell wie möglich beenden. Als sie Herman anboten, die Befragung zu beenden, widersprach er vehement: »Los, los, weiter«, sagte er.

Der Staat Louisiana wurde von den Anwälten Richard Curry und Ashley Bynum vertreten. Die meisten ihrer Fragen kreisten um Hermans Mitarbeit in der Black-Panther-Bewegung, die Haftbedingungen in der CCR und Tatsache, dass Herman im Schlafsaal Pinie 1 gelebt und Brent Miller gekannt hatte. Sie bedrängten ihn, zu erklären, ob er gut oder nicht so gut mit Miller ausgekommen war. (Die Staatsanwaltschaft hatte immer wieder darauf herumgeritten, dass zu der Zeit als Herman in Pinie 1 untergebracht war, er und Miller immer wieder in Streitigkeiten verwickelt waren und dass Herman deswegen nach Pinie 3 umziehen musste. Herman hätte mir ganz sicher erzählt, wenn es wirklich so gewesen wäre.)

Am zweiten Tag des Interviews fragte Curry: »Mr. Wallace, bereuen Sie es jetzt, Brent Miller getötet zu haben?«

Hermans Antwort kam wie aus der Pistole geschossen: »Ich habe nie jemanden getötet, niemanden, und diesen Mann schon mal gar nicht.«

Anwalt Sheridan England vertrat unsere Seite.

Frage: Mr. Curry hat Ihnen gestern und heute eine ganze Reihe Fragen zu dem Mord an Brent Miller gestellt. Erinnern Sie sich an diese Fragen?
Antwort: Ja, ich erinnere mich.
Frage: Sie liegen jetzt im Sterben, richtig?
Antwort: Wie bitte?
Frage: Die Ärzte haben Ihnen mitgeteilt, dass Sie nicht mehr lange zu leben haben, das stimmt doch, oder?
Antwort: Ja.
Frage: Das heißt doch, dass Sie im Sterben liegen. Verstehen Sie das auch so?
Antwort: Ja.
Curry: Einspruch.
Frage: Glauben Sie, dass Sie noch lange genug leben werden, um in diesem Fall öffentlich vor Gericht aussagen zu können?
Antwort: Nein.
Frage: Sind Sie in der Lage, in einer Zeit, in der Sie sich darauf vorbereiten, vor Ihren Schöpfer zu treten, mit reinem Gewissen zu erklären, dass Sie Brent Miller nicht getötet haben?
Curry: Einspruch.
Antwort: Ja.
Frage: Ich frage Sie nun hier und jetzt, Mr. Wallace – da Sie wissen, dass Sie nicht mehr da sein werden, um es der Jury ins Gesicht zu sagen –, und ich möchte Sie bitten, direkt in die Kamera zu schauen und diese Frage zu beantworten: Jetzt, wo Sie sich darauf vorbereiten, vor Ihren Schöpfer zu treten, können Sie in diese Kamera schauen und mit reinem Gewissen erklären, dass Sie Brent Miller nicht getötet haben?
Curry: Einspruch.
Antwort: Ja, das kann ich.
Frage: Sind Sie in der Lage, Mr. Curry direkt in die Augen zu schauen und wahrhaftig zu erklären, dass Sie Brent Miller nicht getötet haben?
Antwort: Ja.
Curry: Einspruch.

Frage: Sind Sie in der Lage, Ms. Bynum direkt in die Augen zu schauen und wahrhaftig zu erklären, dass Sie Brent Miller nicht getötet haben?
Curry: Einspruch.
Antwort: Ja. Ja, das kann ich – mit einer kleinen Bewegung meines Kopfes.
Frage: Und wenn hier und heute die Jury vor Ihnen säße, wären Sie in der Lage, jedem und jeder von ihnen direkt in die Augen zu schauen und zu erklären, dass Sie Brent Miller nicht getötet haben?
Curry: Einspruch. Das sind schrecklich viele Wiederholungen für einen Sterbenden.
Antwort: Ja.
Frage: Mr. Curry hat Sie nicht weniger als dreizehn Mal gefragt, ob Sie Brent Miller kannten oder nicht. Erinnern Sie sich an diese dreizehn einzelnen Fragen?
Antwort: Ja, ich erinnere mich.
Curry: Einspruch.
Frage: Und habe ich Sie richtig verstanden, dass Sie von Mr. Miller gehört hatten, ihn aber nicht persönlich kannten?
Antwort: Das stimmt.
Frage: Gut. Und dann hat Mr. Curry Ihnen, glaube ich, noch Fragen über einen Gefängnisbrand gestellt. [Dies bezog sich auf einen Gefängnisaufstand im Orleans Parish Prison, an dem Herman teilgenommen hatte bevor er ins Angola gebracht worden war.] Erinnern Sie sich an diese Fragen?
Antwort: Ja.
Frage: Können Sie mir beschreiben, wie weit Sie persönlich – wenn überhaupt – in diesen Vorfall verwickelt waren?
Antwort: Wir, alle, die in diesen Vorfall verwickelt waren, wir haben eine Erklärung abgegeben, die sich hauptsächlich mit den Bedingungen im Gefängnis selbst beschäftigte. Draußen vor dem Gefängnis standen viele Menschen, die wissen wollten, was da los sei. Und das war für uns die Gelegenheit, diese Erklärung abzugeben. Es ging gar nicht so sehr um das, was Sie sagen, dass das Gefängnis abgebrannt werden sollte, … und wir alle drinnen. Das war nur eine Idee, die dann zum Höhepunkt wurde … ein Sieg, um den Sheriff zu zwingen, endlich etwas zu verändern. Veränderung – das wollten wir.
Frage: Und gab es danach Veränderungen?
Antwort: Wir wollten – wir wollten wirklich Veränderungen in dem Gefängnis. Und wir erreichten sie dadurch, dass der Sheriff endlich

mit uns redete. Und er stimmte dann – er stimmte zu, dass vieles, was da drinnen vor sich ging, aufhören musste.
Frage: Ich möchte Ihnen jetzt gerne einen Teil dieses Artikels vorlesen, und ich möchte Sie fragen, ob Sie diese Erklärung geschrieben haben. Ich lese auf Seite 133, Zitat: »Ich habe immer versucht, ihnen zu helfen«, also den Insassen, »ihr destruktives Verhalten zu überwinden, indem ich sie miteinander in Kontakt brachte und ihnen vermittelte, dass freundliches, liebenswürdiges Verhalten untereinander die beste Lösung ist, um unser Leben im Gefängnis zu ertragen.« Haben Sie das geschrieben, Mr. Wallace?
Curry: Einspruch.
Antwort: Ja. Ja.
Frage: Und stehen Sie immer noch hinter Ihrer Aussage, dass Sie versucht haben, das destruktive Verhalten des Einzelnen dadurch zu überwinden, dass Sie die Leute zusammengebracht haben?
Antwort: Absolut.
Frage: Dann hat Mr. Curry Ihnen, so glaube ich, noch eine Reihe von Fragen über die Black-Panther-Bewegung und Ihr Engagement in der Bewegung gestellt. Erinnern Sie sich an diese Fragen?
Antwort: Ja …, schon.
Frage: Könnte man sagen, dass Ihr Engagement in dieser Bewegung Teil Ihres Planes war, das destruktive Verhalten der Häftlinge dadurch zu überwinden, die Leute zusammenzubringen?
Curry: Einspruch.
Antwort: Ja.
Frage: Haben Sie zu irgendeinem Zeitpunkt während Ihres Engagements in der Black-Panther-Bewegung versucht, gewalttätige Proteste zu organisieren, um jemanden zu ermorden?
Antwort: Niemals.
Curry: Einspruch.
Frage: Haben Sie den Eindruck, dass irgendeine Person in der Black-Panther-Bewegung, die Sie persönlich kennen, jemals eine Aktion vorbereitet hat, um jemanden zu verletzen oder zu töten?
Antwort: Niemals.
Curry: Einspruch.

Am Ende dieser eidesstattlichen Aussage war Sheridan England an der Reihe:

Frage: Gestern wurden Ihnen eine Reihe von Fragen über Ihr Leben in der CCR gestellt. Erinnern Sie sich an diese Fragen?

Antwort: Ah, ja.
Frage: Ich glaube, Mr. Curry hat Ihnen eine Reihe von Fragen gestellt, in denen es darum ging, ob Sie freiwillig in die CCR zurückgehen wollten, und Ähnliches. Erinnern Sie sich an diese Fragen?
Antwort: Ja.
Frage: Können Sie uns bitte noch einmal beschreiben, welche Auswirkungen die Isolationshaft damals auf Ihr Leben hatte?
Antwort: Das Leben in der CCR – diese Frage nach der CCR führt mich in eine tiefe Höhle. Sie führt mich an einen Ort, an dem – an dem ich nicht sein möchte.
Frage: Ist es hart für Sie, über Ihre Zeit in der CCR zu reden, Mr. Wallace?
Curry: Einspruch.
Antwort: Oh, ja. Das ist es.
Frage: Und warum ist es so hart?
Antwort: Wie ich gerade schon gesagt hab. Die CCR, das ist ein Ort, wo – es ist eine Vernichtungsmaschine, psychisch und physisch. Es ist kein Ort, an dem ich ruhig sitzen und meine Gedanken sortieren kann, und ich kann nichts dagegen tun.

Die Gefängnisbeamten wollten mein nächstes Treffen mit Herman und King im Hunt absagen. Sie erklärten, Herman wäre zu krank, um von seinem Krankenbett zum Besucherzimmer transportiert zu werden und brachten irgendwelche erfundenen Sicherheitsbedenken vor. George Kendall und Carine Williams wehrten sich. Um einem Gerichtstermin aus dem Weg zu gehen, schlug der Direktor vom Wade schließlich vor, wenn ich meine Zustimmung gäbe, die Black Box die gesamte Zeit hinweg über meinen Handschellen zu tragen, dann bekämen wir die Erlaubnis, das gemeinsame Anwalt-Klienten-Treffen in Hermans Zimmer auf der Krankenstation des Gefängnisses stattfinden zu lassen. Die Black Box wird normalerweise nur beim Transport der Häftlinge benutzt. An ihr sind Ketten für die Taille und Ketten für die Beine und Fußschellen befestigt. Dadurch, dass auch das Schlüsselloch für all diese Fesseln bedeckt ist, besteht keine Möglichkeit, das Schloss zu knacken. Eine weitere Kette zurrt die Handgelenke des Gefangenen an seinem Bauch fest. Da die Black Box die Blutzirkulation in den Händen erschwert, wird das Tragen nach ein oder zwei Stunden extrem schmerzhaft. Ein Anwalt-Klienten-Treffen bedeutete, ich müsste die Black Box insgesamt fünfzehn oder mehr Stunden tragen: den Fünf-Stunden-Trip ins Hunt-Gefängnis und wieder zurück, und zwischendrin unsere Beratungszeit. Die Gefängnisleitung hatte offensichtlich nicht im Traum daran gedacht, dass ich ihre Bedingungen akzeptieren würde. Sie wussten allerdings nicht, dass nichts weniger als der Tod mich daran gehindert hätte, Herman wiederzusehen. Es war mir egal, ob meine Hände abfallen würden. Am 1. Oktober 2013 bekam ich die Black Box und fuhr Richtung Hunt, um Herman zu treffen.

Während ich mich im Transporter befand und Carine Williams King und unsere Anwältin Katherine Kimpel von New Orleans aus zu unserem Treffen fuhr, meldete sich George bei ihr per Telefon mit den letzten Neuigkeiten: der Vorsitzende Richter vom Middle District Brian A. Jackson hatte am Morgen seine Entscheidung zu Hermans noch ausstehendem Antrag auf Habeas-Prüfung kundgetan. George las das Urteil am Telefon vor, wobei er einen Großteil der juristischen Analyse übersprang, um schnell zur entscheidenden Urteilsverkündung zu kommen: Richter Jackson stimmte Hermans Habeas-Klagebegehren vollständig zu, da der Ausschluss von Frauen in der Grand Jury in West Feliciana Parish im Jahre 1973 bei Hermans Verurteilung gegen den 14. Zusatzartikel verstoßen hatte. Richter Jackson hatte nicht nur den ungewöhnlichen Schritt getan, der Habeas-Klage stattzugeben, er hatte sogar Hermans sofortige Freilassung verfügt.

Wir versammelten uns alle an Hermans Krankenhausbett, bevor es ihm jemand mitteilte. Er lag dort zusammengerollt und extrem schwach. Er hatte vor einigen Tagen aufgehört, zu essen und zu trinken. Ich setzte mich auf eine Seite seines Bettes, sodass ich ihn mit meinen Händen in der Black Box gerade so erreichen konnte. Ich legte meine Hände auf seinen Arm. King setzte sich mir gegenüber auf Hermans andere Bettseite. Als Carine ihm von dem Erfolg des Habeas-Antrags erzählte, dachte Herman zunächst, ich sei der Glückspilz. Er lächelte und zeigte mit einem Kopfnicken auf mich. Als wir ihm dann deutlich machten, dass *seine* Verurteilung aufgehoben war, brauchte er einen Moment, um es wirklich zu begreifen. »Herman, wir reden über deinen Fall«, sagte Carine. Er schaute sie an und fragte: »Meine Verurteilung?« Er hatte große Schwierigkeiten zu sprechen. Aber er kämpfte: »Wenn er nur wüsste –« Pause. »Wenn Richter Jackson nur wüsste, wie das so war, in dieser Zelle«, sagte er dann.

Carine stand auf, um George zurückzurufen, damit sie die nächsten Schritte besprechen konnten. Sie wollte gerade rausgehen, als jemand auf dem Gang rief, George wäre am Telefon. Sie mussten schnell handeln, bevor der Staat Louisiana Berufung gegen die Entscheidung des Richters einlegte. Um Druck auf die Gefängnisleitung auszuüben, Jacksons Verfügung augenblicklich Folge zu leisten, bestellte George einen privaten Krankenwagen, der Herman abholte. Nach dem Gespräch mit George machte sich Carine sofort auf den Weg in das Büro von Gefängnisdirektor Howard Prince. Sie wollte ihm erklären, dass ein Krankenwagen schon unterwegs sei und er unverzüglich Hermans Freilassung vorbereiten solle. Der Direktor hatte die Entscheidung durch seine Anwälte schon vernommen, weigerte sich aber, Carine zu empfangen. Sein Mitarbeiter sagte ihr, dass er noch kein schriftliches Exemplar der gerichtlichen Verfügung habe und also auch nicht wisse, ob das, was gesagt worden war (von seinen eigenen Anwälten), auch wirklich wahr wäre. Der Direktor würde Herman erst freilassen, so ließ er Carine ausrichten, wenn er ein Exemplar der Entscheidung in der Hand hielte.

Carine sprang in ihr Auto und suchte eine Buchhandlung, die ihr den Zugang zur elektronischen Datenbank ermöglichte. Sie druckte einige Exemplare von Richter Jacksons Dokument aus. Als sie zurückkam, sah sie schon den Krankenwagen in einiger Entfernung vor der Eingangsschleuse am Straßenrand parken. Auch der Direktor war schon draußen, er wartete in seinem Pickup bei geschlossenen Fenstern und mit laufendem Motor. Carine ging zu ihm hin, um ihm ein Exemplar der Verfügung zu übergeben. Der Direktor dachte nicht daran, sein Fenster herunterzulassen, um mit ihr zu sprechen. Sie legte das Dokument auf seine Windschutzscheibe, damit er es lesen konnte und redete durch das geschlossene Fenster mit ihm. Sie sagte ihm, der Richter habe Hermans unverzügliche Freilassung angeordnet und es wäre eine Missachtung des Bundesgerichtes, wenn er der Verfügung nicht Folge leiste. Dann ging sie wieder ins Gefängnis und ließ eine Kopie im Büro der Gefängnisleitung zurück. Die dritte brachte sie zu uns ins Krankenzimmer. Sie hielt das Blatt hoch, damit Herman es lesen konnte. »Herman, hier ist der Beschluss«, sagte sie. »Du bist frei.« Herman tat so, als schaue er durch den ganzen Raum und meinte: »Ach, Mädchen, ich weiß doch, wo ich hier bin. Ich bin nicht frei.«

Ich sagte nicht viel. Die Kommunikation zwischen Herman und mir war meistens lautlos. Ich wusste nicht, wie viel Zeit ihm noch blieb. Ganz leise sagte ich, wie sehr ich ihn liebte, und wenn wir nun seine Unterstützung nicht mehr hätten, dann hätten die Ahnen sie. Es brach mir das Herz. Häufig denke ich an diese Stunden, die ich mit Herman und King in einem Raum verbrachte. Es war ein solcher Zufall, ein unwirkliches Zusammentreffen: wir drei zusammen in dem Augenblick, in dem Herman diese bedeutsame Nachricht bekam. Dass wir diesen Sieg mit ihm zusammen erlebten. Dass er nach Hause gehen würde. Meine Erinnerungen an jenen Tag machen mir immer wieder deutlich, dass unsere Anwälte über sich hinausgewachsen sind, dass sie nichts unversucht gelassen haben, um uns zu helfen, und dass sie uns nie im Stich gelassen haben. Genauso wie unsere Unterstützer sich für uns eingesetzt haben, über alle Grenzen hinweg. Welch großes Glück wir hatten! Herman wollte gerne beten. Wir hielten uns alle an den Händen. Carine sprach ein Gebet, dann Katherine. Ich schaute zu King. Tränen rannen über sein Gesicht.

In Richter Jacksons Beschluss hieß es: »Die Ermittlungen in diesem Fall haben eindeutig ergeben, dass die Grand Jury, die Mr. Wallace verurteilte, auf unlautere Weise ausgewählt wurde und dass dies eine Verletzung des 14. Zusatzartikels darstellt: … ›den gleichen Schutz durch das Gesetz‹, … und dass der Gerichtshof von Louisiana nach dem Hinweis auf eine mögliche Korrektur seiner Entscheidung, nichts unternommen hat. … Unsere Verfassung verlangt diese Entscheidung, selbst wenn es – wie in diesem Falle – bedeutet, ein fast vierzig Jahre zuvor getroffenes Urteil aufzuheben.«

Unser Besuch endete wie vorgesehen um 15 Uhr. King verließ das Gebäude. Carine und Katherine blieben bei Herman. Die Beamten, die mich zurück ins Wade bringen sollten, taten mir einen großen Gefallen: Sie führten mich in einen Raum auf der Etage der Krankenstation, damit ich im Gefängnisgebäude sein konnte, wenn Herman es verließ. Viele der Häftlinge im Krankenhaustrakt fieberten mit. Einer von ihnen fragte mich: »Wenn Mr. Herman jetzt nach Hause geht, wie fühlst du dich dabei?« Ich antwortete: »Ich habe jetzt meinen Frieden gefunden. Wie auch immer es jetzt weitergeht, ich habe meinen Frieden.« Eine Stunde später sagte mir der Leutnant, der mich ins Wade begleiten sollte, wir müssten uns auf den Weg machen. Niemand um mich herum machte irgendwelche Anstalten, Herman gehen zu lassen. Ich mutmaßte, dass sie die Entlassung absichtlich verzögerten, eine Hinhaltetechnik, um Buddy Caldwell die Möglichkeit zur Aussetzung von Jacksons Urteil zu geben. Und genauso war es auch: Louisiana stellte einen Antrag auf Aussetzung der Entscheidung. Als wir das Gefängnisareal verließen, stand der Krankenwagen noch immer wartend am Straßenrand. Später erfuhr ich, dass der Direktor das Gefängnis verlassen hatte, um – so die Gerüchte – zum Abendessen zu fahren. Wenn er nämlich nicht im Gefängnis wäre, müsste er auch Herman nicht entlassen.

George und Carine befürchteten, Richter Jackson und seine Angestellten würden sehr bald ihr Amtszimmer verlassen und riefen an, um zu sehen, ob er noch eine Erwiderung zur Aussetzung des Urteils einreichen konnte. Es ging niemand an den Apparat, doch kurz danach erließ Richter Jackson eine neue Verordnung. Louisianas Antrag auf Aussetzung wurde abgelehnt und die Gefängnisleitung angewiesen, Herman unverzüglich auf freien Fuß zu setzen, da sie sonst wegen Missachtung des Gerichts belangt würden. Direktor Prince kehrte ins Gefängnis zurück. Er wusste, dass nun die Gefahr bestünde, dass er sich am folgenden Tag selbst vor der Richterbank wiederfinden würde – möglicherweise in Handschellen.

Herman hatte einmal davon geträumt, wie er das Angola verließe. Er beschrieb diesen Traum in dem Film *Herman's House*. »Ich komme an das Eingangstor«, so sagt er im Film, »und da stehen eine Menge Leute draußen, und … ihr werdet es nicht glauben«, er lachte, »ich tanzte aus dem Tor hinaus. Ich tanzte einen *Jitterbug*. Und ich machte alle möglichen dummen, verrückten Sachen, den größten Scheiß. Und die Leute rundherum, die lachten und klatschten, bis ich draußen war. Und … als ich hochschaue, da sehe ich alle meine Brüder an den Fenstern, die winken und strecken die Faust empor, ja – versteht ihr?«

Carine erzählte mir, dass die Sonne schon unterging, als sie Herman auf einer Trage aus dem Gefängnis heraus in den Krankenwagen schoben. Er war bei Bewusstsein, aber absolut schwach. Im Krankenwagen fragte er noch: »Und, alle glücklich?« Viele seiner Freunde hatten sich draußen vor dem Tor versammelt, sie riefen ihm aufmunternde Worte zu. Hermans Verlobte, Maria Hinds und seine Freundin Ashley Wennerstrom begleiteten ihn im Krankenwagen. Carine und Katherine folgten dem Krankenwagen bis in die Notaufnahme des Krankenhauses von New Orleans. Nach Hermans Aufnahme besuchte Carine ihn am Krankenbett. Er schaute sie lächelnd an. »Jetzt bin ich frei«, sagte er.

An jenem Abend veröffentlichte George noch eine Erklärung: »Heute Abend hat Herman Wallace die Gefängnismauern von Louisiana hinter sich gelassen und wird jetzt die für seinen fortgeschrittenen Leberkrebs erforderliche Hilfe bekommen. Die Verordnung eines Bundesrichters war nötig, um den Verfassungsbruch in seinem Prozess von 1974 aufzuzeigen und eine Freilassung anzuordnen. Der Staat Louisiana hatte alle Möglichkeiten, dieses offensichtliche Unrecht anzugehen, hat es aber immer wieder versäumt und bis zum Ende nichts dagegen getan.«

Auf der Rückfahrt ins Wade fühlten sich meine Hände wegen der Black Box taub an und schmerzten. Ich selbst war auch ganz taub und voller Schmerz. Ich war überaus glücklich, dass Herman draußen war, doch das Wunder, das ich herbeisehnte, betraf sein Leben. Am folgenden Tag brachten sie Herman zu Ashley Wennerstrom und ihrem Mann nach Hause zur Hospizbetreuung. Ich rief bei ihnen an und sprach mit einigen alten Freunden, die im Haus zusammengekommen waren. Sie erzählten mir, Herman verliere immer mal wieder das Bewusstsein, doch er wisse, wo er sich befinde. Er wusste, dass er in Ashleys Haus war. Er wusste, dass seine Familie, seine Unterstützer, Anwälte und Freunde bei ihm waren – es war ein Kommen und Gehen. Sie machten Musik für ihn; sie lasen ihm abwechselnd vor und hielten ihn im Arm. Ashley brachte ihm Blumen, damit er sich an ihrem Duft erfreue.

Am folgenden Tag, dem 3. Oktober, klagte Staatsanwalt Samuel D'Aquilla Herman erneut vor der Grand Jury von West Feliciana Parish für den Mord an Brent Miller an. Der Staatsanwalt von East Baton Rouge Parish, Hillar C. Moore III, forderte das Fifth Circuit Court of Appeals auf, Herman zurück ins Gefängnis zu bringen. Die Vergeltungsmaßnahmen, die der Staat Louisiana über eine lange Zeit hinweg immer wieder ergriffen hatte, waren für mich schon immer vollkommen unverständlich gewesen, doch dieser Schritt grenzte an Wahnsinn. Herman lag im Sterben. Niemand erzählte ihm von dieser erneuten Verurteilung. Wenn er davon erfahren hätte, ich bin mir sicher, er hätte sich mental schon auf den nächsten Kampf eingestellt, so wie er es immer getan hatte – ohne mit der Wimper zu zucken.

Am Morgen des 4. Oktober wachte ich morgens gegen vier Uhr auf und hatte den großen Drang, Ashley anzurufen. Als ich sie erreichte, erzählte sie mir, Herman sei in der Nacht gestorben. Er war eingeschlafen und einfach nicht mehr aufgewacht. Mit einundsiebzig. Ich setzte mich auf meine Pritsche und schrieb einen Brief an unsere Unterstützer.

> Der alte Herr hat sich dazu entschlossen, uns zu verlassen. Ich bin mir sicher, es fiel ihm schwer, eine Entscheidung zu treffen: Für wen soll ich da sein? Für die Ahnen, die mich heimrufen oder die Menschen, die ich so sehr liebe?
>
> »Alter Herr« war mein Kosename für ihn – und »alt« bezog sich auf alles – sein Herz und seinen Geist. Herman »Hooks« Wallace war kein perfekter Mensch, und wie alle Menschen hatte er seine Fehler und Schwächen, aber er hatte Charakter. Er konnte mich so wütend machen, dass ich ihm am liebsten den Kopf abgerissen hätte. Dann

wieder konnte er mit einem Wort mein Herz zum Schmelzen bringen, und genauso mit einer liebevollen Tat für einen Mitmenschen.

Am 1. Oktober habe ich mit meinem ebenso wertvollen Freund Robert King in Hermans Krankenzimmer gesessen und versucht, ein Wunder zu erzwingen, und es geschah ein Wunder – nicht das Wunder, dass er wieder gesund wurde, wie ich es ersehnt hatte, aber das Wunder, dass er frei war. Nach zweiundvierzig Jahren endlosen Kampfes gegen das Böse war er ein freier Mensch.

Ich durfte ihm Goodbye sagen, meinem Mitstreiter, meinem Lebensratgeber, meinem Panther-Kameraden und vor allem: meinem Freund. Herman lehrte mich, dass ein Mensch straucheln kann, sogar fallen, aber dass er immer wieder aufstehen muss. Er lehrte mich, dass es okay ist, wenn man Angst hat, aber man darf den Mut nicht verlieren. Eine Schlacht zu verlieren, heißt nicht, den Krieg zu verlieren.

Herman Wallace' größter Stolz war es, Mitglied der *Black Panther Party for Self-Defense* zu werden. Er glaubte an Pflicht und Ehre und an Hingabe. Niemals wurde er der Partei untreu, nie seinen Kameraden und auch nie den Menschen. Als ich ihn beim Abschied auf die Stirn küsste, sagte mein Herz ihm Goodbye: Ich werde dich immer lieben. Meine Seele sagte: getrennt, aber immer vereint; wir werden uns niemals mehr berühren, bleiben aber für immer verbunden. Er war unser Bester. Solange wir uns an ihn erinnern, solange lebt er weiter.

In Washington D. C. verlas der Abgeordnete John Conyers im Plenum eine Hommage an Herman, die in die Annalen des Kongresses eingehen sollte.

Mr. Speaker! Wir erheben uns zum Gedenken an Herman Wallace, um das Andenken an sein Leben und sein Vermächtnis zu feiern. Herman Wallace, einer der tapfersten Kämpfer für die Gerechtigkeit und die Menschenrechte, die es je gegeben hat. Sein Spitzname war »Der Muhammad Ali der Gerechtigkeit«, Herman Wallace, Mitglied der Angola 3 aus Louisiana, saß einundvierzig Jahre in Einzelhaft. Mr. [Cedric] Richmond und ich hatten die Möglichkeit, Mr. Wallace im *Louisiana State Penitentiary at Angola* zu besuchen, ein Ort, der vor einigen Jahren zu Recht den Namen »Das Alcatraz des Südens« erhielt. Ich war erstaunt über Mr. Wallace' Mut, seine Entschlossenheit und Würde. Wir haben erfahren, dass Mr. Wallace heute am frühen Morgen verstorben ist, nur drei Tage nach seiner Freilassung, die ihm ein Bundesrichter gewährte, der herausfand, dass Mr. Wallace im Jahre 1974 keinen fairen Prozess erhalten hatte …

> Mr. Speaker! Wir haben die Nachricht von Mr. Wallace' Tod mit großer Trauer aufgenommen, nur neun Tage vor seinem zweiundsiebzigsten Geburtstag. Mr. Wallace' persönlicher Kampf gegen das Unrecht und gegen die menschenunwürdigen Bedingungen eines Lebens in Isolation ist für ihn nun beendet. Der Kampf gegen bestehendes Unrecht muss jedoch weitergehen und Mr. Wallace' Vermächtnis wird in einer Zivilklage fortgeführt, die er gemeinsam mit seinen Angola-3-Kameraden Albert Woodfox und Robert King erhoben hat. Diese Klage hat zum Ziel, langjährige Einzelhaft als »grausame und ungewöhnliche Strafe« zu definieren und abzuschaffen.
>
> Mr. Speaker, wir rufen alle hier Versammelten nun dazu auf, Mr. Wallace gemeinsam unsere Ehre zu erweisen für seinen jahrzehntelangen Kampf im Dienste der Menschlichkeit. Wir alle schulden Mr. Wallace große Dankbarkeit.

Drei Tage später rief der UN-Sonderberichterstatter für Folter, Juan E. Méndez, die USA dazu auf, meine unbefristete Einzelhaft unverzüglich zu beenden. »Dies ist ein trauriger Fall und er ist noch nicht zu Ende«, sagte er. »Der Mitverurteilte Mr. Woodfox bleibt während seines noch anhängigen Berufungsverfahrens in Einzelhaft und in ständiger Isolation … Die über vier Jahrzehnte währende Einzelhaft, die Mr. Woodfox erleiden muss, ist mit Folter gleichzusetzen und sollte unverzüglich beendet werden.«

Herman wurde am 12. Oktober beerdigt. Freunde und geliebte Menschen besuchten mich und erzählten mir von Hermans Trauerfeier und Beerdigung, die in einem Community Center im Treme stattfanden, einen Block von meinem Elternhaus entfernt. Leute schickten mir Fotos, auf denen sie den Tag festgehalten hatten. Ich sah einen hellblauen Wandteppich mit einem großen schwarzen Panther darauf genäht, der Hermans Sarg bedeckte. Sechs ehemalige Panther waren die Sargträger, darunter King und Malik Rahim, alle in blauen Hemden und schwarzen Krawatten – die Panther-Farben – und schwarzen Baretts auf dem Kopf. An den Wänden hingen Zeichnungen und Bilder von Herman, King und mir. Hermans Schwester sang für ihn. Viele Freunde und Familienmitglieder sprachen ein paar Worte, in denen sie an Hermans Geist, sein Engagement, seinen Humor, seinen Mut und sein Herz erinnerten. Und daran, dass er nie aufgegeben hatte. Carine hielt ihr Telefon hoch und spielte eine Aufnahme eines von Hermans Lieblingsliedern ab: Etta James sang »At Last«.

In den folgenden Wochen schaute ich mir häufig die Fotos der Beerdigung und der Trauerfeier an. Ich sagte mir selbst und jedem anderen: »Denk nicht daran, was wir verloren haben, denk daran, was wir gehabt haben.« Jener Tag, als Herman starb, erfüllte mich mit großem Schmerz und mit einem Gefühl von Verlust, der noch immer in mir ist und der mich bis in mein Grab begleiten wird.

Zwei Wochen nachdem Herman gestorben war, versuchte Amnesty International, Gouverneur Bobby Jindal noch mit einer Petition zu erreichen. Diese verlangte vom Staat, den Einspruch gegen meine Freilassung fallenzulassen. Fünfzigtausend Menschen hatten unterzeichnet. Der Gouverneur war nicht in seinem Büro, die Petition wurde bei seinen Mitarbeitern hinterlegt.

Es war ein merkwürdiges Gefühl, dass Amnesty nun nicht mehr *unsere* Freiheit forderte, sondern meine Freiheit. Niemals hatte ich mich einsamer gefühlt. Vor Übergabe der Petition hielten unsere Unterstützer eine Pressekonferenz auf den Stufen des Kapitols von Louisiana ab. Sie hatten Kalenderblätter auf den Stufen verteilt, um die Zeit greifbar zu machen, die ich in Einzelhaft verbracht hatte, dazu hielten sie Schilder mit der Aufschrift REMEMBER HERMAN WALLACE und FREE ALBERT WOODFOX hoch. Malik hielt eine Rede, in der er die Gesetzgeber aufforderte, sich mit meinem Fall zu befassen und meine Einzelhaft zu beenden, es handle sich hier nämlich um ein Menschenrechtsproblem. Auch King sprach und machte deutlich, dass wir nie aufhören würden, auf Gerechtigkeit zu drängen. Billie Mizell las eine Erklärung in Teenie Rogers' Namen: »Jedes Mal, wenn ich mir die Beweislage in diesem Fall anschaue, wird mir klar, dass es keinen wirklichen Beweis dafür gibt, dass die Männer, die für den Mord an Brent verurteilt wurden, auch die sind, die ihn tatsächlich ermordet haben. Man gibt sich sehr leicht Rache und Wut hin, aber wenn man auf die Fakten schaut, dann ergibt das alles keinen Sinn.« Rogers sagte, sie hatte zunächst nicht vor, die Amnesty-Petition zu unterschreiben, doch nachdem Herman nun – im Sterben liegend noch einmal verurteilt wurde – habe sie ihre Meinung geändert. »Da möchte ich nicht mitmachen, und ich glaube auch, dass Brent es nicht gewollt hätte«, erklärte sie. »Wenn der Staat fundierte Argumente geliefert hätte, wäre ich vielleicht anderer Meinung. Aber bisher sehe ich nichts, was die Schuld dieser Männer an Brents Tod beweisen könnte.«

Mein Bruder Michael verlas die Erklärung, die ich ihm gegeben hatte. »An guten Tagen darf ich – bestenfalls – eine Stunde draußen in einem Käfig Sport machen. Mir fehlen die Worte, um die jahrelangen psychischen, emotionalen und körperlichen Strapazen zu beschreiben, die ich durchstehen musste. Ich bitte Sie alle, sich einen Moment nur vorzustellen, Sie stünden an der Kante vom Nichts und schauten ins Leere. Das Leid und die Schmerzen, die solch eine Isolation hervorbringen, lassen sich nicht mit Worten beschreiben.«

Einen Monat später war ich am Bundesgericht und machte eine Zeugenaussage zu den Leibesvisitationen (einschließlich Körperöffnungen), denen wir im Wade nach wie vor ausgesetzt waren. Mein Anwalt Sheridan England fragte mich, was diese mehrfachen Leibesvisitationen am Tag mit einem machen. Ich antwortete, sie wären erniedrigend und eine große psychische Belastung. Sie ließen mich jedes Mal hoffnungslos und hilflos zurück.

Richard Curry, der für die Gefängnisleitung von Louisiana sprach, argumentierte, Leibesvisitationen wären in Hochsicherheitsgefängnissen absolut notwendig, um die Häftlinge vom Schmuggel mit Drogen oder Rasierklingen abzuhalten. »Sind Sie nicht schon einmal zu Recht beschuldigt worden, einen Handschellen-Schlüssel in ihrer Zelle gehabt zu haben?«, fragte Curry mich. »Nein«, sagte ich. Curry zeigte mir einen Disziplinarbericht aus dem Angola von 1977 – vor sechsunddreißig Jahren –, in dem stand, dass ein Handschellen-Schlüssel in meiner Zelle gefunden worden war. Ich erklärte ihm, wenn 1977 wirklich ein solcher Schlüssel in meiner Zelle gewesen wäre, dann hätte ihn jemand ohne mein Wissen dorthin gelegt. Gerade in jenen Jahren hatten viele Wärter einen Hass auf mich. »Sie wurden aber niemals von dieser Schuld entlastet«, konterte Curry. Jetzt, im Wade, so betonte ich, hatte man niemals Schmuggelware gefunden, nichts an meinem Körper und nichts in meiner Zelle. Der Gefängnisdirektor bestätigte dies.

Als ich zurück in meiner Zelle war, spürte ich, dass ich mein inneres Gleichgewicht verloren hatte. Es war Dezember. Die meisten Jahre fließen einfach unbemerkt ineinander, wenn man 23 Stunden am Tag eingeschlossen ist. Es gibt aber vereinzelte Jahre, die ragen hervor, weil sie schlechter sind als andere. Das Jahr, in dem meine Mom starb, zu Beispiel. Das Jahr, in dem ich meine Schwester verlor. Dieses Jahr, 2013, war auch eines jener Jahre. Herman war nicht mehr da. Die erniedrigenden Leibesvisitationen gingen weiter. Ich wurde von der Staatsanwaltschaft in der Presse beschimpft und verleumdet – wieder einmal. Der Staat Louisiana, der schon Millionen von Dollar dafür verwendet hatte, meine unrechtmäßige Verurteilung zu verteidigen, um mich im Gefängnis zu behalten, gab nun erneut ungeheure Mittel aus, um meine Verurteilung wiederherzustellen – wieder einmal.

Ich wurde an eine wertvolle Lektion erinnert, die ich zwar schon vor vielen Jahren gelernt, aber auch immer wieder neu gelernt hatte. Wenn du glaubst, du kannst keinen Schritt mehr gehen, dann geht der menschliche Geist einen Schritt voran, selbst wenn du es gar nicht willst.

Kapitel 51
Die Grenzen der Gerechtigkeit

Würde der Verlust von Herman das letzte Mosaiksteinchen sein, das noch fehlte, um mich endgültig in den Wahnsinn zu treiben? Würde dieses Jahr das Jahr der Gerechtigkeit und der Freiheit sein oder wieder nur eines wie viele zuvor? Mein Habeas-Antrag war vor einem Dreier-Gremium der konservativsten Richter des Fifth Circuit gelandet. Zwei von ihnen waren von Präsident Ronald Reagan ernannt worden, der dritte von Präsident George W. Bush. Ich hatte keine große Hoffnung, dass Gerechtigkeit und Freiheit siegen würden. Doch ich spürte die große Unterstützung der Menschen. Ich bekam Tausende Briefe von ihnen über Amnesty International. Das gab mir Kraft und Mut. Ich hätte so gerne jedem und jeder persönlich zurückgeschrieben, doch das war körperlich nicht zu schaffen. Im Januar 2014 veröffentlichte ich selbst über Amnesty eine Erklärung:

»An all die vielen Menschen auf der ganzen Welt, die ihr uns in euer Leben und eure Herzen aufgenommen habt, uns vermittelt habt: ›Ich weiß, wer du bist, und ich weiß, was du dieser Welt gegeben hast‹, die ihr euch die Zeit genommen habt, um mir und den Vertretern des Staates Louisiana zu schreiben. Ihr könnt euch nicht vorstellen, welch ein Quell der Stärke und des Mutes ihr in meinen dunkelsten Stunden wart. Ich kann euch leider nicht allen persönlich antworten. Tausende Briefe und Karten haben mir Mut und Kraft gegeben, stark zu bleiben, nicht aufzugeben, die Hoffnung nicht zu verlieren und weiterzukämpfen. Danke dafür. Eure Botschaft ist angekommen. Ich hoffe inständig, dass dieser Brief jeden von euch persönlich erreicht und ihr meine Botschaft hört: in solidarischem Kampf – Alle Macht dem Volke!«

Am 31. Januar 2014, acht Monate nachdem die Leibesvisitationen im Wade begonnen hatten, rief mich meine Anwältin Katherine Kimpel an und überbrachte mir die Nachricht, dass Richter James Brady eine einstweilige Verfügung angeordnet habe. Darin schrieb er, dass routinemäßige Durchsuchungen sich als nicht notwendig oder gerechtfertigt zur Wahrung der Sicherheit erwiesen hätten, »so wie es die Verfassung von solchen Maßnahmen verlangt«. »Aus diesem Grund«, so schrieb er weiter, »wiegt Woodfox' Würde – [wie] im 4. Zusatzartikel zur Verfassung festgeschrieben – schwerer als das rechtmäßige strafrechtliche Interesse. In diesem Falle.«

Der Staat legte unverzüglich Berufung ein, und zwar nicht auf Basis der Rechtmäßigkeit von Leibesvisitationen, sondern weil Richter Brady als Bundesrichter nicht dafür zuständig war, ein vom Staat erlassenes Anerkenntnisurteil durchzusetzen. Louisiana argumentierte, dass meine Klage nur im 19. Judicial District Court verhandelt werden könnte. Während die Berufung lief, blieb ich von weiteren Leibesvisitationen verschont, doch jeder andere CCR-Gefangene im Wade musste sie weiter durchstehen. Einige Leute in der Gefängnisverwaltung versuchten, mich gegen meine Mithäftlinge auszuspielen, und ihnen zu vermitteln, dass ich bevorzugte Behandlung genösse und diese ganze Sache nur deswegen inszeniert hätte. Die meisten von ihnen durchschauten diese Lüge allerdings. Ich erinnerte sie daran, dass ich damals jeden Einzelnen von ihnen darum gebeten hatte, mit mir zusammen gegen die Praktik dieser Leibesvisitationen zu kämpfen, und dass sie nicht mitmachen wollten.

Dann kippte das Fifth Circuit Richter Bradys einstweilige Verfügung, und zwar nicht, weil das Gericht die Leibesvisitationen guthieß, sondern weil der Fall vom Staat Louisiana entschieden werden musste. Dementsprechend hätten die Gefängniswärter das Recht gehabt, mich weiter zu durchsuchen, die meisten taten es aber nicht mehr. Meine Anwälte reichten unverzüglich einen Antrag auf Erlass einer einstweiligen Verfügung beim 19. Judicial District ein.

Den ganzen Winter und Frühling 2014 über war King auf einer neuen Angola-3-Tour. Er sprach in Sacramento (Kalifornien) bei einer Anhörung über Einzelhaft, er sprach bei einem Wissenschaftstreffen in Chicago über die Folgen der Einzelhaft, beim Black Film Festival in Toronto, beim *Rutland Institute for Ethics Presidential Colloquium* in der Clemson University von South Carolina und in der Central Connecticut State University. Bei jeder dieser Veranstaltungen sprach er über die Schrecken und das Leid der Menschen in Einzelhaft am Beispiel unserer persönlichen Fälle. Ich machte mir Sorgen um ihn – er hatte sein eigenes Leben für mich aufgegeben, und für Herman. Er reagierte auf jedes unserer R-Gespräche, opferte viele Stunden in der Woche für Beratungsgespräche mit unseren Anwälten, mit Marina Drummer, mit Tory Pegram, mit einzelnen Unterstützern und Mitgliedern des Beratungsgremiums; er antwortete jedem Reporter, der sich bei ihm meldete und nahm sich Zeit für jedes Interview, das unseren Fall in die Öffentlichkeit brachte. Ich wusste genau, wie anstrengend das viele Reisen war, und dass er so manches Mal von den Sicherheitsleuten am Flughafen gestoppt wurde. Doch niemals kam eine Klage über seine Lippen.

Im Mai 2014 legte der Abgeordnete Cedric Richmond den Gesetzentwurf HR 4618 vor, den *Solitary Confinement Study and Reform Act of 2014*, um die nationalen Vorgaben bei Einzelhaft-Strafen in

US-Gefängnissen, Strafanstalten und im Jugendstrafvollzug weiterzuentwickeln und festzuschreiben. Im Juli wurde dieser Entwurf an das *Subcommittee on Crime, Terrorism, Homeland Security and Investigations* weitergeleitet. Dies war die letzte Erwähnung dieser Gesetzesvorlage. (Anfang Mai 2018 legte Richmond den Gesetzentwurf HR 5710 vor, den *Solitary Confinement Study and Reform Act of 2018*. Ende desselben Monats wurde er an das *Subcommittee on Crime, Terrorism, Homeland Security and Investigations* weitergeleitet.)

Im Juli 2014 veröffentlichte Amnesty International einen 54 Seiten umfassenden Bericht über die Einzelhaft in US-Staatsgefängnissen, der folgendermaßen begann: »Die USA sind das einzige Land der Erde, in dem tausende Gefangene in langjähriger oder unbegrenzter Einzelhaft sitzen. Zu diesem Ergebnis kommt der UN-Sonderberichterstatter über Folter *(On Torture and other Cruel, Inhuman or Degrading Treatment or Punishment)*, der Einzelhaft als ›körperliche und soziale Isolation von Personen, die 22 bis 24 Stunden am Tag in ihren Zellen eingeschlossen sind‹ definiert. Mehr als vierzig US-Staaten sollen angeblich über ›Hochsicherheitstrakte‹ verfügen, die insgesamt mindestens 25 000 Häftlinge zählen. Diese Zahl beinhaltet allerdings noch nicht die vielen tausend Gefangenen, die eine kürzere Strafe in Einzelhaft absitzen – nach Schätzungen noch einmal circa 80 000 an jedem beliebigen Tag.«

Im November bekam ich eine absolut überraschende Nachricht: George berichtete mir, dass das konservative Gremium des Fifth Circuit meiner Beschwerde wegen rassistischer Vorurteile bei der Auswahl der Grand Jury-Vorsitzenden stattgegeben hatte. Die Entscheidung fiel einstimmig. Alle drei Richter des Gremiums entsprachen dem Urteil von Richter Brady. Richter Patrick Higginbotham verlas im Namen des Gremiums (mit den Bezirksrichtern E. Grady Jolly und Leslie Southwick) eine eindringliche Erklärung:

> Wir beginnen mit einer entscheidenden Feststellung. Woodfox' Forderung bezieht sich nicht nur auf die Ernennung der oder des Vorsitzenden der Grand Jury. Nein, sie bezieht sich vielmehr auf die gesamte Zusammensetzung dieser Jury. Bei Woodfox' Prozess wurde dasselbe Auswahlverfahren angewendet wie im Fall *Campbell gegen Louisiana*. In seiner Stellungnahme erklärt der Supreme Court, dass das Auswahlverfahren in Louisiana zu jener Zeit bedeutend von dem in den meisten anderen Staaten abwich. In anderen Staaten »wird der Titel ›des oder der Vorsitzenden‹ einem der schon benannten Geschworenen zugewiesen, ohne dass sich die Zusammensetzung der Jury dadurch ändert«. Im uns vorliegenden Auswahlverfahren von

> Louisiana »wählt der Richter den Vorsitzenden aus der Gesamtheit aller möglichen Geschworenen aus, bevor die zu benennenden [elf] Mitglieder der Grand Jury durch Los bestimmt werden«. Die oder der Vorsitzende hatte damals dasselbe Stimmrecht wie alle Jury-Mitglieder. Somit hatte also der Richter einen Geschworenen persönlich ausgewählt. Daher kann in diesem Fall ein diskriminierendes Auswahlverfahren der Grand Jury geltend gemacht werden – ein Verfassungsbruch. Weit länger als ein Jahrhundert hat der Supreme Court daran festgehalten, dass die strafrechtliche Verurteilung eines Afroamerikaners unter der Gleichbehandlungsklausel des 14. Zusatzartikels unzulässig ist, wenn sie auf der Klage einer Grand Jury basiert, in der Afroamerikaner aufgrund ihrer Rasse ausgeschlossen wurden.

Der Staat Louisiana legte gegen die Entscheidung sofort Berufung ein und forderte eine sogenannte »en banc«-Überprüfung, damit jeder einzelne Richter, also das vollständige Fifth Circuit den Fall vor Augen hatte. Wenn eine Mehrheit der am Fifth Circuit tätigen Richter einer Anhörung zustimmte, würde die Entscheidung des Dreier-Gremiums aufgehoben und das gesamte Gericht würde über mein Schicksal beraten und entscheiden. Nicht ein Richter forderte eine erneute Anhörung. Diese Runde hatte der Staat verloren. Unbeirrt rief Louisiana den US Supreme Court an – und verlor wieder. Bradys Entscheidung stand. Ich sollte einen neuen Prozess bekommen.

Am 11. Februar 2015 – sieben Jahre nachdem meine Verurteilung von Richter Brady zum ersten Mal gekippt wurde und zwei Jahre nach seinem zweiten Widerspruch – erteilte das Fifth Circuit Richter Brady den Auftrag, er solle eine Haftprüfung anordnen. Am folgenden Tag brachte der Staat Louisiana meinen Fall noch einmal vor die Grand Jury von West Feliciana. Wieder einmal wurde ich für den Mord an Brent Miller angeklagt.

Einige Zeit später konnte ich die eidesstattliche Erklärung zu meinem Haftbefehl lesen. Ein Ermittlungsbeamter aus der Staatsanwaltschaft hatte darin alle von Buddy Caldwell erlogenen Vorwürfe der Vergewaltigung und Raubüberfälle aufgewärmt, so als wären sie bewiesene Tatsachen. Bei allem, was darin kursiv hervorgehoben ist, handelt es sich um Lügen:

> *Zwischen dem 4. Januar und dem 13. Februar 1969 war Woodfox an einer extrem gewalttätigen Verbrechensserie beteiligt, bei der sieben bewaffnete Raubüberfälle und fünf schwerwiegende Vergewaltigungen begangen wurden.* [Entspricht nicht der Wahrheit.] *Die Ankläger arbeiteten all diese Vorfälle ab* [Die Ankläger haben diese Fälle nie zu Gesicht bekommen] und *der erste, der bei Gericht verhandelt wurde,*

> *endete mit* Woodfox' Verurteilung wegen bewaffneten Raubüberfalls (auf Tonys Green Room) am 31. Juli 1969 … *Woodfox saß in Erwartung seiner weiteren Gerichtstermine wegen mehrerer Raubüberfälle und Vergewaltigungen im Orleans Parish Prison.* [Entspricht nicht der Wahrheit.] Ich kam nur vor meiner Verurteilung wegen des einen bewaffneten Raubüberfalls ins Orleans Parish Prison. Es gab keine weiteren Anklagen wegen Raubüberfalls oder Vergewaltigung.] *Woodfox sah sich wegen der Anklagen schwerer Vergewaltigung zu jener Zeit möglicherweise fünf Verurteilungen mit Todesstrafe gegenüber.* [Entspricht nicht der Wahrheit. Es gab keine weiteren Anschuldigungen. Der Richter hatte alle, außer der wegen bewaffneten Raubüberfalls, fallengelassen. Ich wurde nie wegen Vergewaltigung angeklagt.]

In der eidesstattlichen Erklärung, die – wie ich nur vermute – vor der Grand Jury verlesen wurde, hieß es weiter:

> *Die Ankläger glaubten, dass Woodfox bei einem Geständnis für diesen verabscheuungswürdigen Mord nichts zu verlieren hatte* [Entspricht ganz offensichtlich nicht der Wahrheit.], *da er ja glaubte, wegen der fünf schweren Vergewaltigungen drei Jahre zuvor* [Alles Lügen. Verleumdung.] *möglicherweise fünf Mal zum Tode verurteilt zu werden.* [Nicht wahr.]
>
> Und:
>
> Der US Supreme Court veröffentlichte am 29. Juni 1972 eine Erklärung, in der die Todesstrafe für verfassungswidrig erklärt wurde, *sodass es für die Ankläger dementsprechend unmöglich war, Albert Woodfox zum Tode zu verurteilen,* [Unmöglich wurde es dadurch, dass es keine Anklagepunkte gegen mich gab, keine Anklageschrift, keine Anklageerhebung.] weder für den Mord an Miller noch *für die fünf schweren Vergewaltigungen, die er während der Verbrechensserie im Januar und Februar 1969 in New Orleans begangen hatte* [Denn ich hatte diese Verbrechen gar nicht begangen.].
>
> [Es gab diese Verbrechensserie gar nicht und Richter Brady hatte die Lügen durchschaut. Nachdem er nämlich alle Anschuldigungen geprüft und nichts gefunden hatte, was sie in irgendeiner Form untermauerte, stimmte er meinem Antrag auf Kaution zu. Der dann auf Betreiben des Staates Louisiana vom Fifth Circuit blockiert wurde.]

Die eidesstattliche Erklärung wies Chester Jackson eine ganz neue Rolle in der Geschichte der Ereignisse, die zu Millers Tod führten, zu – es war eine andere als in seiner Zeugenaussage bei Hermans Verhandlung und eine andere als in seiner ursprünglichen Erklärung von 1972. Diese eidesstattliche Erklärung erläuterte, dass ich Jackson am

Vorabend des Mordes »einen Brief« gezeigt hatte (denselben Brief, von dem Direktor Henderson am Tag nach Millers Tod erzählte, von dem der stellvertretende Direktor aber nichts wusste und der auch weder bei meiner Verhandlung noch bei Hermans vorgelegt wurde).

»Nach bestem Wissen und Gewissen« beschuldigte die eidesstattliche Erklärung mich, den Brief geschrieben zu haben, der die Urheberschaft für den Brandanschlag auf den Wärter im Kontrollhäuschen beanspruchte und mit »The Vanguard Army« unterzeichnet war. »Die Black Panther Party«, so behauptete das Dokument fälschlicherweise, ist »auch unter dem Namen The Vanguard Army bekannt.« Weiterhin wurde behauptet, dass Leonard »Specs« Turner, »ohne zu zögern« die nackten Tatsachen auf den Tisch legte, indem er den Gefängnisbeamten erzählt hatte, ich hätte zusammen mit Herman und Chester Jackson Brent Miller ermordet; »auf Basis von Turners Erklärung« (hier dazu die »Wahrheit«: der Mann, der diese erste Stellungnahme bekommen hatte, konnte sich bei meiner Verhandlung überhaupt nicht mehr daran erinnern), »befragten« die Ermittler dann noch einmal Hezekiah Brown. »Als er die Details hörte, bestätigte Brown, dass die Informationen, die Turner gegeben hatte, der Wahrheit entsprachen.« Leonard Turner wurde bei meiner ersten Verhandlung nicht als Zeuge aufgerufen, und bei der zweiten bestritt er, die ihm als seine eigene präsentierte, undatierte und nicht unterzeichnete Erklärung abgegeben zu haben. Der ehemalige Hauptmann, der angeblich die Erklärung von Turner entgegengenommen hatte, sagte aus, er könne sich nicht daran erinnern, sie bekommen zu haben, und er könne sich auch nicht daran erinnern, was sie enthalten habe. Das allerdings scheint höchst unwahrscheinlich, denn wenn diese Erklärung tatsächlich existierte, hätten sich alle Probleme der Ermittler unmittelbar in Luft aufgelöst.

Zu jener Zeit war ich mir dieser neuen, ebenso falschen, Anschuldigungen gar nicht bewusst. Alles, was ich wusste, war, dass ich erneut für den Mord an Brent Miller angeklagt worden war. Ich wurde vom David Wade Correctional Center ins Gefängnis nach West Feliciana Parish gebracht. Der Umzug kam so überraschend schnell, dass ich keine Möglichkeit hatte, meine Sachen unter den anderen Häftlingen auf meinem Stock aufzuteilen.

* * *

Das Gefängnis in West Feliciana Parish war sehr klein. Es gab vier Einzelzellen auf meiner Etage. Die erste Zelle war bestimmt für Betrunkene – eine Ausnüchterungszelle. Ich kam in Zelle zwei. Die beiden

Zellen mir gegenüber wurden für Leute genutzt, die nur kurz blieben, höchstens ein paar Monate. Die Zellen waren mit starken Stahltüren versehen. Wenn ich mit jemandem reden wollte, gab es nur eine Möglichkeit: runterbeugen und durch die Essensschlitze reden. In meiner Zelle gab es einen kleinen Fernseher und ein Fenster zum Hof, das sich aber nicht öffnen ließ. Die Erleichterung, die mir die Existenz eines Fensters zu verschaffen schien, wurde durch die massive Stahltür zerstört. Ich hatte immer noch Platzangst-Attacken. Mit der Zeit bekam ich Post an meine neue Adresse. Bald kamen Dutzende Geburtstagskarten. Ich war achtundsechzig geworden.

Da ich mich nicht mehr länger in Gewahrsam des Staates befand, hatten meine Klagen gegen die Leibesvisitation keine Bedeutung mehr. George Kendall hätte die Klage zu Gunsten der anderen Häftlinge im Wade gerne noch weiterverfolgt und versuchte jemand anderen zu finden, der statt meiner als Kläger auftrat, aber niemand wollte diese Aufgabe übernehmen. Unterdessen war George auch in meinem Strafverfahren ein Stück weitergekommen. Wir hofften immer noch, dass Richter Bradys bedingungslose Freilassung vor dem Fifth Circuit bestehen würde. Im Falle, dass wir verlören, hatte George auf jeden Fall schon einmal zwei neue Anwälte in mein Team eingeführt, die sich auf meine Verteidigung während der Verhandlung konzentrieren würden: Billy Sothern und Robert McDuff. Sie stellten neue Ermittlungen zum Mordfall an und waren schnell bereit, vor Gericht meine Verteidigung zu übernehmen. Sie wollten meine letzte Anklage herausnehmen und meine Freilassung auf Kaution versuchen. In der Zwischenzeit führte Buddy Caldwell seine skrupellose und auf Lügen basierende Hetzkampagne weiter und stellte mich nach wie vor als Vergewaltiger dar (noch immer ohne Strafantrag). »Die Fakten in diesem Fall sind nach wie vor erdrückend«, erklärte er Reportern gegenüber. »Trotz Woodfox' letztem verzweifelten Versuch, über die Schiene der Jury-Auswahl einen ›Raus ohne Auflagen‹-Passierschein zu bekommen, ist doch die Beweislast gegen ihn im Mordfall Miller nicht zu leugnen.«

Die Wochen vergingen und ich fühlte mich jeglicher Energie beraubt, vollkommen antriebslos. Ich nutzte meine Freistunde draußen nicht mehr. Der Wärter kam vorbei und fragte mich, ob ich auf den Hof wollte, und ich sagte: »Nee, heute nicht.« In meiner Zelle schaute ich CNN. In den Nachrichten sah ich, wie Polizisten auf unbewaffnete Schwarze schossen und verfolgte die Aktivitäten der Black-Lives-Matter-Bewegung. Es tat mir weh, zu sehen, wie die Organisatoren von

Black Lives Matter als Rassisten dargestellt wurden. Es tat mir weh, zu sehen, dass Schwarze dies öffentlich bekunden mussten: dass wir zählten. Ich dachte zurück an die schwarzen Müllmänner, die 1969 in Memphis auf die Straße gingen; die Schwarzen trugen Plakate mit der Aufschrift ICH BIN EIN MENSCH durch die Straßen. Und jetzt – fünfzig Jahre später – ist das Menschsein einer schwarzen Person noch immer eine strittige Angelegenheit?

Es schien mir alles so irrsinnig: 1 Prozent der Bevölkerung in Amerika verfügt über mehr Reichtum als die anderen 90 Prozent aller Amerikaner aller Rassen zusammen. Und trotzdem glauben die Amerikaner, dass in ihrem Land die Menschen anderer Rassen, Religionen, sexueller Neigungen und Kulturen ein Problem sind. Ein ungerechtes Wirtschaftssystem kann nur Bestand haben, wenn wir – die Mehrheit der Bevölkerung – untereinander zerstritten sind. Black Lives Matter wurde gegründet, um *gegen* Gewalt und systematischen Rassismus zu kämpfen. Wie passte das mit dem Vorwurf, rassistisch zu sein, zusammen? Wenn Organisationen wie Black Lives Matter vorgeworfen wird, »rassistisch« zu sein, dann zeigt dies nur, welche Kräfte in diesem ungerechten Wirtschaftssystem am Werke sind und welche Absicht die Strippenzieher verfolgen: die Gruppen innerhalb der Bevölkerungsmehrheit auseinanderzubringen, um die Macht der 1 Prozent zu sichern. Wenn wir Vielfalt nicht zulassen, wenn wir unsere Unterschiedlichkeit nicht akzeptieren, wenn wir uns gegenseitig nicht als gleichwertig ansehen, wenn wir nicht auf Augenhöhe mit allen anderen Rassen auf der Welt zusammenwirken, dann werden wir niemals eins sein, was bedeutet, dass wir niemals in der Lage sein werden, ökonomische Gerechtigkeit für alle fordern zu können. Wir werden als Spezies nicht vorankommen. Kapitalismus kann nicht »repariert« werden, kann nicht fair oder gerecht »gemacht« werden; er muss zerstört werden. Der Wesenskern einer kapitalistischen Wirtschaft verhindert Solidarität und trägt zum Klassenkampf bei. In einem kapitalistischen System ist der Arbeitsprozess gespalten und die Arbeiter untereinander sind gespalten, denn man bringt ihnen bei, nur an sich zu denken statt an ihre Arbeitskollegen. Es gibt im Kapitalismus keine gerechte Verteilung des nationalen Wohlstandes. Wir müssen zusammenkommen und füreinander da sein. Im Jahre 1968 hielt Martin Luther King vor einer bunt gemischten Gruppe von Menschen aller Rassen, die zur Unterstützung streikender schwarzer Müllmänner zusammengekommen waren, eine Rede, in der er die Solidarität in dieser Gruppe hervorhob. »Ihr hier zeigt uns, dass wir zueinanderstehen können.« Und er fuhr fort: »Ihr zeigt uns, dass jedes Schicksal in einem einzigen Gewand mit den anderen verwoben ist, und dass, wenn ein Schwarzer leidet, wenn ein Schwarzer am Boden ist, wir alle am Boden sind.«

Ich hatte kaum noch Kraft und Energie während meiner Zeit in West Feliciana Parish, verließ nur selten meine Zelle. Doch um Besucher zu empfangen, mobilisierte ich alle meine Kräfte. Es war so anstrengend, positiv zu wirken, aber die Besucher waren meine Verbindung zur Welt draußen und ich liebte die Menschen, die zu mir kamen. Der Raum, in dem wir uns trafen, war vorsintflutlich. Ich musste in einer Kabine sitzen und konnte meinen Besucher nur durch ein Fenster sehen. Ich musste meinen Kopf hinunterbeugen, um durch das Maschengitter unter dem Fenster sprechen und zuhören zu können. Meistens hatte ich dabei Handschellen angelegt, aber nicht jedes Mal – das hing immer davon ab, welcher Wärter gerade Dienst hatte. Die meisten meiner Besucher waren alte Freunde: Maria Hinds, Professorin Rebecca Hensley und Jackie Sumell. Michael kam regelmäßig einmal im Monat. Er bat mich immer, mit ihm auf den Hof hinauszugehen. Ich tat es, auch wenn ich gar keine Lust dazu hatte. George und meine anderen Anwälte redeten mir auch gut zu: Sie drängten mich, in meiner Freistunde die Zelle zu verlassen und auf dem Hof Sport zu treiben. Wenn ich hinausging, hatte ich aber keine Lust mehr, zu rennen. Ich ging einfach herum. Manchmal war ein Hilfssheriff draußen bei der Arbeit, mit dem ich mich über die aktuellen Nachrichten oder Politik allgemein unterhielt. Fast alle Wärter hier hatten früher im Angola gearbeitet. Und so sprachen wir manchmal auch über das Angola.

George organisierte einen Anwalt-Klienten-Besuch mit King und mir, um unsere Zivilklage voranzubringen. Ich freute mich sehr darauf. King gab mir Halt und Kraft. Als er zur verabredeten Besuchszeit ankam, wurde ihm mitgeteilt, er dürfe den Besucherraum nur betreten, wenn er eine Leibesvisitation zuließe. Er stimmte zu. Aber er erzählte uns erst nach dem Treffen davon. Er wollte es einfach nicht an sich ranlassen, und er wusste, wenn er seine Zustimmung verweigerte, wäre das sein letztes Treffen mit mir. Ich wollte King sehen. Ich musste ihn sehen. Doch nicht auf Kosten seiner Würde. »Ich möchte nicht, dass sie das weiter mit dir machen«, sagte ich ihm. George ergänzte, wir würden vor Gericht dagegen angehen. Ich sagte ihm: »Wenn wir die Leibesvisitationen nicht stoppen können, dann kommt bitte nicht wieder her.«

Ich traf auch meine Tochter im West Feliciana Jail – das zweite Mal persönlich, seit sie ein Baby gewesen war. Sie kam mit meinem

Enkelsohn und dreien meiner Urenkel. Es war ein seltsames Gefühl, meine Urenkel zu sehen und zu wissen, wir waren drei Generationen auseinander, zu wissen, dass egal, was das System mit mir machte, mein Vermächtnis weiterlebte. Ich war so glücklich und dankbar über ihren Besuch; er war ein weiterer Schritt auf dem Weg, die Familienbande fester zu knüpfen und unterstützte mein unermüdliches Bemühen, mir meine Menschlichkeit zu bewahren.

* * *

Im Juni legte Richter James Brady meinen Habeas-Corpus-Antrag vor. Um mir endlich Gerechtigkeit widerfahren zu lassen und mir ein für alle Mal meine Freiheit zu sichern, hatte Brady alles Menschenmögliche versucht – und meine Erwartungen wurden weit übertroffen. Er hatte eine sogenannte »außerordentliche Verfügung« eingereicht, ein äußerst seltener Vorgang, der den Staat zwingt, einen Habeas-Antragsteller nicht nur unverzüglich freizulassen, sondern ihm auch eine erneute Anklage untersagt.

»Der Supreme Court hat schon seit Längerem die Anweisung erteilt, dass die Habeas-Corpus-Entscheidung mit Blick auf ›die Grenzen der Gerechtigkeit‹ erfolgen sollte«, schrieb Brady. »Das Fifth Circuit hat zwei Kategorien von seltenen und außergewöhnlichen Fällen definiert, in denen ›Recht und Gerechtigkeit‹ die endgültige Freilassung des Antragstellers erfordern: entweder gibt es in dem Fall eine ›Verletzung der Verfassung [die] nicht im Zuge eines anderen Prozesses korrigiert werden kann‹ oder aber ›andere außergewöhnliche Umstände würden dazu führen, dass eine neue Verhandlung ungerecht wäre‹.« Dazu listete Brady fünf »außergewöhnliche« Umstände auf, die sein Urteil begründeten: »Mr. Woodfox' Alter und sein schlechter Gesundheitszustand; seine eingeschränkten Möglichkeiten, sich in einem dritten Prozess angemessen verteidigen zu können, da nun keine Zeugen mehr zur Verfügung stehen; das fehlende Vertrauen des Gerichts in den Staat, einen gerechten dritten Prozess durchzuführen; Voreingenommenheit wegen der Verurteilung zu vierzig Jahren Einzelhaft; und schließlich die Tatsache, dass Mr. Woodfox bereits zwei Mal verurteilt wurde und möglicherweise dann zum dritten Mal für ein Verbrechen vor Gericht steht, das vor über vierzig Jahren verübt wurde.«

Brady stimmte auch meiner Feststellung zu, dass das Verhalten des Staates erhebliche Voreingenommenheit zeige. »Mr. Woodfox hat bereits mehr als vierzig Jahre in Einzelhaft verbracht«, schrieb er. »Das

Gericht schließt sich Mr. Woodfox' Aussage an, dass diese Haftstrafe dazu führen wird, dass man ihm gegenüber extrem voreingenommen urteilen wird. Die Staatsanwaltschaft spielt diese Voreingenommenheit zu Unrecht herunter. Das Gericht muss im Habeas-Corpus-Verfahren beim Abstecken der Rechtshilfe alle maßgeblichen Umstände in Erwägung ziehen. Die durch eine verfassungswidrige Verurteilung herbeigeführte Voreingenommenheit ist nur einer dieser maßgeblichen Umstände.«

Brady erklärte, dass die Beweise für meine Unschuld nun auch »außergewöhnliche Rechtsmittel« nach sich ziehen müssten, und wies darauf hin, dass das Fifth Circuit zuvor schon einmal hatte verlauten lassen, dass es die »überwältigenden Beweise« der Staatsanwaltschaft gegen mich überhaupt nicht erkennen könne. »Im Jahre 1972 waren am Tatort eine Vielzahl von objektiven Beweismitteln vorhanden«, so schrieb Brady, »doch nicht einer dieser objektiven Beweise belastete Mr. Woodfox.« Er hob folgende Hinweise zur Begründung meiner Unschuld hervor: »1.) eine Erklärung des Kronzeugen Leonard Turner, der einräumte, Mr. Woodfox sei nicht am Mord an Brent Miller beteiligt gewesen. 2.) Erklärungen von zwei Frauen, mit denen Chester Jackson … über Woodfox' tatsächliche Unschuld nach seiner Freilassung gesprochen hatte; 3.) eine verlässliche wissenschaftliche Untersuchung des Fingerabdrucks am Tatort, die Woodfox entlastet; 4.) Beweise, die die Glaubwürdigkeit der drei vom Staat berufenen inhaftierten Zeugen deutlich in Frage stellen; 5.) ein Lügendetektor-Test, der Woodfox' Beteuerung seiner Unschuld in diesem Fall bestätigt.«

Er zeigte das Leid meiner langen Einzelhaft auf, die fortgeführt wurde, obwohl ich »gezeigt hatte, dass [ich] in der Lage war, friedlich mit anderen zusammenleben zu können«, und schrieb dazu: »Mr. Woodfox hat nunmehr fast vierzig Jahre unter den extrem schwierigen Bedingungen der Einzelhaft gelebt, obwohl es bis heute keinen rechtskräftigen Schuldspruch für seine Haft gibt, ganz zu schweigen von Haft in Isolation. Im vergangenen Jahr hat ein Gremium des Fifth Circuit ein einstimmiges Urteil zu diesem Fall abgegeben: ›durch die Dauer der Einzelhaft, das Ausmaß der Einschränkungen und die unbegrenzte Zeitspanne ist abzusehen, dass Woodfox' weitere CCR-Haft eine *untypische und schwere Notlage für den Gefangenen im Vergleich zu den normalen Anforderungen im Gefängnisalltag* darstellt, so wie wir diesen zugrunde legen.‹« Brady kam zu der Schlussfolgerung: »Das einzig gerechte Urteil wäre ein bedingungsloser Habeas-Erlass – Wiederaufnahme des Verfahrens ausgeschlossen – und die unverzügliche Haftentlassung.«

Die Staatsanwaltschaft legte sofort nach Bradys Entscheidung Berufung beim Fifth Circuit ein. Ein Dreier-Gremium dieses Gerichts ordnete meinen vorübergehenden Verbleib in Haft an, bis ein endgültiges Urteil gefällt würde – anberaumt innerhalb der folgenden vier Tage. Auch der Abgeordnete Cedric Richmond gab eine Erklärung mit der Forderung nach meiner Freilassung ab. Über Buddy Caldwell schrieb er: »Dies ist ganz offensichtlich ein persönlicher Rachefeldzug, der seit Jahrzehnten unsere Steuergelder verschwendet. Der Staat nimmt massive Kürzungen im Bildungs- und Gesundheitssystem vor und gibt dafür Millionen Dollar für dieses lächerliche Unterfangen aus, dessen Preis täglich steigt.«

Vier Tage später, am 12. Juni, bekam ich Anwaltsbesuch von Carine Williams, die mir beim Warten auf die Entscheidung an diesem Tag die Zeit vertreiben wollte. Wir trafen uns in einem Raum im Erdgeschoss, dessen Fenster auf den Parkplatz ging. Einige Reporter und ein Filmteam standen draußen bereit. Carine war um 10 Uhr morgens gekommen, das Gericht hatte angekündigt, seine Entscheidung vor 13 Uhr bekannt zu geben. Wir saßen zusammen am Tisch und redeten. Immer wieder schauten wir beide auf die Uhr an der Wand. Je später es wurde, desto hoffnungsvoller wurden wir. Wenn das Urteil negativ ausfallen sollte, warum würden sie dann bis zur letzten Minute warten?

An jenem Morgen stellte ich in meiner Zelle eine Liste der Dinge auf, die ich nach meiner Entlassung tun würde. So etwas hatte ich noch nie zuvor gemacht. »Mamas Grab besuchen. Zeit mit meiner Tochter verbringen. Lernen, mich in die Gesellschaft einzuleben.« Als der Stundenzeiger der Eins immer näher rückte, schaute ich über Carines Schulter hinweg hinaus auf den Parkplatz. Ich sah, wie einer der Reporter die Gruppe verließ. Er stieg in sein Auto und fuhr davon. In dem Moment wusste ich, dass der Fifth Circuit dem Entlassungsgesuch nicht stattgegeben hatte. Ich brachte es nicht übers Herz, es Carine zu sagen. Ich dachte an all die harte Arbeit, die sie zusammen mit meinen anderen Anwälten in diesen Fall gesteckt hatte, und ich fühlte, wie eine Welle der Enttäuschung mich überkam. Momente wie dieser waren die schwersten in meiner Gefängniszeit: wenn es nicht nur eine Niederlage für mich war, sondern für die, die so viel in meinem Namen geschuftet und sich um mich gesorgt hatten. Die Wärter brachten Carine ein schnurloses Telefon, das kurz danach klingelte. George war dran. Er überbrachte ihr die Neuigkeiten: Das Fifth Circuit hatte entschieden, an der Aussetzung des Verfahrens festzuhalten, während die Berufung vom Staat noch lief. Ich blieb in

Haft. Carine und ich versuchten, uns mit Rücksicht auf den jeweils anderen nichts anmerken zu lassen. Wir verabschiedeten uns. Carine verließ das Gefängnis, um den Reportern eine Erklärung abzugeben. Ich wurde in meine Zelle zurückgeführt.

In seiner außerordentlichen Verfügung hatte Richter Brady festgestellt, dass ich nirgendwo in ganz Louisiana einen fairen Prozess zu erwarten hätte. Mein Haftbefehl allein war Beweis genug. In jenem Sommer wurde dies erneut bestätigt: Die Vorsitzende der Grand Jury, die im Februar meine Anklage ausgesprochen hatte, machte ihre Bedenken hinsichtlich der bevorstehenden Anhörung deutlich. Ein Mitglied der Jury zum Beispiel – Deidre Howard, eine weiße, christlich-konservative Republikanerin ihr Leben lang, seit einundvierzig Jahren Dentalhygienikerin – wusste überhaupt nichts über mich und meinen Fall und erfuhr erst von den Anklägern davon. Sie vertraute den stellvertretenden Generalstaatsanwälten Kurt Wall und Tony Clayton, sowie dem Staatsanwalt von West Feliciana Parish Samuel D'Aquilla, da sie alle drei persönlich kannte. Die Staatsanwaltschaft erklärte der Grand Jury, dass meine vorherige Verurteilung aufgrund einer »Formsache« gekippt worden war und sprach sich in ihrem Plädoyer für eine Anklage aus. Die Grand Jury erhob Anklage. Deidre unterzeichnete die Anklageschrift und überreichte sie dem Richter – und ging nach Hause. Deidre hatte geglaubt, ich sei schuldig. Wie konnte sie solch eine Entscheidung treffen? An einem Tag arbeitete diese Frau als Dentalhygienikerin und einen Tag später entschied sie über Leben und Tod eines Menschen. Sie hatte sich nicht gut gefühlt bei diesem Job, den sie zu erledigen hatte. Nicht gut vorbereitet. Sie sprach mit ihrer Zwillingsschwester Donna darüber und sagte, sie wolle nie mehr in solch eine Situation geraten. Sie hatte geschworen, keine Details aus dem Jury-Raum preiszugeben, doch als meine Verurteilung in der Presse bekanntgemacht wurde, wusste Donna sofort, dass dies Deidres Fall war. In den folgenden Wochen hatte Deidre akute Schlafprobleme. Weil sie sich große Sorgen um ihre Schwester machte, gab Donna zusammen mit ihrem Mann meinen Namen in eine Online-Suchmaschine ein. Sie konnten lesen, dass ich möglicherweise gar nicht schuldig war und mich seit vierzig Jahren in Einzelhaft befand. Als Deidre das nächste Mal zu Besuch kam, erzählte ihre Schwester ihr, »die ganze Welt hat versucht, diesen Mann freizubekommen«. Deidre Howards Knie gaben nach und sie sackte zu Boden. Sie fühlte sich betrogen und ausgenutzt, denn sie hatte daran geglaubt, dass die Verantwortlichen in der Staatsanwaltschaft ihr ehrliche Auskunft gegeben hätten und nun erfuhr sie, dass ihr ein Teil der Geschichte vorenthalten geblieben war. Sie hatte das Gefühl, dass das ganze Gewicht der Welt nun auf ihr lastete. Als erste Reaktion versuchte sie, die Anklage zurückzunehmen, was – wie sie später erfahren sollte – gar nicht mehr möglich ist.

Deidre engagierte einen Anwalt, da sie unsicher war, ob und wie man unter Einhaltung des Verschwiegenheitsgelübdes Einspruch gegen die Grand Jury einlegen konnte. Sie schrieb einen persönlichen Brief an Richter William Carmichael vom 20th Judicial District Court, der die Anhörung geleitet hatte und als Richter in meinem dritten Prozess tätig werden würde. Deidres Anwalt übersandte den Brief an die beiden Richter Carmichael und Brady, dazu eine persönliche Stellungnahme, in der er die beiden informierte, seine Mandantin »quälten seit dem Tag der Jury-Entscheidung schwere Vorwürfe über den Fortgang des Prozesses«. Richter Carmichael berichtete meinen Anwälten über diesen Vorgang und versiegelte den Brief. Da Deidre keine Antwort bekam, wandte sie sich noch einmal an Tony Clayton und den Staatsanwalt von West Feliciana Parish, Samuel D'Aquilla: »Nachdem ich nun alles, was mir in die Finger kam, über den Fall gelesen habe – Zeitungsartikel, Bücher, Verhandlungsprotokolle, Film- und Radiointerviews – bin ich zu der Überzeugung gelangt, dass Mr. Woodfox nicht schuldig ist.« Als sie wiederum keine Antwort erhielt, schrieb sie auch noch an Kurt Wall, den stellvertretenden Generalstaatsanwalt. Wieder keine Antwort. Sie schrieb an den Generalstaatsanwalt Buddy Caldwell. Keine Antwort. Und schließlich noch an Gouverneur Bobby Jindal. »Ich wünschte, ich könnte zu jenem Morgen zurückkehren und ihn ungeschehen machen, aber das kann ich leider nicht«, schrieb sie. »Ich hatte jetzt die Wahl: ich könnte heulen und klagen vor Schmerz oder ich könnte aktiv werden, denn solange sein Leid weitergeht, geht auch meines weiter … Können Sie bitte irgendetwas unternehmen? Wenn sich irgendwann der Staub auf diesen Fall gelegt hat, dann wird dies das dunkelste Kapitel in der Geschichte unseres Staates sein.« Später erzählte sie uns ihre Gedanken: »Wie kann Louisiana über vierzig Jahre hinweg einen Menschen in einer Zelle festhalten, weil sie einem Augenzeugen glauben, der jahrelang für seine Aussage Zigaretten geschenkt bekam? Hat sich da niemand gefragt, warum er die bekam?«

Da weiterhin keine Antworten auf Deidres Briefe kamen, schrieb ihre Schwester Donna selbst auch noch einen aufrüttelnden Brief an alle Parlamentsmitglieder, an alle Pressevertreter und an jeden, von dem sie Unterstützung erhoffen konnte. Sie beschrieb darin Deidres

Erlebnisse und dass sie »um Hilfe bitte«. Schnell waren mehr als fünfhundert Briefe versandt.

Im Juni 2015 reichte ich noch einmal einen Antrag auf Kaution vor der Hauptverhandlung ein. Wie gewöhnlich wehrte die Staatsanwaltschaft sich und setzte auf ihre übliche Verzögerungstaktik. Zuerst stellten sie fest, dass mein Fall ein Kapitalverbrechen sei und demzufolge der Anspruch auf Kaution sehr begrenzt. Meine Anwälte Robert McDuff und Billy Sothern zogen das Fallrecht zu Rate, das keinen Zweifel daran ließ, dass mein Fall keineswegs ein Kapitalverbrechen war und dass ich das Recht auf Kaution hatte. Das Ende vom Lied: keine Freilassung auf Kaution.

Von Deidre hörte ich persönlich zum ersten Mal im Juli. Zu jenem Zeitpunkt kannte ich aber noch nicht ihren Namen, da ihre Briefe versiegelt geblieben waren. Billy hatte mir berichtet, dass er einen Antrag stellen wolle, um einen versiegelten Brief lesen zu dürfen, den die Vorsitzende meiner Grand Jury geschrieben habe. Er erzählte weiter, diese Frau habe Fragen zur Arbeit der Grand Jury aufgeworfen. Im September durften meine Anwälte diesen besagten Brief endlich lesen und stellten einen neuen Antrag auf Einstellung meines Verfahrens wegen Fehlverhaltens der Anklage. Auch dieser Antrag wurde abgelehnt. Trotz dieser Niederlage war die Ehrlichkeit und der Mut, mit der sich Deidre Howard in ihrem Vorstoß und dem ehrlichen Geständnis – und noch bevor sie wusste, ob ich schuldig oder nicht schuldig war – der Öffentlichkeit stellte, eine seltene und hoch zu schätzende Tat. Noch heute bin ich ihr dankbar dafür. Später erzählte Deidre, es habe Monate gedauert, bis sie all diese Erlebnisse verarbeitet hatte. »Als Bürgerin«, so sagte sie, »wurde ich angehalten, die Autoritäten zu respektieren. Ich wäre nie darauf gekommen, ihre Entscheidungen zu hinterfragen. Ich erledige täglich meinen Job, und im Gerichtssaal gehe ich davon aus, dass die Ankläger ehrlich mit mir umgehen und nicht absichtlich Fakten verschweigen, die den ganzen Fall umkehren würden. Ich war vollkommen desillusioniert, denn die Regeln, nach denen ich und die meisten anderen Bürgerinnen und Bürger zu leben versuchten, unterschieden sich anscheinend von denen, die für die Verantwortlichen unseres Staates galten.«

Kapitel 52
Theorien

In jenem Sommer stellten meine Strafverteidiger Billy Sothern und Rob McDuff einen Antrag auf Einstellung meines Verfahrens, denn die Hauptbelastungszeugen aus meinem Prozess 1998 lebten nicht mehr. So konnte ich mein verfassungsmäßiges Recht nicht wahrnehmen, den Hauptzeugen gegenüberzutreten und ihnen im Kreuzverhör zu den nach 1998 angestellten Ermittlungen Fragen stellen. (Auch von denen, die die Ermittlungen damals geleitet hatten, waren schon einige verstorben, keine Chance also, sie danach zu fragen, warum sie keiner der vom Hilfssheriff festgehaltenen Spuren gefolgt waren, warum sie zum Beispiel niemals die blutigen Turnschuhe untersucht hatten.) Unser Antrag wurde abgelehnt.

Billy und Rob stellten vor der Hauptverhandlung dreiunddreißig Anträge, die in den folgenden Monaten behandelt werden sollten. In den meisten ging es um ein faires Verfahren: die Bitte, den Verhandlungsort zu wechseln, damit ich nicht in St. Francisville, in West Feliciana Parish, vor Gericht stand, wo ich zwei oder möglicherweise drei verfassungswidrig zusammengesetzten Grand Jurys gegenüberstehen würde; sie forderten das Gericht auf, den Staat zu einem modernen DNA-Test mit allen verbliebenen Beweismaterialien zu zwingen, sowie die Abgleichung der Fingerabdrücke vom Tatort mit denen des Angola-Archivs der 1970er-Jahre, sowie mit dem erst kürzlich erweiterten AFIS (*Automated Fingerprint Identification System*, Automatisches Fingerabdruckidentifizierungssystem) des FBI; sie forderten Bluttests; und Einstimmigkeit der Jury-Urteile. Außerdem wollten sie die Zeugenaussagen der diskreditierten Kronzeugen Joseph Richey, Hezekiah Brown und Paul Fobb ausklammern – alle waren mittlerweile verstorben.

Billy und Rob stellten noch einmal neue Ermittlungen zum Mordfall Miller an. Sie analysierten noch einmal einige der Zeugenaussagen, die ehemalige Häftlinge unseren Ermittlern im Laufe der Jahre gegeben hatten: wieder neue Stellungnahmen zur Frage, wer Brent Miller ermordet hatte. Billy und Rob machten neue Entdeckungen – eine neue Theorie keimte auf. Die erste Stellungnahme zu Brent Millers Tod bekamen wir bereits Jahre zuvor von Billy Sinclair, dem langjährigen Herausgeber der Zeitschrift *The Angolite*. Im Jahre 2001 hatte einer unserer Anwälte sich an Sinclair mit der Frage gewandt, ob er persönlich irgendeine Neuigkeit zum Mordfall mitbekommen habe, denn als Herausgeber der *Angolite* genoss er größere Freiheiten im Gefängnis und stand mit vielen Häftlingen in engem Kontakt. Sinclair war 2001 noch im Angola in Haft und antwortete umgehend. Er schrieb meinem Anwalt, er glaube, Herman und ich seien nicht schuldig, weil ein Gefangener namens Irvin »Life« Breaux ihm damals 1973 gestanden hatte, er habe Miller getötet, und deswegen seien Herman und ich nicht schuldig. Sinclair hatte nichts von seiner Aussage. Ich hatte ihn nie getroffen. Herman und er hatten im Jahre 1974 sechs Monate auf demselben CCR-Stock gelebt. Er begründete seine jetzige Aussage damit, dass er die Dinge ins rechte Licht rücken wollte und schrieb: »Ich kenne Woodfox nicht, aber ich kannte Hooks. Ich traf ihn 1974, als ich sechs Monate in der CCR saß. Ich hatte sehr großen Respekt vor ihm. Er ist einer von einem halben Dutzend Häftlingen, die in den vergangenen drei Jahrzehnten einen bleibenden Eindruck bei mir hinterlassen haben: wegen seines Mutes, seines Charakters und seines selbstlosen Einsatzes.«

Billy Sinclair gab meinen Anwälten folgende Erklärung unter Eid ab:

> Im März oder April 1973 lernte ich den Afroamerikaner Irvin »Life« Breaux kennen, der später ein enger Freund wurde. Ich traf ihn zum ersten Mal bei einem Treffen mit dem *Prisoner Grievance Committee*, einem aus 36 Leuten zusammengesetzten Beschwerde-Ausschuss, der von der ehemaligen Direktorin des *Department of Corrections* Elayn Hunt im Louisiana State Penitentiary gegründet worden war. Ich war zu jener Zeit Mitglied des *Executive Committee* dieses Beschwerde-Ausschusses und Vertreter des Big Yard (Gefängnisbevölkerung). Breaux war Mitglied des *General Committee* (Allgemeinen Ausschusses) und Vertreter des Angola-Hochsicherheitstraktes.
>
> Breaux galt als angesehener Anführer unter den Gefangenen und war wegen »militanter Aktionen schwarzer Häftlinge« in Folge der Ermordung des Wärters Brent Miller im April 1972 im Hochsicherheitstrakt gelandet. Breaux und ich gehörten einem siebenköpfigen Häftlingsteam an, dem – halb offiziell – die Aufgabe zuteilwurde, die allgemeine Gefängnisbevölkerung über die Notwendigkeit und die Möglichkeiten von Maßnahmen zur Rassenintegration zu unterrichten und zu ermutigen.
>
> Im Frühling und Sommer 1973 erlebte das Angola-Gefängnis eine fürchterliche Welle von Gewalt und homosexuellen Übergriffen. Breaux war Vorkämpfer einer Gruppe afroamerikanischer Gefangener namens *Brotherhood*, die versuchte, junge Häftlinge vor homosexueller Vergewaltigung und Sklaverei zu schützen. Im gemeinsamen Kampf unserer beiden Gruppen Integration und *Brotherhood*

entwickelten und pflegten Breaux und ich eine sehr persönliche Beziehung – eine Beziehung, die durch die gemeinsame politische Überzeugung gestärkt wurde, dass die im Angola herrschenden gesetzwidrigen, korrupten und brutalen Zustände verändert werden mussten. Breaux war von einer militanten Ideologie besessen und vertrat die Überzeugung, dass Gewalt ein akzeptables und zuweilen sogar wünschenswertes Instrument sei, um Veränderungen im Staatsgefängnis herbeizuführen. Ich war ein angehender »Knast-Anwalt«, der daran glaubte, dass ein vereintes gerichtliches Vorgehen die beste Möglichkeit wäre, um die erhofften Veränderungen zu erreichen, für die wir beide kämpften.

Breaux und ich sprachen und diskutierten häufig über unsere gemeinsamen Ziele, aber auch über unsere unterschiedlichen Ideen, wie diese am besten zu erreichen seien. Zwischen uns entwickelte sich ein starkes Band innigen Vertrauens; wir wurden zu »Kampfgenossen«.

In diesen Gesprächen und Diskussionen kam auch der Mord an Brent Miller zur Sprache, besonders zu jener Zeit, als Breaux und weitere Afroamerikaner wegen ihrer »militanten Aktivitäten« im Gefolge des Miller-Mordes vollkommen abgeriegelt wurden. In diesen Gesprächen machte Breaux zum ersten Male Anspielungen auf seine Verwicklung in den Fall Miller. Er sagte, dass die Gefängnisleitung entweder wusste oder glaubte, dass er etwas mit diesem Verbrechen zu tun hatte.

Jeder im gesamten Gefängniskomplex wusste, dass die vier als »Angola Four« bekannten Häftlinge in Isolationshaft, vollkommen abgeriegelt, untergebracht worden waren, weil sie als Schuldige im Mordfall Miller galten. Breaux hatte wiederholt betont, dass diese Häftlinge »nicht schuldig« seien; dass ihnen die Sache von Direktor Hayden J. Dees »angehängt« worden war. Er äußerte sich herablassend dazu, dass zwei der Angola Four, nämlich Chester »Noxzema« Jackson und Gilbert Montegut überhaupt »militante Schwarze« genannt werden konnten (ein Begriff, auf den Breaux selbst ganz besonders stolz war).

Geradezu erbost reagierte er, als Direktor Dees die beiden anderen Angola Four – Albert Woodfox und Herman Wallace – angriff.

Für mich klangen Breaux' Ausführungen extrem glaubwürdig. In jenen Jahren »regierte« Hayden J. Dees das Angola; das Angola gehörte ihm sozusagen. Er agierte mit einem dienstbeflissenen Fanatismus gegen die »militanten Schwarzen« und gegen den Kommunismus. Während der ersten Disziplinaranhörung im Angola, an der ich als »Rechtsberater der Häftlinge« teilnehmen durfte, kam Dees auf mich zu, fuchsteufelswild und beschimpfte mich als »Kommunist«.

> So war es nur natürlich für Breaux und mich – den »militanten Schwarzen« und den »weißen Kommunisten« –, Dees und seine Rolle im Zusammenhang mit den Angola Four zu diskutieren. Einmal – und noch einige Male danach – erzählte Breaux mir, dass er zusammen mit anderen Häftlingen tatsächlich Brent Miller erstochen hatte. Er berichtete mir, dass es im April 1972 eine Verschwörung gegeben hatte, um zwölf bekannte schwarze »Spitzel« zu töten. Der Komplott sah vor, dass all diese Spitzel gleichzeitig in unterschiedlichen Teilen des Gefängnisses umgebracht werden sollten, genau an dem Tag, der mit Millers Tod endete.
>
> Breaux erzählte weiter, dass Brent Miller in den Schlafsaal Pinie 1 hineingegangen war, als er und andere eingeweihte Häftlinge gerade ausschwärmen wollten, um die Waffen zu verteilen, die sie beim Überfall auf die Spitzel benötigten. Er beschrieb, wie es zu einer konfusen Situation gekommen war, in der die Häftlinge zunächst versucht hatten, Miller nur ruhigzustellen, ihn dann aber niederstachen und töteten. Breaux sagte, die verschworenen Häftlinge hätten kollektiv die spontane Entscheidung getroffen, Miller zu töten, weil sie glaubten, er habe sie erkannt. Anschließend wollten sie ihre Waffen verteilen.
>
> Niemals habe ich Breaux zu diesem Vorfall befragt oder weiter nachgeforscht. Das, was ich schon wusste, war ein zu heikles Thema und ich wollte auf gar keinen Fall mehr darüber wissen oder etwas dazu sagen. Fest steht aber, dass ich mehr als einmal von ihm gehört habe, dass er Miller getötet hat …; und dass Dees und andere Gefängnisbeamte wussten, dass er etwas mit Millers Tod zu tun hatte; dass sie ihn nie anklagen würden, weil dann herauskäme, dass sie das Verbrechen bewusst den »Angola Four« angehängt hatten; und dass er wegen seines Wissens über Millers wirklichen Mördern sowieso schließlich »getötet würde«. Irvin »Life« Breaux wurde am 11. August 1973 von den zwei Angola-Insassen Gilbert Dixon und Willie Carney erstochen.

In einer weiteren Stellungnahme, die Rob und Billy von einem Ermittler erhielten, schwor ein Gefangener, der 1972 noch Teenager gewesen war, dass er an dem Morgen, an dem Brent Miller getötet wurde, auch in Pinie 1 gewesen sei. Er sagte, es habe einen Streit zwischen zwei »Sissies« – Homosexuellen – und ihrem Zuhälter, sowie einem vierten Häftling, Leonard »Specs« Turner gegeben, als Miller hereinkam. »Sie hatten Messer in der Hand und Miller sah das«, erinnerte sich der Zeuge. Er erzählte weiter, die Spitzel und ihr Zuhälter wären auf Miller losgegangen und hätten auf ihn eingestochen. »Albert Woodfox war nicht dort«, sagte er. »Und Herman Wallace oder Gilbert Montegut auch nicht. Chester Jackson hatte mit dem Überfall nichts zu tun. Ich bin an Miller vorbei rausgelaufen rüber zur Wäscherei. Dann haben sie dort alles abgeriegelt.«

Ein anderer Häftling erzählte einem unserer Ermittler, dass ein Gefangener, der von einem Zuhälter für den Schutz der Spitzel in Pinie 1 bezahlt worden war, Miller angegriffen habe, ein sehr kräftiger Häftling, der Glücksspiele organisierte und mit Drogen auf den Gängen handelte. Der vermeintliche Täter in dieser Geschichte war auch als »shot caller« (Strippenzieher) bekannt und angeblich ein enger Vertrauter einiger Wachleute, für die er Plätze in bestimmten Schlafräumen oder Jobs an Mithäftlinge verkaufte. In dieser Version war es Chester Jackson, der seinem guten Freund, dem *shot caller*, angeblich mithalf, Miller zu töten. Irvin Breaux und einige andere Häftlinge, die nicht in Pinie 1 lebten, waren in dieser Geschichte ebenfalls vor Ort. (Waren diese an jenem Morgen zum Schlafsaal gegangen, um die Spitzel zu ermorden und dann eben zufällig in den Mordfall hineingeraten? Wir wissen es nicht.) Der *shot caller*, der in dieser Version der Geschichte angeblich Brent Millers Mörder war, soll seine Tat anscheinend kurz vor seinem Tod seiner Freundin gebeichtet haben. Er soll gesagt haben, es täte ihm wirklich leid, dass Herman und ich den Kopf für ihn hinhalten mussten, aber er wollte auf gar keinen Fall zurück ins Gefängnis. Ein weiterer Zeuge, der interviewt wurde, sagte, er habe an jenem Morgen Gefangene auf dem Gang in Richtung Pinie 1 gesehen, die nicht dort lebten. Nach seinen Angaben sollen sie »suited up«, also bewaffnet, gewesen sein, »bekleidet mit Regenmänteln, Kapuze auf dem Kopf und zugebunden vor dem Gesicht«, doch er habe nicht gesehen, was danach passiert sei.

* * *

Ich wusste nicht, was ich von diesen Theorien halten sollte. Die meisten wurden uns von den Ermittlern weitergegeben und waren nicht unterschrieben. Jeder einzelne Häftling, der behauptet hatte, die Ermordung Brent Millers mit eigenen Augen gesehen zu haben, und seine Geschichte einem Ermittler erzählte – oder irgendjemand anderem –, hatte seine eigenen Interessen im Spiel: entweder um sich selbst oder seinen Ruf oder jemanden, den man mochte, zu schützen, oder jemanden, den man nicht mochte, zu schädigen. Auch Chester Jacksons jüngerer Bruder, Noel Murphy, gab eine Stellungnahme ab. Er saß ebenfalls zum Zeitpunkt von Millers Tod im Angola ein und schwor, Jackson habe ihm erzählt, er (Jackson) hätte Miller getötet und Herman und ich seien nicht schuldig, doch Jackson habe die Lügen über mich und Herman erzählt, um den damals zwanzigjährigen Murphy sowie seinen Stiefsohn zu schützen (zu jener Zeit ebenfalls Häftling im Angola). Murphy erklärte, die Gefängnisleitung habe Chester Jackson gewarnt, er – Murphy – sowie Jacksons Stiefsohn hätten Folter zu erwarten, wenn Jackson nicht seine Lügengeschichte über uns erzählte. Jackson, so Murphy weiter, habe doch seiner Mutter versprochen, im Gefängnis auf ihn aufzupassen. Hat Chester Jackson Brent Miller erstochen? Ich sah ihn an jenem Morgen beim Frühstück im Speisesaal. Auch Everett Jackson, der bezeugt hatte, mit mir zusammen gewesen zu sein, sagte aus, er habe ihn beim Frühstück gesehen. Ein anderer Häftling behauptete, er habe Irvin Breaux beim Frühstück getroffen. Ist der Mord möglicherweise früher geschehen als der Gerichtsmediziner dachte? Oder später?

Wir werden es niemals erfahren. Die einzig wichtige Erkenntnis aus all diesen Stellungnahmen ist für mich die, die als roter Faden allen gemein ist: Herman und ich waren nicht am Tatort!

Billy Sinclair war der Erste, der mit dem Wissen über unsere Unschuld an die Öffentlichkeit trat. Als Journalist und Herausgeber von *The Angolite* hatte er tiefen Einblick in das System des Angola, seine Hierarchien und seine Geschichte. Außerhalb der Gefängnismauern war er für sein Engagement in der Community bekannt, selbst in der Zeit, als er noch im Angola einsaß. In seinem ersten Brief an meinen Anwalt schrieb Sinclair über ein Treffen mit Hezekiah Brown: »Anfang der 1980er-Jahre veröffentlichte *The Angolite* eine Dokumentation über Angolas berüchtigten *dog pen* (Hundezwinger) … Brown wurde nach seiner Zeugenaussage gegen Wallace und Woodfox in den *dog pen* verlegt. Die Gefängnisleitung kümmerte sich dort mehr um ihn. Ich hatte die Gelegenheit, im *dog pen* kurz mit ihm zu sprechen – ›ein Nigger muss tun, was ein Nigger tun muss, um klarzukommen. Die Weißen bestimmen hier‹, sagte er mir. Das war sein Knastjargon dafür, dass er gelogen hatte, um sich dafür einen lebenslangen Platz im *dog pen* zu sichern.«

Kapitel 53
Der Kampf geht weiter

Im Sommer 2015 bewarb sich Buddy Caldwell zum dritten Mal für das Amt des Generalstaatsanwalts. In dieser Zeit forderten ihn achtzehn Mitglieder des Repräsentantenhauses von Louisiana in einer Resolution (HR 208, 2015) auf, seine Berufung gegen Richter Bradys Entscheidung, mich auf freien Fuß zu setzen, zurückzunehmen und jede weitere Anklage zu blockieren. Die Resolution ging nicht durch. Ich glaube allerdings, dass die Presseberichterstattung darüber schon hilfreich war, um Caldwells sinnloses Vorgehen gegen uns aufzudecken, einschließlich seiner Entscheidung, Steuergelder für die Verurteilung eines im Sterben liegenden Herman Wallace zu verwenden, denn Buddy Caldwell wurde im November nicht wiedergewählt. In den acht Jahren seiner Amtszeit, hatte dieser eigennützige Demagoge das Bild vermittelt, er täte alles, um Brent Miller Gerechtigkeit zukommen zu lassen, und doch weigerte er sich, den am Tatort gefundenen blutigen Fingerabdruck mit denen der Häftlinge abzugleichen, die an jenem Morgen auf dem Gang unterwegs gewesen waren. Er erwies in Sachen Ehrlichkeit und Anstand dem Amt des Generalstaatsanwalts und dem Staat Louisiana keinen guten Dienst. Statt Anklagen auf Basis der Beweislage zu verfolgen, war er stärker daran interessiert, im Licht der Öffentlichkeit zu stehen. Er missbrauchte seine Autorität als Generalstaatsanwalt und nutzte unseren Fall als persönlichen Rachefeldzug. Ich war überaus glücklich, dass die Mehrheit der Menschen in Louisiana ihn durchschaute und aus dem Amt entfernte. Anders als bei einem Gerichtsbeschluss war diese Entscheidung nicht rückgängig zu machen.

Am 9. November 2015 kam ein Dreierkomitee von willkürlich ausgewählten Richtern im Fifth Circuit zusammen und beriet über die Berufung des Staates Louisiana gegen Richter Bradys außerordentliche Verfügung. Das Komitee – in anderer Zusammensetzung als bei meinem Fall – stimmte dem Staat zu und entschied, dass Richter Brady mit seiner Verweigerung, dem Staat die Möglichkeit zu geben, mich erneut anzuklagen, seine Kompetenzen überschritten hatte. Die Entscheidung wurde nicht einstimmig gefällt. Richterin Carolyn Dineen King erklärte schriftlich, dass »der Verfassungsverstoß nicht so groß sei, dass er nicht bei einem erneuten Verfahren korrigiert werden könne«, und dass Richter Brady unrecht mit seiner Annahme habe, ich hätte vom Staat Louisiana kein faires Verfahren mehr zu erwarten. Richterin Priscilla Owen stimmte diesen Ausführungen zu. Das

Gericht fegte Bradys Anordnung vom Tisch. Ich kam vor Gericht. Mit eindringlichem Widerspruch meldete sich Richter James L. Dennis zu Wort: »Wenn es je einen Fall gegeben hat, auf den die Bezeichnung ›außergewöhnliche Umstände‹ zutrifft, um einen weiteren Prozess zu verhindern, dann ist es der hier vorliegende.«

»Das Habeas-Corpus-Verfahren stellt das Hauptinstrument zum Schutz der persönlichen Freiheit gegen willkürliches und gesetzwidriges Handeln eines Staates dar«, schrieb Richter Dennis. «Heute, wie schon seit Jahrhunderten, stellt diese Anordnung ein Bollwerk gegen Urteile dar, die die grundlegenden Gerechtigkeitsvorstellungen verletzen.« Er fuhr fort, er habe ebenso wie Brady kein Vertrauen in den Staat, dass dieser mir eine faire dritte Verhandlung ermögliche: »Es ist doch offensichtlich, dass der Schaden, der Woodfox nicht nur als Prozessierender, sondern auch als Mensch in zwei verfassungswidrigen Urteilen und in vier Jahrzehnten brutaler Einzelhaft zuteilwurde, keinesfalls durch die gebräuchlichen Maßnahmen behoben oder in einem erneuten Prozesses korrigiert werden kann.«

Dennis hob auch die von der Jury-Vorsitzenden Deidre Howard kürzlich veröffentlichten Vorwürfe hervor, dass die Entscheidungsfindung innerhalb der dritten Grand Jury unzulässig gewesen wäre. »Kürzlich ans Tageslicht getretenen Informationen zufolge, nach denen die Staatsanwaltschaft mit provokativen Äußerungen versucht hat, die Grand Jury dahingehend zu beeinflussen, dass sie einen dritten Prozess gegen Woodfox fordert, führen dazu, dass das Vertrauen in den Staat, einen dritten Prozess fair durchzuführen, nicht gegeben ist«, schrieb er und zitierte dabei aus dem Anhang: »... das unbillige Verhalten während der Beratungen [der Grand Jury], was auf jeden Fall für die Zurückweisung eines erneuten Prozesses sprechen würde«. Richter Dennis fuhr fort, »diese Voreingenommenheit wäre leichter zu schlucken, wenn es deutlichere Beweise für seine Schuld gäbe, doch das Beweismaterial ist im besten Falle als extrem zweifelhaft zu bezeichnen. Obwohl es am Tatort eine Menge objektiver Beweise gab, zeugte keiner von Woodfox' Schuld, und alle anderen, erst nach dem ersten Prozess aufgetauchten Beweise stellen die Anklage des Staates gegen ihn einmal mehr in Frage.«

Das Gericht gab den Fall an Richter Brady zurück und verlangte eine vorläufige gerichtliche Verfügung. Dann müsste der Staat mich nur in dem Falle auf freien Fuß setzen, wenn es nicht gelänge, mir innerhalb einer angemessenen Frist zum dritten Male den Prozess zu machen.

Im November erhielt ich die Nachricht, dass einer unserer glühendsten Unterstützer, Leonard »Mwalimu« Johnson, ein langjähriger Aktivist und Mentor für Hunderte von Gefangenen, nach langer Krankheit verstorben war. Er wurde achtundsiebzig. Mwalimu wuchs in großer Armut auf. »Ich hatte die Wahl zwischen nichts tun und verhungern oder das Gesetz übertreten«, so schrieb er später. Er kam wegen Raubes ins Gefängnis. Sie steckten ihn in eine *Strip Cell* (Nacktzelle) – die Häftlinge waren nackt, in der Zelle gab es nichts außer einem Loch im Boden – und er wäre fast an Lungenentzündung gestorben. »Ich lag dort vollkommen nackt«, erzählte er, »meine Zelle wurde überflutet. Ich musste all meine seelischen, geistigen und körperlichen Fähigkeiten mobilisieren, um zu überleben.« 1977 wurde er ins Angola überstellt und verbrachte die folgenden fünfzehn Jahre dort. Er dokumentierte in diesem Zeitraum zweiundsechzig Fälle von Missbrauch durch das Gefängnispersonal, einige Fälle führten zum Tod des Opfers. Nach seiner Entlassung arbeitete er viele Jahre in einem *Capital Post-Conviction Project* in Louisiana. Ich habe Mwalimu niemals persönlich getroffen, aber er wurde in unserem Unterstützer-Komitee hoch geschätzt: unerschütterlich, eine helle Fackel bei jedem Protest und jeder Veranstaltung, sein Leben lang dem Frieden und der Gerechtigkeit verpflichtet. »Anfangs war es unmöglich für mich, an irgendeine Art von Vergebung zu denken«, so schrieb er 2010, »aber nach und nach wurde mir klar, dass Bitterkeit immer nur Bitterkeit nach sich zieht. Negative Erfahrungen sind wie eine Art Krebsgeschwür, und als Mensch habe ich die Wahl, entweder die Verbreitung dieses Krebsgeschwürs zu fördern oder aber ihm Einhalt zu gebieten und mir eine Lösung zu überlegen. Ich habe mich dazu entschieden, selbst Teil der Lösung zu sein. Teil des Heilungsprozesses.«

Thanksgiving, der vierte Donnerstag im November, kam näher. Normalerweise bedeuteten mir Feiertage nichts. Der einzige Unterschied zwischen einem Feiertag und einem normalen Tag im Gefängnis war der, dass manchmal auf dem Essenstablett etwas außer der Reihe lag. Im Angola verteilten sie zum Beispiel zu Weihnachten Orangen an die CCR-Häftlinge. Thanksgiving in diesem Jahr sollte anders werden. Die Gefängnisleitung im West-Feliciana-Gefängnis teilte uns mit, jeder von uns könnte zwei Teller von seiner Familie erhalten: einen mit Abendessen und einen mit Nachtisch. Mein erstes Essen von zu Hause seit mehr als vierzig Jahren. Meine gute Freundin Angela Bell und mein Bruder Michael kochten mir mein Lieblingsessen: gefüllte Krabben, heiße Würstchen, Truthahn, Meeresfrüchte, Maisbrei. Angie legte noch selbstgebackene Teigtaschen, Kuchen und Plätzchen in zwei Etagen übereinander auf die beiden größten Teller, die sie finden konnte und die wohl gerade noch so als »Teller« durchgingen. Sie fuhr direkt am Thanksgiving-Tag ins Gefängnis, um sie persönlich abzugeben. Die Mühen, die sie und Michael für das Kochen und Abliefern auf sich genommen hatten, um mich an Thanksgiving gut zu versorgen, berührten mich zutiefst. Auch meine Mithäftlinge rundherum waren sehr dankbar. Ich teilte beide Teller mit ihnen.

Im Dezember wandte sich George Kendall mit einer Petition an den US Supreme Court, um ihn dazu zu veranlassen, Richter Bradys Verfügung zu erneuern. Diese Petition war eine von 10 000, die der Supreme Court jedes Jahr bekommt und von denen achtzig Gehör finden. George war der festen Überzeugung, dass das höchste Gericht im Lande mein Anliegen ernst nähme – ein Anliegen, das in den gesamten Staaten Diskussionen über Einzelhaft entzündet hatte. Schon ein halbes Jahr zuvor hatte Justice Anthony Kennedy mächtig Wirbel über die Verfassungsmäßigkeit von Einzelhaft gemacht. Im Fall *Davis vs. Ayala* ging es darum, dass ein Verteidiger bei der Anhörung zum Auswahlprozess einer Jury teilweise ausgeschlossen worden war. Der Angeklagte hatte den größten Teil seiner zwanzigjährigen Haftstrafe in Einzelhaft verbracht. Dieser Fall berührte Justice Kennedy tief und er schrieb eine kleine Abhandlung über das Thema. Er beschrieb die geschichtliche Entwicklung und brutalen Bedingungen von Einzelhaft am Beispiel des Teenagers Kalief Browder, der mehr als zwei Jahre Einzelhaft auf Rikers Island (und drei Jahre insgesamt) überstehen musste: ohne Verurteilung, und weil er angeblich einen Rucksack gestohlen hatte. Nach seiner Entlassung beging Browder Selbstmord.

Am Ende seines Traktats schrieb Kennedy: »In einem solchen Falle [von Einzelhaft] sollte der Gesetzgeber innerhalb seiner Gerichtsbarkeit und seines Kompetenzbereiches prüfen, ob es nicht praktikable Alternativen für langfristige Haftstrafen gäbe, und, wenn ja, ob ein Strafvollzugssystem nicht angehalten werden sollte, diese einzuführen.« Trotz alledem lehnte der Supreme Court es ab, meine Klage zu verhandeln.

Kapitel 54
Ein Deal für die Freiheit – nicht für Gerechtigkeit

Im Januar 2016 erwartete ich die Termine für meine beiden Verhandlungen: unsere Zivilklage gegen die Praxis der Einzelhaft sowie meine Anklage für einen Mord, den ich nicht verübt hatte. Ich erwartete beides mit Ungeduld. Ich glaubte, dass wir beweisen konnten, dass die von uns jahrzehntelang erlittene Einzelhaft als »grausame und ungewöhnliche Strafe« definiert werden konnte, und außerdem wollte ich endlich von dieser Mordanklage befreit werden. Ich hatte die besten Rechtsanwälte der Welt an meiner Seite.

In den ersten Monaten des Jahres 2016 erlitten meine Strafverteidiger mit ihren Anträgen vor der Hauptverhandlung allerdings eine Reihe von Niederlagen: Richter William Carmichael gewährte uns beispielsweise keinen neuen Verhandlungsort. Mein dritter Prozess würde in St. Francisville, in West Feliciana Parish, stattfinden. Billy Sothern und Rob McDuff leiteten die Richterentscheidung weiter an die nächsthöhere Instanz, aber auch dort wurde der Antrag abgelehnt.

Der Richter schlug sich auf die Seite der Staatsanwaltschaft und verfügte, dass die Aussagen bestimmter verstorbener Zeugen – Joseph Richey, Hezekiah Brown und Paul Fobb – der Jury trotzdem zu Gehör gebracht werden konnten. Dies bedeutete, dass diese bedenklichen Aussagen von Schauspielern vorgetragen werden sollten. Einen weiteren Schlag gegen die Gerechtigkeit erfuhr ich dadurch, dass meine Jury kein einstimmiges Urteil abgeben musste, was bedeutete, dass nur zehn der zwölf Jurymitglieder einer Meinung sein mussten. Louisiana und Oregon sind die beiden einzigen Staaten in Amerika, in denen die Angeklagten von weniger als zwölf Jurymitgliedern verurteilt werden können. Diese Regelung hatte einzig und allein den Zweck, die Stimmen schwarzer Jurymitglieder außen vor zu lassen, denn die Gerichte wurden damals per Gesetz dazu verpflichtet, Schwarze in der Jury zuzulassen. Da es viel einfacher ist, den Schuldspruch einer Jury zu erreichen, die nicht zu einem einstimmigen Beschluss kommen muss, wurde dieses System in Louisiana eingeführt, als während der *Reconstruction* (1863–1877)[27] Sklavenarbeit verlorenging und Gefangene benötigt wurden, um diese Arbeiten zu übernehmen. Aus irgendeinem unverständlichen Grund bekamen wir von Richter

27 Aufbauphase nach dem Ende des Bürgerkriegs in den USA, Wiedereingliederung der Südstaaten in die Union, Abschaffung der Sklaverei (13. Zusatzartikel der Verfassung).

Carmichael keine Erlaubnis, den am Tatort zurückgelassenen blutigen Fingerabdruck mit der IAFIS Datenbank des FBI abzugleichen. Der Richter erlaubte uns nur den Vergleich mit der im Angola angelegten Datei von 1972 – oder was auch immer davon noch zu gebrauchen war. Wir hatten keine Ahnung, in welchem Zustand jene Abdrücke waren. Zugelassen wurde die DNA-Untersuchung der vorhandenen Beweismittel; da der Staat allerdings behauptete, die Kleidung, die ich zur Tatzeit getragen habe, sei verlorengegangen, hatte ich keine Chance, zu beweisen, dass diese Kleidung gar nicht mir gehörte. Der Staat hatte angeblich auch die blutbefleckten Turnschuhe verloren, die die Ermittler gefunden und vor meinen Verteidigern verborgen gehalten hatten – auch die konnten wir also nicht mehr als Beweis heranziehen.

Am 11. Januar legte der ehemalige Abgeordnete des Repräsentantenhauses Jeff Landry, ein Republikaner und Tea Party-Mitglied, seinen Eid als Generalstaatsanwalt ab.

Deidre Howard schrieb dem neuen Generalstaatsanwalt. Zwei Mal. »Bitte hören Sie mir bis zum Ende zu«, so begann sie, »ich bin absolut erschöpft von all den Versuchen, gehört zu werden … Meine Freunde, die mich so müde und angestrengt bei der Arbeit erleben, sagen mir, ich hätte doch schon alles getan, was möglich sei. Dann schaue ich sie nur an und antworte, dass diese Geschichte für mich niemals zu Ende sein wird.« Meine Rechtsanwälte sprachen persönlich bei Landry vor, in der Hoffnung, dass die in Caldwells Büro herrschende Voreingenommenheit überwunden sei und der Neue sich meines Falles annähme.

George Kendall und Carine Williams besuchten mich. Sie kamen im Gespräch gleich auf den Punkt: Wir mussten nun mit einem neuen Generalstaatsanwalt zusammenarbeiten. Sie fragten mich, ob ich nunmehr dem Deal »über die verbüßte Zeit« zustimmte, anstatt auf den neuen Prozess zu setzen. Sie fragten nicht danach, ob ich mich schuldig bekennen würde. Sie wussten, dass das für mich nicht in Betracht käme. Niemals hatte ich darüber nachgedacht, nicht in den einsamsten Momenten meiner mehr als vierzigjährigen Einzelhaft, dass ich tun würde, »was immer nötig ist«, um aus der Isolationshaft oder aus dem Gefängnis herauszukommen. Ich hatte die Chance, die CCR-Zelle zu verlassen, wenn ich meine politischen Überzeugungen aufgegeben hätte – ich hatte abgelehnt. Ich hatte die Chance, mit einer Lüge über Herman meine Haut zu retten – ich hatte abgelehnt. Bevor Generalstaatsanwalt Landry ins Amt kam, bot man mir an, mich des Mordes an Brent Miller schuldig zu bekennen – ich hatte abgelehnt.

Sie hatten mir angeboten, über einen Deal »nolo contendere« nachzudenken, nämlich die »Aussage verweigern«. Sie wussten nicht, ob ich zustimmte, aber mit einem *nolo-contendere*-Deal galt ich weiterhin als nicht schuldig, während meine Verurteilung weiter Bestand hatte. Ich würde stillschweigend anerkennen, dass der Staat genügend Beweise zur Hand hätte, um mich bei einem nachfolgenden Prozess zu verurteilen. Ich wusste, dass der Staat keinerlei Beweise dafür hatte, dass ich Brent Millers Mörder war, aber ich wusste auch, dass ich noch einmal dafür verurteilt werden konnte.

Mit dem *nolo-contendere*-Deal, so erklärte mir George, gäbe es ein klares Ergebnis: Freiheit. Eine Verhandlung in St. Francisville, sagte George, »ist ein bisschen wie ein Trip nach Las Vegas. Man weiß nicht, ob man gewinnt oder verliert«. George und Carine drängten mich nicht. Sie wussten, dass die Entscheidung für mich extrem schwierig war. Ich sagte ihnen, ich würde darüber nachdenken. Kurz bevor Carine uns an jenem Tag verließ, sagte sie, sie glaube, ich wäre von größerem Nutzen für die Menschen, wenn ich frei wäre, anstatt abgeriegelt in einem Gefängnis. Michael riet mir ganz dringend, den Deal zu akzeptieren. Er erinnerte mich daran, dass ich eine Beziehung zu meiner Tochter aufbauen könnte. Ich kannte sie kaum. Und er wusste, dass mir das schwer zu schaffen machte. »Du kannst deine Urenkel kennenlernen«, sagte er. »Du kannst Teil ihres Lebens sein.«

Billy und Rob, die eine Reihe von Richter Carmichaels Entscheidungen zur Berufung an den Supreme Court von Louisiana gebracht hatten – wenn der Antrag auf ein einstimmiges Jury-Urteil auch durchgefallen war – besuchten mich ebenfalls noch einmal. »Wir kämpfen vor Gericht für dich«, sagte Billy. »Wir werden alles tun, was in unserer Macht steht, um die Jury zu überzeugen, dass du nicht schuldig bist.« Billy bat mich aber auch, die möglichen Ergebnisse gegeneinander abzuwägen. »Was, wenn sie dich verurteilen?«, fragte er mich. Wir wussten beide, was das bedeutete: lebenslänglich. »Wenn du den Deal akzeptierst«, sagte er, »wirst du sofort frei sein.« Und er erinnerte mich daran, dass mein kommender Prozess noch nicht einmal terminiert war. Es gab keine Garantie dafür, dass er 2016 stattfinden würde. »Du hast es verdient, glücklich zu sein, Albert«, sagte er. »Du hast es verdient, ein Leben außerhalb des Angola zu leben.«

Ich dachte an das vorletzte Mal, als ich mit Herman zusammen war. Wir waren zeitweilig allein im Besucherraum des Gefängniskrankenhauses, nachdem unsere Anwälte gegangen waren. Er saß in Decken eingehüllt im Rollstuhl. Er redete davon, wie es wäre, frei zu sein, mich zu befreien, er redete von meiner Freiheit. Anfangs dachte ich noch, er würde vom Thema abschweifen, weil er müde wäre. Dann meinte er aber: »Albert, wir wissen doch beide, dass ich sterben werde und du nicht.« Er machte eine Pause. »Was wäre, wenn ich dir sagte …?« Ich stoppte ihn: »Nein, Hooks, nicht weiter.« Er fuhr fort: »Sie haben mir schon einen Deal angeboten. Du wirst freikommen.« Unsere Augen trafen sich. Ich wollte ihn zum Schweigen bringen. Ich wusste, er kam von einem Ort der Liebe – revolutionärer Liebe, brüderlicher Liebe, Seelenverwandtschaft. Wir waren eine Familie. »Ich werde dir das nie vergeben, wenn du das tust«, sagte ich. Er nickte und schloss die Augen. Er wusste, dass ich niemals mit dem Wissen leben konnte, dass er für mich gelogen hatte. Jetzt fragte ich mich selbst, konnte ich damit leben, für einen Deal gelogen zu haben?

Wenn ich dem Deal zustimmte, bekäme ich meine Freiheit. Aber ich würde nie Gerechtigkeit bekommen. Meine Anwälte erinnerten mich daran, dass ich bei einer Niederlage im Prozess weder Gerechtigkeit noch die Freiheit erlangen würde. Ich war fast neunundsechzig Jahre alt. Es hatte mich achtzehn Jahre gekostet, achtzehn Jahre durch alle Instanzen, um an diesen Punkt zu gelangen: einen neuen Prozess. Richter Brady hatte gefragt, ob ich noch einmal achtzehn Jahre schaffte, wenn ich erneut verurteilt würde. Ich dachte unentwegt an Michael. Er hatte mich noch nie um etwas gebeten, aber jetzt bat er mich, den Deal anzunehmen. Ich dachte an meine Mom, die alles darum gegeben hätte, mich aus dem Gefängnis stolzieren zu sehen. Ich dachte an meine Tochter, die ich so gerne kennenlernen wollte. Ich hatte mein Leben lang Menschen gelehrt, für ihr Recht geradezustehen. Würde ich ihnen in den Rücken fallen? Ich war ein Vorbild für alle anderen um mich herum. Ich ging umher und schlief und las eine ganze Woche. Ich war immer stolz darauf gewesen, schwierigen Entscheidungen mutig entgegenzutreten. Ich traf eine Entscheidung. Ich rief meine Anwälte an und sagte ihnen, ich würde den Deal für die Freiheit schließen.

Wenn ich auf *nolo contendere* plädierte, wäre ich vor dem Gesetz schuldig. Ich wusste aber, dass ich nicht schuldig war. Mein innerer Kampf ging weiter. Kein Tag vergeht, an dem ich nicht daran denke, mein Wort gebrochen zu haben – für diesen Deal.

Ich saß in meiner Zelle und wartete eine Woche. George, Billy und Rob mussten vielerlei Parteien zusammenbringen, um die Details meines Deals auszuhandeln: den Richter, die Staatsanwaltschaft, den Generalstaatsanwalt, die Anwälte. Nach meinem Verständnis musste auch die Familie Miller einbezogen werden, ihre Gedanken und Gefühle.

Letztendlich bedeutete der Deal für mich, auf Totschlag zu plädieren, während der Staat Louisiana mich wegen Einbruchdiebstahls verklagte, damit meine bisherige Haftzeit exakt darauf angerechnet werden konnte. Teil des Deals war auch, dass King und ich unsere Zivilklage zurücknahmen. (Hermans Familie hatte dies schon Jahre zuvor, nach seinem Tod, veranlasst.) Ein Termin für meinen Deal wurde verkündet: per Zufall mein Geburtstag, der 19. Februar 2016. An diesem Morgen legten sie mir noch einmal alle Fesseln an und brachten mich zum 20. Judicial District Court in St. Francisville. Ich stand vor Richter William Carmichael. Als er mich nach meinem Schuldbekenntnis wegen Totschlags und Einbruchdiebstahls fragte, antwortete ich: »Nolo contendere.«

Nach meinem Auftritt vor Gericht führten sie mich zurück in meine Zelle und nahmen mir die Fesseln ab. Sie schlossen und verriegelten die Tür hinter mir. Ich hatte schon Kleidung bereitgelegt, die George mir mitgebracht hatte, doch ich zog sie noch nicht an. Ich setzte mich auf meine Pritsche.

Brent Millers Familie war an jenem Morgen im Gerichtssaal gewesen. Brents Bruder Stan hatte im Namen der Familie Miller vor Richter Carmichael gesprochen. Er beschrieb den Schmerz, den er durch den Verlust seines Bruders empfand: »Ein Teil unseres Herzens wurde aus unserem Körper herausgerissen.« Ich konnte gut verstehen, dass sich die Familie aufs Kreuz gelegt fühlte. Ich empfand in diesem Moment tiefes Mitleid für Stan – und eine tiefe Bitterkeit. Ich war gezwungen worden, mich einer Tat schuldig zu bekennen, obwohl ich nicht schuldig war. Familie Miller drängte darauf, dass wir in Haft blieben, obwohl sie wussten, dass es keine objektiven Beweise gab, die uns mit der Tat in Verbindung brachten, noch nicht einmal der blutige Fingerabdruck am Tatort. Sie drängten darauf, dass wir in Haft blieben, selbst als sich herausstellte, dass die blutbefleckten Turnschuhe, die blutbefleckte Kleidung anderer Häftlinge und Kratzspuren, die ein Gefangener davongetragen hatte, niemals Teil der Ermittlungen geworden waren. Selbst dann noch, als herauskam, dass der Kronzeuge gegen uns gekauft worden war und alle anderen Zeugenaussagen sich widersprachen. Ich wurde gezwungen, der Freiheit zuliebe mein Wort zu brechen – mein Wort, das mir doch alles bedeutete. Mein Wort – das Geschenk meiner Mutter an mich. Vierundvierzig Jahre lang hatte ich durchgestanden und zu meinem Wort gestanden. Mein Wort hielt mich am Leben in der dunkelsten Dunkelheit; es gab mir Sicherheit, es gab mir meinen Verstand, es gab mir Menschlichkeit. Nun brach ich mein Wort. Ich war nicht schuldig. Herman war nicht schuldig. Ein Teil meines Herzens wurde auch aus mir herausgerissen.

Ich zog die Sachen an, die George mir gebracht hatte: schwarze Jeans und ein schwarzes Sweatshirt. Ich faltete meinen Overall und legte ihn aufs Bett. Man erwartete jetzt von mir, dass ich mein schriftliches Bekenntnis einreichte, zurück in die Zelle ging, meine Sachen holte und ging. Im Büro war allerdings eine Panne passiert, sodass meine Entlassung sich verzögerte. Ich stand am Fenster meiner Zelle, schaute hinaus und wartete. Zwei Funkwagen standen draußen am Straßenrand, mit Satellitenschüsseln auf dem Dach. Von nun an war mir alles fremd.

Meine Zellentür wurde geöffnet und ein Wärter fragte mich, ob ich fertig sei. Er brachte keine Fesseln mit. Ich nahm die Müllsäcke mit all meinen Habseligkeiten und folgte ihm den Gang hinunter zu einem Büro. Sheriff Bill Daniel gestattete meinem Bruder Michael mit hineinzukommen, während George und ich darauf warteten, dass die offiziellen Papiere vom DOC *(Department of Corrections)* per Fax hereinkamen.

Wir saßen zusammen an einem kleinen Tisch und redeten. Michael war erst acht Jahre alt gewesen, als er mich zum ersten Mal mit meiner Mutter im Gefängnis besuchte. Als er achtzehn war, kam er allein und gelobte, er würde immer bei mir bleiben, bis zum Ende. »Bis ich sterbe oder bis du stirbst«, hatte er mir damals versprochen. Ich schaute ihn an. Er lächelte. Mein Fels. Ausgenommen bei Katastrophen war mein Bruder jeden Monat einmal im Besucherraum gewesen. Wir hatten natürlich Kämpfe unter Brüdern im Laufe der Jahre. Wenn ich der Meinung war, er verhalte sich draußen auf der Straße verantwortungslos oder treffe eine falsche Entscheidung, dann sagte ich es ihm. Doch er ließ niemals zu, dass wir uns deswegen zerstritten. Heute leuchtete ein Licht in seinen Augen.

Ich wandte mich George zu: »Wie spät ist es?« Wir warteten schon länger als eine Stunde. George stand noch einmal auf, um den Gefängnisbeamten Druck zu machen. Dann kamen die Papiere.

Michael und ich gingen gemeinsam aus dem Gefängnistor hinaus. Ich blinzelte in die Sonne. Meine Knie wurden weich. Michael hielt mich fester, damit ich nicht fiel. Viele Freunde warteten draußen, um meine Freilassung zu feiern. Marina war da. Scott war da. Nina war aus London gekommen. So viele meiner alten Freunde und Unterstützer aus New Orleans waren gekommen. Tory war quer durchs ganze Land gefahren, um da zu sein. Sie hielt ihr Handy hoch, damit Gordon

Roddick per Video Call sehen konnte, wie ich aus dem Gefängnis herausspazierte. Ich hörte ihren Jubel und mit einem Lächeln streckte ich meine geballte Faust in die Höhe. Die vielen Gesichter sah ich nur verschwommen. Ich stieg zu meinem Bruder ins Auto. Michael kämpfte mit den Tränen, als er mir den Sicherheitsgurt anlegte. Er fuhr mich direkt zum Friedhof nach New Orleans, wo unsere Mutter begraben liegt. Der Friedhof war geschlossen. Ich wollte über die Mauer klettern, doch Michael ließ es nicht zu. Abends nahm er mich zu einer Veranstaltung in unserem alten Viertel mit, die von meiner Freundin aus Kindertagen, der Aktivistin Parnell Herbert, organisiert worden war. Wir trafen uns im Carver Theater – in das ich mich als Kind immer hineingeschlichen hatte. Die Veranstaltung war schon Wochen zuvor geplant worden; bevor irgendjemand hatte ahnen können, dass ich an jenem Tag freikam.

Meine einzige Angst, die ich nach der Freilassung verspürte, war die, dass mich die Leute meiner Community, der afroamerikanischen Community des Treme-Viertels, wo ich aufgewachsen war und so viel Ärger und Schaden hinterlassen hatte, nicht mehr akzeptieren würden. Parnell rief mich auf die Bühne. Michael begleitete mich hoch. Als wir uns von unseren Sitzen erhoben und uns den Weg auf die Bühne bahnten, begannen die Leute zu klatschen, dann standen sie auf und jubelten. King wurde auf die Bühne gerufen, zusammen mit Malik Rahim und anderen. Im Saal herrschte ein Gefühl des Miteinanders, das ich so lange nicht gespürt hatte, ein Gefühl der Solidarität, ein Gefühl der Erleichterung und des gemeinsamen Sieges, ein Gefühl, das uns vereinte. Ich wurde von meiner Community herzlich empfangen und wieder aufgenommen. Ich brachte kein Wort heraus, ich war zu Tränen gerührt. Ich hob meine Faust.

Am folgenden Tag fuhren Michael und ich zu Walmart und kauften dort nahezu alle Blumen auf, die sie hatten. Einige langjährige Unterstützer und Freunde begleiteten uns. Die Blumen brachten wir zum Friedhof. Zuerst zum Grab meiner Mutter. Ich fühlte den Verlust so schmerzlich, als ob ihr Tod noch ganz frisch wäre, als ob sie gerade verstorben wäre.

Es war schmerzhafter als alles, was ich im Gefängnis erlebt hatte. Ich erzählte ihr, dass ich jetzt frei war und dass ich sie liebte. Dann ging ich zum Grab meiner Schwester Violetta, auf einen anderen Friedhof, und zum Grab ihres Mannes Michael Augustine, meinem ältesten Freund. Dann ging ich zu Hermans Grab.

In jener Nacht fand ich keinen Schlaf. Ich ging gar nicht ins Bett. Ich saß in einem Sessel und nickte nur dann und wann ein. Es war meine zweite Nacht außerhalb des Gefängnisses. Ich schaute auf die Uhr an meinem Handgelenk. Michael hatte sie mir im Gefängnisbüro gegeben. Als George aufgestanden war, um mit den Gefängnisbeamten über die Verzögerung meiner Entlassung zu sprechen, hatte ich Michael gefragt: »Wie spät ist es?« Er hatte die Uhr von seinem Handgelenk genommen und sie mir angelegt: »Das ist jetzt deine.«

Epilog

Ich fürchtete mich nicht vor dem Tod, aber vor dem Tod ohne Bedeutung.

Huey Newton

Mein Bruder Michael nahm mich mit, und ich lebte fast ein ganzes Jahr bei ihm im Haus, zusammen mit seiner Frau und seinem Sohn. Ich bekam die medizinische Hilfe, die ich brauchte. Mein Kopf, mein Herz, meine Seele und mein Geist hatten sich immer frei gefühlt, und darum änderten sich meine Haltung und meine Gedanken als freier Mensch nicht so sehr. Doch in meinem eigenen Körper draußen in der Welt zu sein, das war, wie noch einmal neu geboren zu werden. Ich musste lernen, meine Hände für neue Dinge zu gebrauchen: für Sicherheitsgurte und für Handys, ich musste lernen, Türen hinter mir zu schließen, Knöpfe im Fahrstuhl zu drücken und Auto zu fahren. Ich musste neu lernen, wie man Treppen hinuntergeht, wie man ohne Fußeisen läuft, wie man ohne Fußketten sitzt. Mein Körper brauchte ungefähr ein Jahr, um sich von den verschiedenen Positionen zu erholen, in die er durch die Fesseln gezwungen worden war. Ich durfte essen, wenn ich Hunger verspürte. Über zwei Jahre hinweg lernte ich nach und nach, auch innerlich etwas lockerer zu lassen und mich nicht gegen ein Gefühl der Freude zu wehren, lernte nach und nach, solche Gefühle von Freude zuzulassen und nicht permanent diese unbewusste Angst zu spüren, dass ich all das, was ich liebte, verlieren würde.

Michael sagte mir, ich müsse neue Erinnerungen sammeln, und das tat ich. Es war immer schon mein Traum gewesen, den Yosemite National Park zu besuchen, nachdem ich einmal vor vielen Jahren während meiner CCR-Zeit eine Dokumentation von *National Geographic* darüber gesehen hatte. Auf Einladung alter Freunde und ehemaliger Panther – Gail Shaw und BJ – flog ich nach Sacramento. Scott Fleming kam hoch nach Oakland, um uns zu dort treffen, und zusammen fuhren wir in den Nationalpark. Wir wanderten bis zu den Wasserfällen und verbrachten die Nacht im Park.

Ich hatte die große Ehre, mit Jurastudenten in vielen US-Staaten zu sprechen, und konnte in Europa, in Kanada und auch hier in Amerika Vorträge über die Missstände der Einzelhaft halten. Ich fühlte mich sehr geehrt, Teenie Rogers zu treffen, Brent Millers Witwe, die den Mut und die Größe hatte, gegen unsere Verurteilung ihre Stimme zu erheben. Ich traf Deidre Howard, die als ehemalige Jury-Vorsitzende aus eigener Erfahrung ihre Bedenken kundtat, was faire Entscheidungen in der Grand Jury angeht. Nachdrücklich unterstützte sie Richter Bradys Meinung, dass ich in Louisiana keine gerechte dritte Verhandlung zu erwarten hätte. Deidre und ihre Schwester Donna haben erste Schritte unternommen, um den Staat Louisiana dazu zu bewegen, ein Handbuch für Mitglieder der Grand Jury bereitzustellen, in dem deren Rechte erklärt werden.

Es war mir eine große Freude, meine Tochter und ihre Kinder richtig kennenzulernen. Meine Urenkel sind meine Hoffnung. Ihre sorglosen, hellwachen und frohen Augen geben mir Kraft. Für sie möchte ich weitermachen, für sie meine Stimme erheben, für sie weiterkämpfen. Ich möchte ihnen eine Welt hinterlassen, die besser ist als die, die ich hatte. Ich hoffe, sie können den Geist meiner Mutter, ihrer Ur-Urgroßmutter, spüren, wenn sie ihn brauchen, so wie ich ihn spürte, als ich ihn brauchte.

Ich kaufte ein Haus. Noch immer bin ich nachrichtensüchtig, und der Fernseher läuft deswegen fast ununterbrochen. Schlafen kann ich nur ein paar Stunden am Stück. Meistens bin ich um 3 Uhr morgens schon hellwach. 3 Uhr, meine »stille Zeit« im Gefängnis, Zeit für mich. Oft werde ich gefragt, ob ich beim Aufwachen denke, ich sei noch im Gefängnis. Ich weiß immer, wo ich bin, wenn ich aufwache. Aber manchmal gehe ich in meinem Haus in ein anderes Zimmer und weiß gar nicht, warum ich dort hineingegangen bin, und dann gehe ich in einen Raum nach dem anderen, ohne zu wissen, warum. Noch immer habe ich Platzangstattacken. Aber jetzt habe ich mehr Raum, um sie im Gehen abzuwehren. Für meinen inneren Frieden wische ich alle Fußböden im Haus.

Häufig fragen mich die Leute, wie sich Amerika in den vierundvierzig Jahren verändert hat. Ich sehe Veränderungen, aber in der Politik und im Rechtswesen kratzen diese Veränderungen nur an der Oberfläche. Im Jahre 2016, in dem Jahr, in dem ich freikam, wurde im Staate Louisiana ein Schwarzer namens Alton Sterling von der Polizei erschossen, während er, schon am Boden liegend, von den Beamten festgehalten wurde; ein Schwarzer namens Philando Castile wurde in Minnesota während einer Polizeikontrolle erschossen, als er nach seiner Brieftasche suchte. Seine Freundin konnte nur noch schreien: »Sie haben ihm gesagt, er solle seinen Ausweis rausholen!«; ein schwarzer Verhaltenstherapeut namens Charles Kinsey, der sich um einen Autisten kümmerte, wurde in Florida ins Bein geschossen, obwohl er schon mit den Händen über dem Kopf auf dem Boden lag (später erklärte der Polizeipräsident, der Beamte habe auf den Autisten gezielt, weil der einen Spielzeug-LKW im Arm hielt, den der Polizist für eine Waffe gehalten hatte); ein unbewaffneter Schwarzer, namens Terence Crutcher wurde in Oklahoma erschossen, während er – offensichtlich nach Alkohol- oder Drogenkonsum – auf der Straßenmitte lief. All dies passierte in diesem besonderen Jahr: 2016. In der Zeit, in der ich diese Worte schreibe, also im März 2018, haben Polizisten zwanzig Mal auf einen unbewaffneten Schwarzen namens Stephon Clark gefeuert. Acht Schüsse trafen ihn, die meisten in den Rücken, und er starb im Hinterhof des Hauses seiner Großmutter in Sacramento.

Die Polizistin, die den tödlichen Schuss auf Terence Crutcher abgab, wurde freigesprochen und ihr Akteneintrag gelöscht. Der Polizist, der Philando Castile getötet hatte, wurde ebenfalls freigesprochen. Schwarze machen 13,4 Prozent der US-Bevölkerung aus, doch in dem Jahr, in dem ich freikam, waren nach Angaben der *Washington Post* 34 Prozent der durch Polizisten getötete unbewaffnete Menschen Schwarze männlichen Geschlechts.

Im Jahre 2016 wurden nach Angaben der NAACP fünf Mal mehr Afroamerikaner ins Gefängnis gesperrt als Weiße. Bei afroamerikanischen Frauen war die Rate doppelt so hoch wie bei weißen Frauen. Die NAACP veröffentlichte weitere Zahlen, nach denen in ganz Amerika Minderjährige afroamerikanischer Abstammung 32 Prozent aller Minderjährigen ausmachten, aber 42 Prozent aller inhaftierten Minderjährigen. 52 Prozent aller Minderjährigen, die vor dem Strafgericht landeten, waren afroamerikanischer Herkunft. Obwohl Afroamerikaner und Latinos zusammen ungefähr 32 Prozent der U. S. Bevölkerung darstellen, beträgt ihr Anteil bei den Inhaftierten 52 Prozent.

Rassismus ist heute nicht mehr so offensichtlich wie vor vierundvierzig Jahren, aber er ist immer noch da, im Untergrund, unter anderen Vorzeichen. Wir müssen Veränderungen herbeiführen, die tiefer gehen – wir, die Gesellschaft im Ganzen. Ohne Wurzeln kann nichts wachsen. Der systematische Hass, dem Menschen wegen ihrer Hautfarbe oder Haarstruktur, wegen ihres kulturellen Erbes, ihres Geschlechts oder ihrer sexuellen Vorlieben begegnen, macht blind. Das ist nichts Neues; aber uns eint doch viel mehr als uns trennt. Niemals werden wir als Spezies vorankommen, wenn wir uns aufgrund unserer Rasse als Feinde sehen. Frantz Fanon hat geschrieben: »Überlegenheit? Unterlegenheit? Warum nicht einfach den anderen berühren, den anderen spüren, einander entdecken?« Können wir nicht den Fokus auf andere Rassen, unsere Unsicherheiten, Ängste und Wut wegschieben und zusammenarbeiten, um die ungerechte Verteilung von Wohlstand auf diesem Planeten in Angriff zu nehmen? In den

1970er-Jahren hat Huey Newton geschrieben: »Die jungen Menschen durchlaufen eine Schule, in der sie nichts lernen, werden anschließend gezwungen, einen Job zu suchen, den es gar nicht gibt und landen schließlich auf der Straße, wo sie das glanzvolle Leben in der Werbung anstarren dürfen.« Die geschieht hier und heute, in diesem Land und im Jahre 2018, und es betrifft alle Kinder aller Rassen.

Ich habe noch Hoffnung für die Menschheit. Es ist meine Hoffnung, dass ein neuer Mensch hervorkommt, damit unnötiger Schmerz und unnötiges Leid, Armut, Ausbeutung, Rassismus und Ungerechtigkeit der Vergangenheit angehören. Ich bin begeistert, wenn junge Menschen dem Ruf ihrer Menschlichkeit folgen, auch wenn sie dafür einen hohen Preis zahlen müssen. Im Jahr meiner Entlassung ging der Quarterback Colin Kaepernick vor einem Spiel der National Football League während der Nationalhymne auf die Knie, um seinen Protest gegen die Polizeigewalt gegenüber Schwarzen auszudrücken und auf die sozialen Ungerechtigkeiten gegenüber den schwarzen Minderheiten aufmerksam zu machen. Seine Protestaktion verbreitete sich schnell in der gesamten Football-League. Kritiker untergruben die Botschaft der protestierenden Spieler, indem sie den Grund für die Proteste – Aufmerksamkeit für das heikle Thema ›Polizeigewalt gegenüber Schwarzen‹ – ignorierten und Kaepernick und seinen Mitstreitern vorwarfen, durch ihr Hinknien »Achtung vor dem Militär« und »Achtung vor der amerikanischen Flagge« hätten vermissen lassen. Kaepernick wurde von Präsidentschaftskandidat Donald Trump verleumdet. Er wurde aus der NFL ausgeschlossen. Er wurde verbannt von dem Sport, den er über alles liebte. Obwohl er als einer der talentiertesten Quarterbacks der amerikanischen Liga galt, wollte kein Team ihn für die folgende Saison unter Vertrag nehmen. Er setzte seine Karriere aufs Spiel, um als Person des öffentlichen Lebens im Namen derjenigen zu sprechen, die keine Stimme haben. Und seine Mühen waren nicht vergeblich: das Hinknien bei bestimmten Anlässen hat eine neue Bedeutung erlangt.

Ein weiterer Lichtpunkt am Horizont war für mich das Anwachsen der Black-Lives-Matter-Bewegung. Ich traf junge Leute in London und Paris, die mir berichteten, auch sie seien in ihren Heimatländern Teil von Black Lives Matter. Ich erfuhr, dass die Bewegung mittlerweile Anhänger in Brasilien, Südafrika und Australien hat. Rund um den Globus. Ich bin unbeschreiblich stolz darauf, Alicia Garza auf einer Podiumsdiskussion getroffen zu haben, eine der Gründerinnen von Black Lives Matter.

Überglücklich machte mich, dass die Zivilklage der Angola 3 dazu geführt hat, dass Entscheidungen des *Reclassification board* im Angola mittlerweile von einem Kontrollausschuss überprüft werden. Die Gefangenen nennen ihn den »Woodfox-Ausschuss«. Anfang 2017 startete das *Department of Public Safety and Corrections* in den Gefängnissen von Louisiana ein zweijähriges Kooperationsprojekt mit dem *Vera Institute of Justice* zur Erstellung einer Studie über Möglichkeiten, die Praxis der Einzelhaft zu reformieren. Das Projekt des Vera Institutes ist unter dem Namen *Safe Alternatives to Segregation Initiative* bereits in Nebraska, Oregon, South Carolina, New York City und New Jersey angelaufen. Im Jahre 2018 rief die von ehemaligen Häftlingen in New Orleans gegründete Aktivistengruppe VOTE *(Voice of the Experienced)* gemeinsam mit der ACLU und weiteren Organisationen die »Stop Solitary«-Kampagne ins Leben, um das Strafsystem der Isolationshaft in Louisiana zu beenden. Die ACLU stellt Aktivisten in allen Staaten online-Werkzeuge und Kontakte für ihre »Stop Solitary«-Kampagnen zur Verfügung. Im Mai 2018, nach mehr als vierzig Jahren, wurde der schlimmste Folterort im Angola geschlossen: Camp J. Zu seiner Hochzeit beherbergte Camp J vierhundert Häftlinge in Einzelhaft – länger als 23 Stunden am Tag. Die Gefängnisverwaltung machte den miserablen Zustand des Gebäudes für die Schließung verantwortlich, um nicht zugeben zu müssen, dass in diesem Trakt Menschen in Isolation und unter brutalen Bedingungen lebten. Die Anlage war mittlerweile stark heruntergekommen.

Herman hatte immer gehofft, dass unser Leid irgendein positives Zeichen setzte und nicht alles vergeblich war. Er hatte gehofft, dass die Geschichten seines Lebens und Kings Lebens in irgendeiner Art und Weise dazu beitragen könnten, den Umgang mit Gefangenen ein wenig menschlicher zu gestalten, die Ausbildung der Vollzugsbeamten zu verbessern und das Vorgehen von voreingenommenen Polizisten, Generalstaatsanwälten und Richtern sowie die Atmosphäre in den Gerichtssälen zu verändern. Wenn King und ich in der Öffentlichkeit auftreten und unsere Stimme gegen die unmenschlichen Bedingungen der Einzelhaft erheben, ist Herman immer dabei. Er ist auch dabei, wenn wir den Menschen um uns herum erklären, was ein »politischer Gefangener« in Amerika ist. Eine unserer größten Sorgen ist es, dass die Menschen nicht wahrnehmen, dass wir in den USA politische Gefangene haben, Gefangene, denen die COINTELPRO vor Jahrzehnten irgendetwas in die Schuhe geschoben hat oder die durch anderes rechtswidriges Handeln der Behörden noch immer im Gefängnis festsitzen: Mumia Abu-Jamal, Sundiata Acoli, Mutulu Shakur, Jamil Abdullah Al-Amin, Leonard Peltier und viele andere, denen allen

Bewährung versagt wurde, Freiheit versagt wurde, Gerechtigkeit versagt wurde.

Herman ist bei uns, wenn wir die Menschen zusammenrufen, damit sie mit einer Stimme sprechen, wenn sie vom Kongress fordern, angehört zu werden, wenn sie erklären, dass ein Halbsatz im 13. Verfassungszusatz die Sklaverei hinter Gefängnismauern legalisiert. Herman ist bei uns, wenn wir den Menschen klarmachen, dass ihre Mitmenschen zu Unrecht hinter Gittern sitzen in diesem Land. Wir drei sind nur die Spitze des Eisbergs. Vorurteile, Voreingenommenheit, Rassismus, Oberflächlichkeit und das innerhalb der Staatsanwaltschaft vorherrschende aggressive Gebaren, »gewinnen zu müssen«, verfolgen uns in unseren »Gesetzeshallen«. Einhundertneununddreißig zu Unrecht Verurteilte wurden allein im Jahre 2017 freigesprochen und aus den Gefängnissen entlassen, so kann man aus dem *National Register of Exonerations (NRE)* erfahren. Im Durchschnitt war jeder von ihnen etwas mehr als zehneinhalb Jahre eingekerkert. Regierungsvertretern – in Form von Polizisten, Staatsanwaltschaft oder anderer Regierungsbeamter – wurde in mehr als der Hälfte dieser Fälle nachgewiesen, dass sie ihre Machtbefugnisse missbraucht haben.

Herman ist bei uns, wenn wir Strafrechtsfälle von Leuten an die Öffentlichkeit bringen, die kein Geld und keine Stimme haben. Eine Kaution zum Beispiel ist für arme Menschen heute genauso ein großes Problem wie in den Siebzigern, als ich im Tombs saß. Unverhältnismäßig hohe Kautionen für kleine Verbrechen führen dazu, dass die Leute viel zu lange in unseren staatlichen und privaten Gefängnissen sitzen. Es ist ein Geschäft. Die überwältigende Mehrheit der Leute in den Stadt- und Bezirksgefängnissen sind überhaupt nicht verurteilt worden; viele können einfach die Kaution nicht bezahlen. Sehr häufig stehen die Familien der Gefangenen vor der Wahl: Kaution bezahlen oder Lebensmittel kaufen? Der Preis, den es kostet, wenn Leute ihre Kaution nicht aufbringen können, ist nicht zu beziffern: Menschen verlieren ihre Arbeit, sie und ihre Kinder müssen von Sozialhilfe leben. Und das ist nur ein Beispiel.

Herman ist bei uns, wenn wir dafür kämpfen, die Einzelhaft abzuschaffen. Die Menschen müssen die Einzelhaft als das erkennen, was sie ist: moralisch verwerflich. Einzelhaft ist unmoralisch. Im Moment verbringen nach neuesten Informationen des *United States Bureau of Justice Statistics (BJS)* immer noch mehr als 80 000 Männer, Frauen und Minderjährige in den USA ihr Leben in Isolation. Und diese Daten beziehen noch nicht einmal die Bezirksgefängnisse, sowie Strafvollzugsanstalten für Jugendliche und Einwanderer mit ein. »Wir haben die Praxis der Einzelhaft bis zu einem Punkt getrieben, an dem wir von moderner Folter sprechen können«, sagte 2015 der Abgeordnete Cedric Richmond . »Viel zu viele Häftlinge, unter ihnen Menschen mit schweren geistigen Behinderungen und Jugendliche, werden 23 Stunden am Tag weggeschlossen, ohne ein ordentliches Gerichtsverfahren und mit horrenden Kosten für den Steuerzahler. … Anstatt das Mittel der Einzelhaft für die Schlimmsten der Schlimmen zu reservieren, wird Einzelhaft viel zu häufig aus ›Verwaltungsgründen‹ eingesetzt, damit man sich die Behandlung von Menschen mit Behinderungen oder Rehabilitationsmaßnahmen für eine Rückführung in die Gesellschaft ersparen kann.«

Im Mai 2018 sprachen King und ich an der Universität von Kalifornien in Santa Cruz auf einer Konferenz über die psychologischen und körperlichen Auswirkungen von Einzelhaft. Craig Haney, der Psychologe, der sich in Vorbereitung auf unsere Zivilklage einige Male mit uns getroffen hatte, brachte für diese Konferenz Experten dieses Fachgebietes aus der ganzen Welt zusammen, um Regeln zu erstellen, die die Praxis der Einzelhaft begrenzten. Als Grundlage dienten den Fachleuten wissenschaftliche Erkenntnisse, die die verheerenden körperlichen und seelischen Folgen von Isolation und Einsamkeit aufzeigten.

Große Unterstützung gab es im Laufe der Konferenz für die »Nelson-Mandela-Regeln«, die die Einzelhaft für Jugendliche, Schwangere, Menschen mit geistiger Behinderung, alte sowie gebrechliche Menschen auf fünfzehn aufeinanderfolgende Tage begrenzen sollte. King und ich gingen noch einen Schritt weiter und forderten die Versammlung auf, eine vollkommene Abschaffung von Einzelhaft, für jede und jeden, zu fordern.

Wir müssen den im amerikanischen Justizsystem vorherrschenden systematischen Rassismus benennen, ihm entgegenwirken und Veränderungen herbeiführen, damit dieser Rassismus nicht ausschlaggebend dafür ist, wer von der Polizei angehalten wird, wer verhaftet wird, wer durchsucht wird, wer beschuldigt wird, wer verurteilt wird – und wer nicht. Ebenso müssen wir einen Blick darauf haben, wer längere Haftstrafen bekommt, und warum. Ein System der Gerechtigkeit und Gleichbehandlung muss unser Ziel sein. Rassistische Vorfälle auf Polizeiwachen und in Gerichtssälen sind kein Geheimnis. Beweise gibt es genug. Rassistische Vorgehensweisen tauchen auf allen Ebenen des Justizapparates auf, das fängt dort an, wo Farbige in unverhältnismäßig hohem Prozentsatz von der Polizei überprüft werden *(Racial Profiling)* und geht bis zur Verurteilung.

Der Strafvollstreckungsausschuss *(U.S. Sentencing Commission)* ermittelte, dass zwischen 2012 und 2016 (Dauer der Studie) schwarze Männer ein um 19,1 Prozent höheres Strafmaß für dieselbe Straftat erhielten als weiße Männer. Laut einer Studie der Juristischen Fakultät an der Universität von Michigan erwarteten 75 Prozent der schwarzen Häftlinge häufiger eine Anklage der Staatsanwaltschaft mit gesetzlicher Mindeststrafe, als dies bei Weißen für dieselbe Straftat der Fall war.

Im Jahre 2018 war es für Schwarze in Manhattan fünfzehnmal wahrscheinlicher, für mindere Marihuana-Vergehen eingesperrt zu werden als für Weiße, so lautet das Ergebnis einer Untersuchung der *New York Times.* Im selben Jahr berichtete die Staatsanwaltschaft, dass in Missouri 85 Prozent mehr schwarze als weiße Autofahrer von der Polizei angehalten wurden – ein Anstieg von 10 Prozent gegenüber 2017. Ebenso fanden zwei Professoren der Juristischen Fakultät von Harvard heraus, dass Richter, die von republikanischen Präsidenten eingesetzt wurden, schwarze Häftlinge zu deutlich längeren Haftstrafen verurteilten. Dazu hatten sie über mehr als fünfzehn Jahre hinweg die Strafzumessung von 1.400 Bundesrichtern verfolgt. Dieselbe Studie zeigte außerdem, dass weiße Häftlinge eher die Chance auf Strafminderung hatten als schwarze Häftlinge und dass diese bei Weißen höher ausfiel als bei Schwarzen.

* * *

Wir müssen das System der Gefängnisindustrie durchschauen und dagegenhalten. Amerika hat pro Kopf die größte Gefängnisbevölkerung der Welt. Diese Industrie verdient an den Gefangenen. Gefangene werden gezwungen, in den Gefängnisshops einzukaufen. Sie (oder ihre Familien) werden gezwungen, fürs Telefonieren astronomische Gebühren an Fremdfirmen zu zahlen, in einigen Fälle müssen Häftlinge gezwungenermaßen Video-Dienste für ihre Kontakte in Anspruch nehmen und teuer bezahlen. In einigen Strafanstalten arbeiten Gefangene in Vollzeit und stellen Produkte für multinationale Konzerne her – so gut wie ohne Bezahlung. Die Definition des Rechtsbegriffes »Sklaverei« lautet: »… wenn ein Mensch gezwungen wird, unter der Herrschaft eines anderen Menschen zu arbeiten«. Die US-Gefängnisse sind mit einer Vielzahl von staatlichen und privaten Unternehmen vertragliche Bindungen zur Produktion bestimmter Güter eingegangen. Dafür werden aber in den meisten Gefängnissen Löhne weit unterhalb des Existenzminimums gezahlt. In einigen

Strafanstalten gibt es überhaupt keinen Lohn. Die arbeitenden Häftlinge haben keinerlei Anspruch auf Sozialleistungen, dürfen sich nicht gewerkschaftlich organisieren, haben kein Recht auf Mitbestimmung, keinen Einfluss auf ihre Arbeitsbedingungen. Die Ausbeutung von Menschen, wie sie hier geschieht, ist moderne Sklaverei. Gemäß des 13. Zusatzartikels sind Häftlinge Sklaven des Staates und werden dementsprechend behandelt.

Privatgefängnisse – in der Hand von Firmen, deren Ziel es ist, Profit zu erwirtschaften – sind gefährlich. Wenn ein Gefängnis das Ziel hat, Gewinn zu machen, leiden die Menschen. An allen Ecken wird gespart, Gesetze werden so ausgelegt, dass Leute länger in Haft bleiben als vorgesehen, es gibt keinen Anreiz, sie mittels Resozialisierungsmaßnahmen wieder in die Gesellschaft zu integrieren. Ein im Jahre 2016 von Barack Obama initiierter Bericht des Justizministeriums stellte fest, dass in privaten Gefängnissen ein höheres Gewaltpotenzial herrscht und eine schlechtere medizinische Versorgung zur Verfügung steht als in staatlichen Gefängnissen. Präsident Obama hat im Jahre 2016 versucht, durch neue Verordnungen im Justizministerium die Zahl von privaten Gefängnissen einzuschränken. Mit der Machtübernahme von Donald Trump im Jahr darauf machte der neue Generalstaatsanwalt nur drei Wochen nach seiner Vereidigung all diese Verordnungen wieder rückgängig. Heute erlebt die Gefängnisindustrie einen neuen Boom.

Wenn Sie diese Zeilen lesen und in irgendeiner Weise dazu beitragen können, ein Stück Menschlichkeit hinter den Gefängnismauern zu bewahren, dann tun Sie es – jeder kleine Schritt zählt. Wenn Sie nicht wissen, wo und wie, folgen Sie *Solitary Watch* und *Prison Legal News* in den sozialen Medien, um auf dem Laufenden zu bleiben. Einige Organisationen sind dabei, Gefängnisse, wie wir sie heute kennen, zu verändern: *Critical Resistance*, zum Beispiel, oder *Malcolm X Grassroots Movement*. Als menschliche Wesen müssen wir alles dafür tun, dass Gefangene unter menschenwürdigen Bedingungen leben können und sie eine Chance auf Resozialisierung und Weiterbildung haben. Gefangene, die psychisch krank sind, brauchen eine entsprechende Behandlung, keine ruhigstellenden Medikamente und auch keine Einzelzelle, 23 Stunden am Tag. Gefangene ohne Schul- oder Ausbildung brauchen Unterricht. Die *RAND Corporation*, eine US-Denkfabrik, hat eine Reihe von Studien veröffentlicht, in denen sie nachweist, dass Gefangene mit niedrigem Bildungsstandard und geringen beruflichen

Kompetenzen, die während ihrer Haftzeit an Bildungsprogrammen teilnahmen, später in Freiheit an weniger kriminellen Handlungen beteiligt waren. Der Forschungsbericht der *RAND Corporation* stellte klar und deutlich fest, dass jeder Dollar, der in die Weiterbildung von Gefängnisinsassen investiert wird, zu Einsparungen von vier bis fünf Dollar führt. Keiner von uns darf die Augen davor verschließen, was sich in den amerikanischen Gefängnissen abspielt.

Am 3. Oktober 2016 hielt ich am Law Center der Southern University einen Vortrag. Anschließend kam Richter James Brady zu mir. Ich hatte ihn nie zuvor getroffen. Auf sehr liebenswürdige Art und Weise stellte er mich seiner Frau vor. Ich fühlte mich sehr geehrt, dass er sich tatsächlich die Zeit nahm, zu meinem Vortrag zu kommen. Ich dankte ihm, dass er mir das Leben gerettet hatte. »Richter Brady, es ist mir eine Ehre, Ihre Hand zu schütteln«, sage ich. »Ich möchte Ihnen für Ihren Mut und Ihre Ehrlichkeit danken, mit der Sie sich meines Falles angenommen und eine Entscheidung getroffen haben.« Brady antwortete: »Na ja, Sie hatten das Recht auf Ihrer Seite, und ich habe nur meine Pflicht als Richter getan – nach geltendem Gesetz.« Fast genau ein Jahr später, am 9. Dezember 2017, verstarb Richter Brady nach kurzer Krankheit. »Er glaubte an die Gerechtigkeit für alle«, stand in seinem Nachruf, »ungeachtet des Vermögens, der Macht oder der Stellung. Er glaubte, dass in seinem Gerichtssaal nach dem Gesetz alle Menschen gleich waren – egal, ob Prinz oder Bettler. Seine Freunde und Familie nannten ihn einen ›Atticus Finch[28], wie er leibt und lebt‹.«

Wenn man in meiner Geschichte eine Moral sucht, dann vielleicht die, dass das Seelenheil mit dem festen Bestreben einhergeht, ein besserer Mensch zu werden. Immer wieder werde ich gefragt, was ich an meinem Leben gerne ändern möchte. Meine Antwort ist stets dieselbe: »Nichts, gar nichts.« Alles, was ich durchgestanden habe, hat mich zu dem Menschen gemacht, der ich heute bin. Ich musste ein besserer Mensch sein, ein klügerer Mensch, ein disziplinierterer Mensch, um zu überleben. Ich habe einen hohen Preis dafür gezahlt. Herman und King genauso. In seiner Autobiografie *From the Bottom of the Heap* schreibt King: »Meine Seele weint noch immer über all das, was ich gesehen und erlitten habe. Sie weint und klagt für immer.« Die Qualen

28 Atticus Finch, Figur aus dem Roman *Wer die Nachtigall stört* von Harper Lee (Original: *To Kill a Mockingbird*, 1960). Der Anwalt Finch kämpft für die Gleichheit der Menschen, gegen Rassismus und Diskriminierung.

und Schmerzen, die wir miterlebt und erfahren haben, werden niemals vergehen, sie werden für immer ein Teil von uns sein.

Ihr, die ihr gerade in die Welt des sozialen Kampfes eintaucht, seid herzlich willkommen. Ihr, die ihr jahrelang für die Menschenrechte und soziale Gerechtigkeit gekämpft habt, gebt nicht auf. Schaut mich an und ihr könnt sehen, wie ein starker und entschlossener menschlicher Geist allem Bösen widerstehen kann. Vierundvierzig Jahre lang habe ich dem Staat Louisiana und dem *Department of Corrections* die Stirn geboten. Ihr Hauptziel war es, meinen Geist zu brechen. Sie haben mich nicht gebrochen. Ich habe gesehen, welche Grausamkeiten ein Mensch einem anderen Menschen antun kann. Ich habe meine Menschlichkeit nicht verloren. Ich trage die Narben der Schläge, der Vereinsamung, der Isolation und der Verfolgung. Ich bin aber auch geprägt von all den Gesten der Freundlichkeit.

Glossar

ACLU American Civil Liberties Union
1920 gegründete US-amerikanische Nichtregierungsorganisation mit Sitz in New York, einst eine der einflussreichsten Bürgerrechtsorganisationen der USA. Übersetzt bedeutet *American Civil Liberties Union* (ACLU) amerikanische Bürgerrechtsunion. Hauptziele der ACLU sind der Schutz der Meinungsfreiheit, der Privatsphäre, der Rechte sexueller Minderheiten und des Rechts auf Abtreibung, dazu die Trennung von Kirche und Staat. Die Organisation wendet sich gegen die Todesstrafe und gegen Polizeibrutalität. – Die ACLU hat mehr als 750 000 Mitglieder; sie wird durch Spenden von Privatleuten finanziert. Die ACLU führt jährlich mehrere tausend Gerichtsverfahren, in denen sie für die Bürgerrechte in den USA kämpft.

Brady-Material
Bahnbrechende Grundsatzentscheidung des *US Supreme Court* im Fall Brady vs. Maryland von 1963. Danach hat die Anklage gemäß dem 5. und dem 14. Zusatzartikel zur US-Verfassung (→ Zusatzartikel) die Pflicht, auf Nachfrage der Verteidigung entlastendes Beweismaterial offenzulegen, falls dieses die Verurteilung nach sich zöge. Eine Verweigerung der Herausgabe stellt somit einen Verfassungsbruch dar.

CCR (Closed Cell Restricted cellblock), Camp J, Dungeon
Anderer Begriff für *solitary confinement*: Einzelhaft, Isolationshaft. Im Angola-Gefängnis Teil des Todestraktes *(Death Row)*. Nach der Abriegelung in CCR-Isolationshaft gibt es noch zwei weitere, verschärfte Haftstufen: *Camp J*, eine eigene isolierte Wohneinheit mit Einzelzellen und den Kerker *(dungeon* oder *hole)*.

COINTELPRO Counterintelligence Program
COINTELPRO war ein geheimes Programm der US-Bundespolizei FBI, das zwischen 1956 und 1971 bestand. Es umfasste die systematische Überwachung und Störung von politisch aktiven Organisationen sowie Privatpersonen, die das FBI als subversiv bewertete. Obwohl der Name für »Spionageabwehrprogramm« steht, waren die Ziele keine ausländischen Spione, sondern die »radikalpolitische« Opposition innerhalb der USA. COINTELPRO wurde im März 1971 aufgedeckt und zum Gegenstand parlamentarischer Untersuchungen. Ein Sonderausschuss des US-Senats stellte fest, dass viele der von COINTELPRO angewendeten Techniken (u. a. Unterwanderung und

Gewaltanwendung) nicht mit den Grundsätzen einer demokratischen Gesellschaft vereinbar waren.

Jim Crow Laws

Als *Jim Crow Laws* (dt.: Jim-Crow-Gesetze) werden in den USA Gesetze bezeichnet, die von 1876 bis 1964 die Rassentrennung (vor allem zwischen Afroamerikanern und Weißen) vorschrieben. Die Zeit, in der die Gesetze bestanden, heißt auch *Jim Crow period* oder *Jim Crow era*. – Der Ausdruck Jim Crow (dt.: Jim, die Krähe) steht in den USA für die Geschichte der Rassendiskriminierung. Jim Crow ist das Stereotyp eines tanzenden, singenden, mit sich und der Welt zufriedenen, aber unterdurchschnittlich intelligenten Schwarzen, ein beliebtes Thema vor allem in Shows im Amerika des ausgehenden 19. Jahrhunderts. Geprägt wurde die Figur von dem weißen Komiker Thomas D. Rice mit dem *Jim Crow Dance*. Rice färbte sich bei Aufführungen das Gesicht schwarz *(Blackface)*.

Gerichtssystem der USA

Im Gegensatz zu den spezialisierten Zuständigkeitsbereichen (Zivil- und Strafrecht, Arbeits-, Sozial-, Verwaltungs-, Steuer- und Finanzgerichte) des deutschen Gerichtsaufbaus ist das amerikanische Gerichtssystem lediglich in Bundes- und einzelstaatliche Gerichte untergliedert. Nur wenige sind auf besondere Streitgegenstände spezialisiert (Konkurs- oder Steuerrecht). Im US-Gerichtssystem besteht eine dreistufige Hierarchie: 1.) Oberster Gerichtshof *(Supreme Court)*; 2.) 13 Berufungsgerichte *(Courts of Appeals, Federal Circuit Courts)*; 3.) 94 Bezirksgerichte *(District Courts)*. Dazu zwei Gerichte mit besonderen Zuständigkeiten. – Da über den *Federal Circuit Courts* nur noch der eine *Supreme Court* mit insgesamt nur neun Richtern steht, werden viele bundesrechtliche Entscheidungen in der zweiten Instanz – den Berufungsgerichten – getroffen und kommen nie vor den *US Supreme Court*.

Habeas Corpus

Habeas Corpus (lateinisch für »du sollst den Körper haben«) bzw. *writ of habeas corpus* ist ein Rechtsakt, der auf den Habeas Corpus Act von 1679 zurückgeht. – Im US-Strafprozessrecht bezeichnet *writ of habeas corpus* die gerichtliche Anordnung, eine in Untersuchungshaft befindliche Person innerhalb kurzer Zeit einem Richter vorzuführen und ein Haftprüfungsverfahren durchzuführen. Sie verbietet die wiederholte Verhaftung wegen desselben Delikts, eine Inhaftierung ohne

Rechtsgang ist somit ausgeschlossen. Im Recht der Vereinigten Staaten ist *habeas corpus* ein Instrument, um die Freilassung einer Person aus rechtswidriger Haft zu erreichen oder um zu verhindern, dass eine Person in Haft gehalten wird, ohne dass ein Gerichtsbeschluss darüber vorliegt; ein »Gesetz zum Schutz der persönlichen Freiheit«.

NAACP National Association for the Advancement of Colored People
»Nationale Organisation für die Förderung farbiger Menschen«, größte und einflussreichste schwarze Bürgerrechtsbewegung in den USA, gegründet 1909, mit Sitz in Baltimore. Die NAACP setzte sich für Chancengleichheit der Farbigen in wirtschaftlicher, politischer und kultureller Hinsicht ein, erreichte 1954 die Aufhebung der Rassentrennung in den Schulen durch den *Supreme Court* (im Verfahren Brown vs. Board of Education) und unterstützte den Busboykott von Montgomery 1956. Zudem war die NAACP 1963 Mitorganisator beim Marsch auf Washington für Arbeit und Freiheit sowie 1995 beim Millionen-Mann-Marsch.

Plea Deal
Im amerikanischen Strafrecht spricht man vom »plea deal« oder »plea agreement«, wenn ein Beschuldigter sich einer geringfügigeren Straftat für schuldig bekennt (zum Beispiel Totschlag mit zwei bis fünf Jahren Haft), um dem Staat eine zeit- und kostenaufwendige Hauptverhandlung mit einer Jury zu ersparen, die ihm bei einer Verurteilung wegen Raubüberfall oder Mord fünfundzwanzig Jahre Haft einbringen könnte oder lebenslänglich – oder aber Freispruch. Im Grunde also eine Art Roulettespiel für den Angeklagten im amerikanischen Justizwesen. Im Deutschen wird dafür *Deal* verwendet.

»Three strikes, you're out«
Das *Three-strikes law*, dem Sinn nach ein »Drei-Verstöße-Gesetz«, bezeichnet im US-amerikanischen Sprachgebrauch ein Gesetz, wonach gegen einen Straftäter, der bereits zweimal wegen eines Verbrechens verurteilt worden ist, bei der dritten Verurteilung automatisch und zwingend eine lebenslange Haftstrafe ausgesprochen wird. – Der Begriff kommt ursprünglich vom Baseball und bedeutet, dass ein Schlagmann, der *batter* oder *hitter*, nach seinem dritten Fehlschlag *(strike)* bis zur nächsten Runde ausscheidet. Das Ziel der verteidigenden Mannschaft ist es, drei *batter* hinauszuwerfen, damit das Schlagrecht, und damit die Möglichkeit zu punkten, an die eigene Mannschaft übergeht.

voir dire
Aus dem Französischen, dt.: »die Wahrheit sagen«, ein Ausdruck aus dem US-Prozessrecht, der ein Verfahren zur Befragung und Auswahl der potenziellen Geschworenen bezeichnet: Voraussichtliche Jury-Mitglieder werden über ihre sozialen Hintergründe und ihre mögliche Voreingenommenheit befragt, bevor sie in einer Jury eingesetzt werden.

Zusatzartikel zur US-Verfassung (amendments to the United States Constitution)

Zusatzartikel I
Der Kongress darf kein Gesetz erlassen, das die Einführung einer Staatsreligion zum Gegenstand hat, die freie Religionsausübung verbietet, die Rede- oder Pressefreiheit oder das Recht des Volkes einschränkt, sich friedlich zu versammeln und die Regierung durch Petition um Abstellung von Missständen zu ersuchen.
[...]

Zusatzartikel IV
Das Recht des Volkes auf Sicherheit der Person und der Wohnung, der Urkunden und des Eigentums, vor willkürlicher Durchsuchung, Verhaftung und Beschlagnahme darf nicht verletzt werden, und Haussuchungs- und Haftbefehle dürfen nur bei Vorliegen eines eidlich oder eidesstattlich erhärteten Rechtsgrundes ausgestellt werden und müssen die zu durchsuchende Örtlichkeit und die in Gewahrsam zu nehmenden Personen oder Gegenstände genau bezeichnen.
[...]

Zusatzartikel V
Niemand darf wegen eines Kapitalverbrechens oder eines sonstigen schimpflichen Verbrechens zur Verantwortung gezogen werden, es sei denn auf Grund eines Antrages oder einer Anklage durch ein Großes Geschworenengericht. Hiervon ausgenommen sind Fälle, die sich bei den Land- oder Seestreitkräften oder bei der Miliz ereignen, wenn diese in Kriegszeit oder bei öffentlichem Notstand im aktiven Dienst stehen. Niemand darf wegen derselben Straftat zweimal durch ein Verfahren in Gefahr des Leibes oder des Lebens gebracht werden. Niemand darf in einem Strafverfahren zur Aussage gegen sich selbst gezwungen noch des Lebens, der Freiheit oder des Eigentums ohne vorheriges ordentliches Gerichtsverfahren nach Recht und Gesetz

beraubt werden. Privateigentum darf nicht ohne angemessene Entschädigung für öffentliche Zwecke eingezogen werden.

[...]

Zusatzartikel VI

In allen Strafverfahren hat der Angeklagte Anspruch auf einen unverzüglichen und öffentlichen Prozess vor einem unparteiischen Geschworenengericht desjenigen Staates und Bezirks, in welchem die Straftat begangen wurde, wobei der zuständige Bezirk vorher auf gesetzlichem Wege zu ermitteln ist. Er hat weiterhin Anspruch darauf, über die Art und Gründe der Anklage unterrichtet und den Belastungszeugen gegenübergestellt zu werden, sowie auf Zwangsvorladung von Entlastungszeugen und einen Rechtsbeistand zu seiner Verteidigung.

[...]

Zusatzartikel VIII

Übermäßige Bürgschaften dürfen nicht gefordert, übermäßige Geldstrafen nicht auferlegt und grausame oder ungewöhnliche Strafen nicht verhängt werden.

[...]

Zusatzartikel XIII

Abschnitt 1

Weder Sklaverei noch Zwangsdienstbarkeit darf, außer als Strafe für ein Verbrechen, dessen die betreffende Person in einem ordentlichen Verfahren für schuldig befunden worden ist, in den Vereinigten Staaten oder in irgendeinem Gebiet unter ihrer Gesetzeshoheit bestehen.

[...]

Zusatzartikel XIV

Abschnitt 1

Alle Personen, die in den Vereinigten Staaten geboren oder eingebürgert sind und ihrer Gesetzeshoheit unterstehen, sind Bürger der Vereinigten Staaten und des Einzelstaates, in dem sie ihren Wohnsitz haben. Keiner der Einzelstaaten darf Gesetze erlassen oder durchführen, die die Vorrechte oder Freiheiten von Bürgern der Vereinigten Staaten beschränken, und kein Staat darf irgendjemandem ohne ordentliches Gerichtsverfahren nach Recht und Gesetz Leben, Freiheit oder Eigentum nehmen oder irgendjemandem innerhalb seines Hoheitsbereiches den gleichen Schutz durch das Gesetz versagen.

[...]

Danksagungen

Mit unendlicher Dankbarkeit und Liebe an Herman Wallace und Robert King, an meinen Bruder Michael Mable und an die tapferen und mich inspirierenden Mitglieder der Black Panther Party, die mich so akzeptiert haben, wie ich bin, und mir die Grundsätze und Werte der Partei nahegebracht haben, die mir das Leben retteten.

Ein Dankeschön an alle, die sich im Namen der Angola 3 zusammengefunden haben:

An unsere nimmermüden und hoch engagierten Anwälte, die zu uns standen und die niemals aufgaben, die über sich hinauswuchsen, um uns durch unsere dunkelsten Stunden zu begleiten, Scott Fleming, Nick Trenticosta, Chris Aberle, George Kendall, Sam Spital, Harmony Loube, Carine Williams, Corinne Irish, Katherine Kimpel, Sheridan England, Billy Sothern, Robert McDuff. (Und an Scott, George, Carine, Corinne und Billy für ihre Hilfe beim Schreiben dieses Buches.)

An die *International Coalition to Free the Angola 3* – unser Unterstützerkomitee und Beratergremium – ihr seid immer in meinen Gedanken – für euren unerschütterlichen Glauben, eure Hoffnung, euer Vertrauen und eure Kraft, für die zahlreichen Aktionen, die ihr auf die Beine gestellt und die Opfer, die ihr für uns gebracht habt.

An Anita Roddick, ich vermisse dich, deine Leidenschaft ist für mich noch immer eine Quelle der Inspiration.

An Gordon Roddick, Samantha Roddick und die Roddick-Familie, für eure Visionen und eure Liebe, genauso wie für die Unterstützung durch die Roddick-Stiftung.

An Marina Drummer, die auf uns achtgegeben hat und aufpasste, dass wir nicht entgleisten.

An meinen Kameraden, Mentor und Bruder, den ehemaligen Panther Malik Rahim, für all das, was du uns in mehr als 50 Jahren gesellschaftlichem Kampf gegeben hast und noch immer gibst.

An Tory Pegram für dein leidenschaftliches Engagement und deine Freundschaft; für deine Hilfe beim Materialsammeln und Zusammenstellen dieses Buches (und an deine Kinder, meine Patenkinder, an die ich stets in Liebe denke).

An Maria Hinds, und ihr großes Herz.

An meine Kameraden Gail Shaw und BJ, für eure Freundschaft, für eure Aktivitäten und dafür, dass ihr die Flamme der Black Panther Party auf der *itsabouttimebpp.com*-Website am Leben gehalten habt.

An den Künstler Rigo 23, für deine Angola-3-Wandmalereien, für deine Kunst, die Veränderung anregt, ebenso wie für deine unglaubliche Unterstützung.

An Jackie Summell für deine Freundschaft und dein selbstloses Engagement für Hermans Visionen und die Kunstschau *Herman's House*.

An Angad Singh Bhalla für seinen Film *Herman's House*.

An Rebecca Hensley, für deine Freundschaft und Lebensweisheiten, die du mir in deinen vielen Besuchen vermittelt hast.

An Anne Pruden, für meine Verbindung nach Brooklyn.

An Nina Kowalska, die Botschafterin der Wahrheit.

An Amnesty International und die Unterstützer der Angola-3-Kampagnen: Tessa Murphy (USA), Angela Wright (USA), Jasmine Heiss (USA), Everette Thompson (USA), Kate Allen (GB), Kim Manning-Cooper (GB), Nicolas Krameyer (Frankreich) und alle Mitglieder und Unterstützer von Amnesty International, für eure Gedanken in unzähligen Briefen, euren Einsatz für die Gerechtigkeit, für eine Bewusstseinserweiterung über alle Gefängnismauern hinweg und für das Anstoßen von Diskussionen über Einzel- und Isolationshaft in allen Staaten der USA.

An den Filmemacher Vadim Jean, den Produzenten Ian Sharples und die Mob Film Company, für ihre Dokumentarfilme *In the Land of the Free* und *Cruel and Unusual*.

An unsere Ermittlerin und Freundin Billie Mizell und alle anderen Ermittler, die uns über viele Jahren hinweg begleitet haben.

An Shana Griffin, Brice White, Anita Yesho, Brackin Kemp, Luis Talamantez, Ashaki Pratt und alle anderen, die in meinem Prozess 1998 dabei waren – ihr habt mich schwer beeindruckt.

An Parnell Herbert für seine Freundschaft, seinen Einsatz für die Gesellschaft und für das Theaterstück über die Angola 3.

An Bruce Allen, der mich über viele Jahre in Freundschaft und inniger Verbundenheit unterstützt hat.

An Noelle Hanrahan vom *Prison Radio*, dafür, dass sie den Sprachlosen eine Stimme gegeben hat.

An Mumia Abu-Jamal, der mit Mut und Menschenwürde seine Vorbildfunktion so standhaft verteidigt hat – danke, dass du auch in unserem Namen öffentlich gesprochen hast.

An den Black-Panther-Party-Aktivisten, den Künstler Emory Douglas, meinen hochgeschätzten Kameraden, für seine Hilfe und seine Kunst im Dienste der Angola 3 und aller politischen Gefangenen, sowie an alle Anhänger der Black Panther Party, die in unserem

Namen gesprochen und gekämpft haben, und die uns, Herman und mich, zu Hause willkommen geheißen haben.

An meine gute Freundin, Rechtsprofessorin Angela Bell, unseren Leuchtturm, die uns stets mit allen wichtigen Neuigkeiten versorgt hat.

An Emily Posner und Jen Vitry, unsere unerschütterlichen Unterstützer und hochgeschätzten Freunde.

An Yuri Kochiyma und Kiilu Nyasha, für ihre Freundschaft und Unterstützung über all die Jahre.

An Kenny Whitmore (Zulu), meinen Kameraden, meinen Freund und Bruder, der immer für mich da war – deine Zeit wird kommen.

An den Abgeordneten Cedric Richmond, den ehemaligen Abgeordneten John Conyers und an die Mitglieder des US-Kongresses, sowie die Gesetzgeber im Staat Louisiana, die für uns gekämpft haben und die sich darum bemühen, Gesetze gegen den missbräuchlichen Einsatz von Einzel- und Isolationshaft auf den Weg zu bringen.

An Teenie Rogers, die durch ihre Hassgefühle hindurch die Wahrheit gesucht hat, und besonders dafür, dass sie den Mut hatte, diese Wahrheit an die Öffentlichkeit zu bringen.

An »die Zwillinge«, Deidre und Donna, für ihr Festhalten an Grundprinzipien, ihre Ehrlichkeit und Unerschrockenheit.

An James Ridgeway, Amy Goodman, Brooke Shelby Biggs und an alle Journalisten, die unsere Geschichten über all die Jahren hinweg am Leben erhalten haben.

An Richard Becker, der uns überall bekannt gemacht und der die Nachrichtenredaktion von WBAI-Pacifica Radio in New York City dazu gebracht hat, über meinen Prozess 1998 zu berichten.

An das Prison Activist Resource Center, für all die Anstrengungen, die ihr im Namen der Gefangenen und für Veränderungen in den Gefängnissen unternehmt, sowie für die Zusammenarbeit mit Scott Fleming, beim Erstellen unserer ersten Website 1999.

An Colonel Nyati Bolt, meinen treuen Kameraden.

An Mwalimu Johnson, dessen unverbrüchliche Weisheiten wir sehr vermissen.

An jeden Menschen, der uns im Gefängnis besucht hat – eure Freundschaft ist unbezahlbar.

An jeden Einzelnen, der uns einen Brief geschrieben, oder eine Petition unterzeichnet, einen Anstecker für uns getragen, an einer Anhörung teilgenommen, eine Fahne oder ein Banner vor sich her getragen hat; an alle, die durch ihre Kunst, durch Musik oder in Theaterstücken unsere Geschichte erzählt haben – eure Aktivitäten und euer Einsatz haben mich tief berührt.

An meine Familie, für eure immer offenen Arme.

An meine Literaturagentin Gail Ross von Ross Yoon Agency, die an meine Geschichte geglaubt hat.

An Jody Hotchkiss, die keine Anstrengung unterlassen hat, die Angola 3 einem großen Publikum bekannt zu machen.

An Leslie George, die den Mut hatte, mich beim Schreiben dieses Buches so zu nehmen, wie ich bin. Man könnte denken, dass dies ihre größte Stärke war, aber weit gefehlt: Les ist eine unglaublich kluge Frau, eine Frau mit großem Herzen und unerschütterlicher Geduld. Im Guten wie im Schlechten, in Recht und Unrecht – immer offen und ehrlich. Kein Zweifel, ohne ihre Hilfe und Liebe gäbe es dieses Buch nicht.

An die Mitarbeiter von Grove Atlantic, die mich und mein Buch unter ihre Fittiche genommen haben.

An das ganze Team von Grove Atlantic, die dieses Projekt gefördert haben: Julia Berner-Tobin, Justina Batchelor, Deb Seager und Michael O'Connor.

An George Gibson, den Lektor und Chefredakteur, der dieses Buchprojekt mit seiner tiefempfundenen Menschlichkeit begleitet hat.

In Demut und Hochachtung sage ich euch allen Danke für eure Inspiration, für eure Treue, eure Hoffnung, euren Geist, euren Glauben an die Gerechtigkeit und für eure Liebe. Danke, dass ihr für mich da wart, genauso wie für Herman und King. Ihr habt eindrucksvoll bewiesen, dass »Power to the People«, alle Macht dem Volke, machbar ist, solange wir unsere Hingabe, füreinander da zu sein und einander zu beschützen, nicht aufgeben.

Und an meine Mom, Ruby Edwards Mable – an dich, Mom, am allermeisten: Ich möchte dir dafür danken, dass du mir mein Leben gegeben und mich die Lektionen gelehrt hast, die mich 72 Jahre durch dieses Leben geleitet haben. Du bist meine wahre Heldin.

Albert »Shaka Cinque« Woodfox